目 录 | Contents

吴式颖　李明德

丛书总主编

外国教育通史

第十九卷

20世纪末至21 世纪初期的教育 （上）

朱旭东　孙　进　乐先莲

本卷主编

GENERAL HISTORY OF
FOREIGN EDUCATION

北京师范大学出版集团
BEIJING NORMAL UNIVERSITY PUBLISHING GROUP
北京师范大学出版社

图书在版编目(CIP)数据

外国教育通史：全二十一卷：套装／吴式颖，李
明德总主编. -- 北京：北京师范大学出版社，2025.1.
ISBN 978-7-303-30486-8

Ⅰ. G519

中国国家版本馆 CIP 数据核字第 20251WL437

WAIGUO JIAOYU TONGSHI：QUAN ERSHIYI JUAN：TAOZHUANG

出版发行：北京师范大学出版社 https://www.bnupg.com
　　　　　北京市西城区新街口外大街 12-3 号
　　　　　邮政编码：100088

印　　刷：北京盛通印刷股份有限公司
经　　销：全国新华书店
开　　本：787mm×1092mm　1/16
印　　张：684
字　　数：9000 千字
版　　次：2025 年 1 月第 1 版
印　　次：2025 年 1 月第 1 次印刷
定　　价：4988.00 元(全二十一卷)

策划编辑：陈红艳　鲍红玉　　　　　责任编辑：贾理智
美术编辑：焦　丽　　　　　　　　　装帧设计：焦　丽
责任校对：陈　民　　　　　　　　　责任印制：马　洁

编委会

总主编

吴式颖　李明德

副总主编

王保星　郭法奇　朱旭东　单中惠　史静寰　张斌贤

编　委

（按姓氏笔画顺序排列）

王　立　王　晨　王者鹤　王保星　史静寰　乐先莲
朱旭东　刘淑华　许建美　孙　进　孙　益　李子江
李立国　李先军　李明德　李福春　杨　捷　杨孔炽
杨汉麟　吴式颖　吴明海　何振海　张　宛　张　弢
张斌贤　陈如平　陈露茜　易红郡　岳　龙　周　采
郑　崧　单中惠　赵卫平　姜星海　姜晓燕　洪　明
姚运标　贺国庆　徐小洲　高迎爽　郭　芳　郭　健
郭志明　郭法奇　傅　林　褚宏启

导　言

　　20世纪末至21世纪初是处于世界百年未有之大变局的重要历史时期。世界发展日新月异，全球社会无不经历着深刻变革：国际金融危机对西方自由主义秩序造成严重冲击，经济格局"南升北降"，经济全球化高歌猛进亦遭遇逆流；苏联解体、东欧剧变，霸权主义和强权政治犹存，单边主义和保护主义交织，世界多极化加速发展，国际格局更趋均衡；科技革命和产业变革的突破前所未有，文化多样性和社会不平等凸显，气候变化及生物多样性锐减等生态问题加剧……这些多重交叠的深层变革为教育发展带来全新机遇和严峻挑战。

　　同时，在思想领域，源自于民族国家兴起时期的民族主义思想、民主主义思想、（新）自由主义思想、（新）保守主义思想，伴随着社会领域民粹主义、社群主义、平等主义、（新）管理主义、多元主义、（新）实用主义、女性主义、生态主义等多样化思潮层出不穷，一定程度形成了与种族主义、排外主义、极端主义、恐怖主义的思想对峙，交织地影响着全球教育及各国教育的发展。值得指出的是，这些思想还与意识形态交融合流，演化出两极化的思想意识样态：一极是世界主义、全球主义、文化多元主义，另一极是民族主义、区域主义、地方主义和种族主义。两极化的思想意识影响着先发和后发民族国家的教育变革与发展。

　　尽管如此，"教育是我们努力适应变化以及改造我们生活于其中的世界的核心"。① 世界各国积极寻求教育变革之路，和历史上的任何一个时期一样，20世纪末至21世纪初的外国教育改革与发展依然受到复杂的教育内外部因素的影响并展现出鲜明的时代特征及共同趋势。

一、民族国家依然是推动教育改革的主导力量

民族国家作为推动教育改革的主要力量，自现代民族国家建立现代国家公共教育体系以来这个事实从未改变。即使在历经急剧变革的转型国家俄罗斯，从《2025年俄罗斯联邦国家教育要义》《俄罗斯教育现代化计划》到《俄罗斯联邦教育法》等始终强调"教育现代化是国家任务"，民族国家在教育改革发展中发挥主导作用。由于现代民族国家建立时间和发展程度不同，现代国家公共教育体系在20世纪末21世纪初的成熟度亦存在差异。

进入20世纪末21世纪初的先发民族国家的现代国家公共教育体系，在全球经济发展、科技进步等作用下致力于追求教育优异和教育公平。譬如，美国自20世纪80年代以来实施的《国家处在危险之中：教育改革势在必行》《美国2000教育战略》《不让一个孩子掉队》等一系列教育改革和发展举措始终围绕"追求优质教育，促进教育公平"的主题展开。法国20世纪末以来陆续颁布的《教育指导法》《学校未来的导向与纲要法》《重建共和国学校法》等强调教育在国家发展中的重要地位，实施了"教育优先区""教育成功网络"等一系列旨在优化教育资源分配、提升教育质量的政策措施，致力于发展更公正、更开放和高质量的教育。

后发民族国家因为受先发民族国家不同程度的殖民、半殖民的影响，最终选择了符合本国国情和实现民族国家独立和统一目标的现代公共教育体系，并且在全球经济发展、科技进步的大背景下努力构建并将其完善。为抓住新

---

① UNESCO. *Rethinking Education：Towards a global common good*？. Paris：the United Nations Educational，Scientific and Cultural Organization，2015：3.

世纪的发展机遇，后发国家亦纷纷将教育作为优先发展的领域。比如，印度在教育发展规划中明确提出将教育置于"最高度优先发展"的地位，巴西颁布的《全民教育发展计划》等强调将教育作为政府优先发展的重点领域并将教育发展升级为国家行为。同时，后发国家亦注重推进教育均衡发展，基于"全纳性增长"等发展理念，重点推进入学机会平等，主要致力于扫除文盲，降低辍学率，缩小区域、群体和性别等差距，让教育发展成果惠及全体民众。可见，各国政府在"确保将教育视为公共利益方面扮演了重要角色且担负着重大责任"。①

需要指出的是，无论先发民族国家抑或后发民族国家皆将爱国主义作为国家发展的精神动力，将爱国主义教育作为增强民族国家软实力的重要内核，重视加强爱国主义教育。以美国为例，20 世纪末以来尤其是"9·11"事件激发了美国社会强烈的爱国浪潮，联邦政府借机通过教育立法等手段强化爱国主义教育。在相继颁布的《不让一个孩子掉队》《每个学生都成功》《加强 21 世纪职业与技术教育》等法案中注重弘扬美国传统核心价值观，强化国家认同，体现出明显的国家政治意向和强烈的国家利益趋向。同时，爱国主义教育内容日趋丰富、形式更趋多样，政治教育、宪法教育、历史地理教育、国家竞争力教育、国家安全教育等纳入相应的课程体系，公民学、社会研究、仪式教育、服务性学习等课程与实践活动有机结合，国家大力倡导培养积极公民，宣扬忠诚的爱国主义，希冀将爱国主义作为社会团结和引领美国再次强大的精神动力。无独有偶，转型国家俄罗斯亦将爱国主义视为国家思想的核心，将爱国主义教育提升至重要的国家战略。自 2000 年进入"普京时代"以来，俄罗斯政府以体系搭建的战略思维全面统筹推进爱国主义教育，政府主导爱国主义教育政策纲领的顶层设计，主要通过颁布《俄罗斯联邦公民爱国主义教

---

① UNESCO. *Reimagining Our Futures Together: A new social contract for education*. Paris: the United Nations Educational, Scientific and Cultural Organization, 2021: 109.

育》五年规划，构建并持续完善了国家主导、社会协同、全民参与的国家爱国主义教育新体系，并从人力、物力和财力等方面确保爱国主义教育的持续开展。在具体实践层面，俄罗斯强调传统价值观与时代特色的有机结合、宗教教育与世俗教育的合理衔接，形成"教育文化一体化空间"场域建构，强化学校作为开展爱国主义教育的重要阵地，坚持校内学习与校外活动相结合。校内主要依托专业课并加强俄语和历史教学，激发学生对民族语言、历史文化的热爱；校外先后建立多个青年组织，发挥其引领作用，开展参与故乡和国家发展、纪念卫国战争胜利、与英雄对话、关爱老兵行动等多层次、多形式的爱国主义教育活动。这些爱国主义教育活动注重以实际体验深化对爱国精神的理解、以人文关怀培养爱国情感，以期重新凝聚各民族、各阶层的精神力量，提升国家认同感，助力俄罗斯重返世界强国之列。

二、不可逆转的国际化进程深刻影响着民族国家教育的发展

20世纪八九十年代以来，国际化一路高歌猛进，对人类社会发展产生空前影响。"当代的国际化以它独有的组织特点创造出一个世界，在这个世界中人际关系和网络的延伸扩大，与跨越社会生活许多方面的相对较高的强度、较快的速度和较大的冲击相辅相成。"[①]国际化进程逐渐由经济全球化扩展渗透至政治、文化、教育、生活等众多领域。政治国际化背景下对如何定位国家主权的限度及行使方式、如何对待日益增多且作用强化的国际机制，以及如何处理经济效益与社会公正的关系等提出了挑战。"经济全球化和信息革命预示着学习过程的性质的彻底改变，将促进新的教育商品化，形成学习与其传统制度场所相分离的局面。"[②]具言之，国际化除了要求各国的资本和产品

---

① [英]戴维·赫尔德等：《驯服全球化》，123页，童新耕译，上海，上海译文出版社，2005。

② [英]安迪·格林：《教育、全球化与民族国家》，186页，朱旭东等译，北京，教育科学出版社，2004。

在全球范围内流通外，更为关键的是要求教育变革以培养更具创新能力和适应能力的人才。国际化既要求教育要将人类共有的知识、价值传递给受教育者，又要注重培养受教育者的独特个性，培养兼具国家认同和全球视野的公民。此外，国际化深刻改变全球教育发展的环境和方向，教育已嵌入全球体系之中，越来越多的教育问题突破民族国家边界成为全球共同关注的议题。

值得注意的是，国际化进程在深入推进的同时遭遇此起彼伏的逆流。特别是2008年全球金融危机后世界主要经济体发展遭受重创，经济复苏增长乏力，全球经济力量对比呈现"南升北降"发展态势，国际政治经济形势呈现出很大的不确定性和不稳定性，单边主义、贸易保护主义、民粹主义等思潮甚嚣尘上，鼓噪"废约""退群""脱钩"等逆国际化之举日渐展现"国际化之势"。"许多发达国家和发展中国家兴起的民粹主义、保护主义和本土主义思潮和运动都带有不同程度的反全球化和反全球主义色彩，正对政府决策和行为产生深刻影响。这些思潮和认同政治的发展导致新的族群主义认同的泛滥，从而加剧了'我们'与'他者'之间的身份认同的对立。"①民粹主义、单边主义、孤立主义和保护主义思潮的抬头以及政治认同效应在教育领域产生直接影响，全球教育一定程度陷入"逆全球化"的困境。各国商品、服务、技术和人员跨境流动出现更多限制，首先对各国教育国际化的持续推进产生了冲击。同时，各国愈加注重教育在国家竞争力和国家重大战略利益上的功能，部分国家日渐收紧教育对外开放，甚至不惜将教育问题意识形态化和政治化，不可避免对个人、群体、国家之间教育交流与合作以及教育社会契约的达成增添阻碍。再者，部分发达国家日趋注重国家经济安全，通过实施"再工业化""制造业回流"等举措希冀达到经济发展再平衡，加剧了产业链供应链的本土化、区域化和分散化，全球产业链退化、分割速度加快，对各国教育改革中的人才培养

---

① ［美］柯林·布拉德福德：《面向可持续发展的全球领导力》，2～3页，薛磊等译，上海，上海人民出版社，2018。

定位等产生重要影响。此外，自 2020 年新冠病毒感染在世界蔓延，疫情大流行进一步为"逆全球化"提供了"正当理由"，教育保护主义一定程度有所加剧，对全球教育发展的影响逐步凸显并有所持续。

三、形形色色的意识形态推动着民族国家教育政策的制定和实践

民族国家是教育治理的主体力量，受国家政体制度的不同，各国在教育治理的主导思想、模式和效果上存在差异，而在相似政体制度下，意识形态不同，对教育治理的方式和方法也不尽相同。20 世纪八九十年代以来，新自由主义、新保守主义、新公共管理主义等思想深刻影响着民族国家的教育改革。

首先，经济全球化背景下新自由主义的大行其道对教育改革和发展的市场化取向显而易见。"从教育的维度来看，由一些双边、多边与国际性组织所发起的新自由主义取向的国际化对于教育领域的主导性影响是很显著的。这些影响反映在教育政策的诸多方面，如评价、财政、评估、标准、教师培训、课程、教学和测试等。"[1]具言之，许多国家基于新自由主义理念实行自由市场逻辑的教育政策，教育改革与发展以"市场化"与"私有化"为导向，大力鼓吹教育标准化，运用公司管理模式，寻找低风险教学路径等商业化改革；教育成为一种遵循市场法则加以运营的"商品"。这些国家对教育资源配置奉行市场化的圭臬，希冀借助市场竞争的方式来实现教育效率优化；国家不再是教育服务的提供者，而化身为自由市场的制造者和管理者；社会不同群体在文化、教育等权益实现方面的差距和不平等进一步加剧。

其次，新保守主义复兴对外国教育改革的影响同样不可小觑。20 世纪七八十年代以来，随着西方福利国家和美国重塑"伟大社会"计划但发展受挫，

---

[1] Nicholas C. Burbules and Carlos Alberto Torres, *Globalization and Education: Critical Perspectives*. New York, Routledge, 2000: 15.

右翼势力赫然崛起，先后在英美等西方国家上台执政。新保守主义复兴的重要议程不仅致力于夺取经济领域的领导权，更要求置身于教育、文化和道德战线的核心及最前沿。因此，"它将自由市场与国家调控的经济理论成功引介至人们对经验、道德、义务和常识的是非判断中，形成内部充满斗争与妥协的新保守主义阵营"。①新保守主义公共教育议程成为展现矛盾冲突的主要场域。自 20 世纪八九十年代以来，西方教育的发展表面上是在教育中引入市场机制和提高效率等新自由主义改革，但在深层次上更多是将强调责任和绩效的新保守主义文化主张渗透至日常教育生活领域。基于新保守主义理念的教育改革致力于构建以核心知识与共同文化为基础的全国性课程，课程的价值取向应定位于主流的道德价值观；主张建立教育权力的制衡机制，恢复传统社会的价值观教育，重塑道德理性，以巩固西方社会的道德文化基础。

　　此外，20 世纪 90 年代以来，以反对科层化管理导致办学低效的新公共管理主义顺乎自然地进入教育领域，各国教育改革中日益显现出新公共管理主义推崇的管理理念、思维方式和技术手段。新公共管理主义主张用以市场为基础的机制取代传统的官僚科层制，强调遵循市场运行的逻辑，鼓励自由竞争，同时以权力分化更好增进学校效能。在教育改革实践中，其主张转变公共教育的职能，按照市场机制采取绩效管理方式，突出绩效责任和目标导向；要求打破公共教育僵化、低效的科层制管理；强调教育组织从集权的官僚化的体制转化为一种发展性组织结构，对权力进行重新分配，扩大学校自主管理权，等等。这些理念主张在英国的地方管理学校(local management of schools)、澳大利亚的自我管理学校(self-managing schools)、美国学校的校本管理(school-based management)等改革实践中得以充分彰显，一定程度激发了学校办学活力、提升了学校效能。需要指出的是，外国教育改革中的新公共

---

①　Michael W. Apple. Can Critical Pedagogies Interrupt Rightist Polices? . *Educational Theory Spring*，2000(2)：230.

管理主义因其过于强调企业价值的优先性和工具理性，一定程度导致教育功利化、狭隘化以及教育权力膨胀和失衡等问题，并因此而饱受诟病。

四、不断迭代的科技革命持续地推动着全球教育变革

20 世纪末至 21 世纪初，新一代科技革命蓬勃兴起所带来的社会发展系统性变革，为全球教育发展带来新机遇和新挑战。在以互联网为基础的大数据、云计算、区块链、人工智能等数字技术引领下，新能源技术、新材料技术、生物技术等多领域交叉融合，推动新一轮科技革命和产业革命加速前进，重塑了知识及信息的创生逻辑，创造了新的经济社会时空结构，对人类生产和生活方式带来前所未有的影响。数字技术全方位、多领域应用，智能制造、智能服务水平不断提高，在线教育、在线办公、网络协同制造等新模式日新月异；共享出行、移动支付、无人驾驶等技术的广泛应用优化了资源配置效率，带来就业结构和性质的变化……这些变革对全球教育发展的理念、形态、过程、体制等产生了重要影响。教育数字化成为不可阻挡的时代潮流，新冠病毒感染引发的在线教育迅速普及，在线辅导、直播课堂等成为重要的教学方式；教育供给有效拓展，在线教育及智能教育新业态初见端倪，开始为学习者提供更为丰富多元的教育机会。教育智能化加速发展，基于互联网和情境感知技术等构建起万物互联、智慧感知、虚实融合的智慧学习空间；利用学习分析技术跟踪学习过程，开展更具个性化的学习已成为可能。教育融合化日渐凸显，学科融合加强，交叉学科专业对接新兴产业集群发展；校内外深度融合、高度共享，线上、线下教育融合等混合式教育教学趋于常态化。

为有效应对新科技革命对教育带来的多重挑战，各国(以发达国家为主)纷纷基于国家数字化、智能化发展战略布局科技与经济发展，重点推进教育领域数字化、智能化变革，以抢占未来发展先机。各国持续推进教育信息基础设施建设、升级改造校园数字化环境、打造智慧校园；高度重视数字教育

资源平台的搭建，稳步提升教育资源供给能力；积极利用数字技术改变传统
教学方法，为学生提供更具个性化的学习支持服务；注重培养教师的数字素
养与技能，重视教育数字化和智能化标准规范的研制，出台教育大数据分析、
数字化学习等相关标准，规范、指引教育数字化、智能化的深入推进和有效
实施。需要注意的是，不断迭代的科技革命对教育发展带来的巨大挑战中仍
有诸多方面亟待关注和解决。譬如，教师角色面临转型，教师部分工作将被
人工智能取代，教师素养会随之发生变化，如何培养并践行教师教学想象力、
教学创造力等将被置于愈发显著的位置；数字技术导致虚假信息、网络诈骗、
网络暴力、道德伦理等问题日渐突出，如何确立合理、安全的数字技术应用
伦理规范有待优化和完善；教育必须教给学生人工智能无法替代的东西，需
要坚守贯穿于学校文化、课程与教学中的价值观，"避免以'人工'的'智能'
取代人类的'价值观'，戕害甚至取代人类特有的权利平等、社会正义、文化
多元等价值取向"①。

此外，20 世纪末 21 世纪初的外国教育和科技创新的共存性，体现了科技
创新的人类属性，又显著地反映出了民族国家的壁垒。一方面民族国家致力
于一轮又一轮的科技新战略，另一方面又利用科技"卡脖子"，在民族国家之
间进行障碍布防；一方面教育深受科技创新影响，另一方面又遭到科技壁垒
设防的伤害。

五、国际和地缘关系交织改变着全球教育发展的方向

20 世纪末 21 世纪初的外国教育处于国际政治、国际经济、国际文化以及
国际社会互动最剧烈的时期。苏联解体、东欧剧变、9·11 事件、美国入侵阿
富汗及伊拉克、英国脱欧、欧盟重建、中国崛起、经济全球化和逆全球化，
以及地缘政治关系、经济关系和文化关系，都深刻地影响着全球教育的发展。

① 李政涛：《人工智能时代的人文主义教育宣言》，载《现代远程教育》，2017(5)。

各国的未来走向存在变数，这些事件本身及其引发的连锁反应从多个方面对全球教育发展产生深远影响。

当今世界大变局主要表现之一是世界政治格局由西方占据主导优势的"一超多强"格局朝着非西方化和多极化方向发展。21世纪以来，非西方化进程加速，特别以金砖国家集团和二十国集团升格等预示着的"东升西降"态势尤为明显。与非西方化进程相伴而生的是多极化。世界格局变化影响着经济全球化和区域一体化进程。一方面，21世纪以来作为经济全球化主要推动力量的西方国家出现了强劲的反全球化浪潮和逆全球化的国家政策，新兴国家作为经济全球化的受益者，日渐成为助力经济全球化的重要新生力量。另一方面，英国脱欧、部分欧盟国家内部民粹主义膨胀，西方区域一体化有所式微，但非洲联盟构建的一体化在全球范围内仍在推进。

国际关系和地缘关系变化带来的世界格局的深刻调整在教育领域得以充分体现。"当今世界正经历的国际秩序的变革调整最终会通过各民族国家教育制度的调整，传递至教育改革的目标、任务、策略和方法等变革中。"①一方面，各国基于各自国情和维护国家利益需要，在人才培养目标、教育任务、课程教学、评价方式等诸多方面进行大刀阔斧的改革，希冀通过改进教育质量、培养优秀人才以提升民族国家的国际竞争力和影响力。另一方面，随着民族国家相互依存的不断提升以及交往碰撞风险的加剧，促使各国在维护民族国家利益的同时要兼顾全球(地区)利益。换言之，教育作为表达国家利益和全球(区域)利益的重要路径，如何将国家利益与全球(区域)利益兼顾协调亦成为各国教育发展需要考量的重要议题。以欧盟为例，教育既是欧洲一体化进程的组成部分，也是推进欧洲一体化进程的重要手段，其在欧洲一体化进程中扮演着重要的角色。为了提高欧盟成员国的国际竞争力和影响力，确保可持续的经济增长和就业，促进教育领域的欧洲融合，以及通过教育促进

---

① 杨志成：《百年未有之大变局下世界教育变革与中国教育机遇》，载《教育研究》，2021(3)。

欧洲一体化，欧盟出台或参与推动了一系列的教育政策，如苏格拉底项目、达·芬奇项目、夸美纽斯项目、伊拉斯谟系列项目、格兰德维格项目、哥本哈根进程、博洛尼亚进程，以及为了促进学习者和就业者的跨国流动而出台的欧洲终身学习资格框架、欧洲职业教育学分体系、欧洲职业培训与继续教育质量参照框架、欧洲证书等。毋庸置疑，这些政策措施深刻地影响了欧盟成员国教育改革及发展。换言之，欧洲教育一体化进程的推进是成员国实现教育现代化的重要举措。欧洲教育一体化作为欧洲政治、经济一体化功能性的外溢效应，在整个欧洲社会整合的过程中发挥着重要的作用。

六、日益突显的全球性议题推动教育持续变革

20 世纪末 21 世纪初的外国教育与人类自身、自然的关系日益紧密。人类在面对环境污染、气候异常、核威胁、人口压力、全球失业率攀升、贫穷困扰、不平等的扩大等自然和社会问题时，教育系统必须相互关联并回应迅速变化的外部环境，教育成为缓解、消除和解决这些问题的重要工具。

教育是实现全球可持续发展目标的关键所在。20 世纪末 21 世纪初的民族国家和国际组织日趋注重发挥教育的变革性力量以实现可持续发展目标。20 世纪中后期以来，由于人类不可持续的生产和消费模式以及对自然的过度开发，地球面临的极端天气事件频发、生物多样性锐减、环境污染等生态问题加剧。2020 年初，突如其来的新冠疫情席卷全球并延宕反复，严重威胁生命健康，重创人类发展成果，成为近年来全球遭遇最严重的"黑天鹅"事件，人类与自然和谐相处的平衡在一定程度被打破。因此，如何加快生产生活方式的绿色转型，实现人类社会的可持续发展成为亟待解决的核心问题。面对这些，教育将成为"实现可持续发展的重要动力和建设更美好世界的关键所在"。[1] 可持续发展教育、生态教育、环境教育等得到前所未有的重视，各国

---

① UNESCO. *Rethinking Education: Towards a global common good?*. Paris: the United Nations Educational, Scientific and Cultural Organization, 2015: 32.

基于各自国情,从宏观的国家教育政策及具体的课程教学步骤开始实施推进。世界教育论坛通过《达喀尔行动纲领》、联合国教科文组织发布《教育 2030 行动纲领》等教育可持续发展的阶段目标与行动建议,共同致力于推进全球公平、优质发展的全民教育。

20 世纪末 21 世纪初的西方主流国家教育进一步发挥其在"促进实现性别平等、消除贫困和暴力、促进安全及和平等方面至关重要的作用"①。当下,尽管女性权利得到了加强,但全球范围内的性别歧视依然存在,世界人口中的文盲,女性依然占大多数,女性在获得教育和就业机会等方面仍处于不利地位。在此背景下,女性主义运动接二连三掀起浪潮,寻求性别平等的呼声日渐高涨。"在过去 25 年里,财富越来越多集中在少数人手中。"②收入差距加大导致社会矛盾加深,成为引发政治动荡和暴力冲突的催化剂。危机和动荡中的暴力侵害和暴力犯罪威胁着生命安全,亦破坏社会繁荣和良善治理所必需的社会凝聚力……所有这些都不同程度地将教育卷入其中并给教育带来各种挑战。鉴于此,各国基于促进和平、可持续发展、消除贫困等理念,重新审视教育并进行相应变革,日趋关注可持续发展、全球生态、国际和平、国际援助、全球公民等共同教育议题。强调教育培养的个体应具有创造力,能持续学习、具备解决实际问题的能力,能与他人友好共处,与自然实现共存。在充满不确定性的时代境遇中,"所有的文化教育政策应该兼顾两种迫切需求:一是民族性的,力求使语言、思维方式和文明得以传播;另一种是利他性的,旨在为人类共同体的教育和文化作出贡献"③。——教育应在追求民族国家价值的同时兼顾推动全球进步。

---

① UNESCO. *Education 2030 Framework for Action*. Paris:the United Nations Educational, Scientific and Cultural Organization,2015:27.

② UNESCO. *Rethinking Education:Towards a global common good*?. Paris:the United Nations Educational, Scientific and Cultural Organization,2015:23.

③ [法]路易·多洛:《国际文化关系》,23 页,孙恒译,上海,上海人民出版社,1987。

七、多元文化和多样性的全球文化发展对教育变革产生深远影响

美国著名国际关系学者亨廷顿（Samuel Huntington）指出："在后冷战的世界中，人们之间最重要的区别不是意识形态的、政治的或经济的，而是文化的区别。民族国家仍然是世界事务中的主要因素。它们的行为像过去一样受对权力和财富追求的影响，但也受文化偏好、文化共性和文化差异的影响。……后冷战时代世界文化的共性和差异影响了国家的利益、对抗和联合。国际议题中的关键争论问题包含文明之间的差异。"①

20世纪八九十年代以来，人口构成的多元化趋势愈加明显，促使社会和文化日益向着多元化方向发展，这预示着教育改革与发展的多元文化主义势所必然。"教育致力于在一个文化多元的社会及一个彼此依存的世界体系中，建构起一种体现着多元文化主义精神的理论体系与实践模式，从而借此实现多元文化教育的终极理想——建立平等多元的现代民主社会。"②鉴于此，多元文化主义在西方社会生活及教育领域备受推崇，多元文化教育方兴未艾。教育致力于"发展学生的多元历史观；加强各文化群体的文化意识；加强学生的跨文化交流能力；推动与种族主义、性别主义以及各种形式的偏见与歧视所进行的斗争；增强积极构建解决文化冲突的社会行动技能；增长学生对国家正处于全球动态系统之中以及如何正确对待这一全球动态系统的意识"。③涉及课程教学等具体领域，多元文化主张课程建构不仅强调学生有效掌握相关学科知识和技能，更加关注如何促使全体学生尤其是少数族群学生的受教育权得到最大限度的实现。换言之，多元文化主义课程建构注重课程的"知识合理性"，更关注其中的"价值合理性"。多元文化主义在教育领域得以推进实

---

① ［美］塞缪尔·亨廷顿：《文明的冲突与世界秩序的重建》，8~9页，周琪等译，北京，新华出版社，2002。

② Christine I. Bennett. *Comprehensive Multicultural Education*. Boston：Allyn and Bacon，1999：11.

③ Christine I. Bennett. *Comprehensive Multicultural Education*. Boston：Allyn and Bacon，1999：35.

施并取得一定成效，这在少数族群在相关政治、经济和教育等权利的有效获取方面均有所体现。

值得注意的是，自20世纪90年代末以来，多元文化主义及其教育出现了"后多元文化主义"转向。由于全球范围内"超级多样性"移民带来前所未有的复杂性挑战，少数族群"文化马赛克"现象频发，不同族群在接受文化教育等权利方面依然存在不公，加之"全球范围内文化宗教沙文主义以及基于身份的政治鼓动和暴力事件急剧增加"[1]等多重因素的交织，对多元文化主义的质疑、批评之声与日俱增，多元文化主义及其教育开始式微，后多元文化主义随之显现。与多元文化主义着力于"存异"、将保护文化多样性奉为圭臬相比，后多元文化主义试图克服多元文化主义的局限，重新开始关注"求同"。换言之，后多元文化主义强调社会凝聚力、国家认同和主流文化价值，"后多元文化主义的意识形态是普遍承认不同群体的文化差异性，同时通过政府政策致力于形成强有力的认同感和共同价值观"。[2]由此，后多元文化主义时代的教育强调"构建更具包容性的国家认同优先于基于族群的文化认同，以及文化变革和文化融合优先于静态文化差异的物化"。[3]在教育实践层面，各国在努力缩小少数族群在教育、就业等方面差距的同时，注重强化本国语言、历史、地理、风俗等课程内容的学习，致力于尊重不同族群多元文化的同时构建一致性的国家公民文化，希冀培养共同的国家归属感，增强社会凝聚力。

同时，这一时期多元文化主义及其教育影响逐渐超越国家的界限呈现出"国际化特性"。这种拓展主要表现为"由对国家内部非主流文化群体地位与权

---

① UNESCO. *Rethinking Education: Towards a global common good?*. Paris: the United Nations Educational, Scientific and Cultural Organization, 2015: 16.

② Desmond King. Facing the Future: America's Post-multiculturalist Trajectory. *Social Policy and Administration*, 2005(2): 116-129.

③ Will Kymlicka. The rise and fall of multiculturalism? New debates on inclusion and accommodation in diverse societies. *International Social Science Journal*, 2010(6): 97-112.

利的关注扩展为对全球多元文化社会共同命运与前途的关注"①，而谋求全球多元文化社会的平等、和谐与共同繁荣成为经济全球化时代多元文化主义的应有要义。以美国为例，20世纪90年代以来，美国多元文化主义及其教育发展路向呈现出由"民族国家多元文化教育"向"全球社会多元文化教育"拓展和转向的趋势。"由于我们生活在一个经济日益全球化的时代，一系列全球性问题的产生便在所难免。全球性问题的解决仰仗于所有国家的通力合作。因此，多元文化教育致力于发展学生的全球性认同、知识、态度与技能是非常重要的。"②从更加宽泛的意义上说，"多元文化教育与对其他国家的研究紧密相关，加强多元文化教育的国际研究将有助于形成一种与世界上其他国家共同承担责任和分享权利的意识"。③ 可见，美国多元文化主义及其教育发展路向的拓展与转变是基于经济全球化进程做出的适时调整，其核心价值理念在于将多元文化定义为教育发展的全球性策略，并在全球范围内宣扬其基本的道德原则和价值体系。这充分表明，经济全球化背景下美国多元文化主义及其教育发展视野已不再局限于协调和解决其国家内部的多元文化和族群矛盾问题，而着力于提升其在解决诸多全球多元文化问题方面的话语权。不难看出，西方多元文化主义及其教育发展日渐突破单一的族群主义和国家中心主义，加入全球文化共同体等理念和视域，并致力于寻求实现这些不同理念和视角的平衡及统一。

八、国际组织和区域联盟对教育意识形态和教育话语权的影响与日俱增

联合国教科文组织、世界银行、经合组织等国际组织以及欧盟、东盟、

---

① 杜钢:《美国多元文化教育的变革与问题》，载《教育学术月刊》，2011(4)。

② James A. Banks. *Cultural Diversity and Education: Foundations, Curriculum, and Teaching*, Boston: Allyn and Bacon, 2001: 56-57.

③ Carlos F. Diaz, Byron G. Massialas., John A. Xanthopoulos. *Global Perspectives For Educator*, Boston: Allyn and Bacon, 1999: 4.

阿盟、非盟、美洲联盟、上合组织等区域组织通过发布研究报告、国际会议等方式推行教育意识形态和发挥教育话语权的作用,影响着全球教育的政策取向和实践动向。

联合国教科文组织作为专门协调全球教育事务的国际组织,致力于为捍卫全球教育发展的共同利益而积极行动,为全球教育发展提供交流、协商、谈判的平台,提出对未来教育改革的愿景。2000年引领世界教育发展的《达喀尔行动纲领》为国际全民教育明确了目标和方向,国际教育公平理念不断推进,全球教育普及取得显著进步。针对其《全民教育全球监测报告》"学习危机"等现实问题,2015年联合国教科文组织通过《2030教育行动框架》,强调教育的可持续发展目标原则,为未来全球教育发展提供了原则指导。同时,20世纪90年代的《教育——财富蕴藏其中》以及近年出台的《反思教育:向"全球共同利益"的理念转变》《一起重新构想我们的未来:为教育打造新的社会契约》等报告中提出的21世纪教育的"四大支柱",教育和知识作为全球共同利益,为教育订立一份有助于为所有人创造和平、公正和可持续的未来的新社会契约等思想引领着全球教育的发展方向,力图成为"教育思想的实验室、教育信息交流中心、教育标准的制定者、教育能力的建设者及教育国际合作的促进者"。[①]

经济合作与发展组织(以下简称经合组织,OECD)和世界银行作为重要的国际组织,基于自身的特点及优势,针对某些特定的教育问题及议题,在特定领域开展有针对性的教育活动,促使相关成员国之间开展对话与合作,谋求实现教育共同利益。经合组织主要通过制定实施全球性的政策以共同应对经济全球化带来的挑战并把握经济全球化机遇以推动世界经济增长。教育是影响经济发展、消除贫困、社会稳定的重要因素,经合组织将教育纳入其全

---

① 杜越:《联合国教科文组织与全球教育治理——理念与实践探究》,49~50页,北京,教育科学出版社,2016。

球事务范围，注重以能力为导向，强调教育质量对个人与社会的效益，通过发布《教育概览》、开展国际学生评估项目(PISA)、教与学国际调查(TALIS)等国际大规模评估来对成员国及全球教育政策产生影响。同时，作为对联合国教科文组织 2030 可持续发展全球目标的回应，经合组织于 2015 年启动"教育 2030：未来的教育与技能"项目，并于 2018 年发布《经合组织：未来的教育与技能 2030》和《经合组织学习罗盘 2030》，试图回应未来世界中学习者如何更好地生存与发展等问题；近期发布的《塑造教育的趋势 2022》以新冠疫情和科技革命影响的世界经济发展形势为背景，从经济增长、工作与生活、知识与权力、身份与归属以及变化着的世界等维度对面向 2040 年世界教育的未来发展进行了思考与研判，一定程度对世界教育发展具有指向性意义。世界银行侧重于关注全球教育发展中存在的教育与经济发展需求脱节、教育效益低下等现实困境，主张以人力资本等经典经济学理论佐证教育投资的合理性及必要性，同时以经济理性作为全球教育治理的指导。① 在具体实践领域积极开展相关学科的科学研究，总结分享教育经验，提供咨询建议；依托资金和机制优势，为后发国家的教育发展提供经费、技术和专业人员等多方面的支持。

此外，二十国集团、亚太经合组织等国际和区域组织亦将教育视为应对人类社会共同挑战的关键所在。近年来，纷纷将教育问题作为各个组织发展议程的重要部分，同时，各国际组织不断发布教育发展相关议题报告，且发布报告的主体、频次以及报告关注的主题等均在日渐丰富和深化，以此构建未来教育蓝图及对各民族国家教育改革发展的政策建议，这势必对全球教育发展产生重要影响。

综上，20 世纪末至 21 世纪初外国教育改革与发展历程表明，教育改革既

---

① 阚阅、陶阳：《向知识银行转型——从教育战略看世界银行的全球教育治理》，载《比较教育研究》，2013(4)。

要回应经济全球化进程、政治变革、科技产业革命、多元文化、国际局势、生态危机、贫穷困扰、意识形态等诸多外部因素带来的机遇与挑战，亦要坚守"育人为本"的教育初心和教育发展的内在逻辑及生成规律。教育在尊重生命和人类尊严、促进权利平等和社会正义、包容文化和文明的多样性、消除贫困冲突、强化可持续发展等方面有待进一步助力人类更美好的未来生活。当下，时间的车轮已驶入波澜壮阔的 21 世纪 20 年代，一定意义上而言，在世界百年未有之大变局中似乎没有比教育更为强大的变革力量。因此，面对瞬息万变的复杂世界，我们需要做出更加高瞻远瞩的思考，需要努力探寻"世界之变、时代之变、历史之变"进程中教育改革发展的"变"与"不变"。唯有如此，才能将教育作为我们通往共同未来的重要路径，"教育创造美好未来"才能真正得以实现。

第一章

20 世纪末至 21 世纪初期的美国教育

20 世纪末至 21 世纪初，在国内及国际政治、经济、社会和文化等诸多因素的深刻影响下，美国教育在教育体制的基本结构、各级各类教育的改革和发展，以及教育思想的变革等方面，均体现出一系列新特点，并不断取得新进展。

第一节　教育改革与发展的背景

一、多极化与多文明化的全球政治、经济发展新格局的形成

（一）冷战结束后美国经济发展深陷困局

第二次世界大战后形成的以美苏争霸为典型表征的全球政治、经济发展的冷战格局，随着 20 世纪 90 年代初苏联的解体宣告结束，世界进入了"后冷战"时代。"冷战结束，美国失去主要敌人，因冷战而积累下来的众多国内问题便突出起来，经济问题尤其成为公众关注的焦点。共和党执政 12 年，美国的经济问题十分严重。1992 年，国债高达 4 万亿美元，为 1980 年的 4 倍多，占国内生产总值的 2/3；国债利息达到 1994 亿美元，占当年联邦总支出的

14.4%。联邦预算赤字，1992财政年度高达2904亿美元，为1980年度的3.9倍。对外商品贸易赤字为845亿美元，为1981年的3倍。1992年，美国经济实力、实际工资和生活水平下降到70年代初期的水平。1992年10月，有910万人失业，失业率达到7.6%。"[1]"1992年9月，塔夫茨大学饥饿、贫困和营养研究中心估计，现在有3000万美国人处于饥饿状况，比80年代中上升了50%，18岁以下青少年的贫困率1964年仅为14%，而自1980年以来始终在21%上下浮动。1969年至1989年，年轻美国白人的收入低于四口之家贫困线的人数从10%上升到25%，而美国黑人的这个比例则从26%上升到37%。多数美国人的实际工资从1973年以来下降了。自70年代中以来，绝对和相对贫困率都增长了，不平等达到了高峰，20%的美国家庭现在挣得全国总收入的44%，而处于最下层的20%的美国家庭只挣得全国总收入的3.9%，事实上，占人口1%的收入最高的人的收入，相当于占人口40%的收入最低的人的收入总和。1992年公司总经理的收入是公司普通雇员收入的135倍。财富集于最富有者达到1929年以来最严重的状况。"[2]不难看出，随着冷战格局的终结，美国自冷战以来便已累积形成的一系列国内经济困难问题更加严重而集中地爆发出来，美国虽然看似赢得了冷战的最终"胜利"，但却也为此付出了自身经济发展深陷泥潭、举步维艰的巨大代价，孰胜孰败，福兮祸兮，实难定论。

(二)后冷战时代全球政治、经济多极化与多元文化发展新格局的形成

与冷战结束后美国经济发展困难重重的不利境况形成鲜明比照的是后冷战时代全球政治、经济多极化与多元文化发展新格局的日渐凸显。1993年，美国芝加哥文化研究小组在其所做的报告中即指出："冷战的结束、欧洲的统

---

① 李道揆：《美国政府和美国政治》(下册)，747~748页，北京，商务印书馆，1999。

② 顾明远：《民族文化传统与教育现代化》，183~184页，北京，北京师范大学出版社，1998。

一、亚洲和太平洋区域的崛起和经济全球化等使各国和民族之间的交往更为频繁和密切，无论是在美国内部，还是在世界范围内，都需要建立一种更为现实的相互认可和尊重的文化和政治关系。"①美国著名国际关系学者亨廷顿（Samuel Phillips Huntington，1927—2008）亦指出："在冷战后的世界中，全球政治在历史上第一次成为多极的和多文化的。……在后冷战的世界中，人民之间最重要的区别不是意识形态的、政治的或经济的，而是文化的区别……人们用祖先、宗教、语言、历史、价值、习俗和体制来界定自己。他们认同于部落、种族集团、宗教社团、民族，以及在最广泛的层面上认同文明。人们不仅使用政治来促进他们的利益，而且还用它来界定自己的认同。……民族国家仍然是世界事务中的主要因素。它们的行为像过去一样受对权力和财富的追求的影响，但也受文化偏好、文化共性和文化差异的影响。对国家最重要的分类不再是冷战中的三个集团，而是世界上的七八个主要文明。非西方社会，特别是东亚社会，正在发展自己的经济财富，创造提高军事力量和政治影响力的基础。随着权力和自信心的增长，非西方社会越来越伸张自己的文化价值，并拒绝那些由西方'强加'给它们的文化价值。……总而言之，冷战后时代的世界是一个包含了七个或八个文明的世界。文化的共性和差异影响了国家的利益、对抗和联合。世界上最重要的国家绝大多数来自不同的文明。最可能逐步升级为更大规模战争的地区冲突是那些来自不同文明的集团和国家之间的冲突。政治和经济发展的主导模式因文明的不同而不同。国际议题中的关键争论问题包含文明之间的差异。权力正在从长期以来占支配地位的西方向非西方的各文明转移。全球政治已变成多极的和多文明的。"②显而易见，在后冷战时代，以美苏两个超级大国争霸的方式来主导全球政治、

---

① 王希：《多元文化主义的起源、实践与局限性》，载《美国研究》，2000(2)。

② ［美］塞缪尔·亨廷顿：《文明的冲突与世界秩序的重建》，5~6 页，8~9 页，北京，新华出版社，2002。

经济发展格局的状况已经一去不返。除了西方文明和美国之外,世界上其他主要文明和民族国家对于全球政治、经济发展的影响将与日俱增并越发不可或缺,全球政治、经济的多极化和多元文化发展新格局的形成已然是大势所趋。

1993 年,民主党人出身的美国总统克林顿(William Jefferson Clinton)提出了维护经济安全、军事安全和推进民主等美国全球政治战略的三项指导原则,其核心目的还是在于确保美国在世界上的领导地位,进而建立以美国为主导的全球政治、经济新秩序。2001 年,共和党人小布什(George Walker Bush)出任美国总统后,继续奉行和加强美国"单边主义"的全球政治发展战略,美国继续称霸世界的企图和野心显露无疑。显而易见,尽管后冷战时代多极化与多元文化全球政治、经济发展新格局必然形成的趋势已经不可逆转,但需要明确认知到的一个基本事实就是,美国依然是后冷战时代世界上综合国力最为雄厚的超级强国,而其意欲继续主导全球政治、经济发展进程的野心,非但不会因为冷战时代旧格局的结束以及后冷战时代新格局的形成一并消退,反倒会一仍其旧地甚或变本加厉地膨胀和强化起来。这也在相当程度上给后冷战时代全球政治、经济的多极化与多元文化发展进程增加了很大的不确定性和未知性。

二、美国社会和文化的日趋多元化发展

(一)美国人口构成中种族多元化发展趋势的彰显

美国人口调查局 1997 年统计的数据显示:美国欧洲裔白人人口将会由 1990 年占全国人口总数的 76% 下降到 2050 年的 52.5%。与此同时其他群体的人口数将在这一时期内呈增长趋势,其中美籍拉美裔人的增长率最高,将从 1990 年的 9% 增长到 2050 年的 22.5%,美籍黑人将从 1990 年的 12.3% 增长至 2050 年的 15.7%,美籍亚裔人及太平洋岛国人将从 1990 年的 3.0% 增长至

2050 年的 10.3%，而美洲原住民也将从 1990 年的 0.8% 增长至 2050 年的 1.1%。到 2050 年美国的净移民数将会达到 3.92 亿，比 1990 年增加 50%。此外，到 2020 年，美国少数种族学龄儿童的比重也将超过该时学龄儿童总数的 1/3。① 可见，20 世纪 90 年代以来，美国人口构成的种族多元化增长趋势明显，这也促使美国社会和文化将日益向着多元化的方向不断发展，而这也在某种程度上预示着美国教育改革与发展的多元化路向将是势所必然和不可阻挡的。

"1995 年美国的人口调查研究显示，美国 8.7% 的人口（2260 万人口）都是在美国以外的地方出生的。在加利福尼亚，25% 的人口是在外地出生的，纽约是 16%。事实上，这个问题的专家总结说，如果目前多种族混合的速度持续下去，大部分美国人的脸孔将在几代人的时间中从白色变为棕色，美国混合种族家庭出生的孩子的数目将会从 1970 年的 50 万上升到 1990 年的 200 万。这种程度的种族改变在美国也产生了与在其他地方一样的影响。一份 1994 年路易斯·哈里斯的美国人口调查显示，有色种族认为他们比白人的机会更少，但是有色种族内部也几乎同样憎恨彼此，尽管他们在反对白人的时候是一个集体。这个令人不寒而栗的结论是，'我们拥有的多样性和少数民族团体越多，就必须克服越多的偏见和歧视。'想来的确是有些让人不寒而栗，因为大规模的移民正在全世界制造少数民族团体以及随之而来的偏见和冲突。但最终结果也不一定就是全球恐惧，正如老虎·伍兹的生涯所昭示的一样：他是一个高尔夫大师赛的冠军，他的血管里流的是泰国、美国黑人、高加索美国人和印度美国人的混血。"② 从上述文字能够看到，随着 20 世纪 90 年代以来美国人口构成的种族多元化发展趋势的不断加强，与之相伴的白人与有色种族

---

① Kenneth Cushner, *International Perspectives on Intercultural Education*, Mahwah, Lawrence Erlbaum Associates, 1998, p.262.

② ［美］斯塔夫里阿诺斯：《全球通史：从史前史到 21 世纪（第 7 版）》下册，775 页，北京，北京大学出版社，2005。

之间以及有色种族内部的因种族身份差异状况而起的各种偏见、歧视和冲突也便与日俱增。这无疑为美国社会与文化的多元化发展前景带来了难以回避的深层隐忧，但同时，从中亦可窥见美国社会多元种族和谐化发展的某些迹象和逐步改良状况。

（二）"多元文化主义"的兴起与美国社会和文化多元化发展的成效取得

"美国社会出现的新面孔与 20 世纪 90 年代最有影响的另外一个发展是齐头并进的——即对群体差异的强调和对群体认可的要求。'多元文化主义'成为用来形容一种对美国社会新旧多元化的新意识的词，也成为一种强烈的要求，要求工作机会、教育和政治各方面都要反映出多元化的现实。随着国内大学中的少数种族和妇女学生的增加，各大学采取了积极主动的行动，来促使教师队伍的多元化，同时改革它们的传统课程设置。多元文化主义的象征可从一些针对某一特定群体的学术研究的发展和普及来观察——黑人研究、拉丁语裔研究、妇女研究，等等。文学系在白人男性的写作之外，也将女性和少数族裔的作品加入阅读书目之中。众多的学者现在所从事的历史教学和研究所强调的是不同群体美国人的经历，而不是采用一种通用的民族叙事体。与此同时，民意测验揭示了美国社会在宽容方面取得的进步。问卷回答者中不反对种族间男女约会的人数从 1987 年的 45% 上升到 2003 年的 78%。同一时期，那些认为同性恋者应该自动地被从教师职业中开除的人从 50% 下降到了 35%。此外，通俗和流行的电视节目也以一种带有同情感的笔调来描写和表现同性恋者的角色。"①可以说，20 世纪 90 年代以来，美国社会与文化的多元化发展进程已然取得较好成效，这在涉及诸如少数种族群体之于各种相关政治、经济和教育等权利的有效获取方面，均得以鲜明表现出来。但即便如此，仍需引起充分注意的一个社会基本现实状况就是，美国社会各阶层之间

---

① ［美］埃里克·方纳：《给我自由! 一部美国的历史》下卷，1409 页，北京，商务印书馆，2010。

实际上的贫富差别仍然较为明显，不同种族群体间的社会地位参差不齐的实际状况也依旧根深蒂固。由此，也便导致了不同种族社会群体间在接受文化教育等权利方面还存在着相当程度上的不公与失衡状况。这也成为此一时期对美国教育改革与发展进程产生深刻影响的重要背景因素所在。

众所周知，白人中产阶级是美国社会的主流阶级，其所具有的文化价值观代表着美国社会和文化的主流文化价值观。但不可否认的一个基本事实就是，美国亦是一个由多元种族、民族构成的多元文化的社会和国家，关乎多元文化发展的问题是长期以来萦绕于美国社会和文化历史变迁过程中的重要问题。而这种多元化的社会和文化历史与现实状况对于美国教育改革与发展所具有的重要影响，自20世纪末期以来越发不容忽视和低估。

第二节　教育体制的基本结构

一、教育管理体制的基本结构

(一)联邦政府对于全国教育事务管理干预和影响程度的加强

1979年，美国总统卡特(Jimmy Carter)正式签署了成立联邦教育部的法案，由此，作为全国性教育管理机构的美国联邦教育部得以成立。这也标志着联邦在管理全美教育事务方面的权限得到了空前加强。此后，从20世纪80年代至21世纪初期的近30年间，美国对其教育管理的地方分权体制进行了持续深入的改革，而改革的矛头所向和主要关切则是围绕着如何加强联邦在教育管理事务中的权限问题展开的。1983年4月，由美国总统里根(Ronald Wilson Reagan，1911—2004)授权教育部长贝尔(Terrel H. Bell，1921—1996)组建的美国高质量教育委员会发表了题为《国家处在危险之中：教育改革势在必行》的调查报告，该报告的第五条建议——"领导和财政资助"中即明确指出："联邦政府和州政府及地方政府合作，共同满足下列重要类别学生的需要，包括有天才和才能的学生，社会经济方面有困难的、少数民族或讲少数民族语言的学生，以及残疾学生。这些类别的学生合在一起，既包括国家的智力资源，也包括处于最危险境地的美国青年。此外，我们相信，联邦政府的作用是它执行一些单靠州政府和地方政府不大可能完成的、有全国意义的职能。如搜集有关一般教育的数据、统计和情报；支持改进课程、对教和学的研究及学校管理；支持为那些严重缺乏师资和国家重点需要的课程培训教师；向学生提供财政资助和从事研究工作和研究生的培训。同时，联邦政府给予资助应力求把行政负担和干预减少到最小限度。联邦政府对鉴别国家在教育方面的利益所在负主要责任。它还应当提供资金并努力保护和促进这一利益。它必须提供全国性的领导，以保证动员国家的公私资源来解决本报告提出的问题。"①显而易见，该报告所提出的如上建议，是明确主张应大大加强联邦政府在管理全国教育事务上的作用和影响，其具体表现则在于：满足重要类别学生的需要、承担州政府和地方政府不能独立完成的具有全国性职能的重要工作任务、鉴别国家在教育方面的利益所在并为这一利益的有效获取提供资金保障和支持以及提供全国性的领导，并对报告中主要涉及的如何切实提高美国教育质量等问题动员国家的公私资源来加以有效解决，等等。

20世纪90年代，以克林顿为首的民主党政府上台以后，对共和党推行的很多社会政策进行了大胆改革，但在教育改革方面则仍延续了布什在任期间的许多决定。在1996年的总统选举中，两党的总统候选人为入主白宫，在很多问题上针锋相对，但在推动全国的教育改革、加强政府的教育责任这一点上似乎并没有明显不同。可见，强化联邦政府对于教育改革的干预力度也是20世纪90年代以来指导美国政府教育改革的一条基本思路。为了使联邦政府

---

① 吕达、周满生：《当代外国教育改革著名文献(美国卷·第一册)》，19页，北京，人民教育出版社，2004。

推行的各项教育改革真正落到实处，切实提高中小学教育质量，美国政府努力采取各种措施，强化联邦政府对教育质量的管理和监控能力，以弥补其地方分权的教育管理体制的不足。进入 20 世纪 90 年代以后，美国联邦政府用于教育改革的资助的增幅尤为显著，并以此为手段加强对全国教育改革进程的干预和控制。例如，1980 年，美国联邦政府财政和由联邦立法产生的各类财政预算或非联邦财政支出，总共投入 393 亿美元用于资助和推动教育改革和发展，1985 年投入了 478 亿美元，1990 年增加到 628 亿美元，1995 年猛增到 958 亿美元，2002 年达到了 1479 亿美元。联邦政府运用这些经费设立和资助了一系列教育改革计划，包括资助与这些改革直接相关的一些教育科学研究计划，努力吸引和说服地方政府、学区和学校加入这些教育改革计划中来。仅"转行当教师计划"一项，美国联邦政府 2002 财政年度就拨款 3500 万美元，以资助地方招募优秀人才充实教师队伍，提高教师队伍质量。在增加联邦政府教育拨款的同时，美国各届政府都努力通过正式立法的办法，将各项重要的教育改革计划交由国会批准，使其获得联邦法律的有效地位，从而在法律上保障教育改革的顺利进行。[①] 由此我们能够看到，20 世纪 90 年代至 21 世纪初期，美国依然不断加强联邦政府对于全国教育事务管理的干预程度和影响力度，并主要通过增加联邦政府财政资助支持幅度以及制定和颁布联邦法律的形式，来强化联邦政府对于全国教育改革与发展进程的整体干预和全面影响。

(二)《不让一个孩子掉队》法案影响下的美国教育管理体制变革

2001 年，小布什总统正式签署了题为《不让一个孩子掉队》(No Child Left Behind，简称 NCLB 法案)的法案，该法案的实施对美国教育管理体制在 21 世纪的改革进程产生了重要影响。"NCLB 法案有四个核心原则：对结果的问责、强调使用基于科学研究的教学方法、加强地方控制和地方的灵活性、重视家

---

① 朱旭东：《新比较教育》，373 页，北京，高等教育出版社，2008。

长意见。在这些原则的指导下，美国教育行政管理体制的各级之间，与其说是互通有无，取长补短，还不如说是重新划分权力与责任，体现了一种教育行政管理体制的重构。在这场重新分配教育管理权的博弈中，联邦通过确立问责和评价机制，以及增加教育拨款，主导了以结果为导向的教育改革的方向和进程，扩大了影响力。各州则建立起了完善的问责机制、学术标准和评价体系，制定了本州的教育发展规划，直接影响着学校的课程与教学，其教育决策权和管理权都得到了极大扩张，也担起了改革、发展教育的主要责任。在地方一级，学校的主体地位变得突出，获得了更大的灵活性和自主权来改善教学方法和指导方式；而地方学区却逐渐失去了以往的主导性地位，向辅助性、支援性的角色蜕变。当然，这场以问责和评价机制为核心的教育行政管理体制改革并没有改变美国教育政策的核心目标，它最终体现的依然是美国对教育公平和教育质量的追求，而且对二者的关注重心更加深入。但是，这确实意味着美国教育行政部门干预学校策略的改变，即从强调投入和方法，变为强调结果和产出。这样既能对教学过程进行更好的控制，又能适当缓和集权和分权之间的矛盾，使美联邦和州不会太过直接和显著地干涉地方的事务。而通过检验教育产出，各级教育行政部门便能更好地衡量各地的教育发展水平，优化教育资源分配，从而提高美国整体的教育质量。问责和评价机制的广泛运用，意味着美国在扬弃传统的注重个体成长的教育方式、引用标准化测试体制的道路上，迈出了至关重要的一步。有人因此而质疑美国在放弃传统的教育理念，放弃其他国家努力想学习的东西，但事实并非如此。最显著的表现就是，许多国家，包括我国，标准化考试考核的都只是学生的成绩。而美国所考核的不止是学生，更是校长和教师，是学校的整体绩效。标准化测试的压力主要施加在了学校和校长身上。在学生升学时，依然是以个人的综合素质为选拔标准。这一点体现在政策上就是问责和评价机制并重，相辅相成。问责机制使得学校、校长和教师的利益都同学生的成绩休戚相关，而评价机制则为问责提供了科学的标准和依据。应该说，这正是理解美国当前教育改革的关键。"①

从某种程度上而言，《不让一个孩子掉队》法案的实施，所遵循的仍然是如何更好地保障教育公平和提升教育质量这个自 20 世纪 80 年代以来的美国教育改革与发展的一贯原则，该法案通过确立和推进问责机制和评价机制，直接驱动和影响了美国教育管理体制的深层变革。通过这一深层变革，美国联邦政府在全国教育事务管理中的主导地位越发提升起来；州在各自教育事务的管理和决策方面的作用则得到了极大加强；而学区在地方教育事务管理上的地位和作用则实际上是被削弱了，从主导性地位开始转向辅助性地位；与此同时，学校在管理自身教育事务方面的权力和地位以及自主性和灵活性等均得到了提升和加强。美国教育管理体制自 21 世纪初期以来所发生的这种深刻变化，也有力地提示我们，在对当下美国教育管理体制进行分析和解读时，应当牢牢把握住其致力于保障教育公平和提升教育质量这个 20 世纪末以来所一贯持守的教育改革和发展主题，努力做到辩证审视和深刻洞察这个主题的进程及其变化规律。

"美国教育管理体制是典型的地方分权制，即联邦政府行使有限的协调和服务的行政职责，而州政府拥有对教育绝对的管理和决定的权利，教育教学事务又由学区委员会根据当地情况决定自己的教育管理模式。"②众所周知，地方分权制是美国教育管理体制的主要特征，这一教育管理体制的主要特征是通过美国联邦宪法的形式得以确立的。然而，自 20 世纪末期开始，美国所实施的一系列教育管理体制改革措施，则是在不断加强联邦政府对国家教育事务管理上的直接性或间接性影响。这种变革特征是我们在审视此一时期美国教育管理体制变革时应予以特别关注和深思的。

---

① 傅添：《论 NCLB 法案以来美国教育行政管理体制的改革趋势》，载《外国教育研究》，2012(2)。
② 陈恒华：《美国的教育行政管理体制》，载《基础教育参考》，2005(10)。

二、基础教育体制的基本结构

(一)学前教育体制的变革

20世纪80年代，美国学前教育非常注重颁行相关法律，以确保学前教育的公正与平等。1988年，美国国会通过了《中小学改善修正案》(Improving America's Schools Act)与《家庭援助法案》(The Family Support Act)。前一法案提出开展"公平教育计划"。这是一项有关家长及其幼儿的联合教育计划，由联邦政府每年拨款5000万美元用于成人扫盲和为1~7岁儿童提供早期教育。后一项法案规定，凡接受政府津贴的家庭，由政府发给幼儿入托费。1989年，艾奥瓦州教育厅设立了"儿童发展协调处"，纽约州教育厅设立了"早期儿童服务办公室"，弗吉尼亚州教育厅设立了"儿童保育与早期教育处"等。这些学前教育机构的核心职能即在于推动儿童教育与保育工作的协调与统一。此外，这一时期美国学前教育的变革还体现在对幼儿教育师资培养的日益重视。据1988年的一次调查显示，在28个被调查的州中，有27个州规定了幼儿园教师起码要有学士学位。[①] "美国的学前教育机构行政管理采用分管型行政管理形式，主要分为两种类型：一种是将保育和教育分开管理的分管型，另一种是将保育和教育统一管理的整合型。近年来，随着学前教育机构类型、服务对象以及提供的儿童发展方案向多元化发展，美国学前教育机构的行政管理出现了从分管型到整合型转换的趋势。整合化是指将学前教育机构进行统一或协调管理，以提高学前教育政策和目标的一致性，更好地为儿童、家长和社会服务。2007年，针对0~5岁幼儿的保育体系和教育体系相互独立、目标不够统一的体制问题，美国国会对1981年通过的《开端计划法》进行了重新修订并对'开端计划'的管理模式进行了改革，在联邦政府层面，既保持联邦政府对学前教育事业负有的责任，也强化了州政府的责任。联邦政府还曾提出

---

① 周采、杨汉麟：《外国学前教育史》，245~246页，北京，北京师范大学出版社，1999。

将'开端计划'纳入各个州的学前教育体系，由州政府统一协调发展的建议。"①从上我们可以看出，此一时期，美国学前教育体制的变革更加注重学前教育的保育和教育等机构之间以及学前教育机构同家庭之间的协同育人性，学前教育机构的行政管理呈现出从分管型向整合型过渡与演进的趋势。同时，联邦政府也致力于通过加强学前教育立法和提升学前教育师资标准的方式来推动和保障相关改革成效的获得。

(二)初等与中等教育体制的变革

1991 年，老布什(George Herbert Walker Bush，1924—2018)总统签发了《美国 2000 年教育战略》(America 2000：An Education Strategy)的教育改革文件，这份纲领性文件提出了美国教育改革的"四项教育战略"。这"四项教育战略"包括："(1)为今日的学生，我们必须从根本上改进现有的全部 110000 所学校——把这些学校办得更好、更为其结果负责。(2)为明日的学生，我们要创建满足一个新世纪需要的新型学校——新一代美国学校。到 1996 年，至少建成 535 所这类学校。到这个十年末建成上千所这类学校。(3)对我们这些已经离开学校，进入劳动力行列的人们来说，如果我们要在当今世界上成功地生活和工作，我们必须学习不止。要把一个'处于危机中的国家'变为一个'全民皆学之邦'。(4)为保证学校取得成功，我们要超越课堂，把眼光放到我们的社区和家庭上。学校决不会比学校所在的社区所承担的教育义务好得多。我们每个社区都要成为可以进行学习的地方。"②《美国 2000 年教育战略》是美国历史上第一次由总统提出的详尽而具体的教育改革文件，其中所强调的"四项教育战略"的核心旨趣即在于通过对美国学校进行全面深刻的改造和新建，扩大美国学生的入学选择机会，并推进和保障全体美国人都能够进行终身学

---

① 刘菊华、曹能秀：《近十年来美国学前教育体制改革的特点与趋势分析》，载《教育导刊》，2013(5)。

② 吕达、周满生：《当代外国教育改革著名文献(美国卷·第三册)》，210 页，北京，人民教育出版社，2004。

习，同时加强构建美国学校与社区和家庭之间的良性互动关系。这个改革计划的设计和实施，在相当程度上提升了学校在美国初等与中等教育体制中的主体性地位，同时也使得学校在基础教育改革中的自主性作用的发挥得到极大加强。

美国总统克林顿在1997年2月4日所作的题为"做好准备，迎接21世纪"的连任施政演说中提出："每个州应给予家长为其孩子选择合适公立学校的权利。他们择校的权利将推动竞争和改革，从而使公立学校办得更好。我们也应使更多的家长和教师有可能选择那种特许学校，即制定和追求最高标准、自行决定存亡的特许学校。我们计划到下个世纪将帮助美国创立3000所这样的学校——这几乎是现有的7倍——从而使家长在送他们的孩子进入最好的学校方面具有更多的选择权。"[①]在2001年的《不让一个孩子掉队》法案中，小布什总统则提出了四项教育改革的战略原则："继续提高州、学区和学校的效能责任制；扩大家长和学生的选择，特别是进了质量差的学校的家长和学生的选择；增强州和地方学区在使用联邦教育经费方面的灵活性；进一步加强阅读，特别对年幼的学生。"[②]显见，无论是在克林顿总统时期还是小布什总统时期，美国联邦政府均共同关切和支持扩大家长和学生的择校选择权。这其中就包括通过创立更大数量的特许学校的方式来确保美国家长和学生能够获取更多的择校选择权。这样的改革举措的设计和实施无疑会促使美国中小学校的旧有体制结构发生深刻的变化，并大大激发和提升各中小学校的竞争力和革新力。

20世纪90年代以后，让市场运作机制介入教育事业管理的理念逐渐在美国教育改革的进程中发挥重要的指导作用，这也使得美国这一时期的教育改

---

① 陈玉琨、钟海青、江文彬：《90年代美国的基础教育》，15页，桂林，广西师范大学出版社，1998。

② 强海燕：《中、美、加、英四国基础教育研究》，149页，北京，人民教育出版社，2005。

革出现了市场化的倾向。例如，克林顿政府便曾多次表示："我们需要把如何改进公立学校的努力从经费转向结构，亦即转向公共教育事业的组织和管理方式。"在市场介入指导理念的影响之下，美国逐步加强了对公立学校管理体制和形式的改革，私营企业的介入逐渐变得明显起来。事实上，对熟谙市场经营之道的美国企业家而言，几乎没有一样东西不能够被商品化，即便是教育，也同样可以采用市场经济的法则加以运作。而且，对他们来说，教育又是一个巨大的市场领域，具有很大的投资回报率和赢利性。例如，1996年1月31日的《纽约时报》便以"教育市场对企业界的诱惑"为标题报道说："美国每年用于从学前到高中的教育经费为3400亿美元，其中300亿元左右已为赢利性公司所掌握。这些公司所从事的工作包括：管理学校、提供课堂教学和课后辅导业务、出售教科书、教学软件及新技术、设计课程、提供咨询服务等。其业务范围大大超过提供餐饮、校车运输及校舍维修等传统项目。"而1996年出版的《教育产业指南》（*The Education Industry Directory*）一书，则提供了有关这一方面的更详尽的数字。该书称："教育是美国国内最大的事业之一，每年耗资6000亿美元，占国内生产总值的8.9%，超过国防费用，是仅次于医疗保健的全国第二大支出。在这笔费用中，用于从学前到高中阶段教育的经费大约为3400亿美元。"据该书统计："目前私营企业掌握了810亿美元的教育经费。其中一半多一些的钱用于企业及公共机构的人员培养，剩下的300亿元，有150亿元用于教育产品，如教材、电脑、软件等，100亿元用于经营营利性学前教育机构。另外还有由学区与私营公司签署合同，由公司承担诸如校舍的修缮、餐饮、保安服务等。"当时到底有多少家这样的教育企业公司，连这本权威的"指南"也未能提供准确数字，因为由于电脑软件、营利性学前教育机构的需求太大，教育企业公司的增长速度非常快。一家设在波上顿，专门为企业投资教育揾供咨询服务的机构"教育冒险公司"的负责人认为："这是一个非常大的产业，具有极好的发展潜力。"1996年2月11日的

《华盛顿邮报》商业版指出："从长期投资的角度来看，很少有哪些企业能够和那些管理公立学校、出售教育软件、提供中等教育培训的营利性教育企业公司相匹敌。"而据其引用的"教育产业通讯"报道，对 20 家上市的美国教育产业公司赢利情况的分析表明，其平均赢利为 73%。该报道还特别提醒投资者注意经营技术学校的 DeVry 公司、由菲尼克斯大学经营的阿波罗集团、提供家教和辅导业务的 Sylvan 公司、制作教育软件的学习公司等几家公司的股票走向。此外，除了开发、经营教育产品，为学校提供各种营利性服务外，20 世纪 90 年代以后，美国教育市场出现的一个新现象是私营公司通过承包方式，接管公立学校的管理。据 1996 年 1 月号的《美国新闻与国际报道》杂志的一篇文章统计："1995 年底，美国大约有 7 个州的 20 所公立学校已由私营公司管理，涉及的学生人数大约有 14900 名，经费为九千多万美元。目前还有更多的私营公司正在考虑从事这一工作。"1996 年初，美国很多新闻媒体报道了较早开始经营公立学校，并在这一工作中很有影响的"教育选择公司"的消息。教育选择公司被认为是全美最大的以接管经营公立学校为主要工作的教育企业。① 显而易见，美国联邦政府确信，通过对教育领域引入市场机制，便可有效改变美国公立教育长期以来体制僵化、质量低下的状况，并逐步增加其弹性和可选择性。

三、高等教育体制的基本结构

(一)联邦政府与中介机构组织对美国高等教育体制变革的影响

20 世纪 80 年代以来，联邦政府对美国高等教育体制变革的影响日益加深，联邦教育部对于高等教育管理的权力得到空前加强，其所负责支配的用于大学的研究开发经费和资助经费在大学投入经费和资助经费中所占比例获得很大提升。"到 1995 年，前 100 名大学所获得的联邦政府研究开发经费占

---

① 史静寰：《八九十年代美国教育改革述评》，载《清华大学教育研究》，1997(4)。

投入大学经费的 80%，授予约 80% 的博士学位和 50% 的硕士学位。……到 90 年代，联邦政府通过助学金、担保贷款、勤工俭学等方式，每年用于支持和帮助学生的经费多于 350 亿美元。以 1995—1996 年度为例，在总共 505 亿美元的中学后教育资助经费中，联邦占 65.7%，其中贷款 287 亿美元，补助金和勤工俭学 87 亿美元；州补助金为 30 亿美元，约占 6%；大学或其他来源的资助金约为 100 亿美元，约占 20%。联邦政府学生资助项目几乎使所有的中学后教育机构受益。"①随着联邦政府对高等教育经费投入和资助力度的不断提升，其在美国大学管理方面的影响程度也逐步扩大，这也在一定程度上对美国高等教育管理地方分权体制造成了冲击和挤压。

"管理的加强实际上导致联邦政府日益卷入大学的内部事务，大学自治权受到牵制。然而，尽管联邦政府出钱是个好事，但州为捍卫州统筹本州教育管理体制和大学保卫大学自治的意图，是十分清楚的。如 1992 年修订后的高等教育法引入一个新条款，即要求州成立中学后教育实体审定机构，其负责审定本州哪些高等院校有享用联邦政府学生资助项目的资格。随着该条款的实施而在美国引发了激烈的冲突。美国高等教育界认为该条款的实施将改变大学与政府之间的基本关系，大学自治将成为空话。斗争的结果是该条款的终止实施。"②可见，联邦政府通过增加经费投入和资助比例以及制订和颁行相关立法的方式来提升对大学事务管理的力度和强度，势必会与美国大学所一贯持守的地方分权和大学自治的高等教育管理体制产生相互抵牾之处，双方由此而发生对立和冲突也就在所难免了。

"建立大学与政府间的中介机构，是各国调整政府与大学间的关系的重要步骤。美国卡内基高等教育委员会成员包括大学校长、教授、政府官员和工业界人士，在其存在的短短 6 年时间里，他们共出版了 21 份特别报告，提出

---

① 乔玉全：《21世纪美国高等教育》，85页，88~89页，北京，高等教育出版社，2000。
② 乔玉全：《21世纪美国高等教育》，109页，北京，高等教育出版社，2000。

了约 300 条建议，对美国高等教育发挥了重大作用。"①我们看到，美国较为注重通过建立类似于美国卡内基高等教育委员会这样的大学和政府间中介机构的方式，来更好地消解政府与大学之间的隔阂、矛盾与冲突，从而更有效地调整和构建彼此间的关系。这背后的深层原由即在于，这样的中介机构和组织实质上是一种联合了关涉各方利益取向群体在内的、多元协同化模式下的高等教育管理机构和组织，对于牵扯各方利益的大学管理问题进行应对时，可以通过大家协同共商和一体联动的方式，采取相对周全妥善和协调一致的途径来合理解决，从而也避免了大学管理活动陷入各利益相关方意见对立、纷争不断的冲突境地，使大学管理成效受到折损和变得低下。

(二)国际化取向下的美国高等教育体制变革

20 世纪 90 年代以来，经济全球化的步伐日益加快，国际的竞争愈加注重科技和人才的决定性影响。同时，诸如人口增长、生态保护、资源开发以及消除贫困等一系列全球性问题的解决更加需要国际社会的通力合作、携手并进。在这样的时代背景下，美国高等教育体制变革的国际化取向也愈加显明起来。

"所谓'国际化'，主要包括：知识的国际流动；人员的国际流动；高等教育的国际合作(如合作办学、合作研究、技术合作以及教育资金的国际融通)；课程的国际性(如外语教学、国际和地区研究以及国外学科或专业的本土化)；借鉴国外高等教育经验，建设一流高等学校，等等。在看到高等教育国际化趋势的同时，我们必须关注隐藏在高等教育国际化背后的国家利益冲突。事实上，每个国家都是从其国家利益出发制定其高等教育国际化战略的。美国 1966 年通过的《国际教育法》就明确指出：'协调在国际教育方面联邦政府现有的和未来的各种计划，以满足充当世界领导责任的要求，对于联邦政府既是必需的也是适当的。'这个法令清楚地表明了美国开展高等教育国际化的主

---

① 王英杰：《当今世界高等教育发展危机与改革趋势》，载《中国高等教育》，1999(5)。

要目的是服务于美国政府的全球战略，巩固并增强其在处理国际事务中的霸权地位。克林顿在《全球教育：学校变化研究》中也提出：'对全球教育的合理解释常常集中在提高美国的经济实力这一点上。'高等教育的国际化有可能巩固发达国家和发展中国家的中心—边缘地位。发展中国家对发达国家的经济依赖往往导致了文化上的依赖，发达国家借助其在语言和信息技术方面的先天优势，在输出其科技产品的同时也输出意识形态、文化价值观念甚至学术规范，从而使得这种交流成为一种不平等的对话关系。文化殖民的威胁已成为高等教育国际化阳光下挥之不去的阴翳。"①可见，美国高等教育体制变革国际化取向的确立和运行，并非仅仅是要满足促进本国更好地适应和融入全球化进程的时代发展新需要。同时，其背后也隐藏着美国深层和长远的全球战略意图，即通过实施高等教育国际化战略，并凭借自身所具备的全球的科技领先地位，进而向世界其他国家输出本国的意识形态、文化价值观和学术规范等，意在最终达成对别国实现文化殖民和长久保持自身世界霸权地位的根本目的和企图。

第三节　各级各类教育改革和发展

一、基础教育的改革和发展

（一）提高教育质量，加强科技取向教育

美国自 20 世纪 80 年代以来所实施的一系列基础教育改革和发展措施，始终都是围绕着"提高教育质量，追求优质教育"这样一个一以贯之的主题展开的。而作为该主题之下的美国基础教育改革与发展的先声，即是 1983 年 4 月由美国高质量教育委员会完成的题为《国家处在危险之中：教育改革势在必

---

① 王英杰：《当今世界高等教育发展危机与改革趋势》，载《中国高等教育》，1999(5)。

行》的调查报告。该报告开篇即讲道:"我们的国家处于险境,我国在商业、工业、科学和技术上的创造发明一度毫无异议地处于领先地位,现在正在被世界各国的竞争者赶上。……我国社会的教育基础目前受到日益增长的庸庸碌碌的潮流的腐蚀,它威胁着整个国家和人民的未来。上一代还难以想象的情况开始出现了——其他国家正在赶超我们教育上的成就。"①该报告提供的一系列数据表明,美国公立学校的教育质量异常低劣,学生的学业水平在国际排名中已经远远落后于其他国家的学生。这一统计结果令一向心高气傲的美国人震惊不已,他们几乎是众口一词地谴责美国教育水平的平庸,追求教育的最优化骤然成为全社会的共同呼声。该报告提出了一系列提高美国基础教育质量的改革建议,具体包括:"提高州和地方中学毕业生的要求……对学生的学业成绩和品德采取更严格和可测度的标准,提出更高的要求,并且提高四年制学院和大学的入学要求。……把更多时间用于学习'新基础课'。……改进培养师资的工作或把教学变为更值得从事的和受人尊敬的职业。……全国公民要求教育工作者和当选的官员负责领导完成这些改革,同时公民们要提供财政资助和实现改革所需的稳定性。"②该报告公布后,美国教育领域随之实施了一系列汹涌澎湃的改革措施。至 1984 年,"全国有 50 个州先后都成立了教育特别调查组,44 个州提高了高中毕业班的成绩标准,20 个州延长了每日学习时间和增加了学习日,36 个州寻找各种途径解决了教师短缺问题。大学入学考试成绩开始上升"③。毋庸置疑,由《国家处在危险之中:教育改革势在必行》报告所引发的 20 世纪 80 年代的美国基础教育改革浪潮取得了令人瞩目的成就,但众多教育改革家却一致认为,这仅仅是美国基础教育改革

---

① 吕达、周满生:《当代外国教育改革著名文献(美国卷·第一册)》,1 页,北京,人民教育出版社,2004。

② 吕达、周满生:《当代外国教育改革著名文献(美国卷·第一册)》,14~18 页,北京,人民教育出版社,2004。

③ 强海燕:《中、美、加、英四国基础教育研究》,140 页,北京,人民教育出版社,2005。

的序曲，其高潮还远未到来，但这却为其后所进行的一系列更加深广的教育改革开启了先声。

据 1983 年的一项报告报道：在美国 17 岁的青年中，有 13% 是功能性文盲；130 万成年人和少数民族青年人中的 40% 是功能性文盲；参加大学入学考试的学生中，英文、数学和科学知识水平差；部队和商人要求大学建立辅导班，因为不少人的英文阅读、撰写、拼写及标点符号的能力差。美国教育测验中心（Educational Testing Srvice，EIS）在对 20 个国家学生的抽样调查中发现，几乎在所有项目中美国学生的成绩都落后，科学程度倒数第三，只比爱尔兰和约旦的学生略胜一筹；数学倒数第二，只排在约旦前面。①《克林顿的变革方略》也坦承："我国的中学没有培养出学业上能与其他先进国家相媲美的毕业生。""2004 年 12 月公布的'国际学生成绩评估'表明，美国学生的数学成绩在参与调查的 29 个国家中低于 20 个工业国家，美国学生的数学整体成绩及各分科——几何、代数及统计学——的成绩均低于国际平均线。"②进入 20 世纪 90 年代之后，教育质量低下的问题仍是困扰美国教育界的一个棘手问题。"福顿基金会 1998 年发表的一份研究报告指出，根据对中小学四至八年级学生阅读、科学和数学成绩的研究，美国在经济合作与发展组织（OECD）成员国中倒数第一。"③美国联邦政府改变了过去简单加大教育投入的做法，而是借助各类教育改革计划和联邦资助来积极干预各地教育改革的进程，并以此来推动各地教育质量水平的提升。联邦政府一方面大大增加用于提高中小学学业标准的资助金额，例如，1965 年联邦政府的资助总金额为 10 亿美元，1998 年则提升到了 75 亿美元；另一方面则在全美各地区建立专门机构，负责掌管资助资金的分配，并以此来改变学校教育质量低劣的面貌。可以说，对

① 顾宁：《美国文化与现代化》，193 页，沈阳，辽海出版社，1999。
② 郑旺全：《美国加强基础教育质量的改革尝试——提高学术标准，改善评估体系》，载《课程·教材·教法》，2006(1)。
③ 项贤明：《20 世纪 90 年代以来的美国教育改革》，载《比较教育研究》，2003(5)。

于以贫穷学生为主的学区和学校而言，来自联邦政府的资助已成为学校维持自身运转的不可缺少的经费来源，而为了保持并提高自己所获联邦政府资助的地位和额度，这些学区和学校显然要力争达到某种既定的学业成绩标准，这就使联邦政府对提高学校教育质量的控制和影响可以达到美国教育的最底层。此外，这一时期的其他很多教育改革政策与措施，诸如制定统一学业标准、加强考核力度、允许自主择校等，也都清楚地表明了美国教育以追求质量最优化为基本改革取向的指导理念。

1989 年，美国促进科学协会公布了由其组织数百名专家学者和实际教育工作者历时四年共同完成的题为《普及科学——美国 2061 计划》的研究报告，该报告之所以命名为"2061 计划"，原因在于制订计划的那一年——1985 年，恰好是哈雷彗星接近地球的年份，而 76 年之后，也就是 2061 年，哈雷彗星又将再次接近地球。由此，计划的制订者将其命名为"2061 计划"，即取希冀该计划到时可以全面收到理想成效之意。该报告指出："普及科学基础知识包括科学、数学和技术，已经成为教育的中心目标。然而，在今日美国，普及科学基础知识问题仍在困扰着我们。近十年的研究清楚表明，不论参照国内标准或是国际标准，美国未能给予许多学生足够的教育，从而导致了国家衰退。不论出于何种考虑，美国没有任何事情比进行科学、数学和技术教育改革更为迫切。"①"2061 计划"的旨趣即在于向美国学生普及和实施具有实效性和创新性的科学、数学与技术教育，以使美国学生在全球社会日新月异的科技变革潮流中始终占据主动地位。按照"2061 计划"的设想，这项改革将是一个长期、复杂的过程，共由三个阶段组成。"第一阶段拟订计划，设计改革的总体方案，明确未来儿童和青少年从小学到高中毕业应当掌握的科学、数学和技术领域里的基础知识。……将每个人在幼儿园到高中毕业的 13 年教育中

---

① 吕达、周满生:《当代外国教育改革著名文献(美国卷·第二册)》，14 页，北京，人民教育出版社，2004。

应获得的基本科学知识浓缩为 12 大类：科学、数学、技术的本质 3 类属于总论；其他 9 类为自然界构成、生态环境、人体机能、人类社会、技术世界、数学世界、科学史观、共同主题和思维习惯。……这一阶段历时 4 年。第二阶段是 1989—1992 年，根据第一阶段提出的理论和指导思想，开始设计新课程。各专题研究小组根据上一阶段提出的改革总方案的宗旨和要求设计课程改革的具体规划，开发多种适宜于中小学科学、数学和技术教育的课程模式，明确各种课程模式实施所需的步骤、条件和手段，比如包括培训教师、实验新的课程、探索新的教学方法等。这一阶段的工作以 1993 年出版的《科学教育的模式》为标志，已顺利完成。从 1993 年起进入第三阶段，在第一、第二阶段的基础上，用 10 年或更长的时间，在联邦、各州的教育组织及社会各界的支持下，在一些州和学区进行科学、数学和技术教育改革试验，将前两个阶段的研究成果转化为全国性的教育实践，全面启动面向 21 世纪的中小学科学、数学和技术教育改革计划，把美国推向普及科学基础知识的社会，实现'2061 计划'提出的最终目标。"[1]不难发现，"2061 计划"引领下的美国教育改革有着鲜明的科技取向。可以说，"美国把教育改革的科技取向视为保证美国未来的国际竞争能力及其霸权地位的关键一招。美国人甚至把国家兴衰的赌注押在教育的科技取向上，'美国准备把未来美好形象的赌注押在完全的，甚至处于领先地位的科学技术上'"[2]。正是出于以上考虑，自"2061 计划"付诸实施之后，美国教育界对于科技教育的改革热情始终有增无减，而这也无形中为"2061 计划"所设定的终极改革目标的实现创造了有利条件。

(二)面向更广泛群体，促进教育公平发展

众所周知，美国是一个由多元种族、民族组成的国家，社会各阶层之间的贫富差距较为明显，社会地位参差不齐，由此，也导致了不同社会群体在

---

① 杨慧敏：《美国基础教育》，110~111 页，广州，广东教育出版社，2004。
② 朱旭东：《八九十年代美国教育改革的目标及其取向》，载《比较教育研究》，1997(6)。

接受文化教育的权利方面存在着不公与失衡的现象。尽管自 20 世纪 60 年代以来，美国便在教育的平等化方面大做文章，但是到 20 世纪 80 年代之后，其教育领域中仍然存在着事实上的不平等。

自 20 世纪 80 年代以来，美国学校教育方面存在的种族隔离现象主要表现在以下三个方面：(1)白人和黑人居住地区分开而造成的种族隔离。近几十年来，大批白人迁往郊区，黑人在市区公立学校中的比例越来越大，纽约、波士顿的公立学校几乎成了清一色的黑人学校。近年来，有些黑人中产阶级也迁往郊区居住，但往往是黑人前脚来，白人就后脚走，这些郊区很快又成为以黑人为主的地区，那里的学校又成了以黑人学生为主的学校，白人学生纷纷迁走。(2)许多学校把黑人学生编入低能班，造成校内种族隔离。校方称，分班是通过标准测验决定的，50% 的黑人学生被编入低能班。(3)提高入学水平而造成的种族隔离。1984 年，美国有 39 个州通过法律，规定设立大学资格考试，要求申请入学者必须学 3~4 年数学或其他自然科学和二门外语，但许多公立学校的黑人从未学过某些课程，从而排斥了大批黑人学生入大学。① 此外，美国教育领域中不平等现象还体现在性别歧视方面，而由性别歧视所导致的教育不平等现象可谓五花八门、不胜枚举。诸如在教学方法上对女学生的区别对待；女教师薪水与男教师工作所得相比差距极大；学校大权几乎均由男性把持，女性只能听凭差遣；女学生在选修数学、工程、科学等课程方面受到种种限制等。②

针对美国教育中所存在的教育不平等的痼疾，自 20 世纪 80 年代以来，美国基础教育改革的一个基本指导理念即是谋求教育的平等与公正，公平为本的教育改革理念在美国基础教育改革进程中得到了较大程度的张扬和体现。

---

① 王锦瑭：《美国社会文化》，156 页，武汉，武汉大学出版社，1996。

② Joel Spring, *American Education: An Introduction to Social and Political Aspects*, New York, London, Longman, 1991, p.134.

例如，1992年，各类学校中有男生3220万人，女生有3230万人；其中高中在校生中，男生为680万人，而女生为650万人；大学在校生中，男生为620万人，女生为780万人。1993年，分别有80.5%的男子和80%的女子完成了高中学习，分别有24.8%的男子和19.2%的女子完成了大学学习。据美国教育部从全国大专院校获得的最新资料表明，从全国来说，上大学的妇女人数超过男子，比例分别为56%和44%，上大学的黑人妇女超过黑人男子，比例分别为62%和38%。黑人学生获得学士学位者当中，女性占64%。①

在美国20世纪90年代以来所制定和推行的一系列基础教育改革措施中，面向更广泛群体，促进教育更公平发展的理念也得到了很好的阐发。例如，在老布什总统1991年签发的《美国2000年教育战略》中提出的诸如"(1)所有的美国儿童入学时乐意学习。(2)中学毕业率将至少提高到90%。(3)美国学生在4、8、12年级毕业时，业已证明有能力在英语、数学、自然科学、历史和地理学科内容方面应付挑战；美国的每所学校要保证所有的儿童会合理用脑，以使他们为做有责任感的公民进一步学习，以及在我们现代经济中谋取有创建性的职业做好准备。(4)美国学生在自然科学和数学方面的成绩居世界首位。(5)每个成年美国人都能读书识字，并将掌握在全球经济中进行竞争和责任。(6)每所美国学校将没有毒品和暴力，并将提供一个秩序井然的益于学习的环境"②六项战略目标，实质上也都体现了立足于平等而全面改善美国教育的理念。这种倡扬公平全面改进美国教育的思想理念，在克林顿政府和小布什政府的教育改革方略中，也得到了极大的秉承和发扬。这一点，从小布什政府的教育改革法案《不让一个孩子掉队》的标题中就可以鲜明地体现出来。这种注重教育公正与公平的教改倾向不仅表现在美联邦政府的政策中，而且

① 王波：《当代美国社会热点聚焦》，199页，合肥，安徽大学出版社，1998。
② 吕达、周满生：《当代外国教育改革著名文献(美国卷·第三册)》，212~213页，北京，人民教育出版社，2004。

在各州的教育改革中也同样表现明显。例如，肯塔基州 1990 年教育改革法案的重要目标之一就是实现教育投入和产出的公平化，得克萨斯、加利福尼亚、密歇根等其他许多州也都实施了类似的教育改革。普林斯顿大学经济系的罗毅(Joydeep Roy)在一份关于密歇根州 1994 年开始的教育财政改革的研究报告中，对该州实施这一改革计划前后的有关教育财政数据进行详细分析认为，"这一改革计划在减少教育投入不平等方面取得了相当的成功"①。不可否认，尽管当今美国教育领域中的不公平现象依然较为明显，但其自 20 世纪 80 年代以来所实施的一系列基础教育改革措施，还是较为鲜明地体现出了公平为本的改革理念，并在不同层面上取得了令人瞩目的成果。

(三)引入市场竞争机制，加速教育市场化发展

20 世纪 90 年代以来，美国基础教育的改革和发展受到了经济全球化背景下盛行的新自由主义经济思潮的深刻影响，其改革和发展的市场化取向是显而易见的。考察新自由主义对于 20 世纪 90 年代以来美国基础教育改革进程的深刻影响，我们首先必须对新自由主义的本质内涵有一个透彻的了解。对此，乔姆斯基曾指出："'新自由主义'，顾名思义，是在古典自由主义的基础上建立起来的一个新的理论体系，亚当·斯密被认为是其创始人。该理论体系也称为'华盛顿共识'，包含了一些有关全球秩序方面的内容。……其基本原则简单地说就是：贸易经济自由化、市场定价、消除通货膨胀和私有化。……新自由主义'华盛顿共识'的'重要建筑师'是私有经济的大师们。他们拥有的经济集团，多数控制着世界经济的命脉，并有能力主宰政策的制定和思想观念的形成。"②不难发现，所谓新自由主义，其实就是有关经济全球化时代世界经济运行的基本程序，其最主要的表征即是经济贸易自由化、市

---

① 项贤明：《当前国际教育改革主题与我国教育改革走向探析》，载《北京师范大学学报(社科版)》，2005(4)。

② [美]诺姆·乔姆斯基：《新自由主义和全球秩序》，3~4 页，南京，江苏人民出版社，2001。

场化与私有化。究其实质，新自由主义所代表的乃是国际垄断经济集团的根本利益，而对于那些经济上处于不利地位的群体而言，新自由主义则意味着霸权和不公正对待。换言之，社会弱势群体的利益是难以得到新自由主义的有效保护的。关于新自由主义的这一本质属性，李其庆指出："新自由主义大谈机会是'自由'和'平等'的。可是，一旦一个人不能居于前列，他将会惨败。公民需要国家保障的健康、教育和民主自由的权利都不再受到保障。"毋庸置疑，新自由主义对于20世纪90年代末期以来美国教育改革的主导性影响使得美国教育的发展日益被纳入"市场化"与"私有化"的轨道之中，教育成为一种遵循市场法则来加以运营的"商品"，教育部门的资源配置完全按照市场化的原则来进行，社会群体之间在受教育权利方面所存在的差距和不平等进一步加剧。

美国在基础教育改革进程中引入市场机制，除了受到全球经济新自由主义思潮的深刻影响之外，还有一层考虑就是为了促使美国教育在发展过程中可以通过借助市场竞争的方式来实现效率优化。这一点突出地表现在美国自20世纪90年代以来大肆兴办特许学校以及实施学券制的改革行为中。"在美国，大多数孩子都在公立中小学就读，而美国公共学校系统长期实行就近入学的政策，所以多数美国孩子都是在坐落于本社区的学校上学。这种缺乏灵活激励机制的教育体制，造成公立学校管理不善，教育质量低下，教育资源浪费严重等问题，民众对此十分不满。面对这种状况，很多地方积极推行教育改革，试图将市场竞争机制引入公立学校体系。1992年，美国马里兰州的巴尔的摩市率先进行了一项教育改革试验，将9所公立学校移交给私营的教育管理公司(MOE)经营，这类学校后来被称为'特许学校'。截止到1999年9月，美国有36个州加上1个哥伦比亚特区通过了特许学校的立法，有32个州已经开设这类学校，全美共计升设了1484所特许学校。为了真正打破垄断，刺激学校积极改善管理，提高办学质量，有些地区还实行了学券制，即政府按照所投入的生均教育经费发给每个孩子等额的学券，孩子可以持学券择校就读，学校可以通过向政府兑现学券来获得相应经费资助。"①诚然，诸如特许学校、学券制等市场化教育模式的运用，可以在一定程度上化解美国教育效率低下的问题，但这其中的尺度却难以把握得当。稍有不慎，则易于无限夸大教育的"经济角色"与"商品效应"，而容易忽视甚至摒弃教育的"非经济"角色，特别是教育事业作为社会公益事业所特有的一些功能与任务，诸如传递民族文化和知识传统，创造平等机遇，发扬公民权、民主领导以及提倡为公众服务等就会逐渐被淡化与忽略。在这样的境况下，教育产品几乎完全转化为私人产品，美国教育部门的资源配置则会一味按照市场的原则来进行，而那些经济上处于弱势的群体则显然会成为"教育市场化"的最大牺牲者。与此同时，在将教育支出视为投资的社会框架中，由市场导致的差距和不平等会进一步加剧，而国民教育所追求的公平、公正的目标则会在市场化的压力下越发变得支离破碎、遥不可及。总体而言，20世纪90年代以来，美国基础教育市场化改革的前景仍处于变幻莫测之中，其未来的发展态势很难预料。不过，努力寻求新自由主义经济思潮主导下的经济全球化进程中教育变革的"市场特质"与"公益特质"之间的制约与平衡，则应当是未来美国教育市场化改革的一条必由之路。

二、高等教育的改革和发展

(一)以提高本科教育质量作为头等要务

20世纪80年代以来，如何有效促进本科教育质量提高的问题成为美国高等教育改革和发展的头等要务，而实质上，能否保证本科生培养的质量水平，也是美国高等教育能否在21世纪继续领先全球高等教育发展潮流的一个先决条件。

---

① 项贤明：《20世纪90年代以来的美国教育改革》，载《比较教育研究》，2003(5)。

1984年10月，美国高质量高等教育研究小组发表了题为《投身学习：发挥美国高等教育的潜力》的报告，该报告就提高本科教育质量所需具备的三个重要条件进行了详细阐释："我们坚持认为，要是美国的高等学校能够将关于提高教育质量的三个重要条件的知识付诸实践的话，那么本科教育的质量就会大大改观。这三个条件是：（1）学生投身学习，（2）严格要求，（3）评价和反馈。……三个重要条件中的第一条——对改善本科教育来说，也许是最重要的一条，就是学生投身学习。所谓'投身学习'，我们指的是大学生在学习过程中投入了多少时间、精力和努力。现在，大量的研究证明，学生在学习过程中投入的时间、作出的努力越多，对他们自己的学习安排得越紧，他们的成长就越快，收获就越大，对他们的学习生活就越满意，他们的合格率就越高，他们也就越有可能继续学习下去。……有效学习的第二个重要条件是严格的要求，它描述了学生和学校努力追求的教育成果。教育成果包括对毕业生的要求(学'什么')和标准——与所期望的成绩水平有关的一种要求(学得'怎样好')。虽然学校的要求，对大学生成绩的影响作用，还是一个很少有人研究的课题，但是学生的成绩仍可以明显地提高到所要求的水平，学生对合理要求的反应是积极的。当教育者提的要求过高，即不切实际的时候，学生的学习情况就差，坚持继续学习的人数就会下降。如果我们提的要求过低，我们就几乎不会失望。同时，学生对他们自己提的要求，也必须切合他们学校的实际情况。如果不切实际，学生就不会被充分调动起来，也就不会投身学习了。这里，特别重要的是，学校和教师对所有课程和专业的大学水平的学习和发展的要求标准应该正式公之于众。大学生、他们的家庭以及其他人，不仅应该了解要求的具体内容，而且应该知道所要求的东西通过什么途径去实现。……教育质量的第三个条件是正规而定期的评价和反馈。……我们相信，如果评价的目的是测定成绩的提高，如果这样搜集的信息又作为改进个人努力、教学内容和教学方法的基础，反馈给学生、教师和行政管理者的话，那么，评价就可以用来提高并明确要求学生投身学习。这里显而易见的问题是评价、要求和投身学习之间极其重要的的关系：学生对自己与学校要求密切联系的成绩的信息反应积极，结果，他们可能变得更加专心致力于学习。"①据此可知，该报告是将提高本科教育质量的立足点置放在了如何有效提升、保障和激发大学生的学习效果、质量以及动力之上了。换言之，该报告乃是致力于通过更好地调动和引导学生进行有效学习的方式来促进本科教育质量的有效提升。显而易见，这里所设定的本科教育质量提升方略乃是以提高学生的学习质量来作为核心要素而加以考衡的。1992年，时任哈佛大学校长的陆登廷提出，应优先考虑与提高本科教学质量相关的工作，改变以往本科教学主要由研究生来承担的局面，并将更多的教授安排到本科教学工作中去，从而有效解决本科教学质量不稳定的问题。这里所强调的，更主要是从保障大学教师教学质量的角度出发来促进本科教学质量的提升。

1995年10月，美国联邦教育部发布了题为《研究人员谈如何提高高等教育质量，联邦政府岂能袖手旁观》的报告。报告汇集、整理了研究专家对提高本科教育质量提出的主要观点，强调要对本科教育确立较高的期望值，必须从一年级开始就在教师配备、资源配置、课程和活动安排上给予足够的重视。1998年4月，美国卡内基教学促进基金会下属的博伊本科教育委员会发表的题为《改造本科教育：美国研究型大学蓝图》报告号召利用研究型大学巨大的资源优势提高本科教育质量构建一种新的本科教育模式，使本科学生成为这些资源的受益者，而不是被研究所遗忘的角落。② 美国大学向来便有注重科技教育的传统，而在注重科技教育的同时，美国大学教育也同时注重科技教育与人文教育之间合理关系的建构，希冀谋得两者之间的协调发展。例如，美

---

① 吕达、周满生：《当代外国教育改革著名文献(美国卷·第一册)》，32~34页，北京，人民教育出版社，2004。

② 王英杰：《当今世界高等教育发展危机与改革趋势》，载《中国高等教育》，1999(5)。

国著名理工类高校麻省理工学院便清醒地认识到广博系统的核心基础教育可以使理工专业的学习相得益彰。因此在加强写作和英文教学的同时，规定把反映人类文明的历史、社会、科学、工艺、伦理和政治的基础教育内容，作为麻省理工学院本科学生的必修课程。而作为美国高新科技象征之一的硅谷所在地的斯坦福大学，也明令要求其每名文科学生必须在数学、统计学和电子计算机应用技术这三门课中选修一门课，同时每名主修理工科的学生也要学习经济学、文学、历史、社会学、法律学等文科的课程。① 显见，如上一系列高等教育改革举措所瞩目的提高美国本科教育质量的立足点，主要是从一种系统观和整体观的角度出发，将教师配置、课程设计、经费划拨等全方位相关要素置于其中来加以审视和考衡，以期构建出全新高能的本科教育模式，从而推动美国本科教育质量的有效提升。

(二)基于发现、综合、应用和教学的大学教授学术水平新架构模式

教学、科研和服务三位一体是美国高等学校功能运转的基本架构模式，这一架构模式之下的美国大学功能运转，也便很好地实现了人才培养、知识创造和社会服务等多元功能的协调统一，一向受到美国政府与社会各界的普遍认可和重视。1984 年 10 月，美国高质量高等教育研究小组在其发表的题为《投身学习：发挥美国高等教育的潜力》的报告中便曾就此指出："由于美国社会需要受过更高教育的劳动力，因此，高等教育已不仅是文化的保护者和传播者，而且已成为我国经济发展与民族昌盛的重要组成部分。为了发挥这一作用，高等学校承担着诸多的职能：科学研究、职业培训、研究生及专业教育以及为民众提供发展智力和文化活动的条件。此外，我们的许多高等学校还设置专门化的社会服务机构，如农业推广教育，社会政策分析以及先进的医疗服务。高等学校的这一切，对培养青年适应社会需要，对发现人才，对鼓励创造，都是有着极大影响的。实际上，我们早已开始期待高等教育能够

---

① 吴中仑、罗世刚、张耘：《当今美国教育概览》，134 页，郑州，河南教育出版社，1994。

胜任自己的职责，并发挥各种作用。"①可见，在 20 世纪 80 年代，美国社会整体上对于高等学校功能的基本认知，主要还是基于教学、科研和服务三位一体的传统角度来加以考衡的。而到了 20 世纪 90 年代，这种情形才发生了新变化。

1990 年，美国卡内基教学促进基金会发表了题为《学术水平反思——教授工作的重点领域》的报告，该报告就大学教授学术水平提出了基于发现、综合、应用和教学的新架构模式："我国的大学和学院当前面临的最重要的任务就是打破多少年来人们已谈腻了的所谓教学与研究关系的辩论模式，以更富创造性的方式确定何谓一个学者。现在是全面认识教师的智力和高等教育应当表现出的巨大的多样性的时候了。要使美国高等教育保持活力，我们就要对教授的工作有一个更富创造性的看法。为迎接这一挑战，我们在本报告中提出了关于学术水平的四个观点——发现、综合、应用和教学。……从殖民主义时代起，美国教授们就既对校内又对校外的义务作出响应。第一位的工作是教学，其次是服务，最后是科研问题。直到不久前，教授们才被要求将这三种传统混为一体。但是，即使要求是如此理想化，学术生活的现实与神话之间仍然存在着很大差距。几乎所有高校口头上都唱着教学、科研与服务三部曲，但对专业表现作出判断时，这三者很少能得到同等的褒奖。……不错，学术水平是意味着参与基础研究，但一个学者的工作还意味着走出调研，寻求相互联系，在理论与实践之间建立桥梁，并把自己的知识有效地传授给学生。我们的具体方法就是：教授的工作可以认为有四个不同而又相互重叠的功能。这就是：发现的学术水平；综合的学术水平；运用的学术水平；教学的学术水平。……研究人员的探究精神，是学术界和全世界的无价之宝。学术上的调查研究是各个学科学术生活的核心，必须努力培养和保护对知识

---

① 吕达、周满生：《当代外国教育改革著名文献(美国卷·第一册)》，25 页，北京，人民教育出版社，2004。

的追求。这种探究精神燃起的智力上的激情为教师队伍带来了活力，使高等学校充满了生机。在我们生活的复杂而脆弱的世界上，这种新知识的发现是绝对重要的。……我们讲综合，就是要建立各个学科间的联系，把专门知识放到更大的背景中去考察，在阐述数据中有所发现，并常常教育非专业人员。我们主张综合的学术水平并非建议要回到早期的'绅士学者'，也不意味着我们主张浅尝辄止的半瓶醋，相反，我们要求的是严肃的、专业性的工作，它寻求解释、总结和提出新见解去影响基础研究。……我们在这里规定的应用学术水平并不是单向的。如果它意味着先'发现'知识，然后'运用'知识，这一提法本身可能会引起错误导向。我们心目中的过程是有活力而辩证的。智力上的新思想可能正是来自于应用活动——可能在进行医疗诊断、对病人进行心理治疗、制定公共政策、进行一项新的建筑设计过程中，也可能在与公立学校一道工作的过程中等。在这类活动中，理论与实践有机地相互促进，相互更新。……归根到底，启发性的教学使学术之火常旺。几乎所有有成就的学术人员都称道创造性的教师——那些把教学作为对自己毕生的挑战而严格要求自己的导师们。没有这种教学的功能，知识的连续性就将中断，人类知识的积累就将面临削弱的危险。"[1]能够看到，该报告希冀打破以往主要将美国大学功能定位于教学、科研和服务三位一体架构模式上的一贯认知，而致力于从大学教授的基于发现、综合、应用和教学等四个方面的学术水平一体化模式构建的角度出发，来达到更好地保持美国高等教育的生机和活力，进而最大限度地减少大学发展乏力而对学生、教师乃至其国家所造成的损害，并得以适应社会环境和整个世界日新月异的变化。

---

[1]　吕达、周满生：《当代外国教育改革著名文献(美国卷·第三册)》，7页，17~23页，北京，人民教育出版社，2004。

三、教师教育的改革和发展

(一)应对时代挑战,不断提升教师专业化水平

1983 年,美国 17 所著名大学的教育学院院长组成霍姆斯小组,全面探讨、研究和指导美国教师专业化运动的理论与实践。1986 年,霍姆斯小组发表了第一份报告《明日之教师》,该报告提出美国教师教育改革目标,教学专业的改进计划,建立初任教师、专业教师和终身教师三级教师证书制度等建议,并特别指出教师的专业地位是改进教学的中心问题。[①] 1990 年,霍姆斯小组发表了题为《明日之学校》的研究报告,在该报告里,霍姆斯小组特别强调要建立"教师专业发展学校",以便使大学和中小学之间在培养教师的过程中建立起良好的合作关系。《明日之学校》对如何设计和组织教师专业发展学校提出了六条原则:"原则一,为了理解的教和学。原则二,创建一个学习共同体。原则三,为每一个儿童提供为了理解的教和学,提供平等的教育。原则四,教师、教师教育家和管理者的继续学习。原则五,对教和学进行长期的反思和探究。原则六,创设一种新的机构。"1995 年,霍姆斯小组又发表了题为《明日之教育学院》的研究报告,在该报告中,霍姆斯小组对大学教育学院没有很好地将教师教育工作与中小学的教学实际有机联系起来的状况提出了尖锐的批评,并提出了一系列改进建议。霍姆斯小组为美国明日的教育学院明确了如下七个目标:"使教育学院为了可信赖的行为对教学专业和社会公众负责;使中小学和社区中的研究、发展和优质学习的展示成为教育学院的主要使命;使明日的教育学院同地方、州和国家的专职人员相联系以符合更高的标准;确认不同教师的作用的相互依赖性及其共同特征,并为团队工作及共同理解以学生为中心的教育做好准备;为使教育学院成为专业化研究和学习的更好场所培养领导人才;为那些服务儿童和青年的教师而将教育学院的工作集中在专业知识和技能上;要为州和地方的教育决策做出贡献,因为

[①] 教育部师范教育司:《教师专业化的理论与实践》,24 页,北京,人民教育出版社,2001。

这些决策让所有学生有机会从高度合格的教师那里进行学习。"1996年，全美教学与美国未来委员会发表了题为《什么最重要：为美国未来而教》的研究报告，在这份报告中，该委员会重新分析和评价了美国教师教育的现状，并提出了进一步的改革建议。该报告指出，尽管在过去的十年里，州和学区已经将教师教育改革计划付诸实施，然而美国仍然缺乏系统、综合的教师教育来确保高质量的教师培训。于是，该委员会提出了一个大胆的新目标：到2006年，美国将为每个儿童提供平等的教育，确保他们在学校获得必要的技能和关爱，接受合格的教育。为此，全美教学与美国未来委员会提出了以下五点建议：(1)为了学生和教师而认真考虑标准；(2)改革教师聘用方式，确保使每个课堂都有合格教师；(3)重新设计教师准备和专业发展；(4)鼓励和奖励拥有知识和技能的教师；(5)创设为学生和教师获得成功而组织的学校。这五个建议是对1986年卡内基基金会和霍姆斯小组提出的教师教育改革方案的进一步具体化，目标仍然是改善教师培训和重新改组学校，以求为进行优质的教学创造条件。1999年，美国召开了"教师质量大学校长高峰会议"，集中讨论了大学在改善教师教育中的重要性以及提高教师教育质量方面的作用。在会议的三个主题里，时任教育部部长的雷利(Richard W. Riley)集中强调了这样几点：(1)大学的所有部门都应关注和参与教师培训，所有高层领导都必须主动在政策、结构和实践方面创设并维持变革，从而在全校范围重视优质教师的培养，教师的课程必须是综合性的，应涉及整个大学或学院；(2)单靠教育学院的努力，无法培养出适应今天社会挑战的教师，大学文理学院、教育学院和地方中小学三方应该建立合作关系，共同承担起教师教育的重任；(3)高等教育的领导应该对教师教育负有"绩效责任"，必须采取大胆的行动来确保美国未来的教师的质量。这些讨论结果和建议对于促使大学充分重视教师教育的挑战和任务以及采取必要的改革措施有着重要的参考价值。[1] 20

---

① 赵中建：《美国80年代以来教师教育发展政策述评》，载《全球教育展望》，2001(9)。

世纪90年代以来，美国在其教师教育领域所制定和推行的一系列改革措施，对于有效改善美国教师教育的质量，提高其教师专业化的发展水平，起到了至关重要的作用。

2000年，美国全国教师教育认定委员会正式公布了《2000年标准》，对教师教育的质量提出了进一步的具体化的要求。它在对原来的"初认教师"证书标准和"职称教师"证书标准进行修订的基础上，在六个方面提出了新的标准：(1)候选人的知识、技能和意向；(2)评估系统和机构评价；(3)教学实习；(4)多样性；(5)教师的资格、成绩和专业发展；(6)机构的管理与资源。美国全国教师教育认定委员会的新认证标准以绩效评价为理论基础，该认证标准从以下两个方面体现出绩效评价的特征：把认证的重心从"输入"评价转为"输出"评价；采用了多样化的真实性评价方法。这套新认证标准体现出一种多元化的教师教育观。在这多元化的教师教育观的指导下，该认证标准一方面倡导教师教育科学化，促进教师教育标准化；另一方面也积极倡导反思性实践的思想，要求未来教师发展其反思能力。① 能够看到，步入21世纪，美国的教师教育改革仍然朝着提高教师质量标准、推动教师专业化发展的方向不断努力。

(二)提高教师质量，加快教师教育整体改革进程

1986年5月，美国卡内基教育和经济论坛"教育作为一种专门职业"工作组发表了题为《国家为培养21世纪的教师作准备》的报告，该报告讲道："新的社会舆论强烈地要求我们的学校应再度成为进步、高生产率和繁荣的工作母机。然而对于新的高质量的追求，美国人尚未认识到两点最本质的真理：第一，美国的成功取决于更高的教育质量，这一质量标准是迄今从未有人敢于提出和追求的一种高标准；第二，取得成功的关键是建立一支与此任务相适应的专业队伍，即一支经过良好教育的师资队伍。要赋予他们新的权力委

---

① 周钧：《美国教师教育认证标准的发展历程及对我国的启示》，载《比较教育研究》，2007(2)。

以新的责任，面向未来，重新设计学校。没有这样一支教学水平高、业务能力强和具有远大抱负的专业队伍，任何改革都不会长久。为了建立这样一支专业队伍，恢复国家的优势，工作组号召在教育政策上做如下幅度较大的变革：建立一个全国教学标准委员会，成员由地区和州组成。它负责确定教师应达到的高的应知应会标准，并为达到标准的教师颁发证书。改组学校，为教师提供一个良好的教学环境，使学校充分享有最大化满足州和地方对儿童培养目标的要求的权力。同时学校对学生的进步负责。改组教师队伍，在学校中推出一种新型的教师，叫做'领导教师'，这些教师在重新设计学校和帮助同事提高教育质量和教育水平中，显示出积极的先锋作用。把取得文、理科学士学位作为学习教学专业的前提条件。在教育研究生院为攻读教学硕士学位制订新的授课计划，该计划以系统学习教学理论，见习和在中小学实习为基础。调动国家资源培养少数民族青年从事教学职业。把对教师的奖励与全校学生的成绩挂钩，为学校提供必要的技术、服务和职员来提高教师的效率。使教师的薪金和职业前途能够堪与从事其他专门职业人员的工资和职业前途相匹敌。"[1]可见，该报告将教育质量和教师质量的提高视作美国之所以能够取得成功的两条本质真理所在，而就教育质量与教师质量这两者之间的内在关系而言，后者则又是前者取得成功的关键所在。故此，努力建立一支高质量的专业化教师队伍，方能促使美国学校教育不断取得成功，进而更好地发挥其作为推动美国繁荣进步的"工作母机"的不可或缺作用。但同时，我们须清醒意识到，美国在第一点所谈自诩的高标准仅是站在其自身角度而言的，也难脱离其局限性及狭隘性。

1989年，美国促进科学协会发表的题为《普及科学——美国2061计划》的研究报告中讲道："虽然富有创造性的教育改革的设想来自许多方面，但是，

---

① 吕达、周满生：《当代外国教育改革著名文献(美国卷·第一册)》，252~253页，北京，人民教育出版社，2004。

只有教师才能提供来自于教室本身的深刻的直接经验的洞察力。他们还能提供别人不能提供的知识。这些知识涉及学生特性、教学技巧和学校文化。然而，不能自上而下，从外到里把改革强加在教师头上。如果教师不能确信这样改变可以带来好处，就不会全力以赴地进行改革。如果教师对提倡的东西没有充分地理解，对新引进的教学内容和教学方法没有充分地认识，改革措施就会受挫。不论在哪种场合，参与设计改革措施的教师越多，在实施改革时，他们得到的帮助越多，改革深入下去的可能性就越大。尽管教师是改革的中心，但是，不能只靠他们肩负起改革的重任。教师需要同盟军，依靠他们自己，不能改变现行的教科书。制定比目前更灵活的考试政策，建立行政辅助系统，使公众认识到，改革会走向何方，要花费多长时间解决这些问题，为什么要集资支持改革。因此，学校管理人员和教育决策人要支持教师。讲授科学的教师还要得到相关科目的如儿童发展学、学习方法论和现代技术的教育潜力方面的专家学者的支持。此外，他们还要得到社区负责人、商界和工会的领导人以及父母的支持。总之一句话，人人都要分担教育改革的责任。现在是教师应对教育改革多承担责任的时候了，但这绝不意味着别人可以减少参与改革的责任。"①毋庸置疑，该报告强调，尽管教师是推动美国教育改革与发展的核心力量，但教育改革的不断深入发展，却是需要美国举国上下的一切力量都应积极参与其中的，而这样的齐心协力、同舟共济式的教师教育改革乃至教育整体改革进程的有效推进，对于美国教育实现更好的现实和未来发展而言，既是迫在眉睫的，也是势所必然的。

2001年，小布什总统签署的题为《不让一个孩子掉队》的法案中讲道："政府培养、培训和招聘教师方案的基本理念是：出色的教师是提高学生成绩的关键。……在有效的专业发展方面给予各州和学区更大的灵活性。每个美

---

① 吕达、周满生：《当代外国教育改革著名文献（美国卷·第二册）》，159~160页，北京，人民教育出版社，2004。

国儿童应该有一个高素质的老师。……建立专业发展高标准。……推动师范教育改革计划。除了为专业发展提供经费，各州和学区将能自由使用其经费推动改革计划，诸如改革教师资格或证书要求；资格选择；终身制改革和教师教学效能评定系统；区别并奖励在阅读、数学和科学等急需学科和在贫困学校和地区任教的教师；督导计划。期望教师质量得到改进。……为出色的教学提供奖励经费。……保护教师。……为教师提供税收减免。……为家长提供教师质量的有关信息。"①该法案提出了政府培养、培训和招聘教师方案的八条基本理念，主要涉及推进教师教育整体改革和发展的问题。如提高美联邦政府项目资助的灵活性、建立专业发展高标准、推动师范教育改革计划、改进教师质量、奖励出色的教学、保护教师、为教师提供税收减免、为家长提供教师质量的相关信息等方面。该方案申明，这样的改革理念彰显了美国勇于承担起教育每个孩子之责任的态度，并对其"如果我们成功地教育了我们的年轻人，在全国和公民生活中将会有许多其他的成功接踵而来"的目标坚信不疑。

(三)基于专业性和学术性关系调衡下的美国大学教师教育变革

19世纪上半叶师范学校的创立是美国教师教育历史演进中的关键一环，它标志着美国教师教育的正式起步。在此后的100余年里，师范学校逐步演变为地方州立大学，精英大学也渐次创立教育学院，教师教育实现了与大学的结合。这一结合是双方基于互利性权衡的结果，教师教育需要大学的更高地位和学术声望，而大学则需要教师教育的巨大生源和学费以及呼应社会公共诉求的现实价值，因此，双方的结合可谓是两厢情愿的。但教师教育与大学的结合关系却始终处于不稳定的状态之下。事实上，在20世纪的绝大多数时间里，大学中教育学院教师与其他专业学科教师之间的对话是较为稀缺的，

① 吕达、周满生：《当代外国教育改革著名文献(美国卷·第四册)》，200~201页，北京，人民教育出版社，2004。

他们互不把对方放在眼里，而在教育学院培养师范生的过程中，其他专业学科教师的合作与参与也是微乎其微的，可以说，这种多元专业学科教师之间对话和合作的缺乏，成为影响教师教育质量的一个最为重要的因素。① 毋庸讳言，虽然教师教育有了所谓名义上的大学地位上的学术身份，但教师教育在大学中的生存仍是举步维艰的，而这背后所折射出的，实际上正是美国大学教师教育在协调自身专业性和学术性平衡问题上的一种力不从心的尴尬处境。

教师教育与大学之间的不稳定关系不仅构成了教师教育在大学的生存危机，同时也在更深广的层面上危及了美国大学教师教育得以存在的合法性基础。2002 年，时任美国教育部部长的罗德·佩奇(Roderick Raynor Paige)在年度报告中指出，几乎没有什么证据能够证明教育学院的课程可以促使学生改进成绩。他就此得出结论认为，教师的雇用应当单一地建立在学科专业知识和语言能力基础之上。他讲道，入读教育学院应当成为非强制性的，州还应消除对实践教学的要求以及其他烦琐的官僚障碍。② 这种对大学教育学院的言辞激烈的批评绝非无的放矢的偏见使然。到 2006 年为止，亚瑟·莱万(Arthur Levine)在经过一项长达 5 年之久的、涉及美国 26 个代表性教育学院教师教育方案的研究中发现，这些教师教育方案均已远离了教师教育的实践轨道。为了努力获得大学的接受，这些教育学院均一味模仿艺术和科学学院的运作模式，从而减弱了自身与学校及学校教师的切实联系。亚瑟·莱万进而指出，美国的教师教育方案通常在入读门槛和毕业标准上均设置较低，教师教育课程的专有性也是较弱的，课程的哲学基础则是大而无当的。教育学院在研究上忽视儿童和学校面临的紧迫问题，其学术性和实践教学之间是相互疏离和各不相干的。与此同时，在大学眼中，教育学院的地位依然较低，它们只是

---

① Jeffrey Mirel, Bridging the "Widest Street in the World": Reflections on the History of Teacher Education, *American Educator*, 2011(2), p.7.

② Jeffrey Mirel, Bridging the "Widest Street in the World": Reflections on the History of Teacher Education, *American Educator*, 2011(2), p.7.

被当作摇钱树来为大学其他部门创收服务的。① 亚瑟·莱万毫不掩饰美国大学教师教育饱受各方批评的现状，表明了希望大学教师教育适时改革的强烈愿望："大学教师教育不仅被政府大肆批评，资助者与新闻人士也对其怨声载道。诸如入学标准偏低、培养项目质量不高以及师范毕业生在教学实践准备上不足等，均是大学教师教育被广泛诟病的口实所在。较为激进的批评意见甚至主张用其他教师教育方式来直接取代大学教师教育，称这要比改革它更为可取。在一个日新月异的世界中，国家的教师教育方案，特别是那些大学教师教育的方案做出适时变革是势在必行的。"②

尽管美国大学教师教育面临着种种困境和挑战，但就总体情形来看，其仍然是当今美国教师培养的最佳选择，与其他选择相比，大学教师教育在以下四个方面体现出超越同侪的独有特征：(1)在培养教师方面的强大实力。目前，美国教师的90%都是由大学教师教育培养的。(2)大学教师教育具有自给自足的能力。与其他许多教师教育方式有所不同的是，大学教师教育主要是以收取学费作为费用来源的，它不会收取额外费用。(3)大学教师教育是独一无二的。与其他教师教育的提供者所不同的是，大学拥有培养教师所必需的一应俱全的专业学科教师队伍。(4)大学教师教育在培养教师方面已取得了显著业绩，并没有充分证据可以表明大学教师教育的工作比其他教师教育组织机构的工作要逊色。③

---

① Arthur Levine, Will Universities Maintain Control of Teacher Education?, *Change: the Magazine of Higher Learning*, 2006(4), p.40.

② Arthur Levine, Teacher Education Must Respond to Changes in America, *Phi Delta Kappan*, 2010(2), pp.21-22.

③ Arthur Levine, Teacher Education Must Respond to Changes in America, *Phi Delta Kappan*, 2010(2), pp.23-24.

第四节　教育思想

一、高等教育思想

(一)大学组织管理思想

20世纪80年代以来，美国大学管理开始面临严峻局面，各高校之间的竞争日益加剧，入读学生数量渐呈萎缩之势，大学经费也愈加吃紧。由此，如何使大学管理走出困局，便成为摆在美国各大学管理者们面前的一道亟待解答的难题。此一时期，美国高等教育学者克拉克(Burton R. Clark，1921—2009)所提出的高等教育组织管理思想代表了美国高等教育界寻求突破这一困局的一种积极的理论探索方向。

"1982年，克拉克在其新著《高等教育系统——学术组织的跨国研究》一书中进一步阐述了'控制高深知识和方法'的高等教育组织的特征。他认为，从整体上来说，高等教育的材料不同于企业组织、政府部门和许多非营利性机构。学术工作是围绕特殊的理智材料即知识组织起来的。在教授和教师的许多特殊活动中，我们可以找到的共同内容就是知识操作，只是发现、保存、提炼、传授和应用知识的工作组合形式有所不同罢了。他指出：我们不论讨论哪一个层次的教育，都离不开知识这一核心概念；课程则是对值得传授的知识形态的界定。但知识材料，尤其是高深的知识材料，处于任何高等教育的目的和实质的核心。克拉克还进一步阐述了近代高深知识所具有的若干显著特征及其对学术组织的影响。第一，高深学问具有专门化的性质，很久以来就由若干专业组成，且有专业日益增多的趋势。……第二，高深学问的自主性程度越来越强，专业与专业之间、专业与中小学所传授的普通知识之间的距离正在不断扩大。……第三，发现知识是一项无止境的任务，要想通过作为实现已知和确定目的的合理手段而建立起来的常规组织来完成是困难的，每一个专业都要跨越自己的专业界限进入尚未标界的领域才能不断前进。……第四，知识是通过世世代代积累起来的，各门学科都是历史发展的产物，它们随时间迁移而发展，并获得不同的声誉。……克拉克指出，在事务性部门（指基建、后勤和财务部门），组织的等级性比学术性部门（指教学和研究部门）要明显得多。在学术部门，工作等级是极为平坦的，联合方式也相当松散。在一个大学类型的组织里，在操作层次上存在着许多松散结合、并列的专门化细胞，只有少量高一级的协调层次。在学术方面，各部分松散结合的平坦结构，长期以来一直是主导模式，而不是像人们所共知的官僚（科层）组织的那种单一体制。因此，以高深知识为核心是高等教育组织最基本的特征。高等学校的组织形式、运营及管理都是围绕着这一核心形成的，高等教育组织的其他特征也是基于这一基本特征而产生的。"[1]

从如上克拉克的高等教育组织管理思想主张中可以看出，他是将大学视作一种极其特殊的组织机构模式的，大学这一组织机构模式是以发现、生产、储存、传授和应用高深知识作为其最为基本的组织机构特质的，这一点与诸如政府、企业以及其他组织机构模式之间是迥然有别的。同时，克拉克强调，大学中的高深知识具有专业性、自主性、系统性、累积性等基本特性。因此，高深知识的存在表征并不能简单地等同于一般性质上的商品或产品的存在表征，而对于以高深知识为核心的大学组织的运营和管理，显然是不能与对诸如企业组织的以商品或产品为核心的运营和管理模式简单画等号的。克拉克的观点显示出，20世纪80年代以来，在美国大学管理模式向企业管理模式靠拢的大背景下，如何持守大学管理的本质精神，是需要审慎对待和长远谋划的，而克拉克将大学组织管理模式的本质特征定位在以高深知识为核心的价值考量之上，则是一种启人深思的对美国大学管理思想的有益探索。

---

[1] 陈学飞：《美国高等教育管理思想探究（上）》，载《高等教育研究》，1995(6)。

(二)大学自由教育思想

美国大学历来便对自由教育大为推崇，自由教育一贯便被视作推动美国大学长久维系其创新发展不竭动力的源泉。20世纪80年代以来，以耶鲁大学两任校长吉亚麦蒂(A. Bartlett Giamatti，1938—1989)和刘文(Richard Charles Levin)等为代表的高等教育学者对美国大学自由教育传统的坚守与张扬，则可视作此一时期美国高等教育思想园地中颇为引人注目的一道绚丽景观。

"在当代美国社会极度商业化，商业价值弥漫到校园，自由教育受到威胁之时，吉亚麦蒂校长适应时代的要求，重新界定自由教育，在1984年对毕业生讲话时指出，'自由教育不是一种不现实的教育，它是一种自我塑造的紧张的实际行动，这种自我塑造在你跨越若干探索领域、方法和价值，发展自己的潜力和体力时就发生了。自我塑造的目的不是找到一份工作，而是发展自己，以便在日后不管你做什么，都不从狭隘的或地方的角度出发。这种自我塑造的更大的目标是学会如何从自我走出来，实现自我，超越自我，走向他人，从而塑造一个国家，使自己的国人生活得更美好。'现任校长刘文在展望耶鲁新的百年之时也极力推崇自由教育。他认为，'自由教育陶冶智力，扩大推理与同情和理解的能力。其目标不是传递任何特定的内容，而是发展某种头脑的品质：筛选和提取有用的信息；超越偏见与迷信；批判和独立的思考。就像最大的社会利益来自广泛好奇心驱动的科研而非有着特定商业目标的科研那样，我认为，最大的社会利益来自扩大学生推理和创造性思考能力的教学而非对特定知识的掌握。'"①

据上论可知，吉亚麦蒂所主张的自由教育并不是一种与人生现实生长两相疏离、空幻虚浮的无根式教育，而是一种牢牢扎根于人生现实生长之中的致力于自我塑造、自我实现和自我超越的以实际行动为本位的教育。而且，这种诉诸不断发掘自身潜力和努力追寻人生完善意义上的自我发展，归根结

---

① 王英杰：《论大学的保守性——美国耶鲁大学的文化品格》，载《比较教育研究》，2003(3)。

底乃是一种将自我塑造、服务他人和贡献国家有机结合为一体的，以从"小我"走向"大我"的自我发展和超越。刘文对于自由教育的阐释，与吉亚麦蒂的观点是若合符节的。他强调，自由教育的目的在于促进受教育者在智力、推理、同情和理解等多方面均获得有效发展，而自由教育所能提供的最大社会利益就是对学生头脑所应具备的如上特定品质展开教学，而非仅是关注如何促使学生掌握知识。可见，大学自由教育能否获得有效实施的关键，终究还是要落足在能否更好地促成学生的潜力开发、人格完善以及创新发展之上，唯此方可如实彰显出自由教育的真正价值所在。

（三）大学通才教育思想

通才教育思想是美国高等教育思想领域的另一代表性思想主张，提出这一思想主张的代表人物乃是自1973年即出任哈佛大学文理学院院长，并在此任职长达11年之久的罗索夫斯基（Henry Rosovsky）。从某种程度上而言，对于通才教育的倡议及实施，可称得上是罗索夫斯基在担任哈佛大学文理学院院长职位上的一项最具创新力的工作内容。

关于通才教育之精要所在，罗索夫斯基讲道："我们在入学时宽松，承认争取入学的人并非同样是在平等有利的起跑线上起步的，我们关心的是赛跑如何结束。同其他多数国家比较，除展现潜力的迹象外，我们不能想当然地认为他们学过些什么。因此，对学院的通才教育和基础智力培训的需要仍然存在，对我们而言是始终如此的。通才教育的优点也可通过一个人的成熟、视野的开阔和经验的积累而得到加强。它的价值是微妙的，它来自重复，它也有可能在一些人身上由于他们过于年轻而被浪费掉。对我们大多数人说，进大学就是最理想的时刻——至少对那些有幸能进一所提供此类课程的学校的学生是如此。把接受通才教育的时间推迟到研究生专业培训阶段绝非明智之举。首先，美国人进研究生院的人数比从大学毕业的人数要少得多。在1983年，只有8.9%的大学毕业生进研究生院学习。如果等到进研究生阶段再进行通才教育，就会有太多的人被剥夺丰富他们人生的机会。其次，研究生教育既没有时间性，也不打算偏离它们自认为——也许是错误地自认为——重要的使命，即要在短短的几年里培养出高度专业化的人才。学生需要消化的信息量太大了。最重要的是，无论它何时发生，在大学时期或稍后，通才教育对于最高水平的专业实践都是一个必不可少的先决条件。我们有权期望从专业人员中获得优秀的技术专家。一个医生应该对科学和疾病拥有杰出的知识；一个律师应该对主要案件和法律程序有深刻的了解；一个学者必须精通某学科发展的现状。然而，所有这些虽然必要，却是不够的。职业的理想境界不应仅限于成为一个合格的技术专家。比较合适的目标应该是专业上的权威同'谦虚、仁慈、幽默的结合。我要求我们的律师和医生能够理解痛苦、爱情、笑声、死亡、宗教信仰、公正和科学的局限。'这些品质较之知道许多新药或受理上诉的法庭的最新判决要重要得多。最新信息的获得可以不太困难，而人与人之间的理解不能降低为向电脑提出几个问题。"①

实质上，罗索夫斯基在这里所提倡的大学通才教育，即我们当下所熟知的所谓大学通识教育，或大学博雅教育，等等。在罗索夫斯基看来，通才教育对于大学生完善人格的培养和发展而言是不可或缺的一种教育形式。他明言，相较于专业教育来说，通才教育的独特价值和作用不遑多论。如若大学只是负责把学生培养成只擅知识才技但却不通人情冷暖的类似于电脑程序式的"机器人"。那么，这样的人生发展状况某种程度上可称之为对人生完满发展可能的一种折损或浪费。此外，他强调，通才教育在大学中的开展是宜早不宜晚的，学生一入大学即应着手开展通才教育，而倘若一定要延迟到研究生阶段方才开展，就会贻误相当一部分学生获取人生完满发展可能的绝佳时机，因为，并非所有的本科生均可进入研究生阶段继续深造。再者，那些升

① ［美］亨利·罗索夫斯基：《美国校园文化——学生·教授·管理》，96~97页，济南，山东人民出版社，1996。

入研究生阶段深造就读的学生们，在拼力应对研究生阶段铺天盖地而来的专业学习的重重压力之下，似乎也无暇顾及再接受通才教育的"额外"陶冶濡化了。同时，罗索夫斯基更加一针见血地指明，最为重要的是，无论是对本科生还是对研究生而言，通才教育均是同等重要的，不能顾此失彼甚或轻此薄彼，如若不能做到一视同仁的话，那么对那些不幸丧失了接受通才教育机会的学生们而言，将是难以弥补的终身遗憾和莫大损失了。可以说，正是在罗索夫斯基担任哈佛大学文理学院院长期间长期不懈地苦心经营之下，哈佛大学的通才教育发展才独树一帜而又成就斐然，由此也成为当代美国大学教育发展中的一个具有深广影响的典范。

二、教师教育思想

（一）"反思实践"取向的教师教育思想

20世纪80年代，美国麻省理工学院的舍恩（Donald A. Schon，1930—1997）率先提出了"反思实践"的概念。"舍恩指出，反思是专业性工作，技术性含量低而人为因素多的专业性工作更具这一特征；反思针对的正是那些无法通过纯粹的科学应用或理性分析来解决的专业性问题。舍恩突出强调了教师从经验中学习的重要性，倡导教师在教学专业实践中开展反思活动。"[1]

舍恩在这里将教学活动视作一种技术含量较低，且受人为因素影响较多的专业性工作。换言之，教学活动虽是一种专业性活动，但其实质上并非是一种不可替代性很高的专业活动。因此，对其进行经验性的专业反思就显得尤为必要了。

斯坦福大学的拉巴里（David F. Labaree）也指出："教学并不是一个专有性很强的专业，而更像是一个大众化的职业。因此，它吸引了大量工人阶层

---

[1] 洪明：《美国教师教育思想的历史传承与当代发展》，载《天津师范大学学报（社会科学版）》，2009(6)。

和中产阶级的下层人士来从事这一职业，而那些更受人尊敬的职业所吸引的
则是出身于高级阶层的胸怀大志者。同时，与那些顾客主要来自高级社会阶
层的声名显赫的专业有所不同的是，在公立学校从事教学工作所代表的乃是
那些处于社会阶层底部的学生顾客的利益。作为一种准入门槛最低并为社会
底层群体提供服务的专业，教师以及用于教师培养的方案即被视作一种贬损
化了的存在。……教学成了一项非常困难的专业实践形式，这也使得教师培
养变得同样困难起来。然而，使这一挑战变得复杂化的却是，人们通常都把
教学视作一项非常容易的工作。就此，丹·洛蒂(Dan Lortie)所做的解释以及
一代代教师教育者的不断发现表明，形成这一观点的原因之一即在于教学活
动的极其易见性。我们都有过类似学徒式的在从小学到中学长达 12 年的时间
内观察教师工作的学习经历，将我们从对教师职业长期观察中所获得的知识
与那些仅是偶然遇到并对其一知半解的职业相比较，我们认定自己真正明白
了教学就是如下的一切：维持秩序、提问、分级测试、布置作业，等等。由
此所导致的结果就是，那些师范生们在正式接受教师教育之前，就自认为已
经懂得如何去教学了，这也使得教师教育的权威性和尊严感几乎荡然无存。
此外，教学看起来就像是一种天生具备的技能，而并不是一种需要经过严格
的专业教育与培养才能习得的技能。人们将教学视作个体具有或不具有的某
种东西：一种与孩子的相处之道，一种自信而坚定的个性。不管教学究竟是
什么，没有人能够真正从教师教育方案中学到它。最后，教学是一种很罕见
的职业，从业者的成功是通过减损自己的不可或缺性的方式来加以体现的。
绝大多数从业者的专业知识和技能都是以类似租借的方式提供的，每次当顾
客有所需要时，都不得不再转而向那些专业人士求助。但教师的专业知识和
技能却是通过向学生展示如何达成自主学习的方式无偿赠送的。这使得教师
的技能看起来显而易见而又平淡无奇，而其他专业人士的技能则显得鲜为人
知而又遥不可及。如果教学实际上是异常困难的，但其看似又是如此简单平

常的话，那么，也就真的不需要去培养教师，也就不会有任何相应的特殊尊重会给予教师的培养。"①

据此可知，在美国，从事公立学校教师工作的群体通常以来源于社会中下阶层的人士为主，而他们的学生的家庭出身也较低，这种状况的存在无疑会降低其所从事工作的专业地位。再者，教学工作在一般公众眼中形成了固定化的入职门槛很低的印象，仿佛人人可以轻松胜任，这使得教师职业的尊严感和权威性几乎荡然无存。此外，一种专业之所以能够拥有较强的专业性和较高的专业地位，事实上是由其所具有的不可替代性和专有性所赋予的，但教学工作的活动方式却恰恰是反其道而行之的，教师将自己所具有的专业知识和技能向学生倾囊相授，同时也就将自己所从事工作的不可替代性和专有性也一并无偿献出了，如此这般，自然也就很难再获取专业地位的不可或缺的尊重了。故此，若从教师工作专业地位和技术含量实际上较低的现实角度出发，加强对教学活动的基于经验累积之上的实践反思，亦可称得上是一条较为可取的教师教育改革与发展的必由之路。

（二）"标准本位"的教师教育思想

20 世纪 80 年代末，"标准本位"的教师教育思想在美国逐渐兴起，成为美国教师教育思想领域的一大代表性学说。斯坦福大学的哈蒙德（Linda Darling-Hammond）是这一思想的主要代表人物之一。

哈蒙德指出："接受了充分的培养和获得教学执照的教师，总的来说，比没有接受充分培养的教师表现得更好，其培养的学生也更为成功……除了学科知识外，教学法知识的多少以及运用能力直接形成了教学效率的差异。""教

---

① M. Cochran-Smith, S. Feiman-Nemser, D. J. McIntyre, K. E. Demers, *Handbook of Research on Teacher Education: Enduring Questions in Changing Contexts* (3rd Edition) . New York, Routledge, 2008, pp.298-299.

学法类课程对教师效率的影响是强有力和持久的。"①

能够看到,哈蒙德所强调的教师专业发展标准主要反映了教师在职前培养、入职资格、学科知识、教学法知识及其运用能力、教学效果评价等诸多方面所应达到的专业标准水平。而凡此种种专业标准的具体组成部分相互之间则构成一个衔接有序、有机协调的一体化系统,体现出对教师专业发展标准体系设计上的良好规范性,而这对于提升此一时期美国教师队伍发展的专业化水平来说,是具有积极指导和推进作用的。

"所谓教师专业发展标准,便是衡量教师专业的准则与指标;它一般由政府教育机构制定,用以实现本国教育目的与教师教育目标;它对教师整体与个体的专业化,对教师的专业发展具有重要的意义。教师专业发展标准不仅仅包括教师专业教学标准,还涵盖了许多类型的标准。按照教师相关专业标准与非教师相关专业标准来分,前者包括教师专业发展标准、教师教育课程标准、教师教育机构认定标准、教师培训标准和教师资格认证标准等,后者则包括相关的管理标准等。按照教师的专业发展阶段划分,则又有教师教育毕业生专业标准、新任教师专业发展标准和专家教师专业发展标准等。教师专业发展标准的内涵是非常广泛的,有助于教师专业化和教师专业发展的标准都可归于此类。"②

从某种程度上说,教师专业发展标准的设定和实施是关乎教师教育改革和发展成败的重要保障环节。在美国教师教育发展的历史进程中,始终充斥着教师发展的学术性与专业性两者间孰重孰轻、孰先孰后的激烈论争和思想交锋。而自20世纪80年代末以来,伴随着"标准本位"教师教育思想及其实践改革运动的兴起和开展,美国教师发展的专业化程度和水平也随之"水涨船

---

① 洪明:《美国教师教育思想的历史传承与当代发展》,载《天津师范大学学报(社会科学版)》,2009(6)。

② 朱旭东、李琼:《教师教育标准体系研究》,20~21页,北京,北京师范大学出版社,2011。

高"起来，教师教学的专业认可度也得到了很好的提升和加强。

（三）"社会正义"取向的教师教育思想

"社会正义"取向的教师教育思想在 20 世纪末期以来的美国教师教育思想领域中亦占有一席之地，具有不容轻视的影响力。美国批判教育学家阿普尔（Michael W. Apple，1942—　）是这一思想学说的主要代表人物之一。

阿普尔讲道："在发达的合作国家（corporate nations）里，富人与穷人之间的差距正在扩大。在这些相同的工业化国家里，对于保健、营养、教育产品和服务的分配和控制基本上是不平等的。经济和文化权力越来越集中于那些只追逐利润而极少关注社会需求的大团体手里。在获得一些起码的权利后，妇女和许多少数民族的相关发展则停滞或慢慢萎缩。这些原因和其他的一些原因，使我越来越确信这些状况'自然地'产生于一种特殊的社会秩序。……我们的教育两难问题、不平等成绩问题、不平等报酬问题、对于传统和合作的选择等等也'自然地'产生于这种社会秩序。如果想要在消除这些状况方面取得进步，就必须对这些机构的组织和控制方式作更大规模的改变。"①阿普尔又指出："什么被当做标准？谁来制定标准？标准制定者如何组成？其实践方面的目标是什么？如何运用这些标准？满足这些标准会达到这样的效果——这些才是真正的问题所在。"②

从阿普尔的观点中不难发现，其从对包括教育不平等和不公正在内的一系列社会不平等和不公平的现实进行深刻审视和强力批判的立场出发，主张应对造成这些不合理状况背后的"秩序"和"标准"的制定、操控和运用等问题进行理智洞察，并对之加以行之有效的实践改造，最终达到消除不平等和不公正的目的。

---

① ［美］迈克尔·W·阿普尔：《意识形态与课程》，12 页，上海，华东师范大学出版社，2001。
② 洪明：《美国教师教育思想的历史传承与当代发展》，载《天津师范大学学报（社会科学版）》，2009（6）。

据此可言,"社会正义"取向的教师教育思想更加关注对教师教育背后的社会教育民主和正义等价值观问题的追问和探寻,主张教师的发展应将消除社会不平等和不公正状况作为本真追求,强调教师需要具备社会责任感和社会批判意识,并在培养学生的教学活动中将这一对社会教育民主、公平和正义的价值观追寻有效传递下去,最终实现教师职业及其专业活动所独具的社会价值和贡献。

(四)"当代常识取向"的教师教育思想

"当代常识取向"的教师教育思想在美国的兴起,可视作 20 世纪 90 年代下半期以来教学专业化运动遭致反对和抵抗的思想产物。这一思想主张的倡扬和实施得到了美国一些著名私人基金会、具有官员背景的学者及社会人士的支持。美国福特汉姆基金会曼哈顿机构的康斯特鲁(Marci Kanstoroom)是这一思想学说的主要代表人物之一。

在 1999 年美国国会的教育听证会上,康斯特鲁发表了《提高教师质量:一种常识的建议宣言》,从中系统提出了"当代常识取向"的教师教育改革建议。《宣言》对标准本位的教师教育改革提出了批评,认为现代教师培养和许可制度在价值和效果上已经没有什么值得信赖的了。繁琐的教师资格证书和冗长的教师培养制度阻碍了大量饱学之士通往教师行业的渠道,任何旨在抬高教师入职门槛和提高培养成本的改革,对解决教师数量和质量问题来说都无济于事。《宣言》认为,应当放弃教师教育改革的常规思路,不再拘泥于延长时间、增加课程、提高学历之举,而是要寻求教师教育改革的'创新'路径,即取消有关教师教育的各种规制和标准,赋予中小学校以更大的自治权,让广大中小学校具有自由聘任和管理教师(只要具有大学学历)的权力,让教师成为自己教学'结果'(学生学业成绩的提高)的责任人,并在绩效问责制度下的教学实践中自然成长。康斯特鲁直白道:'考虑实施一种根本不同的政策以提高美国学校教学质量的时代已经到来,教学专业应当重构,入职渠道应被拓广，人事权应下放到学校层次，入职和雇佣程序应当被大大简化。应当对未来教师的知识和技能进行考核，让校长雇用他们所需要的教师，而不是要求学习一系列的课程和获取文凭。'"①

从康斯特鲁的如上观点中能够发现，"当代常识取向"的教师教育思想主张者们对以提升教师专业化水平为核心要求表征的教师教育改革和发展状况深感不以为然，他们认为教师专业化的教师教育改革和发展道路，非但不能从根源上彻底解决如何有效提升与保障教师数量与质量的问题，反倒适得其反，使得问题的解决愈加困难。故此，他们强调应对一系列关涉教师专业发展的制度、标准和规范等予以取消和废止，代之以更具灵活性、简易性和创新性的教师改革和发展模式，这一模式的基本特征即是扩大教师来源渠道、赋予中小学校更大的教师聘任和管理权以及确保教师在关乎自身发展的权利获取和职责担当方面能够得到更大的自主性。

换言之，"当代常识取向"的教师教育思想主张的倡议和施行，实质上还是延续了美国教师教育改革与发展漫长进程中，对教师专业水准和资质的公信力究竟如何而展开的长期论争的一贯风格。而与人们所熟知的围绕教师的专业性和学术性孰先孰后、孰主孰次而展开的论争与交锋不同的是，"当代常识取向"思想的主张者们是将论争的视角更多地聚焦于教师的专业性发展上，并依此寻求和表现自身所倡行的另类发展路向而已。

三、多元文化教育思想

(一)多元文化教育性质思想

美国是一个种族、民族与语言均十分丰富的多元化社会，根据统计，美国是由至少276个民族群体构成的，其中包括170个原住民美洲人群体。美

---

① 洪明：《美国教师教育思想的历史传承与当代发展》，载《天津师范大学学报(社会科学版)》，2009(6)。

国教育部双语教育与少数民族语言事务办公室已经认证出目前在美国至少有220个语种。可以说,美国自从建国时起,便面临着一个突出的社会现实,即多元种族、民族与文化群体的存在。为此,美国教育必须要解决受教人群多元化这一不容回避的社会现实问题,而多元文化教育的应运而生无疑为有效解决这一问题提供了一条颇为可行的合理途径,这一价值取向也从根本上框定了美国多元文化教育的独特性质。班克斯(James A. Banks)认为:"多元文化教育在本质上至少包括三个方面的内容:作为一种思想理念或价值观念,作为一场教育改革运动以及作为一种不断发展的教育实践历程。"①显然,在班克斯看来,对多元文化教育性质的界定不应是单向度的,而应是多维度的,这些维度主要划分为教育价值观、教育改革与教育实践三个方面,而其均是致力于为来自不同种族、民族与文化群体的所有学生谋求平等的教育权利。

关于多元文化教育的性质,贝内特(Christine I. Bennett)也有着与班克斯相似的认定,她指出:"多元文化教育是一种建立在民主价值观之上的教育形式,其致力于在一个文化多元的社会及一个彼此依存的世界体系中,建构起一种体现着多元文化主义精神的理论体系与实践模式,从而借此实现多元文化教育的终极理想——建立平等多元的现代民主社会。"②可见,贝内特所界定的多元文化教育的性质,是以美国传统的资产阶级民主价值观为理论依据的,她希望通过对教育领域实施多元文化主义的改革,进而改造整个美国社会,将其建设成为一个平等多元的现代资产阶级民主社会。此外,贝内特在其所界定的多元文化教育的性质中,还提到了一点具有鲜明时代特点的元素,那就是多元文化教育的"经济全球化属性",这涉及多元文化教育对于经济全球化的呼应。20世纪90年代之后,随着冷战的结束与经济全球化浪潮的兴

---

① James A. Banks and Cherry A. McGee Banks, *Multicultural Education: Issues and Perspectives*, Boston, Allyn and Bacon, 1997, p.20.

② Christine I. Bennett, *Comprehensive Multicultural Education*, Boston, Allyn and Bacon, 1999, p.11.

起，美国多元文化主义的影响范围逐渐超越国家的界限，向全球拓展。这种拓展主要表现为由对一个国家内部非主流文化群体地位与权利的关注扩展为对全球多元文化社会共同命运与前途的关注，而谋求全球多元文化社会的平等、和谐与共同繁荣也便成为经济全球化时代美国多元文化教育的核心组成部分。

（二）多元文化教育课程思想

与普通教育课程相比，多元文化教育课程的建构无论是在目标上还是在方法上均有所不同，体现出鲜明的多元文化特色。课程目标是美国多元文化教育课程建构的价值导向系统，它指涉的是多元文化教育课程建构的价值取向问题，这些价值取向主要是通过一些基本目标来加以体现的。贝内特就此指出："发展学生的多元历史观；加强各文化群体的文化意识；加强学生的跨文化交流能力；推动与种族主义、性别主义以及各种形式的偏见与歧视进行的斗争；增强学生的社会行动技能；增长学生对国家正处于全球动态系统之中以及如何正确对待这一全球动态系统的意识。"[1]显而易见，多元文化教育课程的建构目标是一个开放多元的系统，其核心取向是多元文化主义的，这与多元文化教育的性质是一致的。达成多元文化教育课程建构的目标，需要与之匹配的课程建构方法。

班克斯指出，美国多元文化教育领域最为常见的课程建构方法主要包括如下四种："贡献法（The Contributions Approach）、添加法（The Additive Approach）、变革法（The Transformation Approach）与社会行动法（The Social Action Approach）。"[2]贡献法是美国多元文化教育课程建构方法中最为基础的一种，该方法主张，非主流族群的历史传统与文化特质，也应当被视作对美国整体

① Christine I. Bennett, *Comprehensive Multicultural Education*, Boston, Allyn and Bacon, 1999, p.35.

② James A. Banks and Cherry A. McGee Banks, *Multicultural Education: Issues and Perspectives*, Boston, Allyn and Bacon, 1997, p.20.

社会历史与文化发展的一种贡献而选收到学校课程体系之中,而这种贡献是所有学生都应当予以充分关注和学习研究的。与贡献法相类似,添加法也主张将反映各少数族群历史与文化特色的元素在不改变原有课程体系根本结构的前提下加入其内部。添加法的实施,已在一定程度上对学校原有课程体系进行了适当的结构调整。但是,由于这种方法的力度仅限于添加这一层面上,所以它无法达到唯有课程体系重建才能达到的那种深层变革效果。变革法则在本质上不同于前两种方法。它主张对学校已有课程体系进行根本变革,即对其基本结构进行调整,它促使学生以多元民族文化观来重新审视学校课程的价值观。社会行动法不仅将变革法完全囊括其中,而且又增加了许多具有质的区别的要素。这些要素主要体现为学生需要做出与结构性课程改革相关的决策并采取行动。这一方法为教学活动所赋予的主要目标就是培养学生的社会批判与改革精神,并传授给他们一些与此相关的必备技能。

总体而言,多元文化教育课程的建构,不仅关注在课程建构过程中如何对学科知识和技能进行有效驾驭和运作的问题,而且更关注在这一过程中如何使全体学生,特别是那些来自非主流文化群体学生的平等受教育权利得到最大限度的保障和实现的问题。换言之,多元文化教育课程的建构不仅仅关注的是学校课程体系内的"知识合理性"的问题,而且更关注的是其中的"价值合理性"的问题,这也是多元文化教育课程建构理念的最大特色。

(三)多元文化教育教学思想

如果说,课程建构指向的是多元文化教育应"教什么"的问题,那么,教学方法指向的则是多元文化教育应"怎么教"的问题,两者之间存在着一种相辅相成、不可分割的关系。格兰特(Carl A. Grant)认为,多元文化教育的教学方法是在其教学目标的指引下付诸实施的,一般而言,所谓"多元文化教育的教学目标,即是要求客观公正地教给所有学生有关各民族群体的历史传统、文化特色与实践方式,既不过分抬高主流文化的地位,也不过分贬低非主流文化的地位"①。显然，这一目标与美国多元文化教育的课程建构目标之间是交相呼应的，而其核心特质也是多元文化主义的。斯利特（Christine E. Slee-ter）认为，依据多元文化教育的教学目标，美国多元文化教育的教学方法主要可分为以下几种："差异教学法（Difference Approach）、人际关系教学法（Relationship Approach）、单一群体研究教学法（Simple Group Research Approach）、多元文化教学法（Multicultural Approach）与社会重构教学法（Social Reconstruction Approach）等。"②所谓差异教学法，即致力于在教学过程中帮助那些处于非主流社会地位的学生，诸如少数族群学生、低收入家庭学生和接受特殊教育的学生等，克服文化差异，享受平等教育机会，并在现实社会中获得成功。人际关系教学法则把整个社会看作公平和开放的，该方法认为，学生之间的不和谐，乃是由误解和成见所导致的。因此，该方法相信，通过改善课堂教学活动，增强每一个学生的自我意识，并向学生提供不同族群情况的正面教育，增加其实际接触的机会，这种不和谐的人际关系就会得到改观，从而在不同族群学生之间建构起积极的人际关系。单一群体研究教学法是通过集中研究许多特定群体，如少数族群、劳工、妇女和残疾人等，来向学生展示这些群体的成员为美国社会历史文化的发展所做出的独特贡献，并揭露其在美国现实社会中所遭受的种种不公对待，以唤起学生对这些群体的关注和认识。与前三种方法相比，多元文化教学法表现出更加强烈的改革色彩。该方法要求重建整个学校教育过程，主张围绕不同种族、民族、性别与社会阶层来重新组织和建构学校课程，从而提高学校教育质量和促进社会文化的多元化发展。社会重构教学法则体现出浓烈的社会行动色彩，它强调在教学活动过程中要教育学生去客观分析美国社会中的种种不平等现象，并帮助他们发展切

---

① Carl A. Grant, *Research and Multicultural Education: From the Margins to the Mainstream*, Philadelphia, The Falmer Press, 1992, p.7.

② Christine E. Sleeter, *Keepers of the American Dream: A Study of Staff Development and Multicultural Education*, Philadelphia, The Falmer Press, 1992, pp.28-30.

实有效的社会行动技能，希望最终将美国社会改造成为一个资产阶级性质的所谓民主平等的多元文化社会。

总之，美国多元文化教育的教学方法始终是围绕着尊重各族群文化的多样性与开展多元文化的平等交流这样一个主题来统筹运作的。在具体的教学过程中，当教师依循多元文化教育的教学目标，积极改进教学方法，推动教学活动在一种平等公正的状态下实施时，也便可以促使来自不同种族、民族、文化、性别与社会阶层群体的学生都能获得较好的学术成就，从而最大限度地体现出多元文化教学的独特价值所在。

(四) 多元文化教育教师思想

美国多元文化教育者认为，多元文化教师的培养应具有延展性与系统性，教师必须要发展一种对文化差异的接受性，同时，其还应具备服务于少数族群文化社区以及将多元文化教育转化成课堂行为所必需的一系列知识基础。斯利特指出："多元文化教育的教师培养并非是通过一种线性方式来建构整个培养过程的，在这一过程中，有关部门和人员需要为多元文化教师的培养与发展提供必要的专业指导。同时，多元文化教师必须要意识到与多元文化教育相关的一系列基本问题，这种意识对于其获得开展多元文化教学所必需的诸多实质性知识以及学会使用新的教学策略而言都是必不可少的。"①通常而言，在多元文化教师的培养过程中，教师需要发展众多跨文化交流的知识与技能，其中，发展与双语教学相关的知识与技能是至关重要的，这是因为，教师掌握这些知识与技能不仅可以阻止在多元文化教育过程中许多恶劣问题的发生，同时还可以帮助各族群的学生学会如何去富有建设性地解决问题。此外，积极提高对少数族群的敏感性以及努力学会如何与来自多元族群的学生家长合作，对于多元文化教师培养而言，也是非常重要的。从传统上看，

---

① Christine E. Sleeter, *Keepers of the American Dream: A Study of Staff Development and Multicultural Education*, Philadelphia, The Falmer Press, 1992, p.35.

美国多元文化教师的培养状况并不是非常理想，他们的在职培训时间往往很短，一般是一天或更少，而通常这些培训又是集中在"取消种族隔离计划"颁布实施的时间内进行，分配给这一培训计划的资源也很有限。同时，学校管理者对此类培训通常态度冷淡、漠不关心，缺乏深刻理解，而他们对培训结果的评价往往也是浮于表面。另外，多元文化教师培训组织者常出现的一个严重失误就是在培训多元文化教师时更多地关注具体内容，却忽视深入有效的教师培训过程，他们习惯于把焦点放在对教师的教学与管理技能的培训上，却对教师多元文化意识的培养显得漠不关心。美国多元文化教师培养所关注的另一重要问题即是教师队伍的人员构成问题。目前，美国教师正越来越多地由白人来担任，并且完成教师资格认证的时间也在不断延长，这使得中产阶级这一具有支付学费能力的阶层将有可能逐渐占据美国教师队伍的主体，而来自少数族群的教师教育学生的比例正在逐年下降。

目前，美国来自少数族群的教师教育学生的比例约是全国教师总数的5%，造成这一现象的原因很多，诸如使用带有文化偏见色彩的教师资格考试方式；其他领域工作机会的增多；教师职业的低社会地位；少数族群学生付不起教师教育的学费；以及取消学校种族隔离后，原本属于少数族群的教师位置被让位于白人；等等。尽管少数族群教师未必一定比白人教师在多元文化教育领域干得更出色，但少数族群教师较之白人教师而言，在担任多元文化教师工作一职上还是具有较为明显的优势的。例如，他们多曾有过遭受种族歧视的亲身经验，他们一般对少数族群学生也抱有比白人教师更高的期望，而他们与这些学生的联系也较白人教师为多。毋庸置疑，美国的多元文化教育事业需要多元化的教师队伍，这一多元化包括教师来源在种族、民族、社会阶层背景、性别与语言等方面的不尽相同，而促成这一多元化教师队伍的形成与壮大，则还需美国教师教育领域进行长期深广的变革，其结果如何，尚需拭目以待。

(五)多元文化教育全球性拓展和转向思想

20世纪90年代以来，随着经济全球化速度的日益加快，信息一体化与文化多元化的趋势愈加明显，全球多元文化社会间的交往与互动空前活跃起来。与此同时，一系列具有全球性影响的问题，诸如全球范围内的环境污染、生态恶化、人口泛滥、粮食短缺、文化殖民与经济发展不平衡等也日益显现出来，这也使得全球社会间的关联与依存程度达到了前所未有的水平。经济全球化所引发的全球社会的巨大变革对美国多元文化教育思想的发展产生了深刻影响，它促使美国多元文化教育思想开始对自身的发展路向进行适时的调整与变化，美国多元文化教育思想的发展路向呈现出由"资产阶级民族国家多元文化教育"向"全球社会多元文化教育"拓展和转向的趋势和特征，其中不乏挑战。

贝内特讲道："在当今时代，着力于培养儿童和青少年的全球意识是一件异常紧迫的事情。人类共同面对着一些关键性问题，如果不能妥善解决，这些问题有可能最终毁灭人类自身：臭氧层的破坏、环境污染、贫穷、人口过剩、核武器、世界性的饥荒、艾滋病，以及其他疾病的蔓延，等等。如上这些问题如同参与全球性的贸易和经济发展一样，需要全球性的合作。这种合作需要参与者具备一定程度的跨文化理解的能力。……所有人都必将参与到全球事务中去，这是不可避免的。问题的关键是这种参与应当是在得到必要的告知、教育和培养的前提下进行的。"[1]班克斯也就此指出："由于我们生活在一个日益经济全球化的时代中，一系列全球性问题的产生便在所难免。全球性问题的解决仰仗于所有国家的通力合作。因此，多元文化教育致力于发展学生的全球性认同、知识、态度与技能是非常重要的。"[2]帕梅拉(Pamela L. Tiedt)也主张："从更加宽泛的意义上而言，多元文化教育与对其他国家的研

---

① Christine I. Bennett, *Comprehensive Multicultural Education: Theory and Practice*, Boston, Allyn and Bacon, 1999, p.16.

② James A. Banks, *Cultural Diversity and Education: Foundations, Curriculum, and Teaching*, Boston, Allyn and Bacon, 2001, pp.56-57.

究紧密相关。例如，整个世界作为一个地球村的概念，世界上所有人联合起来共同保护清洁的空气和资源的重要性等。加强多元文化教育的国际研究将有助于形成一种与世界上其他国家共同承担责任和分享权利的意识。"①

显而易见，20 世纪 90 年代以来，美国多元文化教育思想在发展路向上由"资产阶级民族国家多元文化教育"向"全球社会多元文化教育"的拓展，是对经济全球化进程所做出的一种反应，其核心价值理念即在于"把多元文化教育定义为教育发展的全球策略，并且在国家界线之外延伸了它基本的道德原则和行为准绳体系……"②。这充分表明，在经济全球化的时代背景下，美国多元文化教育思想的发展视野已不再仅仅局限于协调和解决资产阶级民族国家内部的多元文化主义问题，它开始着力于增强自身的全球意识，推动自身的全球发展，并努力促使自己在解决诸多全球多元文化问题，乃至在促进全球多元文化社会平等与和谐发展方面发挥独特价值。但与此同时，需注意在其推行多元文化教育战略的过程中对他国的文化渗透与影响，并审慎评估和妥善应对其不良文化影响。

① Carlos F. Diaz, Byron G. Massialas, John A. Xanthopoulos, *Global Perspectives For Educator*, Boston, Allyn and Bacon, 1999, p.4.

② 谢宁:《〈全球社会的多元文化教育〉评介》，载《国外社会科学》，1995(7)。

第二章

20 世纪末至 21 世纪初期的加拿大教育

第一节　教育改革与发展的背景

一、国际社会与加拿大政治、经济环境

20 世纪 90 年代是 20 世纪最后十年，也是为 21 世纪做准备的最后十年。这是一个知识经济的时代，也是信息化时代。随着互联网的普及，社会生产方式发生变化，人们的生活方式也随之改变。通信与交通联系日益便捷，"地球村"开始变为现实，全球范围内的联系与互相影响越来越密切。

从全球范围来看，随着苏联解体与东欧剧变，世界两极格局瓦解。日本及西欧各国重新崛起，第三世界独立后经济崛起，力量不断壮大，世界开始朝着多极化方向发展。

21 世纪以来，在多极化发展趋势下，各国间的联系更加紧密，贸易与文化交往频繁。在世界经济格局发生的变化中，发达国家经济增速缓慢，优势减弱。世界各国都更注重灵活务实的特色化发展。

加拿大自建立之初就形成了两党政治的格局。20 世纪 90 年代，随着保守党的分裂及其在 1993 年大选中的失败，自由党一枝独秀，两党政治力量对比失衡。进入 21 世纪后，两个右翼政党保守党和加拿大联盟合并成立新的保守

党，两党政治重新成为加拿大政党政治的基本框架。

1992年8月12日，美国、加拿大、墨西哥三国达成北美自由贸易区协定，试图通过自由贸易实现发达国家与发展中国家优势互补，增强区域集团的实力。受美国的影响，加拿大经济在1999年呈现出一派欣欣向荣的景象，国民生产总值创下连续15个季度的增长纪录，失业率下降至7%，成为20年（1980—2000年）来的最低水平。①

二、20世纪末的移民潮与加拿大的多元文化

加拿大是典型的移民国家。20世纪90年代以来，加拿大的移民人数逐年增加。18、19世纪来到加拿大的主要是英国人和法国人，英法两国构建起了加拿大的文化底色，加拿大的官方语言至今还是英语和法语两种语言。

加拿大历史上经历了四次移民高潮：第一次是1825—1850年，第二次是1900—1914年，第三次是1947—1961年，第四次是1990年至今。

1990年以来的第四次移民潮与之前几次有所不同。这次移民主要来自亚洲，如南亚（包括印度和巴基斯坦）、东亚（早期来自中国的港澳台地区），1999年之后，中国（除港、澳、台外）移民增加，近年来菲律宾移民成为主流。

作为一个移民国家，加拿大的多元文化色彩非常浓厚。加拿大人口约3100多万，大约有120个不同的族群，不少族群一直保留着自己的语言与文化。与此同时，源源不断来自不同地域的移民，也带来了母国的语言、风俗、宗教信仰、历史文化、经济和生活方式等，创造了加拿大丰富多样的多元文化。在多元文化中，英裔、法裔是主流族群，原住民和其他各少数族群也都在加拿大的政治、经济、文化与教育的发展中做出了自己的贡献，彰显出各自的特色。

---

① 国华：《迎接新世纪系列报道3 加拿大：开拓创新 面向未来》，载《国家安全通讯》，2000(11)。

20 世纪 90 年代以来,在世界政治、经济重大变化的大背景下,加拿大的教育在国际竞争、国家发展以及个人生活水平提高等方面,既有新的机遇,也面临严峻的挑战。20 世纪末,加拿大一份内部调查报告显示,世纪交替之际,教育在加拿大民众普遍关心的问题中占据重要位置。此后 20 多年,加拿大各省教育改革不断推进,在教育管理上追求教育质量与效率、教育公平与公益,降低失学率,加强与家长及社区的合作等;在课程改革上,加强对知识与技能的测量、增加核心课程、强调职业教育等。改革主题的变化,呈现出教育与社会同步发展的态势。

第二节 教育体制的基本结构

20 世纪 90 年代以来,随着基础教育普及、高等教育大众化以及学习型社会的发展,加拿大公立教育管理表现出种种新的特征。

一、教育管理机构及其职责

加拿大公立教育由联邦、省和地方三级政府共同拨款和监管。

(一)联邦政府的职责

加拿大属于联邦制国家,联邦政府不设教育部,只对一些特殊群体(少数民族、军人子弟及联邦监狱的囚犯子弟等)的教育直接负责并予以资助,是少数民族等特殊群体教育权利的担保人。各地教育事务由省(区)教育部负责,十省三区依据各自的教育法案和相关法规实施各类教育。虽然加拿大联邦政府在教育政策方面的正式作用限于几个领域,但它通过与各省的财政关系以及通过与教育有关的政策间接地发挥作用。

加拿大联邦政府在一些相关领域的工作,也对省和地方各级教育政策和教学工作产生影响。例如，加拿大政府在移民、官方语言、多元文化及人力资源方面的政策，直接或间接地影响到中小学课程的内容，涉及的资助与培训项目，像合作教育与学生贷款等，都会带来省级教育政策的改变。

加拿大联邦人力资源及技能发展部和加拿大文化遗产部，都被称为加拿大的教育办公室。人力资源及技能发展部协调与教育有关的联邦政策和计划。学习理事会(也称为青年学习和读写理事会)管理贷款等项目，巩固加拿大联邦政府对各省(区)教育的支持。

加拿大教育部长理事会(CMEC)是联邦层面协调省际教育事务的机构，对加拿大教育进行宏观调控。2008年4月，该理事会发布了《学习型加拿大2020》，旨在促进终身学习，成为21世纪加拿大教育改革的指导性文件。文件强调终身学习的四个支柱，即所有孩子应有机会获得高质量的早期教育，为学校学习做好准备；中小学教育能够提供给学生获得一流的读写算和科学能力的机会；提高中学后教育的学校数量，提高教育质量和学习机会；成人学习和技能发展必须制定可获得多元化综合性成人学习和技能的培养系统。

四个支柱涉及以下活动领域与相应的目标，即扫盲，提高识字率、读写水平；消除原住民和非原住民学生学习成绩和毕业率的差距；加强和稳定高中后学习机会；提高学生的认识，鼓励其积极参与到促进可持续发展的社会工作中；促进和实施少数民族语言教育和第二语言的项目；支持国家和国际对教育系统评估的有关项目；建立全面、长期的战略，以收集、分析和传播国家和国际教育的比较性数据和研究。①

(二)省和地方政府的职责

加拿大基础教育实行的是联邦宪法指导下的分级管理、以省为主的管理体制。各省教育发展水平不平衡，教育体制也不尽相同。加拿大各省(区)政府通过立法、拨款等方式对教育进行管理，确立学校管理机构、建立评估体

---

① 胡军、刘万岑：《加拿大基础教育》，16~17页，上海，同济大学出版社，2015。

系和测试标准、颁布教学大纲、各级各类学校法律条文、法令、法规等。大多数省级教育机构通过工作小组、咨询或审查委员会、议会委员会,讨论和调查,寻求公众对决策的参与。在一些省份,设立了正式的咨询机构为部长提供意见。在另一些省份,教育部门也负责管理学院、大学及其培训。

加拿大每个省都会对学区进行编号,选举产生分支管理机构学校董事会,直接管辖学区内的公立中小学。学校董事会严格遵循教育法案、课程体系和学业标准等,对学校的日常工作进行管理,包括确定年度预算、任免校长、雇佣或解聘教师和管理人员、指派学监、落实教育局有关政策、支付教师工资、修建和维修校舍、购置设备等。部分省份的教育局还有权征收供教育用的住宅和地产税,管理教育部长理事会的援款。

学校董事会的规模因省而异,省内也有所不同。在城市地区,学校董事会通常覆盖一个城市及其周边一些小社区;在农村地区,往往覆盖大片地区,包括许多小社区。在偏远的加拿大北部地区,可能只负责一所小学校。学校内一般会设立家长咨询委员会,加强校长、教师和学生之间的联系。

二、教育管理体制的改革

20世纪末,世界范围内掀起公共教育体制重建的浪潮。为提高教育效率,打破过去政府对公共教育的垄断,重建政府与学校的关系,加拿大公共教育体制改革也紧随其后,与各国的改革遥相呼应。

(一)引进市场机制与管理权利的重新分配

1993年11月,加拿大自由党政府上台后,推行削减财政赤字和促进经济增长的经济政策,对基础教育进行"结构性改革",即改革单纯依赖政府财政拨款、政府独揽教育投资经营和管理权的经济结构;重新确定市场和政府在教育供应、分配过程中所依据的政策;引进竞争机制,打破国家对基础教育的垄断,打破公立与私立学校的鸿沟;鼓励多种办学形式并存,为学生提供不同的服务，保证学生的教育选择权。①

教育改革引进市场机制，一定程度上将公共教育的责任让位给市场，造成了教育资源分配不均，违背基础教育公益性的原则，引起民众不满。如何调整加拿大教育管理中各方的权利与职责，成为新的问题。

为此，加拿大各省(区)重新调适政府与学校的关系，改造学校内部管理的结构，实现教师、学生、家长广泛参与教育的目的。1994年，艾伯塔省开始实施学校内部管理自治模式，加强校长在财政、人事和课程领域的决策权，实行学区、校方高层行政人员与社区、学生家长共同决策，提高了公立学校的适应性、责任感和有效性。

20世纪90年代后半期起，其他省开始借鉴艾伯塔省的经验。新不伦瑞克省取消了学校董事会，改为由选举产生家长理事会，以提高学校的自治能力。曼尼托巴省运用学校内部管理的平衡模式，使学校教职工对家长和社区的需要做出回应。与此同时，大多数省份开始减少学校董事会的数量和权力。1994年，加拿大学校理事会协会指出学校管理改革的四大趋势：减少学校董事会的数目、重新界定学校董事会的职权、省(区)一级的权力集中、将部分职责转至校本或社区咨询委员会。1995年，新不伦瑞克省成为第一个尝试改革的省份。艾伯塔省、不列颠哥伦比亚省和纽芬兰省(今名纽芬兰-拉布拉多省)都将学校董事会合并为更大的部门，魁北克省和安大略省也在1998年效仿。② 1995年，新斯科舍省政府发布了教育白皮书《教育地平线——重塑教育体系》，重申学校董事会、教师、家长和学生的角色与职责，将全省的22个学校董事会合并为7个，为母语是法语的学生成立了单独的管理机构，建议

---

① 蒋园园：《加拿大基础教育管理深度变革取得的突破和未来的走势》，载《当代教育科学》，2011(1)。

② Paula Dunning, *Education in Canada: An Overview*, Toronto, Canadian Education Association, 1997, p.5.

学校成立学校咨询委员会等，表明政府积极采取行动回应公众对教育的期待。①

进入 21 世纪，确保教育的公平与公益性质，强化政府的导向作用，是教育体制改革的新思路。教育公平是加拿大社会公平的起点与基础，其突出体现是各省(区)统一对中小学资源进行标准化配置。为落实政府在免费、平等的公立教育中的责任，加拿大政府纠正 20 世纪 90 年代教育市场化的做法，通过教育政策和制度调整，对教育进行监管，在增加基础教育拨款的同时，通过教育立法，保障教育的公益性与公平性；强化政府对基础教育公平性的监控能力，弥补分权管理的不足，保护教育领域的弱势群体。

2000 年之后，加拿大政府增强了对省教育部、学校董事会与学校的统一调控。为提高教育质量、给学校更多的自治权，各省(区)教育部、学校董事会不同程度上将管理学校的权责交给教师、校长及家长，扩大学校使用经费的自主权。同时，还加强校长、教师与学生的合作，满足学校发展与师生的需要。

2010 年前后，纽芬兰-拉布拉多省与新斯科舍省，通过不同形式的网络化协调，吸引教师、学生、家长等广泛参与教育管理；安大略省与曼尼托巴省重新分配政府、市场与社会三种力量在公共教育治理中的作用；不列颠哥伦比亚省通过计划、目标、权利等形成可操作性工具，对政府与学校的关系重新调适；爱德华王子岛省通过"降低噪声"和"负面协调"，形成共同行动纲领，改造基础教育治理结构；育空地区通过教育治理成员间的谈判和协商，确定明确任务的教育治理分权的尺度。②

---

① 吴慧平、何舫：《加拿大基础教育改革的新趋势——新斯科舍省的〈3R 教育行动计划〉评述》，载《外国中小学教育》，2016(2)。
② 蒋园园：《加拿大基础教育管理深度变革取得的突破和未来的走势》，载《当代教育科学》，2011(1)。

(二)加强区域间的合作

加拿大联邦政府一般通过政策和法规、财政拨款、对特殊人员的资助等方式对教育进行引导。省际之间的教育交流与合作由各省教育部长组成的教育部长理事会(CMEC)协调，他们定期与联邦政府国务部和财政部等机构协调全国的教育计划。

1990 年以来，为了提高教育管理的效率，满足当地经济发展的需要，加拿大各级政府一直在寻求减少重复、加强合作的方法，各省之间也开展了广泛的合作(如联合采购、共享交通工具、共同举办教师培训，在各省教育部、学校董事会、学校、社区、学生家长之间建立广泛的合作伙伴关系等)。多个省份合并了教育部门中的一些相关部门，形成了诸如后中等教育和技能培训部(萨斯喀彻温省)、教育和培训部(安大略省)和教育文化部(新斯科舍省)等新的教育管理部门。

学校董事会也加强了彼此之间以及与其他公共机构的合作。许多学校董事会在采购、交通、课程和专业发展以及其他服务方面进行合作。

课程开发是省的责任，但各省都在进行一些合作。1993 年，西部四省(不列颠哥伦比亚省、艾伯塔省、萨斯喀彻温省和曼尼托巴省)和两个地区制定了加拿大西部合作书，共享数学和语言课程。大西洋各省(新不伦瑞克省、新斯科舍省、爱德华王子岛省和纽芬兰省)也在编制语言、数学、自然科学和社会科学 12 年级的核心课程。安大略省、大西洋诸省和西部诸省也共同研究泛加拿大幼儿园至 12 年级(K-12)科学课程的框架。[1] 加拿大教育部长理事会为幼儿园至 12 年级制定了科学课程框架，涉及除魁北克省以外的所有省(区)。

2000 年后，区域间的教育合作进一步加强。一方面，加拿大教育部长理事会的职责与所发挥的作用提升，2008 年 4 月发布的《学习型加拿大 2020》，

---

[1] Paula Dunning, *Education in Canada: An Overview*, Toronto, Canadian Education Association, 1997, p.11.

成为影响全加拿大统一教育行动的指南；另一方面，加拿大联邦与地方、地方与地方在教育上的协调与合作进一步加强，学前教育在强调协调与合作的基础上，尝试建立国家学前教育公共服务体系；各省(区)初、中等教育也在课程建设、教学标准制定、不同层级的教学评估等方面，追求更大的合作与统一。区域间的教育合作，积极促进了教育资源的有效利用，区域课程框架确保学生获得相同的知识和技能的同时能在省际之间自由转学。这些在后面加拿大各级教育改革中有具体体现。

(三)经费管理及其改革

加拿大重视基础教育，各级教育的公共投资在七国集团(加拿大、法国、德国、意大利、日本、英国和美国)中最高。1994年，加拿大的教育支出占GDP的7.3%(美国为6.8%，德国为5.7%，日本为4.9%，英国为4.1%)。[①]

加拿大联邦政府根据1977年《联邦与省财政安排法》，以转移支付的方式向各省划拨经费。20世纪90年代，各省(区)教育经费管理出现了两个方面的变化：一是加紧对省(区)一级总体经费的控制，限制地方可支配的花费和税收；二是减少学校董事会的预算。

教育经费、教育管理与教育的责任密切相关。20世纪90年代中期，在纳税人抗议和加拿大各级政府削减赤字的背景下，教育投资有所下降。教育部长理事会报告指出："1995年中期所有省(区)的开支水平低于1990年初达到的高峰。20世纪90年代末，初、中等教育的平均支出是6.5%。"[②]

省政府按公立学校学生人数给学校的拨款，占到学校经费的75%至85%，不包括教师工资与基建费用。学校董事会90%以上的收入来自加拿大省(区)或地方政府的拨款与地方财产税。1992年，学校董事会近60%的收入来自省

---

① Paula Dunning, *Education in Canada: An Overview*, Toronto, Canadian Education Association, 1997, p.13.

② Paula Dunning, *Education in Canada: An Overview*, Toronto, Canadian Education Association, 1997, p.13.

拨款，其余的通过当地财产税筹集。

随着省(区)政府承担起更多的教育经费的责任，取消学校董事会财产税的趋势越来越明显。1992年以来，艾伯塔省、不列颠哥伦比亚省加入了新不伦瑞克省和爱德华王子岛省的行列，将财产税纳入了省财政收入，纽芬兰省也废除了教育对财产税的使用。这五个省从其一般收入中支付全部的教育费用。到1996年，财产税仅占中小学教育总收入的1/5。[①] 1998年，安大略省对住宅地产税的依赖减半。[②]

1992—1993年，纽芬兰省教育财产税和人头税被废除。教育经费全部由省支出，教师工资和津贴也由省直接支付。只是不对私立学校提供资助。1994年，爱德华王子岛省的公立教育完全由省政府资助。1996年，新斯科舍省22个学校董事会重组为7个，省提供80%的公立教育经费。1996年3月，新不伦瑞克省解散所有学校董事会，由教育部长承担所有的权利、责任和义务，省资助所有的公立教育经费。魁北克省将董事会由158个减至70个，政府为公立教育提供82.8%的经费，当地税收提供10.6%，同时资助私立学校55.9%的经费。安大略省将学校董事会缩减一半，当地税收担负过半的教育经费；省设置住宅税和商业财产税，把当地政府负担的教育经费减少约1/3，不资助私立学校。曼尼托巴省将学校董事会从57个减少到21个，提供70%的教育费用，学校通过地方财产税来保证平衡。萨斯喀彻温省为教育提供44%的资金，剩余的由住宅税和非住宅地产税承担，独立学校得到部分资助。1997年，艾伯塔省将学校董事会减至64个，省控制大部分的财产税，学校董事会在当地额外征收3%的税收，私立学校得到35%的资助。不列颠哥伦比亚省将31个学校董事会合并为15个，当地税收由市政当局征集，再转给省；

---

① Paula Dunning, *Education in Canada: An Overview*, Toronto, Canadian Education Association, 1997, p.14.

② Paula Dunning, *Education in Canada: An Overview*, Toronto, Canadian Education Association, 1997, p.15.

私立学校得到不同比例的资助。育空地区教育部门同学校委员会和学校董事会共同管理学校，地方政府负责所有教育经费，不资助私立学校。西北特区管理八个独立的学校董事会和耶洛奈夫两个校区，上调当地税收以支付幼儿园至9年级(K-9)25%的经费，地方政府负责其他经费，不资助私立学校。①

加拿大各省都有私立学校和宗教学校，也称独立学校，它们的经费部分来自省政府的资助。1991年，此类学校经费支出总额达15亿加元，有一半来自学生的学费。在不列颠哥伦比亚省、艾伯塔省、萨斯喀彻温省、曼尼托巴省和魁北克省，这类学校得到省政府的资助。魁北克省的资助额度最高，平均达到45%。安大略省为私立学校筹集资金的问题一直饱受争议。1996年11月，联邦最高法院裁决了犹太代表大会和安大略基督教学校联盟的上诉，确认了特许学校不能被用来拓展宪法资助的私立学校和天主教学校。②

到20世纪末，加拿大加紧对省(区)一级教育经费总体控制的趋势更加明显。1997—1998年，省政府提供教育经费的52%，地方税收提供21%，联邦政府提供10%，其他赞助和收费占17%，还有一些联邦与省级专门项目的资助。③

2000年之后，随着经济的繁荣，加拿大教育投资的总体水平有所回升。2009年，教育经费占其国内生产总值的6.7%，高于经合组织国家6.3%的平均水平。④

---

① Paula Dunning, *Education in Canada: An Overview*, Toronto, Canadian Education Association, 1997, pp.18-21.

② Paula Dunning, *Education in Canada: An Overview*, Toronto, Canadian Education Association, 1997, p.18.

③ Education, Culture and Tourism Division Analytic Outputs and Marketing Section, Statistics Canada, *Education in Canada, 2000*, Authority of the Minister responsible for Statistics Canada, Minister of Industry, 2001, p.177.

④ 胡军、刘万岑:《加拿大基础教育》，14页，上海，同济大学出版社，2015。

第三节　各级各类教育改革和发展

加拿大的小学教育和中学教育合在一起，简称 K-12 中小学教育，即从幼儿园到 12 年级。加拿大公立学校实行义务教育，学制 12 年(不包括 1~2 年的学前教育)。各省中小学教育制度不尽相同，有"六五""八三""七五""六三三""八四"等十多种学制，其中"六三三"与"八四"制最流行。"六三三"制以艾伯塔省为代表，小学 6 年，初、高中各 3 年；"八四"制以不列颠哥伦比亚省为代表，小学和初中 8 年，高中 4 年。1999 年，为了适应新的需要，增加学制的弹性，安大略省的五年制高中改为 4 年。

魁北克省是加拿大唯一采用"六五"学制的省份，即小学 6 年、中学 5 年，义务教育是 2 年学前、6 年小学、5 年中学教育，共 13 年。中学毕业升读大学，可入读魁北克省公立学院(CEGEP)修读二年制的大学预科，毕业后报考本省的大学，修读三年即可获得本科学位。预科的第二年相当于其他省份四年制大学一年级，所以毕业生也可投考其他省大学的二年级。

20 世纪 90 年代以来，加拿大的中小学有四种类型：公立学校、私立学校、联邦直属学校、特殊学校。公立学校由地方教育部门依据省教育法开办并管理，也包括新教、罗马天主教独立学校，由加拿大国防部在公立学校框架内开办的学校；私立学校、教会附属学校或非宗派学校由私人团体或个人开办；联邦直属学校由联邦政府直接管理：海外学校由国防部为军人后代开办，印第安学校由印第安和北方事务部负责；为视听障碍学生提供特殊教育的学校，为学生提供专门的设施和培训，这类学校大部分由省政府直接管理。①

---

① Education, Culture and Tourism Division Analytic Outputs and Marketing Section, Statistics Canada, *Education In Canada, 1991-1992*, Authority of the Minister responsible for Statistics Canada, Minister of Industry, 1993, p.19.

一、学前教育的改革和发展

1990 年以来，儿童福利和救助制度与省(区)教育管理体系等，在学前教育发展过程中发挥着重要的作用。

(一)政策与法规

加拿大联邦政府通过指导性政策与财政手段、儿童福利制度等支持学前教育的发展。联邦政府除了规定中低收入家庭孩子 18 岁之前按月领取"牛奶金"外，还通过"国家儿童福利补充计划"，对低收入家庭进行帮扶。联邦政府还与省(区)政府合作，共同推行"早期儿童发展计划"，仅仅这两项计划，联邦政府每年投入的经费就超过百亿加元。[①] 这套完整的儿童福利制度，在学前教育发展中发挥着重要的作用。

1996 年，联邦政府把投向省(区)卫生、教育与福利项目的资金整合进《加拿大卫生与社会转移支付》，资助幼儿发展与学习。此后，联邦政府还制定了《国家儿童协议》和《幼儿发展协议》，向地方教育项目投入资金。联邦政府对学前教育的干预从资助儿童家庭扩展到支持省(区)政府发展学前教育。1997 年，魁北克省出台政府资助学前教育发展的政策，为所有 5 岁儿童提供全日制幼儿园服务。1998 年联邦政府出台《国家儿童福利计划》，向普通家庭、低收入和特殊家庭提供资金补贴。同时，向省(区)政府以及原住民社区提供转移支付，支持《儿童社区行动项目》《加拿大产前营养项目》，向处境不利幼儿、原住民幼儿及其父母提供卫生与社会综合服务。

2003 年，加拿大联邦政府与省(区)政府签订《早期学习与儿童保育多边框架》，由联邦向省(区)拨款，省(区)政府从资讯提供、费用补贴、质量保证体系、投资与运营补助、培训与专业发展、提高师资工资等一系列服务菜单中选择学前教育支出项目，学前教育作为专项内容正式进入国家政策议程。

---

① 中国驻加拿大大使馆教育处:《加拿大学前教育发展现状及趋势调研》，载《基础教育参考》，2016(17)。

各省(区)学前教育的发展，并不完全相同。1998年，安大略省颁布政策性文件《幼儿园大纲》，2006年修订。2010年出台《全日制学前教育：幼儿园大纲》，对学前教育的教学进行规范。2011年公布《早期教育框架》，为早教机构提供教育资源。

加拿大政府历来把原住民儿童、特殊儿童教育作为保障学前教育公平的重点。近年来，联邦政府推出一系列原住民专项学前教育项目，包括以儿童为中心的原住民开端计划、特殊教育计划；以儿童父母为中心的第一民族与因纽特儿童保育计划、父母参与计划、产前营养计划；以支持社区为中心的光明未来计划等，确保弱势群体受教育权利的落实。

(二)政府的职责

21世纪之后，学前教育不再仅仅被看作社会福利政策的组成部分，联邦政府在财政资助的同时，开始就学前教育发展的内容积极与省(区)政府展开合作。

2000年以来，联邦与地方、地方与地方在学前教育上的协调与合作加强。2002年，加拿大教育部长理事会向国会递交报告，指出加拿大的学前教育落后于许多经合组织成员国，促使联邦政府加大对学前教育的支持。为此，联邦政府与省(区)政府加强了学前教育的合作，着手建设全国学前教育体系。2004年，自由党在竞选纲领中提出以高质量、普及性、易获得和发展性四原则为基础，建立加拿大国家学前教育体系，承诺五年内投入50亿加元。自由党赢得大选后，政府开始与各省(区)协商落实协议。2006年，为减少财政赤字，政府通过新的资助家庭政策代替了这项计划。[①] 政策的转向中断了建设国家学前教育体系的进程，学前教育发展重心重回各省(区)。2011年，教育部长理事会成立幼儿学习与发展事务委员会，作为联络机构，支持省(区)之间信息与经验共享，缓解各地学前教育各自为政带来的问题。

①　吴小平、赵景辉：《加拿大学前教育政策：历史、经验与走向》，载《外国教育研究》，2015(4)。

各级政府提供专项计划，资助特殊家庭。加拿大联邦政府出台原住民开端计划，资助原住民儿童接受早期保教服务；设立军人家庭资源中心，为军人家庭幼儿提供保教服务和信息支持；发展联邦监狱母子服务项目，为女性囚犯及其幼儿提供保育场所与服务；支持移民和难民参加语言学习，减免其年幼孩子接受保育服务的费用。

与此同时，加拿大政府还为普通家庭提供保教费用补贴。2006年，政府启动"综合儿童保育津贴"，每年向6岁以下儿童家庭提供1200加元的资助。2007年开始的"儿童税务优惠"政策，每年向每个儿童提供2000加元的免税额。① 此外，联邦政府还通过向省(区)政府提供转移支付，支持地方增加保教学位，确保省(区)学前教育政策的稳定性和连贯性，一定程度上缓和了加拿大国家层面执政党更替、财政状况不佳对学前教育带来的影响。

为加强对学前教育的监控，不少幼儿园设立了家长委员会，对幼儿园一些重大决策发表意见，为孩子和家庭争取最大的利益。2000年后，安大略省设立了"执业幼托机构监督网""安省幼托机构从业人员监督网"等网站，定期发布信息，公布省政府对幼教机构的检查结果。同时，也对幼教机构提供信息服务和相关指导。②

(三)学前教育管理机构与行业准入标准

幼儿园是加拿大省级公共教育系统的重要组成部分。各省都有专门负责儿童发展的机构，不列颠哥伦比亚省设有"儿童及家庭发展部"，新不伦瑞克省设有"教育及早期儿童发展部"，安大略省教育部与"儿童和青年事务部"共同负责学前教育的发展。

加拿大的学前教育包括全日制看管中心、保育学校、附设在小学的学前

---

① 吴小平、赵景辉：《加拿大学前教育政策：历史、经验与走向》，载《外国教育研究》，2015(4)。
② 中国驻加拿大大使馆教育处：《加拿大学前教育发展现状及趋势调研》，载《基础教育参考》，2016(17)。

班。全日制看管中心多数是得到政府认可的私立机构。保育学校一般接收 5 岁以下儿童。除了爱德华王子岛、新斯科舍、新不伦瑞克省之外，所有的省（区）都为 5 岁儿童提供 1~2 年的学前教育。加拿大的学前教育与小学教育衔接，虽然学前教育不属于义务教育，但无论是 6 年制还是 8 年制小学，都附设有 1~2 年的免费学前班。20 世纪 90 年代，大多数省（区）学前教育的入学率都达到了 90% 以上。①

各省学前教育发展不平衡。安大略、魁北克省实施 2 年免费学前教育，其他省（区）提供 1 年免费学前教育。

加拿大拥有健全的儿童保护法、社会福利和救助机制。政府对办学资质、场地要求、安全设施，包括急救设施、消防安全、活动场地、文档记录、卫生设置等都有严格的要求。

各省学前教育的行业准入标准不完全相同。安大略省通过《教育法案》《托儿所法案》规范学前教育，要求所有学前教育机构都必须获得许可证，从业人员必须具备相应的资格。《教育法案》对公立幼儿园的管理、教学场所、师资配备、入学资格提出具体要求。公立学校的学前班，作为小学的一部分，其性质与小学其他班级相同，受地方教育局直接管理和监督。《托儿所法案》专门规范私立学前教育机构，对托幼机构的开办资质、组织管理、教学计划、教师资格等进行规定。2006 年，安大略省发布了《幼教机构规划设计指南》，对托儿所、幼儿园等机构的规划、设施等做出新的规定。②

（四）校外托管教育

20 世纪 80 年代以来，加拿大各省（区）教育委员会都承认托管教育对儿童身心发展的价值，开始允许托管教育机构依托学校，为儿童提供托管服务。

---

① Paula Dunning, *Education in Canada: An Overview*, Toronto, Canadian Education Association, 1997, p.24.

② 中国驻加拿大大使馆教育处：《加拿大学前教育发展现状及趋势调研》，载《基础教育参考》，2016（17）。

加之社会对单亲家庭和残障儿童身心发展的关注，催生了一大批学龄儿童托管教育机构。

在托管教育发展中，加拿大政府出台了系列相关法律法规。1991年，加拿大儿童托管教育联合会颁布了《国家儿童托管教育质量评估》，纽芬兰省出台《儿童托管服务法案》，育空地区出台《儿童托管法案》等，加强对学龄儿童托管教育机构的规范。安大略省要求每所新建学校必须有儿童托管中心。各省都制定了评估标准，保证托管教育的质量。

1994年，加拿大全国托管教育论坛提出，托管教育不仅能够满足儿童接受托管服务的权利、保障儿童的安全，也能够促进经济、社会的发展。政府、社会、社区有责任和义务为儿童提供高质量的托管教育，促进儿童认知、情感的发展。

托管教育十分重视教师的资质和素养。大多数地方政府对托管教育机构的教师资历有严格规定。不列颠哥伦比亚省规定，教师必须年满19周岁并且接受过儿童教育培训；安大略省规定教师必须接受过2年学前教育专业培训且有2年实习经验；努纳武特地区和西北地区规定教师必须持有医护急救证书；魁北克省规定教师必须持有"早期儿童看管与教育(ECCE)"主管部门颁发的证书，并规定一些地区的托管机构教师资历的最低标准必须是高中或高中同等学力，且有一年相关工作经验。大多数地方政府都明确规定了学龄儿童托管教育机构人员配备的要求。育空地区规定，50%的教师必须持有早期儿童发展培训证书，其中30%的教师必须持有中级证书，20%的教师要求持有高级证书。[①]

（五）学前教育师资与教育内容

加拿大公立、私立学前教育机构的教师，都必须持证上岗。公立幼儿园

---

① 何静、严仲连：《加拿大学龄儿童托管教育的内容、特点及启示》，载《外国中小学教育》，2015(3)。

教师必须是大学四年本科毕业，有一年教师专业培训并取得教师资格。大部分蒙台梭利幼儿园要求教师除了有儿童早期教育和急救证书外，还要接受一年蒙氏教育培训，持有蒙台梭利执教证书。担任2岁以下儿童教育的教师，在此基础上还需经过半年的专门护理培训（包括急救训练）等。幼儿园园长必须具有丰富的学前教育经验，接受过管理方面的培训等。

加拿大非常重视学前教师的职前和在职培训。各省（区）都有幼儿教师资格制度，对家庭保育机构、幼儿保育中心和幼儿园的教师资格都有不同的要求。

20世纪90年代以来，加拿大越来越多的幼儿园要求孩子掌握一些知识与技能，各地幼儿园使用全省统一的教育大纲。幼儿园课程包括语言、数学、艺术、科技，以及个人和社会发展五大领域，鼓励儿童接触社会、接触事物、积极探索。课程实施中注重引导儿童依据科学的概念、方法和价值观，获得多方面的发展。

2008年4月，加拿大教育部长理事会在《学习型加拿大2020》中提出，学前教育是终身教育的四大支柱之一，强调所有儿童都有权获得高质量的早期教育，使之拥有良好的学习开端。2010年出台的《全日制学前教育：幼儿园大纲》，从学习环境、教学方法等方面对学前教育进行规范。2011年公布的《早期教育框架》，从教学指导和教育资源使用等方面为早教机构提供指导。

2010年后，加拿大开始建设全国性幼儿课程框架。2012年，魁北克省、安大略省等七省制定了幼儿学习课程标准。2013年，加拿大教育部长理事会的儿童早期学习与发展事务委员会，制定了《儿童早期学习与发展框架》，各省（区）就儿童早期学习与发展的相关理解达成共识，确定了幼儿学习与发展课程建设的六条原则，对协调省（区）学前教育课程标准、促进建立和完善各自的课程体系起到重要的指导作用，各省（区）陆续制定了学前教育课程标准。[①]

① 吴小平、赵景辉：《加拿大学前教育政策：历史、经验与走向》，载《外国教育研究》，2015（4）。

作为移民国家，加拿大政府重视并鼓励和支持多元文化教育政策，强调学前教育要尊重和借力儿童生活中文化多样性的社区环境，满足儿童在文化、语言和教育等方面的需求。

2014 年 11 月召开的第四届加拿大儿童保育政策会议，对政府过度依赖市场力量，没有承担起应有的责任进行了反思。提议建立国家学前教育公共服务体系，构建政策框架，明确学前教育的公益性质，强调联邦政府在其中担当领导角色。①

二、初等教育的改革和发展

从 19 世纪 80 年代末开始，诞生于"婴儿潮"时期的孩子达到上学年龄，学校人数持续增长了 10 年。教育计划随之扩大，入学人数增长带来的需求一定程度上得到了满足，1990 年后，教育水平趋于稳定。从 1997 年开始，学校人数有所下降，加拿大教育改革也随之进行了调整。

(一)教育制度

加拿大的中小学分公立、私立两类，以 6 年制与 8 年制小学最普遍。公、私立小学都以招收本地学生为主，也招收海外学生。大多数省(区)规定儿童满 6 岁可以报名就读小学。

加拿大小学的规模一般都不大。20 世纪 90 年代，大多数学校只有 250 名左右的学生，400 人以上的学校很少。1991 年，加拿大教育协会的一项调查显示，每 5~7 个课堂里，就有一个由两个年级组成的复合班，由一名教师担任教学。调查也显示，与单一年级班级相比，复合班学生的成绩并不逊色。② 2000 年之后，随着入学人数的回升，学校规模扩大，复合班仅存在于偏远

---

① 中国驻加拿大大使馆教育处：《加拿大学前教育发展现状及趋势调研》，载《基础教育参考》，2016(17)。

② Paula Dunning, *Education in Canada: An Overview*, Toronto, Canadian Education Association, 1997, p.27.

地区。

（二）课程改革

加拿大初等学校的课程比较注重学生的个性培养，学习生活也比较轻松。普通教师负责所有普通科目的教学。专科教师负责音乐、美术、体育等课程的教学。课程内容的安排主要由教师来决定，主要学习语言（英语或法语）、数学、阅读、科学、社会、艺术、体育、生活等。小学 1~3 年级一般没有家庭作业和测试，主要是让孩子们多参加一些课外活动。小学教育非常注重学校之外的社会教育，经常组织学生参观博物馆、图书馆、艺术馆，积极参与体育活动、社会活动等。

加拿大的小学教育强调满足学生的需要，以学生发展为主，促进学生的健康发展，反对传统教育中强调学生对教育的适应。

加拿大各省（区）小学课程设置的差异主要体现在语言教育上。加拿大是双语国家，英语和法语都是官方语言。魁北克省大部分是法语学校，其他省（区）主要是英语学校。大部分小学，都开设有法语（或英语）和第二外语。魁北克之外的一般小学，学生从 4 年级开始学法语。

随着科学技术的进步，一些省份传统的科学课程，开始被科学与技术课程取代。1998 年 2 月，安大略省正式确立了小学科学与技术课程，发布了权威的 1~8 年级科学与技术课程大纲，9 月开始在小学各年级落实新的课程大纲，2002—2003 年在全省推广。[1]

20 世纪末，加拿大的小学强调"学生为中心"的教育理念。2000 年以来，许多省重新强调小学的核心课程，建立了明确教学目标和可测量的成果标准，一些省还实行了全省范围内特定年级和特定课程的统一测试等。安大略省和新斯科舍省的改革，具体说明了这一变化。

---

[1]　和学新、杨静：《新世纪以来加拿大基础教育课程改革及其启示》，载《当代教育与文化》，2013(6)。

21 世纪伊始，安大略省教育部制定了《激发学生学习潜力》的教育改革计划，经由读写算教学机构推广至省内八个学区小学高年级，目标是在 5 年内，使小学 6 年级的学生熟练掌握读写和数学能力，使其阅读、写作的成绩达到学业标准的 75%。① 该计划强调促进学生学习的成就动机、在实践中完善学生的个性、情感和社会责任感的发展，激发潜在的学习动力和潜能。《激发学生学习潜力》改革计划实施以来，参与改革的学生的读写算成绩有了显著的提高，成绩非常差的学校数量大幅减少。

2015 年 1 月 29 日，新斯科舍省教育及儿童部发布的《2015 年新斯科舍省教育行动计划——3R 计划》，强调重新调整课程设置、减轻学生负担、培养关键能力等。其中初等学校的课程改革，强调完善与精简课程设置，夯实学科教育的两个基石(数学和读写)，增加数学和读写的课时。其中，加强学生数学能力培养的力度很大。例如，学校给 1~3 年级的数学教师提供直接的经济补助；为家长提供通俗易懂的数学资料，协助家长辅导孩子的家庭作业；为幼儿园至小学 3 年级的数学课程提供早期干预支持。同时，改革强调要利用多种评估形式来促进学生的学习。在 1~3 年级学生评估中，强调教师对学习前后测验结果的对比。在 1 年级实施早期读写成绩调查，在 2 年级对所有学生都进行普通数学的评估管理；在 3 年级和 8 年级，进行常规化的评估测试；在 6 年级和 10 年级则实施省级测试。②

2010 年以来，不列颠哥伦比亚省教育部先后发布了一系列教育报告，深化教育改革。2011 年，该省教育界经过几年的对话与讨论，形成了以"个性化学习"为核心的教育改革方案，依托原有的教育优势进行改革，修订"个性化学习"课程标准，提供高质量的教与学，增强教育的灵活性和选择性，设立高

---

① 冯妍：《加拿大安大略省基础教育新兴改革政策的措施及成效研究》，硕士学位论文，西北师范大学，2011。

② 吴慧平、何舫：《加拿大基础教育改革的新趋势——新斯科舍省的〈3R 教育行动计划〉评述》，载《外国中小学教育》，2016(2)。

标准的学习目标，同时积极应用信息技术支持个性化学习。[1] 2012 年，该省教育部颁布了《课程设置的探讨》报告，指出重新设计省级课程标准的必要性与课程设计应体现协作、开放与透明等原则。[2] 2015 年 8 月，该省教育部正式公布了新一轮课程改革方案及课程标准，强调学生综合能力的提升。2016—2017 学年，新课程在该省幼儿园和 9 年级试行；2018—2019 学年，在幼儿园至 10 年级正式启用新课程；2019—2020 学年，在 11~12 年级启用新课程。该省 2015 年春季出台的《学习领域：英语语言艺术幼儿园至 9 年级》英语课程标准，着眼于学生语言素养的整体提高，重视文本的学习与语言应用，在 8 项目标中有 6 项涉及语言的应用，同时强调通过数字媒体等掌握语言应用的新模式。新课程还将原住民文化纳入了课程内容，通过多元文化的视角，培养学生尊重历史、保护族群文化的意识。

三、中等教育的改革和发展

20 世纪 90 年代以来，加拿大中等教育的学制保留了过去的多样性，实践中最常见的是"八四"学制中的 9~12 年级，以及"六三三"学制中的 7~12 年级。

（一）教育目标

在中学阶段，在校生必须完成一定的学分与义工时数才能毕业。公立学校通常还为成绩优秀的学生提供奖学金。如果学生在某些方面有专长或天赋，还会有一些相应的专门课程。高中毕业后，学生不需要参加统一的大学入学考试，经过高中毕业考试后便可直接申请大学。各大学根据学生的高中毕业成绩、中学最后两年的成绩和参与社会活动及证明个性发展的推荐信等进行录取。

---

① British Columbia Ministry of Education, http://www.bcedplan.ca, 2019-04-08.

② BC Ministry of Education, "Enabling Innovation: Transforming Curriculum and Assessment", http://www.becd.gov.bc.ca/irp/docs/ca_ transformation.pdf., 2019-04-05.

虽然加拿大各省的教育制度不同，但其教育目标是一致的，即同时为学生的升学与就业做准备，而且把培养具有一定知识和实际工作技能的服务型人才放在重要位置，使学生适应社会、职业等方面的变化，培养有适应力、选择力、对社会有用的人。加拿大教育在关注学生学业成绩的同时，更关注其作为社会人的发展和培养。

此外，加拿大大多数省(区)的中学都把学术和职业教育结合在一起，通过课程学习进行分流；少数地区仍然保持独立的职业高中，还有一些则提供短期课程，为学生从事特定行业做准备。

(二)教学与课程改革

加拿大中学课程分为学术课程和职业课程（也称实用课程），实行学分制，即通过在必修课、选修课中选修一定的课程，完成学生毕业要求的学分。在不列颠哥伦比亚省，学生完成20门80个学分的课程即可毕业。其中，在7门必修课中至少选择4门，在人文社会、科学、艺术、职业等模块中可以自由选择。必修科目在各省基本相同，一般包括英语或法语、数学、科学、社会、艺术、体育和外语。大多数省份还提供健康与卫生、个人和社会、经济学、心理学、工业培训、计算机和技术等实用课程。

20世纪末，提高高中毕业率是加拿大所有省(区)的努力方向。20世纪八九十年代以来，高中毕业率持续上升，从1988—1989年的66%上升到1992—1993年的73%。毕业率的提升在各地并不均衡，这一比例从西北地区的25%到新不伦瑞克省的83%不等。① 到20世纪末的1999年，加拿大高中毕业率比前几年仍然有2%的提高。②

---

① Paula Dunning, *Education in Canada: An Overview*, Toronto, Canadian Education Association, 1997, pp.22-23.

② Education, Culture and Tourism Division Analytic Outputs and Marketing Section, Statistics Canada, *Education in Canada*, 2000, Authority of the Minister responsible for Statistics Canada, Minister of Industry, 2001, p.120.

从 20 世纪 90 年代后半期开始，加拿大中等教育的改革方向开始出现转向。1996 年，加拿大教育部长理事会指出了关注教育质量的改革新趋势，即中小学课程成果和标准越来越受到重视，省级考试越来越多；信息技术成为教育的组成部分；帮助学生从学校走向职场的过渡项目越来越受重视。

从 20 世纪 90 年代后半期开始，以学生为中心的学习方式向着传统的方向回归，加拿大一些省(区)修改中学毕业要求，重新肯定省级考试，并将它作为毕业的基本条件；教学更趋严格化与标准化。

2000 年以来，加拿大追求教育质量的改革趋势更加明显，课程改革的力度加大。大多数省(区)开始修订课程计划，加强阅读、数学和科学等核心课程的教学，减少选修课的比例，体现出对学业标准和核心课程的重视。这一改革趋势，在教育质量检测与评估中有具体的体现。

(三)暑期学校与在线课程

加拿大中学生修完毕业所需的课程，达到各省(地)的学分要求即可毕业。灵活的学分制与自由的选课制，给追求好成绩、缺课或成绩不及格的学生提供了重修的机会。暑期学校与在线课程就是满足这些需要的重要通道。

1. 暑期学校

加拿大的暑期学校(Summer School)是指学校为 9~12 年级学生在暑假期间开设课程。暑期课程与学期内课程完全一样，授课方式与结课考试也基本相同，只是授课时间比较集中，一般在 7—8 月，集中 4~6 周。

暑期学校可以帮助学生在暑假期间也能选课、上课、获得学分。一般的暑期学校课程由加拿大学区教育局统一安排，开课地点均匀分布在几所学校，并不是每所学校都开课。

2000 年以来，加拿大暑期学校的课程主要有三方面的作用：补习、先修和丰富学校课程的内容。暑期学校的补习功能主要体现在，为缺课或成绩不理想的学生弥补或更新成绩。先修功能主要体现在为提前学习的学生提供学习的机会，以加速其课程修习的进度，或者减少在普通学年的课程负担。丰富学校课程学习的内容主要是为 9 年级学生提供多样化的课程内容，以丰富其假期生活。

2. 计算机学习与在线课程

由于地广人稀，远程教育发展比较早，加拿大成为世界上最早将学校教育与网络连接起来的国家之一。20 世纪 90 年代，计算机与网络学习就已成为加拿大中等教育的重要途径。各省(区)通过科学推广与学术事务部，负责学生的在线学习。1995 年，纽芬兰省成为第一个完全接入互联网的省，它将所有学校连接到互联网。1995 年，不列颠哥伦比亚省宣布了一项五年计划，为每 3 名中学生和每 6 名小学生分别配备一台计算机。新斯科舍省则制定了到 2000 年为每 10 名学生配备一台计算机的目标。1997 年，该项目已经在学校和图书馆放置了 2000 多台计算机和 4 万多款软件，并通过与软件公司的合作，不断更新电脑设备。为了在教育系统中建立局域网，新不伦瑞克省与苹果和 IBM 公司建立了长期合作关系，与微软公司建立了交互式的在线"虚拟校园"，为 K-12 学生提供学校没有的课程。此外，加拿大省级教育部门和地方学校董事会还积极向私营部门寻求帮助，并形成新的合作关系。安大略省教育和培训部长、教育工作者与私营部门协商后，制订了 K-12 教室技术使用的五年愿景，以及支持这一远景的投资计划。艾伯塔省的教育技术实施计划是在与教育工作者和私营部门的技术专家协商两年的基础上制定的。1997 年，加拿大所有学校都能通过校园网、全国互联网络为学生提供服务。[1] 尽管 20 世纪 90 年代加拿大的教育预算总体上有所减少，但大多数省(区)都在增加计算机技术在课程中的应用。

2000 年以来，随着网络的普及，加拿大各省(区)陆续推出了网上修课的

---

[1] Paula Dunning, *Education in Canada: An Overview*, Toronto, Canadian Education Association, 1997, pp.91-93.

计划，以满足学生学分不足、成绩不理想或提前修习的需要，越来越多中学生的部分重修与先修课程选择在网上进行。各省(区)的网络修课计划，在各省(区)出台政策中都有严格的要求，学生需要履行严格的申请手续，与教师一起制订修习计划，在明确学习时数要求的同时，还要完成大量的书面作业，并通过严格的考试，成绩合格者方可计入成绩与学分。

不列颠哥伦比亚省的网络普及率领先全国其他省份。2000 年，该省教育部在颁布的课程纲要中，制定了从幼儿园到 7 年级开设信息技术课程的具体要求，以培养学生获取信息的意识和能力。教师也把这些计算机运用到课程中，并产生了良好的效果。① 该省教育部门计划鼓励教师、学生和家长在教学过程中灵活利用科学技术与资源，并通过网络技术手段与家庭、社区的合作，发展学生的各种能力。2006 年，该省政府通过创立"即时学习计划"，促进学生在线学习，参与者的数量成倍增长。2009—2010 年度，该省在线学习者增加了 4 倍多。② 2010 年之后，网络学习者的数量更是激增。

(四)教育质量与评估

2000 年以来，加拿大中小学的教育改革，从 20 世纪 90 年代的提高毕业率转向对教育质量的追求，强调教学成果和评估标准，开展多层级的测试与反馈。各省(区)都对教育质量采取了多样化的评价与监测策略，以此推动教育的改革。

1. 学校与省级层面的评估

20 世纪 90 年代后期以来，加拿大大多数省(区)对学生学业成绩的评估，开始在课堂水平测试的同时，引入评估整个系统的省级计划，并且把省级考试作为中学毕业的基本要求。

1996 年，安大略省成立教育质量和问责办公室(EQAO)，这是当时北美

---

① 吕明：《今日加拿大小学教育的特点》，载《外国教育研究》，2003(6)。
② 胡军、刘万岑：《加拿大基础教育》，124 页，上海，同济大学出版社，2015。

唯一的一个教育问责机构，它负责教育质量信息管理与教育实践改革的推进，同时还对全省 3、6、9 年级的数学、阅读和写作进行省级评估。① 2010 年，省教育部印发的《不断成功：安大略省学校评估、评价与报告》规定，学校应采用恰当的评价策略和方法，对 1~12 年级学生的学业成就进行评价，包括对学生学习技能与工作习惯的发展、学业成就做出评价。

不列颠哥伦比亚省主要针对学生的知识、理解和能力进行评估，包括课堂评估，10、12 年级的省级考试，4、7 年级的读写算技能评估。艾伯塔的省级评估包括 3、6、9 年级的省级考试和毕业考试，公布省级标准的达标报告，监督和提高教育的质量。

2. 国家层面的评价与监测

1989 年，加拿大教育部长理事会启动了国家学校成就指标计划(SAIP)，对各省(区)、教育质量进行评估，使 13 岁和 16 岁学生的读写算成绩处在循环监控之中。1996 年，科学课程也被纳入其中。②

"泛加拿大评估项目"(PCAP)是国家层面的教育评价与监测项目的代表，通过汇总学生数学、阅读和科学的周期性评估成绩为各省和地区的监测课程设置、提升评估手段提供依据。加拿大教育部长理事会认为，此项目能全面反映"加拿大教育系统是如何满足学生和社会需要的"。2003 年，加拿大教育部长理事会批准了新的泛加拿大评估项目。每次评估侧重于一个学科。通过这个项目，各行政辖区能够对 13 岁学生的成绩情况与加拿大其他行政辖区和国际进行比较。2007 年春季，教育部长理事会组织开展了该项目的第一次评估，10 个省和育空地区，大约 3 万名 13 岁的学生参加了此次评估。③

---

① Paula Dunning, *Education in Canada: An Overview*, Toronto, Canadian Education Association, 1997, p.41.

② Paula Dunning, *Education in Canada: An Overview*, Toronto, Canadian Education Association, 1997, p.12.

③ 胡军、刘万岑:《加拿大基础教育》，162~163 页，上海，同济大学出版社，2015。

泛加拿大评估项目和之前的加拿大国家学校成就指标计划类似，都是对省和地区评估的补充。各行政辖区可据此验证自己辖区的评估结果。样本规模的统计结果已在加拿大和各辖区层面获得认可。

3. 国际层面的评价和监测

加拿大教育部门十分重视国际评价项目，希望借此了解学生的学习质量，并以此为参照，对教育进行改革。

(1)国际学生评估项目(PISA)

国际学生评估项目是经合组织成员国共同协作的成果，是针对 15 岁学生的技能和知识进行评估的国际评估项目，是了解学生、学校和教育体系发展信息的重要手段。评估包含阅读、数学和科学三个领域，评估重点每年不同，其结果更具时代性与国际化。自项目成立以来，加拿大已联合加拿大教育部门、就业和发展部及加拿大统计局参与其中。

该评估项目的结果对加拿大教育产生了深远的影响。加拿大通过评估项目的结果，反思其教育质量，为国家增加中小学教育投入提供了依据。

2000 年以来，加拿大在国际学生评估中表现突出。2000 年的阅读评估，其位居第二。2003 年的数学素养评估，其位居第三。2006 年的科学素养评估，其位居第三。2009 年的阅读素养评估，加拿大位居第五。2012 年的阅读和科学评估结果，其分别位居第五、第八。对 2012 年评估中最高和最低学生之间差距的分析表明，加拿大各省教育发展相对均衡。2013 年 12 月 3 日，经合组织公布了另外一项重要的国际研究结果，加拿大学生在数学、阅读和科学领域显示出较高水平。其 15 岁学生的水平远高于经合组织成员国同龄学生的平均水平。[1]

(2)其他国际教育质量监测项目

加拿大学生还积极参加其他国际测试项目，包括国际指标项目(OECD)、

---

① 胡军、刘万岑:《加拿大基础教育》，166~167 页，上海，同济大学出版社，2015。

国际教育进展评估(IAEP)、国际教育成就评估协会(IEA)、国际计算机和信息素养研究(ICILS)、数学师范教育比较研究(TEDS-M)、国际阅读素养进步研究(PIRLS)、国际数学和科学趋势研究(TIMSS)等。

国际计算机和信息素养研究,是由国际教育成就评价协会建立的新的国际性项目,重点是对 8 年级学生了解、理解和利用信息和通信技术的程度进行评估。加拿大 2013 年春季首次参加该项目,共有 2 个省参与,教育部长理事会也协同参与。数学师范教育比较研究是针对教师教育的国际比较研究,重点考察小学和初中数学教师的配备。加拿大 4 个省参与此项研究,同时加拿大教育部长理事会也协同参与。国际阅读素养进步研究是国际教育成就评价协会的研究项目之一。每 5 年对学生的阅读能力以及和阅读相关的政策和实践进行评估。评估对象是 4 年级的学生,平均年龄是 9 岁半。2001 年、2006 年,加拿大只有少数几个省参与。2011 年,有 9 个省参与其中,且加拿大教育部长理事会也协同参与。①

国际数学和科学趋势研究,由国际教育成就评估协会组织,重点关注 4 年级和 8 年级学生的数学和科学成就。在第三届评估中,加拿大学生的成绩高于国际平均水平。②

加拿大基础教育质量评价,形成了学校、省级、国家、国际四个层面。多维度的评价与监测体系,有利于了解学生学习和教师教学效果,还可以把脉省(区)、国家教育质量以及在国际中的位置,及时调整和完善教育政策与实践。

四、教师教育的改革和发展

20 世纪 90 年代后期,受人口因素影响,加拿大中小学入学人数减少,减

---

① 胡军、刘万岑:《加拿大基础教育》,169 页,上海,同济大学出版社,2015。

② Paula Dunning, *Education in Canada: An Overview*, Toronto, Canadian Education Association, 1997, p.42.

少教育公共支出的压力增加。2005 年以来，除去偏远地区，加拿大的教师总体过剩。

(一)教师教育政策

加拿大教育部长理事会与联邦和地方政府有关机构合作，在全国范围内开展调查统计、召开教育发展研讨会，在此基础之上制定教师教育发展的指导性原则与相关政策。

加拿大各省(区)都有详尽的职前教育、职后培训及教师资格证书的政策，而且根据社会的变化和需要进行修订，保持动态发展。

加拿大各省(区)教师教育政策虽有差异，但基本要求比较统一。中小学教师一般都需在完成大学本科教育之后，选修一定数量的教师教育课程，并完成一定量的实习任务，方可申请教师资格证书。教师的跨省流动，必须符合当地任教资格考评和认可条件，各省(区)对此都有具体而严格的规定。

基于终身学习的理念，在职教师的培训也得到了加拿大联邦和各省(区)政府相关部门的大力支持，形成了完整的政策、措施和评估体系。为鼓励在职教师接受培训，安大略省出台了《教师学习计划》，从 2007 年起，各教育局有责任为每名教师制订学习计划，设定培训目标、培训计划及相应的时间表；要求教师每年与校长讨论上一年计划的执行情况，提交学习报告，制订下一年度的学习计划。[①]

(二)教师教育机构

公立和私立高等教育机构是加拿大教师教育的主要机构。各省(区)主要高校的教育院系都开设有教师教育课程，在教师教育、培训方面一直占据着主导地位。

20 世纪 80 年代，加拿大各省(区)的教师教育全部实现在大学层次上进行。20 世纪 90 年代，加拿大共有 50 所大学提供教师教育。仅安大略省就有

---

① 胡军、刘万岑:《加拿大基础教育》，183~184 页，上海，同济大学出版社，2015。

10所大学设有教师教育学院。其中，尼普森大学、渥太华大学、多伦多大学、韦仕敦大学和温莎大学提供一年的连续制教师教育；约克大学提供并行制的本科/职前教师教育；布鲁克大学、湖首大学、劳伦森大学和皇后大学，提供连续制和并行制两种途径的教师教育。大学教师教育学院以其专业化的方法与模式，受到社会的接受与认可，他们"在实际的教学方法到教学和学习的理论上，从根本上改变了人们对教学的看法"[①]，使教师教育大学化的进程不断推进。不列颠哥伦比亚省的不列颠哥伦比亚大学、艾伯塔省的卡尔加里大学和艾伯塔大学等，也都投入大量资金开设高质量的教育学课程，提供职前教师教育与职后教师培训，同时还通过网络，为在职教师提供远程在线研修。

1997年，安大略省教师教育学院建立，教师教育从大学自治转向专业自治，教师专业团体开始在教师教育发展中发挥更大的作用。到2011年，经加拿大教育学院院长协会(ACDE)确认，加拿大共有62个组织机构提供教师教育[②]。

与此同时，加拿大教师联合会、相关的政府机构、非营利性组织、出版社、电子产品公司等，通过制定政策、颁布标准，提供正规教育或网络教育及信息资源、出版培训教材及应用软件等，为教师提供多元化的服务。督导会员单位为教师提供培训、技术支持、新教师实习期指导、直接组织教师专业、技能技术培训。中小学经常会收到提供教师进修学习的通知单或宣传册，教师可以根据自身发展需要自行选择培训计划。会员单位也会积极参与全球教育发展规划，帮助指导一些非洲、亚洲、拉丁美洲国家及加勒比海地区国家教师协会开展工作。

教师联合会、学科委员会、各种教育机构和组织，为加拿大在职教师提

---

① Kitchen J., Petrarca D. "Teacher Preparation in Ontario: A History", *Teaching & Learning*, 2014, 8(1), pp.65-66.

② Shirley Van Nuland, "Teacher Education in Canada", *Journal of Education for Teaching*, 2011, 37(4), pp.409-421.

供的多样化讲习班、课程和会议，目的是使教师能跟上各自领域的新发展，能够与时俱进。

社区学院、网络远程教育学院、函授大学和广播电视大学等，在加拿大教师教育、培训中也发挥着重要的作用。新斯科舍社区学院投入大量教学资源开设了高质量课程，还为在职教师开放大学网络，实现远程在线研修。新斯科舍省教师联合会与省教育部、加拿大国际发展司（CIDA）共同实施"了解世界"培训方案，帮助教师了解全球发展趋势和存在的问题，提高教师的眼界与教育教学水平。

随着信息技术的发展、网络的普及，教师获取教育和培训更加便捷。艾伯塔省教育部门和国家电影公司合作开发用于课堂教学和教师培训的多媒体教育资源，为中小学教师提供了数十个有益的网站，提供教师教育与培训、课堂教学思想、备课、经验交流等各方面的信息资源。[1] 今天，网络等多媒体资源在加拿大教师教育与培训中发挥着越来越大的作用。加拿大政府部门、行业协会和出版社、网络公司等，也为教师的教育和培训提供数据库资源。加拿大各省（区）的许多网站，都在提供教师教育与培训、课堂教学思想、经验交流等各方面的信息资源。

20世纪90年代以来，利用全社会的力量为教师提供教育与培训，已成为加拿大教师教育的重要途径。各省（区）在不同的地理、历史、语言、文化的基础上，形成了满足各地不同需求的教师教育，受到了广泛的认可。2007年，加拿大教育协会（CEA）发布的报告显示，70%的民众对初、中等学校教师的工作表示满意。[2]

（三）教师教育模式

加拿大教师教育全部转入大学之后，教师教育的改革重点，由之前的制

---

[1]　姚莉：《对加拿大教师教育的几点思考》，载《教育实践与研究（中学版）》，2007（10）。

[2]　Jodene Dunleavy, *Public education in Canada: Facts, trends and attitudes*, Toronto, Canadian Education Association, 2007, p.85.

度变革转向教育模式的更迭。各省(区)教师教育模式呈现出多样化的特点，以满足教师资格申请者不同的需求。教师教育开始由学科教育与专业教育共同完成，教师教育学院通过提供教师证书课程、1~2年的学士后课程、与3年(魁北克省)至4年本科教育同时进行的教师教育课程，来实现对教师的专业培养。

20世纪90年代以来，加拿大教师教育模式在最初一两种基本模式的基础上，发展为今天面向全日制学生与在职申请者的多元化的模式，呈现出复杂多样的特点。这一框架下的教师教育模式主要有：3+1模式，即学习3年学科课程与1年教育学课程；4+1模式，即完成4年学科课程的学习，取得某一学科的学士学位，再学习1年教育学课程；3+0、4+0、5+0模式，即在本科3年(魁北克省)或4年、5年学科课程学习的同时，申请教育学课程的学习，取得大学学士学位与申请教师资格证书的基本条件。在职教师或转入教师岗位的专业培训，可以采取集中学习1~2年的全日制形式，也可以利用夜间、周末或假期兼职学习，一般需要3年或更长的时间。

20世纪90年代以来，加拿大教师教育的入学标准更为具体、严格。安大略省开始注重教师职前、入职和在职教育的一体化，以及教师教育机构的"合作化""伙伴化"发展，"大学为本"的教育逐渐转向由大学和中小学合作的多元开放的教师教育。大学教育学院的课程也努力平衡理论与实践的关系，普遍提供并行制与连续制的课程，学生也有了更多样的模式选择，除了传统的3+1、4+1模式之外，还出现了3+0、4+0、5+0的培养模式。[1]

2000年以来，随着教师供求关系的变化，加拿大教师教育与培训年限出现了一些局部调整。2008年以来，由于经济低迷，失业率高，教师职业受到欢迎，之前离开教师岗位的纷纷回流。安大略省中小学教师年薪4万~8万加

---

① 王梓霖：《加拿大安大略省教师教育大学化的历史考察(19世纪40年代—20世纪末)——教师培养的视角》，硕士学位论文，天津师范大学，2019。

元的工资，吸引了不少求职者，教师供大于求。为此，省政府宣布，从 2014 年起，教师教育中专业课程的学习，由原来的 1 年延长至 2 年。延长专业课程的做法，成为一种趋势，在其他省份，3+2、4+2 的培养模式也流行起来。

（四）资格证书制度与多元化的课程

20 世纪 90 年代前半期，加拿大只有安大略省和不列颠哥伦比亚省的教师资格证书，由教师学院、非官方的专业组织颁发，其他省（区）的教师资格证都是由地方教育部门颁发。20 世纪 90 年代中期以来，其他省（区）陆续以立法形式设立非官方的教师管理学院，管理原来由政府管理的中小学教师资格审定，并实行自负盈亏的财务制度。省（区）教育部门不再直接参与教师资格的审定和管理，仅通过立法形式进行宏观调控。

加拿大几乎所有省（区）的教师，获得教师资格证书后，都不需要升级、更新，但也有不少教师通过获得额外的资格，通常通过教育部门、学校董事会和教育学院开设的课程，获得更高水平的认证，这些额外培训有时会得到学校董事会的资助。只有新斯科舍省尝试定期进行重新认证，以确保教师能够与时俱进。

加拿大各省都有一些非营利机构，指导未来教师接受职业教育。位于多伦多的安大略省教师教育申请服务中心（TEAS）是一个非营利性机构，主要是向申请省内大学教育学院（系）的人员提供入学申请服务，同时还提供如何利用信息资源、选择教师职业、择校、准备申请等建议。各省的大学入学申请中心和一些大学的教育院（系）也有类似机构。

加拿大各省（区）对教师资格的要求基本相同，具体环节略有差异。安大略省中、小学教师资格证书申请人要有教育学学士学位，或在学士学位之后完成 2 年以上的教育学课程学习。安大略省中小学教师资格认证分为初级（学前班至 3 年级）、低级（4～6 年级）、中级（7～10 年级）和高级（10～12 年级）。省教师管理学院要求所有注册教师能够胜任至少两个连续教学阶段的教学。

选择初、低级阶段的教师,能够教授小学阶段所有课程。选择低、中级阶段的教师,能够教授中级阶段的所有课程,并且精通一门课程。选择中、高级阶段的教师,要精通中、高级阶段的两门课程。省公立学校教师必须先经过安大略省教师管理学院的资格认证,成为省教师管理学院的注册会员。要在中小学担任英语作为第一语言、法语作为第二语言、特殊教育、设计与技术等课程的教学,还必须在大学里选修相关课程,获得相应的资格证书。[1]

20 世纪 90 年代以来,加拿大教师教育的课程结构没有太大的变化,保留了学科课程、专业课程与教学实习的基本框架,只是各部分内容及其比例,随社会的发展有些调整。

20 世纪 80 年代,教师教育受到加拿大政府的重视,课程的重点是使未来教师学会如何教学。1990—2010 年,在教师专业化的国际大背景下,联邦政府出台相应的政策,强化政府对教师教育的监控与教师教育的专业自治相结合。政治因素对教师教育的专业化的影响,带来了教师结构的多样性,针对不同类型教师的需求,设置不同课程内容与要求的做法得到推广。[2]

加拿大的教师主要有普通中小学教师、职业课程教师、原住民教师、宗教学校教师、特殊教育教师等。

普通教师的培养计划,由学科课程、专业课程以及教学实习组成。未来的中小学教师除了学习学科知识外,还必须掌握教育学、心理学、教学法、教育管理学等专业知识。

职业课程教师的培养与普通学科教师的培养有较大的不同。安大略省要求申请者必须具有高中以上学历,具有 5 年以上相关工作经验。此类教师的培养,强调对学科理论知识的掌握和理解,同时必须掌握教育学、心理学、

---

[1] 胡军、刘万岑:《加拿大基础教育》,177~178 页,上海,同济大学出版社,2015。

[2] Grimmett P.P., "The Governance of Canadian Teacher Education: A Macro-Political Perspective", *Counterpoints*, 2009(334), pp.22-32.

教学法等专业知识。

在加拿大宗教学校，教师必须有相应的宗教信仰，这些学校的申请者，必须选学相应的宗教或文化课程，并完成一定课时的实地实习。

20世纪末，加拿大开始注重原住民教师的培养，以提高原住民教师的比例。1996年最后一所寄宿学校关闭。寄宿学校的目的是"开化"原住民儿童。在这些学校里，大量印第安、梅蒂斯和因纽特民族的儿童受到包括性虐待在内的各种身心伤害。2008年6月11日，加拿大总理哈珀在议会众议院正式向原住民寄宿学校受害者道歉。当时，哈珀在长约15分钟的全国电视直播讲话中说，原住民儿童"在寄宿学校的遭遇是我们历史上悲伤的一页。(当时)有人企图借用那句声名狼藉的话，'把印第安文化消灭在娃娃阶段'，这个政策是错误的，造成了巨大伤害。我们对此深刻道歉"①。随着最后一所寄宿学校的关闭与哈珀总理的道歉，加拿大的原住民政策发生了转变，尊重原住民文化开始落到实处。今天，在原住民教师培养中，除了常规课程之外，还增加了原住民的历史、文化等内容。

为满足盲聋等特殊儿童的需求，加拿大各省(区)都有特殊教育的教师培养计划，教师教育的常规课程与实地实习，都与儿童的特殊需要相联系，较好地满足了特殊儿童发展的需要。

教学实习在各省(区)中小学教师的培养过程中，占据十分重要的地位，大学教育学院一般都有比较稳定的教育实习基地。20世纪90年代以来，强调对实习过程的指导，成为加拿大各省(区)教学实习改革的重点。

安大略省约克大学教师教育专业的实习，是在专门负责实习的课程总监的领导和组织下，由大学协调员和中小学实习指导教师共同负责的。课程总监负责规划和提供实习课程，与中小学建立合作关系；为协调员和指导教师提供相关资源，支持实习指导教师对实习生的监督和评估，给实习生提供建

---

① 胡军、刘万岑：《加拿大基础教育》，175页，上海，同济大学出版社，2015。

议和指导，决定实习生的实习成绩。大学协调员负责与中小学及指导教师的联系，一起制订和实施实习计划，定期召开学生会议；协助指导教师完成对学生的评估；与指导教师、实习生和课程总监共同探讨需要解决的问题；鼓励实习生参与实习学校的课外活动，督导实习生的工作。合作指导教师具有丰富的教学经验，愿意与大学合作，并善于诊断型指导。其任务是对实习生的教学和班级管理进行指导，促进他们在教学常规、日常管理、问题分析、制订计划、教学策略、学生评估、职业定向等方面的成长。[①] 由大学与中小学共同组成的指导小组，对实习生进行诊断性指导，保证了实习的质量，也为大学建立了稳定的实习基地，巩固了大学与中小学的伙伴关系。

在职教师的培训课程，强调理论与实践的结合以及学生创新能力的培养。安大略省在职教师培训课程很有特色，其中基础资格课程、专业资格课程和校长资格课程很有代表性。[②] 基础资格课程是为新入职教师提供的培训课程，是教师教育的延续；专业资格课程包括某一科目的专业知识及教学实践，培养教师针对某特殊专业或学生人群的教学能力，也注重教师的领导能力建设。校长资格课程是为满足省教育部门对校长行政职位的要求开设的课程。安大略省要求校长和副校长都能获得校长证书。有些学校董事会还要求校长获得教育行政管理硕士学位或研修相关的课程。

另外，相关专家或学区，还根据一些项目、课程等特殊需要，为在职教师组织专门培训。例如，根据环境教育的需要，安大略省建立生态学校项目，定期为参与生态学校建设的教师开展培训。省教育部、学区教育局、教师学会、工会以及各种机构还通过各种讲座、研讨会等，组织教师就某些主题进行讨论。[③]

---

① 丁彦华：《加拿大教育实习的特点及启示》，载《外国中小学教育》，2009（10）。
② 胡军、刘万岑：《加拿大基础教育》，184页，上海，同济大学出版社，2015。
③ 胡军、刘万岑：《加拿大基础教育》，184~185页，上海，同济大学出版社，2015。

五、高等教育的改革与发展

20 世纪 90 年代以来，加拿大在高等教育的入学政策、学位制度、经费投入、学生资助等方面实施了一系列改革，满足了社会对高等教育的需求，也促进了高等教育的发展。

(一)高等教育的管理体制及其改革

1. 高等教育管理体制

加拿大各省(区)根据宪法依法享有教育权，并依法设立教育委员会，规定教育的各项权力和职责。加拿大高等教育，由省(区)教育委员会负责管理。

加拿大公立大学除在招生标准、学位要求、财务管理等方面具有一定的自治权外，大多数大学由政府董事会和参议院共同管理。其中，大学董事会负责管理大学财务、校长任命和职权监督等事务；学术参议院通常由学者及其他相关利益者构成的教师委员会或称元老院构成，负责管理大学的项目、课程、入学标准、学位证和学术规范等，且参议院须服从董事会。尽管加拿大一些历史悠久的大学有完全独立于省(区)政府的董事会，但大多数大学董事会成员中都有政府任命的人员。相对大学而言，大多数学院由省或地方政府任命理事会管理，理事会由公众、教师和学生共同组成。[①]

2. 高等教育体系

如今，加拿大共有 97 所大学和 200 余所各类学院，这些大学、学院、社区学院、高等教育综合职业学院(CEGEP)和技术学院 (IT)等共同构成了加拿大的高等教育体系。

(1)高等教育的类型

加拿大"高等教育"含义宽泛，高等教育系统也纷繁复杂。"大学""学院"

---

① The Council of Ministers of Education, Canada. The Development and State of the Art of Adult Learning and Education (ALE) Reports for Canada, 2008. https：//www. cmec.ca/Publications/Lists/Publications/Attachments/194/FINAL% 20CONFINTEA% 20VI% 20EN. pdf, p.94, 2019-07-14.

"学徒制"和"私立职业教育机构"共同构成加拿大高等教育体系。

第一,大学与学院。加拿大没有官方规定的大学类型,其大学体系由一系列不同规模和特征的大学组成。其一,包括"U-15"大型研究型大学和医学院。其二,包括大量规模较小的非研究型机构(NRI),如教派大学、艺术院校、文理学院等。此外,还包括诸多入学规模在 5000~50000 人的"综合性"大学。规模较小的大学,如特伦特大学在本科教学方面与文理学院类似。①

加拿大的学院发展历史悠久,大多数公立职业技术学院始于 20 世纪 60 年代。目前,共有 200 多所学院。学院规模较小,目前仅有十几所学院的规模超过 1 万人。随着市场需求的变化,学院的课程结构也发生了变化:从专注专业职业教育走向多元化的课程体系。目前,在加拿大的某些省份,学院课程中还增加了实践性质的学位课程。与大学相比,学院的自由度较小,受政府控制较多。在一些省份,直到 20 世纪 90 年代,学院都是政府直接管理。

学院的类型和制度模式存在差异。艾伯塔省和不列颠哥伦比亚省的某些学院还兼具大学功能。最初两省都对扩大高等教育办学规模持谨慎态度。经过试点,2000 年后,两省都开始扩大高等教育招生规模。魁北克省的学院又有所不同。因为魁北克省中学教育只有 5 年,而加拿大其他地方为 6 年。魁北克省学生中学毕业后,须进入为期两年的综合职业学院(CEGEP),并在进入大学前获得综合职业学院颁发的学位证书(DEC)。

20 世纪 90 年代后,学院向大学转变的趋势明显。1990 年,瑞尔森理工学院(RP)转型为大学,此后,一些院校开始更名为理工学院,反映了学院希望升格为大学的愿望。谢里丹学院、多伦多理工学院一直在努力成为大学。但也有一些学院拒绝成为大学,如不列颠哥伦比亚理工学院、亨伯学院和塞

---

① Higher Education Strategy Associates. The State of Post-Secondary Education in Canada, 2018. http://higheredstrategy.com/wp-content/uploads/2018/08/HESA_ SPEC_ 2018_ final. pdf, pp.3-4, 2019-07-27.

内卡学院等，它们更希望保持自己独立的学院身份。①

第二，学徒制与私立职业学院。在加拿大，学徒制是一种在有经验的商人监督下，将学习者的工作和学习时间结合起来的高等教育形式。它招收的不是"学生"，而是与雇主签订特定学徒合同并定期接受培训课程的员工。学徒在加拿大被认为是高等教育的学习者，但他们并没有被学校录取。学徒注册仅仅意味着他们与雇主签订了一份合同，在合同中双方同意将遵循特定的学习课程，并定期参加课堂培训。因此，政府不统计其招生规模和人数。学徒制的一个显著特点是专注传统的行业，尤其是建筑行业，学徒制开设的课程按行业组织，通常与住房、建筑、汽车和食品等行业相关。②

私立职业学院(PVC)是以营利为主的机构，通常涉及社区学院没有涉足的领域，如音乐制作、美学家培训和牙科辅助等领域。同时，也提供一些相对先进的计算机培训或语言培训。因为政府不提供经费支持，私立职业学院的学费往往比社区学院昂贵。

(2)高等教育的学位制度

加拿大的高等教育包括学士、硕士和博士三个培养层次。一般而言，本科或硕士研究生学位需完成3~4年的学业，但对于具体的修业年限要求，各地区并不完全相同。获得博士学位，一般须完成三年学业，但大多数学生平均需要四至五年完才能完成规定的学术课程与论文。③ 除魁北克外，大多数技

---

① Higher Education Strategy Associates. The State of Post-Secondary Education in Canada, 2018. http：//higheredstrategy.com/wp-content/uploads/2018/08/HESA_ SPEC_ 2018_ final. pdf, pp.3-4, 2019-07-27.

② Higher Education Strategy Associates. The State of Post-Secondary Education in Canada, 2018. http：//higheredstrategy.com/wp-content/uploads/2018/08/HESA_ SPEC_ 2018_ final. pdf, p.10, 2019-07-27.

③ The Council of Ministers of Education, Canada. The Development of Education in Canada, 2001. https：//www.cmec.ca/Publications/Lists/Publications/Attachments/34/ice46devca.en. pdf, pp.7-8, 2019-07-25.

术类专业如医学、牙科和法律等被称为"第二入门"学士学位,只能在取得第一个学士学位后才能获得。①

直到 20 世纪 80 年代末,大学一直垄断着学士学位的授予权,而魁北克和大西洋沿岸的四个省至今仍然如此。现今,职业学院和理工学院已经在应用研究领域开始发挥自己的独特优势,但总体上,大学仍然享有研究生教育和基础研究领域的垄断地位。

3. 高等教育的规模与结构

在入学人数规模上,20 世纪 90 年代,加拿大高等院校入学人数(包括全日制和非全日制)130 万~140 万。1999 年后,入学人数缓慢上升,至 2012 年达到 200 万,2016 年达约 203 万。2016 年,加拿大高等教育全日制同等学力学生的入学人数约有 170 万,其中约 1/3 的学生进入学院,2/3 的学生进入大学。总体上,2000 年以来,大学和学院的入学人数一直在稳步上升,但大学比学院的入学人数增长更快。②

由于高等教育体系和人口总数差异较大,各省(区)的高等教育入学人数也有较大差异。新不伦瑞克省的人口比纽芬兰多 45%,但高等教育入学人数却只比纽芬兰多 7%;新斯科舍省的人口比新不伦瑞克省多 25%,但它的大专以上人口几乎是 100%;安大略省拥有占加拿大入学人数 45% 的最大招生规模,但其人口却仅占全国人口的 38%;魁北克省只有 22% 的人口,却有全国 1/3 的大学生。③

---

① Higher Education Strategy Associates. The State of Post-Secondary Education in Canada, 2018. http://higheredstrategy.com/wp-content/uploads/2018/08/HESA_ SPEC_ 2018_ final. pdf, p.3, 2019-07-27.

② Higher Education Strategy Associates. The State of Post-Secondary Education in Canada. http://higheredstrategy.com/wp-content/uploads/2018/08/HESA_ SPEC_ 2018_ final.pdf, p.12, 2019-07-27.

③ Higher Education Strategy Associates. The State of Post-Secondary Education in Canada. http://higheredstrategy.com/wp-content/uploads/2018/08/HESA_ SPEC_ 2018_ final.pdf, p.12, 2019-07-27.

（1）大学招生规模的变化

20 世纪 90 年代，加拿大高等院校全日制入学人数停滞不前，这虽然在一定程度上有人口统计因素的影响，但同时也是省级大学拨款不断削减的结果。2000 年之后，基于加拿大经济复苏和 20 世纪 90 年代末"婴儿潮"一代的子女开始涌入高等院校，以及技术变化对高等教育的需求日益增长，高等院校全日制入学人数开始迅速增长。至 2016 年，加拿大全日制入学率比 2000 年高出 66%。为了适应这种高等教育需求的增长，各省皆采取了一定的措施。安大略省政府在 2002 年通过专门的拨款扩大大学招生规模；艾伯塔省和不列颠哥伦比亚省将一些社区学院改为大学，以扩大其高等院校的招生规模。然而，因为人口增长的差异性导致了大学入学人数的增长并非普遍现象，在大西洋诸省，其大学入学人数过去十年的增长却一直很低，甚至出现负增长趋势。[①]

从学科结构的招生规模分析，20 世纪 90 年代，加拿大由于兼职学生数量减少，商业、科学、人文和社会科学专业的入学人数都有所下降。然而，从 20 世纪 90 年代末开始，除教育领域外，几乎其他专业的入学人数都有增长。由于 80 年代末 90 年代初出生率下降，教育系统开始减少对教师的需求，并通过限制教师培训项目的招生来适应这一变化。这种情况一直持续到 2010 年左右，当时人文学科的入学人数开始下降，而其他领域的入学人数继续增加。2009—2016 年，修读人文学科人数下降了 18%，但是，其他领域增长了 10% ~ 15%，其中工程领域增长了近 30%。[②]

（2）学院招生规模的变化

从入学规模分析，在过去 20 年里，加拿大学院入学率大幅上升，增幅与

①　Higher Education Strategy Associates. The State of Post-Secondary Education in Canada. http：//higheredstrategy.com/wp-content/uploads/2018/08/HESA ＿ SPEC ＿ 2018 ＿ final.pdf, p.12, 2019-07-27.

②　Higher Education Strategy Associates. The State of Post-Secondary Education in Canada. http：//higheredstrategy.com/wp-content/uploads/2018/08/HESA ＿ SPEC ＿ 2018 ＿ final.pdf, p.12, 2019-07-27.

大学大致相当。据加拿大统计局统计数据显示：1992年，全日制与非全日制学院招生总人数分别为38万人和10万人；2016年，全日制与非全日制学院招生总人数增至52万人和20万人；1992—2016年，全日制与非全日制学院招生总人数增幅分别为36.7%和100.0%。

从各省来看，学院入学率也存在较大差异。2005—2016年，马尼托巴省和三个地区学院入学率增长最快，分别增长95.2%和114.6%；萨斯喀彻温省学院入学率最低，降幅最大，达53.6%。

从学科结构招生规模分析，在过去20年里，商业和健康成为加拿大学院入学人数增幅最大的两个学科领域，社会科学和工程学入学人数增幅最小。

(3)学徒制招生规模的变化

20世纪90年代中期，加拿大学徒人数非常少；90年代后期，国民经济开始加速增长，建筑业的就业机会随之扩大，许多新的学徒岗位应运而生。学徒的数量从1995年的17.5万人增加到了2015年的45万人。[1]

(4)国际学生招生规模的变化

自2000年以来，加拿大高等教育学历的留学生人数不断增加：从20世纪90年代末的不到4万人，到2016年的已超过22万人。[2] 国际学生在加拿大所有省份的分布也并不均衡：截至2016年，在新斯科舍省，国际学生约占所有大学生的20%；在大西洋地区，留学生却占学生人数一半以上；在不列颠哥伦比亚省，国际学生占大学学生总数的1/4以上；而在加拿大西部，国际学生的比例已超过50%以上。

---

[1] Higher Education Strategy Associates. The State of Post-Secondary Education in Canada. http：//higheredstrategy.com/wp-content/uploads/2018/08/HESA ＿ SPEC ＿ 2018 ＿ final.pdf, p.12, 2019-07-27.

[2] Higher Education Strategy Associates. The State of Post-Secondary Education in Canada. http：//higheredstrategy.com/wp-content/uploads/2018/08/HESA ＿ SPEC ＿ 2018 ＿ final.pdf, p.12, 2019-07-27.

（5）师资队伍的规模与结构

据加拿大"全国教师数据"（NFD）项目采集的数据显示，从 2011—2016 年，教授数量只发生了微小变化，从 44934 人逐渐增加到 45660 人；与 1998 年相比，2016 年教授数量增长约 35%。

从年龄结构分析，2000 年左右，加拿大废除了强制退休制度，在过去的 15 年里，教授的平均年龄显著提高。65 岁以上专业人员在所有教职员工的比例在 2002 年和 2014 年分别约为 1% 和 8%。到 2017 年，65 岁以上专业人员在所有教职员工中所占比例已超过 10%。[1]

从职位性质分析，虽然全职教授的数量没有减少，但兼职教师明显在增加。从教师学历结构分析，2018 年，安大略省大学理事会（COU）发布的《在职教师：安大略省大学学术人员的构成和活动报告》显示，2017 年，安大略省兼职教师占学术劳动力的 52%，其中 42% 的兼职教师具有终身职位，另有 6% 是全职但非终身职位；全职教授和兼职教授的比例因学科领域不同而存在巨大差异。其中，教育和法律学科领域所占比例最高，科学和工程学科领域所占比例最低。[2] 报告数据显示，安大略省只有不到 1/4 的兼职教师是研究生或博士后，另外大约 3/4 的兼职员工中一半以上都没有博士学位。

从教职人员职位属性来分析，2007—2017 年的 10 年里，安大略学院的全职和兼职教师人数有所增加，且兼职人员的增长比全职人员更为明显。[3]

---

① Higher Education Strategy Associates. The State of Post-Secondary Education in Canada. http：//higheredstrategy.com/wp-content/uploads/2018/08/HESA ＿ SPEC ＿ 2018 ＿ final.pdf, p.12，2019-07-27.

② Higher Education Strategy Associates. The State of Post-Secondary Education in Canada. http：//higheredstrategy.com/wp-content/uploads/2018/08/HESA ＿ SPEC ＿ 2018 ＿ final.pdf, p.12，2019-07-27.

③ Higher Education Strategy Associates. The State of Post-Secondary Education in Canada. http：//higheredstrategy.com/wp-content/uploads/2018/08/HESA ＿ SPEC ＿ 2018 ＿ final.pdf, p.12，2019-07-27.

(二)高等教育的政策及其改革

20 世纪 90 年代以来,加拿大高等教育领域实施了一系列改革,涉及高等教育的诸多方面。

1. 入学、招生保障政策

在教育分权体制下,加拿大各省(区)高等教育入学政策各不相同。通常,完成高中阶段教育的学生可以申请进入学院或大学,但进入哪种类型的学校主要取决于各地的教育政策及学生的学习潜质。

魁北克省学生完成 11 年教育后可获得高中毕业证书,但进入大学前,还需要进入高等教育综合职业学院或私立学院获得相应的文凭。综合职业学院为学生提供可选择的大学一般课程和专门的职业技术课程。社区学院和综合职业学院提供面向商业、应用艺术、技术和社会服务等领域半年到三年不等的继续教育课程并颁发学历证书或文凭。同时,魁北克省政府主要通过控制大学学费的上浮来促进本省学生接受高等教育,如 1998—1999 学年魁北克省学费增长平均为 1690 加元,而同年其他省份学费则平均增长 3449 加元。此外,魁北克省自 1966 年起实施了一项包括贷款和助学金在内的对学生的重大援助计划,确保了更多的学生能够完成学业①。

安大略省通过各种措施来保障高等教育的发展。20 世纪 90 年代,为培养高科技人才,安大略省实施"入学机会项目"(AOP)。项目新增 2.3 万个大学招生名额,同时,允许私立大学在省内办学并成立质量评估委员会评估学位课程以保障学生权益,确保新学位课程的高质量教学。还投入 6 亿加元设立了"安大略学生机会信托基金",保障未来 10 年内援助约 18.5 万名学生。此外,为资助残疾学生,政府专门拨款成立"学习机会工作促进部",还为失聪

---

① The Council of Ministers of Education, Canada. Education in A Global Era: Developments in Education in Canada. https://www.cmec.ca/Publications/Lists/Publications/Attachments/36/14CCEM.countryreport.en.pdf, p.12, 2019-07-15.

或听力障碍学生提供笔记和相关设备等，资助学院和大学聘任手语翻译和干预服务。约克大学和渥太华大学等也在相应资助下培训聋哑法语教师。

在对原住民高等教育入学保障方面，1991 年 5 月，安大略省通过了《原住民教育与培训战略》(AETS)，以提高原住民高等教育的入学率、毕业率并促进参与原住民高等教育决策。1994 年，省政府与原住民签订《原住民教育与培训战略》，并相继资助了第一民族技术学院、雷克黑德大学、尼皮辛大学及布鲁克原住民教师教育和本地护士入学等项目。

不列颠哥伦比亚省政府则颁布了《原住民高等教育和培训的政策框架》(APSE/TPF)，提高原住民高等教育的入学率和毕业率。为满足原住民社区多样化发展、提高高等教育质量，政府还设立了两所由原住民居民管理的原住民公立高等教育机构。1999 年 5 月，省政府签署《尼斯加阿最终协议》(TNFA)，规定了教授尼斯加阿语言和文化、培养尼斯加阿语言和文化教师、建立高等教育机构、提供和协调成人教育项目等内容。①

1997 年，新斯科舍省颁布《米克马克河教育法》(MKEA)，将立法与行政管辖权授予新斯科舍省的 9 个米克马克原住民族，并赋予米克马克原住民管理中小学教育、资助高等教育学生的权力。同年，省政府在 1993 年成立的米克马克工作队的基础上，建立了米克马克教育理事会(CMKE)及米克马克服务部(MKSD)，领导和研究米克马克原住民的教育问题以确保米克马克原住民在新斯科舍省的公立教育中受益。②

2002 年 2 月，萨斯喀彻温省发布《保障萨斯喀彻温省的未来，确保萨斯喀彻温省儿童和青少年的福祉和教育成功：省地域响应及学校教育的作用终结

① The Council of Ministers of Education, Canada. Education in A Global Era: Developments in Education in Canada. https://www.cmec.ca/Publications/Lists/Publications/Attachments/36/14CCEM.countryreport.en.pdf, p.12, 2019-07-15.

② The Council of Ministers of Education, Canada. Education in A Global Era: Developments in Education in Canada. https://www.cmec.ca/Publications/Lists/Publications/Attachments/36/14CCEM.countryreport.en.pdf, 2019-07-15.

报告》，这是一项由省教育系统领衔，基于共同责任、公平与卓越、问责制以及持续改进和可持续性的原则，来关怀和吸引青年、家庭和社区为每个学生提供高质量教育的文件；它帮助肄业学生并为适龄儿童、青年和家庭提供有效的过渡教育、高等教育和就业资源。

育空地区政府和育空原住民理事会共同负责本地区的教育改革，内容包括：深入分析原住民与非原住民学业成就差距问题；研究满足学生成功就业与接受高等教育培训和终身学习教育体制的基本特征问题；增加原住民参与学校和教育决策的过程。①

此外，为扩大高等教育的覆盖率，促进高等教育入学，加拿大各省(区)开展了一系列高等教育现代信息技术保障措施。1995 年 4 月，马尼托巴省设立马尼托巴教育研究和信息网络机构(MERLIN)，促进了本省教育机构使用教育技术的高质量的教育和培训。1998 年 5 月，新斯科舍省拨款 6500 万加元实施"信息经济倡议"项目(IEI)，提出在 2001 年 6 月前为全省公立大学和社区学院安装 6136 套计算机系统。新斯科舍省在该阶段也希望通过有效利用信息技术，重组教育结构以提高教育系统的质量和效率，最终达到促进社区参与教育和培训的目的。西北地区教育部拨款研发了原住民语言计算机操作系统，以促进原住民社区提高信息网络的使用率和创新性学习。萨斯喀彻温省实施了"社区联网项目"(CAP)，萨斯喀彻温省教育部向所有学生、教师及社会人士免费开放网络课程并制订了战略计划，承诺通过利用包括多技术强化学习在内的多种方式促进社区信息化学习的发展，以服务本省北部和农村地区的互联网接入。此外，政府还确立了为大学等高等教育机构建立虚拟校园等优

---

① The Council of Ministers of Education, Canada. The Development of Education Reports for Canada. https://www.cmec.ca/Publications/Lists/Publications/Attachments/122/ICE2008-reports-canada.en.pdf, 2019-07-22.

先事项。①

20 世纪 90 年代后，加拿大政府开始在各级各类教育中推行互联网的使用，联邦政府也向所有学校投入经费用于购买软件与设备、培训专业师资和聘任校级技术顾问等。1999 年，在省（区）教育部门的合作推动下，加拿大成为世界上第一个将学校和图书馆连接起来的主要国家，实现了加拿大全境的教育互联互通。②

2. 质量保障与评估机制

20 世纪 90 年代初，加拿大经济虽然出现衰退，但各级政府仍然将教育视为优先支持的领域。整个 20 世纪 90 年代，加拿大教育投入的比重高于八国集团其他各国。1992 年，加拿大 18 ~ 25 岁具有本科学位的女性比重约为 38%，高于同时期男性的 27%；男、女性具有硕士学位的人口比重无显著性差异。1993—1994 学年，加拿大高等院校共有 913647 名在校生，其中全日制学生 585200 人，非全日制学生 328447 人。③

为追求卓越的高等教育质量，1993 年 9 月，加拿大省（区）教育部长发表了一份联合声明：声明认为加拿大教育部长理事会（CME）应该认识到终身教育在促进公民发展和社会经济文化发展方面具有重要意义。1994 年 5 月，加拿大教育部长理事会在第一次全国教育协商会议（FNCE）中明确提出：学业成绩、毕业、就业及公众对教育的理解等方面应密切联系，确立无障碍、高质

①　The Council of Ministers of Education, Canada. Education in A Global Era: Developments in Education in Canada, https://www.cmec.ca/Publications/Lists/Publications/Attachments/36/14CCEM.countryreport.en.pdf, 2019-07-15.

②　The Council of Ministers of Education, Canada. Education in A Global Era: Developments in Education in Canada, https://www.cmec.ca/Publications/Lists/Publications/Attachments/36/14CCEM.countryreport.en.pdf, 2019-07-15.

③　The Council of Ministers of Education, Canada. The Development of Education in Canada, 2001. https://www.cmec.ca/Publications/Lists/Publications/Attachments/34/ice46dev-ca.en.pdf, 2019-07-25.

量和合理流动等教育发展原则，并以此确立教育和培训方面的重点领域。[1] 在全国教育协商会议的倡导下，许多省(区)开始实施系列高等教育改革。在追求高等教育质量，注重质量评估的背景下，各省(区)与加拿大教育部长理事会合作改进了高等教育质量标准、指标和机制等。

魁北克省政府开始注重分析产业及劳动力市场的特征，实施模块化课程，并注重学生技能的发展，邀请企业参与课程的制定及实施等，促进学校与企业间伙伴关系的建立与加强；注重教育教学的持续性认证和评估；制定学徒制框架；关注社会救助，通过高等教育的就业指导与技能培训促进和推动失业者的再就业；强化高等教育体系与行业及产业间的伙伴关系，共同制订专业技能培养计划。魁北克省还颁布了新的高等教育政策以回应追求高等教育质量和研究成果等方面的需求。此外，魁北克省规定在分配高等教育公共经费时，将首先考虑大学在教学质量和研究成果方面的情况。

1995 年，安大略省将教育改革的目标定位为追求卓越和学生学业成就的高标准。同年，安大略省建立了教育质量及监督问责局，负责对全省范围内核心科目的教育教学和考试评估等进行管理，同时引导全省参与国家及国际的学生评估项目并协助政府提高整个教育系统的质量。此外，安大略省在高等教育评估中首次引入"关键绩效指标"项目，以评估毕业率、就业率及学生和雇主的教育满意度等。[2]

不列颠哥伦比亚省在大学建立了问责机制，表明了政府对高等教育质量及质量问责等方面的关注。艾伯塔省将原基础教育部、高等教育部及学徒制

---

① The Council of Ministers of Education, Canada. The Development of Education in Canada, 1996. https：//www.cmec.ca/Publications/Lists/Publications/Attachments/37/deveduc-eng.pdf, 2019-07-12.

② The Council of Ministers of Education, Canada. Education in A Global Era：Developments in Education in Canada, 2000. https：//www.cmec.ca/Publications/Lists/Publications/Attachments/36/14CCEM.countryreport.en.pdf, 2019-07-15.

和行业培训部等部门合并成立学习部促进终身学习的发展。同时，为了确保高等教育的高质量教学和研究的创新性，艾伯塔省引入 K-12 信息技术及艾伯塔校区应用学位课程等。

3. 学位与学分制

（1）学位制度的改革

20世纪90年代以前，加拿大的职业学院或社区学院只颁发文凭或证书，不具备学位授予资格。20世纪90年代以后，为扩大高等教育招生规模、促进高等教育领域的竞争，不列颠哥伦比亚、艾伯塔和安大略省政府，用30多年时间改革高等教育学位制度。改革后，一些符合条件的职业学院具备了学位授予资格，大学不再是唯一具备学位授予资格的高等教育机构。[1]

1996年，艾伯塔省率先允许学院或其他类型的高等教育技术机构的学生申请学位。许多社区学院与商业、工业和劳工部门合作，面向高新技术领域提供服务或专业技能教育。社区学院学生完成一年或两年（24~30周）的课程学习即可获得相应证书，为进入政府、社会、商业或从事专业技术工作做准备；完成两至三年的课程即可获得相应文凭。在加拿大的一些省份，社区学院也提供四年学制的学位课程。[2] 艾伯塔省在大学和职业学院启动了鼓励学生获得应用技术学位的示范项目。安大略省也通过修改学位允许条例，鼓励大学在某些研究领域和特定条件下授予学生应用技术型学位。不列颠哥伦比亚省规定，社区学院的学生完成两年的学术课程后可获得副学士学位，完成四

① The Council of Ministers of Education, Canada. The Development andState of the Art ofAdult Learning and Education (ALE) Reports for Canada, 2008. https：//www.cmec.ca/Publications/Lists/Publications/Attachments/194/FINAL% 20CONFINTEA% 20VI% 20EN.pdf，2019-07-14.

② The Council of Ministers of Education, Canada. Education in A Global Era：Developments in Education in Canada, 2000. https：//www.cmec.ca/Publications/l ists/Publications/Attachments/36/14CCEM.countryreport.en.pdf，2019-07-15.

年的学术课程后可获得学士学位。① 而且，许多学院开始加强与商界的联系，并通过与企业的合作，开发面向尖端或高科技领域的专业课程。

（2）学分制改革

1990 年，加拿大签署联合国教科文组织《欧洲地区国家高等教育学历、文凭和学位认可公约》（CRSDD），其后成立国际证书信息中心（CICIC），收集、组织、管理和分发相关信息以支持加拿大与国际间教育的交流与合作。该公约提倡国际间教师、学生、研究人员等的国际流动与合作。不列颠哥伦比亚省、艾伯塔省、魁北克省和安大略省等相继在这一时期建立了评估质量、认可学分等的相关服务机构。②

1995 年 9 月 1 日，加拿大联邦政府与各省（区）级政府签署了《泛加拿大大学学分转移议定书》（PCPTUC），旨在推动所有学位授予机构在 1995 年 9 月 1 日之后实现加拿大高等院校间的学分转移与互认。之后，许多大学与姐妹机构达成了协议，支持学生进行院校间的流动交换学习。一些大学组建了加拿大大学生交流联合会（CUSEC），如魁北克省法兰西学院实施了学生交流计划，新斯科舍省和爱德华王子岛省的高等院校也实施了类似的学分互认计划。

4. 经费投入

（1）联邦、省（区）高等教育经费投入改革

20 世纪 50 年代以来，加拿大一直在进行高等教育经费拨款方式的改革。1951—1966 年，联邦政府是基于省（区）人口对高等院校提供经费支持；1967—1976 年，联邦政府的经费支持开始转变为办学成本分摊制，即联邦政

---

① The Council of Ministers of Education, Canada. The Development of Education in Canada, 2001. https：//www.cmec.ca/Publications/Lists/Publications/Attachments/34/ice46dev-ca.en. pdf, 2019-07-25.

② The Council of Ministers of Education, Canada. The Development of Education in Canada, 1996. https：//www.cmec.ca/Publications/Lists/Publications/Attachments/37/deveduc-eng.pdf, 2019-07-12.

府支付大学和学院 50% 的运营成本；1977—1996 年，联邦政府的经费支持又转变为专项财政拨款，即各省（区）政府根据优先原则统筹分配该项专项经费。虽然 20 世纪 90 年代，加拿大联邦政府对教育投入的比重与 80 年代相比有所提高，如 1981 年、1986 年、1991 年、1994 年，加拿大教育投入占其 GDP 的比重分别为 7.1%、7.3%、7.8% 和 7.7% 左右。[①] 但同时，政府对高等教育的经费投入却大幅削减。[②] 这一时期，联邦政府对高等教育的经费投入从 1982—1983 学年的 74% 下降至 1998—1999 学年的 55%；同时，学生学费平均上涨了一倍，占院校收入总额的比例也从 8% 上升到 17%。[③] 在所有省份中，魁北克省的学费上涨最快，1996 年的学费与 1986 年相比上涨了 223%。[④] 为此，各级教育主管部门纷纷采取特别措施减轻学生的贷款压力，以保障高等教育的入学率，联邦政府也加大了高等院校学生贷款的发放比例，如 1996 年的贷款发放比与 1986 年相比增长了 57%。[⑤]

2002—2003 学年，加拿大对公共和私人教育的投入合计 723 亿加元，其中公共教育投入占总投入的 82.3%。有 427 亿加元用于中小学教育，52 亿加元用于贸易和职业教育，5.6 亿加元用于学院教育，180 亿加元用于高等教

① The Council of Ministers of Education, Canada. The Development of Education in Canada, 1996. https: //www.cmec.ca/Publications/Lists/Publications/Attachments/37/deveduc-eng.pdf, 2019-07-12.

② The Council of Ministers of Education, Canada. The Development of Education in Canada, 2001. https: //www.cmec.ca/Publications/Lists/Publications/Attachments/34/ice46dev-ca.en.pdf, 2019-07-25.

③ The Council of Ministers of Education, Canada. Education in A Global Era: Developments in Education in Canada, 2000. https: //www.cmec.ca/Publications/Lists/Publications/Attachments/36/14CCEM.countryreport.en.pdf, 2019-07-15.

④ The Council of Ministers of Education, Canada. The Development of Education in Canada, 2001. https: //www.cmec.ca/Publications/Lists/Publications/Attachments/34/ice46dev-ca.en.pdf, 2019-07-25.

⑤ The Council of Ministers of Education, Canada. The Development of Education in Canada, 1996. https: //www.cmec.ca/Publications/Lists/Publications/Attachments/37/deveduc-eng.pdf, pp.42-43, 2019-07-12.

育。2004—2005学年,加拿大联邦、省(区)和地方市政府对高等教育经费的投入占其经费总量的54.2%。2005—2006学年,加拿大联邦、省、自治区和地方政府各级教育拨款共计757亿加元,占同年政府公共开支的16.1%,其中用于高等教育的公共开支为306亿加元。[①] 而在2007—2008学年,学费约占大学总支出的20%。[②]

目前,虽然加拿大高等院校对政府拨款作为收入来源的依赖正在减少。但是,政府拨款,特别是各省(区)对高等院校的拨款,仍然是高等教育部门最大的单一资金来源。总体来说,2000—2008年,联邦和省级政府对高等教育的经费投入都呈现增长趋势;2008年全球金融危机之后,其对高等院校的经费投入开始下降。2016年,联邦和各省(区)对高等院校的经费投入出现近十年来的首次增长,而这主要是由"联邦战略基础设施基金"(SIF)一次性增长带来的影响。[③]

(2)加拿大各省(区)高等教育经费投入方式的改革

20世纪90年代,加拿大各省(区)对高等院校的经费拨款方式也实施了改革。纽芬兰省政府,依据每年与大学和学院的协商确定拨款额度;爱德华王子岛省、新斯科舍省和新不伦瑞克省,将20世纪80年代以来以招生人数为基准的拨款方式转变为目标拨款模式,用以支持高等院校的图书馆和工厂及设备等方面的投入;魁北克省的学院可获得省政府全额拨款,大学可获得70%的拨款,私立高等教育机构则获得55.9%的政府拨款;安大略省则依据

① The Council of Ministers of Education, Canada. Education in Canada, 2008. https://www.cmec.ca/Publications/Lists/Publications/Attachments/64/Education-in-Canada2008.pdf, 2019-07-23.

② The Council of Ministers of Education, Canada. The Development and State of the Art of Adult Learning and Education (ALE) Reports for Canada, 2008. https://www.cmec.ca/Publications/Lists/Publications/Attachments/194/FINAL%20CONFINTEA%20VI%20EN.pdf, 2019-07-14.

③ Higher Education Strategy Associates. The State of Post-Secondary Education in Canada, 2018. http://higheredstrategy.com/wp-content/uploads/2018/08/HESA_SPEC_2018_final.pdf, 2019-07-27.

运营成本核算对学院进行拨款，对于大学，政府采取固定份额拨款的方式；马尼托巴省规定，大学由大学教育资助委员会（UGC）负责拨款，学院的拨款额度由政府确定；萨斯喀彻温省规定，由政府负责大学的拨款，由高等教育和技能培训部负责学院的拨款事项；艾伯塔省从1997年开始，通过基础性拨款和特殊性拨款支持大学和学院进行研究，提升教育教学质量及基础设施更新；不列颠哥伦比亚省由教育机构资本资金局（B. C. EICFA）对大学给予专项经费支持，学院的经费一般分为指导性经费、教育教学性经费及基础设施经费三种不同形式。育空地区和西北地区则规定由政府负责资助本地区高等院校的发展。①

2010—2016年的数据显示，省级政府对高等院校的经费拨款平均缩减了6%，其中，新不伦瑞克省缩减了18%，不列颠哥伦比亚省缩减了15%，安大略和新斯科舍省缩减了10%，但在魁北克省和马尼托巴省，经费拨款却略有增长。然而，较长的数据分析显示，省级或地方政府对高等院校的经费投入净增长约15%，其中，纽芬兰–拉布拉多省对高等院校的经费投入增长高达55%，而不列颠哥伦比亚省对高等院校的经费投入却低至1%。②

通过对省（区）学院和大学的全日制学生生均经费比较可知，在全国范围内，省（区）政府对大学和学院的生均经费投入相似，分别为12531加元和11386加元，但不同省份之间存在差异。大部分地区大学的生均经费要比非大学的生均经费高得多，但在这五个省——新斯科舍省、新不伦瑞克省、马尼托巴省、萨斯喀彻温省和艾伯塔省，学院学生的人均经费投入高于大学生的人均经费投入（其中新斯科舍省大学的生均经费比学院的生均经费高4000多

① The Council of Ministers of Education, Canada. The Development of Education in Canada, 1996. https://www.cmec.ca/Publications/Lists/Publications/Attachments/37/deveduc-eng.pdf, 2019-07-12.

② Higher Education Strategy Associates. The State of Post-Secondary Education in Canada, 2018. http://higheredstrategy.com/wp-content/uploads/2018/08/HESA_ SPEC_ 2018_ final. pdf, 2019-07-27.

加元,纽芬兰-拉布拉多省大学的生均经费比学院的生均经费高 12500 多加元),在全球范围内,这种情况极为罕见。

目前,加拿大联邦政府通过四种方式对高等院校进行经费拨款。第一是通过科研委员会进行拨款,包括加拿大健康研究院(CIHR)、自然科学与工程研究理事会(NSERC)、社会科学与人文研究理事会(SSHRC)和 2018 年由联邦政府新纳入的为科学研究基础设施提供资金的加拿大创新基金会(CFI)。第二是通过各种其他科学机构和政府部门(如加拿大卫生部)将资金转移到大专院校。第三是不定时对高等教育机构进行拨款,如 2009—2010 年的知识基础设施拨款(KIP)和 2016—2017 年的战略基础设施基金(SIF)。第四是通过加拿大社会转移中指定的用于资助高等教育的资金进行间接转移的方法来拨款。①

第一种拨款渠道中的四个拨款机构,每年向教育机构提供大约 23 亿加元的资金,近99%的资金流向了大学。其中加拿大健康研究院和自然科学与工程研究理事会的资金拨款数量大致相同,大约各为 8.5 亿加元;十多年来,社会科学与人文研究理事会的资金每年基本稳定在 2.6 亿加元;而来自加拿大创新基金会的经费却不稳定。②

因为研究经费的资助具有竞争性,所以,经费往往拨给规模更大、实力更强的高等教育机构。如 2016 年,从三个传统的资助委员会获得资金资助排名前十的院校和整体资助资金排名前十的院校基本一致。

第二种拨款方式中,加拿大政府试图以一种适度的形式直接支持高等院校,即通过将一笔款项转移给现在拥有大学管理的一个空壳组织,之后由大学根据自己的规定将款项转移给个别机构。1990 年,由于税点不断增加,现

---

① Higher Education Strategy Associates. The State of Post-Secondary Education in Canada, 2018. http：//higheredstrategy.com/wp-content/uploads/2018/08/HESA_ SPEC_ 2018_ final. pdf, 2019-07-27.

② Higher Education Strategy Associates. The State of Post-Secondary Education in Canada, 2018. http：//higheredstrategy.com/wp-content/uploads/2018/08/HESA_ SPEC_ 2018_ final. pdf, 2019-07-27.

金转移成为了多余，"专项财政拨款"的现金部分开始迅速减少。1995 年预算中，加拿大的政府将"专项财政拨款"与省级转移支付合并，被称为加拿大援助计划（CAP）。随着 1996 年后经济的复苏，"加拿大社会与健康转移"的现金支付也在增长。在 1999 年、2000 年、2003 年，数十亿加元被投入转移，主要用于支持卫生系统，到 2004 年，数额已升至 223 亿加元。2007 年，加拿大的政府宣布增加 8 亿加元专门用于高等教育。从那时起，30.7% 的"加拿大社会转移"（CST）金额，即目前价值超过 140 亿加元被认为与高等教育有关，这意味着加拿大联邦政府目前每年对高等教育转移支付资助金额超过 40 亿加元。这相当于省级政府对高等教育机构资助金额的 20%。总体上，2007—2016 年，加拿大省和地区政府对高等教育的支出与联邦政府的支出比几乎达到 2∶1。①

此外，加拿大高等教育还有其他的资助方式，主要有加拿大研究主席（CRC）每年向大学提供约 2.75 亿加元，以支持有才华的研究人员。其他联邦基金则主要通过部门预算和拨款资助高等院校，如加拿大卫生部每年为大学提供大约 2500 万加元的各种服务；就业和社会发展部（ESD）也为大学提供类似的资金。还有一些资金通过基础设施建设等区域开发方式对高等教育进行资助。政府通过知识基础设施拨款（KIP）和战略基础设施基金（SIF）等一次性项目，在经济低迷时期定期向大学和学院投入大量资金资助其基础设施建设，以上两项经费，每年拨款约 9 亿加元，在进行主要的基础设施建设时，每年拨款会增至 15 亿~16 亿加元。②

---

①　Higher Education Strategy Associates. The State of Post-Secondary Education in Canada, 2018. http：//higheredstrategy. com/wp-content/uploads/2018/08/HESA_ SPEC_ 2018_ final. pdf, 2019-07-27.

②　Higher Education Strategy Associates. The State of Post-Secondary Education in Canada, 2018. http：//higheredstrategy. com/wp-content/uploads/2018/08/HESA_ SPEC_ 2018_ final. pdf, 2019-07-27.

5. 学生资助政策与实践

(1)高等教育学生学费和杂费的变化

20 世纪 90 年代，扣除通货膨胀因素，加拿大高等院校的学费平均每年上涨 5%～7%。2000 年以来，扣除通货膨胀因素，这一比例是 2%。[①] 伴随学费上涨的变化，加拿大学生负债水平自 2000 年以来基本没有变化，相反政府和机构用于学生资助的总开支每年却大约增长 4.5%。2000—2009 年，加拿大对高等教育的资助是 20 世纪 60 年代以来加拿大资助高等教育最好的十年。但自 2009 年以来，政府在高等教育上的支出有所下降。由于高等院校大量招收国际学生，所以高等院校基本上可以做到收支平衡。统计数据显示，在过去的十年里，国际学生的学费大幅增长。2006 年，国际学生费用不到 10 亿加元，约占高等院校所有经费的 19%；2017 年，国际学生费用总额增至 27.5 亿加元，占所有经费的 35%；到 2020 年，国际学生费用总额增至 45 亿加元，占所有经费的 42%。包括多伦多大学在内的一些主要高等院校，从国际学生学费中获得的经费，已经超过了从省政府获得的经费拨款。简言之，加拿大政府对高等院校资助的下降已经被国际学生的涌入和国际学生费用的增长所缓和。[②]

在加拿大，不同省(区)之间，大学学费和杂费差别很大。魁北克和纽芬兰省的学费非常低，而安大略省和新斯科舍省的学费相对较高。2007—2008 学年，魁北克省的学生学费约为 2025 加元，是 1990—1991 学年的三倍。[③] 但

① Higher Education Strategy Associates. The State of Post-Secondary Education in Canada, 2018. http：//higheredstrategy.com/wp-content/uploads/2018/08/HESA_ SPEC_ 2018_ final. pdf, 2019-07-27.

② Higher Education Strategy Associates. The State of Post-Secondary Education in Canada, 2018. http：//higheredstrategy.com/wp-content/uploads/2018/08/HESA_ SPEC_ 2018_ final. pdf, 2019-07-27.

③ The Council of Ministers of Education, Canada. The Development of Education Reports for Canada, 2008. https：//www.cmec.ca/Publications/Lists/Publications/Attachments/122/ICE 2008-reports-canada.en.pdf, 2019-07-22.

值得注意的是，大学的入学率似乎并不受学费水平的影响。安大略省的学生入学率是全国最高的，而新斯科舍省吸引到的外地学生比例是最大的。① 国内学生与国际学生的学费存在巨大差异。有数据显示，2017—2018年，国际学生的平均学费超过2.5万加元/年，而10年前这一数字仅为1.6万加元（扣除通胀因素）。值得注意的是，学费的上涨与学生人数的大幅增长基本同步。

各省（区）国际学生的学费各不相同。学费较高的两个是，安大略省约为3.2万加元，不列颠哥伦比亚省约为2.5万加元。其他地区国际学生的学费适中，大草原和沿海省份，学费基本在1.4万~2.1万加元；纽芬兰–拉布拉多省的学费仅为9321加元。②

（2）加拿大学生债务的变化

多项调查证据显示，大多数加拿大学院和大学本科学生在学习期间负债累累。就债务增长趋势而言，20世纪90年代加拿大学生的债务水平大幅上升，2000年以后，实际增速趋于平缓；2006年以来的六项全国性调查显示，加拿大大学生债务的水平在2.4万至2.9万加元间波动，平均值略低于2.7万加元。③ 后来，随着政府对学生资助的大幅增加，学生债务问题得到了一定的控制，2010年以来，学生债务基本没有增加。

（3）学生资助体系的变化

在过去20年里，加拿大的学生资助体系不再像过去那样以贷款为基础。1995—1996学年，贷款占学生资助总额的67%；2015—2016学年，贷款占学

① Higher Education Strategy Associates. The State of Post-Secondary Education in Canada, 2018. http：//higheredstrategy.com/wp-content/uploads/2018/08/HESA_ SPEC_ 2018_ final. pdf, 2019-07-27.

② Higher Education Strategy Associates. The State of Post-Secondary Education in Canada, 2018. http：//higheredstrategy.com/wp-content/uploads/2018/08/HESA_ SPEC_ 2018_ final. pdf, 2019-07-27.

③ Higher Education Strategy Associates. The State of Post-Secondary Education in Canada, 2018. http：//higheredstrategy.com/wp-content/uploads/2018/08/HESA_ SPEC_ 2018_ final. pdf, 2019-07-27.

生资助的比例降至 34.5%。20 年里,政府拨款经通胀调整后增长了 289%,税收优惠经通胀调整后增长了 188%,机构拨款经通胀调整后增长了 583%,而教育储蓄赠款更是从零增长到每年 8.5 亿多加元。① 这是高等教育资助方式的一个巨大变化。

加拿大为学生提供的资助形式多样,主要有如下形式。

第一,基于学生需求的资助。这是联邦政府实施的一个全国性项目,由加拿大联邦政府统一管理,且每个省都有各自的学生资助项目。目前,加拿大有九个省和一个地区与联邦政府一起推动该项目的运行。魁北克省、努纳武特地区和西北地区则退出了该项目,用得到的补偿金来资助其他独立的项目。②

第二,学生贷款。基于"评估需求(AN)",将申请人的教育费用(学费、材料费、书本费)和生活费(住宿费、伙食费)按标准津贴计算,得出每年的费用总额。然后评估学生的收入和(在某些情况下的)资产;如果一个学生被认为是被抚养人,那么他们父母的收入也会被评估;如果一个学生结婚了,那么他的配偶也会被评估。这一评估将确定学生可用的"资源"。资助费用减去"评估后的资源"就等于需求。"需求资助"还受最高资助总额的限制,也因省(区)和学生身份的不同而有所差异。但项目保证生均至少每周 350 加元,每学年 11560 加元的资助金额。资助金额通常不是基于需求,而是基于收入。几乎所有的联邦拨款都是如此,安大略省也是如此。大多数省(区)的资助直

---

① Higher Education Strategy Associates. The State of Post-Secondary Education in Canada, 2018. http://higheredstrategy.com/wp-content/uploads/2018/08/HESA_ SPEC_ 2018_ final. pdf, 2019-07-27.

② Higher Education Strategy Associates. The State of Post-Secondary Education in Canada, 2018. http://higheredstrategy.com/wp-content/uploads/2018/08/HESA_ SPEC_ 2018_ final. pdf, 2019-07-27.

接或间接根据需要(包括残疾情况)提供。①

　　数据显示,2015 年加拿大向学生提供的"以需求为基础的资助"总额大致为 70 亿加元。其中 62% 以贷款的形式发放,其余的以赠款的形式发放。这与1995 年的资助体制截然不同,在这 20 年里,贷款总额增加了约 13%,即 5 亿加元。同时,赠款总额(包括各种形式的贷款减免)几乎翻了两番,为 6.73亿~26 亿加元。

　　第三,助学金。20 世纪 90 年代中期,加拿大学生资助大部分来自省级政府,2000 年以后,加拿大成立"千禧年奖学金基金会"之后,越来越多的资助金由联邦政府直接或间接提供。在过去的几年里,各省对学生的资助有了很大的增长,调查数据显示,目前各省已为学生提供了超过 50% 的资助。

　　第四,税收抵免。以需要为本的资助是为低收入学生提供有针对性的资助,而非基于需要。援助中最重要的一个形式是税收抵免。加拿大高等教育的税收抵免先于学生贷款。1996 年,加拿大政府把教育信贷金从每月 60 加元增至 80 加元;1997 年,再次增至每月 120 加元;1998 年增至每月 200 加元;2000 年,每月增至 400 加元。同时,兼职学生也可享受部分的费用减免。②

　　统计数据显示,加拿大教育信贷(税收抵免)的金额从 1995 年的不足 10亿加元增至 2016 年的 26 亿加元以上。2015 年,当选的自由党新政府将取消税收抵免的计划作为一种筹资机制提出。在 2016 年的预算中,政府取消了教育费和教科书税抵免,只保留了学费税减免。安大略省和新不伦瑞克省紧随

---

① Higher Education Strategy Associates. The State of Post-Secondary Education in Canada, 2018. http：//higheredstrategy.com/wp-content/uploads/2018/08/HESA_ SPEC_ 2018_ final. pdf, p.45, 2019-07-27.

② Higher Education Strategy Associates. The State of Post-Secondary Education in Canada, 2018. http：//higheredstrategy.com/wp-content/uploads/2018/08/HESA_ SPEC_ 2018_ final. pdf, p.45, 2019-07-27.

其后,在 2016 年取消了教育信贷。①

第五,教育储蓄补助。加拿大政府对高等教育的另一个重要资助转移项目是"教育储蓄补助"(CESG)。自 1971 年以来,加拿大实行了"注册教育储蓄项目"(RESP)。1998 年,加拿大政府银行推出了一项储蓄匹配计划,即每次向"注册教育储蓄"储蓄 1 加元,加拿大政府银行将资助 20 加分,最高每年资助 400 加元(后增加到 500 加元)。2004 年,为避免民众对该项目一些问题的抱怨,政府引入了名为"加拿大学习纽带"(CLB)的新项目。该项目规定:若家庭有三个以上的孩子,且父母年收入低于 4.6 万加元,则该项目将自动增加孩子的抚养费用,每年 500 加元,直到 18 岁为止再增加 100 加元。"教育储蓄补助"(CESG)最初的预设金额为 3 亿加元,不过实际运行后每年已超过 8.5 亿加元。2016 年,超过 270 万个注册教育储蓄项目受到教育储蓄补助的资助,超过 50% 的 18 岁以下的加拿大人以自己的名义拥有注册教育储蓄项目账户。同一年,42 万名在校生用注册教育储蓄项目的金额支付了教育费用,总额达 35.6 亿加元。

第六,院校本身提供的补助。为学生提供资金的最后一个主要来源是院校本身,它每年为学生提供 21 亿加元的奖学金及助学金。其中约 94% 的资金来自大学而不是学院,奖学金可能是加拿大大学资助中增长最快的部分,在过去 20 年增长了 8 倍左右。② 此外,目前,大学用于每名全日制学生的奖学金总额约为 1900 加元。2000—2010 年,调查显示:机构奖学金中,只有约 25% 的资助给了本科生,75% 的资金用来资助了研究生,因此,机构每年的生

---

① Higher Education Strategy Associates. The State of Post-Secondary Education in Canada, 2018. http://higheredstrategy.com/wp-content/uploads/2018/08/HESA_ SPEC_ 2018_ final. pdf, 2019-07-27.

② Higher Education Strategy Associates. The State of Post-Secondary Education in Canada, 2018. http://higheredstrategy.com/wp-content/uploads/2018/08/HESA_ SPEC_ 2018_ final. pdf, 2019-07-27.

均资助中，本科生约为 600 加元，而研究生约为 7500 加元。①

第七，高等教育学生资助项目。"高等教育学生资助项目"（PSSSP）每年资助"第一民族"和因纽特人学生约 3 亿加元。同时，传统奖学金的研究生委员会也会对这些原住民学生每年资助 2 亿~2.5 亿加元。此外，各种省级奖励计划每年资助学生约 1.37 亿加元。

第八，贫困学生资助政策。为帮助家庭困难学生解决因学费上涨而难以进入高等院校就学的问题，加拿大联邦政府与各省和地区合作形成了多样化的助学机制：加拿大的所有司法管辖区均必须为学生提供贷款、助学金、奖学金或其他类型的援助。新不伦瑞克省规定：全日制高等院校学生可以获得加拿大学生贷款计划、新不伦瑞克省学生贷款、低收入家庭学生入学补助金、已婚学生学习补助金、新不伦瑞克助学金、加拿大千禧年助学金、加拿大残疾留学生住宿学习补助金及加拿大女博士学习补助金等多种奖助学金。爱德华王子岛省政府规定，岛上的每位进入加拿大高等院校的大一新生都将获得由乔治科尔助学金提供的 2000 加元助学金；地区政府给该助学金投入 200 万加元。② 不列颠哥伦比亚省则采取连续五年稳定学费和通过公立高等院校免费提供成人教育等措施，提高民众受高等教育的机会。1992 年以来，不列颠哥伦比亚省相继新建三所大学，对学生的资助经费增长了一倍；1995—1996 年，该省高等教育机构新增 2.1 万个名额。③

①　Higher Education Strategy Associates. The State of Post-Secondary Education in Canada, 2018. http：//higheredstrategy.com/wp-content/uploads/2018/08/HESA_ SPEC_ 2018_ final. pdf, 2019-07-27.

②　The Council of Ministers of Education, Canada. The Development of Education Reports for Canada, 2008. https://www.cmec.ca/Publications/Lists/Publications/Attachments/122/ICE2008-reports-canada.en.pdf, 2019-07-22.

③　The Council of Ministers of Education, Canada. Education in a Global Era: Developments in Education in Canada, 2000. https：//www.cmec.ca/Publications/Lists/Publications/Attachments/36/14CCEM.countryreport.en.pdf, 2019-07-15.

此外,联邦政府也同时为学生提供直接资助。加拿大政府每年向 35 万多名高校学生提供贷款资助,相关的省(区)也提供贷款、助学金和利息等多种减免项目。"加拿大千禧年奖学金基金会"(CMSF)每年颁发 3.5 亿加元的助学金和奖学金给 10 万名学生。2009—2010 年度,加拿大实施"学生资助计划"(CSGP)取代"加拿大千禧年奖学金基金会",为高等院校学生提供基础助学金。[①] 许多类似的项目在多省(区)的实施,旨在减少学生债务,促进高等教育的普及。

第二次世界大战后,加拿大高等教育获得政府资助,开始长足发展。20世纪 90 年代以来,在教育分权的体制模式下,加拿大高等教育改革了入学政策,保障了教育公平;并开展和实施高等教育质量保障机制,保证了高等教育的质量;改革了高等教育的学位制度和学分机制,扩大了高等教育人才培养的规模;同时改革了经费拨款和学生资助机制,促进了高等教育可持续发展。上述四方面的改革,促使加拿大以其独特的教育管理体制和高质量的教育教学,位于世界高等教育前列。

六、继续教育的改革和发展

加拿大公众深信教育的价值,继续教育已成为加拿大教育的重要组成部分。20 世纪 90 年代以来,加拿大成年人积极参加不同类型、不同层次的继续教育,通过不断学习来适应社会的变化。许多成人高中、技术学院、社区学院、成人职业中心、大学等,都不同程度地为成人开设课程。平均来说,加拿大每四个成年人中就有一人参加某种形式的教育计划,获得或提升特定的工作技能,为就业和再就业做准备,或增加知识,或追求个人兴趣。1993 年,

---

① The Council of Ministers of Education, Canada. Education in Canada, 2008. https://www.cmec.ca/Publications/Lists/Publications/Attachments/64/Education-in-Canada2008.pdf, 2019-07-23.

28%的加拿大成年人从事正规学校或大学系统以外的教育和培训活动，这一比例比1991年增加了6%。①

（一）管理机构及其职责

加拿大各地，成人参与教育的情况并不均等。1993年，这一比率从纽芬兰省的19%到不列颠哥伦比亚省的35%不等。从大西洋地区到加拿大中部和大草原地区，再到西海岸，成人接受教育的参与率逐渐上升。除了区域差异之外，教育程度、就业状况、收入、职业水平和雇主等也是影响参与率的因素。一般来说，受过较好教育的成人，在工作岗位上处于相对有利的位置，也更愿意接受进一步的教育。到20世纪末，加拿大注册各类教育与培训项目的成年人几乎和全日制在校学生一样多。② 1991年，加拿大成年人中持有中学后教育证书的最高比例者是新斯科舍省，为36.3%；最低的是马尼托巴省，只有19.4%。③ 1999年，加拿大成年人中持有中学后教育证书的比例平均达到了42.5%。④

（1）政府的作用

随着终身教育的重要性与实际价值越来越凸显，加拿大许多地方政府都将其作为经济生活与社会福利的重要内容。1991年，加拿大联邦政府呼吁形成学习型社会，强调对文化知识的重视。从那时起，各省开始大规模的教育改革。

虽然联邦政府和省政府都为成人教育提供了支持，但这类教育并不像初、

① Paula Dunning, *Education in Canada: An Overview*, Toronto, Canadian Education Association, 1997, p.82.

② Paula Dunning, *Education in Canada: An Overview*, Toronto, Canadian Education Association, 1997, pp.82-83, 87.

③ Education, Culture and Tourism Division Analytic Outputs and Marketing Section, Statistics Canada, *Education in Canada*, *1991-92*, Authority of the Minister responsible for Statistics Canada, Minister of Industry, 1993, p.241.

④ Education, Culture and Tourism Division Analytic Outputs and Marketing Section, Statistics Canada, *Education in Canada*, 2000, Authority of the Minister responsible for Statistics Canada, Minister of Industry, 2001, p.15.

中等和中等后教育那样明确地属于政府的职权范围。当缺乏资金支持的时候，继续教育的运作就是由学生或雇主支付，以收回成本为主了。1992年，加拿大统计局在《成人教育和培训调查》中指出，成人教育和培训有四个方面的共同责任：个人确定自己的教育和培训需要、雇主鼓励员工接受教育和培训、教育机构满足学习者的需求、政府确保受教育的机会和学习者的流动性。[①]

这次调查，使成人接受教育的机会问题凸显出来。这一问题在1994年的调查中得到回应，即低收入和教育程度较低的成年人，更难获得所需的教育和培训。为打破这一困局，加拿大各省(区)陆续出台新的教育政策，对继续教育进行引导。

1994年，艾伯塔省的"成人学习的新方向"提出了一个"路线图"，以满足个人通过学习提升就业能力与个体成长的需求。1995年，安大略省发布了《终身学习与新经济》报告，将终身学习作为经济复兴的基础。1996年，不列颠哥伦比亚省在中学后课程规划中，为成年人提供灵活的贯穿一生的学习机会。[②]

2000年之后，随着网络技术的发展，加拿大各级政府通过出台政策以及与学校、企业等机构的联系，多方鼓励和支持继续教育。

(2)教育机构的职能

在加拿大的公立教育机构中，继续教育已经得到了稳固的地位。学校、学院和大学已成为成人教育和培训活动的主要提供者，它们提供的各类培训占所有培训项目的1/3。紧随其后的是雇主和商业供应商，它们大约各自提供了1/5的培训。

社区大学是提供成人继续教育的主要机构。除了正规的中等后教育、文凭和证书课程外，成人学习者可以参加的课程还有：为就业服务的短期职业

---

① Paula Dunning, *Education in Canada: An Overview*, Toronto, Canadian Education Association, 1997, p.86.

② Paula Dunning, *Education in Canada: An Overview*, Toronto, Canadian Education Association, 1997, p.86.

培训课程；学徒培训课程；非职业培训性质的一般学术课程；个人兴趣及社区发展课程；大学预科或升级课程，以及基本技能培训；合同课程，为公司、社区机构和政府部门提供的培训；大学提供的非学分继续教育课程；通向大学教育的课程；等等。2000年之后，越来越多的大学继续教育课程是通过加拿大政府、协会或企业联合资助的。

加拿大当地学校董事会通常会提供一些夜间继续教育课程。在一些省份，这些项目由政府资助；而在其他地方，学校董事会会在确保收回成本的基础上提供资助。在省级资金无法用于普通课程的情况下，会通过一些特别赠款，为学术课程和扫盲项目提供资助。学校董事会一般关注的是继续教育项目，包括作为第二语言的英语或法语、计算机技术与工作技能，以及与个人兴趣相关的特殊兴趣科目，等等。

1993年，一半的教育和培训活动集中在商业、管理和工商管理、工程或应用科学技术，以及医疗专业、科学和技术领域。在加拿大的大学继续教育中，最受欢迎的是商科，其次是英语、计算机科学和部分文科。

少数注册正规教育项目的成人，通过社区学院或大学和学校董事会提供的课程，获得文凭、证书或学位。大多数成年人是根据需要和兴趣报名一些课程。他们通过工会、专业协会，或与私人教师一起在社区或体育中心的继续教育部门选择非学分课程。较年轻的成年人，多通过教育机构接受继续教育，较年长的成年人则更依赖雇主。省级的教育电视台提供正规和非正规的学习节目，其他机构也通过函授提供继续教育。20世纪末，随着计算机的普及，加拿大继续教育的受众面更广，而且取得的效果也更好。

由于中等后教育机构、商学院和私立培训学校都集中在城市，加拿大农村和偏远地区的参与率比城市低5%。[1]

---

[1] Paula Dunning, *Education in Canada: An Overview*, Toronto, Canadian Education Association, 1997, pp.83-85.

(3)雇主的角色

1990 年以来，雇主在加拿大成人教育和培训中发挥着重要的作用。有统计显示，有71%的成人参加了旨在提高工作技能的项目，其中70%由雇主全额或部分资助。1993 年，加拿大劳动力中，每五人就有一人接受了雇主赞助的一些教育和培训。

1994 年，加拿大统计局的一项研究发现，在40 岁之前，加拿大人参加与工作相关的教育或培训的比例稳步上升。超过45%的30～34 岁大学毕业生，参与与工作相关的某种形式的教育，同年龄组的其他人员参与的这一比例是30%。这表明雇主倾向于将教育和培训集中在接受过较多教育的员工身上。雇主对教育和培训的支持有多种形式，包括带薪休假、支付学费，其中提供课程是最受欢迎的。大公司比小公司更有可能为员工提供培训。大多数小公司会为员工提供一些培训，但只有27%的会提供正式培训，而大公司的这个比例则是76%。大公司一般会提供自己的培训项目，小公司则更有可能与外部签约培训。

受过较高水平教育和培训的个人，往往对进一步的教育和培训有更大的需要。加拿大人口总数中年龄在17 岁以上的，只有8%的人认为培训需求没有得到满足。那些在雇主帮助下接受了一些教育或培训的人员中，这一比例跃升至1/3 以上。因此，接受的培训越多，或者受的教育水平越高，就越能意识到培训对有效工作的价值，他们可能会要求更多的培训。① 加拿大统计局的统计数据表明，1995 年大学毕业生的失业率是4.9%，而高中毕业生的失业率则高达15.2%。② 1999 年，加拿大全国经济形势大好，失业率普遍下降，

---

① Paula Dunning, *Education in Canada: An Overview*, Toronto, Canadian Education Association, 1997, p.85.

② Education, Culture and Tourism Division Analytic Outputs and Marketing Section, Statistics Canada, *Education in Canada*, *1995*, Authority of the Minister responsible for Statistics Canada, Minister of Industry, 1996, p.196.

但大学毕业生与高中毕业生失业率的差距依然明显，它们分别为 4.3% 和 13.5%。[1] 这组数据表明，教育经历直接影响就业率的高低，追求更多的教育，不仅成为民众的共识，更是他们职业生涯的实践路线。

20 世纪 90 年代末，单靠加拿大政府已不可能满足大众对继续教育的要求，企业、劳工组织、政府和公共机构之间开始建立起多维度的新型伙伴关系，开始从多方面满足这些需求。如何确保这些伙伴关系，为个体创造一种终身学习的文化，直接影响到社会所有部门和劳动力市场，也决定着继续教育的发展走向。

进入 2000 年后，面对劳动力市场的变化，加拿大成人教育的观点发生了改变：人们不再认为教育仅仅是一系列通向就业的项目，人们对教育的认识越来越深，参加教育和培训的目的与途径、方法都出现出多样化的态势，人数也在逐年增加。新的发展趋势，通过多样化的教育途径得以实现。

（二）多样化的教育路径

如前文所述，由于地广人稀，加拿大是世界远程教育的领航者。1994 年，54% 的高校和 68% 的学院提供远程教育。加拿大统计局报告说，20 世纪 90 年代后期，有 7% 的成年人通过远程教育接受不同层次的教育。[2]

不列颠哥伦比亚省的开放学习学院、艾伯塔省的亚大巴斯卡大学、北美唯一一所法语大学魁北克的泰莱大学等，都为成年学生提供远程服务。马尼托巴省的三所大学通过远程教育向偏远的北方社区提供课程。安大略省通过"联系北方"的通信网络向全社会提供远程教育，包括向安大略省北部的 100 个社区提供近 600 门二级学院、学院和大学课程。所有新不伦瑞克省的大学

---

① Education, Culture and Tourism Division Analytic Outputs and Marketing Section, Statistics Canada, *Education in Canada*, *2000*, Authority of the Minister Responsible for Statistics Canada, Minister of Industry, 2001, p.198.

② Paula Dunning, *Education in Canada: An Overview*, Toronto, Canadian Education Association, 1997, pp.69-70.

都有远程教育项目。新斯科舍省的社区学院、阿卡迪学院以及纽芬兰–拉布拉多省的纪念大学等，都有远程教育项目。1991 年以来，加拿大北方电视台与拉布拉多育空学院、纽芬兰社区学院合作，向北部民众提供中学后课程。不列颠哥伦比亚省西蒙菲莎大学则启动了实验性的"虚拟大学"，将 12 个测试地点的 750 名学生和 130 名教授连接起来，甚至连接了外省的艾伯塔大学和魁北克拉瓦尔大学。这个项目得到联邦政府和工业界的资助。①

　　2000 年之后，加拿大各级政府不断扩大和健全远程教育和新的通信技术，满足成人学习的需要与特点，缩小成人教育的城乡差距。远程教育中过去使用的印刷品、录音带、录像带和电视课程等，被迅速崛起的交互式方法所取代，音频会议、视频会议和计算机辅助课程、网络课程等越来越普遍。

七、家庭学校的改革与发展

　　20 世纪 90 年代初，在加拿大家庭学校出现的早期，其合法性一直受到争议。今天，加拿大所有的省份都承认家庭学校的合法性。在加拿大，中小学是强制性入学，但每个省都允许孩子在家上学。家庭学校的家长必须为孩子登记，并遵守州政府制定的指导方针和政策。当地的学校董事会官员通常会监督管辖范围内家庭学校孩子们的进步。一些州向家长提供资金，帮助他们支付在家里学习的费用，并向当地的教育委员会提供资金，帮助他们支付注册和监督学生进步的费用。

　　20 世纪 90 年代以来，随着国家多元文化政策的确立，加拿大在家里接受初等和中等教育的人数逐年增加。在艾伯塔省，在家接受教育的儿童，1990年有 1300 名，1995 年增加到 6000 名。在萨斯喀彻温省，家庭学校从 1993 年

---

　　① Paula Dunning, *Education in Canada: An Overview*, Toronto, Canadian Education Association, 1997, p.70.

的 730 所已跃升至 1113 所。①

安大略省的家庭学校教育走在加拿大全国的前列。该省《教育法案》第 21 款第 2 条明确指出："如果儿童可以在家中或者其他地方接受良好的教育就可以免于到校学习。"此外,《教育法案》规定,法律允许家长在家施教,且无需教学资格证,家庭学校教育的家庭无需到任何管理部门进行登记,无需学校委员会官员对在家上学的儿童进行访问或评价;家长进行家庭学校教育的方法无需获得认可。法案的颁布,不仅确立了家庭学校教育的合法性地位,更是赋予了家长更大的权利和自由,在家上学已经成为加拿大公共教育之外的另一种教育形式。2000 年以来,越来越多的加拿大大学在入学考试、面试等方面,为在家上学的学生提供录取政策。截至 2002 年,已有 24 所加拿大大学出台了具体的相关政策,其中包括多伦多大学,麦克马斯特大学和麦吉尔大学等著名大学。②

随着家庭教育合法地位的确立,家庭学校教育日益呈现多样化的趋势。许多法律纠纷的得以解决使得很多家庭更容易进行家庭学校教育,因此使得更多的家庭加入这一行列。除了原有的新教和自由学习团体外,加拿大还出现了以蒙台梭利、华德福、罗马天主教、非洲中心和特殊教育方式为主的家庭学校教育的支持团体。③

八、社会教育的改革与发展

加拿大学校和家庭之外的社会教育,既包括由社会机构、社团或个人实施的计划性教育,也包括人们在现实社会生活中获得的各种经验。20 世纪 90

---

① Paula Dunning, *Education in Canada: An Overview*, Toronto, Canadian Education Association, 1997, p.70.

② 胡军、刘万岑:《加拿大基础教育》,27 页,上海,同济大学出版社,2015。

③ 胡军、刘万岑:《加拿大基础教育》,27 页,上海,同济大学出版社,2015。

年代以来，加拿大的社会教育覆盖面广泛，既是学校教育的有效补充，也是广义教育不可缺少的组成部分。

(一)社区教育

社区教育是加拿大社会教育的重要形式。各省(区)教育部门与学校，都会通过各种形式的活动，吸引学生成为社区建设的积极参与者，确保教育系统通过发展社区活动，全面推行公民教育。几乎每一个社区都为中小学生提供丰富的学习机会。

加拿大社区教育的形式非常多样化。20世纪90年代以来比较普遍的做法是，地方政府指派一名或数名社会工作者，为学校师生提供社会帮助。他们既是学校与社会联系的桥梁，也是学校课堂教学的重要资源。很多学校都会在一些艺术或职业类课程中，聘请一些社会在职人员辅助教学。学校希望通过这类课程的学习，拓展学生的学习内容，增加学生对社会和一些职业的了解。这些社会工作者参与学校的工作，由政府支付其报酬。同时，一些社会慈善组织、非营利团体等，也会参与到学校教育中，为学生了解和认识社会提供丰富的资源。

(二)义工文化

1. 义工是学生毕业、升学和就业的基本要求

加拿大各省(区)教育局都规定，凡应届高中毕业生，必须有几十个小时的社会服务经历，这是高中毕业的必要条件。各省(区)对学生做义工的具体要求不完全相同，一般来说，学生毕业前必须完成25~40小时不等的义工工作。渥太华地区要求学生每学期要参加10小时的义工；安大略省要求高中毕业生必须完成40小时的义工；不列颠哥伦比亚省要求不少于30小时；纽芬兰-拉布拉多省要求不少于30小时；爱德华王子岛省要求30~100小时，同时提供每小时5加元的奖励性报酬；马尼托巴省规定完成一定时数的义工，可

获得 1 个学分；新不伦瑞克省要求学习一门包括 30 小时社区服务的选修课。①

几乎所有的加拿大大学都将高中阶段完成的义工时数作为大学录取的必要条件。医科和社会工作专业，招生时特别强调要有与本专业相关的义工经历。安大略省的麦克马斯特大学医学院，录取新生时要求申请者必须在医院或养老机构做过至少 100 小时的义工。有些大学的法律专业，要求高中毕业生完成在非营利机构或政府、公共事业部门一定的义工时数。

许多企业在录取新员工时，也十分重视学生在校期间的义工经历和其他社会服务经验。为了帮助学生在就业时能够积累一定的工作经验，加拿大大学的部分专业，要求学生毕业之前，必须完成一定时数的实务工作，或义工服务。义工时数的累积，可以帮助学生满足找工作时的经验要求，也有利于他们在校期间申请奖学金等。

加拿大义工组织的一项调查显示，一半以上的学生所做的义工时数超过了省教育部门规定的最低小时数。2007 年一个学年，多伦多市有 66 人的义工时数超过 999 小时，有一个学生的义工时数达到了 1204 小时。即使在高中毕业以后，许多年轻人也愿意做义工。加拿大统计局的一项调查显示，2010 年，一半以上的 15~24 岁年龄段的学生做过义工。②

2. 社会对学生义工的支持

义工的实施有赖于社会提供的岗位及相应的服务保障。

第一，多样化的义工岗位。加拿大第一个义工服务中心建立于 1937 年，到 21 世纪初，全国共有 200 多个这样的机构。③ 这些机构组织协调各种社会

① 赵頔：《加拿大对义工的要求》，https：//liuxue.xdf.cn/blog/zhaodi7/blog/1121655. shtml，2017-07-19。

② Yan M C, Lauer S., "Social capital and ethno-Cultural diverse immigrants：A Canadian study on settlement house and social integration", *Journal of Ethnic & Cultural Diversity in Social Work*, 2008(3).

③ Council of Ministers of Education, *Education in Canada*, Toronto, Prentice-Hall of Canada, Ltd., 2008, p.98.

力量，为学生义工提供服务。在政府机构、公共服务机构、医院、医学院实验室、社区各种服务机构、公共图书馆、"食品银行"、医院、红十字会的救助中心，甚至"善终服务"机构(临终关怀服务机构)，随处可见为残疾人募捐、为各种社会群体提供帮助的学生义工。除了这些常见的岗位外，一些特殊的活动，如拯救濒危动物、去不发达国家支教、去灾区辅导孩子学习等，也是近年来学生义工热衷的项目。

网络技术的普及，为义工服务提供了更加便利的条件。2002 年，加拿大联邦政府建立了志愿服务专用网站，为义工服务者和公众提供了便捷的沟通渠道与大量的信息。今天，几乎所有的教育局网站，都为学生提供多种多样的义工信息。

第二，义工的制度性保障。为保障义工服务的质量，对不同性质的职业、岗位，相关政府机构规定了不同的申请程序。对一些安全性要求比较高的岗位，如申请到幼儿园、社区中心看护儿童，就必须到市政府办理无犯罪记录证明。近年来，中、小学的安全问题日显突出，所以，申请到中、小学做义工，也需办理同样的证明。对专业性要求比较高的岗位，如在老人院、医院等特殊岗位做义工，则必须接受专门的技术培训。

为保障义工的健康和安全，加拿大政府规定，接受义工服务的机构，必须为义务工作者提供必要的工作条件与相应的保障，如提供免费午餐和必要的工作装备等。

为了体现义工活动的客观性，加拿大政府规定，在完成工作后，要为工作者出具义工证明，包括从事义工的内容、方式、时间、地点等，对一些特殊表现，如对工作方法有创新、提出有效的改进措施、阻止了重大事故发生的行为，要做出详细的评价。这些评价可以增强个人的荣誉感并获得社会的认可，对学生升学和就业极为有利。

为了鼓励做义工的积极性，遵循"德福一致"的原则，政府规定了合理运用的奖励机制。加拿大联邦义工服务计划在制度设计上，坚持先服务后奖励的原则，规定了许多不同的奖励措施。比如，为了鼓励年轻一代养成尊老敬老的习惯，为祖父母生活提供服务的志愿者，可领取一定的津贴；参加了"志愿者团体"的人，除享受生活补贴和医疗保险之外，还可根据情况在服务期满后获得一定的教育奖励。

加拿大民众热衷于社会公益活动。2014年，加拿大政府发布的数据显示：2013年，全国共有1080万人参与了义工服务，占16岁以上人口总数的26.4%。他们贡献了总共80亿小时的劳动量，创造的价值高达1620亿加元。同时，78.2%的志愿者平均为社会慈善事业捐献了25加元甚至更多。[1] 招募义工，一定程度上减少了劳动成本。

义工活动不仅带来了良好的社会效益，创造了一定的经济效益，还在倡导社会文明，推进社会进步中起着十分重要的作用，是学生认识社会、参与社会活动的有效途径，更是他们实现自我完善、养成健康人格的重要平台。

(三)场馆教育

场馆教育是加拿大学校教育的重要补充。20世纪末以来，博物馆、民俗村、科技馆、天文馆、美术馆、体育馆等，作为重要的文化教育资源，在加拿大社会教育中发挥着越来越重要的作用。加拿大各类场馆，从硬件到软件、从质量到数量，在世界上都是比较先进的，为教育活动提供了良好的条件。

1. 博物馆

加拿大各省(区)都有自己独特的博物馆。

加拿大多数省的小学课程设置中都有关于原住民文化的课程。不列颠哥伦比亚大学(UBC)校园内有一座世界闻名的人类学博物馆(MOA)，以收藏和展示太平洋西北海岸原住民艺术品和文物而著名，并为中小学生提供丰富的

---

① Stürmer S., Snyder M., *The Psychology of Prosocial Behavior*, Chichester, Blackwell Publishing Ltd., 2010, p.12.

了解原住民文化的教育资源。博物馆根据有关课程及其标准，提供中小学课程与拓展工具箱课程等。例如，为中小学生提供的 50 分钟课程"我的祖先还在跳舞工具箱"，帮助学生学习钦西安人(Tsimshian)的历史和传统。而学习奇尔卡特人(Chilkat)的编织等，则为学生提供了一些可以触摸的编织材料样品和编织台架、大量展览图片、教师指南和资源书以及录像等①，这些都极大地开阔了师生的视野与眼界。

卡尔加里的葛伦堡博物馆(GM)，是加拿大西部最大的博物馆之一。博物馆展示着当地原住民的文化传统、铁路发展历程、自然生物等。其四大收藏涵盖历史文化、民族、军事历史及矿物学等。小牛展览馆以 48 头小牛为媒介讲述艾伯塔省的历史，其他诸如早期移民的小屋以及当代加拿大画家的作品、平原克里族印第安人的羽毛手工制品等，都是学生了解加拿大西部历史的重要场所。

2. 遗产公园

加拿大的文化博物馆或遗产公园，也是学生了解历史，学习和体会文化差异的重要场所。

卡尔加里遗产公园(HPHV)是加拿大现存最大的生活历史文化村，四个场馆真实重现了从 19 世纪 60 年代的皮货贸易到 20 世纪 50 年代的汽车文化的发展历程。早期西部开拓时期的众多古老建筑，旅馆、邮局、面包店、教堂、学校、饭店、打铁屋，昔日穿越落基山脉的蒸汽火车头等，使游客仿佛穿越到了百年前的北美西部小镇。公园内的艾伯塔省油气博物馆，展示了艾伯塔省的油气业的百年发展史。逼真的模拟场景，每年都会吸引大批的中小学生前来参观学习。

温哥华本拿比村庄博物馆(BVM)，是按 20 世纪 20 年代的村落重建的民俗文化村。在这里可以看到当时的农舍、庭院、商店、学校、银行、邮局、

①　胡军、刘万岑：《加拿大基础教育》，234~235 页，上海，同济大学出版社，2015。

教堂等，其中有些房屋是平移至此的原文物建筑。每年的节假日，这里都会吸引大批的中小学生前来参观、体验。

3. 公共图书馆

加拿大的公共图书馆覆盖面广，分布密集，在传播知识、融合不同文化的过程中，发挥着重要的作用。

多伦多公共图书馆是加拿大最大，也是全世界最大的基于社区的公共图书馆之一，具备强大的文化与教育功能。它提供协助新移民安家、语言学习、上岗培训、计算机网络技术等相关培训与辅导课程；这里举办的针对儿童的活动有听义工讲故事、看电影、参加手工活动、设计比赛等；这里还为各年龄段读者组织读书主题、成立读者俱乐部，定期交流分享阅读感受；举办读书节、夏令或冬令读书活动，与知名作家见面座谈，诗歌鉴赏、艺术分享、专题讲座，以及小型表演或研讨会等。图书馆的各个分点，依据所辖社区居民的族群分布，设有相应的外语读物部，如唐人街附近的分馆，有很大的中文部；意大利区的分馆有意语资料；韩国城的分馆有韩语读物等。图书管理员也来自当地主要族裔国家，帮助新移民学生和英语不好的居民使用图书馆，体现出移民国家的特点，是落实联邦政府多元文化政策的重要途径。①

4. 美术馆

加拿大各省(区)的美术馆各具特色。美术馆通过展示多种形式的艺术作品、举办不同类型的艺术活动，对学生进行教育。

安大略省美术馆(AGO)是北美最著名的美术馆之一。1900 年创办，1993 年改建，2008 年 11 月新馆落成、开放。美术馆面向公众，针对不同人群开发设计各类项目、课程和活动。

针对儿童和家庭的项目中所有的课程和工作坊，均源自美术馆的艺术和收藏，为儿童和家庭的创造和学习提供独特的环境。同时，还举办家庭周日

① 胡军、刘万岑：《加拿大基础教育》，236~238 页，上海，同济大学出版社，2015。

活动、艺术与设计营地、夏令营、生日派对、动手做活动等。针对青年的项目，主要通过艺术青年委员会，为青年提供工作、做义工和实习的机会。委员会成员共同合作，开展由青年为青年发起的项目，包括展览、公共艺术项目、大范围艺术展览、实地考察及其他活动。其课程和工作坊的目的是培养13~18 岁青少年广泛的工艺技能和创造力。针对学校和教师的项目，主要通过开展主题项目和跨学科课程，鼓励学生亲身体验并探究相关艺术问题；也为他们提供专业学习机会，通过和安大略省美术馆专业教师的合作，培养学生的艺术鉴赏和视觉理解技能。美术馆还提供学校课程和教师课程，开设从幼儿园到高中的不同学段的课程。例如，2013—2014 学年为 9~12 年级学生开设了数码相机和智能手机摄影以及如何介绍、展现自我等课程。[①]

5. 科学中心

加拿大几乎所有的城市都有自己的科学中心或科学博物馆。

安大略省科学中心是世界上第一批互动式科学馆。进入 21 世纪，科学中心已成为加拿大民众与学校学生重要的文化生活中心。该中心最大的特点是作为教师和学生学习和探究科学的阵地。包括学校参访项目、科学学校、学生资源和教师资源。学校参访项目中设有基于 2007 年修订后的安大略省科学与技术课程标准开发的、针对不同学段学生的 50 多个动手做项目；为配合教学，中心还上映大型穹幕电影《北极》《落基山脉》《海底世界》等。"挑战者学习中心"开展宇宙空间科学教育。已有 400 万学生利用航空模拟器完成航空任务，包括返回月球、火星航行等。该中心在开展科技活动时，采用多种多样、生动有趣的形式来吸引青少年投入其中。例如，通过生日聚会、过夜者、虚拟旅游、现场研究、露营等形式，鼓励儿童探索科学世界。同时，根据青少年的年龄和发展特点，设计、安排了不同主题的活动。例如，2014 年的活动包括，为 5~9 岁儿童生日聚会设计的"化学变化""魔术""宇宙"等主题活动；

---

① 胡军、刘万岑：《加拿大基础教育》，239~241 页，上海，同济大学出版社，2015。

为 10～12 岁的儿童生日聚会设计的"工程学"等主题活动；过夜者活动鼓励学生带上睡袋在科学中心过夜，在教师带领下观赏 3D 巨幕电影、动手做童子军徽章、参与舞会、探索暮色后的科技中心等。中心还在每年 3 月、6—8 月组织露营，2014 年的露营主题是"中世纪科学探寻""摇滚乐的科学""运动"等。该中心还设有科学学校，使学生获得全方位的学习经历。包括独一无二的学习环境、小班教学、接受极具经验、热情和想象力的教师指导。科学学校欢迎那些对科学富有激情、具有较强的专业背景、主动展示、具有独立学习技能和团队合作能力的学生来这里探究科学与技术。12 年级及大学预科学生，在这里还可以学习生物、化学、物理、现代函数、微积分等。这些课程由多伦多学区委员会支持，学生无需支付学费，只需支付实习和实验费用。经筛选和面试后，每学期从安大略省录取 30 名学生到科学中心的科学学校学习。①

6. 其他

加拿大国家音乐中心(NMC)是一座气势恢宏的现代化音乐博物馆和表演中心。2016 年 7 月 1 日，国家音乐中心对外开放，每年都会吸引不同年龄段的学生前来观看和学习。博物馆包含加拿大音乐名人堂、乡村音乐名人堂，展出 400 年来的各种稀有乐器，多个音乐工作室同时举办日常音乐表演。

卡尔加里的航空航天博物馆(ASMC)，由航空爱好者和第二次世界大战飞行员组建于 1975 年，侧重于加拿大西部的航空历史和航天工程技术的展示。博物馆通过大量的实物与图片文字，介绍了加拿大西部的航空历史。展出的飞机超过 24 架，还有 58 个航空引擎，它们曾或为军用，或为民用，在某一时期或某一阶段具有重大作用，参观它们对学生了解航天技术发展等具有一定的意义。

卡尔加里的皇家泰勒恐龙博物馆是全世界最大的恐龙博物馆，1990 年被英国女王封为皇家头衔，为加拿大境内四个皇家头衔的博物馆之一。皇家泰

---

① 胡军、刘万岑：《加拿大基础教育》，243～244 页，上海，同济大学出版社，2015。

勒博物馆是加拿大第一所专门研究化石考古学的博物馆，也是全世界最大的化石考古学专属博物馆。它展示着多达二百副完整的恐龙骨架以及其他爬虫类化石。这些化石可追溯至 35 亿年前。在声光电的逼真多媒体环境之中，地球史前生物的演进史与约 800 种动植物的化石进行展示。

此外，各地中小学、大学还常常利用各种传统节日、课外活动等，对学生进行文化传统等多方面的社会教育。加拿大各级政府都会向不同年龄段的学生提供丰富多彩的课外活动，这些活动多利用周末和假期举办，包括体育、艺术、社团生活、领导力开发等，收费很低，或者是免费。同时，非政府组织、民间团体也开发和利用各种活动中心，为学生提供形式多样的课外活动。总之，20 世纪 90 年代，尤其是 2000 年以来，挖掘多种社会资源对学生进行社会教育的趋势，得到越来越多的体现。

九、多元文化教育的改革与发展

作为一个移民国家，谋求各民族多元文化的融合和发展是一个永恒的话题，加拿大一直重视并实行多元文化教育政策。

(一)多元文化及其教育政策

加拿大第一个多元文化政策产生于 1971 年，发布的意图是强调文化互动的关系。1988 年颁布的"加拿大多样文化法案"则正式承认加拿大种族和文化的多样化，强调所有加拿大人有平等享受、增强和分享其民族遗产的自由，以及受到尊重的自由。1995—2005 年，加拿大社会凝聚力进一步提升，随着经济全球化进程的加快，针对排外现象，加拿大政府力图超越多元与多样的民族、文化价值观，形成具有国家与民族整体认同的公民社会，公民社会取向的多元化成为这一时期多元文化教育政策的依据。通过让人们全面参与社群的共同生活，强调兼容并包，在各族群之间建立"团结的桥梁"。2006—2015 年，针对社会隔离与极端主义，加拿大政府从国家安全的角度出发，在社会整合中，强调公民身份，通过"让陌生人变邻居"的口号，让人们共享加拿大价值观，整合多元文化主义。① 2011年，联邦政府进一步声称要改善加拿大文化互动关系，使所有群体与个体，无论是在自己还是在整个社会中都有一席之地。因为多元文化主义是全民的，而非只针对非主流群体。②

20世纪90年代以来，加拿大的多元文化政策注重整个社会的建设，鼓励广泛的社会参与与公民意识的培养，旨在促成一个包容性的社会。加拿大卡尔加里大学的学者在2010年的研究中发现，加拿大社会中存在着许多结构性的障碍，在移民融入及社会整合中，阻碍着族群之间的交流。各级政府在清除这些结构性障碍的过程中，扮演着重要的角色。有学者在2011年的研究中指出，主流社会与移民社会应该进行双向学习，以促进族群整合。③

这些多元文化政策与研究，对加拿大教育产生了深远的影响，促使各省（区）制定了促进多元文化主义、公民权利和跨文化理解等的教育政策与课程。

加拿大的多元文化主义，反映在教育上是学校体制的多样性和教育的丰富灵活性的统一。各民族既重视学习本民族的文化艺术，通过让青少年一代熟悉本民族的历史，继承和发展自己的文化传统，也重视在与其他族群的交往中学习他们的文化。这就要求教育部门通过课程设置，让学生了解不同民族产生发展的历史根源，以各民族优秀的价值观念指导儿童的社会化。

这一时期，加拿大多元文化教育实践中遇到的最大困难是师资问题。据调查，在少数民族学校任教的教师，平均接受正规教育的年限仅有14.8年；只有35.7%的教师有大学以上文凭；所有教师中，只有26.8%的人接受过一定的师范培训，很少有系统的师范培训毕业生；校长和教管人员有3/4来自

---

① [加]奥古・弗莱勒斯：《加拿大多元文化治理模式在后民族国家时代的革新》，载《广西民族大学学报（哲学社会科学版）》，常永才等译，2015(2)。

② [加]约翰・W. 贝瑞：《多元社会中的文化互动关系》，载《广西民族大学学报（哲学社会科学版）》，胡科等译，2015(2)。

③ 梁浩翰：《21世纪加拿大多元文化主义：挑战与争论》，载《广西民族大学学报（哲学社会科学版）》，陈耀祖译，2015(2)。

其他行业。① 针对这些问题，教育部门积极采取对策，保证多元文化政策下教育的顺利发展。

萨斯喀彻温省教育、培训和就业部努力把多元文化的视角纳入教材中，并且从各个方面健全监督和评价机制；把部分权力下放给教师，以提高教师的多元文化素养。他们的多元文化教材政策强调要消除刻板印象、理想化的描述和排外性的内容，提供跨文化的尊重和理解；课程和教材要从多元文化视角进行研究；保证所有科目的课程、教学计划和教材都应遵守多元文化的原则；鼓励教师评估并分析课程和教材中的偏见、歧视和种族主义。②

(二)双语教育

加拿大是典型的双语国家。71% 以英语为母语的加拿大人分布在魁北克省之外。在魁北克省，85% 的人的第二语言是法语。1982 年的《加拿大权利和自由宪章》明确保障法语和英语民族的受教育权利，确保无论居住在哪里，讲英语和法语者都可以通过自己的语言接受教育。为帮助各省履行对少数民族学生的义务，联邦政府提供资金支持少数民族地区。同时，联邦政府向各省(区)提供财政援助，以支付它们开发和维持语言服务所需的额外费用。1988年，联邦政府还拨出适当的资金鼓励跨族际的和谐发展，提升跨文化意识以及保护遗留下来的语言和传统。1992—1993 年，政府通过官方语言计划向各省(区)转移支付 2.965 亿加元。③

加拿大政府明确采取的"双语框架下的多元文化政策"，指国家正式的"公用语言"是英语和法语的双语政策，但在文化上并不意味着英法系文化对其他民族文化享有优势的地位和待遇，任何个人、团体、民族以及非加拿大国民在文化上都必须受到平等的对待。1992 年，联邦政府设立了"多元文化主义咨

---

① 钱扑：《加拿大教育的历史演进及其社会因素分析》，载《外国中小学教育》，1992(1)。
② 胡军、刘万岑：《加拿大基础教育》，101~102 页，上海，同济大学出版社，2015。
③ Paula Dunning, *Education in Canada: An Overview*, Toronto, Canadian Education Association, 1997, p.33.

询审议会",负责有关政策的制定。

在加拿大,中小学校通常提供三种语言教学:少数民族语言课程、法语浸入式课程、常规的第二语言课程。

少数民族语言课程,旨在确保所有讲法语和讲英语的儿童都能用第一语言上学。这些课程由法语学校为法语儿童提供,英语学校为英语儿童提供。它们是唯一符合宪法保证的专业语言课。

法语浸入式课程是将法语作为第二语言的教学,在城市中较为流行。1992—1993 年,魁北克省以外,有 7% 的非法语学生和 25% 的魁北克学生参加了法语浸入式课程。[1] 1994—1995 年,在魁北克省以外的英语学校参加法语作为第二语言课程的学生人数,比 1990—1991 年增加了 4 万多名。1990—1995 年,加拿大小学阶段参与第二语言法语课程的人数稳步上升。参与率(不包括魁北克省)从 61% 增长到 62%。中学的这一比率有所下降,从 47% 下降到 42%。[2] 受 1995 年 10 月 30 日魁北克省第二次关于独立问题公投结果(50.6% 反对,49.4% 赞成)的影响,1998—1999 年,魁北克省外注册第二外语法语课程的人数比 1994—1995 年度有所减少;魁北克省参与第二语言法语学习的比例,比 1994—1995 年度增长了 4.6%。与此同时,在魁北克省,英语是法语学校的必学科目,入学英语学校的人数增加了 2.6%。[3]

常规的第二语言课程,是指学校为学生提供的第二官方语言课程。在加拿大的大多数省份,小学 4、5 年级之后的法语是必修课程;在魁北克省,英

① Paula Dunning, *Education in Canada: An Overview*, Toronto, Canadian Education Association, 1997, p.33.

② Education, Culture and Tourism Division Analytic Outputs and Marketing Section, Statistics Canada, *Education in Canada*, *1996*, Authority of the Minister Responsible for Statistics Canada, Minister of Industry, 1997, p.31.

③ Education, Culture and Tourism Division Analytic Outputs and Marketing Section, Statistics Canada, *Education in Canada*, *2000*, Authority of the Minister Responsible for Statistics Canada, Minister of Industry, 2001, p.31.

语是小学 4~6 年级的必修课。

(三)移民学生的语言教育

移民是加拿大人口增长的主要贡献者,也是国家政策的一个直接触及课堂的领域。加拿大每年大约有 20 万移民入境,其中将近 1/4 是学龄儿童和青少年。在主要城市,尤其是多伦多、蒙特利尔和温哥华,移民儿童占中小学人口的比例很大。1992 年,加拿大 45000 多名移民儿童和青年中有一半以上定居在安大略省和魁北克省,不列颠哥伦比亚省以 13.4% 紧随其后,艾伯塔省占 6.6%。[1]

大约 2/3 的新移民既不说英语也不说法语。由于来自不同文化背景的学生大量涌入,许多省(区)为他们开发或扩展英语或法语作为第二语言课程(ESL),并为新移民学生引入定向和咨询课程。根据其语言和文化保护政策,魁北克省立法要求该省所有母语既不是法语也不是英语的儿童就读法语学校。

一些省份还推出了遗产语言课程,以回应移民家庭希望孩子认同其原籍文化的需要。遗产语言通常指的是除英语或法语以外的所有现代语言,一些辖区还包括原住民语言。尽管这些方案有争议,但它们在魁北克省、安大略省、马尼托巴省、萨斯喀彻温省、艾伯塔省和不列颠哥伦比亚省都有实践。安大略省规定,只要有 25 名学生家长要求学习一种语言时,就应该提供此类课程。在其他所有省区,这个项目由当地学校董事会自行决定。

遗产语言课程从最初只有人数很少的几个班级逐渐发展起来。从魁北克到安大略省,96000 名学生共学习 60 多种不同的语言。除少数例外,遗产语言课程只在小学阶段开设。[2]

---

① Paula Dunning, *Education in Canada: An Overview*, Toronto, Canadian Education Association, 1997, p.34.

② Paula Dunning, *Education in Canada: An Overview*, Toronto, Canadian Education Association, 1997, p.34.

（四）原住民教育

加拿大国民以移民为主体，同时拥有北美印第安人/第一民族、因纽特人及梅蒂斯人三个原住民族。在西北地区，大约有40%的家庭说本民族语言。

联邦直属学校，有九所直接由印第安和北部事务部门开办，其余的由印第安人开办，由联邦政府投资。1985—1996年，印第安人开办的学校以平均两倍的速度增长。十年间，印第安人开办的学校中，中小学人数从20%上升至54%。联邦直属学校、印第安人开办的学校与地方学校提供的教育内容相同，只是多了本民族语言与文化的课程。[1]

加拿大偏远地区的保护区只有小学和少数中学，更多的学生希望能到城镇或城市学校学习。今天，越来越多的学生可以通过远程教育的方式接受普通公立学校的教育。保护区之外所有的和保护区部分学生，可以进入省的公立学校免费学习。加拿大各地学校，都通过改编课程、将地方语言和文化融入教学，来满足原住民学生的需要。多伦多教育委员会还专门为原住民儿童开设学校，把地方特色融入课程。不列颠哥伦比亚省第一民族教育议会秘书处，是省教育部门的官方咨询机构，在满足原住民学生需要方面，发挥着重要的作用。

1990年，育空大学与里吉纳大学联合开办了一个原住民教师教育项目。同年，西北地区的北极大学也开始效仿，在社区开办了使用母语的教师教育项目。

原住民社区、政府、学校董事会付出的努力，取得了明显的效果。1985年，完成高中教育的印第安儿童只有31%；1995年，这个比例翻了两倍，达到了73%，接近全国平均水平。1996年，联邦政府又积极推进第一民族学校

---

[1] Paula Dunning, *Education in Canada: An Overview*, Toronto, Canadian Education Association, 1997, p.36.

合作教育的项目,为高中生提供学校学习与职场经验相结合的实践机会。① 这些工作为原住民子弟的成长与发展提供了很好的平台。

20世纪90年代以来,加拿大联邦政府高度重视原住民语言教育,并以立法的形式加以保护。1999年,位于北极地区的努纳武特地区成立了第一个因纽特人自治区。该区规定其辖区内的官方语言为两种因纽特方言(纽克提库特语和因纽纳克坦语)与英语、法语。学校教育中,因纽特语与英语、法语并列成为教学语言。学校的课程也扩展至因纽特传统文化、价值观、历史、传统生存知识、生活技能等领域。2009年努纳武特地区政府颁布的《因纽特语言保护法案》,以法律形式对因纽特语的语言权利、语言教育、语言使用等方面做出了详细的规定。同时,政府投入大量教育经费支持原住民语言教育。1999年,政府出资2亿加元资助原住民从事传统文化活动及语言教育培训。

进入2000年以来,联邦政府进一步开发针对原住民的语言教育项目。2006年联邦政府遗产部投入4000万加元支持原住民语言行动项目。2008年,加拿大教育部长联席会议颁布的《学习型加拿大2020》,旨在为所有加拿大人提供高质量的终身学习机会。其中,推广并实施原住民语言教育以提升其语言能力被列为重点领域。2009年2月24日至25日,由加拿大教育部长联席会举行题为"促进原住民成功"的原住民教育峰会,会议提出了包括课程设置、课程资源、文化内容、多元视角、教学方法、资助项目和服务在内的基本框架,以保护并推广原住民语言。2011—2012年联邦政府印第安与北方事务部出资15.5亿加元资助原住民小学和中学的语言教育。②

加拿大各省(区)教育部门与原住民积极合作,从实际需要出发,挖掘课程资源、组织师资培训。各级政府、教育机构和原住民三方配合,有效保障

① Paula Dunning, *Education in Canada: An Overview*, Toronto, Canadian Education Association, 1997, p.37.

② 曹迪:《从同化到多元:加拿大原住民语言教育政策的发展特征与启示》,载《河北师范大学学报(教育科学版)》,2014(5)。

了原住民语言教育政策的落实。

（五）宗教教育

加拿大浓厚的宗教信仰，影响到其学校体制及课程的设置，宗教势力在建构加拿大教育格局上有着不容忽视的作用。

"1992年，教育部长联席会议对教育中文化、语言、宗教的多样性持认可和支持的态度，认为加拿大在各方面都是一个高度多元化的国家，语言、宗族、文化及宗教的不同，是每一个省和地区的基本特征。"①

加拿大宪法对联邦政府参与初、中等教育部分放开，重点在保护宗教和语言少数群体的权利和特权。《英属北美法》以及随后允许新省加入加拿大联邦的法案，保证了宗教少数派的教育权利将得到保护。魁北克、安大略、艾伯塔、萨斯喀彻温和新斯科舍省除了世俗的公共体系外，还设立了宗教的小学和中学系统。这些辖区的罗马天主教徒以及魁北克省的新教徒，可以把孩子送到公立的宗教学校。虽然这两种制度被称为"附属教会"或"独立"的学校，但它们实际上是两种得到公众支持的平行的学校制度。

1996年，纽芬兰省组合成了一个单一的宗教公共系统。保护教派学校，也倾向于保护语言上同质的学校。讲英语的少数民族和罗马天主教董事会服务于讲法语的大多数人。

尽管公立学校在原则上是脱离宗教的，也反对在学校中进行宗教宣传，但它不排斥让学生接触各种宗教知识或无神论思想，以理解自身和周围的人们。公立学校甚至提倡以宗教精神对学生进行道德训练。加尔格里公立学校宗教教育委员会明确表示，在公立学校进行宗教教育的目的是要"帮助个人确立由道德决定的良好基础"。

---

① 万明钢、滕志妍：《加拿大公共教育中的宗教问题》，载《民族教育研究》，2009(1)。

第四节 教育思想

马克斯·范梅南(Max van Manen, 1942—)是加拿大艾伯塔大学荣誉退休教授,曾担任教育学教授、课程与教学研究院主任、维多利亚大学兼职教授,国际质性方法学研究高级研究员。范梅南是"现象学教育学"的开创者之一,是教育和人文科学领域运用现象学理论和方法的先驱。他创立了《现象学教育学》杂志和"现象学在线"网站,也是北美和欧洲六种教育和人文科学研究国际学术杂志的顾问或国际编委。马克斯·范梅南曾获得多项国际荣誉,主要有美国教育研究学会(AERA)课程和教学终身成就奖、美国人类理解国际学院"人类理解杰出贡献奖"、加拿大移民杰出成就勋章、加拿大教育学研究杰出国际成就奖等,在国际教育学界影响广泛。

一、学术经历与代表作

1942年,马克斯·范梅南出生在荷兰的希尔弗瑟姆。他在这里读完了小学、初中、高中和大学,获得了英语作为第二外语的学士学位。范梅南的出生地荷兰,有着悠久的现象学传统,现象学大师胡塞尔博物馆就在荷兰。范梅南接受教育的乌特勒支大学是荷兰现象学教育学的发源地。范梅南18岁开始接触现象学,阅读了大量的现象学著作。

1967年,范梅南移民加拿大,在埃德蒙顿的一所公立中学从事英语教学工作。1971年,范梅南在艾伯塔教育学院获得硕士学位,1973年获得博士学位。

1973—1976年,范梅南在多伦多大学安大略教育研究学院担任课程与社会教育副教授;20世纪八九十年代,担任维多利亚大学客座教授,主讲夏季研究班课程;1976年,调到艾伯塔大学,任教育研究方法、教育学和课程方面的基础教育系教授，2008 年从艾伯塔大学退休。

移民加拿大之后，范梅南开始将现象学运用于教育学领域。当时的北美教育研究，主要是实证主义和技术主义，范梅南尝试用现象学的方法来解释教育问题，关注现实世界里的体验，在欧洲大陆与北美教育学之间搭建起一座桥梁。1981—1991 年，范梅南创办了《现象学教育学》杂志，还建立了现象学在线网站，为现象学教育学的发展搭建了重要的平台，吸引了西欧和北美许多学者对教育学问题进行探讨，为现象学教育学的发展起到了积极的引领与推动作用。

马克斯·范梅南的研究成果颇丰，他在教育学、研究方法和现象学等领域发表论文百余篇，著作多部，其中影响比较大的有《生活体验研究——人文科学视野中的教育学》《教学机智——教育智慧的意蕴》《儿童的秘密——秘密、隐私和自我的重新认识》《教育的情调》《在黑暗中写作》《实践现象学：现象学研究与写作中意义给予的方法》等。他的许多论著和研究成果被译成了德语、西班牙语、葡萄牙语、挪威语、日语、朝鲜语、荷兰语和汉语，在世界范围内产生了深远的影响。

二、实践—意义取向的教育学

1990 年，范梅南出版了《生活体验研究》一书，1997 年进行了修订。该书系统介绍了他的现象学教育学思想，以及如何从事现象学的实践和写作。他在书中提出了在教育学及其相关学科，诸如心理咨询、护理、卫生健康等科学领域进行人文科学研究的新方法，对阐释型的现象学研究方法提供了详尽的方法论上的解释，并列举了大量的研究实例，展示了如何关注人的生活体验，以及如何将之建构成一个文本。范梅南在书中还就如何收集生活体验的原始材料，提供了一套系统的方法。他强调生活体验材料是文本反思及在此之上的阐释性见解的基础，应该重视语言在人文科学研究中的作用，以及把人文科学的研究视作一个持续不断、激进反思过程的重要性；他强调了生活逸事、小故事在现象学写作方法上的作用，以及如何构建研究文本的方法，强调通过研究方法反思研究者的研究视角与价值取向。《生活体验研究》一书被译成了多国文字，被欧美许多大学用作教育学和其他人文科学研究的研究生教科书或参考书；2003 年 1 月被译成中文，由教育科学出版社出版。

三、教育机智

1991 年，范梅南的《教学机智——教育智慧的意蕴》一书出版，这是一本写给教育工作者的智慧书，是基于他对深刻教育体会与理解的基础之上的学术表达。他在序言中这样写道："本书是为那些初为人师者所写，他们所从事的，毫无疑问是人类最重要的工作，他们还需要帮助和鼓励。本书是为那些有经验的教师和儿童教育专家所写，他们或许能因此受到鼓舞而对他们日常的专业生涯进行更多的思考。本书可能也适合那些对自己的职业使命焦头烂额或缺乏信心因而希望重新检讨一下自己的责任的教师。本书是为那些想知道自己对孩子们的责任心是否有些想当然，从而忽略了真正需要帮助的孩子的教育工作者所写。尤其重要的是，本书是为那些对教育感兴趣的父母所写：父母是孩子们最早的教育家。"①

范梅南对"教育机智"做了深入的分析。他认为，教育活动的实践性特征，要求教师要善于聆听和观察，并对自己的教育教学行为进行不断的反思，这就需要基于体验以及设法理解学生的实践智慧。机智表现为克制、对学生的体验的理解、尊重学生的主体性、细微之处的体察、对情境的自信、临场的天赋等。这样的教育机智，保留了学生的空间，保护了学生身上脆弱的东西，防止了伤害，并将破碎的东西变成整体，使好的品质得到巩固和发展，强化

---

① [加]马克斯·范梅南：《教学机智——教育智慧的意蕴》，李树英译，英文版序Ⅰ，北京，北京大学出版社，2007。

了学生的独特性，有效地促进了学生的学习和个性成长。他还提出，机智是通过语言、沉默、眼神、动作、气氛、榜样来进行调和的。

范梅南充分肯定，现象学教育学是以学生的生活实践为取向的，学生的"生活世界"是教育逻辑的起点，教育活动具有前反思、前理论、情境性和实践性等特点，正是这些决定了教师的教育与教学行为。

四、儿童研究

1996 年，范梅南和巴斯·莱维林（Bas Levering）合著的《儿童的秘密——秘密、隐私和自我的重新认识》一书，是范梅南的现象学儿童学的重要代表作。他在研究中发现，秘密是儿童成长的一个重要促成因素。他向我们展示了日常生活中普普通通的秘密是如何让孩子们明白和意识到自己逐渐拥有的内心世界和外部世界，这种认识反过来又帮助他们形成一种自我感、责任感，以及自主性和人际交往间的亲密性。这项研究还让我们认识到，能够拥有并保守秘密是儿童走向成熟和独立的一个标志；能够与自己最亲近的人分享自己的秘密更是儿童成长和成熟的表现。书中大量的有关儿童对秘密体验的原本叙述，改变了人们长期以来认为秘密是不好的、不健康的和不应该有的这一传统的错觉，并深刻地揭示了儿童的秘密与其成人之后的生活之间所具有的微妙关系。范梅南和巴斯·莱维林通过《儿童的秘密——秘密、隐私和自我的重新认识》一书，深刻说明了秘密在儿童成长中的重要性，他们呼吁教育工作者以及家长，要一起保护儿童成长中的秘密，并由此理解和帮助儿童健康成长。

五、教育学新的研究方法与表达方式

范梅南试图以一种体验性的语言，来弥补传统教育学中技术化、学术化表达的不足。他试图构建一种新的表达，即用生活中的体验来建构对教育学的理解，进而形成他的理论范式。在《教学情调：教育学的语言》一书中，范梅南以本体论、认识论、价值论交叉的视角，讨论了教学情调的问题，强调教学中的情感和感觉。①

范梅南将现象学作为一种质性研究方法应用在教育学研究中，并将写作作为教育研究的重要方法。他在2002年出版的《在黑暗中写作》一书中，探讨了现象学教育学写作的问题。该书的主体部分是他在教学中指导学生进行写作训练的习作，呈现出现象学写作是一个艰难的反思过程，犹如在黑暗中探索。范梅南认为，写作犹如坠入黑暗，是一个孤独的体验过程。作者在穿越黑暗的过程中，不断地寻找着意义，发现并表达意义。写作是穿越黑暗的过程，也是凝视黑暗的过程中，其间有陶醉，有惊喜，也有茅塞顿开。②

《实践现象学：现象学研究与写作中意义给予的方法》是范梅南将欧陆现象学哲学引入教育研究和教师教育，历经近20年思考、实践和反思，创造性地提出的一套教育研究方法论。该书凝练了他在方法论上的创新成就，阐释了"实践现象学"的三个方面：哲学方法、人文科学方法和语文学方法。他用严格、深刻而不失平实的方式，向读者呈现了扎实的方法指导、丰富的研究案例和动人的现象学文本范例。同时，他梳理了现象学思想传统，对现当代主要哲学家和人文学者的现象学作品进行引介。对于实践现象学而言，这些作品的首要意义不是提供既有理论基础，而是为探索生活现象和事件的原创研究提供洞见。由此，读者能够辨别实践现象学的独特性，思考什么才是真正的、原初意义上的现象学研究。

范梅南能够在课堂上或演讲中把普通的日常生活经验进行提炼，以通俗的语言进行深刻的反思，呈现了实践现象学的反思性和影响力。他继承了欧洲大陆现象学的传统，特别是荷兰乌特勒支学派不重现象学哲学探讨、强调

---

① 蒋开君：《走近范梅南》，49页，北京，北京师范大学出版社，2014。
② 蒋开君：《走近范梅南》，218~221页，北京，北京师范大学出版社，2014。

以现象学方法来引导专业实践的指向。他将自己继承发扬的现象学人文科学流派明确称为"实践现象学"，目的在于强调这种方法的实践导向。实践现象学促使我们关心儿童的意识与经验，关注教师作为实践者的专业意识与专业品质的培养，关怀教育作为人在世界中的本真存在方式。

范梅南将现象学研究的方法论维度和写作中语言意义的重要性，以清晰方式阐述出来，搭建了欧陆与北美和世界其他地区之间，现象学哲学和人文科学、社会科学之间，理论与实践之间的桥梁，以教育教学实践为研究的出发点和归宿，增强了教育学的独立性。

第三章

20 世纪末至 21 世纪初期的英国教育

英国是世界上寥寥无几的自发型现代化国家，它在 20 世纪末 21 世纪初面临经济全球化进程持续推进、国际竞争日益加剧，政党政治碎片化、经济发展遭遇瓶颈、社会文化日趋多元以及公投与脱欧带来的诸多不确定性，受"英国强大和持久的自由至上观念以及共有的岛国性"观念影响①，这些对英国教育的改革和发展产生了重要影响。英国现代化进程的历史表明，"英国对变革常常抱有一种顺应的态度，它一旦意识到某种变革是大势所趋，不可阻挡，就很快会调整自己的立场，接受变革，哪怕它对此痛心疾首也罢"②。20世纪末 21 世纪初英国教育的发展与变革亦是如此。

第一节 教育改革与发展的背景

作为曾经兴盛过的国家，英国在 20 世纪的衰落是相对的。它仍能跟上时代的潮流，只是无力领导这个潮流。为此，英国情非所愿，仍希冀通过社会

---

① [英]琳达·科利：《英国人：国家的形成》，19 页，北京，商务印书馆，2018。
② 钱乘旦、许洁明：《英国通史》，360 页，上海，上海社会科学院出版社，2007。

各方面的变革重塑国家形象，教育的改革与发展是其中重要方面。在 20 世纪末 21 世纪初更为复杂和广阔的社会背景下，英国积极寻求教育发展的变革之路。

一、知识经济时代对教育提出新要求

21 世纪是经济全球化和知识经济时代，知识经济时代的核心竞争力是以知识为基础的信息捕获能力、学习能力以及文化和人员素质。英国作为发达国家，"在这个经济全球化的世界里，不再从低工资和低技能的竞争中获益。相反，我们应该转向知识的创造和获取及知识领域的竞争"①。科学技术的日新月异、信息技术的迅猛发展以及其他社会经济因素对英国教育体系带来很大的冲击。"英国作为一个从来不以人种或文化统一性为基础的人为创造的国家，以及曾经的帝国，其某些方面特别适合于适应一个变动不居的世界。"②英国力求通过化解内部矛盾、不断巩固和提高国家文化影响力、谋求世界大国地位的外教策略等路径应对经济全球化和知识经济时代的各种挑战。在此过程中，英国政府深刻意识到教育质量的好坏直接影响着能否造就有教养的公民以及国家未来的发展。围绕提升公民 21 世纪的竞争力，英国越来越重视受教育者所应具备的关键能力。2003 年英国教育与技能部（Department for Education and Skills）发布了《21 世纪核心素养：实现潜力》（21st Century Skills：Realizing Our Potential），立足国家发展战略的高度明确了发展关键技能的基本目标，即提高企业竞争所需的生产力、创新力和盈利能力，促进个体获得更好发展所需的技能。提出学前阶段要关注早期学习基础技能的发展，中小学阶段要注重信息与通信技术素养、与他人合作、改善自学与自做、解决问题

---

① Business, Innovation and Skills, "Higher Ambitions: The Future of Universities in A Knowledge Economy", https://www.ed.ac.uk/files/atoms/files/bis-higherambitions-summary-nov2009.pdf, 2019-12-11.

② 钱乘旦、许洁明：《英国通史》，上海，上海社会科学院出版社，2007。

的技能，明确了不同教育阶段实现关键能力的策略和步骤及其相互之间的联系。具体如图 3-1 所示：关键能力在国家教育体系和课程层面得以转化和实现是英国 21 世纪教育改革的重要考量。①

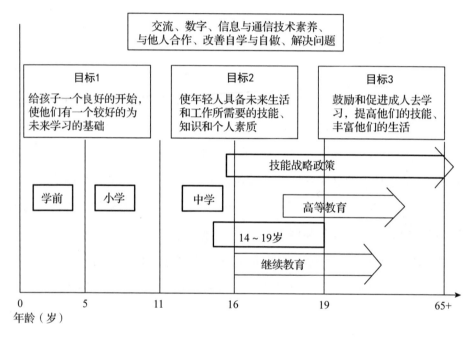

图 3-1　英国不同教育阶段培养关键技能示意图

二、政党政治对教育改革的推动

21 世纪以来，英国历经了多个不同政党执政的局面，在不同政府的领导下，相应的执政理念有所不同，其对教育的改革和要求也存在较大差异。1997 年至 2007 年新工党布莱尔(Anthony Blair，1953—　)执政期间，在吉登斯(Anthony Giddens，1938—　)"第三条道路"的指导思想下，开启了面向 21

---

① Department for Education and Skills, Great Britain, "21st century skills：realizing our potential", https//www.gov.uk/government/publications/21st-century-skills-realising-our-potential-individuals-employers-nation，2019-01-12.

世纪的新一轮改革。"第三条道路可以有多重理解，可以是撒切尔主义的柔性解读，可以是对早期社会自由主义的回归，也可以被认为是对社会民主价值的理性重构。"[①]"第三条道路"走的是中间路线，不再是单纯排斥传统的国家干预主义和自由放任主义。换言之，其实质是走介于自由放任资本主义和国家福利主义之间的中间道路，即强调四个"平衡"：政府调控与市场机制之间的平衡；经济发展与社会公正之间的平衡；权利与责任之间的平衡；国家利益与国际合作的平衡。[②] 通过政治、经济、福利制度等方面的变革以培育全纳的、积极的公民社会，实现权力与责任的平衡。在"第三条道路"的影响下，英国政府实施提高教育水准、强化教育公平、改革课程设置、推进创业教育等重大改革举措。2007 年上台的布朗（Gordon Brown，1951—　）延续了布莱尔政府时期重视教育的思想，继续重视教育并推进教育改革，采取多种方式提高教育质量。2010 年大选形成了保守党、工党和自由民主党三足鼎立的格局，保守党和自由民主党组建了以卡梅伦（David Cameron，1966—　）为首相的新一届联合政府。卡梅伦政府在淡化保守党的新保守主义、强化新自由主义政党意识形态的同时，整合了工党和自由民主党信奉的社会民主正义思想，注重教育效率和教育公平。联合政府执政后推行的教育改革政策遵循自由、公平、责任的基本原则。自由强调改革原有的自上而下的宏观管理体制，英国政府将部分权力转移给社区和民众，给学校和教师更大的教育教学权，给家长更多的选择权；公平着重缩小贫富家庭背景学生的学业差距，为处境不利的学生群体提供优质的学习资源和条件，以期全面提高教育质量。2010 年，英国卡梅伦联合政府推出了一项重要的基础教育学校改革政策——"自由学校"（Free School），以此来改善当前英国学校办学质量两极分化，以促进基础

---

① Anthory Giddens, *The Third Way: The Renewal of Social Democracy*, Cambridge, Polity Press, 1998, p.95.

② 马忠虎：《"第三条道路"对当前英国教育改革的影响》，载《比较教育研究》，2001(7)。

教育均衡发展，全面提高教育质量，进而实现教育公平。[①] 2013年，时任教育大臣的戈夫（Michael Gove，1967—　）强调联合政府的教育改革应通过高质量的国家课程、赋予校长高度的自主权、建立完善的问责制度等举措以推进社会公平，帮助每个孩子取得成功。2016年卡梅伦宣布辞职，特雷莎·梅（Theresa May，1956—　）接任首相，教育是特雷莎·梅政府的重要政策和优先领域，梅政府的教育愿景是支持新一代文法学校，加强学业成绩选拔，建设"真正的精英治理的英国"。2017年6月，英国女王伊丽莎白二世（Queen Elizabeth Ⅱ，1926—2022）在新一届议会开幕式上指出，政府致力于确保每个孩子都有机会上好学校，对所有学校进行公平的拨款，致力于确保人民获得在未来谋到高技能、高工资岗位所需的技能，包括通过技术教育进行重大改革。[②] 2019年7月踌躇满志的新首相约翰逊（Boris Johnson，1964—　）上台执政，宣称将开启英国历史的新篇章，开创英国的"非凡十年"[③]。然而，英国经历了脱欧、新冠疫情、大国地缘竞争等前所未有的变局，内外交困，约翰逊政府一时难以找到适合英国的全球大国角色，"全球英国"的愿景难以实现，这些都对英国教育的发展提出新要求。

三、经济、社会问题对教育提出新挑战

21世纪以来，英国政府实行积极福利政策，鼓励公民就业以拉动经济发展。因此，英国大量公民尤其是妇女工作量大幅增加，时间不断延长，根本无暇顾及孩子的教育问题。2010年7月的一则报道显示，英国家庭平均每月花费在子女抚养上的费用高达800英镑，而子女从出生至21岁的平均花费则

---

① 刘漆佳：《英国"自由学校"政策研究》，硕士学位论文，西南大学，2016。

② 北京教育科学研究院国际教育信息中心：《全球化时代国际教育发展趋势：近年来发达国家教育改革的政策分析》，25~26页，福州，福州教育出版社，2019。

③ 王展鹏：《英国发展报告（2019—2020）》，1页，北京，社会科学文献出版社，2020。

为20万英镑。这些昂贵的教育费用必须由家庭承担，给许多家庭带来了巨大的经济压力。① 而随着2008年全球金融危机的爆发，英国经济遭受严重冲击，增长速度放缓，财政赤字日益突出，教育发展面临严峻挑战。② 过高的育儿费用和经济危机带来的挑战都在呼吁政府刻不容缓实施教育改革。

近些年，英国社会阶层的贫富差距也在不断加大。处于贫困阶层的人群中有450万儿童，他们面临住房简陋、营养不良、教育水平低下以及缺少发展机会等问题。③ 再者，单亲妈妈与未婚妈妈比例大幅度上升。据统计，21世纪初英国单亲家庭比例位居欧洲之首，高达20%。④ 此外，"英国性这把大伞更容易被新近来自不同背景的移民所接受"⑤，大量外来人口涌入英国且国内不同地区人口迁徙频率越来越高。大幅增加的移民导致英国社会文化、价值观念更加多元化甚至面临更多的冲突，多起恐怖袭击事件集中爆发，社会安全形势堪忧。以上诸种社会问题都对英国教育改革提出了新挑战。

此外，公投和脱欧带来诸多的不确定性，对英国政治、经济、社会和国际关系的影响不断显现。英国面临多方面国家转型的机遇和挑战。"英国人的心目中总是存留着一个帝国，哪怕它已萎缩成一个影子也罢。"⑥对于脱欧问题的争论不休，使英国一定程度上遭遇了严重的政治危机，政治分裂有所加剧，政党政治呈现碎片化趋势。⑦ 无论是执政党内部，还是其他不同政党之

---

① 《报告称英国育儿成本过高 月供800镑令家庭犯难》，https://www.chinanews.com.cn/gj/2010/07-12/2396686.shtml，2019-02-19。

② 赵金苹、曹能秀：《2001年以来英国学前教育改革特点及其对我国的启示》，载《现代教育科学》，2015(8)。

③ 霍力岩等：《美、英、日、印四国学前教育体制的比较研究(上)》，203页，北京，北京师范大学出版社，2013。

④ 沙莉、庞丽娟、刘小蕊：《英国学前教育立法保障政府职责的背景与特点研究》，载《教育科学》，2008(2)。

⑤ [英]琳达·科利：《英国人——国家的形成》，24页，北京，商务印书馆，2018。

⑥ 钱乘旦、许洁明：《英国通史》，355页，上海，上海社会科学院出版社，2007。

⑦ 王展鹏：《英国发展报告(2017—2018)》，1页，北京，社会科学文献出版社，2018。

间、不同派别之间,政治共识弱化。同时,北爱尔兰和苏格兰的分离主义运动有所加剧,英国面临国家分裂的潜在危险。脱欧和新冠疫情等进一步加剧了维护英国国家统一所面临的挑战。2019年12月12日举行的英国大选因关乎脱欧的大结局而被称为该国"战后最重要的议会选举"。保守党的胜利打破了2016年公投以来困扰英国三年半之久的脱欧僵局。2020年1月31日,英国脱欧成功,结束了近半个世纪的欧盟成员国资格。然而,英国正式脱欧带来的不确定性导致保守党"全民国家"愿景与政党政治和地区民族主义矛盾存在激化的风险、英国在全球范围内的人才竞争力有所减弱。

英国受脱欧负面效应影响,尤其是"无协议脱欧"风险的加大,其经济承受着越来越大的下行压力。根据国际货币基金组织的统计,2017年后英国经济一直低于七国集团的平均增速。2019年,英国全年GDP实际增长1.4%,与2018年的1.3%基本持平。[1] 外加新冠疫情的暴发,英国经济遭受到史无前例的冲击,可能出现近三百年来最严重的经济衰退。[2] 英国作为跨国教育和国际学生接收大国,国际学生为其经济与社会繁荣做出了重大贡献。[3] 2016年英国的教育产业(包括高等教育、跨国教育、教育产品和服务、英语培训课程等)为英国经济带来近200亿英镑的收入,而脱欧和突如其来的新冠疫情等对英国教育的发展带来了巨大的挑战。

四、教育质量的持续下降

20世纪末新工党执政以来,英国就一直面临着教育质量下降的问题。据调查,英国有超过一半(1610所)中学没有达到政府设定的教学最低目标。截

---

① 王展鹏:《英国发展报告(2019—2020)》,27页,北京,社会科学文献出版社,2020。
② 王展鹏:《英国发展报告(2019—2020)》,2页,北京,社会科学文献出版社,2020。
③ 崔景颐:《国际学生何以重要——英国国际学生的经济效益研究》,载《中国高教研究》,2018(6)。

止到 2008 年 6 月，仍有 634 所中学没有达到最低标准。① 相关研究表明，英国中小学学生的数学、历史和地理知识等与日本、韩国等亚洲国家的学生存在较大差异，超过一半的中小学课程的教学质量令人失望。② 最直接的表现是英国在"国际学生评估项目"测试中排名的持续下滑。自 2000 年起，经济合作与发展组织每三年举行一次 PISA 测试，评估 15 岁学生分析和应用知识的能力，其结果用于帮助各国了解教学质量最好和进步最快的教育系统中学生们的表现情况。③自 2000 年 PISA 实施以来，英国学生测评结果就不理想，而且呈现"稳中有降"的趋势。英国学生在 PISA 测试中，三门科目的总体排名都在不断下降，数学排名在 2006 年以后更是掉到了 20 名之外，尤其在 2012 年测试中，英国学生在科学、阅读和数学的排名分别是第 21 位、第 23 位和第 26 位；在 2015 年测试中，英国学生在科学、阅读和数学的排名则分别是第 15 位、第 22 位和第 27 位。值得注意的是，2015 年参加测试的 5194 名学生来自英国 206 所学校，他们大多出生于 1999 年 9 月至 2000 年 8 月，这意味着测试排名下滑正是 2009 年教师短缺危机爆发与学生人数激增期矛盾的后果。④ 尽管英国政府一直致力于改善学校的教育教学，但并未取得明显进展，引发了社会各界对教育改革的担忧，迫使政府在教育上逐渐放弃保守政策，开始"向最优者学习"，启动了"中英数学教师交流项目"⑤等发展计划，以此对基础教育改革政策进行相应调整并对未来基础教育的改革方向作出长远规划。

---

① 缪学超：《布朗执政时期英国基础教育政策文本分析》，载《当代教育理论与实践》，2012(9)。

② 刘长庆：《英国也"不让一个孩子掉队"——〈你的孩子，你的学校，我们的未来：建设 21 世纪学校系统〉白皮书评析》，载《上海教育》，2009(10B)。

③ 郭婧：《基于 PISA 测试结果的英国基础教育改革政策评析》，载《外国中小学教育》，2014(2)。

④ John Jerrim and Nikki Shure, "Achievement of 15-Year-Olds in England：PISA 2015 National Report", https：//assets.publishing.service.gov.uk/government/uploads/system/uploads/attachment data/file/574925/PISA-2015_ England_ Report.pdf, 2019-08-21.

⑤ 北京教育科学研究院国际教育信息中心：《全球化时代国际教育发展趋势·近年来发达国家教育改革的政策分析》，31 页，福州，福州教育出版社，2019。

第二节　教育体制的基本结构

作为有着悠久教育传统的国家，21世纪英国的教育体系几经变迁已发展得相对完善，且具有较大的灵活性。英国现行教育体制主要是基于《1944年教育法》(又称《巴特勒教育法案》，Butler Education Act)建立和发展起来的。英国由英格兰、苏格兰、威尔士和北爱尔兰组成，各地区教育体制不尽相同，本节重点论及英格兰和威尔士地区的教育体制。

一、现行学制结构

英国各地区教育体制存在较大差异，其中英格兰和威尔士相对统一，苏格兰的教育体制与其他三个地区存在较大差异。各地区中小学教育体制如表3-1所示①：

表 3-1　英国中小学教育体制

年龄	英格兰和威尔士	北爱尔兰	苏格兰
3岁	保育(非义务教育)	保育(非义务教育)	保育(非义务教育)
4~5岁	小学——关键阶段一 学前班	小学——关键阶段一 1年级	保育(非义务教育)
5~6岁	1年级	2年级	小学阶段1年级
6~7岁	2年级	3年级	2年级
7~8岁	关键阶段二 3年级	关键阶段二 4年级	3年级

---

① Raffe David, Brannen Karen, Croxford Linda and Martin Chris, "The education systems of England, Wales, Scotland and Northern Ireland", http: //www.britishcouncil.org/flasonline-uk-education-system.pdf, 2020-01-22.

续表

年龄	英格兰和威尔士	北爱尔兰	苏格兰
8~9 岁	4 年级	5 年级	4 年级
9~10 岁	5 年级	6 年级	5 年级
10~11 岁	6 年级	7 年级	6 年级
11~12 岁	中学——关键阶段三 7 年级	中学——关键阶段三 8 年级	7 年级
12~13 岁	8 年级	9 年级	中学阶段 1 年级
13~14 岁	9 年级	10 年级	2 年级
14~15 岁	关键阶段四 10 年级	关键阶段四 11 年级	3 年级
15~16 岁	11 年级	12 年级	4 年级
义务教育阶段结束①			
16~17 岁	12 年级	13 年级	5 年级
17~18 岁	13 年级	14 年级	6 年级

　　总体而言，英国当前的学制包括五个层级，即早期教育（early years foundation stage）、小学教育（primary education）、中学教育（secondary education）、继续教育（further education）和高等教育（higher education）。除北爱尔兰的儿童是 4 岁必须接受义务教育之外，其他地区所有儿童则是在 5~16 岁。需要指出的是，根据 2008 年出台的《教育及技能方案》（Education and Skills Act 2008），从 2013 年开始，1997 年 9 月 1 日后出生的学生，其接受义务教育的"停止年龄"（the leaving age）提高到 18 岁。② 换言之，英格兰地区义务教育年限延伸至 18 岁。义务教育并非必须在学校完成，也有部分家长选择在家教育。

　　早期教育阶段即幼儿园阶段，主要针对 5 岁以下的儿童，主要机构包括

① 英格兰地区儿童接受义务教育年龄为 5~18 岁。

② "Education and Skills Act 2008"，https：//www.legislation.gov.uk/ukpga/2008/25/contents，2020-01-25.

幼儿园(nurseries)、托育园(playgroups)、社区托儿中心(community childcare centers)以及学校附设的托儿机构等。早期教育阶段是要收费的,一般是年龄越小费用越高,但 3~5 岁儿童可以享受政府补贴,通常是每年 38 周,每周 15 小时的免费学前教育,为进入小学阶段做好相应的准备。所有在教育标准局(Office for Standards in Education,Ofsted)注册的学校及机构必须强制实施早期教育标准。小学教育阶段包括关键阶段一(Key Stage 1)和关键阶段二(Key Stage 2)两个时期,对应的年级分别是 1~2 年级、3~6 年级,每个关键阶段结束时会分别进行 6 岁、11 岁考试。小学阶段开设的课程包括英语、数学、科学、音乐、体育、历史、美术、地理等诸多学科,课程内容丰富,形式多样。中学教育阶段包括关键阶段三(Key Stage 3)和关键阶段四(Key Stage 4)两个时期,对应的年级分别为 7~9 年级、10~11 年级。关键阶段三完成相应的学习内容,结束时学生开始选择普通中等教育证书考试(General Certificate of Secondary Education,简称 GCSE)的学科科目,关键阶段四完成后要参加 GCSE 考试。GCSE 是大多数学生在义务教育结束时获得资格证书的考试。继续教育阶段即关键阶段五(Key stage 5),相当于高中阶段的教育,主要分为 A-Level 和 IB 两种。A-Level 课程(General Certificate of Education Advanced Level)即通常认为的英国高中课程。该课程被认为是英国的金牌课程,注重学生的兴趣,并强调课程深度,学生凭 A-Level 成绩可申请世界上大多数名牌大学。IB 课程(International Baccalaureate)即国际预科证书课程,是由一个国际非营利机构 IBO 管理的初等联盟。IB 致力于培养全才,更强调学科的广度。此外,英国还有 BTEC(Business and Technology Education Council),主要是基于社会需求培养精通各行业专业知识和技能的专门人才。学生取得职业文凭后可以就业,也可以选择转换到对应的学术路线继续学习。高等教育阶段分为本科教育、研究生教育和博士教育。英国本科教育通常是三年制,大部分研究生是一年制,博士一般是三年制。

英国中小学阶段学校类型主要分为公立学校（State School）和私立学校（Independent School），公立学校由政府资助，通常情况下免费入学（少部分文法学校需要支付少量学费）。自 1998 年以来，英国特别是英格兰出现了多种政府补助学校，有学院学校（Academy Schools），工党政府执政期间（1997—2010）设立于经济相对落后地区以取代原有的社区薄弱学校，直接由地方教育行政部门负责管理①；社区学校（Community schools），地方政府雇用学校教职员工，拥有学校的土地以及地上建筑物所有权，并且负责管理；自由学校（Free schools），2010 年之后由保守党及自由民主党联合政府创建的新型学校，由政府资助并直接由教育部负责，不受地方政府管理；基金会学校（Foundation school），由学校理事会负责雇用教职员工并承担主要的管理工作；自愿补助学校（Voluntary Aided schools），与民间团体有关的学校，学校经费部分由民间团体资助（一般为 10%），学校理事会负责运行管理。自愿受控型学校（Voluntary Controlled schools），大部分是教会学校，学校所有权由宗教基金会拥有，学校日常运行由地方政府管理②。教育标准局（Ofsted）会定期对政府补助学校开展检查并发布学校的办学状况报告。被评定为办学状况不佳的学校，将会采取更换教职员工或学校理事会等特别措施。英国公立学校占据当前教育发展的主流，目前在公立学校就读的学生人数约占学生总人数的 93%。私立学校包括历史悠久的公学（public school）和预备学校（preparatory school）等类型，通常收取高昂的学费。据英国私立学校协会（Independent Schools Council，简称 ISC）统计，2019 年 12 年级私立学校全寄宿平均学费为每学期 12239 英镑，2000 年至 2010 年期间学费平均增长率为 6.6%，2010—2019 年平均增长

①　Department for Children, Schools and Families, "What are academies", http：//www.standards.dfes.gov.uk/academies/what_are_academies/, 2010-04-15.

②　Department for Children, Schools and Families, "Voluntary Aided Schools", https：//web.archive.org/web/20090210152909/；　http：//www.teachernet.gov.uk/management/resour-cesfinanceandbuilding/FSP/voluntaryaidedschools/, 2008-01-08.

率为 3. 9%。① 私立学校毕业生大学录取率近乎 100%，且将近一半的学生被罗素集团(The Russell Group)大学录取。当前，英国共有 2400 多所私立学校，其中有 1300 多所私立学校是 ISC 的成员。作为典型的双轨制国家，英国公立学校和私立学校具有各自的发展体系和升学路径。根据英国教育部(Department for Education，简称 DfE)官方统计，近年来英国中小学学校呈现相对稳定、总体增长的发展趋势，从 2015—2016 年度的 32130 所增至 2020—2021 年度的 32163 所(不包括苏格兰地区的独立学校)②。

据英国教育部最新官方统计，近年来英国中小学学生人数有所增加，2020—2021 年度中小学在校学生人数约为 1053 万，比上年增加了 1%，其中中学学生人数有所增加，小学学生人数总体略微下降；接受继续教育的学生数整体呈下降趋势，从 2015—2016 年的约 370 万人减至 2019—2020 年度的约 299 万人；接受高等教育人数约为 269 万，比上年增长 2. 7%，其中本科生约占 2/3，硕士研究生约占 1/5；博士研究生约占 1/25，攻读其他课程的约占 1/10。③

英国 1988 年出台的《教育改革法》(Education Reform Act)确立了国家统一的课程大纲，设置了四个关键阶段所有科目的学习目标和相应的计划，主要在英格兰和威尔士地区的公立学校实施，且大部分课程在 2014 年 9 月得以正式实施。私立学校可以自行设计课程，但必须确保为学生提供优质的教育并定期接受检查。英国中小学通常每学年分为秋季、春季和夏季三个学期，分

---

① Independent Schools Council，"ISC Annual Census 2019"，https：//www.isc.co.uk/re-search/annual-census/isc-annual-census-2019/，2019-04-26.

② Department for Education，"Education and training statistics for the UK"，https：//explore-education-statistics.service.gov.uk/find-statistics/education-and-training-statistics-for-the-uk/2021，2021-11-25.

③ Department for Education，"Ducation and training statistics for the UK"，https：//explore-education-statistics.service.gov.uk/find-statistics/education-and-training-statistics-for-the-uk/2021，2021-11-25.

别在9月、1月和4月开学，每个学期中间会有为期一周左右的期中假期。

二、现行教育行政体制

英国实行中央集权和地方分权相结合的教育行政体制。21世纪以来，英国中央教育行政职能从"伙伴关系"政府向服务型政府职能转变①。地方教育当局给予学校更多的办学自主权，致力于为学校发展提供服务与支持、确保所有儿童都能接受合适的教育。

（一）中央教育行政职能

英国国会和内阁掌握中央教育行政权，教育部则是实际负责教育行政的组织机构。21世纪以来，英国中央教育行政机构不断重组和变更，反映了英国国家教育治理职能重心的转变。2002年教育与技能部的成立表明工党政府注重构建终身教育体系以及培养学生更多的技能以适应社会经济的发展。2007年布朗政府将教育与技能部重新拆分为两个部门：儿童、学校与家庭部（Department for Children，Schools and Families，DCSF）和创新、大学与技能部（Department fo Innovation，Universities and Skills，DIUS），前者负责19岁以下儿童和家庭的教育工作，后者负责所有19岁以上成年人的教育与培训。这次调整一方面确保在制定政策和应对突发事件时注重发挥学校、社会和家庭的合力；另一方面更加强调科技与知识创新在高等教育中的重要性并保证英国能在全球经济竞争中保持领先地位②。2010年卡梅伦政府重新组建了教育部，体现了服务型政府职能的转向。教育部的主要职责是负责儿童服务与教育，包括英格兰地区高等和继续教育政策的制定、学徒教育和技术教育，同时致力于促进教育优质均衡发展。作为为英国教育事业发展提供信息与服务的部

---

① 夏杨燕、程晋宽：《国家教育治理职能重心的转变——英国国家中央教育行政机构变革评析》，载《外国教育研究》，2019(8)。

② 王志强、姜亚洲：《英国中央教育行政机构改革评析》，载《清华大学教育研究》，2008(3)。

门，教育部的具体职责包括：学前和基础教育学校儿童的教育与学习、为19岁以下青年人提供接受中等教育和继续教育的条件、为相关专家提供支持、帮助弱势儿童和青年人获得更高的成就、确保地方教育当局服务于儿童的发展。①目前，英国教育部与18个机构和组织②合作，共同完成对国家教育事务的服务、咨询、评估、协调和指导等工作，其工作重心主要包括三个方面：安全与健康，即确保所有儿童和青年人都能获得保护；让卓越教育无处不在，即确保每个儿童都能获得高质量的教育服务；为成年人的生活做准备，旨在使所有青年人都能习得相应的知识技能并且能有高质量的工作和学习选择，为英国的发展贡献力量。③

由上可见，英国中央教育行政机构的不断改组和职能重心的转变与其社会发展现状及时代变革密切相关，表明英国中央政府向服务型政府职能的转变，国家教育事业的发展重新放权于地方教育当局，不断探索行之有效的教育治理能力进而构建现代化的教育治理体系。

(二)地方教育行政

作为英国教育行政体制中的中间管理层，英国地方教育当局在教育体系中的地位和作用几经演变。由于英国各地区的经济发展和教育需求存在较大差异，这些差异很大程度会被中央行政部门所忽视，但一直是地方当局日常工作关注的焦点。"各地的不同现状通常需要敏感而灵活的地方当局来处理。"④由此，地方教育当局具有较大的自主性和灵活性。当前英国地方教育

---

① Department for Education, "Department for Education services and information", https://www.gov.uk/government/organisations/department-for-education/services-information, 2019-12-22.

② 这些机构包括"资格与考试管理办公室"(Office of Qualifications and Examinations Regulation, Ofqual)、"英国教育标准局"(Office for Standards in Education, Children's Services and Skills, Ofsted)、"学生办公室""(Office for Students, OfS)等。

③ Department for Education, "About us", https://www.gov.uk/government/organisations/department-for-education/about, 2019-12-22.

④ Roy Lowe, "A Century of Local Education Authorities: what has been lost?" *Oxford Review of Education*, 2002(2), p.158.

当局的主要职责是为学校发展提供服务，为提高学校教育教学质量提供多元化的支持。例如，领导开展"教学第一"（teach first）计划、鼓励教师成为"特许教师"（chartered teacher）等一系列提升教师教学技能和教学领导能力的项目；组织课程评估专家和课程实践者对教师进行课程方面的培训、论证课程改进策略；提供针对教学的具体支持，推广实践效果较好的课堂教学经验等。同时，采取多种举措提升学校领导力。作为组织者和培训者，地方教育当局通常会通过培养顾问负责人（consultant leader）、加大资源投入、提升教师课堂领导力等逐步提升学校总体的教学能力。

2015 年，英国教育部出台《引起关注的学校：地方当局法定指南》（School Causing Concern：Statutory Guidance for Local Authorities），明确规定了关注主体、管理事项、应对举措及权责分配等，强调地方教育当局在学校改进中的重要角色，厘清地方教育当局与学校、董事会、教育督导部门等利益相关者的关系。该法定指南重申了地方教育当局促进教育卓越发展的法定责任以及《教学的重要性：2010 学校白皮书》（The Importance of Teaching：The Schools White Paper 2010）关于地方教育当局的具体角色，包括了解公立学校的绩效情况，当公立学校管理出现问题时能快速有效地采取行动，当公立学校绩效下降时必须及早介入指导并提供相应的帮助和支持，与教育负责人建立密切合作，关注标准和领导力并寻求建设性的校际合作等。①

总体而言，英国地方教育当局由教育事业的提供者逐渐转变成教育服务的提倡者。英国地方教育当局逐渐弱化对学校运营的直接控制和具体干预，更多从宏观上协调和管理本地区的教育，确保所有儿童都能接受合适的教育。

（三）教育督导制度

作为世界上最早建立教育督导制度的国家之一，英国教育制度在 21 世纪

---

① Department for Education, "School causing concern：statutory guidance for local authorities", https：//assets. publishing. service. gov. uk/government/uploads/system/uploads/attachment_ data/file/416554/Schools_ Causing_ Concern_ Jan2015. pdf, 2020-03-10.

得到了进一步的完善与发展。英国对公立学校和私立学校的教育督导由不同的部门负责。公立学校由英国教育标准局(Ofsted)负责。英国教育标准局正式成立于 1992 年，其前身是皇家督学团。作为英国教育、儿童服务和技能培训机构的官方监管机构，其致力于规范和提高教育质量。作为英国非内阁政府机构(Non-Ministerial Government Department)，教育标准局不受政治派系的影响，由法律赋予权利并直接对议会负责。同时，教育标准局的负责人"女王陛下检查员"(Her Majesty's Inspectors, HMI)由英国枢密院直接任命，意味着其代表英国皇室并且对皇室负责。因此，权威性和独立性是英国教育标准局最突出的两个特点。教育标准局的评估监管对象包括社区服务、儿童看护、儿童日托、儿童中心、儿童社会关怀、家事法庭顾问暨协助服务中心、公立学校、部分私立学校、教师培训机构、学院及学习和技能培训机构。具体评估工作主要以参与课堂为主，观察学生的学习热情、自信心、理解接受能力，了解教学进度安排、评估是否达标，同时也听取教师教学工作安排并在学校中开展抽样调查。其主要从成绩、教学质量、学生的行为和安全、领导和管理质量等维度进行评价。教育标准局的评估等级通常分为卓越(Outstanding)、良好(Good)、满意(Satisfactory)、不合格(Inadequate)四个等级。

大部分私立学校由英国私立学校督导处(Independent Schools Inspectorate, ISI)负责。私立学校督导处是根据 2008 年《教育与技能法案》(Education and Skills Act)而设立的检查督导私立学校的专门机构。私立学校督导处作为独立机构，主要负责检查英国私立学校协会(Independent Schools Council, ISC)的会员学校，并向教育部报告督导的结果。英国教育标准局和私立学校督导处分别对公立学校和私立学校进行督导，基于学校间的差异制定各自的工作手册和标准，教育标准局的工作手册注重教育公平，私立学校督导处的工作手册相对关注学校合规性和教育质量。两者均详细可行，有针对性地对学校进行督导并提出相应的改进建议。

　　2013 年以来英国出台了一系列新政策加强对各级各类学校的质量监督，对教学、学生行为、领导力和安全等多方面进行督查。如 2014 年 9 月英国新修订的《学校督导框架》(Framework for the Inspection of Schools) 明确督导目标是为所有被督导学校的管理和教学提供独立的外部评价，以及如何改建的诊断方案。由此可见，英国的教育督导主要发挥三方面的功能：为家长帮助子女选择满意的学校提供意见，为教育大臣和国会提供关于学校质量的信息；提供达到基本标准的教育保障，促进学校乃至整个教育体系的提升。[①] 同时，《学校督导框架》对学校督导小组构成、督导者的行为准则、专业且富有弹性的督导标准等进行了详细的规定。

　　总之，英国教育督导制度取得了很大成效，但社会公众对教育督导利弊的评价存在分歧，比如督导标准对学校办学质量的等级划分引起校长和教师的质疑，督导结果给学校带来较大压力，督导活动成本过高等。

第三节　各级各类教育改革和发展

　　进入 21 世纪，随着经济全球化进程深入推进及知识经济蓬勃发展，英国面临国内政党政治碎片化、经济发展遭遇瓶颈、社会文化日趋多元以及脱欧公投等一系列内外部环境的急剧变化，这对教育发展提出了相应的要求与挑战，一定程度上导致教育领域出现诸多的不确定性。由此，英国政府开始在学前教育、基础教育、高等教育、教师教育等各级各类教育领域推行了一系列大刀阔斧的改革。

---

　　① Ofsted, *The framework for the inspetion of schools*, London, The National Archives, 2014, pp.4-20.

一、学前教育的改革与发展

(一)健全学前教育法律法规

1. "每个儿童都重要"

"每个儿童都重要:为孩子而改变"(Every Child Matters:Change for Children)是一项旨在促进儿童发展与幸福生活的改革政策,出台的起因是 2000 年一名 9 岁黑人女孩维多利亚·科里比亚(Victoria Climbie)的受虐致死。[1] 此事引发了英国政府对于儿童安全问题与保护体系的高度重视。为发展普惠式的儿童保护、更好地保障学前教育发展的环境与条件,2003 年,英国政府又相继对"每个儿童都重要"的改革实施步骤进行了规划。该文件强调英国国家儿童服务体系中的五个核心要素,分别是健康(healthy)、安全(stay safe)、快乐和成就(enjoy and achieve)、积极贡献(make a positive contribution)、达到良好的经济水平(achieve economic well-being)。其中"健康"不仅包括身体健康,还涉及心理和情感健康以及健康的生活方式;"安全"涉及防止疏忽和虐待,防止意外伤害和死亡,以及获得安全、稳定和护理;"快乐和成就"包括准备入学、享受学校生活、符合国家教育标准、实现个人和社会发展;"积极贡献"包括参与支援社会发展的服务、建立自信及成功应付生活中的重大事件;"达到良好的经济水平"涉及为将来的教育、就业和培训所做的准备。"每个儿童都重要:为孩子而改变"旨在帮助英国所有儿童实现这五个目标,促进融合发展,为终身幸福奠定基础,同时努力减少不同儿童群体之间的差异。[2] 换言之,该文件希冀保护儿童的安全和健康,同时促进其最大潜力并为其长期发

---

[1] Laming, "The Victoria Climbie Inquiry:Summary And Recommendations", http://www.victoria-climbie-inquiry.org.uk, 2020-08-04.

[2] Department of Education and Skills, "Every Child Matters:Change For Children", http://www.everychildmatters.gov.cn, 2007-10-25.

展和福祉奠定基础。① 可见，该政策是英国政府为儿童和青少年的健康与安全，以及未来生活而制订的全面发展计划。

2. "儿童保育十年战略"

2004年12月，英国财政部、教育部和劳工部联合发布了"家长的选择、孩子最好的开端——儿童保育十年战略"（Choice For Parents, the Best Start for Children——A ten-year Strategy for Childcare and Consultation Responses）。该战略是在"每个儿童都重要"的基础上，针对学前教育和保育方面的问题而制订的长远计划，主要阐述和规划了21世纪头十年英国学前教育发展的宗旨、原则和核心目标。该战略提出了三条基本原则：一是确保每个孩子尽可能拥有生命中最好的开端；二是在应对就业模式转变需求的过程中，确保家长尤其是母亲们可以继续职业生涯；三是确保家长在其平衡工作和家庭生活上所做出的选择的合法性。② 同时，"儿童保育十年战略"提出了英国学前教育与保育改革发展的多项核心目标：（1）自2007年4月开始，将母亲带薪产假延长至9个月，此后远期目标则为1年；（2）为家长提供更多的财政援助，从2005年4月始，增加"儿童保育个人所得税"减免额度（每个孩子175英镑）；（3）将3至4岁儿童免费学前教育服务时间从2006年起延长至每年38周，长远的目标是每周20小时；（4）到2010年，每个社区均要有"确保开端"儿童中心，提供整合的学前教育、保育和家庭服务活动。③该战略致力于为所有英国儿童提供世界上最好的学前教育，让他们在生活中有一个最好的开始，并且明确和强化政府在学前教育发展中的责任，促进生活和工作的平衡，保障社会稳定和

---

① Department of Education and Skills, Department for Work and Pensions, Department of Trade & Industry, "Choice For Parents, The Best Start For Children: A Ten-Year Strategy For Children", http://www.dfes.gov.uk, 2020-08-04.

② 张红娟：《近十年来英国学前教育政策研究》，硕士学位论文，云南师范大学，2011。

③ 庞丽娟、沙莉、刘小蕊：《英国布莱尔政府学前教育改革政策及其主要特点》，载《比较教育研究》，2008(8)。

经济繁荣。

3. "儿童计划：构建更加美好的未来"

2007 年 12 月，英国政府为解决经济原因造成的学习机会不均以及网络对儿童的不良影响等问题颁布了"儿童计划：构建更加美好的未来"(The Children's Plan：Building Brighter Futures)。该计划"以工党十年的改革为基础，将学校置于一整套改革举措的中心，帮助学校更有效地与家庭和其他社会服务机构合作，为英国的儿童事业与基础教育勾勒出框架，其要旨是提高教育质量，加强政府对家庭的支持，促进家长对学校教育的参与，以便为儿童和青少年的课外活动提供更好的条件"①。该计划分为七个部分：(1)快乐与健康(Happy and Healthy)；(2)安全无恙(Safe and Sound)；(3)卓越公平(Excellence and Equity)；(4)领导协作(Leadership and Collaboration)；(5)抓住过去(Staying on)；(6)在正确的轨道上(On the Right Track)；(7)实现方式(Making It Happen)。这七个部分充分体现了英国政府对儿童教育的重视以及对未来儿童教育工作的规划与展望。②很显然，"儿童计划：构建更加美好的未来"将家庭和儿童问题放在中心地位，一方面为许多家庭提供了养育方面的支持，提高了父母对于保育和教育的认知；另一方面也为儿童和青少年提供了学习方面的支持，让儿童在更好的环境下进行学习，意识到学习的重要性。

4.《儿童保育法案》

2006 年 7 月，英国政府通过了《儿童保育法案》(Childcare Act，2006)，该法案是继"儿童保育十年战略"和"早期奠基阶段规划"后，就整合儿童保育和教育问题进行规划的重要法案，并对"儿童保育十年战略"中的举措作出了详细部署。该法案主要由四大板块组成：第一部分是关于英格兰地方当局的

---

① 李茂：《英国"儿童计划"出台——给儿童充满创意的童年》，http//：www.jyb.com.cn，2011-02-01。

② The Stationery Office，"Children's Plan：Building Brighter Futures"，Department for Children，Schools and Families，http：//www.dcsf.gov.uk/childrensplan，2020-08-04。

新权责，第二部分是关于威尔士地方当局的新权责，第三部分是关于英格兰儿童保育的法律及监督系统，第四部分则包含了各种各样的附录和基本规定。① 总体而言，该法案不仅在逐步落实"儿童十年保育战略"的目标，而且明确规定了各政府部门在学前教育方面的工作与责任，同时也为英国学前教育的发展提供了可靠的法律保障。2016 年 3 月，修正后的新版《儿童保育法案》(Childcare Act，2016)成为英国早期教育与保育领域的最新权威法案。首先，该法案的通过兑现了保守党竞选时的承诺，为普通工薪家庭的 3~4 岁儿童提供每周 30 小时的免费保育服务。其次，法案规定国务大臣负有责任，确保向符合资格的儿童提供免费保育服务。最后，该法案还赋予国务大臣权力以监督地方权力机构履行职责情况，地方权力机构应公布儿童保育及其他相关服务的信息，以便家长可以轻松获取自己所需要的内容。2017 年 9 月，该法案进入全面实施阶段。而部分地区的工薪家庭早在 2016 年 9 月就开始享受新的福利。②从 2006 年《儿童保育法案》的出台到 2016 年《儿童保育法案》的修订可以看出，英国政府在学前教育领域不仅倡导和落实儿童保育政策，还进一步采取免费幼儿教育、信息公开等相关措施，表明英国学前教育朝着公平和普及的方向在发展。

(二)提升学前教育课程质量

学前教育课程及其实施直接影响学前教育的质量。英国政府为了提高学前教育质量、培养全面发展的儿童，21 世纪以来陆续出台和修订了一系列学前教育课程、政策，包括 2000 年《基础阶段课程指南》(Curriculum Guidance for the Foundation Stage)、2005 年《早期奠基阶段规划》(Early foundation stage planning)以及 2008 年、2012 年、2014 年《早期基础阶段法定框架》(Statutory

---

① 陈亚庆：《近十年英国提高学前教育质量的政策研究》，硕士学位论文，云南师范大学，2015。

② 北京教育科学研究院国际教育信息中心：《全球化时代国际教育发展趋势：近年来发达国家教育改革的政策分析》，123~124 页，福州，福州教育出版社，2019。

Framework for Early Foundation Stage)等。

2000年英国教育与就业部和资格与课程局联合发布《基础阶段课程指南》，提出并描述了基础阶段课程应遵循的主要原则，以及该阶段幼儿发展的标准和相应的教育建议。该指南主要面向3~5岁的幼儿，提出幼儿教育原则以游戏为基础和以儿童为中心。整个课程体系包括六大领域：一是个性、社会性和情感的发展，二是交流、语言和读写能力，三是问题解决、推理与计算能力，四是认识和理解世界，五是身体的锻炼，六是创造力的培养。每个学习领域又被细分为若干个方面。2001年资格与课程局颁发了《基础阶段学习计划》(Planning for learning in the Foundation Stage)，对此进行更为详细的说明。2005年英国政府推出了《早期奠基阶段规划》(Early Years Foundation Stage)，这一综合性的法律按国家核心目标为早期教育服务设立标准，涉及整合0~8岁儿童保教服务；实施强行注册以加强监管；制定学前教育发展目标，包括身体、社会与情感、交往、语言与认读能力、问题解决、推理与计算能力等方面。2008年，英国政府颁布了更为科学和全面的儿童发展指南——《早期基础阶段法定框架》(Statutory Framework for the Early Years Foundation Stage)，致力于实现每个儿童都得到人生的最佳开端，并以此支持实现其潜能。该《框架》对《早期奠基阶段规划》中的6个领域的学习和发展目标进行了详细的分析，建构了每个领域的教育计划和子目标。需要强调的是，这些学习和发展领域不是孤立实现的，它们对儿童的全面发展同样重要和相互依赖，所有这些领域都必须通过由成年人领导、由儿童独立进行的有计划和有目的的游戏活动反映出来。①

由于2008年的《早期基础阶段法定框架》为儿童制定的学习目标和内容太

---

① Department for Education，"Statutory Framework for the Early Years Foundation Stage"，pp.1-2，http：//www.gov.uk/government/uploads/system/uploads/attachment_ data/file/182163/DFE-RR071.pdf，2020-08-04.

过烦琐，2012年，英国政府修订并出台了新的《早期基础阶段法定框架》，它是在2008年的《早期基础阶段法定框架》基础上进行的拓展和优化，将六个领域扩展为七个领域：包括"三个主要领域"——交流和语言，身体发育，个人、社会和情感发展；"四个特定领域"——读写能力，数学，对世界的理解，表达艺术和设计。① 另外，2012年的《早期基础阶段法定框架》将2008年《早期基础阶段法定框架》里的69项子目标精简和整合为17项，以便于在教育实践中能更好地得以落实。2014年，英国教育部再次对该框架进行修订，并颁布了2014年《早期基础阶段法定框架》，该框架再次阐述了学前教育的重要性，指出《早期基础阶段法定框架》的目的是促进儿童学习和发展，保证儿童的健康和安全，促进教育公平及提高教育质量；明确提出学前课程的七大领域及儿童在每个领域应掌握的知识、技能和理解能力；强调过程性评价的重要性，并介绍了对2岁和5岁幼儿的评价方法；注重对幼儿的保护、教职员工的适合性、教师的培训与发展支持、师幼比和环境与设备等提出了要求。② 2017年，英国政府颁布了新版《早期基础阶段法定框架》，重新审视了学前教育公平、教育质量以及教育目标的具体内涵和改进策略；明确强调以"强有力的知识"打破价值灌输、建立公平的起点与未来；推行统一的教育质量发展标准，确保学前教育质量与规模的齐头并进；以"享受世界"为最高教育需求，实现儿童认识世界与改造世界的目标。③ 可见，21世纪以来，英国学前教育课程日益强调以统一化的知识体系、多样化的教学手段以及更高层次的教育需求促进学前教育的发展，着重体现了卓越和公平的双重目标指向。

---

① Department for Education, "Statutory Framework for the Early Years Foundation Stage", pp.4-5, http：//www.education.gov.uk/publications/standards/publication Detail/Pagel/Dfe-00023-2012, 2020-08-05.

② 曹能秀：《英国和日本学前课程目标的比较——以两国新版的学前课程纲要为蓝本》，载《外国中小学教育》，2016(2)。

③ 赵梦雅、武翠红：《英国学前教育的再出发——基于2017年〈早期基础阶段法定框架〉的分析》，载《外国教育研究》，2019(4)。

(三)完善学前教育机构督导制度

学前教育机构督导制度即通过对学前教育机构的监督、检查、评估、指导，保证国家有关学前教育的方针、政策、法规得以贯彻执行，最终确保学前教育机构所提供的保教活动能够最大程度地支持和促进学前儿童的学习和发展，并获得相关主体的认同。① 在 21 世纪之前，英国并未建立统一的学前教育督导体系。自 2001 年 9 月起，教育标准办公室开始对学前教育机构实施督导，为其提供全国公认的质量基准。该机构对教育质量和儿童发展起着重要的监督和改善作用。② 此外，2008 年颁布的《早期基础阶段法定框架》为幼儿阶段不同机构的督导提供了一致的标准，要求自 2008 年 9 月起，所有为 0~5 岁儿童服务的私立、志愿和独立学校及早期教育机构，不论其规模、类别和资金来源，均需在教育标准办公室登记。③ 该框架还规定使用统一的早期评估表进行督导，以确保所有幼儿园可以以同样的方式得以评估。④

英国现行的学前教育机构督导制度将儿童的发展放在中心地位，其督导的内容是依据"每个儿童都重要"中的五个核心要素：健康、安全、快乐和成就、积极贡献、达到良好的经济水平，以及《早期基础阶段法定框架》中确定的标准进行具体评估。要求督导需要遵循四个原则：独特的孩子、积极的关系、有利的环境、学习和发展。⑤ 督导评估制度规定的具体指标如表 3-2 所示。

---

① 李敏：《学前教育机构质量督导研究》，博士学位论文，西南大学，2016。

② 谭娟：《英国学前教育面临的挑战及其改革措施》，载《外国教育研究》，2014(1)。

③ Ofsted, "Conducting early years inspections", http：//www.ofsted.gov.uk /resources/ Conducting-early-years-inspections, 2020-08-05.

④ "Early Years Update looks at the proposed new Ofsted inspection framework", http：// www.teaching expertise.com/articles/early-years-getting-ready-for-ofsted-inspection-3341, 2020-08-05.

⑤ "Statutory Framework for the Early Years Foundation Stage", http：//www.foundation years.org.uk, 2020-08-05.

表 3-2　英国学前教育督导评估指标体系①

评判内容	考核指标
机构对儿童需要的满足	全面考虑机构在多大程度上： 满足了所有幼儿的需要； 为每一位幼儿提供支持； 帮助幼儿在学习、发展方面取得最大可能的进步，提升幼儿的福祉； 与他人协作以确保早期保育与教育的优质； 为改善而制订计划并具备有效的自我评价过程。
机构在领导和管理上的有效性	在多大程度上你（或者机构的领导者与管理者）： 努力改善以提供非常优质的早期保育与教育； 监督资源的提供与部署，确认并作出必要的改善； 保护所有儿童，包括确认由成人照顾儿童或者无人看管儿童； 促进全纳教育以保证所有儿童的学习、发展和福祉需求被满足； 积极与家长、保育者、其他保教提供者、服务人员和雇主协作，以促进儿童的早期发展； 保持早期奠基阶段所需的记录、政策及程序稳定，以确保所有儿童的需要被满足。
机构在早期奠基阶段的质量	你及任何的一个工作人员在多大程度上： 使用来自观察和评估的信息，以确保所有的儿童获得最大程度的成就； 支持儿童的学习； 为幼儿的游戏和探索规划学习环境； 为儿童个体发展规划； 识别额外的学习和发展需要并提供帮助； 将家长、照顾者、其他儿童学习与发展方面的管理部门和机构作为合作者； 采取措施保障和促进儿童福祉； 采取必要措施防止传染，并在儿童生病时采取合适措施； 确保孩子的安全； 鼓励儿童养成良好学习习惯和行为，鼓励儿童重新认识自身的需要和他人的需要； 确保室内和户外空间、家具、设施、玩具是适宜并安全的。

①　江夏：《英国现行学前教育督导制度的内容、特点及其对我国的启示》，载《外国教育研究》，2014(5)。

续表

评判内容	考核指标
早期奠基阶段儿童发展的结果	幼儿学习的质量以及达成早期学习目标方面的学习进展: 儿童在机构中感觉到是否安全,多大程度上表现出来; 儿童多大程度上知道并理解怎样获得一种健康的生活方式; 儿童多大程度上能够承担责任,并在机构中以及更为广阔的社区中扮演角色; 儿童的表现是否良好,是否会交朋友,是否会相互尊重; 儿童发展他们未来在沟通、语言、数学、信息以及通信技术方面技能的程度。

由此可见,英国学前教育机构督导制度是从无到有、从分散走向统一,拟定各项标准和要求,并督导和评估各幼儿机构,针对各机构中存在的不足之处和问题,提出专业的改进意见和建议,进而促进学前机构各方面的不断完善,其最终目的是提高学前教育的质量和促进儿童更好地发展。

(四)规范学前教师教育标准

21 世纪初期,为了提高学前教育的质量、保障幼儿健康全面发展,英国工党政府在规范学前教师标准以提升师资水平方面做出了巨大努力。2006 年,英国教育部发布了《早期教育专业教师身份标准》(Early Years Professional Status, EYPS)(2012 年修订),该标准包含 8 项标准和相应的 31 个子标准,其中 8 项标准分别为:(1)支持从出生到 5 岁的孩子的健康成长和发展;(2)直接与儿童合作,与孩子的家庭合作促进学习和发展;(3)保障和促进孩子的福利;(4)树立高期望,激励和挑战每个孩子;(5)利用观察和评估来满足每个孩子的个性化需求;(6)考虑儿童的个体差异来制订计划;(7)通过促进儿童的积极伙伴关系,履行更广泛的专业责任;(8)领导实践并培养持续改进的文化。[①]此外,所有的学前教师必须接受早期教育专业教师 EYPS 培训并达到标

① Teaching Agency, " Review of the Early Years Professional Status ", https: //assets. publishing. service. gov. uk/government/uploads/system/uploads/attachment＿data/file/180957/ TA-00084-2012.pdf, 2020-08-06.

准，获得相应等级的早期专业教师资格。EYPS 培训对提升学前教师的质量是显而易见的，2008 年经英国教育标准局认定的达到良好和优秀的幼儿教师比例为 65%，2011 这一比例上升至 74%。在 2007—2011 年，具有 3 级及以上职业资格水平的幼儿教师人数也有了大幅增长，由 72% 上升至 84%。①

2013 年，英国政府出台了《早期教师标准》[Teachers' Standards（Early Years）]，将该《标准》严格作为培养学前教育教师的依据。其包含 8 项标准和 28 项具体要求，8 项标准分别为：（1）树立远大的期望，激励和挑战所有的儿童；（2）促进儿童取得良好的进步和成果；（3）具备良好的早期学习和早期教育知识；（4）计划教育和照顾，考虑到所有儿童的需要；（5）使教育和护理适应所有儿童的需要；（6）准确有效地使用评估；（7）保障和促进儿童福利，并提供安全的学习环境；（8）履行更广泛的专业职责。② 与《早期教育专业教师身份标准》相比，《早期教师标准》对学前教师质量有了更高的要求。首先，目标要求的提升，从"提升质量"到"追求卓越"；其次，在内容上要求更加专业与深入，要求早期教师必须具备儿童早期基础阶段的知识；最后，对教师资格的要求也更加严格，接受培训者必须通过普通中等教育证书考试且数学、英语和科学成绩至少需要获得 C 等级，并且受培训者需通过 2014 年的专业技能测试。③

英国早期教育教师标准强调学前教育教师的理论知识和操作实践两者并举，明确了作为学前教育的教师应具备的专业素养和品质。这一方面，为学前教育教师专业成长提供了坚实基础和重要依据；另一方面，也成为提升学前教育教师队伍专业化水平、促进学前教育质量提高的重要保障和途径。

---

① 张静：《培养卓越幼儿教师》，硕士学位论文，上海师范大学，2020。

② "Teachers Standards（Early Years）"，National College for Teaching & Leadership，https：//assets.publishing.service.gov.uk/government/uploads/system/uploads/attachment_data/filo/211646/Early_ Years_ Teachers_ Standards.pdf，2020-08-06.

③ 赵金苹、曹能秀：《2001 年以来英国学前教育改革特点及其对我国的启示》，载《现代教育科学》，2015(8)。

(五)增加学前教育经费投入

近年来,英国学前教育改革的重要举措之一是加大对学前教育的财政投入。据 OECD 统计数据显示:英国政府用于学前教育的经费投入占总教育预算的比重由 2004 年的 8% 增长到 2010 年的 22%,在世界各国中名列前茅,可见英国政府对学前教育的政策倾向。[1]另据英国 BBC 等媒体报道,英国政府将会投入大笔资金继续用于资助 3 岁至 4 岁儿童的免费幼儿教育。[2] 2010—2015 年英国政府投入大量财政拨款用于确保开端儿童中心的运转,虽然从表面上看 2010—2015 年经费总数有所削减,但这并不意味着政府对儿童教育方面的重视有所下降,而是通过削减其他无用及浪费的经费预算以保障弱势群体儿童的开端教育,尤其是 0~2 岁儿童的教育。此外,英国教育部 2017—2018 年拨付了 27 亿英镑的财政经费投入儿童保育,而英国负责儿童和家庭事务的教育官员表示,政府如今每年用于儿童保育的财政支出高达 60 亿英镑,而且这种支持会一直持续到 2020 年,力度超过以往任何一届政府。[3]

二、基础教育改革与发展

(一)推进基础教育课程改革

英国《1988 年教育改革法》(Education Reform Act of 1988)提出的国家统一课程首次对课程的全部核心科目提出了挑战性的目标,这些目标反映了广泛的协商和国家课程委员会的指导,这些目标是所有学校教育的目标,学校、学生和家长都应该坚持并实现这些目标。[4] 20 世纪 90 年代以来,英国课程改

---

① 刘珊:《英国学前教育质量保障体系的特点、实施效果与启示》,载《陕西学前师范学院学报》,2016(1)。

② 张红娟:《近十年来英国学前教育政策研究》,硕士学位论文,云南师范大学,2011。

③ 北京教育科学研究院国际教育信息中心:《全球化时代国际教育发展趋势:近年来发达国家教育改革的政策分析》,126 页,福州,福州教育出版社,2019。

④ 国家教育发展研究中心:《发达国家教育改革的动向和趋势(六)》,379 页,北京,人民教育出版社,1999。

革力图继续将国家课程的改革向纵深推进，强调基础知识、增加选择的多样性和灵活性、建立统一的课程管理和协调机构、改进教育评价等。这些改革取得了一定的成效，但随着世界经济和社会发展形势的飞速变化，既有的国家课程存在的问题愈发凸显。21 世纪初，英国开启的新一轮基础教育课程改革以提升基础教育质量为核心，致力于推动国家课程的改进和完善。2000 年，英国资格和课程委员会（Qualifications and Curriculum Authority，QCA）对中学课程进行了重新审查。2007 年，资格和课程委员会公布了新的国家课程，宣布从 2008 年开始实施。自 2013 年以来，英国教育部依据基础教育关键阶段的特点，陆续出台了《英国国家课程：KS 1-4 框架》（National Curriculum in England：Framework for Key Stages 1-4）、《英国国家课程：小学阶段课程》（National Curriculum：Primary Curriculum）、《英国国家课程：中学阶段课程》（National Curriculum：Secondary Curriculum），且分别于 2014 年 9 月、2015 年 6 月和 2015 年 9 月进一步做了更新。①

1. 课程改革目标注重质量、效率与公平

20 世纪 90 年代末，英国工党执政后倡导"第三条道路"，在确保教育质量的基础上更加注重效率和公平。2000 年英国基础教育新课程改革提出的总目标是迎接 21 世纪的挑战，提高全体学生的教育成就水平，促使学生的道德、文化、智力和体质得到全面发展，把学生培养成健康、有活动和创造力的新一代。具体的四个目标分别是促进精神、道德、社会和文化的发展；加强健康教育和公民教育；发展学生的各项基本技能；促进其他方面的发展。如前所述，2007 年英国政府出台的《儿童计划：构建美好的未来 2007》（The Children's Plan：Building Brighter Futures 2007）致力于为儿童发展建构世界一流的教育与成长条件。2009 年儿童、学校与家庭部发布的《你们的孩子，你们的学校，我们的未来：建立 21 世纪的学校制度》（Your Child，Your Schools，

---

① 李凯：《走向核心素养为本的英国基础教育课程改革》，载《外国教育研究》，2018(9)。

Our Future：Building a 21st Century Schools System)教育白皮书，强调随着社会和经济的变革，学校教育体系面临更大的挑战，教育的成功将变得愈发重要。教育制度必须设法促进每个人成功和成才，通过广泛的、灵活的、平衡的课程为每位学生毕业后的生活做更好的准备。① 2013年，英国教育部颁布了指导基础教育课程改革的纲领性指导文件《英格兰国家课程：框架文件》(The National Curriculum in England：Framework Document)，该课程计划于2014年9月起在英格兰实施。② 该课程计划提出新课程遵循自由、责任和公平的原则，旨在帮助所有学生提高学业水平。课程总体目标是：(1)国家课程为学生提供成为受过教育的公民所需要的基本知识，帮助学生学会欣赏人类的创造性与成就。(2)国家课程是每个学生接受教育的核心内容。学校教育活动有很宽泛的空间，可以超越国家课程要求。教师可以围绕国家课程提供的核心知识进行拓展，以促进学生的知识、理解和技能的发展，并作为更广泛的学校课程的一部分。③ 由此可见，英国基础教育课程改革目标越来越重视学生的全面发展，强调基础教育质量和教育机会均等，重视学生终身学习能力，为未来生活做更好的准备。

2. 课程内容强调综合化和终身化

英国21世纪推行的课程改革在课程内容上加入公民教育课程，要求自2002年起将公民教育课程纳入11~16岁的法定课程中，以期促进学生理解他们在现代民主社会中的角色和责任感。④同时，由于信息技术的迅猛发展及其

---

① Department for Children, Schools and Families, "Your child, your schools, our future：building a 21st century schools system", https：//www. education. gov. uk/publications/e Ordering Download/21st_ Century_ Schools. pdf, 2018-12-19.

② 黄丽燕、李文郁：《英国基础教育2014年国家课程计划述评》，载《课程·教材·教法》，2014(9)。

③ Department for Education, "National curriculum in England：framework for key stages 1 to 4", https：//www.gov.uk/government/publications/national-curriculum-in-england-framework-for-key-stages-1-to-4/the-national-curriculum-in-england-framework-for-key-stages-1-to-4, 2020-08-11.

④ 祝怀新：《英国基础教育》，64页，广州，广东教育出版社，2004。

对教育教学产生的巨大影响，英国 21 世纪基础教育课程改革将"信息技术"更名为"信息和交流技术"。2007 年英国将个人、社会与健康教育拆分为个人幸福、经济福利与理财能力两门课，并进行了修订。同年，英国发布基础教育课程改革报告《2020 愿景：2020 年教育学评议组的报告》（Vision 2020：Report of the Education Review Panel 2020），要求课程内容要与学生生活实际相联系，适应每位学生发展的需要，教学方式应多元化，倡导学生的个性化学习，以此为未来学习和生活做准备。可以看出，英国基础教育课程改革内容日趋综合化和现代化，且注重培养学生的终身学习能力。

3. 课程结构改革日趋系统化

1988 年的教育改革开创了英国基础教育国家课程的先河，在此基础上，21 世纪以来的课程改革以国家课程为核心和纽带，致力于实现课程之间的融通和系统化。2000 年课程改革中，英国基础教育课程机构基本维持原貌，核心课程包括数学、科学和英语，基础课程有信息和交流技术、现代外语、历史、地理、美术、音乐等 12 门。此外，健康教育、人格培养、升学与就业指导是横跨各学科的综合性学习主题。在统一课程的基础上，英国政府重视发展特色学校，鼓励学校自主开设选修课，社区活动、劳动体验等也被纳入学校课程体系。2007 年英国资格和课程委员会（QCA）公布了新一轮国家课程，对关键阶段三（11~14 岁）的 12 门核心课程和基础课程进行了修订，12 门课程包括英语、历史、地理、数学、科学、现代外语、设计与技术、艺术和设计、公民、信息与交流技术、体育、音乐。同时，对关键阶段四（14~16 岁）的信息与交流技术、公民、英语、经济福利、个人幸福等课程大纲进行了修订。[1] 2013 年，《英格兰国家课程：框架文件》继续保留 12 门核心学科和基础

---

[1] Qualifications and Curriculum Authority, "Secondary Curriculum Review Statutory Consultation", https：//dera.ioe.ac.uk/7161/1/Secondary_ curriculum_ review_ statutory_ consultation_ draft_ summary_ of_ findings_ 050607.pdf, 2020-08-25.

学科的国家基础教育课程结构，其中在每个关键阶段必修的具体科目如表 3-3 所示。

表 3-3　2014 年英国基础教育课程学科安排①

关键阶段	一	二	三	四
年龄	5~7 岁	7~11 岁	11~14 岁	14~16 岁
年组	1~2	3~6	7~9	10~11
核心学科				
英语	√	√	√	√
数学	√	√	√	√
科学	√	√	√	√
基础学科				
艺术与设计	√	√	√	
公民			√	√
电脑运算	√	√	√	√
设计和技术	√	√	√	
语言能力 *		√	√	
地理	√	√	√	
历史	√	√	√	
音乐	√	√	√	
体育	√	√	√	√

　*注意：在关键阶段二，语言能力的主题名称是"外语"；在关键阶段三，它是"现代外语"。

　　此外，课程计划还要求所有学校在所有关键阶段开展宗教教育，关键阶

---

① Department for Education, "National curriculum in England: framework for key stages 1 to 4", https://www.gov.uk/government/publications/national-curriculum-in-england-framework-for-key-stages-1-to-4/the-national-curriculum-in-england-framework-for-key-stages-1-to-4, 2020-08-11.

段三和关键阶段四必须开展性教育。① 可以看出，英国基础教育课程结构遵循了不同年龄段学生的身心成长特点，课程规划涉及各个科目与实用的知识，在课程内容不断综合化的同时，课程结构日趋系统化。

4. 课程评价改革

1988 年英国教育改革创设了国家统一课程的同时也推进了全国统一考试。2000 年英国政府重新确定了国家课程各年龄段应该达到的目标，并设立了关键阶段结束时的测试。关键阶段一、关键阶段二的测试分别针对 1～3 年级与 3～5 年级，测试方法主要是笔试。关键阶段三结束时数学和科学测试有多种类别可供选择。所有学生在前三阶段学习结束时，都要参加国家统一考试（Standard Assessment Tests，SATs）。关键阶段四学习结束后要参加"中等教育普通证书（GCSE）"考试，GCSE 试题存在不同难度等级，成绩较好的学生可继续学习三至五门课程，两年后参加升入大学的"国家普通职业资格（General National Vocational Qualification，GNVQ）"考试或"高级水平普通教育证书（称 A-Level）"考试。2005 年英国教育与技能部发布的《14～19 岁教育和技能》（Education and Skills for Ages 14～19）白皮书，提出将数学和英语作为 14～19 岁年龄段教育的核心，加强 GCSE 证书和 A-Level 证书制度等。同年，英国政府宣布自 2008 年 9 月起将出生至三岁阶段与基础教育阶段（3～5 岁）合并，从而将 0～5 岁儿童的保育和学习整合为一体。② 综上可见，英国基础教育的考试与评价制度不仅注重对学生不同关键阶段知识的考核，而且关注学生个性化和多样化的发展。

---

① Department for Education, "National curriculum in England: framework for key stages 1 to 4", https://www.gov.uk/government/publications/national-curriculum-in-england-framework-for-key-stages-1 to-4/the-national-curriculum-in-england-framework-for-key-stages-1-to-4, 2020-08-11.

② 张楠：《新世纪以来英国基础教育课程改革及其启示》，载《河北师范大学学报（教育科学版）》，2014(5)。

（二）加强基础教育质量的监管与保障

基于 PISA 测试结果的不理想，英国加大了对基础教育质量管理和监督的改革力度。2007 年，英国成立了独立机构资格与考试管理办公室（Office of Qualifications and Examinations Regulation），该机构直接对英国议会负责，并承担原来由质量与课程局（QCA）负责的考试和测验管理事项。2008 年 4 月，又成立了资格与课程发展局（The Qualifications and Curriculum Development Agency，QCDA）取代质量与课程局，负责包括开发和制订课程，并连带负责与国家测验相关的系列事务，为政府提供决策建议。[1] 2010 年 5 月，英国政府宣布废除资格与课程发展局，并在 2012 年成立新的机构标准和测试局（Standards and Testing Agency，STA）负责原来的工作。[2] 可见，英国对基础教育质量标准的问题相对重视，不断更新和完善其管理和监督机构，以最新和最合适的标准严格规范地方教育当局和学校，努力提高教育整体质量。此外，英国还出台了专门规定其管理机构职责的方案，如《国家评估管理框架（2011）》（Regulatory Framework for National Assessments 2011），详细说明了与国家课程考试安排、管理和监督有关的问题，并规定了管理机构的具体职责，规范国家检测安排的指导方针包括：（1）透明度；（2）问责；（3）平衡；（4）一致性；（5）目标指向性。[3] 此框架严格规定了监管机构的行动，可见英国在对待基础教育质量监管方面的严肃性和专业性。

（三）注重基础教育师资队伍建设

21 世纪以来，英国基础教育教师队伍存在供需失衡、聘留两难的现实困境，出现教师工作压力较大、专业发展受限，教师职业吸引力有所下降等问

---

① 王玉洁：《英国基础教育科学学科质量监测研究》，硕士学位论文，华中师范大学，2015。

② 张晓蕾：《英国基础教育质量标准〈国家课程〉及监控系统》，载《全球教育展望》，2012(5)。

③ Office of Qualifications and Examinations Regulation，" Regulatory Framework for National Assessments：National Curriculum and Early Years Foundation Stage "，https：//assets. publishing.service.gov.uk/government/uploads/system/uploads/attachment_ data/file/685610/ National_ assessment_ regulatory_ framework_ -_ March_ 2018.pdf，2020-09-19.

题。因此，英国政府从完善教师标准、强化物质保障、提高招聘成效等方面加以改革。

1. 完善教师专业标准

2000 年，英国教育与就业部提出了管理性教师评价制度，其核心是通过建立一个规范的教师评价制度，从而为教师提供力所能及的帮助和支持，达到提高教师教学能力，提高学校的办事效率，提高学生学业成绩的目的。[①] 2002 年，英国教育与技能部颁布了《英国合格教师专业标准和教师职前培训要求》(British Professional Standards for Qualified Teachers and Pre-service Training Requirements for Teachers)，对合格教师评价标准进行了修订。2005 年，英国教师培训发展局修订了合格教师的原有标准，并于 2006 年 11 月颁布了新的《合格教师标准资格修订案》。[②] 2007 年 9 月，该标准更名为《英国教师专业标准框架》，其涵盖三个一级指标：专业素质、专业知识与理解、专业技能。一级标准下面共有 16 个二级标题和 33 个三级标题。[③] 2016 年卡梅伦政府发布了《教师专业发展标准》(Standard for Teachers' Professional Development)，该标准提出教师专业发展的评价对象包括：校长和领导团队其他成员，教师，专业发展、培训或咨询的提供者。同时，明确提出了五条教师专业发展的指标：应该注重提高和评估学生的成绩；应以有力的理论和专业知识为基础；应该与专家协作；专业发展方案应该具有长远计划性；学校领导必须重视教师专业发展。[④] 由此可见，英国多次修订其基础教育教师专业的标准，并将其中的标准不断系统和细化。2016 年的《教师专业发展标准》还具体提出了针对校长

---

① 许明：《英国中小学教师的评价制度和特点》，载《外国教育研究》，2002(12)。

② 张珂：《20 世纪 80 年代以来中英基础教育阶段教师评价标准发展比较研究》，硕士学位论文，河南大学，2017。

③ 陈时见，覃丽君：《世界教育改革概览》，11 页，北京，高等教育出版社，2014。

④ Department for Education, "Standard for teachers' professional development", https://assets.publishing.service.gov.uk/government/uploads/system/uploads/attachment _ data/file/537030/160712_ -_ PD_ standard.pdf, 2020-08-13.

及领导团队、教师和提供专业发展人员三方面的一些具体措施来促进教师专业的发展，可见英国对教师的要求在不断地提高，并且最终达以到提高基础教育的质量为目的。

2. 强化教师物质保障

为了能够招聘和留住优秀教师，英国政府不断改革教师工资制度，提高教师待遇。首先，不断提升教师的工资。据统计，2011 年英国平均每个层次和等级教师的工资比 2008 年提高了 8%。[①] 自 2018 年 9 月开始，英国教育部提高了教师基本工资的法定阈值，其中一线教师主要工资(Main Pay Range)和未评级教师工资(Unqualified Teachers Pay Range)提高 3.5%；高级教师工资(Upper Pay Range)、杰出教育者工资(Leading Practitioner Pay Range)及其全部津贴提高 2%；学校领导层工资(Leadership Pay Ranges)提高 1.5%。[②] 由此可见，近年来，英国基础教育教师的工资水平处于不断上升的状态。其次，提高教师福利保障。一方面，继续保障教师相对较高的养老金和附加雇主养老金标准；另一方面，英国教育部联合社区住房与地方政府部(Ministry of Housing, Communities and Local Government)商议拓展土地许可发展权，保障教师住房。同时，政府与地方当局、学校等相关部门合作，致力于为教师提供子女保育、交通折扣和健身优惠等福利。最后，还给教师提供丰厚的助学金。近年来，英国政府每年花费约 2.5 亿英镑，通过高达 2.6 万英镑的奖学金和其他财政激励措施来吸引高质量的毕业生和转行者进入教师这个行业。例如，2018 年，英国引入了数学分期奖学金。新入职的数学教师不再只获得 2.6 万英镑的预付奖金，而是在培训年度就可获得 2 万英镑，在教学第三年和第五

① 陈时见、覃丽君：《世界教育改革概览》，北京，高等教育出版社，2014。

② 谭娟、饶从满：《英国基础教育教师队伍建设的现实困境与改革对策》，载《外国中小学教育》，2019(10)。

年还将获得 5000 英镑，而在更具挑战性学校任教的教师则可获得 7500 英镑。[①]

（四）实施基础教育财政投入改革

1. 增加基础教育经费

在工党布莱尔政府期间，英国中小学财政性教育经费投入的明显特征是中央政府增加了按照具体目的进行拨款的比例。这种拨款占教育总拨款的比例由 2002 年的 12% 增长到 2005—2006 年度的 16%。2006—2007 年度小学和中学的教育支出分别占学校教育经费支出的 30% 和 39%，5 岁以下幼儿教育经费占学校教育经费支出的 10%，基本建设费占学校教育经费支出的 9%，其他教育支出占学校教育经费支出的 12%。[②] 另外，2000 年，英国总教育经费支出占总 GDP 的 4.4%，其中基础教育占比为 3.6%；2005 年，其总教育经费支出占 GDP 比例为 5.2%，基础教育的比重达到了 4.4%；到 2010 年，英国总教育经费支出占 GDP 比例为 5.8%，基础教育占比则上涨到了 4.8%。[③] 由此可以看出，英国政府不断增加对基础教育的经费投入，以期为基础教育优质发展提供物质经济保障。

2. 大力资助处境不利的学生

尽管作为发达国家，英国仍面临贫富差距分化等社会问题，贫困儿童、残障儿童数量不断增加。如前所述，2003 年政府出台的"每个孩子都重要：为孩子而改变"强调了关注处境不利儿童的健康成长。这些儿童包括 18 岁以下贫困儿童、残疾儿童、福利院领养或照顾的儿童、父母离异的儿童、吸毒或

---

① Department for Education, " Teacher Recruitment and Retention Strategy ", https：//assets.publishing.service.gov.uk/government/uploads/system/uploads/attachment_ data/file/786856/DFE_ Teacher_ Retention_ Strategy_ Report.pdf, 2020-08-13.

② 施祖毅：《英国中小学财政性教育经费投入研究》，硕士学位论文，西南大学，2014。

③ " Public Expenditure Statistical Analyses 2015 ", https：//assets.publishing.service.gov.uk/government/uploads/system/uploads/attachment _ data/file/446716/50600 _ PESA _ 2015_ PRINT.pdf, 2020-08-18.

有不良行为的儿童等。① 为此,英国政府竭力为这些处境不利儿童提供经济资助。2007年的"儿童计划:构建更加美好的未来"则规定:对于贫困家庭,政府将努力解决他们的住房和贫困问题。会在3年内投资9000万英镑改善残疾儿童的设施,并将他们接受福利援助的年龄延长到18岁;为贫困地区的学校提供最好的教师;在3年内,政府将花费2000万英镑用于预防青少年犯罪的反社会行为,支出6600万英镑用于预防犯罪的高危人群。② 2011年4月,英国政府正式为处境不利儿童、需要照顾和来自低收入家庭的学生提供教育补助金。学生在2011—2012年度获得的生均补助金为488英镑,获得该补助的学生大约占英国中小学学生总数的18%;而2012—2013年度的生均补助金是623英镑,获得该补助的学生大约占英国中小学学生总数的27%;2013—2014年度的生均补助金增长到900英镑。2012—2013年度补助金总额为12.5亿英镑,2013—2014年度增长到18.75亿英镑,到2014—2015年度英国的中小学生补助金总额则达到了25亿英镑。③

3. 建立公开透明的投入机制

英国教育部在2011年的中小学经费投入改革咨询会议上提出,建立更加公平的基础教育经费投入机制。2012年3月出台的《学校经费投入改革:朝着更加公平的投入体制》(School Funding Reform: Next Steps Towards a Fairer System)强调英国应解决基础教育投资缺乏透明信息、地区投资不一致、投资不平衡等问题,希望建立一个可行的、平衡的、透明的基础教育投入机制。其将学校专门拨款分为三个部分:学前教育区、学校区和高需求区。学前教育

---

① "Every Child Matters", Department for Education and Skill, https://assets.publishing.service.gov.uk/government/uploads/system/uploads/attachment_data/file/272064/5860.pdf, 2020-08-18.

② The Stationery Office, *Children's Plan: Building Brighter Futures*, Department for Children, Schools and Families, 2007.

③ 施祖毅:《英国中小学财政性教育经费投入研究》,硕士学位论文,西南大学,2014。

区涉及的是 3~5 岁的儿童，学校区的对象是 5~18 岁的中小学生，高需求区主要指 0~25 岁的具有特殊教育需求的儿童和残障儿童，以及学习困难的学生。① 2016 年英国教育部发布了《面向学校的国家教育拨款公式（第一阶段）》[National Education Funding Formula for Schools（Phase I）] 和《高需求拨款和其他拨款改革（第一阶段）》[High Demand Funding and Other Funding Reforms（Phase I）]，建立与学生特征和学校需求匹配的全国统一的教育拨款公式——"基于学校层的国家教育拨款公式"（A School-level National Funding Formula）并利用该拨款公式向全国所有学校进行直接拨款，经过 2017—2018 年的过渡，2019 年实现通过国家教育拨款公式直接向学校拨款。② 总之，英国政府不仅为处境不利地位的儿童发放补助金，而且还专门完善了基础教育投入机制，以此保证教育经费拨款与投入的透明和公平。

三、高等教育改革与发展

随着经济全球化进程的深入推进，英国高等教育在加大国际交流的同时也面临更加激烈的国际竞争。同时，英国高等教育的普及化与大众化增加了经费的负担，需要引入新的机构，缓解高等教育经费压力，推动英国高等教育走向卓越。此外，英国高校自身存在诸多亟待解决的问题。例如，英国高校学生入学仍然存在不公平现象，贫富差距也深刻反映出学生的受教育差距；课程设置不够灵活，学生对于在高校接受的教育满意度不高，传统的教育模式难以提供学徒式的教育，教育教学的质量有待提高等。此外，高等教育发

①　Department for Education, "School funding reform：next steps towards a fairer system", https：//assets. publishing. service. gov. uk/government/uploads/system/uploads/attachment ＿ data/file/179138/school＿ funding＿ reform＿ -＿ next＿ steps＿ towards＿ a＿ fairer＿ system.pdf, 2020-08-18.

②　Department for Education, "Schools National Funding Formula：Government Consultation（Stage One）", https：//consult. education. gov. uk/tunding-policy-unit/schools-national-funding-formula, 2019-02-18.

展并未很好满足社会经济发展需求。雇主正经历着毕业生技能短缺之痛，尤其是在科学、技术、工程和数学等高等技能领域，大约20%的已就业毕业生在三年半的时间里处于"非专业"的状态。① 因此，高等教育改革势在必行。

(一)颁布重要法律法规

2003年英国政府发表的高等教育白皮书《高等教育的未来》(The Future of High Education)，是英国进入21世纪面对知识经济社会和经济全球化所制定的国家发展战略的重要组成部分。白皮书主要围绕高等教育经费改革、扩大高等教育市场化规模等问题展开。高等教育经费负担一直是英国政府面临的挑战，2004年，英国政府出台《2004年高等教育法》(Higher Education Act 2004)，提出实行"先上学后付费以及差异收费"的支付制度。

2006年，英国政府发布的《全球经济中的全民富足——世界一流技能》(Prosperity for All in the Global Economy——World Class Skill)指出，高等教育领域适龄人口的参与率达到42%，到2030年，成人接受高等教育的比例期望达到40%，为高等教育发展提出了具体明确的目标。随后，由于受全球金融危机的影响，英国政府被迫削减高等教育预算，2010年出台的《确保英国高等教育可持续发展的未来报告》②(Securing a Sustainable Future for Higher Education)重点研究与解决了高等教育经费、提升高等教育质量等问题。③ 2011年，英国商务、创新和技能部(Department for Business Innovation and Skills，简称BIS)发表了《高等教育：将学生置于系统中心位置》(Higher Education：Students at the Heart of the System)白皮书，提出要建立物有所值的高等教育，要把学生置于高等教育的中心地位，赋予教育主体以市场职能，推动高等教

① HESA，"longitudinal Destinations Survey of 2010/11 graduates"，http：//www.hesa.ac.uk/pr221，2016-12-20.

② 又称《布朗尼报告》(Browne Report)。

③ 杨婷：《高等教育大众化背景下英国高等教育政策走向研究》，硕士学位论文，安徽大学，2014。

育市场化进程。此外，针对高等教育学费上涨、教学和科研之间的关系失衡、高校教学质量不尽如人意、监管体系不符合市场化发展的需求等诸多问题，2017 年英国颁布的《高等教育与科研法案》（Higher Education and Research Act）强调，建构并实施教学卓越与学生成就框架、继续推进高等教育的市场化改革以及设立高等教育监管机构等。

（二）实施高等教育经费改革

1. 提升大学收费自主权

为了保障高等教育的经费充足，英国政府从 1998 年开始实施收取学费的政策。2003 年后，高校根据相关规定，实施每年收取 0～3000 英镑的差额学费（Top-up Tuition Fees）政策。[①] 此后，英国部分高校管理者提出，高校的教学质量和水平若想得到相应的提升，应该获得相应的自主收费权。据统计，曾有 2/3 的大学校长认为学费有必要提高，超过半数的校长认为学费至少应该提高至每年 5000 英镑以上，有 1/10 的大学校长则希望取消学费最高上限，让校方自主定价。为此，由英国创新、大学与技能部事务大臣约翰·德纳姆（John Denham）委托展开的研究强调，大学应享有自主收费的权力，以提升高校的教学质量。2012 年，英国再次将收费标准提高至 6000 英镑，部分学校可征收 9000 英镑。[②]

2. 完善学生资助制度

为了不让处境不利的学生面临过重的经济负担，让其也能享受高等教育的益处，21 世纪以来，英国政府进一步完善高等教育经费资助制度，以加大资助学生的经费投入，具体资助方式由各高校制订方案，经公平入学办公室审定后执行。同时，引入"入学机会协议"（access agreements），确保高等教育差额收费制度不影响高等教育入学率。当入学费用高于 1200 英镑时，高校必

---

① 李贤智：《英国高等教育入学政策：扩招与公平》，载《湖南师范大学教育科学学报》，2012(1)。

② 丁笑炳：《英国高等教育改革与成效》，载《国家教育行政学院学报》，2012(9)。

须签订此协议以保障学生的入学费用和权利。此外，为确保某些贫困的特殊学生能接受相应的高等教育，英国政府会为其提供学费资助，学生毕业工作五年后偿还即可，在此期间不收取学生的利息；提高贫困生助学金的金额，帮助贫困生顺利完成学业。

3. 拓宽经费筹集渠道

经费负担是英国诸多高校面临的主要问题之一，一定程度上限制了高等教育的持续发展。因此，拓宽经费筹集渠道成为高等教育经费改革的重要举措。高校拓宽筹资渠道的主要途径就是与外界建立密切联系。首先，英国近年来出台了很多吸引留学生的招生政策，留学生的学费成为高等教育经费主要来源；其次，英国高校加强了与工商企业界的联系，希望能够获得社会力量的大力支持和企业捐赠。由英国社会研究中心进行的调查显示，2007—2008 学年英国大学收到的慈善基金总数为 5.32 亿英镑，其中牛津和剑桥获得最多，超过所有捐赠的 50%。[①] 同时，加强与工商企业界的联系有助于增强高校科研的活力与创新意识。

(三)优化高等教育管理体制

1. 坚持大学自治，优化监管机构

英国高等教育发展过程中政府扮演着较为重要的角色，高等教育部分经费来源于拨款委员会，大学的招生规模由政府决定，大学的学位授予和大学名称的确定都有法律的规定。[②] 长此以往一定程度限制了高等教育的发展，要求减少政府监管、给予大学更多自治权的呼声日益高涨。英国高等教育治理范式发生变革，坚持大学自治作为新世纪高等教育内部治理的基本路径。虽然政府会控制总体的招生规模，但每所高校的招生额度可以自由竞争。同时，

---

① BBC：《经济危机使英国大学捐款下降》，https：//www.bbc.com/zhongwen/simp/uk/2010/05/100527_ edu_ donation_ down，2020-09-31。

② 徐春霞：《英国高等教育治理范式变革的诠释》，载《比较教育研究》，2010(8)。

对于大学学位授予和大学名称给予更清楚可靠的审查以及对学生提供更清晰准确的学校信息，以此保障学生的受教育权和高等教育质量。

英国高等教育秉持大学自治的原则，同时也受监管机构的监管。随着高等教育的迅速发展，必须对现行监管机构进行调整和优化。改革之前，英国高等教育监管机构主要是负责经费事项，存在多重管理、办事效率低下的问题。因此，英国政府改革的重点就在于将原先独立分散、职能交叉的十个高等教育管理机构精简为两个职能清晰的机构——学生办公室（Office for Students，简称 OfS）、研究与创新办公室（UK Research and Innovation，简称 UKRI）。[1] 学生办公室的主要职能在于执行高校准入制度，保障高校的正常运转；帮助贫困学生顺利入学，提高入学率；开展教学质量评估等。研究与创新办公室的主要职能是研究教育未来的前沿发展方向；创建研究和创新的集成资助体系；促进高等教育的国际交流。

2. 简化新高校准入，开放多元市场

市场是资源配置的主要方式，市场机制的活力就在于它的竞争性以及多样化，这也同样反映在英国高等教育领域。[2]英国政府不断致力于构建高等教育发展的多元市场体系。2011 年英国政府发表的白皮书反映了高等教育对于市场供给主体的鼓励和欢迎，强调多元的、竞争的、能够提供不同类型高等教育的市场体系可以为学生在一个更广泛的供给者之间自由选择。为了确保真正有效的市场机制的运行，政府引入新的监管体系，以确保所有的供给主体在自由的市场中都可以自由竞争，也保证了高等教育的公平。

同时，英国政府简化新高校的审批程序，鼓励更多教育质量高的新高校快速进入高等教育市场。英国政府建立了统一的分类注册制度，将现有的和

---

[1]　BIS, "Success as a Knowledge Economy：Teaching Excellence, Social Mobility and Student Chioce", http：//www.gov.uk/government/publications, 2016-09-30.

[2]　李盛兵：《高等教育市场化：欧洲观点》，载《高等教育研究》，2000(4)。

新设立的高校分为三种类型,即"注册"高校、"批准"高校以及"批准经费资助"高校,这有助于构建更清晰的高等教育发展体系。高等教育市场准入有两大重要条件:学位授予权(Degree Awarding Powers)和大学名称。① 学位授予权的获得相对缓慢,不利于更多的市场供应者进入。因此,改革主张任何高等教育的提供机构都有权利申请学位授予权,以此为高等教育提供了更简单便捷的市场准入体制。总体而言,英国高等教育管理体制改革一方面继续巩固"大学自治"的传统,充分发挥大学在办学活动中的主体性、积极性;另一方面,继续改进政府监管体系,通过修法、规划、绩效评估和风险监管和问责制等,保护学生和纳税人的利益,努力使政府成为英国高质量教育体系的"守夜人"。②

(四)实施教学卓越框架,推动高等教育国际化

1. 实施教学卓越框架

提高高等教育竞争力的关键在于提升高等教育教学质量。根据调查,英国大多数学生在即将进入高等教育阶段时对高校的信息并不了解,在选择高校和专业时带有很大的盲目性,尤其是在高校教育教学质量上,学生缺乏了解的机会和平台。因此,基于高质量教学对于学生投资与回报的重要性,以及填补系统的高等教育教学质量信息的空白,英国政府决定于 2017—2018 年度试运行教学卓越框架(Teaching Excellence Framework,简称 TEF),旨在为学生提供优质可靠的高等教育相关信息,从而推动高校教学质量标准的提升。③该框架构建了高等学校教学质量评估的标准,主要是四个部分:学生对课程的满意度、学生升学率、学业保留率以及雇主对毕业学生的评价。评价结果

---

① 戴建兵、钟仁耀:《英国高等教育改革新动向:市场中心主义》,载《现代大学教育》,2012(4)。

② 桑锦龙:《当前英国高等教育改革的若干趋势及启示》,载《北京教育(高教)》,2017(1)。

③ 崔军、蒋迪尼、顾露雯:《英国高等教育改革新动向:市场竞争、学生选择和机构优化》,载《外国教育研究》,2018(1)。

分为卓越、优秀和合格。政府通过多种手段收集数据，包括问卷、访谈以及各个高校提供的证明材料，尽可能地保障数据的真实可靠。同时，英国政府明确了高校的信息公开责任，要求高校必须公布每年的招生数量等数据。另外，为减少高校招生的不平等现象，逐步推行公开匿名申请者的信息，以期有效保证学生的知情权，解决高等教育中的不公平问题。

2. 推动高等教育国际化

英国在推动高校课程国际化方面主要是两个途径。一是课程内容不再局限于英国，增加其他国家及国际相关事务的内容，以此确保课程适用于不同背景的学生，提升学生的国际视野和适应经济全球化的能力。其中，最为明显的是在课程中增加与欧洲相关的内容，以期培养学生对欧洲的归属感，认同自己的身份，认识到自己与欧洲其他国家之间交流合作的重要性。① 二是提供课程的多样选择，这体现在英国高等教育机构大量引进国外课程，以及鼓励学生选修国外高校的相应课程，让学生多方面选择自己感兴趣的课程，有助于加强与他国高校的交流与合作。同时，英国政府注重促进师生的国际交流。在政府的推动下，高校师生国际交流主要是走出去和引进来两种途径，即英国政府出台政策，鼓励国际学生的加入和本国师生出国交流学习。在鼓励外国学生的政策中，英国采取优惠政策和奖学金制度，激励国际学生到英国高校学习。此外，注重引进外国教师，2002—2003 年度，英国大学有 20% 的教职员工来自国外，而在 2007 年，这一比例上升到了 27%。② 在走出去的政策中，英国也取得了可喜的成绩，教师和学生出国访学的人数也在持续增加。

---

① 陈时见、覃丽君：《世界教育改革概览》，18 页，北京，高等教育出版社，2014。
② 聂名华：《英国高等教育国际化发展特征与启示》，载《学术论坛》，2011(11)。

四、职业技术教育改革与发展

(一)健全职业教育发展法律法规

进入 21 世纪以来,英国职业教育发展面临诸多挑战,为了更好地顺应并且引领国际职业教育的发展,英国政府通过立法形式实现职业教育改革的制度化。英国政府于 2002 年颁布的《为了每一个人的成功:改革继续教育和培训》(Success for All:Reforming Further Education and Training)法案、2005 年《14—19 岁教育与技能白皮书》(14-19 Education and Skills White Paper)、2006 年《继续教育:提高技能、改善生活机遇白皮书》(Further Education:Raising Skills,Improving Life Chances White Paper)、2007 年《继续教育和培训法》(Further Education and Training Bill)等,给予了职业教育改革的法律保障。此后,英国政府为建立世界一流技能体系,陆续出台了一系列职业教育的相关法案,如 2009 年颁布的《技能促进增长:英国国家技能战略》(Skills for Growth:The National Skills Strategy)、2015 年英国商务、创新和技能部发布的《英国学徒:我们的 2020 愿景》(English Apprenticeship:Our 2020 Vision)等。这些法案主要针对英国职业教育发展面临的新挑战和新问题,致力于培养高技能、有创新能力的专业技术人才,同时指明了英国职业教育发展的愿景和目标。

(二)完善职业教育发展体系

1. 设立职业教育资格与学分框架

20 世纪八九十年代以来,英国不断推进职业教育资格框架改革。1986 年成立国家资格职业委员会,1988 年推出了国家职业资格制度,1992 年又出台了主要面向 16~19 岁全日制学生的三个等级的普通国家职业资格证书。21 世纪以来,为了提供适用于所有人的资格框架,英国政府从 2011 年起,用资格与学分框架(The Qualifications and Credit Framework,QCF)取代了国家资格框架(National Qualification Framework,NQF)。与国家资格框架相比,资格与学分框架容易理解和操作,它由诸多单元构成,每个单元都有固定的学分,一个学分通常需要 10 个学时，每完成一个单元就可以获得相应的学分。同时，在资格与学分框架体系中有三种不同类型的资格：奖励(Award)、证书(Certificate)和文凭(Diploma)。1~12 学分可以获得奖励，13~36 学分可以拿到证书，取得文凭至少需要 37 学分。① 资格与学分框架不仅拥有便捷的学分计算方式，而且有助于准确地了解获得某一资格的方式、培训的方式和难度，通过查找资格头衔，就能够了解到该资格的内容和水平。

2. 改革完善学徒制

英国学徒制模式主要是由雇主招募学徒，然后再进行培养。一直以来，学徒复杂的招募过程使雇主们感到烦忧，英国政府便在 2016 年开始实施简约化的招募系统——数字化学徒服务系统(Digital Apprenticeship Service)。雇主可以通过该系统的在线招聘平台自行发布空缺的学徒岗位信息并挑选最合适的学徒应征者和培训提供方，以及支付学徒培训的相关费用。② 在学徒培养方面，英国强调知识经济背景下的学徒培养不仅要注重基本的技术培训，还要通过培训让其适应多种角色和雇主，提升工作能力，促进职业可持续发展。英国的学徒培养聚焦于可持续技能的掌握以及综合素养的提升，比如语言表达能力、逻辑思维能力、创新创造能力等。英国政府认为，保障学徒质量主要遵循一些核心原则：学徒需要大量的持续性的实质性培训，培训时间至少持续 12 个月，且脱岗培训的实践至少要占到 20%；学徒培训要获得可信赖、可迁移的技能，包括英语和数学的学习。③ 另外，英国政府也支持各类企业启动学徒培养计划，英国国家学徒服务中心(National Apprenticeship Service)全权负责提供相关支持和相应的指导建议。学徒数量的增多意味着需要更加完善的监督体制以确保质量。21 世纪以来，英国政府陆续调整了对继续教育进行

① 刘立丹：《英国职业教育改革的新进展》，载《职业技术教育》，2013(29)。
② 北京教育科学研究院国际教育信息中心：《全球化时代国际教育发展趋势：近年来发达国家教育改革的政策分析》，145 页，福州，福建教育出版社，2019。
③ 同上书，143 页。

质量评估的相关机构，主要有继续教育全国培训组织、质量改进委员会、教育标准局以及成人教育评估局，以保障职业教育质量。这些机构的成员来自社会各界，包括高校教师、行政官员、学生家长等，机构每年给出质量评估的结果，并且提出相应的改进建议。此外，英国学徒制改革关注学徒培训的成果。每位学徒在学徒期即将期满之前都要通过严格的评估考核，评估的内容主要在技术、知识以及应用能力等方面，由雇主以及专业技术人员指定内容进行评判。同时，学徒制改革注重考虑雇主与学徒的关系。政府认为雇主可以在培养学徒的过程中提供每个学徒的专业培养方案，赋予雇主更多的控制权。在学徒评估方案方面，也赋予雇主更多的权力。英国政府还公布了更清晰的雇主指南，以帮助雇主较为轻松地实现评估标准的开发和设计。

(三)保障职业教育教学与课程质量

1. 教学模式和教学方法改革

英国职业教育学院普遍实行的是"三明治"式的教学模式，也就是学生在校学习和在企业实习交叉进行的一种模式，学生会在在校的第二年或者第三年进入企业实习。学生的学习成就评价包含三个方面：学生在校期间的课业成绩、学生在企业的实习成绩以及学生对某些成绩不满意的重测成绩。这种攻读交替式的教学模式在学徒与劳动力市场之间搭建了有效的桥梁，帮助青年在职业生涯中掌握更好的技能和素养。

同时，英国职业院校实行导师学徒一体式的教学方式。英国职业教育学院的三年制教学是按照企业协会制订的培养计划进行的模块式教学。由一名教师负责教学、实习以及评估的全部过程，教学过程中，学生每周一在学校学习相关技术和实践要领，掌握基本的理论知识，周二到周四进入企业实习，在这个过程中，教师始终陪同学生一起，帮助学生深入理解所学理论知识。学校和主管部门指派督导员不定期地按评价指标体系进行考核、评价和督导。这种一体式的教学方式按照严格的教学大纲，执行教学模块内容，促进教学质量的提升。

2. 开发多种类型的课程

职业教育的课程设置是职业教育质量提升的关键。英国政府重视职业教育的课程培训以帮助年轻人获得适应现代社会的相关技能。英国现代学徒制加大了课程开发的力度，在课程的科学性与实用性方面有了长足的进步，形成了相互联系又相互独立的课程体系。[①] 该课程类型主要分为三个方面：关键技能课程、国家职业资格课程及技术证书课程。关键技能就是指人的职业生涯中必不可少的关键性能力，不论选择何种职业，这些能力都是职业发展所必需的。其中有六种关键技能被英国工业联盟、教育与就业部以及课程署共同认可。它们是交流（Communication）、数字应用（Application of Number）、信息技术（Information Technology）、与他人合作（Working with Others）、提高学习和绩效（Improving Learning and Performance）及解决问题的能力（Problem Solving）。前三种技能属于"主要的"关键技能，它们通常强制性应用于国家职业资格证书课程中。后三种属于"更广泛的"关键技能，它们包含在所有现代学徒制和国家培训计划中。[②] 国家职业资格课程以不同岗位所需基本能力为基础，开发出相应的行业岗位标准。技术课程主要致力于评价具体的职业知识和理解力，为国家职业资格的获得提供必要的基础知识和理解力。

（四）提高职业教育师资队伍质量

1. 灵活吸引优秀人才进入教师队伍

2012 年，英国政府发布了《劳德·林非得关于继续教育部门专业化发展的独立评论》（Lord Lingfield's Independent Review of Professionalism in Further Education），该报告认为英国继续教育部门教师的专业化发展由于政府介入而弱

---

① 李艳：《英国现代学徒制及对我国职业教育课程改革的启示》，硕士学位论文，河北师范大学，2008。

② 黄日强、黄勇明：《核心技能——英国职业教育的新热点》，载《比较教育研究》，2004(2)。

化,因而提出由雇主自行决定教师资格的要求。因此,英国政府相继废除了"合格教师的学习与技能"以及职教教师的教师资格要求。英国政府将对教师的强制性规定废除,给予雇主更大的权力,满足了雇主的要求。同时,政府通过鼓励政策吸引优秀人才以充实职教教师队伍。政府提出多种引进人才的项目,其中包括"紧缺教师引入"项目(Golden Hello)、"回馈"项目(Give Something Back)及"商业人才"项目(Business Interchange)等。这些项目通过不同的方式引入不同类型的人才,"紧缺教师引入"项目主要是鼓励职教体系或培训机构大力吸引年轻有为的青年教师;"回馈"项目主要为职业技能方面的专家提供留在职业教育或培训机构任教的机会;"商业人才"项目则体现在职业教育的管理层面,希望引入来自商业领域的优秀人才进入职业教育领域担当管理人员。

2. 改革教师专业标准及要求

2002年,英国政府颁布了《英国合格教师专业标准与教师职前培训要求》(Professional Standards for Qualified Teacher Status and Requirements for Initial Teacher Training),以此明确了英国职教教师的入职专业标准,提高了教师的整体质量。2007年又颁布了《英国教师专业标准框架》,这一框架明确了教师的考核与培训的标准以及内容。这一标准主要包括五个层次,分别是合格教师(Qualified teacher)、核心教师(Core teacher)、熟练教师(Post-threshold teacher)、优秀教师(Excellent teacher)、高级技能教师(Advanced skills teacher)。[1] 2014年,英国教育与培训基金组织颁布的《教育与培训部门的教师专业标准》(Professional Standards for Teachers in the Education and Training Sector)是更具针对性的职业教育教师培养的专业标准。该标准主要考察教师的专业化水平,包括专业理念与态度、专业知识与理解能力,也对教师的核心素养、教学技能、职业观念、实践水平等做出了明确规定。

---

① 刘臣富、杜海兴等:《英国职业教育师资培养模式与途径》,载《教育现代化》,2018(22)。

3. 关注教师专业的持续发展

进入 21 世纪后，英国政府意识到国内外对职业教育技能要求的变化，英国职业教育教师的专业技能也应该与时俱进。为了提高英国职业教师的可持续发展能力，英国 2002 年颁布的《教育法》(Education Act)，首次提出有关教师继续专业发展的理念，认为教师在职后也应当有专业继续发展的必要。2006 年，英国政府颁布了有关继续教育的白皮书，这一白皮书对英国教师专业继续发展制订了较为详细的规定和计划。该规定和计划的主要目的是让职教教师对现代社会所需技能有更深入的了解，并且提高专业的教学能力和实践能力，计划的主要实施手段包括由在职教师自行规划培训目标和由企业或指导员为教师制订培训计划，以帮助在职教师学习和掌握最新的职业技能、教学方法、实训模式的变化等。

(五)改革职业教育经费体制

1. 增加经费投入，实施多元筹资模式

21 世纪以来，英国政府加大了对职业教育经费的投入。根据英国学习和技能委员会(Learning and Skill Council，LSC)的统计数据，2004 年至 2005 年，通过该委员会划拨的用于继续教育建设和发展的经费超过了 87 亿英镑，2007 年至 2008 年则达到了 108 亿英镑。[①] 学习和技能委员会计划每年提升 2% 的经费投入，用于优秀继续学院的建设。同时，英国职业教育机构在筹集经费过程中引入市场机制，分担职业教育的经费压力，增强职业教育之间的有效竞争。政府鼓励企业进入职业教育的投资中，给予企业和职业教育发展更多的鼓励政策，积极吸引企业投资，逐步形成以政府投资为主，企业投资、社会捐赠及学校自筹等方式的多元筹集方式。企业投资职业教育的方式主要有：一是企业缴纳职业教育税，二是提供助学资金，三是为职业教育提供技术支

---

① Learning and Skill Council，"Further Education and Work-based Learning for Young People-Learner Outcomes in England 2004-2005"，http：//www.lsc.gov.uk，2020-11-04.

持、研究设备和经费。①

2. 明确经费资助领域，改革经费拨款方式

英国对于25岁以下青年学习职业资格课程是免费的，对于25岁以上的人学习这类课程都要收取一定的费用，政府对他们的资助比率占50%，剩下的费用则一般由自己负责。政府资助50%通常根据所学课程的学业成就进行判断，政府资助的课程也会根据社会发展的具体需求、当前国内外热门专业、技术人员的专业项目等进一步考察，以明确经费资助领域。

同时，英国政府逐渐改变职业院校的经费拨款方式，以期职业教育及培训机构获得更多生源，提高教学质量并扩大影响力。英国高等教育基金会对职业院校的教学经费划拨主要采用具有竞争性的"核心拨款加边际拨款"的方式，核心拨款是指如果学生较上一年人数不变，学校仍然能够获得与上年一样的拨款，其余的拨款主要是针对学生人数增加部分的教学拨款，被称为边际拨款。另外，英国高等教育基金会还设立了专项拨款，用于资助某些特别计划和项目。

五、教师教育改革与发展

20世纪80年代以来，英国高校的教育学士学位课程(Bachelor of Education Programme，BEP)和教育研究生证书课程(Postgraduate Certificate in Education，PGCE)是中小学师资培养的主要途径。这两条路径通常注重学术训练和理论教学而忽视了教师专业实践能力的培养，因此，教师教育的专业教育特色不足。随着国际范围内教学专业化趋势的凸显和学校教育改革的诉求，教师教育作为专业教育的特色和功能亟须得到进一步强化。基于此，英国的教师教育改革需要突出专业特色，培养具有较强教学能力的专业人员。

---

① 邓志军、黄日强：《英国职业教育的经费》，载《荆门职业技术学院学报》，2007(4)。

　　同时，英国教师队伍建设存在供需失衡、聘留两难、发展受限等一系列现实困境。首先，教师整体数量不足。近年来，教师总量逐年递减，生师比逐年增大。2016 年至 2017 年，英国的基础教育阶段全职教师从 457200 人降至 451900 人，降幅为 1.2%；中小学生师比从 15.6 和 20.6 增至 16 和 20.9。[①]教师数量不足在中学阶段表现尤为突出，据英国教育部预测，2020—2025 年中学在校学生人数将从 310 万增至 330 万，教师需求量将进一步增加。其次，师资结构不均衡。数学、英语、物理等学科师资匮乏，据统计，2016 年 27%的英国公立中学的数学、英语和物理等学科教师存在空缺，由其他学科教师临时填补[②]，且学科教师的匹配比例呈逐年降低趋势；区域之间师资不均衡，贫困地区师资缺乏和学科结构不均衡相对严重。再次，教师聘留两难。伴随着供需结构失衡，教师聘留困难重重。2015 年至 2017 年，公立学校新进全职合格教师从 45500 人降至 42430 人，且同期全职合格教师流失率高达 9.9%。[③]贫困地区教师流失率高于发达地区，初任教师流失率高于经验教师，入职 5 年的离职率高达 33%。最后，教师职业发展受限。在表现主义的绩效考核影响下，英国教师工作压力较大，弹性工作机会较少，学生暴力等不当行为增加了教师工作压力。同时，英国现行教师职业生涯最高层级是学校领导，向上流动的阶梯过窄，缺乏相应的薪酬激励体系，不能满足大多数教师多元化

---

　　① Department for Education, "School Workforce in England: November 2017", https://assets.publishing.service.gov.uk/government/uploads/system/uploads/attachment_ data/file/719772/SWFC_ Main Text.pdf, 2019-12-06.

　　② Department for Education, "International Teacher Recruitment: Understanding the Attitudes and Experiences of School Leaders and Teachers Research Report", https://assets.publishing.service.gov.uk/government/uploads/system/uploads/attachment_ data/file/713859/International _ teacher_ recruitment-_ attitudes_ and_ experiences_ of_ school_ leaders_ and_ teachers.pdf, 2019-12-12.

　　③ Department for Education, "Schools Workforce in England 2010 to 2015: Trends and Geographical Comparisons", https://assets.publishing.service.gov.uk/government/uploads/system/uploads/attachmentdata/file/550970/SFR44_ 2016_ text.pdf, 2019-11-21.

的发展需求。针对教师队伍建设存在的多重困境,21 世纪以来英国政府颁布实施了一系列政策举措。例如,2010 年发表的《教学的重要性:2010 学校白皮书》(The Importance of Teaching:The Schools White Paper 2010)提出,教师及其教学质量是决定教育质量的核心要素,要采取多种措施提升教学质量和教师领导力。2016 年颁布的《教育卓越无处不在》(Educational Excellence Everywhere),明确了政府对学校的愿景及未来发展规划。2019 年出台的《教师招聘与留任战略》》(Teacher Recruitment and Retention Strategy)则强调要以教师招聘与留任为抓手深化改革。综观历次改革,主要围绕以下方面进行。

(一)教师培养路径多元化

传统意义上英国合格教师培养主要通过两种途径:其一是完成本科课程学习获得教育学士学位(Bachelor of Education,BED),这通常在大学和高等教育学院完成;其二是 PGCE 模式,即三年本科毕业后再读一年的研究生教师资格课程。近年来,为了吸引更多优秀的人才加入教师队伍,英国增加了教师培养的新路径。

1. 教学学校计划(Teaching Schools)

20 世纪 90 年代以来英国开始实行以学校为基地的教师教育改革,注重中小学在教师培养中的重要作用。2010 年,英国教育部在《教学的重要性:2010 学校白皮书》中明确提出“教学学校”计划,强调教学学校对于教师培养的关键作用以及促进学校改进的核心地位,同时倡导构建全国性的“教学学校联盟”。为促进教学学校有序发展,2013 年英国教育部成立国家教学与领导理事会(National College for Teaching and Leadership,NCTL)和教学学校委员会(The Teaching Schools Council,TSC),前者负责管理职前教师培养项目的有效开展,后者通过与教育标准局、区域教育专员、地方当局合作为教学学校提供强大的智力支持。①教学学校教师培养经费主要由三部分构成:其一是地方政

---

① “The Teaching Schools Council”,https://www.tscouncil.org.uk/,2019-06-23.

府向学校提供的年度拨款，用于确保教学学校联盟正常运转；其二是学院缴纳的学费，收费标准不尽相同，2017 年全职培养计划学员的年度学费是 9250 英镑[①]；其三是申请学科专项经费或教育基金会专项资助等。在英国政府的大力倡导和支持下，教学学校发展迅速。据统计，2012—2016 年通过认证的教学学校数量增长了一倍，教学学校培养的教师数量从 2012 年 350 多名上升至 1 万多名。[②]英国教育部发布的《2015—2020 教育发展战略》(Department for Education Strategy 2015—2020)明确未来将继续完善教学学校计划，提出要严格以学校为中心的培养项目认证工作，制定更为严格的职前教师培养标准，增加教学学校提供职前教师培养的比重。鉴于此，英国教育部在 2016 年和 2017 年先后出台、修订了《教师专业发展标准》和《职前教师培养标准和支持建议》，强调教学学校的教师培养要制定更为严格的培养标准和外部评估标准，以确保教学学校能持续培养高质量的教师，也能实现学校的不断改进和提升。

2. 教学优先计划(Teach First)

教学优先计划鼓励一流大学的优秀毕业生到学校特别是师资力量薄弱学校执教两年，两年教学培训结束后可以继续担任中学教师，也可转向其他职业。该计划是为了吸引优秀的大学毕业生到城市中从事教学工作，帮助部分薄弱中学提升教育教学质量，同时也将这些大学毕业生培养成优秀的教师或其他行业的领导者。[③] 教学优先计划的具体实施过程通常分为职前引导、岗前培训、教学能力培训、领导力发展、在职学历提升五个模块。职前引导具体

---

① "How much are tuition fees?" https：//www.ucas.com/ucas/teacher-training/finance-and-support-trainee-teachers, 2018-11-02.

② "Educational Excellence Everywhere", https：//www.gov.uk/ government/uploads/System/uploads/attachment_ data/file/508447/Educational _ Excellence _ Everywhere.pdf, 2018-10-29.

③ 倪娜、洪明：《英国职前教师教育的变革与创新——"教学优先方案"的历程、模式和功讨探析》，载《外国教育研究》，2009(11)。

通过尝试者计划(Taster Programme)、透视计划(Insight Programme)、品牌管理者计划(Brand Manager Programme)等选拔优秀大学毕业生。岗前培训是对成功入选的毕业生进行入职培训,结束后将以"非合格教师"身份进入学校执教,在这两年中"教学优先"项目通过一系列举措提升其教学能力。"教学优先"项目也将培养领导力置于教师培养核心课程并贯穿于培养全过程,同时鼓励教师提升学历,构建学习型组织。教学优先计划为大学毕业生在充满挑战的中学里接受各种严峻的挑战,旨在促进大学毕业生能为解决处境不利群体的教育问题贡献自身的力量。而大学毕业生在获得合格教师资格的同时,培养锻炼了领导和管理能力,即使课程结束后不继续从教也可选择其他行业的领导和管理工作,因此,通过该方案的培养,部分学员有望成为未来各行各业的领导者。教学优先计划于 2002 年最先在伦敦实施,很快得到社会各界的支持和赞誉,随后在英国日渐扩展实施并取得较为显著的成效。2011 年英国教育部颁布的《培养下一代优秀教师》(Training Our Next Generation of Outstanding Teachers)白皮书中明确提出要进一步扩大教学优先计划,以使更多薄弱学校和处境不利学生能从中受益。白皮书还提出英国教师教育在吸引大学毕业生的同时也逐渐向其他领域的在职人员开放。[1] 2019 年英国政府继续投入 600余万英镑推进教学优先项目,并进一步拓展"教在当下"(Now Teach),启动新的"转行从教"(Transition to Teach)项目。[2]

3. 毕业生教师证书培训项目(Graduate Teacher Programme,GTP)

该项目主要面向尚未取得合格教师证书但已开始执教的大学毕业生,允许这些学生以准教师的身份在中小学工作一年,边工作边参加大学教师教育

① 王璐:《提升职业吸引力,提高职前教育质量——英国教师教育改革最新趋势》,载《比较教育研究》,2012(8)。

② "Teacher Recruitment and Retention Strategy", Department for Education, https://assets.publishing.service.gov.uk/government/uploads/system/uploads/attachment_data/file/786856/DFE_Teacher_Retention_Strategy_Report.pdf,2019-3-27.

课程学习，通过学习获得合格教师资格。这种培训通常由"基于就业的职前教师培训机构"负责，由大学领导或参与合作，并与中小学广泛合作，英国政府为边工作边培训的准教师提供相应的工资待遇，政府希冀通过 GTP 项目吸引更多的其他行业优秀人才加入教师行列。

4. "从部队到教师"项目（Troops to Teachers）

2013 年 6 月英国政府正式启动"从部队到教师"的教师培养项目，该项目旨在为那些在部队服役过的高技能人才加入教师行列提供途径。为确保教师培养质量，该项目严格把关准入资格。申请者必须通过一系列严格的选拔程序才能在职前教师教育专业正式注册，主要涉及申请者的教学技能、技术与学科专长、学历等方面。同时，该项目建立了一套规范的培养过程。退役士兵一旦被录取就将接受严格的专业训练，例如每周 1 天在大学学习专业理论课程，每周 4 天在中小学进行教学实践培训，以及进行与个体技能和专长匹配的个性化的培训。退役士兵完成培训并达到相应的要求才能最终获得学位并取得教师资格。[1]

5. "研究者在学校"项目（Researchers in Schools）

2014 年英国政府开始实施针对已完成博士学位或即将取得博士学位的研究者的教师培训发展项目。该项目要求申请者必须获得博士学位或即将获得博士学位，普通中等教育证书英语和数学考试成绩必须 C 级以上，具备较强的人际交往能力和研究能力。通过申请面试之后正式开始培训，在培训过程中要求某所优秀教学学校（teaching school）具体负责和监督其以取得合格教师资格。同时，为确保培训质量，该项目要求选择伦敦大学国王学院（King's College London）、兰普顿学校（Lampton School）等在教师培训方面拥有丰富经

---

[1]　"New Routes for Talented Fx-armed Forces Personnel to Become Teacher"，https：//www.gov.uk/government/news/new-routes-for-talented-ex-armed-forces-personnel-to-become-teachers，2019-12-16．

验的机构作为合作机构，为申请者提供优质培训。

(二)加强职前教师教育质量保障

教师教育质量的高低直接关乎基础教育发展的好坏。因此，尽管英国教育督导制度并不涉及高等教育机构，但提供教师培养的大学和高等教育机构却被纳入国家教育督导制度的职责范围，由教育标准局负责具体实施。自2012 年以来，英国政府强调，教育标准局对于教师教育机构的评估结果，将作为其获得学额数量的关键影响因素。从 2012 年 9 月开始教育标准局实施新的"职前教师教育督导框架"，主要围绕学员的学习结果、合作伙伴关系及其质量、合作伙伴关系的管理与领导三个方面对培养机构进行综合评价。其中，重点考量学员在学习结束时的教学水平、按时完成学业的比例、就业率、留任率等。合作伙伴关系质量的评价侧重新学员的选拔、培训与考核质量、合作伙伴关系的质量、资源利用率、促进多样化和公平等。①

同时，英国政府进一步推进大学与中小学建立更加紧密的合作伙伴关系，以此促进教师培养质量的提升。英国教师培养模式中的教育学士计划(BED)、研究生教育证书计划(PGCE)、毕业生教师计划(GTP)等强调通过高等教育机构与中小学建立合作伙伴关系来培养教师。然而，许多接受教师职前培养的学生认为大学学习的课程理论性过强，尚未与中小学教学实践很好衔接，以中小学为主导的相关培训则能提供相关学科知识和技能，更有助于提供课堂教学和管理的实效性。因此，在 2011 年颁布的《培养下一代优秀教师》白皮书等文件中，英国政府提出鼓励更多的优质学校参与教师培养。具体举措涉及中小学校可以单独或联合申请培训资质，通过认证后可以公开招聘学员。学校可以获得政府相应的资助，亦可向学员收取一定的学费。同时，英国政府明确强调大学与中小学要建立更加紧密的合作关系。政府将伙伴关系的质量纳入学额分配的衡量指标，并构建了评价伙伴关系质量的主要标准：确保学

---

① Ofsted, "Framework for the Inspection of Initial Teacher Education", 2012, pp.8-10.

员能在优质学校开展高质量的教学实习，学校为其配备杰出的导师并提供相应的教学条件；大学与建立伙伴关系的中小学实现师资力量的共享，促进教师之间的深度交流与合作；大学参与中小学的管理工作。①

（三）研制修订教师专业标准

英国历来重视教师资格认证，21 世纪以来在教师专业化运动的影响下，英国教师专业标准历经多次研制与修订，以不断明晰确定教师专业素养的核心内容。2002 年英国教育标准局和师资培训署共同颁布《胜任教学：合格教师资格标准与入职教师培训要求》。这份文件规定获得合格教师身份必须达到相应的要求，即专业的价值观及实践（教师应具备的态度和承担的义务）、专业知识和理解力（教师的知识基础及对课程的理解）、教学（教师对课堂教学的设计、驾驭和管理能力）三个基本指标及其各自更加细化的相应指标。如前文所述，2006 年 11 月，英国学校培训与发展署颁布《合格教师标准资格修订案》，该标准提出专业素质、专业知识与理解、专业技能 3 项一级指标及其下面所涵盖的 16 项二级指标和 33 项三级指标。随后，2007 年学校培训与发展署秉持教师专业发展持续性理念，出台了贯穿教师专业生涯全过程的五级专业标准框架《教师专业发展标准》，该五级框架除了提出合格教师专业标准，还对普通教师、资深教师、优秀教师和高级教师提出了专业品性、专业知识和专业技能方面的相应要求。很显然，该标准框架体现出教师专业发展逐步递进和提高的趋势，解决了之前教师标准中指标界定和归类不当等问题，但在实施过程中对于教师职业发展不同阶段的标准之间缺乏统一和连贯，标准不利于增强教师专业发展自信心和绩效管理等问题也受到质疑和批评。② 2011 年英国教育部颁布的《教学的重要性：2010 学校白皮书》提出教师质量及其教学

---

① 王璐：《提升职业吸引力，提高职前教育质量——英国教师教育改革最新趋势》，载《比较教育研究》，2012(8)。

② 高鹏、杨兆山：《2012 年英国教师标准研究》，载《外国教育研究》，2014(1)。

水平是学生学业成就的关键要素,反观现实是英国教师吸引力不强,教师专业素养有待提高,教师专业标准尚未有效引导评估教师专业发展。因此,急需对现行教师标准进行修订,力争构建更为明晰科学的教师标准体系,以促进教师质量的整体提升。基于此,英国教育部授权以莎莉·科茨(Sally Coates)为首的专家小组对《合格教师资格标准》《初级教师专业标准》等已有的教师标准进行评估和修订。

2012年5月,英国教育部公布了英格兰地区新的教师专业标准(简称"2012标准"),并要求同年9月正式施行,以此取代之前的《合格教师资格标准》《初级教师专业标准》以及英格兰教师协会(GTCE)颁行的《注册教师行为实践守则》。"2012标准"关注教学的核心要素,旨在增强教师的职业自信与认同,促进教师专业发展。该标准基本框架包括说明、序言、教师教学标准、教师个人和职业行为标准四个部分,教师教学标准以及教师个人和职业行为标准是标准的主体部分,设计2项一级指标和11项二级指标,每个二级指标下规定教师行为的具体细则。[①]

(四)提高教师待遇,稳定教师队伍

英国中小学教师的高离任率、教师流失等问题较为突出,其中重要原因在于教师尚未获得应有的社会地位和工资待遇。因此,英国政府在改善教师薪酬待遇方面实施了改革举措,以此稳定教师队伍并吸引更多的优秀人才加入教师行列。

首先,实施基于职称的绩效考核工资制度,体现优劳优酬。教师职称与工作年限和绩效密切相关。绩效工资制度以年度评估的方式进行,主要考核教师专业伦理、专业知识和技能、学生的学业成就等维度,以此综合确定教师的工资水平。自2018年9月起,教育部提高教师工资的法定阈值,其中普

---

① "Teachers' Standards", https://www.education.gov.uk/publications/e Ordering Download/teachers standards.pdf, 2018-11-17.

通教师主要工资和未评级教师工资提高 3.5%；资深教师和杰出实践型教师工资提高 2%，学校领导层工资提高 1.5%。[①]

其次，设立多种教师津贴。根据《教师工资法》等相关文件规定，英国中小学教师依据教学、管理等方面的综合表现可以获得相应的补助和津贴。主要津贴类型包括以下几种：(1)教学责任津贴。教学责任津贴发放对象是承担更多责任的教师，具体责任涉及管理并促进某个学科领域的教学、促进学生的显著进步、带领其他教师教学实践的优化等。学校通常会鼓励教师承担更多的责任并根据责权权重及其完成情况确定相应的津贴。(2)持续专业发展津贴，用于鼓励教师参加促进自身专业发展的研讨交流活动，具体发放办法由各校自行确定。(3)特殊教育津贴。这种津贴主要发放给特殊学校的教师以及普通学校教授学生某些特殊课程的教师。此外，还有鼓励中小学教师主动为新教师入职适应提供支持和帮助的指导新教师津贴、教师执行学校领导职务的执行津贴等。

最后，实施教师薪酬改革计划，提高教师福利保障，希冀提升教师的保留率并吸引优秀人才加入教师队伍。英国教育部明确提出 2019 学年所有教师和学校领导将获得额外 2.75% 的加薪，到 2022 学年，中小学教师的起薪将升至 3 万英镑，对于数学、物理、化学等学科的初任教师在早期培养期间可以获得 2.6 万英镑。从 2020 学年开始，在刚入职的前几年还可以获得 6000 英镑的额外补贴，在高需求地区工作的教师的额外补贴可以增加至 9000 英镑。同时，教育部每年对学校教师的薪资待遇和工作条件进行审查，依据结果来确定各学科教师的最新招聘情况和未来的教师需求。2020 学年英国教育大臣接受了学校教师评审机构的建议，将教师薪资范围的上限和下限提高 2.75%，

---

① Department for Education, "School Teachers' Pay and Conditions Document 2018 and Guidance on School Teachers' Pay and Conditions", https：//assets. publishing. service. gov. uk/government/uploads/system/uploads/attachment_ data/flle/740575/School_ teachers_ _ pay_ and_ conditions_ document_ 2018.pdf, 2019-01-16.

以此克服通货膨胀、新冠疫情等不利因素给教师带来的经济压力。此外，英国政府大幅增加对教师养老金的资助，教师每年在工资基础上获得其薪资23.6%的养老补贴。通过与学校、地方当局、信托基金等合作制定地方优惠套餐，为教师提供子女保育、交通、健身等福利，联合住房社区与地方政府部(Ministry of Housing, Communities and Local Government)商议拓展土地许可发展权，推进教师安居建设以保障教师住房需求。①

（五）重视新教师入职指导

20 世纪末以来英国政府一直重视从国家顶层设计层面规范新教师入职培训制度，强化对新教师入职的指导，要求对新入职教师进行能力测试和严格考评。1998 年英国政府出台《教师：迎接变革的挑战（绿皮书）》明确规定教师必须经历法定的入职期，以确保在任教之初能熟练掌握必备的知识和技能。随后颁布的《1998 年教学与高等教育法》提出 1999 年 5 月之后获得教师资格者必须在指导教师的指导下完成三个学期的入职培训。《2002 年教育法案》对教师入职培训进一步规范。英国教育部的《2012 年教育（学校教师入职教育安排）规定（英格兰）》对新教师入职培训标准、考核、培训机构等提出要求。2014 年 10 月，教育部颁布了《新任合格教师入职教育（英格兰）：致相关监管部门暨学校校长、员工、董事会的法定指南》。② 该指南详细阐述了新入职教师培训的具体安排、操作要求和质量保证等事项。同时，明确了新教师入职培训的基本环节包括以下方面：一是招募新教师阶段，学校将对新教师入职资格进行审查，确定独立的监管机构，之后安排具体的入职岗位并报备给监

---

① Department for Education, "Teacher Recruitment and Retention Strategy", https://assets. publishing. service. gov. uk/government/uploads/system/uploads/attachment_ data/file/786856/DFE_ Teacher_ Retention_ Strategy_ Report. pdf, 2019-08-27.

② "Induction for Newly Qualified Teachers (England): Statutory Guidance for Appropriate Bodies, Headteachers, School Staff and Governing", Department of Education, https://www. gov. uk/government/uploads/system/uploads/attachment_ data/file/375304/Statutory_ induction_ for_ newly_ qualified_ teachers_ guidance_ revised_ October_ 2014, 2018-06-23.

管机构；二是培训准备阶段，未新入职教师联系人将相关入职信息上报给国家教学与领导学院（National College for Teaching and Leadership），校长继而任命指导教师；三是开展培训阶段，监管机构确定入职培训的具体时间，校长、指导教师和新教师商定并实施入职培训具体方案。在这个阶段新教师接受校长、指导教师及其他教师的监督和帮助，分析新教师专业成长的优势与需求，并制定个性化的专业发展目标和行动方案，深入课堂指导新教师教学实践，不定期召开新教师发展诊断评价会议等。四是培训结束阶段。新教师入职培训期满时校方会给出综合性评价意见并上报给监管机构，由监管机构最终做出考评并告知新教师和国家教学与领导学院。如果考核通过，新教师可以继续教学工作；如果考核不合格，新教师有申诉权利，申诉失败则会遭到解聘。[①]

六、公民教育改革与发展

20 世纪 80 年来以来，英国面临诸多社会和道德问题且有严重化趋势：学生学习积极性不高；部分英国民众不再热衷于政治、民主制度及其运行程序；年轻人对基本政治制度和民主程序缺乏了解，对政治参与、公共事务漠然，出现了所谓"民主赤字"；吸毒、犯罪和暴力现象等反社会行为增多。同时，源源不断涌入的移民，造成英国社会不同族裔和文化的多元化。"人口迁移产生的最明显的影响是人口学上的，它改变着迁移来源国和接受国人口的构成与规模。对于现代福利国家来说，那种改变对福利水平和供应、住房、教育以及经济本身的运作等都有着深远的意义。"[②]多样化的族群文化是当前英国社会的典型特征，给英国社会主流文化和基本价值观带来前所未有的冲击和挑战，一定程度上引发了社会资源的恶性竞争，导致社会犯罪率的增加，对

① 严金波，林正范：《英国新教师入职教育及其启示——基于〈新教师入职教育指南〉的释义》，载《教育研究》，2016(6)。

② ［英］戴维·赫尔德等：《全球大变革——全球化时代的政治、经济与文化》，杨雪冬等译，434 页，北京，社会科学文献出版社，2001。

社会安全和其国家稳定造成巨大的危害。因此，英国政府陆续出台相关政策并采取相应措施以促使民众特别是成长中的青少年群体理解并尊重文化的多样性，鼓励不同文化和谐稳定发展，同时加强公民对其国家的认同，增强国家凝聚力和荣誉感，促进公民形成统一的价值观念。"当某个国家有多个民族时，这个国家的公民教育就应该致力于促使每一位公民欣赏、尊重其他民族的文化。培养每位公民对本民族的认同，继而提升到对整个国家的认同。"①英国政府认为需要利用公民教育实现不同族群文化的统一性，通过公民教育增强各族群对国家的认同感。为了解决日益严重的现实问题，同时受国家公民教育思潮和实践的影响，英国政府认识到开展公民教育的紧迫性并着手推进公民教育的实施和改革。

(一)出台《科瑞克报告》

20世纪80年代末期，特别是《1988年教育改革法》颁布后，英国政府开始关注公民教育，但公民教育仅作为跨学科主题被纳入国家课程，并非必修课程，实施与否由地方教育当局或学校自主决定。1997年新工党上台执政，大力倡导超越左和右的"第三条道路"的政治哲学，英国政府为解决青年人道德滑坡、政治冷漠、政治参与度低下等问题，要求个体能够积极关注他人、参与社区公共事务，希望通过教育培养其公民的公共精神和责任感，民主公民教育开始被列入学校议程。1997年工党政府发布《优质学校》(Excellence in School)白皮书，强调通过加强学校的公民教育与民主教学以提高学生对于民主、个人权利与责任的认识与理解。②同年11月，教育与就业部任命成立由伯纳德·科瑞克(Bernard Crick)领导的公民教育咨询委员会(Advisory Group on Citizenship)，旨在为学校公民教育的开展和好公民的培养提供有效建议。委

---

① [加]威尔·金里卡:《少数的权利:民族主义、多元文化主义和公民》，邓红风译，上海，上海世纪出版集团，2005。

② "Excellence in Schools", http://www.educationengland.org.uk/documents/wp1997/excellence-in-schools.html, 2018-12-08.

员会经过一系列调研、咨询和讨论，1998 年发布了《科瑞克报告》（Crick Report），提出公民教育应该培养学生积极的、批判的、负责的思维以使其高效参与社会生活。①作为新工党政府改革公民教育的纲领性文件，《科瑞克报告》论述了公民的含义、公民教育的必要性，重点提出公民教育改革的 13 条建议，进而呈现中小学公民教育的结构框架，包括具体的教育目标、内容、方法、不同学段的教育重点及评价体系等。该报告开篇分析了 20 世纪六七十年代以来英国社会出现民众政治参与度低下、青少年政治冷漠、反社会行为增加等现实问题，结合马歇尔、吉登斯等学者的理论主张，论证英国开启公民教育国家行动的必要性和迫切性，明确了 21 世纪英国公民教育的总体目标和定位。

报告主体部分围绕"积极公民养成计划"，根据公民意识培育的关键要素划分，从内涵要求、能力要求等维度全方位构建了公民教育国家行动的理论和实践框架。报告的内涵层面强调学生的社会与道德责任、参与社区活动、发展政治理解和判断。其中能力维度包括调查与批判性思维、辩论、商谈、积极主动参与等关键要素。报告明确提出公民教育是国家法定课程，所有学校都要求专门开设公民教育课程。该报告开启了英国公民教育由地方分权走向中央政府集中指导、由间接渗透走向直接教学、由强调内在品德和政治常识学习向积极参与公共生活的关键转折②，对后续英国公民教育的改革实践产生了重大而深远的影响。

2000 年，英国政府要求在中小学专门设立公民教育课程，并且作为国家课程体系中的基础学科。小学阶段的两个关键阶段（5~7 岁、7~11 岁）主要结合"个人、社会与健康教育"（Personal, Social and Health Education，简称 PSHE）实施公民教育，但不作为法定课程。2002 年 9 月英国政府要求所有中

---

① "Crick report", http://dera.ioe.ac.uk/4385/1/crickreport1998.pdf, 2018-11-15.
② 王蓳：《〈科瑞克报告〉20 年看英国公民价值观教育》，载《当代中国价值观研究》，2018(3)。

学生必须学习公民教育,公民教育作为专门的国家课程在中学阶段正式实施。

(二)实施公民教育国家课程

在《科瑞克报告》的影响下,2000 年英国资格与课程局颁布实施公民教育国家课程标准——《英国国家课程:公民》。这一国家课程标准一方面秉承了《科瑞克报告》关于公民教育的核心理念和基本目标,强调重视公民责任感的养成、提高民主意识和积极的公民参与等;另一方面又对公民教育的内容加以细化,以便更好地在具体教育教学中落实。该国家课程标准提出公民教育涉及培养学生的知识和理解能力、批判和交流能力、参与能力与责任感三个基本维度,每个维度在不同关键期的内容和重心各有侧重,主要内容如表 3-4 所示。

表 3-4　英国国家课程标准中公民教育的主要内容

不同关键期	知识和理解能力	批判和交流能力	参与能力与责任感
关键阶段一	知道课堂、学校、社会和家庭中的基本规则及其指定程序;通过帮助他人、保护公共财产等方式理解个体应承担的责任;了解学生间与成人间的关系;理解快乐、悲伤、失望等情感语言;用语言描述不同道德行为;通过活动和协商理解尊重、评论、差异等含义。	学会利用互联网查找时政、道德、社会文化等话题的资料;能够就某些社会事件发表看法;参与班级讨论,学会合理表达观点;通过故事、戏剧、诗歌等方式反思社会热点问题;参与辩论与投票。	学习作为班级和学校成员应具备的诸如分享、排队、帮助他人等技能;勇于在学校和社区积极主动地承担相应的责任。
关键阶段二	初步了解法律法规制度程序及其用意;理解权利与责任、正义与邪恶、法律和宽恕等术语;知道法律的重要性,了解符合法律规范的行为,了解警察的职责并认识到反社会行为的危害;理解国家和地方行政机构运转情况;了解政府的不同存在形式、社区志愿团体和机构的运营情况、不同经济体制和分配方式;明了世界其他地区在社会、经济、文化等方面的异同等。	学会利用互联网查找时政、道德、社会文化等方面的资料并能对资料进行判断甄别;能就某些社会事件或议题发表看法;通过合作、协商等方式处理公共事务;学会换位思考,通过故事、戏剧、诗歌等方式反思社会问题;讨论道德两难问题并对不同的选择做出评价;参与辩论与投票等。	积极参与学校和社区事务;正确面对青春期变化,为进入中学做好准备;学会在健康或环境变化时做出自信、明智的选择;与霸凌行为作斗争,承担更多个体或群体责任。

续表

不同关键期	知识和理解能力	批判和交流能力	参与能力与责任感
关键阶段三	了解法律、人权与责任等方面的基本关系；理解国家、区域、宗教和种族的多样性，相互尊重和理解；理解政府及其提供的公共服务、议会及其他民主形式的特征；明确选举、投票的意义；参与社区、国家和世界范围内志愿团体工作；理解全球共同体及其政治、经济、环境等方面的意义及作用等。	学会分析、利用信息技术获取的各种资料，能对政治、道德、社会文化等问题进行思考；对各种议题和社会问题发表口头或书面看法；参与各种讨论。	理解他人经历，能思考、表达和解释他人的观点；学会协商、决策，参与学校、社会等公共事务；对参与过程进行反思。
关键阶段四	理解国家内部区域、宗教和种族多样性的现状及来源，并相互理解和尊重；理解议会、政府等制定法律的意义；理解公民在民主社会选举中的积极作用；了解经济运行及其经济服务功能；理解个人和志愿团体对地区、国家和社会造成的影响；理解信息和观点传播的正确做法；知道英国与欧洲其他国家及欧盟的关系；理解经济全球化的挑战及各国相互依存、可持续发展等理念。	学会分析、判断利用信息技术后的各种信息资料，并对时政、道德、社会文化等问题进行深入思考；对各种议题、社会问题能发表口头或书面看法并进行相应的辩护；参与讨论、进行辩护。	理解他人经历，思考、表达、解释和批判性地看待他人观点；协商、决策，参与学校、社区等公共事务；对参与过程进行反思。

　　根据《英国国家课程：公民》的规定，小学两个关键期公民教育主要通过"个人、社会与健康教育"（PSHE）来具体实施，且并非法定课程；中学两个关键期的公民教育则开设专业课程且作为法定非核心课程加以实施。英国政府通过将公民教育纳入国家课程体系，从法律制度层面确保了公民教育的顺利实施。在公民教育具体实施过程中，英国政府给予学校最大限度的灵活性，因此学校实施公民教育的途径多元化，涉及专门学科、其他学科渗透、学校整体活动、学校与社区相结合等。

英国公民教育国家课程的实施受到了社会各界的广泛关注，为了解和掌握公民教育的实施成效，英国国家教育研究基金会(National Foundation for Educational Research，NFER)受教育与技能部委托对公民教育课程的实施成效进行跟踪研究，评估公民教育在知识、技能和态度方面对年轻人产生的影响。

(三)课程审视——多样性与公民身份

自新工党执政以来，英国政府强调以多元、正义和宽容为基础的多元文化主义，要求尊重并包容不同文化。经济全球化的持续推进和移民浪潮促使英国社会日益多元化，随之带来一系列关于经济全球化与民族性、统一性与多样性的挑战与论争。加之 2001 年的"恐怖袭击案"和 2005 年的"伦敦爆炸案"等社会悲剧事件的发生，迫使英国政府意识到培养国家认同和共同价值观对于国家稳定的重要意义。2006 年，英国首相布莱尔发表了题为《融合的义务：共同的英国价值》(The Duty to Integrate：Shared British Values)的演讲，强调基于多元文化的挑战及国内外形势的变化，国家认同和培养共同的英国价值刻不容缓。① 随后，英国高等教育和终身学习事务大臣拉梅尔(Ramelle)邀请戴普特福德绿色学校校长组织领导新一轮课程检查，重点探讨公民教育国家课程中的多样性问题，以及如何将英国传统文化和悠久历史整合到公民教育国家课程中。2007 年 1 月，英国教育与技能部出台《课程检视：多样性与公民身份》白皮书，对英国近年公民教育的实施情况进行分析和总结，进而提出英国中小学公民教育改革建议。白皮书提出公民教育的核心理念是多元和统一的兼顾，既要培养个体共同的价值观，促进个体国家认同感的提升和社会凝聚力的加强，也要能包容种族、文化等差异。其目的是使来自不同民族、文化、语言等背景的学生能认识社会发生的变化及多样性的文化，使其学会理解和尊重他人，能够用更加广阔的视角去理解社会，积极承担社会责任，

---

① "The Duty to Integrate：Shared British Values"，http：//vigile. quebec/The-Duty-to-Integrate-Shared，2018-10-23.

为未来社会做好准备。在公民教育方面，白皮书在《科瑞克报告》基础上增加了"身份和多样——共同生活在英国"，主要涉及英国是多民族国家、明了英国的特性、了解移民问题、了解英联邦和英国的历史文化遗产、熟悉欧盟的历史和发展历程、了解选举权问题等核心内容，这些内容自 2008 年 9 月开始纳入英国公民教育国家课程并加以实施。同时，白皮书对这些新增的核心内容如何实施给出了具体的指导建议。其一，强调学校领导团队对课程目标的制定，促使学生参与，对课程评价方面加以重点关注；其二，倡导在国家课程的历史、英语、地理、数学、科学等多学科中渗透公民教育核心内容；其三，注重倾听学生意见，学校应与学生形成相互信任的关系，组织学生进行有关身份、价值观和归属感的讨论并总结吸取有益的观点；其四，强调学校与社会合作，公民教育实施要与当地社区、地方和志愿团体合作，组织学生讨论、参与地方选举、志愿活动等，同时学校应该积极与学生家庭联系，促使不同文化、种族和宗教背景的家庭参与学校教育活动；其五，强化学校领导团队和教师的培训，加强学校领导、新老教师进行关于身份和多样性教育的培训，并对培训机构做出相应的检视；其六，建立完备的评价体系，在档案袋等传统基础上加入社区服务和志愿活动，同时将公民教育纳入中等教育考试范围。

鉴于此，英国公民教育自 2008 年开启了新一轮的改革，这次改革呈现出以下主要特征。首先，注重听取学生的意见。学校可以通过校务委员会等机构定期收集学生对学习生活的反馈信息，以确保听取学生的意见并付诸行动；学校也可通过学生问卷、论坛等方式讨论身份认同、归属感和价值观等问题，从而构建积极安全的、相互信任的关系。① 其次，强调尊重多样性，听取学生多方面的不同意见也是尊重多样性的反映，同时尊重多样性成为公民教育的

① "Curriculum review: diversity & citizenship", http://www.dfcs.gov.uk/publications/, 2017-08-13.

核心内容，以此促使学生学会与他人和睦相处，增进人际间理解与沟通，并在经济全球化背景下理解英国价值观。再次，加强对校长和教师的培训。校长和教师是实施尊重多样性教育的关键所在，因此，在针对校长的领导者培训中，国家教学与领导学院确保将有关多样性及公民权利和义务的培训作为必要内容。在针对教师的培训中，学校培训和发展机构会评估所有新教师培训机构提供的尊重多样性教育的有效性，鼓励通过简化评定程序等途径让更多教师有机会参与到尊重多样性教育中，将尊重多样性教育的开展情况纳入提升教师职位的考核标准，鼓励教师在各科教学中开展尊重多样性教育。在具体教育形式上关注渗透式教学，除了在英语、历史等传统教学科目中继续渗透公民教育，还特别要求在数学、科学等学科中开展公民教育。此外，还通过探讨师生共同感兴趣或有争议的问题、参与选举活动、开展网络在线讨论等多途径开展公民教育。最后，把公民教育纳入普通中等教育证书考试中。[1] 为督促学校更好地开展公民教育，白皮书要求将公民教育特别是尊重多样性的教育纳入考试内容。

(四)公民教育——学习计划

2010 年英国保守党与自由民主党组成的联合政府上台执政。时任首相卡梅伦在多次公开讲话中表明工党政府的多元文化主义政策已然挫败，必须培养公民的国家认同感，才能使英国真正走向团结、稳定和繁荣。2011 年，内政部在修订《防御战略》(The National Security Strategy)时提出建构和弘扬以民主、法治、自由、尊重和包容为基本要义的英国核心价值观。2012 年，联合政府颁布的《英国国家课程：公民学习计划》(National Curriculum in England：Citizenship programs of study)[2]指出，培养学生国际视野下的政治意识、批判

---

① 吴雪萍，张程：《促进社会和谐的英国公民教育》，载《教育发展研究》，2007(11)。

② "Citizenship programmes of Study", Department for Education, https：//www.gov.uk/government/uploads/system/uploads/attachment_data/file/402173/Programme_of_Study_KS1_and_2.pdf, 2018-07-22.

性地思考政治问题、自愿者活动等观念的重要性，强调公民教育中的权利与义务、民主与正义、英国身份认同和多样性等核心内容，提出基于不同关键期的公民教育目标。也就是说，第一关键期重点培养学生了解发展的和作为社区成员的自我，构建自我经验，并制定个人、社会和情感早期目标，学习遵守日常规则，有机会展示对自身及环境的责任，积极参与学校和社区生活；第二关键期强调让学生了解更广阔的世界和相互依存的社区，培养社会正义感和道德责任，学习如何更充分参与学校和社区生活，对自我负责以及抵抗霸凌等；第三、第四关键期要求理解英国政治体系和治理体系、公民如何参与其中，理解法律的作用及维护公平正义的相关知识，参与志愿者服务等活动，具备批判性思考和辩论政治问题的能力，掌握理财观念和技能为未来生活做准备等。

第四节　教育思想

　　20 世纪末至 21 世纪初期，在经济全球化持续推进，国际政治、经济和文化不断变革的背景下，英国在实施教育改革的进程中也出现了影响深远的教育思想。其中较有代表性的教育思想家有麦克·扬（Michael F. D. Young 又译麦克·杨）、理查德·彼得斯（Richard Peters，1919—2011）、保罗·赫斯特（Paul Hirst）、约翰·怀特（John White）等，他们为分析英国乃至世界教育问题提出了新视角和新观点。

一、麦克·扬的教育思想

　　麦克·扬是英国伦敦大学学院的教育学院的教授，是教育社会学、课程社会学、职业教育学等领域的国际知名学者。他在 1971 年出版的《知识与控制——教育社会学新探》被认为是课程社会学的奠基之作，其摆脱了传统实在论的桎梏，立足现象主义和马克思主义批判理论，强调知识及课程的社会决定性，旨在揭示知识筛选、组织、评价背后的"立场"，提出了教育的社会建构主义取向，开启了教育社会学发展的新方向。扬主张对被视为理所当然的一切教育中的既定范畴和概念进行进一步的深思。在他看来，课程知识并非给定的，而是被社会性、历史性地生产出来的。换言之，课程形式与内容的选择反映了统治阶级立场及利益，课程改革作为课程文化资源的配置活动，其背后反映了权力的分配和社会控制的原则。① 知识的社会建构性对教育具有重要意义，强调社会与人们对教育知识的主动创造，以期达到更大程度的教育解放和社会公平。

随着穆勒(Johan Muller)、莫尔(Rob Moore)等学者对新教育社会学将知识还原为认识者及其立场和利益的诘问②，以及社会建构主义理论在英国、南非等国家课程实践中出现的问题，扬开始反思社会建构主义理论，认识到知识和课程的社会建构主义在现实中存在严重的"危险"，试图扭转原来对知识社会属性的过度解读，提出了全新的社会实在论的知识与课程理论，为解决教育及社会问题提供更有效的帮助。2009年扬出版了《把知识带回来》，提出了"强有力的知识"的概念；2014年在《知识与未来学校》中进一步解释并阐发了"强有力的知识"思想，结合吉本斯(M. Gibbons)的知识生产模式转变，提出了三种未来的知识与课程模型，为学校课程设计提供了全新的视角。

"未来一"课程知识观，主张学生学习的成败完全取决于个人学习动机或能力。该取向以古老经典文化及基础性的3R知识体系作为课程知识的构成，

---

① [英]麦克·F·D·扬：《知识与控制——教育社会学新探》，谢维和，朱旭东译，1~2页，上海，华东师范大学出版社，2002。

② Rob Moore & Johan Muller, "The Discourse of 'Voice' and the Problem of Knowledge and Identity in the Sociology of Education", *British Journal of Sociology of Education*, 1999(2), pp.189-206.

以源于大学学科知识的中小学科目为组织形式，注重学术型授课目标，并强调单向传递和期望学生顺从的学习方式。①"未来二"课程知识观，主张课程思考的逻辑起点应基于学生的兴趣、文化背景和可能的职业；所有知识都是社会性地被建构，因此，职业化的知识、日常生活知识和学科本位知识具有同等价值，都可以成为学校课程；学校课程是学生未来就业和社会解决就业问题的重要手段，具有显著的工具性特征。这两种课程取向在英国社会不同时期占据主导性，1988 年英国第一个国家课程标准即是"未来一"导向的课程模式，工党执政时代以及 2008 年实施的新国家课程标准即侧重"未来二"导向的课程模式。在扬看来，这两种模式将课程知识的阶级立场过于极端化，需要超越两者寻找更有利于教育公平和社会公正的道路。因此，扬提出"未来三"课程取向。扬从知识的来源、客观性、稳定性等维度对"未来三"课程知识观展开具体阐释。"未来三"课程取向主张存在相对较好的价值中立的知识，知识是开放的、可改进的，受特定学科长期发展起来的特定规则和方法约束，其显著特征是重视系统的、相互联系的、基于学科的概念，以此构成学校正式课程的要素。"未来三"课程通常是交互式的课程，课程知识不是一成不变的，而是具有时空变化性、互动性和共建性。② 随着时间的推移，部分课程知识会基于学科的发展而发展，部分则在外在的政治和其他压力下发生变化。课程教授方式不是命令式的，并不要求学生仅仅遵从特定的规则和内容。扬提出课程的"三种未来"③具体如表 3-5 所示。

---

① Michael Young & David Lamber, *Knowledge and the Future School*, London, Bloomsbury, 2014, p.59.

② ［英］麦克·扬：《教育社会学中的知识与课程》，周志平，岳欣云译，载《华东师范大学学报（教育科学版）》，2003(3)。

③ 张建珍、许甜等：《论麦克·杨的"强有力的知识"》，载《清华大学教育研究》，2015(6)。

表 3-5 知识与课程的"三种未来"

未来学校课程模型	课程知识的来源	课程知识的稳定性	课程知识的客观性	课程知识的组织形式	课程知识的获取方式	课程思考的起点
未来一	经典学科	封闭、固化不变	客观的、既定的、无阶级性的	学术性学科分化出来的科目	单向传递学生服从	知识
未来二	任何个人、群体的学术及日常知识	任何人的质疑均可使其变化	社会建构的、带有典型的阶层性	跨学科主题、打破学术与日常知识界限的生活化课程	师生、学校与社会团体交互、参与式学习	学生的经验、动机、职业
未来三	开放性的学术知识	相对稳定的概念系统,接受质疑而产生新知识	客观性社会建构性	大学学术团体历史性积累起来的学科是"更好的"知识承载者,科目化的组织形式	交互、参与式学习	知识

扬认为,社会建构主义和相对主义理论直接导致知识的随意性,进而否定知识的客观性基础。他认为所有知识都是社会建构的,进而将教育中的学校知识和课程内容简化为立场、利益和特定群体的偏好,这必将在教育和课程内容中赋予具有优势地位的社会阶层和利益群体对知识选择和建构的更大优先权和权威性,会否定或排斥其他社会阶层和群体的价值与利益。基于此,扬提出要从"强势者的知识"转变为"强有力的知识"。"强有力的知识"作为"未来三"课程取向的原则,具备三个标准。其一,"强有力的知识"不同于日常生活经验中获得的普通知识,而是具备将学生带出自身经验范围的能力。个体在日常生活经验中获得的普通知识会随着个体成长而增加,对于学生学习很重要,但具有不能抽象出普遍真理等局限性。学校教育可以克服生活经验的有限性,能带领学生超越日常经验。其二,"强有力的知识"并非碎片化

的孤立知识，而是系统化的概念体系。它通常超越于特殊背景或具体事例而进行一般化思考，是一个互相关联的基于学科的概念系统。因此，与日常生活经验以及孤立的信息存在差别。其三，"强有力的知识"具有较强区分性的专业特征。这种专业特征体现在中小学课程通常以从大学学科分化而来的具体科目为组织形式。科目在交互式课程体系中会发挥关键作用：科目通过与学科的联系，为学生提供某个领域的专业知识；科目为学生学习架起从日常概念走向理论概念的桥梁；科目在促进教师专业认同、树立教师权威以及学生概念化思维的发展等方面至关重要。①扬认为，从"强有力的知识"产生来看，知识是某种专业社群建构的产物，是专业社群与教师、教师与社会交互的过程，必然具有社会性的特征；同时，这种知识是专业社群经过不断争论、质疑和检验的产物，超越了日常经验知识而具有客观性，且作为"更好的知识"有助于发展学生的"高阶"思维。"知识的社会性是其客观性的必然基础，并非否定知识客观性的条件。"②"强有力的知识"强调的重点不再是知识由谁控制，而是知识是什么、知识能做什么；不再将知识的客观性和社会性进行对立区分，而是承认知识的客观性和社会建构性，实现了关于知识客观主义与相对主义之争的超越，提出了社会实在论。扬强调，社会实在论中的"社会"是知识生产过程中的人类能动性，反映课程知识与特定情境的关系，"实在"强调知识本身的客观性及其与特定社会情境的相对独立性。

扬提出的"强有力的知识"和"未来三"课程取向理论，为思考学校的课程设计提供了重要指导。首先，是在学校选择何种知识作为课程内容，扬主张基于日常生活经验的知识和职业知识不应成为中等学校课程知识，原因在于这些知识与学科知识具有不同的社会属性和实践编码。③学校的任务在于带领

---

① Michael Young & David Lambert, *Knowledge and the Future School*, London, Bloomsbury, 2014, pp.51-76.

② Michael Young, *Bring Knowldge Back In*, London, Routledage Press, 2008, p.28.

③ Michael Young, *Bring Knowldge Back In*, London, Routledage Press, 2008, pp.30-31.

学生超越日常经验，获取更强有力的知识。其次，是关于学生经验在课程与教学中的作用，扬认为将学生经验作为课程设计的出发点容易导致部分家庭背景处于弱势的学生无法获取"强有力的知识"，因此，应将获取"强有力的知识"作为出发点，教师的教学设计可以充分考虑学生的经验。最后，关于课程作用，扬强调学校课程的目的是促进学生智力的发展，并非作为解决社会问题的工具。因此，不能将课程作为政府解决各种社会、经济问题的工具，职业性课程不宜过早进入学校课程，否则会让学生丧失学习"强有力的知识"的机会。①

概言之，扬早期作为一名激进的左翼教育学家，极力推崇知识的社会属性，后期逐步趋于理性，认识过分推崇建构主义的危害，呼吁要"把知识带回来"，教育要回归知识和教育本身。② 他从早期的强调课程知识的社会建构论发展到后期的社会实在论，从凸显课程知识的阶级性到承认客观性，实现了对知识客观主义与相对主义之争的超越；从批判现实到注重实践，实现其对批判现实研究传统的超越③；扬后期提出的"强有力的知识"思想关注不同阶级的学生对"更好的"知识的获取，亦突破其早期对社会公正的考量，通过洞察社会知识的选择、传递和更大范围的社会分工更深入地探讨了课程知识与社会公平的关系。

二、理查德·彼得斯的教育思想

彼得斯是英国当代著名教育思想家，分析教育哲学的主要代表人物。其主要代表作有《伦理学与教育》《教育的逻辑》《教育与理性的发展》《教育哲学》

---

① Michael Young & David Lambert, *Knowledge and the Future School*, London, Bloomsbury, 2014, pp.96-97.

② 文雯、许甜、谢维和：《把教育带回来——麦克·扬对社会建构主义的超越与启示》，载《教育研究》，2016(3)。

③ 张建珍、许甜等：《论麦克·杨的"强有力的知识"》，载《清华大学教育研究》，2015(6)。

《教育与教师的教育》《道德发展与道德教育》等。同时，彼得斯长期致力于将教育哲学发展成哲学的一门新的分支学科，他和赫斯特发起成立英国教育哲学学会并长期担任学会主席，标志着分析教育哲学伦敦学派的兴起。

彼得斯主张教育哲学应关注价值判断的问题。他的一贯立场是"坚持教育活动必须追求价值，注重教育分析的伦理学内容"①。彼得斯认为，部分分析哲学家立足一种旁观者的身份、主张以不带任何偏见的视角对概念进行澄清，使得他们不敢或不愿提出高水平的建设性意见，这种研究往往停留在对世界表述语言及思想形式的分析，而并未进入对世界本身的研究。这容易导致分析哲学领域日趋狭隘和零碎。彼得斯提出，由于教育本身就是追求有价值的活动，必须把伦理原则运用于教育情境中。澄清各种教育概念和教育问题的前提是厘清何为有价值的活动，因此他侧重从伦理学和社会哲学的角度展开对教育问题的探讨。

彼得斯首先对"教育"概念进行深入分析。"当前我们迫切需要获得一种关于教育的清晰的概念，这一概念的澄清是教育哲学家最突出的任务。"②什么是教育？在彼得斯看来，"教育是指以一种道德上可接受的方式，有意识地正在或已经传授某些有价值的东西"③。教育意味着要取得有价值的成果，且教育方式是有道德的。"'教育'并非区分任何特定训练过程或讲课活动的概念，而是提出训练过程必须遵循的标准，其中之一是应该传递有价值的东西。"④由此，教育意味着应该遵循特定的标准并有内在的价值。具体包括以下方面：教育是一种有目的、有意识的活动，并非自然成熟或生长的生物过程；教育者有意识地使受教育者朝着更好的目标发展，是将受教育者引入有价值的活

---

① 单中惠：《西方教育思想史》，911页，太原，山西人民出版社，1996。

② Richard Peters, *Authority, Responsibility and Education*, London, George Allen & Unwin Ltd., 1973, p.82.

③ 任钟印：《世界教育名著通览》，1679页，武汉，湖北教育出版社，1994。

④ Richard Peters, *Authority, Responsibility and Education*, London, George Allen & Unwin Ltd., 1973, p.87.

动中；受教育者必须拥有相应的知识和理解力；教育方式应该是道德的，受教育者必须是自主自愿的，而不是强制灌输的。[①]

彼得斯继而提出教育是培养一种"受过教育的人"的过程。何为"受过教育的人"？在彼得斯看来，"受过教育的人"不仅应掌握技能性知识，而且应掌握某种系统的知识和理解某种概念图式、懂得组织事实的原则。"受过教育的人"在观察事物的方式上必须形成自身独特的风格，必须理解和掌握关于思维形式和意识内部的评价标准。彼得斯强调，"我们绝不会把只通晓某些特定文化活动，却不关心其内在标准的人称为'受过教育的人'"[②]。相反，"受过教育的人"应该掌握和关心所传授的有价值的东西。

同时，彼得斯探讨了"教育"与"训练"、"教育"与"教学"等概念的不同含义。他指出，"训练"通常具有应用性，与具体的目的或作用相联系，根据发展某些具体思维和实践的准则进行练习，从而习得某些技巧或能力。"教育"则指有意识地传递有价值的东西，通过教育促使个体理解和掌握这些有价值的东西。个体通过训练能发展特定的技能，能严谨而有把握地处理某些问题，受过教育则将与更广泛的信念体系相关联。正如一个受过严格训练的科学家如果只致力于科学思考和实验活动，把科学作为物质增长的手段，却无视科学与其他事物的联系，仍不能称其为"受过教育的人"。关于"教育"与"教学"，彼得斯指出，"教学"通过理解和评价等方式让学生获得知识、技能和行为规范，要求教育者向学生揭示事物的缘由，并促使他们进行评价和批判。"教育"是引导学生达到一定标准并取得某种成果，涉及包括一定标准的教学、训练和讲授等活动。"教育"意味着促使人们学习和掌握能反映教育本质的那些有价值的东西，"教育涉及一些基本的过程，有它自己的地位。相对而言，

① 易红郡：《英国教育思思史》，490~491页，上海，华东师范大学出版社，2017。
② 易红郡：《英国教育思想史》，492页，上海，华东师范大学出版社，2017。

'训练''教学'和'指导'等更为具体"①。

此外，彼得斯探讨了"教育与人的发展"以及教育目的等问题。在彼得斯看来，发展是指一段时间内某种不可逆的连续变化，其变化的方向与它所产生的某些结果有关。通过对内格尔(Ernest Nagel，1901—1985)发展概念的考察，彼得斯强调，基于生理学视角可以认为，"人的发展"是从潜在的变成现实的过程，但更需要关注"人的发展"中的心理发展。心理发展相对更为复杂，并非简单的个体认识多少或自我表现的个性问题，而是按照社会经验形式发展的问题，发展具有阶段性和顺序性。关于教育目的，彼得斯认为，围绕教育目的的大多数论争涉及程序原理，所谓目的是指不同的评价方式被嵌入不同的程序之中，所有这些都可以纳入"教育"的一般概念，应该通过适当的手段达到目标意义上的目的。②

总之，彼得斯通过对教育、教育目的、教学、训练、受过教育的人、教育与人的发展等系列概念的深入分析，澄清了传统教育哲学对这些概念的模糊认识。彼得斯始终强调教育哲学要澄清概念，要避免对概念的空洞分析，而且要提出规范性和有价值的判断，并对教育实践有所帮助。彼得斯开创了新的教育哲学分支，并力图把分析教育哲学的成果运用于诸多教育问题的解决中，被认为是活跃在20世纪后半叶乃至21世纪的"英国教育哲学之父"。彼得斯"成功地使教育哲学具备了自己独特的性质：既是当代哲学一个生机勃勃的领域，又是教育研究一个主要和独立的领域。他把教育哲学看成是发展中的学科，将概念分析的方法和成就运用于其传统问题的研究中来。他还清晰地看到，教育哲学具体地研究教育问题，由此对教育目的、内容和过程的

① Richard Peters, *Authority*, *Responsibility and Education*, London, George Allen & Unwin Ltd., 1973, p.98.

② 易红郡:《英国教育思想史》，493页，上海，华东师范大学出版社，2017。

理解产生深刻影响"①。然而，彼得斯的分析主要着眼于教育与个体的关系，对人的社会本质以及教育与社会发展的关系有所忽视；同时，他重点强调人的认知能力，而忽视了人的情感、意志和性格等因素②，因而也遭到了学界的质疑与批判。

三、保罗·赫斯特的教育思想

赫斯特是当代国际著名教育哲学家，与彼得斯一起成为分析教育哲学的"伦敦学派"。"英国教育哲学的发展与两个领袖密切相关，赫斯特和彼得斯成为影响几代教师和全世界教育家家喻户晓的名字。"③赫斯特主要致力于教育理论与实践的关系，课程目的、内容和组织，德育，宗教教育与美育等领域的研究，主要论著有《博雅教育与知识的性质》《知识与课程：哲学论文集》《教育理论及其基础学科》和《教育的逻辑》(与彼得斯合著)等。

赫斯特主张对教育理论的本质进行重新界定和澄清，力图将教育理论描述成一种实践性理论。即阐述和论证一系列实践活动的行动准则④，强调教育理论应关注"改进"和"指导"实践活动。赫斯特指出，教育理论关心的是实践的原则，因此，应将实践性理论与纯粹理论区分开来，纯粹理论关注获得理性的认识，而实践性理论关心的是做出理性的行动。⑤教育理论的主要目的是为教育实践制定理性的原则。为实现这一目的，教育理论应充分利用心理学、历史学、社会学、哲学等社会科学中的理论知识以阐释和论证理性的原则。

---

① [英]帕特里夏·怀特、保罗·赫斯特：《分析传统与教育哲学：历史的分析》，石中英译，载《教育研究》，2003(9)。

② 易红郡：《英国教育思想史》，494 页，上海，华东师范大学出版社，2017。

③ [英]乔伊·帕尔默：《教育究竟是什么? 100 位思想家论教育》，任钟印、诸惠芳译，560 页，北京，北京大学出版社，2010。

④ 易红郡：《英国教育思想史》，496 页，上海，华东师范大学出版社，2017。

⑤ 瞿葆奎、沈剑平：《教育学文集·教育与教育学》，441 页，北京，人民教育出版社，1993。

社会科学的每一门学科都有自身的理论问题，这些问题仍具有各自的学科属性，其结论并非实践原则。在赫斯特看来，"每门学科都从复杂的实践中进行适合于它自身有限的抽象"，它们的成果"都不足以恰当地制定出教育实践的原则"①。这些学科只能为教育理论提供不同的论据，而不能作为实践原则的基础。希望通过各学科抽象的概念组合来认识教育实践活动是行不通的，无异于一种乌托邦。在此基础上，赫斯特强调，理性的实践必须在一种范围内获得，应该将其与所产生的社会背景联系起来。只有从总体上认识理性活动的本质及其要素，才能更加合理地思考和论证具体的教育活动。由此，发展理性的教育实践关键在于考察实践及其包含的原则，分析实践者所运用的知识、信念和原则，以此种方式对教育实践展开分析便可称其为"操作性教育理论"。换言之，"操作性教育理论"在不同程度上将教育活动与非教育活动、信念和原则等联系起来，目标指向更加理性的教育实践。

同时，赫斯特对博雅教育与知识的关系进行深入研究，并引起学界的广泛关注。赫斯特考察了古希腊时期的博雅教育观，主张博雅教育产生于古希腊的哲学学说中，且在当时的实践生活中已充分发展。古希腊人认为，知识的成就满足并充实了心智，也是人们发现整个美好生活的重要手段，对知识的追求就是对心智之善的追求。"由于教育是按照知识本身的形式及各形式之间的协调而有等级的相互关系，在教育的范围、结构和内容方面客观地规定的。……心智朝着这种教育所指的方向在技能、德行或其他方面的发展，必然会达到心智的至善。"②赫斯特认为，教育作为一种有目的地促进个体发展的活动，必然涉及价值层面的考量。这些价值通常代表了社会上少数人的利益，并且总是充满了争论并遭到质疑和批判。衡量这些价值的终极性依据或客观标准何在？在赫斯特看来，自古希腊以来被反复确定的各种形式的知识

---

① 瞿葆奎、沈剑平：《教育学文集·教育与教育学》，444 页，北京，人民教育出版社，1993。
② 瞿葆奎：《教育学文集·智育》，84 页，北京，人民教育出版社，1993。

中蕴含着依据和标准。由此教育应该以知识本身的性质和重要性为依据，而不是建立在学生的兴趣、社会的需求以及政治家的观念的基础之上。在此基础上，赫斯特提出自身对"知识形式"的看法，通过分析美国哈佛委员会的报告《自由社会中的普通教育》，认为哈佛报告中对博雅教育的界定及特征描述是存在问题的，容易导致教育观念的泛化。因此，他主张依据知识的具体形式来界定博雅教育，博雅教育与知识的具体形式是密切相关的。具体而言，赫斯特强调，博雅教育是一种由知识本身决定范围和内容，并由此与心智发展相关联的教育。"尽管没有任何有关实在的形而上学学说，博雅教育的这种观念仍具有一种与原先的希腊概念相类似的意义。这是一种不管理性知识采取何种形式而直接与心智在理性知识方面的发展相关联的教育。"①

知识的具体形式是对各种经验进行系统的表述。由于经验对象和表述方式存在差异，各种知识形式必然具有各自的特征。这些特征通常表现在：每种知识形式都有各自特有的核心概念；在特定的知识形式中，这些概念会建构一个可以从中理解经验之可能关系的网络，从而彰显其特有的逻辑结构；每种知识形式凭借各自的概念和逻辑，构成可以用经验加以检验的表述或陈述方式；各种知识形式形成了探索经验并加以检验的特殊技能。赫斯特强调，根据以上特征可以对知识的具体形式进行区分，但很难明晰各种知识形式包含的一切。他主张将各种形式的知识大致分成两大类：其一，性质不同的知识形式，例如自然科学、人文科学、历史、数学、哲学、艺术等；其二，知识领域涉及理论和实用两方面。这些性质不同的知识形式以及道德知识构成了理解经验的全部方式。②

由上可见，赫斯特注重从认识论角度理解教育相关概念及问题。值得注意的是，他在后期的研究中又逐渐放弃了对认识论的强调，主张教育不是获

---

① 瞿葆奎：《教育学文集·智育》，98页，北京，人民教育出版社，1993。
② 易红郡：《英国教育思想史》，500页，上海，华东师范大学出版社，2017。

得理论知识和发展认知能力，而应指向更美好的生活。总体而言，赫斯特作为分析教育哲学的主要代表人物，不仅在教育思想上卓有建树，对英国教育制度的建构及教育政策的制定也产生了重要影响。赫斯特"以其善于鼓舞人心的光辉教师形象、坚定不移的辩论者形象、以及作为一位高效的有远见卓识的教育领导者的形象，赢得了广泛的尊重"①。

四、约翰·怀特的教育思想

怀特是英国当代分析教育哲学的代表人物、伦敦学派的第二代传人，曾担任伦敦大学学院教育学院教育哲学系主任、英国教育哲学学会会长等。他在教育目的与学校课程方面发表了大量论著，着力探讨各种教育目的之间的关系以及教育目的如何在学校课程中得以运用。其主要代表作有《论必修课程》《作为教育改革家的哲学家》《再论教育目的》《教育与美好生活：超越国家课程》《面向所有人的国家课程：为成功奠定基础》等。

怀特围绕"教育目的"开展了广泛深入的历史探究及现实考察。针对"1929年出版的《教育目的》对英国教育理论与实践产生了深远影响，但此后并无系统阐述教育目的之力作"②，怀特力图通过历史与现实的考察深化对教育目的的研究，他的《再论教育目的》表明与《教育目的》之间的传承关系。"尽管前人已对特定的教育目的进行了大量的研究，但尚未系统地探究它们之间可能存在的内在关系。"③因此，怀特力图构建教育目的的完整体系，论述其中的重点及内在联系，旨在从应然层面探究"教育应该是怎么样的"。他重点考察了以学生为中心的教育目的、以社会为中心的教育目的及实现教育目的应具备的条件。

---

① [英]乔伊·帕尔默：《教育究竟是什么？100位思想家论教育》，任钟印、诸惠芳译，559页，北京，北京大学出版社，2010。
② 易红郡：《英国教育思想史》，501页，上海，华东师范大学出版社，2017。
③ [英]约翰·怀特：《再论教育目的》，李永宏等译，5页，北京，教育科学出版社，2001。

以学生为中心的教育目的主张教育应考虑学生的利益。"教育工作者和教育学家只有认为教育应该主要为学生的利益着想才算得上是明智之举。"①怀特认为,教育首先要满足学生的基本需求,如吃穿住行等方面的具体需求。这些基本需求本身并不构成目的,而被看成是获取更为广泛意义上的幸福的必要手段。个人幸福也不能仅局限于有基本需求的满足,必须追求自身的目的即"内在需求"。怀特进而指出,教育工作者如果以增进学生的利益为教育目的,他们的工作应该具有双重目标:增强学生的理解力以及塑造学生的气质,促使他们的行为能按照某种方式进行。"就实用角度而言,这两个目标是密不可分的。其中气质的重要性占据首位,因为我们所描述的以学生为中心的教育目的旨在把孩子培养成某一类人。掌握知识和培养理解力本身并非教育目的,但若其缺乏,我们便无法形成必要的气质。"②

同时,怀特主张教育除了考虑学生的利益,也应考虑经济目标、社会利益及学生的道德义务,具体阐述了以社会为指向的教育目的。基于经济发展的教育目的一定程度上扩展了学生的用武之地,促使学生成为自己命运的主人,但过于强调教育目的的经济目标会使学生最大限度地追求并适应某种具体职业,而限制其前途发展的更多可能性。怀特认为,基于经济发展的教育目的与以学生为中心的教育目的所要求的知识与理解能力、气质等存在一定的冲突。解决冲突的可行方式有:避免矛盾的产生,强调教育目的旨在追求知识本身,不提及经济目标;教师教育实践中通常采取妥协的方式,诸如一方面向学生教授基本技能,另一方面让学生参加各种活动以促进其个性的发展。然而,妥协的方式并不能真正解决这两种教育目的之间的冲突,"各种欲望把我们限制在短暂的个人幸福中,因为它们之间的冲突是不可避免且无法消除的。我们把这种冲突看做是我们本性的一部分,通过整体的反思和规划

① [英]约翰·怀特:《再论教育目的》,李永宏等译,31页,北京,教育科学出版社,2001。
② [英]约翰·怀特:《再论教育目的》,李永宏等译,66页,北京,教育科学出版社,2001。

把我们的欲望顺序排列起来，以此包容冲突而并非消除它……可行的调和方式是承认存在冲突，但每个人都能自主地制定自身的生活计划"①。

再者，怀特强调教育目的要考虑道德因素。他反对纯粹以学生为中心的教育目的，反对把孩子培养成彻底的非道德主义者。如果教育发展完全以增进学生的幸福为指向，就有可能导致学生在成长过程中误认为幸福便是一切，有可能使其发展成为一个既缺乏对道德义务的理解，又不愿去履行道德义务的非道德主义者。因此，有必要将以学生为中心的目的与教育的道德目的两者联系起来。怀特主张这两者本质上是相一致的。道德的重要性在于增进人们的幸福，实现道德目的的最佳方式便是给每个人充分的空间去追求自己的目的。教育促进学生自主地追求个人幸福，这种个人幸福可以包含在过一种道德高尚的生活之中。需要指出的是，怀特进一步探讨了如何将道德自律引入社会经济及政治目的，如何在教育目的中寻求经济目的与道德目的的结合点，如何实现学生利益与社会需求的统一，以及实现教育目的所需的教育系统内部条件及外部的社会经济条件。②怀特强调，教育目的的核心内容是促使学生成为一个具有道德自主性的个体，该目的的实现依赖于各种必要条件。首先是具备良好的社会经济条件，"只有在一个生活水平高于温饱层次，具有丰富的物质产品、充分的卫生和教育设施、良好的工作条件和所有人都能享受闲暇的社会中，这点才可能实现"③。同时，教育目的的实现也需要以社会层面的文化精神、校园文化及课程等条件作为重要支撑。唯有如此，教育才能培养真正受过教育的人，这样的人既具有审慎、勇气、克制、关心个人利益等一般品质，也具备仁慈、公正、诚实、宽容、信用等更具道德意味的品质。"真正受过教育的人通常崇尚人的自主性，富有主见，能超越狭隘的目

---

① ［英］约翰·怀特：《再论教育目的》，李永宏等译，78页，北京，教育科学出版社，2001。
② 易红郡：《英国教育思想史》，503页，上海，华东师范大学出版社，2017。
③ ［英］约翰·怀特：《再论教育目的》，李永宏等译，158页，北京，教育科学出版社，2001。

的，能运用想象力去理解他人的思想……真正受过教育的人具有活力，倾注全部热情去追求、规划并过好自己的生活。"①换言之，受过教育的人应该理解个人幸福的内涵、"自身目的"的多元性，以及实现目的的具体手段及可能障碍。

概言之，怀特作为伦敦学派的主讲，对于民主社会中教育目的应该是什么这一重要问题进行了深入系统的阐述，并对影响教育目的的相关因素(如学生利益、经济目的、道德义务、政治目的等)展开探讨，一定程度上摆脱了英国分析哲学传统的束缚，使用抽象的伦理和政治原则理解教育目的，反映了道德和政治哲学的革命性发展。② 很显然，怀特的教育思想体现出浓厚的英国自由主义政治及伦理色彩。

本章小结

20世纪末至21世纪初，基于经济全球化进程的加速、国际竞争的加剧，以及国内政治生态复杂化、经济发展遭遇瓶颈、社会文化日趋多元、移民和脱欧等多重挑战，英国在学前教育、基础教育、高等教育、职业技术教育、教师教育和公民道德教育等领域实施大刀阔斧的改革，且取得了相应的成效。

第一，英国学前教育改革持续推进学前教育免费化，2003年"每个儿童都重要"政策规定，延长英国现有的免费学前教育年限，使全国范围内的三岁儿童享受免费教育。③ 2004年"儿童保育十年战略"，指出学前教育的终极目标

---

① ［英］约翰·怀特：《再论教育目的》，李永宏等译，139页，北京，教育科学出版社，2001。
② 易红郡：《英国教育思想史》，504页，上海，华东师范大学出版社，2017。
③ UK Parliament, Every Child Matters, https://assets.publishing.service.gov.uk/government/uploads/system/uploads/attachment_data/file/272064/5860.pdf, 2020-12-26.

是为所有 3~5 岁的孩子提供每周 20 小时的免费教育。① 2006 年《儿童保育法案》将免费教育这一政策写进法律以获得法律的保障。而后，2016 年颁布的修正后的《儿童保育法案》提出为符合自费的工薪家庭的 3~4 岁的儿童提供每周 30 小时的免费保育服务，每年服务时长要超过 38 周，或一年内提供与之相当的总时数。② 从政府颁布的政策和法律来看，英国学前教育免费化的趋势十分明显，且正在不断推进早期免费教育并逐步扩大免费教育的范围，以及增加免费教育的时长。第二，21 世纪以来英国学前教育改革倡导儿童保教一体化。英国学前教育机构存在长期保教分离的问题。2004 年开始，早期教育与保育被整合到一个共同的体系当中，由英国教育和技术部的"确保开端"项目小组全面负责，英国中央政府与地方政府紧密配合，通过跨部门的合作为儿童及其家庭提供了优质的整合服务。③ 2006 年《儿童保育法案》以法律的形式强调实施"儿童保教一体化"的学前教育方式并一直持续到现在。在学前教育管理体制方面，近年来英国政府逐渐强化了中央政府对学前教育的管理，明确地指出政府各部门相对应的职责与权力，加强了各个部门之间的协调和合作，共同促进学前教育蓬勃发展。

英国基础教育改革注重发挥学校办学自主权。即使施行了国家统一课程后，也注重逐步放权给地方和学校，给予学校和教师课程灵活性的空间，增加学校在开发校本课程方面的自主权，注重实现国家统一与学校资助之间的有机统一。英国政府直接干预教育改革已成大势所趋，但并非绝对的集权，而是寻求国家与地方当局以及学校之间的平衡与协作。同时，英国基础教育

---

① HM Treasury, Department for Education and Skills, Department for Work and Pensions. Choice for Parents, the Best Start for Children: a Ten Year Strategy for Childcare, https://dera.ioe.ac.uk/5274/2/02_12_04_pbr04childcare_480-1.pdf, 2020-12-15.

② 北京教育科学研究院国际教育信息中心：《全球化时代国际教育发展趋势：近年来发达国家教育改革的政策分析》，124 页，福州，福州教育出版社，2019。

③ 庞丽娟、刘小蕊：《英国学前教育管理体制改革政策及其立法》，载《学前教育研究》，2008(1)。

改革追求公平与效率。英国基础教育改革致力于"建设高教育水平社会，让来自不同背景和家庭的儿童获得平等的教育机会"。追求教育公平体现在确保教育机会公平和教育过程公平两个方面，强调教育要促使每一个来自不同背景的学生获得知识、经验和技能，为他们适应未来社会做准备，同时造就有素养的公民。在教育过程中，强调对不同种族、不同宗教信仰的学生、残疾学生、移民学生等群体的尊重，根据学生的实际需求设计相应的教学方案与评价办法。再者，英国基础教育课程改革和学生评价方式日趋多样化。国家课程不只注重英语、数学和科学核心科目的学习，还增加了凸显个人能力和时代发展的外语计算机等科目，以期为学生提供更丰富和多元化的课程选择。学校对学生的评价方式也不再局限于单一的考试评定，采用了"学生发展评估模式"等新的评价方式，为国家培养和甄选出各方面出类拔萃的人才。此外，英国基础教育改革强调关注不同青少年的教育需求。2014年英国教育部发布的《青年合同：16—17岁》，致力于支持处于无业状态的年轻人接受教育、培训。① 这一计划直接针对无业的青少年，可以使青少年摆脱困境，获得再次受教育或工作的机会，满足他们内心渴望获得教育或就业的需求，进而促进其能力的发展。同时，英国政府也尤其关注具有特殊教育需求的学生。2011年发布的关于特殊教育的绿皮书《支持和期待：特殊教育需要和残疾的新方法》（Support and Aspiration：A New Approach to Special Educational Needs and Disability，简称 SEND）强调了特殊教育的重要性。② 《学校资助改革：迈向更公平制度的下一步》（School Funding Reform：Next Steps Towards A Fairer System）还制定了改革措施：制定统一的法定评估程序，以整合教育、保健和护理服务。

---

① Department for Education，"Youth Contract：16-and17-year-olds"，https：//www.gov.uk/government/publications/youth-contract-16-and-17-year-olds，2020-08-21.

② Department for Education，"Support and Aspiration：A New Approach to Special Educational Needs and Disability"，https：//www.gov.uk/topic/schools-colleges-childrens-services/special-educational-needs-disabilities，2020-08-21.

2014 年，25 岁以下有特殊教育需要或学习困难的学生将使用这一单一标准进行评估，而教育、保健和护理方案将整合三个服务部门，以确定和支持学生的特殊教育类型。① 可见英国政府通过提供更多的教育和培训的机会以及特殊教育服务等不同的方式来满足不同类型学生的教育需求，这也体现出英国基础教育类型越来越多样化。

英国高等教育改革与发展战略对于维持英国在全球教育竞争中的领先地位具有深远影响。综观其改革举措，可以发现 21 世纪以来英国高等教育发展继续坚持市场中心主义的改革方向。这种市场化改革的进程循序渐进，并通过各种立法途径来保障改革方案的顺利实施。各个高校都非常重视对于学校领导能力的建设，包括重视办学特色和使命、愿景；重视学校未来发展战略的研制；重视学校内部治理体系的建设；重视高校管理团队专业化发展等。面对市场的需求，各个高校对于自身的功能定位非常清晰，办学行为的自主性和能动性很强。同时，英国高等教育改革更加注重公平，强调将公平获取高等教育机会、促进社会流动作为高等教育改革的战略重点之一。同时，更加注重高校教学质量保障体系建设，通过"教学卓越框架"等将学生满意度、学生保留率、毕业生就业状况等作为评价高校的重要指标。此外，英国高等教育改革更加强调全面均衡地推动教育国际化。教育国际化一直是 21 世纪以来英国高等教育发展战略的重要内容，实施积极发展，支持跨国教育等举措，面对海外学生对英国高质量教育的需求，取得了较好成效。过去十多年间，英国高等教育最主要的变化之一是国际学生数量的迅速增加，近两年由于受到新冠疫情的影响国际学生数量有所减少。英国高等教育管理体制改革还呈现出两极分化的发展态度：一方面，高校继续坚守自治的传统，充分发挥高

---

① Department for Education, "School funding reform: next steps towards a fairer system", https://assets.publishing.service.gov.uk/government/uploads/system/uploads/attachment_data/file/179138/school_funding_reform_-_next_steps_towards_a_fairer_system.pdf, 2020-08-28.

校在办学活动中的积极性和主体性；另一方面，进一步完善政府监管体系，通过颁布法律法规、绩效评估、风险监管和问责制等举措，保护学生和纳税人的利益，政府尽力扮演好促使高等教育高质量发展的"守夜人"角色。

英国职业教育改革重视职业教育立法，通过各种法案保障职业教育的稳定发展。如《为了每一个人的成功：改革继续教育和培训》《继续教育：提高技能、改善生活机遇》以及《英国学徒：我们的 2020 愿景》等法案，以提高英国职业教育和学徒培养质量为出发点，为每个阶段提出具体的发展目标。强调学徒培养质量，通过职业教育教学模式、课程内容以及评估方式等改革，有效地提升了职业教育学徒培养的成效。职业教育改革中关注学徒核心素养和关键能力的培养，以期达到国际同行公认的水平。此外，加强职业教育师资队伍建设，英国采取一系列措施包括专业标准和资格证书标准的调整、加强教师入职培训以及鼓励教师专业发展等以期为职业教育持续发展提供高水平教师。最后，鼓励社会各界参与，形成政府主导、企业行业和其他社会团体高度参与的职业教育发展共同体。

英国教师教育改革与发展主要表现出以下特点和趋势。其一，教师教育改革一体化。为提升教师专业发展水平，英国教师教育改革致力于将教师的职前培养、入职教育和在职培训相互衔接成一个有机整体，即教师教育一体化。这种一体化趋势在英国教师教育标准发展中得以显著体现。英国较早时期的教师教育标准通常只涉及教师职前培养要求和合格教师资格标准，2007年之后的教师专业标准则对职前培养、入职阶段、在职培训等各个时期的专业发展要求进行了详细的规定，体现了教师教育一体化的发展需求。其二，教师教育的新专业主义。这主要表现为政府持续颁布教师专业标准，将教师行为和学生学习成就作为评价教师专业水平的重要依据，强调教师通过终身学习实现持续性专业发展。①新教师专业主义涵盖了教师知识、能力、情感、

---

① 吕杰昕：《"新专业主义"背景下的英国教师专业发展》，载《全球教育展望》，2016(8)。

价值观等多元因素，并集专业标准、持续专业发展、新任合格教师指导、绩效管理于一体的理念。其三，教师教育改革的表现主义。20 世纪 80 年代以来以标准和问责为主要特征的表现主义改革浪潮对国际教育改革和发展带来了重大的影响，表现主义是英国自撒切尔政府以来，教育改革最主要的政策工具。① 21 世纪英国教师教育改革一定程度上呈现出表现主义的价值取向，政府以温和或激进的方式将表现主义渗透于教师专业发展过程中，表现为用以量化标准为主的多重性目标来评价衡量教师的工作，强调建立对学校教师的外部监管机制，通过推行教师绩效工资等加强对教师的管控和约束。② 这些举措导致教师之外的利益相关者纷纷参与教师专业标准制定和教师培养方案的确定等教师教育改革过程，对教师角色产生了变革性的冲击，改变了教师原有的价值观念和道德判断，影响了教师专业身份的认同，忽略了教师专业的价值理性，一定程度上导致教师的去专业化。其四，教师教育改革迈向民主化。英国教师专业化进程和教师教育改革一直处于管理专业化和民主专业化的博弈之中。③ 管理专业化主张教学是一项技术性的工作，强调教学的程序化和规范化，通常以绩效、问责和标准为核心。民主专业化立足于教师专业自身特性，强调教师、学生、家长及社区之间的通力合作，鼓励教师批判性地审视教学过程，成为社会正义、自由与民主的引领者。就现状而言，教师工会等专业组织通常主张民主专业化，而政府和学校强调管理专业化。当前管理专业主义仍然占据上风，教师教育改革中的绩效制、问责制都表现出典型的外部治理控制模式。然而，部分专业组织和研究者指出管理专业主义将教师的成功简单等同于满足教师标准，忽略了教师的专业自主性，应该将教师

---

① S. Ball, "Education reform as social Barberism: economism and the end of authenticity", *Scottish Educational Review*, 2004(1), pp.4-16.

② 黄亚婷、桑文娟:《"表现主义"改革进程中的英国教师身份认同》，载《教师教育研究》，2014(4)。

③ 郭瑞迎、牛梦虎:《英国教师持续性专业发展: 背景、内涵及发展趋势》，载《教师教育研究》，2019(6)。

从外部控制中解放出来，帮助教师重新树立专业权威。① 其五，教师教育改革扎根于专业实践。20世纪90年代以来，英国开始实施以学校为基地的教师培养模式，促进大学和中小学通力合作共同承担教师培养的重任。近年来，英国教师教育改革进一步从以高等教育机构为中心转向以中小学为中心，在以学校为基地的教师培养模式上构建了以中小学为主导的教师教育培养。换言之，教师培养和专业发展立足于中小学实践，强调在真实的专业场景中培养教师。这种扎根于实践的教师教育改革也成为近年来国际教师教育发展的新动向。

英国公民与道德教育改革与发展，强调政府在公民教育改革发展中发挥主导作用。20世纪八九十年代以来，随着诸多社会问题和道德问题的日益严重，加之受到国际公民教育发展的影响，英国政府认识到提高年青一代公民素养、开展公民教育的重要性和紧迫性，立足国家层面纷纷出台各种政策法规以推进公民教育。首先，《科瑞克报告》直接提出将公民教育纳入国家课程体系，公民教育在2000年和2002年相继被引入英国小学和中学。其次，不断调整和完善公民教育国家计划。21世纪前十年，英国公民教育主要以《科瑞克报告》为理论指导和行动纲领，注重培养具有权责意识、主动参与的积极公民，强化公民对共同体政治的认同。伴随经济全球化进程的不断推进，大量新移民的不断涌入，社会发展多样化和多元文化日益凸显，国家认同面临挑战，2014年英国政府试图采取更具包容性的公民教育话语表达方式，在国家层面倡导英国核心价值观教育。最后，公民教育路径日渐多元化。21世纪以来英国公民教育不断推进实施，公民教育具体路径呈现多元化发展趋势。《科瑞克报告》之后通过专门课程开展公民教育，公民教育作为独立的学科被纳入国家课程体系，特别是中学阶段被作为国家法定课程。同时，保留且注

---

① F. Patrick, C. Forde, A. Mcphee, "Challenging the new professionalism: from managerialism to pedagogy", *Journal of In-service Education*, 2003, 29(2), pp.237-254.

重学科渗透方式，在英语、历史、地理等学科中渗透与公民教育相关的内容。再者，强调通过学校与社区活动开展公民教育。英国教育部、资格与课程局联合出版的公民教育手册中明确提出每位青少年都应参与班级和学校管理、探讨公共事务问题、参与实际选举活动、参与社区活动等，以此培养青少年的社会责任感、参与公共事务能力以及公民素养。此外，注重利用大众传媒开展公民教育。通过将信息与通信技术与公民教育相整合，以互联网为平台对青少年进行公民教育，以此培养适应信息化社会发展需要的数字公民。

总而言之，21 世纪以来英国教育改革紧扣本国的教育实际，组织专业化、跨领域的专家团队，在前期充分调研的基础上明晰改革目标进而推行具体改革举措，教育改革取得了相应的成效，但也面临诸多新问题和不确定性。同时，英国教育改革中，工党政府与保守党联合政府之间因执政理念的不同而导致教育政策、教育实践存在差异甚至相左。教育改革缺乏连续性且过于频繁，一定程度上弱化了教育改革的预期成效。

第四章

20 世纪末至 21 世纪初期的法国教育

自 20 世纪 80 年代起，世界各国教育呈现出两个重要趋势：一是各国开始对本国的教育体制、教育治理、教育水平和质量进行全面、深刻的整体性反思；二是各国强调对本国教育发展进行顶层综合性规划，并在此基础上通过调整教育财政支出、推动中央教育权力下放、完善教育结构改革等方式优化教育资源分配、转变教育发展方式，加大教育对外开放力度，从而提升本国教育综合竞争力，更好地实现教育公平和卓越发展。法国作为全球重要的教育大国，在经济全球化和信息技术革命的冲击下，也不得不回应知识经济社会发展对教育提出的新要求。法国的历任总统先后提出过一系列雄心勃勃的国家教育改革蓝图，尽管其教育改革理念与政策措施各不相同，但每届政府都拥有一个共同的愿景——全面提高法国教育的质量，全力促进教育公平与社会公正，并在此基础上，提升法国的国家综合竞争力，维护法兰西共和国的影响力和国际地位。本章重点梳理 20 世纪 80 年代以来法国教育改革的背景，分析并总结其主要政策措施和重要教育思想。

第一节　教育改革与发展的背景

一、"辉煌 30 年"后的法国

第二次世界大战结束之际，法国国力对比美国的强势崛起表现得相对衰弱，但在战后最初的 30 年间，相对和平稳定的政局使法国在社会经济等方面取得了令人瞩目的发展和成就。特别是在戴高乐担任总统的早期，法国通过发展规划大大增强了综合国力，进入初步发展阶段，为实现"经济起飞"奠定了良好的基础。① 其具体措施包括：加大国家对经济的强力干预与管理，促进经济的协调发展；大力发展民族经济，尽量摆脱美国对经济的控制；工业、农业现代化同步进行，相互促进；依靠共同市场，扩大对外贸易；加强科学研究和技术引进，提高劳动生产率。② 法国经济学家让·富拉斯蒂埃（Jean Fourastié）将这一时期称为"辉煌 30 年"。

法国社会经济的迅速腾飞随着世界石油危机的爆发戛然而止，通货膨胀、经济滞胀、失业率居高不下和公共服务效率不高等问题凸显。与此同时，法国财政开始捉襟见肘，贸易自由化与国际化致使法国某些产业出现"空心化"，市场竞争力有限，社会矛盾日趋激化。特别是 20 世纪 90 年代，新自由主义在欧洲不断上升，法国政府认识到，只有适应国家现代化、地方民主化和公共行政管理高效率的发展需求，才能更好地缓解经济危机和社会不满，应对经济全球化带来的冲击。这一时期，法国一方面正视自己在"硬国力"方面与美国和德国（统一后）等国家的差距，另一方面也更加强调所谓"软国力"及其优势。③

---

① G. Georges Duby, *Histoire de la France: des origines à nos jours*, Paris, PUF, 2003, pp.882-883.

② 吕一民等：《法国教育战略研究》，15~17 页，杭州，浙江教育出版社，2014。

③ 吕一民等：《法国教育战略研究》，21 页，杭州，浙江教育出版社，2014。

二、地方分权改革的新思路

20 世纪 80 至 90 年代，社会党出身的总统弗朗索瓦·密特朗执政后，在经济上重视加强国家对经济生活的干预，改革经济结构、主张企业国有化、积极扩大就业、增加社会福利等；在政治上，推行以地方分权为中心的体制改革，充分发挥地方民主，提高行政效率，以逐步改变法国传统的中央集权体制，并在 1982—1985 年推出了声势浩大的分权改革。[①]

法国行政区按照大区(régions)、省(départements)和市镇(communes)划分。地方分权是与公共服务集权管理相对的概念，是指政府"有针对性地向各地方进行分权，在市镇、省、大区和国家之间建立新的分配职能"[②]。1982年，法国政府颁布《关于市镇、省、大区权力与自由法》(又称《德菲尔法》)，开启了中央集权向地方分权和国土整治规划。改革旨在促进法国人口合理分布和地区经济均衡发展，调动落后地区的积极性，促进落后地区经济发展，扭转经济僵局。此后，法国政府相继出台新的权限分配法，地方政府则在本地区经济发展、社会服务、医疗卫生和文化教育等领域扮演越来越重要的角色。

2015 年，法国为进一步削减公共开支、提高公共行政效率，开始对法国地理区域的行政划分进行改革，并于 8 月 7 日颁布《共和国地理区域新划分法》。自 2016 年 1 月 1 日起，法国本土 22 个大区被合并成 13 个大区。改革还取消了 9 个地区行政长官和地区卫生管理局总局长职务、63 个部属地区厅长及其幕僚职务。每个大区只有一位行政长官，一位大学区区长，一名地区卫生管理局总局长，每个部级机关只有一名地区直属局长。大区是最大的行政划分区，由大区议会管理。大区议会每六年由直接普选产生，议会参与经济

---

① 上官莉娜、李黎:《法国中央与地方的分权模式及其路径依赖》，载《法国研究》，2010(4)。

② Jakcy Simon, Catherine Szymankiewicz, et al., *Organisation et Gestion de l'éducation Nationale*, Paris, Berger Levrault, 2014, p.249.

和社会领域大多数事务的管理和财政拨款。地方分权改革同样影响了法国的教育治理。下文将会进一步对此进行阐述。

三、欧洲一体化改革的推进

第二次世界大战后，欧洲政治格局趋于稳定，"永不再战"成为各国的共同愿景；美国则逐渐开始在国际政治和经济舞台上争演主角，并提出了旨在重建欧洲经济的马歇尔计划。在美国的敦促下，欧洲国家成立了欧洲经济合作组织，以协调欧洲各国经济政策，努力实现成员国之间的自由贸易。随后，20世纪50年代的"欧洲煤钢共同体"、60年代的"欧洲共同体"、80年代的"欧洲统一市场"、90年代的"欧洲联盟"，使欧盟一体化进程从经济、政治一体化逐渐向社会深层次不断前行。欧洲教育一体化作为欧洲政治、经济一体化功能性的外溢，在整个欧洲社会整合的过程中发挥着重要的作用。20世纪90年代初期，欧洲教育合作的创举主要集中在高等教育合作与交流、实现机会均等教育合作，以及公民教育与培养三个领域。[①] 1993年，《马斯特里赫特条约》进一步确立了欧共体所有成员国教育家对教育合作的积极支持，教育交流的设施和条件也获得改善。进入21世纪，欧盟推出的"博洛尼亚进程"将欧洲一体化在教育领域的发展推向高潮。

欧洲一体化改革对法国来说无疑是一个难得的战略机遇。欧洲一体化发端伊始，被誉为"欧洲之父"的让·莫内和罗伯特·舒曼就以欧洲一体化设计师的形象为一个联合的欧洲蓝图铺就了第一层阶梯。戴高乐总统在任时审时度势，及时而坚定地抓住了这个机会。他认为，把法兰西的"伟大"发扬光大是恢复法国人的自信心、自豪感所必需的，也是团结全体法国人的凝聚剂。[②]法国后任历届总统和政府也都积极致力于欧洲一体化改革。法国精英的政治

---

① 杨明：《欧洲教育一体化初探》，载《比较教育研究》，2004(6)。
② 沈孝泉：《法国梦开启"光辉的30年"》，载《时事报告》，2013(6)。

理念在驱动一体化进程中发挥着不可替代的政治作用。同时，欧洲一体化也是法国振兴经济、提升其国际话语权的精神支柱。

四、经济全球化与知识经济时代的冲击

经济全球化促使世界各国经济联系不断增强，资源在全球范围内实现动态的配置过程。20世纪80年代，经济全球化进入大发展阶段：信息技术革命推动经济结构的变化，降低了国际贸易、投资和融资的成本；新自由主义思潮促使发达国家采取放松或取消市场管制、削减福利开支等措施，发展中国家的市场更加自由，对外开放等成为其政策主流；跨国公司的发展，进一步推动资源的全球流动和配置等。但同时经济全球化开始造成人民收入差距加大、传统产业就业机会减少、公有领域私有化以及收入分配和市场不平等风险。特别是全球性的经济、金融危机加重了国家与民生发展的负担，法国社会充满动荡不安。在此背景下，法国"并没有足够的能力来给经济重新注入活力；不能改变贫富差距；不能控制金融投机带来的不平等现象"，社会增长缓慢、高失业率、贫穷问题、移民问题、郊区骚乱、新的内部斗争、安全问题和弱势群体等问题不断。①

在知识经济时代，科学技术与知识创新已成为社会发展不可忽视的重要引擎之一，人力资源更为各国参与全球竞争提供了有力保障。一直以来法国积极主张文化多样性，关注和保护自身文化。在20世纪80年代美国文化产品入侵欧洲，危及法国文化产业生存之际，法国在1993年正式提出"文化例外论"。此后法国又高举"文化多样性"大旗，强调"文化是人类社会的基本特征，对某种文化的认同感和归属感是一群人区别于另一群人的主要标志"②。

---

① 齐建华：《全球化与法国经济政治文化的转型》，载《科学社会主义》，2007(2)。

② Discours de M. Jacques CHIRAC, "Président de la République à l'ouverture de la 31e Conférence générale de l'UNESCO", http://www.jacqueschirac-asso.fr/fr/wp-content/uploads/2010/04/UNESCO-15_10_01.pdf, 2018-05-03.

随着人才全球竞争的加剧，促进教育国际化成为世界各国不得不面临的课题。法国也亟待回应教育国际化、民主化和现代化的发展需求，在全球教育市场的激烈竞争中提高自身竞争力，重振国家活力。

第二节 教育体制的基本结构

一、学区与学制的划分

法兰西第一帝国确立了学区制。当时拿破仑一世颁布《有关帝国大学的运作》政令，将法国教育体系划分为学院、高中、初中、小学四个阶段，并以全国各地上诉法院（cour d'appel）辖区为单位，划分出 29 个学区（académie），由学区长领导学区委员会进行管理。学区制由此成为法国教育系统的基石。自 2016 年起，为配合法国大区改革，教育部宣布设立与新地方大区相对应的"大学区"。与地方大区的行政划分改革不同，增设"大学区"之后，现有的 26 个学区数目保持不变（只是"大学区"由现有的一个或多个学区组成），继续负责学区内的教育政策，亦不发生人事变动。原则上一个大区只有一个学区，因巴黎、里昂、马赛几个大城市所在大区人口多、学校集中，故学区数目有所增加：巴黎大区分成 3 个学区，里昂、马赛所在大区各分成 2 个学区。大学区长从现职的学区长中选拔，任命条件等同于学区长，由法国总统任命。每个"大学区"的领导决策机构为委员会，各学区长担任委员，主席为大学区长。委员会有权协调"大学区"内各学区的教育政策。

在法国，学制结构包括三个层次。第一个层次为学前教育和初等教育，分别在母育学校（儿童园）和小学展开教学。该阶段教学分初级学习、基础学习和深入学习三个周期展开。第二个层次（即中等教育）包括初中教育（为中等教育第一阶段，学制四年，从六年级到初中三年级，即我们所说的初中一年

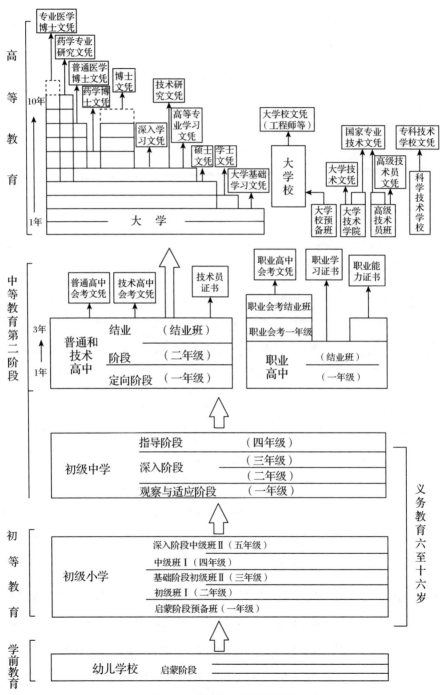

图 4-1 法国教育学制结构图

级到初中四年级。自 1995 年起，法国初中的六年级被设为观察和适应阶段，三年级为定向阶段)和高中教育(为中等教育第二阶段，学制三年，包括普通和技术学习，以及职业学习两个阶段。前者类型的高中名称一致，统称为"普通和技术高中"，后者称为"职业高中")。① 其中，需要指出的是，法国将学前和义务教育划分为四个教育阶段(Cycle)，第一阶段是初始学习阶段，包括儿童园的小、中、大班；第二阶段是基础学习阶段，包括小学一、二、三年级；第三阶段是强化学习阶段，包括小学四、五年级和初中一年级；第四阶段是深入学习阶段，包括初中二、三、四年级。第三个层次为后中等教育和高等教育阶段。它包括"大学校"预备班、"大学校"、普通公立大学等高等教育机构所开展的教育(见图 4-1)。

二、教育行政管理体制

法国在教育行政管理方面依照中央集权的管理体制而建，即中央(教育部)②、大学区与学区(académie)、省和市镇的四级教育行政管理体制。中央通过学区、省和市镇教育委员会三级管理层下达教育指令，负责管理部分属于教育部的高等教育与研究机构。学区教育委员会是中央派驻地方进行教育行政管理的直辖机构。省级教育相关部门直接归学区领导，是地方基层教育行政管理机构。市镇则负责小学和母育学校的管理工作。学校是法国教育管理体制中的最基本单位，小学从属于市镇，初中从属于省，高中由大区管理。③ 具体情况如下。

---

① DEPP，" Repères et références statistiques 2013 "，http：//cache.media.education. gouv.fr/file/2013/49/9/DEPP-RERS—2013_266499.pdf，2018-05-03.

② 法国教育部在不同的历史时期由历任政府所确定的称谓均有所不同。有时政府将基础教育和高等教育阶段进行划分，出现两个教育部门，有时则合二为一。目前，法国教育部的全称为"法国国民教育、高等教育和科研部"。本书均以教育部这一称谓代之。

③ MEN，" Les rectorats et services départementaux de l'éducation nationale "，http：// www.education.gouv.fr/cid3/les-rectorats-services-departementaux-education-nationale.html， 2018-05-03.

首先，教育部的根本任务是确定方针和制度，进行统一的领导和管理。具体包括确定整个国民教育及其各个组成部分的结构、文凭、学制、专业、课程、布局，明确国家的教育发展战略，决定教育的组织与实施；根据国内外和教育内外的形势发展以调整有关政策和制度，组织和检查所有原则的落实情况；设定各级教育行政人员和教师的招聘标准，负责发放教职人员的工资等。① 此外，法国教育部还设有咨询机构和国民教育督导机构。前者负责向教育部长上报教育、教学和人事管理方面的情况并提出建议。主要咨询机构有：最高教育理事会、全国教学大纲委员会、混合代表委员会和专业咨询委员会。后者则负责对各级各类教育政策的执行与教育实践进行评估和督导，包括国民教育总督导、国民教育行政管理与科研总督导、图书馆事务总督导和青年体育事务总督导四个部门。

其次，大学区的主要功能是对新形成的地方大区内的教育政策进行统筹，其下设的学区一级则主要负责与地方政府进行沟通和协调，确保法国中央政府的指令能够在地方政府各级部门得到完整和统一的贯彻实施。大学区可自行制定公立中等教育规划纲要，负责学区内的职业教育和学徒教育、高等教育与研究相关事务，减少学生辍学，以及提供教育数字化公共服务等。学区主要负责执行上级主管部门的政策决议；代表法国教育部行使相关权力，如组织考试、信息通告、就业辅导等；管理除房地产之外的教育资源(如教师管理等)。此外，学区还承担对大学进行行政和财政监督、教育统计等工作。

法国省级教育相关部门主要负责学校的交通组织与运行；初中的专项补助发放办法、投入、维修与建设；为教师提供资料和信息服务。省国民教育委员会就有关本省公共教学机构的组织和运转方面的问题提出意见，如市镇小学、儿童园费用的分配，教师职位分配，初中教学结构和经费，以及教师住房补助等问题。此外，还设有学生职业教育与社会发展委员会、省行政代

---

① 陈永明:《教育经费的国际比较》，65页，天津，天津教育出版社，2006。

表委员会等咨询机构。① 省一级同时设有负责地方教育督导事务的督学，即国民教育督学(原为省级国民教育督学)。国民教育督学也是法国国民教育的高级管理人员，其职责主要围绕监督与评估展开，侧重参与初等教育(儿童园和小学)阶段公立学校和私立合同学校的教育活动，从而保证教育政策和教学任务在地方的顺利开展。保证教育政策在课堂、初等教育学校和教育机构的贯彻实施；对教师的工作进行评估，对小学和中学进行指导，协助评估课程教学、教学单位，并对教育政策的执行情况和结果进行评估；对教师的工作、小学和中学的指导进行监测并给出建议，保证其在各教育阶段遵守国民教育培训目标与大纲；与同大学相关联的国民教育工作人员交替参与初级培训和继续教育中的教学工作；省级或者学区层面，可负责由学区长在一定时期内所委托的特殊任务；在学区长的要求下，向学校校长提出建议；确保不同领域内各项鉴定任务的进行，如学生定向(orientation)、考试、教职人员的管理、教学设备的选择，尤其是参与由总督导或中央行政部门所领导的专家团队工作。②

法国市镇一级教育行政管理机构对小学及学前教育负责，包括学校校舍建设、修缮、扩建；教学设备和公用设施的购置及日常运转费用，比如商议不同市镇之间的学生流动、接收与交通运费分配等问题。

目前，法国借鉴地方分权制国家的教育治理经验，逐步将部分权力下放给地方，希望地方根据自身教育状况，在尊重其中央政府统一的制度要求的前提下，灵活制定教育发展方针。

---

① 王晓宁、张梦琦：《法国基础教育》，57 页，上海，同济大学出版社，2015。

② MEN, "Inspecteur de l'éducation nationale", http://www.education.gouv.fr/cid1138/inspecteur-de-l-education-nationale.html, 2018-06-11.

第三节　各级各类教育改革和发展

一、学前教育改革与发展

(一)发展概况

20世纪末的法国学前教育,在郎之万-瓦垄教育改革计划的基础上,更加关注教育民主化,强调(教育)适应法国社会发展需求和学前儿童身心发展的需要,以及儿童的个别差异。政府注重与小学教育进行结合,力图使二者相互协调,进而促进学前教育质量的提升。20世纪80年代以来,为保障学前教育的深入发展,法国采取中央、省和市镇三级政府分摊经费的办法,保证了学前教育经费的稳定。据统计,仅1986年,中央支付的学前教育经费就占全国教育经费预算的5.1%。[1]母育学校作为学前教育机构,其保教一体化性质最早在1986年1月就得以确立,即"母育学校的教育较为特殊,但它也属于一种教育。母育学校开展初级教学……母育学校是(儿童的)第一所学校……但它不传授系统的知识,没有确定教学科目。母育学校由教师组织活动,在几个大领域中形成团队……让儿童在良好的环境中开发他们的可能性,获得能力并接受基本教育"[2]。

1989年法国《教育方针法》明确规定了学前教育在儿童启蒙、社会化、诊断治疗与小学衔接方面的四大目标。即通过对美感的启蒙,对身体的意识,对灵巧动作的掌握,以及对集体生活的学习,培养儿童的语言实践和个性,发现儿童在感觉、运动和智力方面的障碍并及早进行诊治。[3]从20世纪90年代起,法国将母育学校和小学一同纳入初等教育阶段,并将2~11岁儿童的教

---

① 姚伟主编:《当代外国学前教育》,154页,长春,东北师范大学出版社,2013。

② MEN, "Circulaire du 30 janvier 1986 L'école maternelle", https：//sophiebriquetduhaze.files.wordpress.com/2017/10/circulaire-du-30-janvier-1986-lc3a9cole-maternelle.pdf,2018-06-11.

③ 姚伟主编:《当代外国学前教育》,154~155页,长春,东北师范大学出版社,2013。

育分为三个阶段：第一阶段为初步学习阶段，包括母育学校的小班和中班；第二阶段为基础学习阶段，包括母育学校的大班和小学的前两年；第三阶段为深入学习阶段，包括小学的后三年（这一划分标准后来出现变动，上文已有描述）。

自 1986 年起，法国陆续推出《母育学校教学大纲》。教学大纲由教育部制定并以公报形式发布。大纲围绕儿童成长与学习的五大领域，逐渐成为学前教育课程开发、课程实施、教学管理及评价的准绳。

伴随学前教育的普及和教育民主化的推进，21 世纪以来的法国学前教育模式也面临诸多挑战，如小学至高等教育阶段的学生学业失败率居高不下。法国政府认为，必须从学前教育开始推进，通过规范学前教育的总体原则与目标，确保学前教育质量，为学生奠定坚实且良好的知识与能力基础。再如母育学校大班和小学预备班的教学中断问题严重，法国儿童教师和小学教师之间鲜有沟通，教学互动与共享更是少见。与此同时，母育学校教育过于"小学化"，面对日趋激烈的国际竞争，法国学前教育发展压力巨大。母育学校在改善弱势学生学业成绩方面的基础性作用较为有限。[1] 因此，这一时期的法国学前教育改革主要针对上述问题采取了相应对策。

（二）重要改革与发展

1. 促进 3 岁以下儿童入学

作为提升法国教育质量的重要举措，允许 3 岁以下儿童入学已酝酿了很久。在萨科齐总统执政时期，法国在贫困地带推出 3 岁以下儿童入园的措施。马克龙总统上台后宣布了新改革举措。法国于 2016 年开始在全国推进 3 岁以下儿童入园，更将法国儿童的入园年龄从 6 岁降至 3 岁。其目标是到 2017 年将欠发达地区 3 岁以下儿童的入园率提高到 30%，并将重点教育优先区的 3

---

① 张雁、张梦琦：《法国学前教育的实践理据与价值负载——新〈母育学校教学大纲〉透视》，载《比较教育研究》，2019(1)。

岁以下儿童的入园率提高到 50%。自此,学前教育也被纳入义务教育阶段。此举使法国成为欧洲义务教育入学年龄最低的国家之一。马克龙将这项改革称为"法国教育体系的奠基时刻"。

为实现这一目标,法国教育部提出要加强部际以及教育部与地方社会、家庭政策部门之间的合作。如国民教育部学区负责人与地区家庭补助金管理局(CNAF)共同评估 2016 年新学期能够为 3 岁以下儿童提供的母育学校学位数量;家庭补助金管理局统计 3 岁以下儿童的家庭数量,并通知其入园机会,举办社会与家庭政策部门的动员大会。其他与家庭事务相关联的部门和社会合作伙伴也开展 3 岁以下儿童入园推广行动。主要包括:妇幼保护服务处、市镇社会行动中心、儿童及家长接待所、儿童玩具馆、地方图书馆、家庭协会等组织机构。

法国教育部还提出,考虑到 3 岁以下儿童的特殊需求,应安排与其他班级儿童相区别的活动组织、接待时间与地点等;对接待 3 岁以下儿童的教职人员进行专业培训,使其掌握必要的教育教学知识、能力和技巧;开设针对 3 岁以下儿童的数字教学资源库;学区督学也将为儿童教师和教学顾问等人员提供指导和帮助。[①]

2. 出台《母育学校教学大纲》

法国自 1986 年推出《母育学校教学大纲》后,不断调整、更新,到 2015 年共推出了六版大纲。当前版本以 2013 年的《重建共和国学校法》为基本宗旨,将 2008 年版《母育学校教学大纲》中所提及的项目内容进行了重新整编和进一步完善,以进一步明确母育学校的角色定位,提升学前教育的教学质量。

最新版大纲在开篇便围绕三大轴心重申了母育学校的实践目标。首先,要适于儿童需求。其次,建立科学的学习方式。最后,让儿童学会共同学习

---

① Dossier Législatif, "La scolarisation des enfants de moins de 3 ans", https://www.egalite-femmes-hommes.gouv.fr/scolarisation-des-enfants-de-moins-de-3-ans/, 2018-06-11.

和生活。① 同时，新大纲还提出了儿童园的五个重点教学领域。一是调动儿童的语言表达能力。新大纲将提高儿童的口语表达和语言组织能力、培养儿童的书写意识为其在未来获得成功的重要条件。二是开展适合儿童的体育活动。希望儿童借助体育活动获得行动、表达和理解力。三是通过艺术活动培养儿童的艺术感知力。艺术活动可以培养儿童的协调能力、感官敏感度、想象力、感受力和思维能力，并有助于儿童情感智力和社会性的发展。体育和艺术活动都是儿童不可或缺的学习内容。四是建构形成儿童结构化思维的初级方法。其目的旨在启发儿童对数学、数量和初级数学工具的认知，掌握初步知识并学习严谨，探索形状、大小和搭配组合。五是探索周边世界。法国人认为，与其鼓励0~6岁阶段的儿童使用"大脑"来认识世界，不如引导他们用"五官"感知世界。新大纲提出的"发现周边世界"，即旨在鼓励孩子用感官来发现和体验现实世界，并让孩子逐步了解自己所在的时间和空间，探索生命、物体等。②

3. 完善幼小衔接制度

法国在1975年的《哈比法》、1989年的《教育方针法》、1990年的《教育法实施条例》，以及2005年颁布的《学校远景计划与发展方针法》中都提出要加强幼小衔接。③

完善幼小衔接制度首先体现在机构的设立上。1986年1月30日第86-046项通函指出，母育学校的教育较为特殊，但它也属于一种教育。"母育学校开展初级教学……它是（儿童的）第一所学校……但它不传授系统的知识，没有确定教学科目。母育学校由教师组织活动，在几个大领域中形成团

---

① MEN，"2015-Programme d'enseignement de l'école maternelle"，http://www.education. gouv.fr/pid25535/bulletin_ officiel.html? cid_ bo=86940，2018-06-11.

② 张雁、张梦琦：《法国学前教育的实践理据与价值负载——新〈母育学校教学大纲〉透视》，载《比较教育研究》，2019，41(1)。

③ 姚伟主编：《当代外国学前教育》，162页，长春，东北师范大学出版社，2013。

队……让儿童在良好的环境中开发他们的可能性，获得能力并接受基本教育。"①因此法国将母育学校设立在小学内，它与小学一样有明确的教学和时间计划。不过，母育学校不同于小学教育，其主要教学手段为游戏。

在学习阶段的衔接上，法国从 1991 年起开始在部分省份打破传统的年级设置，实施学习阶段以促进学前教育与基础教育相连接。在儿童的学习内容与目标设定上，《母育学校教学大纲》提出的每一项教学目标都由相应的知识与能力组成，并依此建构出每个领域的分龄学习指标和要素，最后统整出儿童在学前教育学制末期应达到的五项能力。这些能力与学生在义务教育阶段法定掌握的"知识、能力和文化的共同基础"存在一定的关联，即用以思考和交流的语言、用于学习的方法和工具、个人与公民的塑造、自然和技术的相关体系、对世界和人类活动的展现。②

此外，在教师教育方面，母育学校的教师与小学教师均接受同样的培训，他们在教育对象、内容和方法训练上保持连贯与一致。同时，母育学校教师和小学教师之间也会保持常规性合作，③ 如此更有利于实现幼小衔接。而在教育督导方面，法国将初等教育各阶段的督导工作进行了整合。母育学校为 5 岁以上儿童建立基于其各方面表现的《学习手册》，该手册会陪伴儿童升入小学，从而为教师更好地了解学生基础提供参考。

---

① MEN, "Circulaire du 30 janvier 1986 L'école maternelle", https：//sophiebriquetduhaze. files. wordpress. com/2017/10/circulaire-du-30-janvier-1986-lc3a9cole-maternelle. pdf,2018-06-11.

② MENESR, "Socle commun de connaissances, de compétences et de culture-décret n° 2015-372 du 31-3-2015- J.O. du 2-4-2015", http：//cache. media. education. gouv. fr/file/17/ 45/6/Socle _ commun _ de _ connaissances, _ de _ competences _ et _ de _ culture _ 415456. pdf, 2018-06-11.

③ MENESR, "BO HS n°1 du 14 février 2002 Programmes de l'école maternelle", http：// www. apmep. fr/IMG/pdf/Ecole_ -_ progr-_ 2002_ -_ BO_ 14-02-02. pdf, 2018-06-11.

二、初等教育改革与发展

（一）发展概况

法国20世纪末的初等教育（或称小学教育）以公平为核心，出台了一系列旨在优化教育资源分配、丰富教育内容和提升教育质量的政策措施。1981年，法国开始推行"教育优先区"（Réseau d'éducation prioritaire）政策。这是法国政府在寻求实现教育公平长征中的一项重要实践。即将学业失败率较高的城区或乡村划分为特殊地理区域，对其给予更多教育资源支持的政策。在40多年的发展历程中，"教育优先区"内涵不断丰富并逐步形成"教育优先网络""教育成功网络"等，涵盖小学、初中和高中各个阶段。20世纪90年代末，为适应21世纪基础教育发展的新形势，法国组建了"学校未来全国讨论委员会"，对法国学校未来发展进行了全国大讨论。2004年，法国出台了《为了全体学生成功》的最终报告，2005年正式发布《学校未来的导向与纲要法》，以保证基础教育阶段所有学生获得由知识、能力和行为准则所构成的共同基础。2013年，奥朗德政府上台后，针对基础教育，法国颁布了《重建共和国学校法》，其基本目标是建设公正、高质量和包容的学校，以促进教育平等。同时，政府提出了学生应掌握的知识、文化与能力的新共同基础，希望减少学生辍学，提升教育质量。

总体上说，法国近年来的教育政策更加强调平等，特别是学生能力获得的平等。此外，随着社会不安定因素的凸显，特别是法国恐怖袭击事件频发，政教分离问题成为奥朗德执政后期最为关注的教育改革问题。2015年1月，时任教育部长瓦洛-贝勒卡森（Najat Vallaud-Belkacem）开始推动以政教分离为核心的新一轮共和价值观教育。

（二）重要改革与发展

1. 从教育优先区到教育优先网络

教育优先区以"给予最匮乏者更多，特别是更好"的思想为宗旨，采取强化早期教育、实施个别教学、扩大校外活动、保护儿童健康、加强教师进修等措施，为区域内各级中小学追加专门经费，为其教师增加补贴，以保证教育质量有所提高。① 从 1981 年教育优先政策出台至今，该政策的发展可分为五个阶段，每个阶段的发展各有侧重。

第一阶段(1981—1984 年)主要强调教育优先区的行政建置。由于学校以外的社会环境因素被视为导致学习失败的重要原因，因此，第一阶段的政策基础从补偿的角度出发，旨在强化社会条件不利地区的教育功能，以降低社会不平等因素对学习产生的影响。

第二阶段(1990—1994 年)主要强化教育优先区的组织问题。赋予教育优先政策新的内涵，即"优先教育政策"是以显著提高学生，特别是困难地区学生的学业为首要目标的政策，从而强化弱势地区的教育功能。在这一阶段"合作"和"开展评估"成为政策推行的主要原则。政府同时要求优先区内的学校撰写为期三年的优先区计划书，对学校、学生和教学情况及需求进行陈述，以获得相应资助。

第三阶段(1997—2005 年)政策转向关注教学的重要性，尤其对公民及就业基本能力及学习标准提出要求。该阶段的优先政策将区内小学与中学的联系合作延伸到学前教育阶段，并成立最初的教育优先网络(REP)，其重点也转移到强化学生的学习上来。在 2003 年的行政通令中，法国教育部基于公平和效率的考虑，首度提及教学方式应依照学生的需求加以设计，以使学习困难的学生获得必要的协助。

第四阶段(2006—2012 年)将教育优先资助群体进行分类，区别对待。该阶段"优先教育政策"的布局、原则和行动方式进一步得到丰富，且优先教育网络代替了教育优先区。2010 年，法国在校园暴力频发的 105 所学校开始推

---

① 王晓辉：《教育优先区："给匮乏者更多"——法国探求教育平等的不平之路》，载《全球教育展望》，2005(1)。

行为了中学的"雄心、创新与成功"计划。2011年，将小学也纳入这一计划。该计划给予学校更多自主权，设立学监制度，拓展教学人员职能，强调为学生提供个性化的课程指导，加强学校与家长、社会合作伙伴之间的联系等。

第五阶段(2013年至今)的主要关注点在优先政策方面。2012年，奥朗德政府提出"重建共和国学校"的新政策，其中重新调整了教育优先地区的网络布局。2014年，法国教育部推出了新的教育优先划分图，将近年来社会和学校发展状况较为不利且相似的地方合为一个区域，其中有350个属于网络特困区，被列为"强化优先教育网络"(REP+)，其余的仍称为优先教育网(REP)。法国政府在新教育优先政策中特别强调了"重建学校教学"和"推广团队合作、反思及继续培训"两大原则。

马克龙政府上台后，主要突出改革小学阶段的"教育优先区"，如通过推行小班制、扩大生师比、强化幼小衔接、重视数字技术在教学中的运用等措施，来抵制社会的不平等。法国政府也在积极调动各方力量，为基础教育质量的改善作出不断的努力。

2. 初等教育教学领域的重要改革

1989年，法国颁布基础教育领域的统领性文件——《教育指导法》。《教育指导法》主要强调教育在国家发展中的重要地位；要求法国应保证青少年受教育的权利和教育机会均等，提升高中毕业比例和水平，扩大职业学习证书或职业能力证书获得者数量；进一步采取措施，加强学校活力，鼓励各类学校与地方机构和企业建立合作关系等。法律同时要求建立法国全国性课程大纲的编写机构——国家课程委员会，负责指导和协调各阶段和各学科之间的教学计划和教学内容，并定期进行审查和修改，使之进一步适应高速发展的社会、科技和学生的不同需求。该委员会还于1992年颁布了《课程宪章》，以指导全国课程大纲的制订。《课程宪章》的一个开创性意义在于，提出将人类知识融会贯通地传授给学生，而不是分割成各知识体系，铁板一块地灌输给学生。

1998年，时任法国文化部、教育部部长雅克·朗针对初中课程改革进行了重点探索，这次改革超越了教育内容本身，力图回答学生在初中毕业时应掌握哪些知识和能力。配合这一改革，法国国家课程委员会又编写了一部类似初中宪章的《需求手册》，明确了初中生的教育理念，并向学生家长广为宣传。《需求手册》重新确定初中课程方向，服务于各教育参与主体之间的协调、学科之间的协调，以及知识积累和能力结构之间的协调等。

希拉克总统连任期间，法国通过了改进21世纪基础教育课程的《学校未来的导向与纲要法》(2005年)，这是继《教育指导法》之后革新法国教育的又一总体纲领。该法主要提出三点基本精神。即为了一个更公正的学校，可信任的学校；为了一个更有效率的学校，高质量的学校；为了一个更开放的学校，倾听法国全国的学校。为贯彻三大精神，该纲要提出"必不可少的共同基础"这一概念，并对其内涵进行了界定：义务教育至少应当保证每个学生获得共同基础的必要途径，共同基础是由知识和能力构成的，掌握共同基础对于学校成功、后续培养，建构个人和支持职业未来，以及社会生活的成功都是必不可少的。共同基础从语言、逻辑、人格、现代数字技术与公民养成等方面对学生提出了能力要求，具体包含七种能力。前五种能力与学科知识相关，包括法语、外语、数学、科学与技术文化、信息与通信常规技术；后两种能力是社会与公民能力、自主与创新能力。[1]《学校未来的导向与纲要法》建构了一种各学科和课程融会贯通的学校教育基础文化，它使学生在未来生活中可以面对复杂的社会生活，拥有终身学习的能力，适应未来社会变化。[2]

3. 从"重建共和国学校"到建立"信任学校"

奥朗德总统上台后，在基础教育改革中不断完善和明确课程目标，更加

---

[1] Dossier Législatif, "LOI n° 2005-380 du 23 avril 2005 d'orientation et de programme pour l'avenir de l'école", https：//www.legifrance.gouv.fr/affichTexte.do? cidTexte = JORFTEXT 000000259787&categorieLien=id, 2018-06-11.

[2] 王晓宁、张梦琦：《法国基础教育》，70~76页，上海，同济大学出版社，2015。

注重塑造和培养学生的能力，强调学生应该在课程学习的基础上达到所规定的能力标准，并逐步与世界接轨。2013年6月，法国颁布了《重建共和国学校方向与规划法》，规定要求所有学生的知识和能力都得到提高，确保小学二年级学生通过课程的学习可以掌握所学的基本知识，保证义务教育阶段后的每位学生都能达到"共同基石"。① 该法的基本目标是建设公正的、高水平的和包容的学校，提高所有学生的水平和减少不平等。未来若干年的目标是使无文凭学生的人数减少一半，使80%以上的学生获得高中毕业会考文凭，使50%的学生获得高等教育文凭。同时，政府针对小学课时问题，对初等教育阶段每天教学的时间等进行了调整。报告还主张恢复2008年之前每周四天半的课时制度，并尝试延长一至两周的教学时间，从而使小学生每天的在校时间缩短、学期的周数增多。② 此外，《重建共和国学校方向与规划法》要求学校进入数字时代，为学生提供适当的辅导，使他们更加有效地利用数字化手段学习。具体包括实施数字教育、创建数字教学的公共服务、扩大教学领域和明确国家与地方政府的责任分工等措施。

2015年，法国政府又颁布了《知识、能力和文化的共同基础条例》，要求学生在义务教育阶段获得"以必要的知识和技能为基础"的"共同文化"，从而促进学生"充分实现个人发展，形成社会能力，胜任未来学业，融入社会生活，以合格的公民参与社会进步"。新"共同基础"包括"五大领域"，分别为"思考和交流的语言""学习的方法和工具""个人和公民的培养""自然和科技系统""世界的展现和人类活动"。③

2017年，马克龙总统就任后，针对法国学生学业表现不佳、教育资源不

---

① 和学新、李博：《21世纪以来法国基础教育课程改革及其启示》，载《教师教育学报》，2016，3(5)。

② 张梦琦、王晓辉：《浅析法国小学新课时改革》，载《外国教育研究》，2014(3)。

③ MENESR，"Socle commun de connaissances, de compétences et de culture"，https：//cache.media.oducation.gouv.fr/file/17/45/6/Socle_ commun_de_connaissances,_de_competences_et_de_culture_415456.pdf，2018-06-11.

平等持续加重等问题,意欲重新建立民众对学校的信任。不久后,为打造"信任校园",建立亲师文化及教职人员对教育部的信赖,布朗盖部长提出了未来法国教育发展的重点方向。包括全体小学低年级学生应掌握四项基本能力(阅读、书写、算数和尊重他人);教育优先区小学低年级班级人数减半,改善弱势地区教学成效;提升中学教师自主权;让教学模式更加多元、灵活;普及艺术与文化教育;加强家校沟通,建立互信基础;强化外语教学,鼓励教师和学生参与跨国交换,以增进教育的国际化。此外,他还希望赋予地方和教师更多自主空间,促进各教育主体间的信任与对话交流等。①

4. 完善评估与质量监测体系

法国受教育民主化危机的影响,从20世纪80年代开始重视学校中的学业失败现象,此后将学生的学业成功与失败作为衡量基础教育质量水平高低的标尺。高质量的教育不仅应使学生达到学习目标、掌握文化知识,成功完成学业,还应促进学生(掌握与社会运行相关的知识、价值观、态度和行为)的社会化和融入社会的能力,使学生最终能够充分发挥潜力,实现个人的既定目标。②

进入21世纪后,法国逐渐形成了较为完善的评估体系。在监测性评估方面,法国从2003年开始实施基于样本的课程评估,对关键年龄段学生的若干主要课程在一定时间内抽样检查。监测性评估还包括对学生基本能力的测评,旨在获得《财政法组织法》所提出的法国学生学业成就指数,即掌握法语和数学基础能力的学生比例。在诊断性评估方面,分为"国家统一规定"和"教师自主选择"两种测评。前者为针对中小学固定年级所有学生的年度国家综合测评。而后者旨在帮助教师通过具体的题目,准确分析班级学生在知识和能力

---

① Dossier Législatif, "LOI n° 2019-791 du 26 juillet 2019 pour une école de la confiance", https://www.legifrance.gouv.fr/jo_pdf.do? id=JORFTEXT000038829065, 2019-10-14.

② Annie Feyfant, "Réussite éducative, réussite scolaire?" *Note de Veille de l'IFÉ Revue de littérature de recherche*, 2014(2), pp.1-24.

上的优势与不足，判断其是否具备进入下一阶段学习的实力。并及时改进教学方式，给予学生个别指导，提高教与学的效果。

自2012年起，法国学生成绩评估调整为小学二年级与五年级。评估的结果不再上报，而主要是用于帮助教师改善教学，发现学生学习方面的不足，提高学生的能力水平，也用于与家长交流信息。评估模式采用"学生能力手册"，用以检测与认定学生在三个不同阶段掌握的知识和能力，并将其记录汇编。在第一阶段，学生能力手册上要记录学生成绩，并把结果向家长通报。在第二阶段，手册要转交行政主管部门和初中。第三阶段是学生成绩认定，由教学组的教师与班主任共同完成，并由校长最终确定。第一阶段评估学生的法语、数学基本原理、社会与公民能力；第二阶段和第三阶段均对学生法语、外语应用、数学基本原理、科学与技术文化、信息与交流日常技术、人文文化、社会与公民能力，以及自主与主动性能力的掌握情况进行评估。①

在马克龙总统上台后，法国于2019年推出《信任学校法》，其中规定，以国家学校评估委员会取代上任总统执政时期的国家教育评估委员会（CNESCO），以完善对学校人力、财政和教育资源的评估，以及对学校安全、校园氛围和教学质量等指标的测评。② 总体上，法国在正视自身基础教育的发展水平和现状之上，不断完善教育测评体系，以追求基础教育的公平均衡为根本、以注重学生掌握"共同基础"与成功为目标、以发挥教育测评的系统性改进作用为指导、以建构多元化的教育治理与合作环境为支撑，积极调整教育规划，优化教育治理方式，调动地方教育的主动性与社会力量的参与。

---

① 北京师范大学国际与比较教育研究院组编：《国际教育政策与发展趋势年度报告（2014）》，120~121页，北京，北京师范大学出版社，2015。

② MEN，"Communication en conseil des ministres：prochaines étapes de la réforme éducativo"，http：//www.education.gouv.fr/cid135512/communication-en-conseil-des-ministres-prochainesetapes-de-la-reforme-educative.html，2019-10-14。

三、中等教育改革与发展

(一)发展概况

为适应教育大众化的需求,法国的中等教育自20世纪六七十年代进入大发展时期。1975年,时任法国教育部长雷内·阿比(René Haby)推出"统一初中"改革,旨在促进各阶层出身的学生都能够在平等的条件下接受统一的教育。此后,初中分为两个阶段:前两年为观察阶段,对学生实施同样的教育;后两年为指导阶段,侧重加强对学生未来的方向指导。新初中替代了原来不同类型的初中,将所有学生安排在同一类型的学校内,随机分班,而不是按照学习成绩划分不同类型的学习系列。但初中学生的留级问题不仅没有缓解,反而更加严重,改革未取得令人满意的效果。90年代,法国在推动学生有权得到关于学业和职业方向信息和指导的同时,提出要提升初中的教育质量和运行效率,以使法国青少年获得学业成功。为此,政府将初中分为三阶段[即观察阶段(第一年)、深入阶段(第二年和第三年)和方向指导阶段(第四年)]开展教学工作。进入21世纪后,法国于2005年通过新《教育指导法》,指出初中教育改革的重点方向,即从重视学生基础知识的掌握程度和客观反映学生才智与能力的角度出发,重新设计了初中的毕业文凭相关制度。并且,法国也将小学阶段的培养目标与初中阶段进行了衔接,帮助学生实现学业的自然过渡。

在高中教育阶段,伴随20世纪中期的教育民主化改革浪潮,法国的高中教育得到普及。1983年,由历史学家安托万·普鲁斯特(Antoine Prost)主持的委员会向法国教育部提交了题为《21世纪前夕的高中及其教育》的报告,指出了高中生学习天数少,学生缺少对个人学习的自我定期评估,毕业会考形式单一等问题,并建议加强各学科之间的协调,培养高中生的独立学习能力,加强校际、学校与社会有关机构的合作,加强教师培训和教育规划等。[1] 同

---

[1] Guignard J, Saint-Marc C, "Les lycées et leurs études au seuil du XXIe siècle: rapport du groupe de travail national sur les seconds cycles, présidé par M. Antoine Prost", *Revue française de pédagogie*, 1984, 69(1), pp.111-114.

时，20 世纪 80 年代初，法国开始推动旨在促进教育公平的"教育优先区"改革。但由于社会差异与教育质量问题，法国的高中教育改革一直徘徊于"才能至上"的精英主义与"差异补偿"的平等主义两种政治取向之间。如何为未来社会选拔人才，又要为弱势群体提供良好的教育机会，是法国高中教育改革所关注的重点与难点。1997 年，法国对高中课程进行了调整；2007 年，萨科齐总统上台后主要在中学阶段发起了一揽子教育行动，包括 2010 年的新高中改革，语言教学改革等；奥朗德和马克龙总统上台后将高中会考制度改革作为了重点领域。具体改革在下一部分内容进行详细介绍。

（二）重要改革与发展

1. 确立国家初中文凭，完善初中方向指导与课程改革

20 世纪末，法国初中在经历"一天建一所"①的发展阶段后，将改革目标集中于防止学业失败，并通过课程进一步提升初中教育质量。1985 年，法国教育部的初中课程改革将培养逻辑思维、传授人际交往能力和培养学生良好工作习惯作为课程设置的重点内容；缩减工具类课程的比例和课时，增加自由选修类课程；扩大教师教学内容中的跨学科专题比例；更加重视英语、德语、阿拉伯语、中文等外语的学习；注重将健康生活观念渗透在课程中，向学生传递诸如生活的艺术与消费、国家关系、新媒介的影响与信息自由、健康、安全等知识。②

1987 年，法国确立了国家初中文凭，重新设计了初中考试制度。所有学生需参加法语、数学考试，并且选考历史、地理、公民教育、体育或生命与地球科学。此外，学校还应对学生的其他必修、选修课程定期进行书面考查，并通过《校园生活》手册了解学生的学习、纪律和德育情况。③ 新国家初中文

① Agnès van Zanten et Jean-Pierre Obin, *La Carte scolaire*, Paris, Puf, 2008, p.16.

② 吴晨：《法国初中课程改革演进的实践与启示》，载《教学与管理》，2018(28)。

③ 杨玲：《法国未来 15 年教育发展改革纲领 ——酝酿中的新〈教育指导法〉》，载《世界教育信息》，2005(6)。

凭具有六大特点:一是强制性,所有初中毕业班学生都必须通过新证书考试;二是全国性,全国学生均应获得认证;三是时间统一性,笔试于每年 5 月份举行,保证师生在 6 月底召开毕业班会议之前获得考试结果,辅助学生进行方向选择;四是考察性,结合《校园生活》手册,对学生的日常表现进行监督和评估;五是平等性,平等对待学习能力或实践能力较强的学生;六是简洁性,考试结果分为优、良、中三级评语制。① 1999 年,法国重新制定三种中考类别,即普通系列、技术系列和职业系列。国家初中文凭的建立不仅规范了法国义务教育最后阶段的学业考核形式,同时也为学校明确学生培养目标和进行学校评估指明了方向。

20 世纪 90 年代,法国初中教育改革更加重视培养学生的自我学习能力,在强化其逻辑思维训练的基础上,积极促进学生掌握各类学习手段,提升技术学科知识在学生中的普及率并立足实践等。一方面,法国教育部决定在初中方向指导阶段开设技术班,分别称为"4 年级技术班"和"3 年级技术班"(分别对应我国的初中三年级和高中一年级)。方向指导旨在通过引导学生了解接受职业技术课程,形成对职业技术概念的初步认识,以改变以学业失败为导向的被动选择,同时帮助学生在即将升入的高中阶段选择接受哪种教育类别,即普通教育、技术教育或职业教育。②

进入 21 世纪后,法国的初中教育改革更加强调去学科化,关注学生的学习情境与社会交往,以便在小升初、中等教育再到高等教育阶段实现更好的衔接。③ 一是"共同基础"的出台,将小学和初中知识进行有机的融会贯通。二是加强初中生的外语学习,2011 年《学习语言,学习世界》报告出炉,多语

---

① "Apprécier et certifier les acquis des élèves en fin de collège: brevet et évaluations-bilans", https://www.vie-publique.fr/sites/default/files/rapport/pdf/024000205.pdf, 2019-10-14.

② 杨红:《法国中等教育的"方向指导"浅析》,载《基础教育参考》,2007(4)。

③ [法]罗杰-弗朗索瓦·戈蒂埃、赵晶:《法国中小学的"共同基础"与课程改革》,载《全球教育展望》,2017,46(11)。

种学习成为改革关注的热点。基于此，法国开始加强初中的外语教学与师生的国际流动。

2015 年，奥朗德政府上台后开始着力推进初中教育改革，提出在 2016 年法国所有初中全面实施新教育课程大纲，并将改革重点放在法语、数学、历史与地理三门课上。针对教学，新改革鼓励初中进行创新和跨科目教学实践，目的在于赋予初中更大自主权，给予教学极大自由，鼓励各科目教师合作开展教学。改革同时明确了学生在 16 岁须掌握的能力，从而更好地适应未来世界的需求。

2. 改革高中课程，建立"新高中"

1997 年 12 月底，为了实施新一轮的高中课程改革，在时任国民教育部部长阿莱格尔和负责学校教育的部长级代表鲁瓦雅的牵头下，法国开始了一次题为"高中应当教授哪些知识"的大型咨询调查。为充分了解广大高中学生和教师的意见，教育部向国内所有普通高中、技术高中和职业高中，甚至外国的一些高中印发了近 300 万份问卷。这份问卷由 15 个问题构成，由高中生进行回答。同时，调研团队还向高中教师寄发了 40 万份问卷，向学校提供了 4500 份思考提纲。1998 年 4 月，法国教育部在里昂举行了以"高中应当教授哪些知识"为主题、有 1000 余位教育界代表参加的全国研讨会。会上，组织委员会主席提交了一份长达 25 页的综合报告，并提出关于高中课程改革的 49 条建议。这些建议为后来的高中课程改革奠定了基础。[①] 特别是在教学内容的制定原则、高中学制的重新确定、学生接受在校辅导等方面提出新设想；同时提出了"共同文化"这一概念，强调把学生未来学习与职业生活所必需的技能与相应的文化知识联系起来，以加强学生认知世界、履行公民义务的基础

① 王晓辉：《比较教育政策》，100 页，南京，江苏教育出版社，2009。

知识和参与社会生活所必需的技能。[1]

在此基础上，法国在进入 21 世纪后启动了新一轮高中教育改革，希望扭转 20 世纪末高中课程效果不明显，学业失败依然严重的局面。2010 年，法国发布《面向 2010 年的新高中》报告，重申要建立使每个学生获得成功的高中教育。报告建议采取向学生提供更多信息，让学生灵活选择专业方向，为未来接受高等教育做准备；增设探索性课程，为学生提供个性化辅导；加强外语学习，帮助学生为学习和生活做准备，促进学生接触文化生活等，让每一位高中生都获得"更好的定向、更多的辅导和更多的准备"。[2]

在加强对学生的定向方面，改革目的是帮助学生选择适合自己的职业和未来合适就读的学校与专业。改革要求学校和教师应当充分了解学生的意愿和能力；通过收集有关职业和专业的信息为学生提供有效且更加个性化的咨询，包括不同年级的课程设置和不同专业设置、转变专业和补习建议等。在注重对学生的辅导方面，改革旨在满足每个学生的发展需要。因此，法国要求高中须拓展适于学生个性发展特点的培养模式，包括加强对学生个人的学业陪伴，由教师或学校教育顾问等对学生进行监管，以及对学习困难学生进行补习三种更具针对性的辅导方式。在帮助学生更好地适应时代方面，法国强调学校应为高中生提供更多了解和接触外界的机会。具体从三个维度开展改革：一是建立有利于外语学习的高中，每个高中生都应当掌握至少两门外语，并为学生营造良好的外语学习环境；二是关注高中生对外语的掌握情况，加强学生对法国和其他国家灿烂和多元文化的了解，提升学生的文化融入能

---

[1] 教育部国际司：《国外基础教育调研报告》，211~216 页，北京，首都师范大学出版社，2001。

[2] MEN，"Le nouveau lycée Repères pour la rentrée 2010"，http：//media.education.gouv.fr/file/reforme_lycee/91/8/Nouveau-lycee-Reperes-pour-la-rentree-2010_133918.pdf，2019-10-14.

力；三是提高学生对社会、生命等的责任感，促进学生公民性的形成。①

法国政府希望通过这次改革，使高中更加进步、开放和公正，并进一步推动高中教育质量再上一个台阶。不过，在具体的实践过程中，"新高中"教育改革设计所具有的浓重政治意味、理想化色彩以及缺乏对教育教学本身的专业化思考，也使教师出现无章可循等困难与问题。② 这些困难与问题要求法国政府在后期根据实际需求做出相应的调整和改进。

四、高等教育改革与发展

（一）发展概况

20世纪末，以新公共管理理念和知识社会为主要特征的全球理性"神话"不断塑造着世界高等教育系统，促使各国开始探索世界一流大学的发展模式，以参与和应对全球高等教育竞争。拥有800年大学发展历史的法国也从这一时期开始规范大学组织机构身份、强调赋予大学更多自治权，并在国际高等教育的激烈竞争下提出创建世界一流大学和加强高等教育国际吸引力的相关改革。

1984年，法国推出《高等教育法》（或称《萨瓦里法》），对高等教育的性质、使命、机构身份、管理机制等进行了重新界定和规范，从而在高教领域形成了一场全面而广泛的革新。首先，在组织身份方面，《高等教育法》特别将大学（包括国立综合技术学院）、大学以外的大学校预备班、大学校和短期技术学院、高等师范学校、法国海外高等学校和大机构等高校与研究机构（下统称为高等院校）统一在《高等教育法》的指导方针下，并明确其"享有法人身

① MEN, "Le nouveau lycée: repères pour la rentrée 2010", http://media.education.gouv.fr/file/reforme_lycee/91/8/Nouveau-lycee-Reperes-pour-la-rentree-2010_133918.pdf, 2019-10-14.

② 张丹、范国睿：《更好定向　更多辅导　更多准备——法国新高中教育改革述评》，载《全球教育展望》，2011，40(11)。

份和教学、科研、行政与财政自治权,是具有科学、文化和职业性质的公立机构(EPCSCP)"。同时,法律明确了大学的内部治理结构——校务委员会、科学审议会、教学与大学生活委员会及其职责。① 其次,在学制方面,法律提出,根据阶段的数目、性质、年限和专业将高等教育分为三个阶段(也即后来的本科、硕士和博士阶段)。同时,法律提出要加强高等培训的职业化,各层次教学与科研的紧密联系,促进继续教育融入普通大学教育,鼓励大学各项活动嵌入地方发展。② 再次,在财务制度方面,该法提出,法国教育部应根据各公立科学、文化、职业机构及其所属学院的计划,以及它们和国家签订的多年期合同与国家统一标准,向这些机构分配人员编制数,下拨教学、科研活动经费、办公补贴和国家资助活动补充的设备补贴③,从而借助大学和国家的新合同契约关系,赋予大学在财务方面更多的自主权。此外,该法还设立了诸如高等教育预测与指导委员会、国家高校评估委员会等咨询机构。至此,法国高等教育体制基本完善。

1988年利昂内尔·若斯潘(Lionel Jospin)出任法国教育部部长后,依据《萨瓦里法》,先后确立了74所大学的法律地位,并继续发展了以大学和国家签订合同来分配教育经费的方式。《教育指导法》提出,到2000年要使80%的适龄学生获得高中毕业会考文凭(至少获得职业能力证书或职业教育证书),且所有高中毕业会考合格的学生均应被接纳入高等教育机构学习。这一目标进一步扩大了大学生的数量。同时,法国政府开启了"大学现代化计划"

---

① Dossier Législatif, "Loi n° 84-52 du 26 janvier 1984 sur l'enseignement supérieur", https://www.legifrance.gouv.fr/affichTexte.do? cidTexte = JORFTEXT000000692733, 2019-10-14.

② Minot J, *Histoire des universités françaises*, Paris, Presses universitaires de France, 1991, p.80.

③ Dossier Législatif, "Loi n° 84-52 du 26 janvier 1984 sur l'enseignement supérieur", https://www.legifrance.gouv.fr/affichTexte.do? cidTexte = JORFTEXT000000692733, 2019-11-30.

（Plans de modernisation des universités françaises）：1990 年，政府推出"2000 年大学"计划（Plan U2000），旨在通过加强中央和地方政府与企业间的联系，以经费资助方式对大学进行区域整治（L'aménagement du territoire）。1998 年年末，政府发布"第三千年大学"计划（Plan U3M）。该计划是在"2000 年大学"计划基础上为迎接新世纪的挑战而提出的，旨在加强高等教育、科学研究和企业发展之关系，调整大学区域布局和修缮教学硬件设备的新改革措施。这一时期，法国政府也开始通过打破大学和大学校之间的双轨隔离状态，推进各类高等教育机构在教学、科研和文凭颁发等方面的合作，从而加强高等教育的人才培养质量。如政府通过将全国各高等学校按八大省区划分为"省区大学集群"（Pôles universitaires provinciaux），制定了新的大学分布图。这是法国高等教育史上第一次提出对各类高等教育机构进行整合。

　　进入 21 世纪，法国政府于 2002 年开始全面推动"博洛尼亚进程"改革，开始了 3-5-8 学制改革和建构学分互认体系，以及促进欧洲内部的人员和学术交流等，从而推进欧洲高等教育区的建立。2006 年，政府推出旨在提升法国科研水平的《研究规划法》。2007 年，法国政府积极推进大学自治改革，并颁布《大学自由与责任法》（或称《贝克莱斯法》）。《大学自由与责任法》主要对大学的内部治理模式进行了规范，对高等教育的公共服务使命、大学的治理模式、新职责和机制安排等做出了具体规定；对大学自我管理预算、工作总额和人力资源的权限进行了明确；强化了大学的外部自治权，削弱了国家对大学的集权管理。[①] 法律在赋予大学更多自治权的同时，提高了大学的社会责任意识。此后，法国政府又提出了一系列改革项目，包括 2008 年的大学"校园行动"，2010 年的大学"卓越计划""地方-经济-科学-创新计划""卓越实验

---

　　① Dossier Législatif, " LOI n° 2007-1199 du 10 août 2007 relative aux libertés et responsabilités des universités ", https：//www.legifrance.gouv.fr/affichTexte.do? cidTexte = JORFTEXT 000000824315&categorieLien＝id, 2017-01-10.

室计划""卓越设备计划(EQUIPEX)"等,通过科研项目招标方式,对具有发展潜力的大学提供更多的科研投入,以进一步提升法国大学的实力和国家竞争力。

奥朗德执政期间,法国政府于2013年出台了《高等教育与研究法》(Loi relative à l'enseignement superieur et la recherche)。该法首次将高等教育与研究合二为一,从三个方面提出了改革目标:一是帮助学生学业成功,提高青年素质,使毕业大学生就业率从45%提高至50%;二是改革大学管理体制,加强各利益主体之间的合作,简化行政手续;三是推动科学研究发展,提升科研价值,以应对经济和社会重大挑战。[1] 同时,法律也提出了大学治理的新规定,以及规范高校重组的相关要求。

马克龙执政后,在高等教育领域并没有另立新法,而是对奥朗德政府的教育政策"取其精华,去其糟粕"。新政府主要完善了对高等教育的宏观指导,提出了具体的改革目标。一是将科研作为国家优先发展的领域,继续鼓励基础研究,加大对创新的投入。如支持高校和科研机构自愿重组,成立国际化高水平大学;为重点优先项目提供额外财政支持;发展企业和研究机构的合作,鼓励研究人员创业。二是释放大学活力,给予大学充分自主权。如允许高校自主开展教学活动,并将开发三年制工读交替的职业本科教育;允许高校基于国际标准自主招聘教职科研人员;鼓励发展新型大学管理模式,并简化对大学的评估程序。三是促进高校资金来源多元化。如基于合同制对公立大学及科研机构进行额外的财政拨款;支持大学办分校、提高大学的借贷筹资能力、加强公立和私立部门的合作。四是让每个学生毕业后都能找到工作。如加强对毕业生就业信息和就职方向的指导;完善中等教育至高等教育的衔

---

① Dossier Législatif, "LOI n° 2013-660 du 22 juillet 2013 relative à l'enseignement supérieur et à la recherche", https://www.legifrance.gouv.fr/affichTexte.do? cidTexte = JORFTEXT 000027735009&categorieLien=id, 2019-11-30.

接，鼓励中学和大学加强合作；发展大学继续教育，推进终身职业流动和职业转换等。①

（二）重要改革与发展

1. 推动大学自治改革

大学学校自治是法国下放中央教育权力、转变教育管理体制的重要改革，它在高等教育领域的行动更为明显。传统的中央集权型高等教育管理体制在经过 1968 年的"五月风暴"和 70 年代石油危机的冲击后，已难以适应经济、社会和科技发展的要求，政府于是开始减少对大学事无巨细的控制。1984 年法国出台《高等教育法》，赋予了大学教学、科研、行政和财务方面的自主权。从此，大学不仅通过中央政府，也可以通过地方权力机构（Collectivités locales）和企业获得经费。在"博洛尼亚进程"的背景下，2007 年法国颁布了《大学自由与责任法》，又将经费管理权委托给大学，并要求大学更新校长遴选程序、调整行政委员会成员结构、扩大外部人员参与大学的决策。校长和行政委员会的职能权力因此得到强化，大学的决策效率也相应地获得提升。② 2013 年的《高等教育与研究法》又提出扩大大学教师、管理人员和大学生参与大学内部治理的人数比例，并重新调整了大学的内部治理结构，即由校长及其领导团队和两大校委会（包括行政委员会和学术委员会构成。后者还涵盖了科学委员会和学习与大学生活委员会）构成的决策机构，以及由行政服务部门和教学与科研单位构成的执行机构。③《高等教育与研究法》允许大学在这一基本框架内根据自身情况调整内部学术治理结构，并真正拥有决定自我发展走向的能力和手段。从法理角度出发，虽然校长和行政委员会成为大学治理的核

---

① 纪俊男：《建立让所有人成功和卓越的学校——法国新任总统马克龙教育政策走向初探》，载《世界教育信息》，2017，30(13)。

② Dossier Législatif，"LOI n° 2007-1199 du 10 août 2007 relative aux libertés et responsabilités des universités"，https：//www.legifrance.gouv.fr/affichTexte.do？cidTexte＝JORFTEXT000000824315&categorieLien＝id，2019-01-30.

③ 本部分主要参考了《高等教育与研究法》第 L712-1、712-2、712-4 等条款。

心力，大学的自治权也在不断增强，但"同行共治"(Collégialité)的学院式治理模式依然未被动摇。

高等教育领域的学校自治改革一方面为法国开展"大学现代化计划"、优化大学行政管理模式、转变学府关系提供了组织变革的基础，使大学成为自我管理的独立主体，拥有了决定自己发展方向的自由。另一方面，改革积极吸引社会力量参与大学治理，促进大学以更加开放的态度与科研机构以及国际高等教育机构开展合作，使大学真正承担起对国家和社会的责任，进而达到提升法国高等教育治理和国家竞争力的目的。

2. 改革大学与政府的契约关系

契约合同是法国推动教育现代化的核心举措之一。1984年的《高等教育法》要求高校通过与国家签署为期四年的发展合同，明确应承担的义务和国家为此提供的经费与人员编制。① 此后，合同内容扩展到高校的教学、学生生活、国际合作、校园资产管理等方面。2006年的新《财政组织法》更加重视学校预算执行后的绩效产出。高校在申请国家预算时，需提供年度绩效方案并明确行动目标和指标，经与法国教育部协商再签订合同。伴随区域高等教育与科研机构的整合，2013年的《高等教育与研究法》又提出高校需以地区高校联盟成员的身份同法国教育部签订"多年期场地合同"，并承诺在合同期限内分阶段完成发展目标，以获得经费资助。场地合同以五年为限，内容包括联盟高校在教学、科研和成果转化方面所共同制定的公共战略规划，也包括每所学校承诺实现的特殊贡献。法国还发起支持高校和研究机构形成大型教学研究基地的"校园计划"和旨在提升高等教育、职业培训、科学研究创新能力与国际竞争力的大学"卓越计划""地方-经济-科学-创新计划"等世界一流大

---

① Dossier Législatif, "LOI n° 84-52 du 26 janvier 1984 sur l'enseignement supérieur", https://www.legifrance.gouv.fr/ affichTexte.do? cidTexte = JORFTEXT000000692733, 2016-06-30.

学建设项目。这些项目也成为大学以高校联盟形式与国家签订发展合同的部分条款内容，并使绩效责任从学校上升至地区层面。①

法国通过契约合同，一方面改革教育领域财政分权和预算机制，使政府对大学的拨款目标更为清晰，在一定程度上提升了教育管理效率，简化了行政审批程序，促进了中央和学校、中央和地方的直接对话，有助于确保经费使用更加到位和有效②。另一方面，契约合同促使大学进一步明确自身发展的状况和需求，促使学校内部参与主体明确分工职责，尤其是在高等教育方面，推动联盟高校之间深化合作并引入竞争机制，激励高校和地方开展以服务项目为核心的目标管理，从而有利于法国教育治理的高效和协同发展。

3. 推动大学机构重组

2006 年，作为希拉克总统在执政尾声的科研改革政策，该法要求通过建立高等教育和研究集群（PRES）、先进专题研究网络（RTRA）和健康专题研究中心（CTRS），重组公共科研，促进法国不同高等教育机构和研究机构之间的交流与资源共享，以及"学校-实验室-企业"的一体化发展。其中，高等教育和研究集群（下简称"集群"）则是将同一区域内的大学、"大学校"和科研机构进行整合，各院校在"集群"框架下开展教学和科研合作。"集群"隶属于法国教育部，并按照有关校园基础设施建设和科研合作发展拨款。其目的在于集中教育资源，扩大学校规模，通过发展教学与科研合作活动，从而发挥各院校协同共作、产生动力效应、满足地方（发展）需要、推动公共利益并使各类

---

① Champagne P, Cottereau Y, Dallemagne G, et al., "Les processus de modernisation dans l'administration de l'Éducation nationale", *Politiques et management public*, 1993, 11(1), pp.87-109.

② 张梦琦、刘宝存：《法国大学与机构共同体的建构与治理模式研究》，载《比较教育研究》，2017, 39(8)。

院校更具显示度。① 法国政府以 2006 年所建立的高等教育与研究集群为核心，大力推进与高等教育自主化改革相一致的院校组织整合与科研投入创新改革，同时，积极扩大高校的国际合作，使科研活动更加集中化、更具开放性，从而打造法国高等教育的国际知名度。

2013 年，在法国高校如火如荼地开展大学合并的过程中，法国出台了《高等教育与研究法》。法国政府提出通过大学合并，建立大学与机构共同体(Co-mUE)和联合会(EPSCP)的模式，规范大学重组。从 2014 年 12 月起至今，法国政府以法令形式分批确定了 20 个"共同体"及 5 个由具有科学、文化和职业性质的公立机构所组成的"联合会"，建立了 25 个大学与科学重组机构(Re-groupements universitaires et scientifiques)。大学机构重组改变了法国大学的整体格局，也促进了区域高等教育的发展。

4. 高等教育向欧洲与国际开放

法国从 20 世纪末开始积极推进高等教育欧洲化和国际化。简言之就是走出去，请进来，让更多的法国师生赴国外学习和了解其他语言和文化，同时吸引更多的留学生来法国学习。

在吸引留学生来法方面，随着 20 世纪 80 年代社会党的上台，政府颁布《大学留学生接待法令》，重新赋予大学自主录取留学生的权力。1982 年的新法令废除了留学生完成学业后必须立刻回国的规定。但由于法国国内持续的经济危机与失业问题，政府仍保留了对留学生移民法国的管控。第三世界国家留学生赴法留学均需接受严格的行政审查。1987 年法国"明日大学"工作组向高等教育与研究部提交调研报告指出，面对当前新技术新科技的迅速发展，大学需加强应用科学研究，向外输出研究与实验成果。因此，法国开始对外

---

① Dossier Législatif, "Loi n° 2006-450 du 18 avril 2006 de programme pour la recherche", https：//www. legifrance. gouv. fr/affichTexte. do? cidTexte＝JORFTEXT000000426953&categorie Lien＝id, 2016-02-20.

积极吸纳高层次、高水平的科技人才。① 20 世纪 90 年代，在建立"欧洲高等教育空间"的背景下，政府提出"法国吸引力计划"，建立留学官方机构——法国教育署(后更名为法国高等教育署)，积极推动高等教育的国际化进程。进入 21 世纪后，法国政府通过调研发现自身的优势与不足，推出许多增强本国高等教育国际吸引力和影响力的政策措施。如 2005 年政府发布的《2020 的大学生与研究生：国际学生流动与法国吸引力的关键》，提出增加奖学金数量、设立统一接待窗口等措施增强法国高等教育的吸引力。② 2006 年政府新修订了移民融入法令，允许延长留学生(特别是硕士及以上学位留学生)的居留签证。2016 年通过的《留学生权益法》规定，留学生可在法国高校学习满一年后提出多年居住证申请③。2018 年，政府又推出旨在增强高等教育国际吸引力和影响力的"欢迎来法国"策略。

在鼓励本国学生出国交流方面，法国政府主要借助"伊拉斯谟""伊拉斯谟+""达芬奇计划"等欧盟国际交流项目积极鼓励学生"走出去"，同时通过推广"互联网+教育"、打造国家级 MOOCs 教育平台，努力拓展国际化教育市场。政府还大力发展离岸教育，在海外办理国际分校，在各国建立法国国际教育署，扩大法语联盟的机构数量，不断推动法国高等教育的国际化，促进法国文化对外传播。

---

① Borgogno Victor & Streiff-Fénart, "L'accueil des étudiants étrangers en France：évolution des politiques et des représentations"，http：//journals.openedition.org/urmis/415，2019-04-12.

② 赵翠侠：《提升国家软实力：法国高等教育国际化改革经验及启示》，载《理论月刊》，2009 (11)。

③ Le Service Public de la Diffusion du Droit，"LOI n° 2016-274 du 7 mars 2016 relative au droit des étrangers en France (1)"，https：//www.legifrance.gouv.fr/affichTexte.do? cidTexte= JORFTEXT000032164264&categorieLien=id，2019-04-12.

五、教师教育改革与发展

(一)发展概况

法国最早有关教师教育的纲领性文件可追溯到 19 世纪。1833 年，在时任教育部部长弗朗索瓦·基佐(François Guizot)的推动下，法国教育部颁布《基佐法案》(Loi Guizot)，奠定了法国发展师范教育的法理基础。该法案提倡每个省份设立一所师范学院，所有的小学教师必须接受师范教育的训练，通过考试获得教师资格证书后，方可任教。1879—1883 年，法兰西第三共和国总理朱尔·费里(Jules Ferry)颁布了《费里法案》，进一步规范了师范院校制度。相关法令要求法国每一个省份必须建立至少一所师范院校，以培养中小学教师。

20 世纪末期，时任法国教育部部长若斯潘推动了《教育指导法》(或称《若斯潘法》)的出台。该指导法宣布建立挂靠于大学的教师培训学院(简称 IUFM)以逐渐取代传统的师范学院、地区教学中心、国家师范学习学校。至此，法国开始进入教师教育阶段，以前的小学教师与中学教师的双轨制培养模式并为一轨。2005 年，政府进一步推进教育改革，颁布了代表法国教育改革朝着现代化方向迈进的《学校未来的导向与纲要法》。这一法案要求教师培训学院逐渐从最开始的具有行政性质的公共机构演变为附属在综合性大学下的内部学院。法案将师范生的培养学制确定为三年，学生毕业后获得学士学位。

从 21 世纪初期开始，法国的师范教育系统扩大到硕士培养阶段。教师资格考核由原本的学士学位要求(Bac+3)提升到硕士学位要求(Bac+5)。该举措大大提高了职前教师的资格水平，并对之后的教师教育制度产生了深远的影响。2013 年，法国参议院通过了《重建共和国基础教育规划法案》。按照该法案，教师培训学院逐渐被教师教育高等学校(简称 ESPE)所取代。ESPE 培养方案与教师培训学院类似，但新法案要求学生在大学完成学士学位后，需要到 ESPE 接受为期两年的专业化培训，以便参加并通过教师资格考试。

（二）重要改革与发展

1. 打造硕士化的教师培养体系

法国政府于1989年10月7日颁布的《教育方向指导法》确定成立教师培训学院。教师培训学院的成立与当时的教师群体状况有关。一方面，在改革之前，法国的教师资格证书层次化差异较大，教师群体内部不平等现象明显。比如，改革前的教师资格证书分为四个层次：会考教师、初中普通教师、职业教师、证书教师，不同教师群体的地位与待遇差距较大。再加之，1990年前的法国教师教育主要由分散在各地的教师教育机构完成，教师培养体系过于分散，无序化程度严重。另一方面，法国其他各个社会公共部门的发展也对学校教育提出了新要求。这些社会公共系统涉及未来法国社会、经济、文化的发展趋势，而教师作为学校教育的重要参与者，其角色需要积极改变来应对整个法国社会的需求。因此，在该时期下的法国急需整合过于分散的教师教育资源，建立统一有序的教师培养机制，来积极应对法国社会各方面发展需求。自1989年法国政府正式提出建立教师培训学院起，法国的教师教育主要经历了三个阶段，逐步奠定了如今的硕士化教师培养模式。第一阶段是教师培训学院的成立阶段，标志着教师培养一体化的形成；第二阶段由2005年到2012年，硕士化教师培养模式正式确立；第三阶段由2013年至今，硕士化教师培养模式进一步改革。

（1）第一阶段：教师培养一体化的形成

第一阶段（1989年到2005年）是教师培训学院的创始时期。一方面，教师培训学院保持着其机构的独立性；另一方面，为了明确高等教育机构拥有干预与指导教师培训学院发展的责任，教师培训学院名义上必须附属于至少一所综合性公立大学。因此，教师培训学院受法国教育部与当地大学的共同监管。

这一阶段确立了教师培养一体化的基本目标。在建设之前，教师教育分别由多个不同的地方性教育机构独立完成。而教师培训学院的建立本质上是为了把之前分散的不同层次的教师培训机构全部整合起来，建设一个儿童教育、小学教育、初中教育一体化的教师培养体系。

教师培训学院的培养内容覆盖三个主要方面。一是负责培养师范生，集中帮助师范生通过教师资格考试；二是负责培养已通过教师资格考试的师范生，进行公务员性质的带薪教育实习工作；三是负责对已经参加工作的教师，进行职后教师培训工作。值得注意的是，学生在大学统一完成三年制的学习后才能进入教师培训学院。入校第一年，学生的主要任务是通过教师资格考试；入校第二年，通过法国教师资格考试后，再进行公务员性质的带薪教育实习工作。

(2)第二阶段：硕士化教师培养模式的正式确立

在OECD国家劳动学历要求提升的大背景下，2008年萨科齐政府宣布全国教师资格考试只对硕士学位(Bac+5)考生开放。经过两年的过渡期，直至2010年，硕士化的教师培养模式才在法国全面建立，学生必须完成硕士学业后才有机会成为正式教师。该改革使得之前教师培训学院的培养计划被改变。教师培训学院的第二年教育带薪实习被取消，变更成为硕士阶段在校学习，学生直到第二年年末获得硕士学位后，才能参加教师资格考试。这也意味着，师范生将在没有任何实习经验的情况下，一毕业就要正式走上讲堂进行授课。该改革方案遭到了一部分教师培训学院师生的抵制，为回应反对呼声，部分学区的教师培训学院最终选择在第二年的硕士学习完成之后，再增加一年公务员性质的带薪教育实习。自此，教师培训学院的培养模式变成了3年学士培养加上2年硕士培养再加1年教育实习的"3+2+1"模式。

(3)第三阶段：硕士化教师培养模式的进一步改革

据OECD组织的国际学生能力评估测试(PISA)显示，近年来，法国学生的学习成绩表现并不理想。法国高等教育部部长菲奥拉佐(Geneviève fioraso)

指出，法国学生成绩的不断下降与法国师资有很大程度的关联，因此，改革教师教育十分必要。同时，由于上一阶段的改革结果并不乐观，每年的新教师注册人数都呈下降趋势，教师职业的吸引力降低。因此，法国教育部于 2013 年颁布了《重建共和国学校法》。该法直接推动了教师教育高等学院（ESPE）的建立，取代了之前的教师培训学院。①

目前，法国共有 32 所教师教育高等学院分布在法国各个学区，其性质与之前的教师培训学院类似。在地位上，该学院附属于大学，属于大学内部的院系机构。在管理架构方面，学院由一名院长与多名校理事会成员直接管理。同时还受到科学与教学规划理事会的管理。关于学院经费方面，在法国政府拨给每所大学的经费之中都包含其专有经费。院长对学院的收支情况负总责任。该学院承担的主要任务包括：在国家定义的标准框架下，负责开展师范生教育；组织针对已入职的新教师进行在职培训；参与教学科研人员与高等学院教师职业的相关培训；为其他培训机构或教育机构提供相关职业培训的资格；开展科研、学术研究，以及参与国际合作项目等。

教师教育高等学院的职前教师培养仍然沿用"3+2"模式，在进入该学院学习时，学生们要从四项不同的硕士专业中，选择一类专业攻读。该专业分别为：学前与小学教师教育，中学教师教育，职业学校教师教育，教育培训师专业。入学第一年，学生们主要集中学习教育教学理论与课程知识，并在第一年第二学期参加教师资格考试。学生们只有先通过教师资格考试，才能在第二学年的学习之后获得硕士学位。第二年，学生们参加带薪教育实习，实习期间同样在 ESPE 进行理论学习，理论学习与教育实习交替进行。在两年的学习框架下，通过考核的学生最后被授予名为"教学、教育与培训硕士"的文凭（简称 MEEF）。

---

① 王晓宁、张梦琦：《法国基础教育》，137 页，上海，同济大学出版社，2015。

2. 改革教师资格制度

法国要求学生必须通过教师资格考试，具备相应的教师资格证书才能任教。参与教师资格考试的人员主要是来自教师教育高等学院攻读硕士专业的学生，该考试也对具有同等学历程度（BAC+5）的其他专业人员开放。针对不同的考生群体，教师资格考试总共有三种不同类别。第一类是报名人数最多的外部竞考，该考试针对没有公务员身份但满足考试要求学历的考生。第二类是内部竞考，针对已经有公务员身份且有公务员系统中工作经验的考生。最后一类被称为第三类考试，针对没有达到考试要求学历，但在私立教育机构中具有至少五年职业经验的考生群体。除此之外，法国教师资格考试根据职业方向，分为小学教师资格考试和中学教师资格考试。

首先，立志在法国儿童园与小学任教的教师需要参加小学教师资格考试，通过该资格考试的教师可教授学生的年龄范围是 2～11 岁。小学资格考试由法国各学区组织。外部竞考参与者必须拥有至少硕士一年级的对应学历。参加外部竞考的人员在法国公务员系统工作应不超过三年以上且须具有大学学士学位。在 2018 学年，报名外部竞考的总人数有 71375 人，而各学区总共开放 10536 个中小学教师职位，最终有 9950 名考生被录取。与实际参考人数相比，2018 年小学教师资格考试的最终录取率是 38.75%。[①]

小学教师考试的目标是考评候选人的专业学科知识、教学科学素养、教师职业素养与课堂表现能力这几大方面的综合素养。考试内容由两个阶段组成，第一阶段是"可录取考试"。该阶段主要是笔试，考试科目为法语和数学。考试内容主要建立在小学大纲基础之上，考评候选人是否具备教授对应小学课程的所需素养。通过"可录取考试"的考生才能进入下一阶段的"录取考

---

① Ministère de l'Éducation nationale, "les données statistiques des concours du capes de la session 2018", http：//www.devenirenseignant.gouv.fr/cid131473/donnees-statistiques-capes-2018.html, 2020-10-10.

试"。录取考试由两轮口语考试组成，评委将考察候选人的口头表达能力，与其教授科目相关的科学、教学、哲学、文化以及社会问题的批判性反思能力，等等。

其次，如果希望在法国初中与高中任教，考生需要通过中学教师资格考试。根据具体职业方向的不同，该教师资格考试分为五类：中等教师资格（CRPES），持证者可在中学或高中任教；体育教师资格（CAPEPS），持证者可在中学或高中教授体育类相关学科；技术教师资格（CAPET），持证者可在中学或高中教授技术类课程；职业高中教师资格（CAPLP），持证者可在职业高中学校任教；中等教师最高资格（l'Agrégation），该类竞考只允许具备硕士二年级学历的学生报考，持证者除了可在高中任教外，还可以在精英大学预科班或是公立大学任教。与小学教师资格考试流程类似，这五类中学教师资格考试分为"可录取考试"与"录取考试"两个部分，在两大部分中都分别安排了笔试与面试环节。

3. 增强教师职业吸引力的举措

（1）建立高水平的教师培养模式，提升教师社会地位

1989年，法国政府颁布《教育发展方向指导法》，促成教师培训学院的建立，推进了教师教育的专业化，改变了之前小学教师与中学教师的分别培养模式，使两者合二为一，建立由中央管理的专业教师培养机构。教师培养层次也得到了提升，逐步建立了硕士化的培养基础。从建立初期直到后来被教师教育高等学院逐步取代，教师培训学院共计培养了50万余名教师。[①]

在此期间，法国政府也颁布了其他的改革举措，以建立一支高学历水平的教师队伍。2010年，法国教育部要求参加教师资格考试的考生必须具有硕士学历。教师教育因此进入了更高的发展阶段。教师资格考试选拔因为其严

---

① 唐青才、卢婧雯：《大学化与专业化：法国教师教育发展——从 IUFMs 到 ESPEs》，载《大学（研究版）》，2017（9）。

格的录取标准或低录取率和高门槛的准入资格,从另一方面肯定了教师职业的含金量。硕士标准的准入门槛同样也奠定了新教师未来职业发展的高起点。法国教师属于国家公务员,其未来职业发展规划与国家公务员制度相对应。具备硕士学历也意味着教师在法国属于最高级别的 A 类国家公务员,其薪资与补贴都由政府统一发放。而教师本人的学历水平也与国家公务员职务职称晋升要求挂钩。

(2)完善教师薪酬福利制度,增强教师职业吸引力

与大部分欧洲国家相比,法国在教育公共事业上的总支出一直处于相对较高水平,而其教师工资上的支出也非常高。根据世界银行 2013 年的统计,法国该年度在教育事业方面支出接近其国内收入总值(GDP)的 6%。其 2011 年在全国教师工资方面的支出就达到了当年国内收入总值(GDP)的 2.5%。[①] 法国义务教育教师的工资待遇与其教师所处的公务员地位息息相关。早在 1889 年法国政府就规定教师为国家公务员,教师工资由国家财政负担。教师的工资与福利待遇一直以来都遵循着法国公务员制度,由中央国民教育部实施统一管理。

法国中小学教师的工资主要由基本工资与岗位津贴这两部分组成。基本工资又称为指数工资。根据法国公务员的指数工资计算方法,教师的基本工资由指数点的形式表现,这有利于抵消通货膨胀对教师收入的影响。在普通教师、高级教师、杰出教师这三大类教师职称框架下,工资等级又分别细分若干个等级,直接与教师的资格身份与教龄挂钩。普通教师类共有十一个工资等级,高级教师类共有六个工资等级,杰出教师类共有五个工资等级。

自马克龙政府上台后,教师的薪酬制度迎来了大幅度调整。其主要改革特点表现在:第一,教师薪资指数总体上调,其中刚入职的实习教师上调幅

---

① World Bank, "Government expenditure on education, total (% of GDP)", https://data.worldbank.org/indicator/SE.XPD.TOTL.GD.ZS? locations=FR, 2020-10-10.

度最高。第二，新教师的晋升年限缩短，满足二年工作期限就可升至第四级。第三，由法国政府统一规定晋升年限，整体上，教师薪资晋升的年限进一步缩短。

法国政府一直以来看重教师资源的均衡发展，自 20 世纪 80 年代起，就发起了"教育优先区"计划，旨在加强问题地区的教育发展。因此，为了鼓励教师前往教育优先地区任教，法国政府利用岗位津贴对教师们进行激励。对于刚刚进入教师行业的新教师来说，法国政府提供的薪资待遇同样具有很高的吸引力。师范生在硕士第一年通过教师资格考试后，便成为实习教师，开始享受公务员待遇。尽管处于实习阶段的师范生无法达到全职教师的授课课时量，但他们同样享受全职薪资。

六、其他类型教育改革与发展

(一)发展概况

20 世纪末，法国也在其他教育领域进行了诸多改革。下面从职业教育、全纳教育、终身教育和继续教育方面分别进行介绍。

1. 职业教育

在职业教育方面，法国顺应工业发展的需要，通过教育和培训向青少年提供适应就业市场的必备技能，解决社会就业问题。在"二战"后，为了适应社会经济的恢复与重建，满足高等教育大众化的需要，法国于 1966 年决定开办短期技术大学，为那些在职业学校就读的学生提供接受高等教育的机会。短期技术大学打破了资产阶级贵族垄断高等教育的局面，为社会各阶级接受高等教育提供了可能。[①] 同时，法国还着力改变中等教育双轨制的局面。1975 年法国通过了《哈比改革法案》，在中等教育阶段设立统一中学，将中学前两年的课程统一，后两年再分成升学与接受职业训练两组，加强了普通教育与

---

① 李兴业：《战后法国短期高等职业教育发展与改革》，载《法国研究》，1999(1)。

职业教育之间的衔接。

20世纪80年代以后，法国注重提高职业教育的社会地位，并设法通过职业教育优化教育公平。由于法国一直采用淘汰式的分流机制，职业技术学校的社会地位低下，一直面临着生源质量差的问题，职业学校的学生也多来自社会底层或失业家庭。此外，技术进步与产业升级加剧了职业教育与市场需求之间的矛盾，职业学校的学生就业出路不佳，继续流向社会底层，进而造成社会不公平。针对职业教育面临的困境，法国于1981年出台《提高青年人的职业水平和社会地位》的报告，确立了提高青年的职业能力、建立更公平的社会、重建各代人之间的对话、改变青年人的社会地位四大目标，通过改善职业教育的地位与教育质量，提高青年人的职业生活水平，从而减少职业不平等现象。[1] 1998年，法国政府陆续出台了一系列调查报告，着重提高职业教育的地位。21世纪初《职业教育改革的工作纲要》明确地指出了加强职业教育中普通文化知识教育与职业技能培养的平衡性发展的重要性。虽然职业教育的基本目标是实现学生的良好就业，但是综合性人才培养是实现高等教育与职业教育协同发展的重点。

近年来，法国的职业教育改革主要为了提升学生的就业能力，解决社会的就业问题。法国出台了一系列的政策法规，帮助学生提前了解职业生涯，接受职工培训。为了帮助在校学生做好职业规划，法国政府在地方层面设立实习指导机构，由专业人员帮助学生联系企业，创造实习机会。法国教育部还推出了"初中四年短期实习计划"，在学校和企业之间建立合作，企业负责制订短期培养计划，帮助学生了解职场生活和企业的运作方式。

2. 全纳教育

在全纳教育方面，法国积极保障特殊需要儿童的平等受教育权，减少特

---

① 吕达、周满生：《当代外国教育改革著名文献(德国、法国卷)》，268~271页，北京，人民教育出版社，2004。

殊对待的教育方式以推动教育公平。特殊教育发端于法国。在以自由、平等为口号的启蒙运动与法国大革命的影响下，法国建立了世界第一所盲校和聋校，帮助残障儿童接受教育。1882年，法国进一步通过法律确定了残障儿童接受教育的原则。然而，尽管法国创办了各种特殊教育机构，残障儿童却长期被孤立于主流社会之外。

1975年，法国通过的《为了残障人士的指导法》明确了残疾少年儿童受教育的权利，要求尽可能地使残疾人融入普通人的工作和生活氛围，为残疾人融入社会生活奠定基础。1987年，法国设立"特殊教育与社会融入职业证书"（CAPPEI），通过培养专业人士，帮助残疾儿童融入社会。1989年颁布的《教育方针法》强调保障残障儿童的受教育权，优先关注其社会融入问题。1994年，联合国教科文组织通过《萨拉卡曼宣言》后，法国开始积极制定相关方案，推行以一体化为核心的全纳教育。

2005年，法国颁布《残疾公民参与、权利和机会平等法》，明确规定残障儿童有就读普通学校的权利，要求教育相关的公共服务部门监督推行全纳教育。法案成为法国开展全纳教育的法律依据。2007年，法国高等教育部、社会事务和卫生部与大学校长联席会议共同签署了《大学残疾人宪章》，保障残障学生接受高等教育的机会。2013年，《重塑共和国教育法》规定所有学生应当享有全纳教育，拒绝一切形式的歧视。"全纳教育"被正式写入法律。法国通过立法为全纳教育提供了法律保障，从而促进特殊教育与普通教育相融合。

3. 终身教育和继续教育

在终身教育和继续教育方面，为了保持其欧洲的政治、经济优势，并同美国和日本等经济大国抗衡，法国把继续教育推向开发人力资源的前沿阵地，并率先通过立法把发展继续教育作为国家基本政策而固定下来。法国的继续教育主要以职业培训为目的，让已经工作的员工进行培训或进修，帮助其适应职业需要，更新知识体系。

1984年2月24日，法国通过新的《职业继续教育改革法》，重申了职工带薪培训假制度，规定参加培训的人数不得超过本企业职工总数的20%，培训经费由国家认可的机构负责攒集，并根据参加培训人数、时间、培训内容、水平等标准拨发；雇主应为职业继续教育提供经费，职工参加培训期内的工资由企业照发，或由培训机构从培训经费中支出。同时，进一步强调对18～25岁的青年实行工学交替的职业培训。1998年，法国又制定了振兴终身学习政策执行体制的法律，完善了继续教育的执行体制及措施、经费、机构建设等。①

(二)重要改革与发展

1. 学徒制改革与职业高中交替培训改革

在学校职业教育系统之外，法国还存在一个自成一体的校外职业教育系统，即学徒培训中心。20世纪70年代，法国社会受经济危机影响，面临着失业问题、通货膨胀等挑战，法国政府将职业教育改革的重点转向现代学徒制。1971年，法国颁布的《德罗尔法案》(la loi Delors)将学徒制纳入职业教育体系，确立了学徒制的法律地位。此后，法国陆续进行改革以扩大学徒范围，培养更有竞争力的劳动者。

法国放松年龄限制，增加学徒人数。1959年，法国将义务教育的年龄延长至16岁，并规定学徒年龄必须满17岁；1997年，法国国民教育部放宽了这一规定，指出14、15岁的青少年在获得班级委员会和家长的许可后，可以向学区督学申请获得学徒资格；2011年，法国通过"共度交替发展暨职业历程保障"的提案，规定未满15岁的学生在获得初中学历之后有权签订学徒合约。②

---

① 熊华军、刘鹰：《法规保障下的法国继续教育及其启示》，载《现代教育科学》，2004(7)。

② 北京师范大学国际与比较教育研究院组编：《国际教育政策与发展趋势年度报告(2013)》，103页，北京，北京师范大学出版社，2013。

法国还突出企业在学徒培训中的作用，提升培训质量。2017 年 5 月，法国劳动部提出"法国社会模型"计划，提出将就业合同与学徒合同合二为一，从而将培训与就业过程相结合，调动企业培训的积极性。同年 10 月，法国劳动部和国际教育部联合发布的《二号法案》要求将企业置于学徒培训的中心位置，将培训内容与劳动力市场相结合，培养更符合市场需求的职工。[1]

为了加快培养技能型人才，法国于 2016 年 1 月发布《发展职业高中交替培训改革》白皮书，推行职业高中交替培训改革，其中主要包括扩展职业高中交替教学的内容，以与职业高中内部增设的 1000 个教师岗位相匹配；建立"职业与资格校园"点，以满足企业对稳定推进招聘高质量人才的需求；加强初中、职业高中和"学徒培训中心"的联合等。[2]

2. 职业教育课程改革

法国传统职业教育课程以教师为主导，学生只能被动地接收知识，难以培养自主学习能力，因而越来越缺乏创造性。同时，传统课程造成学生与职业环境相隔绝，对于职业信息缺乏了解。进入 21 世纪，法国开始从课程的角度进行教育改革，要求发挥学生的主体性，关注学生的身心发展。

2004 年，法国出版了《为了全体学生的成功》的报告，强调学生应该具备应对未来的不可或缺的基础知识、能力以及行为规范，即"必不可少的共同基础"。为此，报告指出当前背景下职业教育要承担起更为重要的育人责任，通过教授共同文化，帮助学生成为现代公民。21 世纪之后，法国便在职业高中里增设公民教育课程，引导学生了解自己的权利和义务，遵守社会规则，做一个合格的公民。

从 2000—2001 学年起，法国还在职业高中课程中引入"职业特征多学科项目"（PPCP）课程。在课程中，学生需要选择一项包含某种产品或某种职业

---

[1] 苏航、陆素菊：《法国学徒制发展概况与启示》，载《当代职业教育》，2018(4)。
[2] 张梦琦：《法国职业教育及其人才培养体系探究》，载《郑州师范教育》，2016，5(5)。

场景的项目，由学校根据学生文凭的水平，对其教学与技术计划做周密的安排；不同学科的教师和学生一起组成工作小组，展开跨学科研究；学生需要在教师的陪伴与指导下自主搜集、整理资料并做出报告展示。[①] 该课程希望学生通过完成与职业场景相关联的具体项目，获得与该职业相关的知识和能力，学会运用多学科知识提升职业能力。

法国还将职业教育引入普通教育。2005年，法国在初中四年级的课程中引入了一个新的选修课程——每周三小时的职业初探选修课和一门新的教学模块——每周六小时的职业初探模块。每周三小时的职业初探选修课旨在帮助学生初步了解行业信息，未来做出正确的职业选择。为了调动学生的积极性，法国教育部建议学校在具体情境中实行教学，例如与行业领域的专业人士展开对话，组织学生到企业中实地参观等。法国教育部专门组织了一个由学校教师、图书管理员、高级教育顾问、心理指导顾问和辅导员组成的多学科教育团队负责该课程的实施。每周六小时的职业初探模块主要面向已经初步具有职业规划的学生，通过课程模块的测试，帮助学生确定自己的兴趣爱好领域。

3. 大学职业技术学院的繁荣发展

高等技术员班(STS)和大学技术学院(IUT)是法国创办较早的短期高等职业教育培训机构。为了适应生产需要，1956年，法国创办了高等技术员班，培养专业领域的技术人才。然而，与综合性大学相比，高等技术员班的培养目标较低，且忽视科学研究，往往被认为是"次等"机构。为此，法国政府于1966年在综合性大学内开办起大学技术学院，将高等教育与工业技术相结合。高等技术员班与大学技术学院在办学形式、培养目标等方面存在差异，二者相互补充，相互促进，共同培养技术人才。

高等技术员班多设立在技术高中，招收高中毕业生，学制两年，培养目

---

① 霍益萍：《再谈"研究性学习"在法国》，载《教育发展研究》，2002(10)。

标为高级技术员，要求学生掌握扎实的普通文化与专门技术，毕业后获得高级技术员证书（BTS）。这类学校的就业率高，毕业生不仅可以在工业和商业、服务活动或与应用艺术相关的行业中行使高级技术人员的职能，而且可以继续深造。毕业生可以在高级技术人员适应班（ATS）中进修一年后进入高等专业学校，也可以在相关领域进行培训获得职业学士文凭（IP），或者经过专门的考试、面试和资料审查进入工程师学校学习。①

大学技术学院招收高中会考文凭获得者或同等学力者，既招收技术高中的学生，也招收来自高中普通班的学生，学制也为 2 年，属于短期高等教育机构。大学技术学院包括高等初级培训和继续培训两部分教育，目标是培育生产、应用研究和服务等领域的高级技能型人才，两年中有 6~12 周的教学实习课，学生毕业后可获得大学技术文凭（DUT）。另外，学院可以独立或联合其他法国高职院校颁发短期职业培训文凭（DU 或 DIU），该文凭属于非国家级文凭。

为了满足企业最具体专业人才的需求，1992 年法国在大学内创办了大学职业学院（IUP）。大学职业学院同样属于高等职业教育机构，招收修满大学一年级课程或大学预备班或同等学力者，培养介于高级技术员和高级工程师或高级雇员之间的企业职员，学制 3 年。大学职业学院与企业签订培训合同，学生在企业至少要实习几个月至一年，并掌握两门外语。目前，法国已经创办了 300 所大学职业学院，包含大约 3 万学生。②

法国还于 1994 年在高等教育中设立了技术研究文凭，从大学技术学院毕业、获得工程师与技师文凭的学生可参加技术研究文凭的考试，大学二年级

① Ministère de l'Enseignement supérieur, de la Recherche et de l'Innovation, "Brevet de technicien supérieur（B.T.S.）", https：//www.enseignementsup-recherche.gouv.fr/cid20183/brevet-de-technicien-superieur-b.t.s.html#Modalites-inscription-examen-B.T.S, 2019-04-12.

② Jacques Trentesaux, "Institut universitaire professionnalisé：un avenir en pointillé", https：//www.lexpress.fr/emploi/institut-universitaire-professionnalise-un-avenir-en-pointille_479146.html, 2019-04-12.

的工程师类学生也可报考,获得文凭需要3年时间。学习期间学生在企业至少要实习6个月。对工程师类学生来说,其技术研究经历至少需要达到12个月,对要获得硕士学位的学生来说,其技术研究需做满18个月。

4. 全纳教育改革

为了保障残障儿童的入学权利,法国为残障儿童提供多样化的入学方式。法国的普通学校有接受残障儿童的义务,接受的学生多为肢体残疾、心脏病、癫痫、弱视、重听等患者。残障学生在普通学校就读时需要在校生活助理人员(AVS)或者特殊教育和居家护理服务单位(SESSAD)的帮助。法国还在普通小学、中学、技术中学及职业中学建立了"校内全纳教育机构"(ULIS)①,帮助不能在普通班级就读的残障学生接受教育并引导学生逐步适应普通教育体系。这些学生通常患有认知、精神、言语、学习、交际等障碍。所有在校内全纳教育机构注册的学生将根据障碍类型和等级,被分配入不同班级中接受同等的知识教育。此外,机构还为每个学生分配了协调员(Coordonnateur),持续追踪学生的生活和学习状况。

法国通过全纳教育教师培训,促进教师与从事残疾服务人员的合作与交流,保证全纳教育的稳定发展。法国要求教师培训学院(ESPE)对教师进行全纳教育相关培训,由各学院安排培训时长。法国通过提高残疾儿童陪护人员的待遇,为全纳教育提供保障。2019年年初,法国政府决定将陪伴人员的合同从"帮助性合同"转为正式的三年短期合同,合同到期重新续约并在公共服务部门供职六年后,则自动转为终身合同。同时,政府还向陪护人员提供60小时/年的培训。②

---

① Éduscol, "Les unités localisées pour l'inclusion scolaire (ULIS)", https://eduscol.educa-tion.fr/cid53163/les-unites-localisees-pour-l-inclusion-scolaire-ulis.html, 2019-04-12.

② Ministère de l'éducation nationale et de la jeunesse, "Mission et activités des personnels chargés de l'accompagnment des élèves en situation de handicap", https://www.education.gouv.fr/bo/19/Hebdo23/MENH1915158C.htm, 2019-04-12.

5. 终身教育

法国的终身教育以正规学校教育机构为基础，倡导个人、企业、国家和地方政府的共同参与，构建学习型社会。终身教育的责任主要由普通中学、技术高中、职业高中和高等教育机构承担。法国的每个初中或高中都可以加入中学继续培训组，由校际委员会（CIE）管理并制定培训政策和目标。1995年至 2000 年的 5 年间，法国参加中学继续培训的学员均为在职劳动者，平均学习时间为 96 小时。① 法国不设置专门负责成人教育或继续教育的高等教育机构，而是由大学或其他高等教育机构负责。目前，法国每一所综合性大学都设置成人教育培训中心，专门负责成人教育工作。法国还积极下放成人教育控制权，鼓励各种学会、企业、社区、协会、联合会组织平民教育，以俱乐部、社区活动等形式开展活动，允许不同阶层的人学习知识性课程，听科学演讲等。与此同时，企业也积极开办以技术培训为主的成人教育培训，这也成为法国成人教育的另一种重要形式。

法国还从能力认证的角度做出改革，创建职业文凭为在职者提供资质证明。1992 年，法国尝试建立了一种"职业获得认证"（VAE）制度，允许工作 5年以上的工薪者或独立劳动者通过某种考试获得职业文凭。2002 年的《社会现代化法》进一步确认了"劳动工作同样可以获得知识以及与职业培训相同的资格"。为此，法国扩大了职业资格认证的领域，设置了"经验获得认证"（VAE）制度，允许所有人在相关领域工作 3 年后通过职业经验，申请职业文凭或证书。②

6. "一般融入计划"

为了帮助学习困难学生通过普通教育之外的体制获得进入劳动力市场的资格，1995 年法国确立了一项"一般融入计划"，由国民教育部确立主要原

---

① 王晓辉：《法国终身教育的发展与特色》，载《比较教育研究》，2007(12)。
② 王晓辉：《法国终身教育的发展与特色》，载《比较教育研究》，2007(12)。

则，学区教育局和省级教育部门共同合作，将学生安置到特殊体制中，帮助他们安排未来的学习并作出职业规划。

2011 年，"一般融入计划"提出两个教育目标，即减少教育系统中辍学学生的数量，帮助所有 16 岁以上的学生取得社会与职业融入资格或证书。为了实现这一目标，国民教育部系统规划了三个步骤：首先，清查所有 16 岁以上没有学历或者证书的年轻人，并由工作小组为这些学生制定个性化学习发展方案。其次，与相邻的企业合作，根据当地就业市场的情况，帮助学生取得职业资格并进入职场，然后重新分配。工作小组会与专业人士展开合作，根据学生的身心状况，评估学生可能回归学习的动机。同时工作小组也会针对就业市场，要求提供咨询和信息。最后，工作小组会帮助学生巩固基本知识和能力，积极帮助学生寻求未来的发展目标并取得正式的资格和入职资格。"一般融入计划"的宗旨是给予学生以帮助，帮助学生寻找兴趣点，了解职业生涯，寻求第二次发展的可能性。这项计划采取个性化的学习方式，大大提高了学生取得执业资格和证书的机会。[①]

第四节 教育思想

20 世纪 50 年代到 70 年代是法国科学技术和经济高速发展的黄金时期，教育领域也发生了诸多变革，现代化、民主化、职业化成为教育变革的主旋律。进入 80 年代后，原有的教育思想不断发展，同时也涌现大量新思潮，教育理论界呈现出复杂多样的研究态势。其中，以雅克·朗西埃(Jacques Rancière)为代表的解放教育学派，以弗朗西斯·安伯赫(Francis Imbert)为代

---

① 北京师范大学国际与比较教育研究院组编:《国际教育政策与发展趋势年度报告(2013)》，100 页，北京，北京师范大学出版社，2013。

表的体制教育学派，以及以菲利普·梅里厄（Philippe Meirieu）为代表的差异化教育学派，不仅从理论层面对法国教育事业进行了探究，并且直接影响了这一时期的教育实践活动。

一、雅克·朗西埃与解放教育学

从 19 世纪末开始，法国无政府主义工人运动的活动分子开始实施教育革新项目，代表人物有保罗·罗宾（Paul Robin）和塞巴斯蒂安·弗雷（Sébastien Faure），他们主张在知识方面脱离与教会的垂直继承关系，从科学实验方法中汲取灵感以推动理性教育学的发展。塞勒斯坦·弗雷内（Célestin Freinet）在第一次世界大战后成立了启发教育学委员会，该委员会允许平民子女获得自我管理工厂的能力。自由经济的支持者也支持教育变革，如赫伯特·斯宾塞（Herbert Spencer）和爱德蒙·德莫林斯（Edmond Demolins）等人希望通过教育变革培养明天的企业家。劳工运动和自由经济将传统和保守的教育视为共同的敌人，要求更加重视学生的自主权和创造精神。这股批判教育学的潮流延续至 20 世纪 80 年代，保罗·弗莱雷（Paulo Freire）是这一时期的重要代表人物。弗莱雷认为，教育学必须重新审视阶级、性别和种族等方面的社会不平等。[①] 随后，雅克·朗西埃在此背景上提出了解放教育学，对教育中的自我管理、自主权、创造精神、平等等问题进行了探究。

解放教育学是解放概念在教育领域的应用。解放一词有着漫长的历史，最早可以追溯到古罗马时期，意味着奴隶摆脱奴隶主的控制，孩子和妻子摆脱了父亲或丈夫的控制，这是解放的最早含义。在 16 世纪，解放一词被用于摆脱宗教关系的束缚；在 17 世纪，解放一词在启蒙运动中被用于对理性的推崇；到了 20 世纪，解放一词被用于新教育运动和进步主义教育运动，意味着

---

① Irène, "Education: Vers une Pédagogie Émancipatrice Critique", http: //www. alternativelibertaire.org, 2019-03-20.

教育要尊重孩子的天性；第二次世界大战之后，解放一词指向了权力关系，解放则意味着如何使人们挣脱权力关系的制约，成为独立、平等的人。① 朗西埃的解放教育理论是在批判当时教育理论的基础上，对如何实现人的解放提出了新观点，这些观点集中体现在《无知的教师：关于智力解放的五个忠告》这本书中。

首先，朗西埃批判了传统教育和传统解放理论。传统教育主张教师的教和学生的学，教师是知识的占有者，学生是知识的匮乏者，通过教育使学生成为民主、独立的人。至于传统解放理论，一般将教师视为解放者，将学生视为被解放者，而朗西埃认为，解放者与被解放者的划分意味着不平等关系，依靠不平等关系来建立平等关系，这本身就存在着逻辑悖论。所以，朗西埃提出了智力平等(l'intelligence égale)一说，也就是所有人具有平等的智力，坚持这一原则的教育就是普遍教育(enseignement universel)②。

所谓智力平等，意味着人人都拥有运用智力的可能性。教师能够运用智力，学生也是如此，这是解放教育的大前提。解放教育不是要树立有知者与无知者的区别，而是要打破这一固有的二分法，将人人置于智力平等的前提之下。这样，教育并不意味着教师的教，而是教师为学生提供支持，帮助学生独立自主地学习与思考。具体来说包括两个层面，一是教师向学生提问，促使学生思考，这种提问并不是为了将学生引导到教师预设的答案上，而是要激发学生思考问题的积极性；二是要确认学生是否专注地运用智力，学生不是随便地回答问题，而是要不断地去思考，"我看到了什么""我是怎么考虑的""我会怎么做"③。

---

① Gert Biesta, "A New Logic of Emancipation: The Methodology of Jacques Rancière", *Educational Theory*, 2010, 60(1), pp.39-59.

② Jacques Rancière, *Le Maître Ignorant: Cinq Leçons sur l'Émancipation Intellectuelle*, Mesnil-sur-l'Estrée, Firmin Didot, 2004, p.34.

③ Jacques Rancière, *Le Maître Ignorant: Cinq Leçons sur l'Émancipation Intellectuelle*, Mesnil-sur-l'Estrée, Firmin Didot, 2004, p.42.

朗西埃所谓"无知的教师"其实包括两个层面的含义，"无知的教师"要对不平等保持无知，也就是忽视不平等现象，不将学生划分为三六九等；"无知的教师"还需要不无知，他不是教学生知识，而是需要使知识摆脱他的控制，让学生自己到"森林"去冒险，汇报其所看和所思，并对其进行确认。① 这样，学生就不是教学活动的看客，而是积极的参与者。朗西埃曾使用"剧院"这一隐喻，学生不参与教学活动，便如同在"剧院"里看戏，观众所能看的甚少，而实际发生的甚多，这其实也是种不平等关系。

最终，解放并不是借助解放者来完成，而是由自我完成，朗西埃称之为"自我解放"②。"自我解放"这一说法打破了解放者与被解放者之间的区隔，而是将个体视为解放的推动者和实现者。在法国的社会背景下，对于政党、政府、学校等组织和机构，朗西埃称之为不平等关系的戏剧化和具体化，因为这些机构天然地假设存在解放者和被解放者，这样的划分始终难以实现真正的解放。解放不能依靠外来力量来实现，因为这样做存在诸多风险：外部力量会预设不平等关系，将被解放者视为无知者；外部力量并不比个体更了解自己；外部力量的所谓一致性是不存在的，而分歧与逾越才是常态。朗西埃甚至认为，只有个体才是真实的，因为只有个体才拥有意志和智力，而使个体遵从人类族群、社会法规和各种权威的全部秩序仅仅是一种想象。③

朗西埃的解放教育理论与布迪厄的批判教育理论存在直接联系，可以说是对布迪厄理论的新发展。布迪厄看到权力关系和阶级关系的代际传递，但是如何打破这种代际传递却始终是一个难题。朗西埃提出的解放理论恰恰为该难题提供了一种方案，以智力平等假设为前提实现对不平等关系的改造。

---

① Jacques Rancière, "The Émancipated Spectator", *Artforum International*, 2007, 45(7), pp.270-281.

② Jacques Rancière, *Le Maître Ignorant: Cinq Leçons sur l'Émancipation Intellectuelle*, Mesnil-sur-l'Estrée: Firmin Didot, 2004, p.58.

③ Jacques Rancière, *Le Maître Ignorant: Cinq Leçons sur l'Émancipation Intellectuelle*, Mesnil-sur-l'Estrée: Firmin Didot, 2004, p.136.

但是，朗西埃的解放教育理论过于夸大了个体运用智力的能力，忽视了个体并不能免受社会关系的影响和制约，其所主张的"自我解放"往往是"自以为"的自我解放，背后的权力关系并不会因此而消失。

二、弗朗西斯·安伯赫与体制教育学

体制教育学是 20 世纪 60 年代在法国兴起的一股教育思潮，其影响延续至今。严格来讲，体制教育学是一种决裂的教育学，不仅揭露施加在个体身上的过度压制，而且努力将社会改造成一个支持人们不断自我更新的社会。体制教育学最早由埃达·瓦斯科(Aïda Vasquez)、费尔南·乌利(Fernand Oury)、米歇尔·罗伯洛(Michel Lobrot)等人开创，当下的代表人物有弗朗西斯·安伯赫、雅克·班(Jacque Pain)等。由于受到杜威、克尔恺郭尔、裴斯泰洛齐、蒙台梭利等人的影响，体制教育学认为学生的自由有利于促进学生成长，要尽可能消除对学生的限制，不仅彻底改造学校的环境和结构，更要借此来改造社会体制和政治体制。①

体制教育学的诞生扎根于两大沃土，一是塞勒斯坦·弗雷内所倡导的新教育运动，二是以弗洛伊德和雅克·拉康为代表的精神分析学说。② 新教育运动改变了将学校视为监狱或军营的做法，而是将学校视为一个开放的场所，学生通过自身的尝试而获得经验的成长。费尔南·杜克雷斯特(Fernand Ducrest)认为罗杰斯的非直接性活动教学对体制教育学产生了重要影响③，大体上也是在新教育运动的脉络中。精神分析学说揭示了无意识领域的存在，其

---

① Fernand Ducrest, "La Pédagogie Institutionnelle et la Liberté en Éducation", *Études Pédagogiques: Annuaire de l'Instruction Publique en Suisse*, 1977(68), pp.45-55.

② Martine Boncourt, "Pédagogie Freinet/Pédagogie Institutionnelle: Liens, Cohérence, Derives", *Revue de Recherches en Éducation*, 2010(45), pp.43-52.

③ Fernand Ducrest, "La Pédagogie Institutionnelle et la Liberté en Éducation", *Études Pédagogiques: Annuaire de l'Instruction Publique en Suisse*, 1977(68), pp.45-55.

所提供的方法有利于更好地解释课堂现象。在这两大背景下，体制教育学主张教师主要担任咨询者，通过社会实践、小组合作、学习日志、自由阅读等形式，促使学生摆脱原有体制的束缚，而成为解放、自由的人。

体制教育学的发展可以分为两个阶段，一是发起阶段，代表人物是费尔南·乌利和米歇尔·罗伯洛；二是深化阶段，代表人物有弗朗西斯·安伯赫和雅克·班。发起阶段主张学生主宰、教育自治和学无捷径等①，但由于过度强调学生的自由、自治和经验，也带来了诸多问题，如学习效率低下、知识零散等。早在20世纪70年代，杜克瑞斯特就主张问题的根源不在自治，而是要从哲学层面回答如何处理自由和权威（L'autorité）之间的关系。具体来说，人们需要了解人及其目的，儿童要想获得成人一样的真正自由，就离不开权威，尽管这一权威将会逐渐取消，但总是闪耀着爱的光芒。② 安伯赫是深化阶段的代表人物，对体制教育学的发展有诸多贡献。他出版了《体制教育学，为了谁? 为了什么?》，对体制教育学做了系统的论述和阐发。安伯赫的观点具有较为浓厚的哲学色彩，在对体制教育学展开论述时，他借鉴了克尔恺郭尔、海德格尔、阿伦特、麦尔蒂尼等人的观点，为体制教育学建立了坚实的哲学基础。

安伯赫认为，体制教育学是与人的显现分不开的，人的显现可以分为两个层面，即行动层面和符号层面。在行动层面，安伯赫借鉴了阿伦特和海德格尔的观点，阿伦特认为只有通过行动才能认识自我，海德格尔认为人的显现包括属己的空间和属人的空间两种含义。反观教育领域，不论是教师还是学生，都需要通过行动与他人建立联系才能实现自身发展。在符号层面，则重在如何应对混乱。而这与法则有关，但法则的不可置疑性终将消失。体制

---

① 邢克超：《战后法国教育研究》，70~74 页，南昌，江西教育出版社，1993。

② Fernand Ducrest, "La Pédagogie Institutionnelle et la Liberté en Éducation", *Études Pédagogiques: Annuaire de l'Instruction Publique en Suisse*, 1977(68), pp.45-55.

教育学是一个不断复兴法则的过程。这里的法则不是规则，是开放的而不是封闭的，是持续的创造，是连续符号化的无止境过程。① 此外，符号也可以从语言角度来解读。生活世界包含了地方、界限、法则和语言等方面，前三者均和语言联系在一起，语言是切入生活世界各个方面的一种手段，对于体制教育学来说也是如此。②

在安伯赫看来，体制教育学表现出两大特征，即开放和无捷径。③ 麦尔蒂尼曾指出，人们在自己面前编制了一个外形，并在上边寻找他们反对的特征。也就是说，人们受制于自身的所见所闻、所思所想，因此不能显现真实的自我。儿童也会面临同样的境地，而体制教育学突破传统教育学限制他人、控制和阻碍个人的显现等不足，更具有开放性。但它并非直接实现开放，也不是直接服从规则和控制，更不是受制于"眼下的目的"及其结果，而需要迂回。所谓迂回，就是安伯赫所主张的无捷径，这与早期体制教育学所主张的"学无捷径"是一致的，即强调经验和活动的重要性，反对学生直接获得知识。克尔恺郭尔认为，"过程是真理""过程是最重要的"。麦尔蒂尼认为，"经验是一种穿越。它自我内化，汇聚为效果，从某一点生长。……它包括停顿、断裂、偏差和猛进。它是重要时刻的连续体"。可见，教育并没有捷径可走，而是要根植于学生的经验和活动，教育是一个没有终点的过程。新的经验意味着新的基础、新的创造和新的起点，只有这样才能接近和认识自我。

三、菲利普·梅里厄与差异化教育学

弗雷内在法国较早开始采用个人工作计划、自我纠正文件、教学录音带

---

① Francis Imbert et GRPI, *La Pédagogie Institutionnelle: Pour Quoi? Pour Qui?*, Paris: Champ Social Editions, 2005, pp.7-16.

② Francis Imbert, *Vocabulaire pour la Pédagogie Institutionnelle*, Vigneux: Matrice, 2010, pp.8-9.

③ Francis Imbert et GRPI, *La Pédagogie Institutionnelle: Pour Quoi? Pour Qui?*, Paris: Champ Social Editions, 2005, pp.7-16.

和能力评估证书等差异化的教学手段，但根据菲利普·梅里厄的看法，差异化教育学最早萌芽于德拉萨勒（J. B. de la Salle）。德拉萨勒在1706年管理学校时就强调过监控学生个体情况的重要性，并要求通过仔细检查每个学生的学习进度和提供适应学生水平的个性化建议，以补偿班内分组所带来的同质化效果。进入20世纪60年代后，在弗雷内批判城市学校"军营化"的基础上，费尔南·乌利建立了弗雷内技术（分析教育环境的物质主义维度）与两个差异化维度（主体维度，与精神分析学说有关；团体维度，与团体动力学有关）的衔接。该教学法一开始并未得到足够重视，直到1970年以后，法国经济和社会背景的演变需要提高人口的整体职业水平，并且对学校民主化的要求愈加强烈。差异化教育学由于回应了阶级的异质性，并提出了对抗学业失败的方法，因此在这一时期开始被大量采纳。同时，学校的使命也被确定为帮助学生获得不同的职业资格水平，以实现教育公平。[1] 1973年，路易斯·勒格朗（Louis Legrand）正式提出差异化教育学。梅里厄本人则是差异化教育学实验的反思者和有力的推动者。

那么什么是差异化教育学？罗纳德·富赫斯那（Ronald Fresne）认为，差异化教育学对应于一种教学实践——即差异化教学，它强调教学不仅应承认人与人之间的差异，并且要在组织学习活动时考虑到每个人。[2] 梅里厄认为，教师应该寻找来自主体的支点，甚至是微不足道的一个支点，这个支点可以是学生的贡献，也可以是设置杠杆以帮助主体成长。[3]

菲利普·梅里厄1949年出生在法国南部加尔省的阿莱斯，高中毕业会考获得文凭后，开始在巴黎学习哲学和文学。获得硕士学位后在凡尔赛地区一所私立高中担任哲学教师，后来又在里昂的一所私立初中担任法语教师，并

---

① Bruno Robbes, "La Pédagogie Différenciée: Historique, Problématique, Cadre Conceptuel et Méthodologie de Mise en Œuvre", La Pédagogie Différenciée, Janvier, 2009, pp.2-5.

② Ronald Fresne, *Pédagogie Différenciée: Mode D'Emploi*, Paris, Nathan, 1994, p.4.

③ Philippe Meirieu, *Apprendre, ... Oui, Mais Comment*, Paris, ESF Editeur, 2002, p.42.

在里昂发起了一场名为"教育差异化"的教育实验,主张各个学科应由学生选择授课时数和学习方式。从1985年开始梅里厄成为里昂第二大学的教师,先后担任了里昂第二大学教育培训科学与实践研究所所长、国家教育研究所主任、里昂第二大学教师培训学院院长等职务。在整个职业生涯中,他一直致力于研究教育教学问题,目前仍是里昂第二大学的教育科学荣誉教授。

梅里厄对差异化教学提出了非常具体的设计和安排,见于其文章《学校,使用方式》和专著《学校使用方式:从活动法到差异化教学》。前者提纲挈领,后者颇为详实。教育学方法是什么?梅里厄给出的定义是:管理方式,在给定的范围内,培训者、学习者和知识的关系,这是从相关要素角度来论述的。① 教育学方法也可以分为学习场景和学习工具的集合②,学习场景分为非积极的集体场景、个体化场景和互动场景,学习工具分为语言、写作、行动、图像、技术、材料等。非积极的集体场景是指向一个群体呈现知识,每个成员自行吸收;个体化场景是指设置学习者和学习项目之间的对话,学习项目会向学生提问、指导和带领学生实现预定的目标;互动场景很少出现在学校,真正的互动意味着要设置社会认知冲突,身处其中的学生要直面自己和同伴对认知冲突的描述,并在认知上达成更公平的描述。梅里厄还从目标和场景的角度分析了学习过程,包括目标定位、目标把控、目标转换和目标表达四个阶段。目标定位对应于非积极的集体场景,目标把控对应于互动场景,目标转换对应于个体化场景,而目标表达对应于学习者构建的不确定性场景。

差异化可以分为连续差异化和共时差异化。结合差异化的类型,梅里厄又将学习过程(全体教育活动、在数小时的课程中展开、指向预定目标)分为

---

① Philippe Meirieu, "L'École, Mode D'Emploi", http://erictirlo.be/wp-content/uploads/2017/11/ecole_ mode_ demplde_ philippe_ meirieu.pdf, 2019-03-20.

② Philippe Meirieu, "L'École, Mode D'Emploi", http://erictirlo.be/wp-content/uploads/2017/11/ecole_ mode_ demplde_ philippe_ meirieu.pdf, 2019-03-20.

四个阶段，分别是发现、整合、评估和补救。① 其中，发现阶段存在连续的差异化，使用多样的工具和场景以实现概念的标记和显露；整合阶段是共时的差异化，学生根据自身的学习节奏选择差异化的路径和方案，如转化策略、所要学习的知识或内容；在评估阶段，检查学习情况，使用不同评估工具，将所要学习的知识标准化；在补救阶段，使用不同的补救方式，进行补充练习，复习已学概念，阐明错误的根源，以及提供新方案。

差异化也体现在分组方面，可以分为科目水平分组（Groupes de niveau-matière）和需求分组（Groupes de besoin）。② 科目水平分组是根据学科知识进行划分，以保障学习的线性发展，但存在的问题是学生远离社会互动，应该与一些混编班级的学习活动交替进行。需求分组是水平分组的一种替代方案，其分组标准是多样化的，这与分析和响应学生的需要有关。此外，差异化教育学的风险在于弱化教师的作用。所以梅里厄提出了教育契约（Le contrat pédagogique）这一教学手段。教育契约是一份以学生为中心而设置的学习计划。教育契约的特征有：师生共同参与、散发契约、契约期限灵活、寻找支持因素、目标具体、方法协商和第三方评估。③

---

① Philippe Meirieu, "L'École, Mode D'Emploi", http：//erictirlo.be/wp-content/uploads/2017/11/ecole_ mode_ demplde_ philippe_ meirieu.pdf, 2019-03-20.

② Philippe Meirieu, "L'École, Mode D'Emploi", http：//erictirlo.be/wp-content/uploads/2017/11/ecole_ mode_ demplde_ philippe_ meirieu.pdf, 2019-03-20.

③ Philippe Meirieu, "L'École, Mode D'Emploi", http：//erictirlo.be/wp-content/uploads/2017/11/ecole_ mode_ demplde_ philippe_ meirieu.pdf, 2019-03-20.

第五章

20 世纪末至 21 世纪初期的德国教育

第一节　教育改革与发展的背景

1990 年 10 月 3 日，分裂 40 多年的联邦德国与民主德国完成了统一，新的德意志联邦共和国正式成立。① 从那时起到现在，德国社会经历了深刻的变迁。教育的改革和发展便是在发生变革中的社会的背景之下，既是社会变革的一个组成部分，同时也是对社会变革及社会发展所面临的各种挑战的回应。

两德统一之后，德国出现了经济滑坡、失业人数高涨、政府财政负担过重、东西德地区差距过大等一系列严重的问题。直到默克尔（Angela Merkel）上台成为德国新的联邦总理之后，德国才逐步走出了统一后的困境，克服了 2008 年国际金融危机所带来的挑战，在 2010 年后实现了经济的复苏。②尽管已经过去了 30 年的时间，但东西德之间在教育领域仍然存在一系列的差异，从教育参与率到学生的学习成绩和教师的工资待遇都存在区别。

---

① 吴友法等：《德国通史：重新崛起时代（1945—2010）》第六卷，471 页，南京，江苏人民出版社，2019。

② 吴友法等：《德国通史：重新崛起时代（1945—2010）》第六卷，473~529 页，南京，江苏人民出版社，2019。

两德统一之后，由欧洲煤钢共同体（1951）成立所启动的欧洲一体化进程走向深入。随着 1992 年《马斯特里赫条约》的签订和欧盟的成立，欧洲一体化的进程被推上了一个新的台阶，欧洲各国在政治、经济、司法、外交、安全、社会、文化等诸多领域进一步走向融合。教育既是欧洲一体化进程的组成部分，也是推进欧洲一体化进程的重要手段，因此，在欧洲一体化进程中扮演着重要的角色。为了提高成员国的国际竞争力，确保可持续的经济增长和就业，促进教育领域的欧洲融合，以及通过教育促进欧洲的融合，欧盟出台或参与推动了一系列的教育政策，比如苏格拉底项目、列奥纳多·达·芬奇项目、夸美纽斯项目、伊拉斯谟系列项目、格兰德维格项目、哥本哈根进程（职业培训和继续教育的现代化）、博洛尼亚进程（高等教育现代化），以及为了促进学习者和就业者的跨国流动而出台的欧洲终身学习资格框架、欧洲职业教育学分体系、欧洲职业培训与继续教育质量参照框架、欧洲证书（Europass）等。这些政策措施深刻地影响了包括德国在内的欧洲国家的教育发展。

20 世纪 90 年代以来，德国人口出生率偏低、人口规模缩减，导致德国一方面需要移民来补充经济发展对劳动力的需求，另一方面，需要更加充分地利用现有的劳动力，鼓励女性参加工作，同时重视通过教育、培训和继续教育培养更多的合格的劳动力。与此同时，德国人口平均寿命明显增长，老龄人口所占的比重上升。这些发展都让德国成人教育和继续教育的重要性随之上升。

德国的外国移民数量自 1950 年以来便持续增长。在 1961 年时，有大约 70 万外国人①生活在联邦德国，到 1974 年时，这一数字增长到 400 万。两德统一之后，移民的数量继续增加，从 1990 年时的 558 万人增加到 2000 年的

---

① 外国人指的是持有外国护照的人，不包括已经加入德国国籍的外国人。

726万人。① 但德国一直到20世纪末都不愿承认自己是一个移民国家。② 不过，移民数量的不断增加以及随之出现的社会融合问题迫使德国在2005年出台了《移民法》，以法律形式正式确认了德国作为移民社会的事实。2019年，德国的外国人口的数量达到了1122万人。具有移民背景③的人口数量更是高达2120万人，占德国总人口的26%。④ 具有移民背景的人口比例上升让德国社会面临着严峻的社会融合方面的挑战。这一挑战也影响到了教育领域的发展。德国学校首先要应对异质化学生群体所带来的教育挑战。根据2019年的数据，在0~5岁的儿童中，超过40.4%的孩子具有移民背景。在5~10岁和10~15岁的儿童中，具有移民背景的儿童比例分别是39.6%和38.7%。有一部分儿童在家庭中不使用德语，甚至在进入小学之前还不会说德语，这给德国学校的日常教学带来了挑战。德国通过推行文化多元主义政策和跨文化教育应对移民社会带来的挑战。多元文化主义政策一方面要求尊重和保护移民的语言、文化和宗教，为非主流文化的延续和发展创造必要的法律框架和教育支持条件，另一方面要求所有的移民必须融入德国社会，遵守德国法律并接受德国社会的主流价值观。⑤ 跨文化教育政策要求生活在德国的所有居民都要尊重和包容不同的文化，不仅鼓励移民学习自己母国的语言和文化，还倡

---

① Bundeszentral für Politische Bildung, "Ausländische Bevölkerung", https：//www.bpb. de/nachschlagen/zahlen-und-fakten/soziale-situation-in-deutschland/61622/auslaendische-bev-oelkerung, 2020-12-09.

② 吴友法等：《德国通史：重新崛起时代（1945—2010）》第六卷，532页，南京，江苏人民出版社，2019。

③ 在德国，若一个人的父母之中有一方是出生在德国之外的国家，便说他是具有移民背景的人。使用移民背景这一统计口径更便于人们清晰地认识到德国作为移民国家的社会现实。

④ Statistisches Bundesamt, "Bevölkerung mit Migrationshintergrund 2019 um 2，1 % gew-achsen", https：//www.destatis.de/DE/Presse/Pressemitteilungen/2020/07/PD20 _ 279 _ 12511.html, 2020-12-09.

⑤ 吴友法等：《德国通史：重新崛起时代（1945—2010）》第六卷，531页，南京，江苏人民出版社，2019。

导德国人学习不同国家的语言，了解其他文化的特点。① 德国出台的一些提高儿童入园比例以及促进早期阅读的学前教育政策都是为了解决这一问题。德国的教师教育强调培养未来教师的跨文化交流能力以及应对异质化群体的能力也是为了应对移民社会所带来的这一挑战。

除了移民社会所带来的挑战之外，德国也需要应对来自知识社会和信息社会发展的挑战。在知识社会，知识的重要性不断上升，教育的重要性也随之上升。德国经济发展对专业人才的需求很大，所以，德国一直面临着专业人才不足的问题。为此，德国大力推进MINT专业促进计划②，以不同形式的活动引导学生选择这些专业，满足社会对这些领域专业人才的迫切需求。此外，德国在数字化方面存在着一系列的问题和不足，比如信息化基础设施落后，信息技术专业人才缺乏。所以，在过去的一段时间里，德国出台了一系列的推进教育信息化的政策，包括2013年提出的职业教育4.0计划和2016年提出的"面向数字世界的教育"战略，以便于让学生掌握数字技术，在教学中应用数字媒介，改善数字化教育基础设施等。

最后，在经济全球化的背景下，国与国之间联系越来越紧密，教育治理也逐渐超出了一国的疆界，越来越多地受到了超国家力量的影响，发展成为全球教育治理。民族国家的教育发展受到了以联合国教科文组织、经合组织、世界银行为代表的国际组织的影响。③ 例如，由经合组织所实施的国际学生评价项目(PISA)的测试结果在德国引发了"PISA冲击"，成为德国进入21世纪以来一系列教育改革的重要推动因素。德国积极参加大型的国际学业成绩测

---

① 吴友法等：《德国通史：重新崛起时代(1945—2010)》第六卷，541页，南京，江苏人民出版社，2019。

② MINT是德语单词Mathematik(数学)、Informatik(信息科学)、Naturwissenschaften(自然科学)和Technik(技术)的首字母组合成的单词。

③ 孙进等：《全球教育治理：国际组织、民族国际与非国家行为休的互动》，1页，北京，人民教育出版社，2020。

试,并将其作为本国教育质量监测的一个重要组成部分。

第二节　教育体制的基本结构

德国是一个联邦制国家,由16个联邦州组成。根据德国宪法《基本法》的规定,各联邦州享有广泛的"文化主权",可以自主决定本州的文教事务,联邦的权限被限定于一些特定的涉及全国的教育事务(如科研资助和教育补助等)。受这种联邦制结构的影响,德国各联邦州的教育制度虽然基本上相似,但是并不完全一样。本节介绍的德国教育体制是一种概括性描述。

德国的现行教育体制分为五个组成部分:学前教育、初等教育、中等教育、高等教育和继续教育(见图5-1)。①

学前教育不属于义务教育,是否将孩子送入学前教育机构通常由父母自主决定。承担学前教育任务的机构主要是幼儿园,收留不同年龄的学龄前儿童,从几个月到六岁不等。幼儿园的任务是对家庭的培养和教育进行补充,完全以游戏的方式促进儿童的发展,而不是提前对儿童进行学校式教学。对于那些到了上学年龄但不具备上学能力的儿童,各州设有学校幼儿园(Schulkindergärten)或者学前班(Vorklassen)。

初等教育即小学教育,其任务是为所有的学生能够在初级中等教育学校继续接受教育而传授基础知识。小学致力于促进儿童个性化的多方面发展,激发他们的兴趣和能力,如想象力、主动性、独立性和社会化的合作精神,增强他们的学习兴趣。德国小学学制为4年,在柏林和勃兰登堡州为6年。具有特殊教育需要的儿童,若不能在普通小学得到充分的发展,可选择进入

① 本节阐述参见:KMK (Hrsg.), *Das Bildungswesen in der Bundesrepublik Deutschland 2016/2017*, Bonn, KMK, 2019, pp. 24-30.

不同类型的促进学校(Förderschulen)。在有些联邦州,促进学校也被称作特殊学校、促进中心或者残疾人学校。

德国中等教育分为两个阶段,初级中等教育阶段(Sekundarbereich I)和高级中等教育阶段(Sekundarbereich II)。作为德国教育体制的一个特色,学生在小学毕业后进入初级中等教育阶段的不同类型的中学学习。目前,德国各州对中学类型的设置和命名不尽一致。大体上来说,可以区分为四类学校:主体中学(Hauptschule)、实科中学(Realschule)、文理中学(Gymnasium)和总合中学(Gesamtschule)。

主体中学提供基础性的普通教育和职业预备性教育,包括 5 年级到 9 年级(在采用 6 年制小学的州从 7 年级到 9 年级,在实行 10 年制普通学校义务教育的州还包括 10 年级),学生毕业获得"主体中学毕业证书"。

实科中学提供扩展的普通教育和职业预备性教育,包括 5 年级(或 7 年级)到 10 年级,学生毕业获得"实科中学毕业证书"。

文理中学(又译文法中学或完全中学)提供深化的普通教育和大学预备性教育,包括 5 年级(或 7 年级)到 12 年级或 13 年级,学生毕业获得高级中学毕业证书(Abitur),即普通高等学校入学资格。

总合中学(又译综合中学)将以上三类中学组合在一起,学生可以根据自己的能力和意愿选择获取以上三类中等教育毕业证书。在总合中学获得的毕业证书与其他类型学校的毕业证书是等值的。总合中学仅存在于少数几个联邦州,总体规模比较小。所以,人们习惯上将德国的中等教育称作是"三轨制"。近年来,随着主体中学被撤销和合并,德国中等教育体制正在从三轨制向双轨制转变。

为了更准确地对学生进行分流,避免因过早分流而导致的错误判断的问题,5 年级和 6 年级被设定为定向阶段(促进阶段)。这一阶段的任务主要包括:促进学生的学习意愿和学习能力;完成对天赋、能力和成绩的定向;对有关升学途径的决定做出改进；对社会化的教育差异做出补救。定向阶段的教育机构既可以存在于某一类型学校的框架之内，也可以单独存在。

高级中等教育阶段包括从事普通教育的文理中学高级阶段(Gymnasiale Oberstufe，11 ~ 12/13 年级)以及属于职业教育的全日制职业教育和双元制职业培训。德国的义务教育期限在多数联邦州为 12 年，分为普通学校义务教育和职业学校义务教育。前者的时间为 9 年(在柏林、勃兰登堡和不来梅为 10 年)，儿童通常在 6 周岁左右入学，在 15 岁时完成普通学校义务教育。在完成普通学校义务教育之后，学生必须在年满 18 岁之前进入普通教育的高级中学或全日制职业教育学校继续学习或者参加双元制职业教育，以完成职业学校义务教育。

在中等教育阶段具有特殊教育需要的儿童，若不能够在普通的中学得到充分的促进，可选择进入不同类型的促进学校，既包括从事普通教育的促进学校，也包括从事职业教育的促进学校。

除了可以在普通教育学校和职业教育学校获得进入高校学习的资格之外(这通常被称为"第一条教育途径")，还存在着第二条教育途径，包括晚间实科中学、晚间文理中学、大学预科、职业进修学校等。那些因为各种原因没有获得中学毕业文凭或高校入学资格的学生，可以通过第二条教育途径重新获得所需的文凭和资格。

德国高等教育体制由四种不同类型的高等教育机构组成：第一，综合性大学及与其同等级的高校(如科技学院/科技大学、师范大学和神学院)。这些高校之所以被称作与综合性大学同等级的高校，是因为它们与综合性大学一样都具有博士学位授予权，担负着培养科研后备人才的任务。综合性大学及与其同等级的高校构成了德国高等教育体制的主体，近三分之二的大学生在这类高校学习。第二，应用科学大学。应用科学大学的前身是高等专业学院，最早成立于 20 世纪 60 年代末 70 年代初，目标是培养应用型人才。应用科学大学是德国高等教育体制中的第二大类高等教育机构。近三分之一的大学生就读于此类高校。第三，高等艺术与音乐学院，包括高等艺术学院和高等音乐学院两类学校。它们负责培养艺术和音乐领域的人才以及中小学校的艺术和音乐教师。第四，职业学院。职业学院最初是在1974年作为改革试点在德国巴登-符腾堡州设立的，目标是培养技能型专门人才。职业学院提供双元制的高等教育，学业中的理论教学部分在职业学院里进行，而实践教学部分则在企业或其他社会机构（如基金会，社会救济机构等）完成。近年来，多个联邦州已将其职业学院升格为双元制大学。鉴于后两类高等教育机构在读学生人数占大学生总数的比例均不足2%，所以，德国高等教育研究者泰西勒（U. Teichler）将德国的高等教育体系称作是一种由综合性大学和应用科学大学组成的"双类型高等教育体系"。①

继续教育在强调终身学习的时代背景下已经发展成为教育体制中一个独立的领域。继续教育是指在获得首个教育文凭之后继续进行或者再度接受有组织的学习。此外，非正式的学习在继续教育领域也越来越得到人们的重视。继续教育包括普通性继续教育、职业性继续教育和政治教育。提供继续教育项目的机构非常多元，主要有国民业余大学、教会机构、工会、行业协会、政党的机构、联合会、企业、公共行政管理部门、父母学校、家庭教育机构、科学院、专科学校、高校以及电视广播等远程教育提供者（见图5-1）。

---

① 孙进：《德国高等教育机构的分类与办学定位》，载《中国高教研究》，2013(1)。

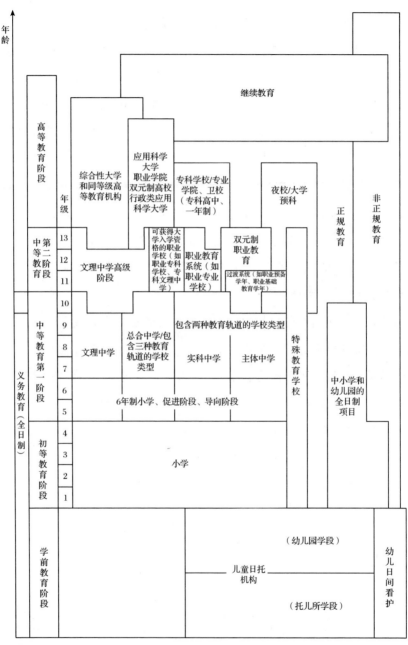

资料来源：[德]伊莎贝尔·范阿克伦、克劳斯·克莱姆、斯文娅·M.库恩：《德国教育体系概览——产生、结构与调控》，孙进、宁海芹译，68页，北京，教育科学出版社，2020。

图5-1 德国教育体系的基本结构

第三节 各级各类教育改革和发展

下面按照学生走过的教育历程依次介绍德国学前教育、基础教育、职业教育、高等教育、教师教育、成人与继续教育领域的教育发展的基本情况及重要的改革与发展举措。

一、学前教育改革和发展

(一)发展概况

两德统一之后,原来的东德采用了西德的学前教育制度,学前教育机构成为儿童和青少年救助领域的机构,不再是教育系统的一个组成部分。在统一之前,就学前教育机构的容量和儿童的入园率而言,东德都要好于西德。经过几十年来的发展,东西德的学前教育发展水平渐渐趋向一致。

在这一时期,学前教育的重要性一直处在上升之中。统一之后的1991年,在西德地区的普通联邦州有1%的3岁以下儿童进入儿童日间护理机构,到2015年时,这一比例上升至28%。在城市联邦州①,3岁以下儿童的入园率从1990年的26%上升到了2015年的43%。在原东德的联邦州,1991年时有大约50%的3岁以下儿童进入儿童日间护理机构。在2015年,这一比例上升至54%。② 对于3岁以上的学龄前儿童来说,自1996年起便可依法要求获得一个幼儿园的位置。这一政策提高了3岁以上的儿童的入园率。在原西德地区,3岁以上儿童的入园率在1990年前后为70%左右。在原东德地区,这一比例在1990年前后便已经接近高位(97%)。经过这几十年的发展,东西德

---

① 柏林、不来梅、汉堡是德国的三个城市联邦州,即由一个城市及其周边区域构成的联邦州。

② Hans-Günther Roßbach, Katharina Spieß, "Frühe Bildung in Kindertageseinrichtungen: Rahmenbedingungen und Entwicklungen", in *Das Bildungswesen in Deutschland. Bestand und Potenziale*, hrsg. Olaf Köller et al., Bad Heilbrunn, Verlag Julius Klinkhardt, 2019, p. 421.

3 岁以上学龄前儿童的入园率均达到了大约 98%。①学前教育机构的师资人数也在学前教育扩张的过程中明显上升了，2002 年，学前教育的师资人数是 27.4 万人，到 2015 年达到了 51.5 万人，其中，女性占 95%。②

在这一时期，德国的学前教育经历了一次功能定位上的转变，从以前的保育机构发展为保育+教育并重的机构，各联邦州也相继制定了针对学前教育的教育大纲。随着学前教育机构逐渐承担起教育任务，对师资受教育水平的要求随之提高。传统上，幼儿教师主要是在专科学校里培养，获得高等教育学位的幼儿教师数量仅占 5%。近年来，要求幼儿教师接受高等教育的呼声渐趋高涨，幼儿教师教育呈现出学术化趋向。③

学前教育长期以来在德国被视为是一个独立于中小学教育的领域，有着不同于小学的使命、导向、课程和对孩子的期待。在经历了 PISA 冲击之后，要求学前教育为中小学教育做预备的改革呼声高涨，学前教育和小学教育在课程方面的衔接也因此受到了重视。④ 因为许多具有移民背景的儿童在语言方面存在缺陷，所以，德国政府一直鼓励其父母将孩子尽早送入幼儿园，并高度重视促进儿童语言能力的发展。许多学前教育政策都旨在提高德国移民儿童的语言水平，消除学前教育领域中的社会不平等问题。

---

① Hans-Günther Roßbach, Katharina Spieß, "Frühe Bildung in Kindertageseinrichtungen: Rahmenbedingungen und Entwicklungen", in *Das Bildungswesen in Deutschland. Bestand und Potenziale*, hrsg. Olaf Köller et al., Bad Heilbrunn, Verlag Julius Klinkhardt, 2019, pp.425-426.

② Hans-Günther Roßbach, Katharina Spieß, "Frühe Bildung in Kindertageseinrichtungen: Rahmenbedingungen und Entwicklungen", in *Das Bildungswesen in Deutschland. Bestand und Potenziale*, hrsg. Olaf Köller et al., Bad Heilbrunn, Verlag Julius Klinkhardt, 2019, p.428.

③ Hans-Günther Roßbach, Katharina Spieß, "Frühe Bildung in Kindertageseinrichtungen: Rahmenbedingungen und Entwicklungen", in *Das Bildungswesen in Deutschland. Bestand und Potenziale*, hrsg. Olaf Köller et al., Bad Heilbrunn, Verlag Julius Klinkhardt, 2019, pp.428-429.

④ Hans-Günther Roßbach, Katharina Spieß, "Frühe Bildung in Kindertageseinrichtungen: Rahmenbedingungen und Entwicklungen", in *Das Bildungswesen in Deutschland. Bestand und Potenziale*, hrsg. Olaf Köller et al., Bad Heilbrunn, Verlag Julius Klinkhardt, 2019, p.433.

（二）主要改革与发展①

下面重点介绍两项重要的学前教育改革和发展举措，即扩张学前教育与保证和提高学前教育质量。

1. 扩张学前教育

为了让孩子得到更好的早期教育，为其未来的发展奠定好基础，同时，也为了让父母可以更好地将家庭和工作结合起来，德国政府近年来加大了对学前教育的扶持与发展。1992 年，德国修订了《儿童与青少年帮助法》，保证德国 3 岁以上、入学年龄以下的儿童都有权进入幼儿园。2008 年出台的德国《儿童促进法》进一步规定，如果父母双方都在工作或正处在找工作的阶段或正在接受教育，那么其 3 岁以下的孩子也有权要求获得日托的照管。而且从 2013 年 8 月 1 日开始，不论父母是否工作，所有 1 岁以上、3 岁以下的儿童均有权要求进入托儿所。换句话说，当地政府有义务向所有有这方面需求的学龄前儿童提供学前教育，父母可以依法要求政府兑现承诺。

这一承诺确定了德国学前教育此后几年的工作重点。自做出这一承诺之后，德国各级政府便开始努力扩建托儿所。2011 年，德国学前教育机构数量增加到 47900 个，与 2006 年相比增长了 6%。2011 年，学前教育机构为 3 岁以下的儿童所提供的学习位置增加到 517100 个，与 2006 年相比，增长了 230200 个。② 尽管取得了极大的发展，不过，以当时的发展状况来看，要在全国各地同时实现这一承诺仍是一项很大的挑战，因为许多地方，特别是大城市，既缺少资金和合适的办学场地，也缺少合格的保育员。根据德国青少年研究所的预测，在 2011 年至 2013 年，德国政府尚需增设 262100 个位置，方能在 2013 年兑现承诺。为此，学前教育机构需要增加大约 36000 个全职的

① 在本章中，有部分内容引自笔者已发表的相关文章以及笔者与合作者所撰写的《国际教育政策与发展趋势年度报告》，这些部分更为详尽的参考文献可见这些文章和年度报告。

② Autorengruppe Bildungsberichterstattung（Hrsg.），*Bildung in Deutschland 2012*, Bielefeld, WBV, 2012, p. 52.

工作岗位，考虑到许多人选择半职工作，所以，大约需要 45000 人。而每年从专业学校毕业的保育员大约为 2 万人。而且这些毕业生不一定都会选择在学前教育机构工作。加上每年还有不少现任的保育员离职或退休，因此，不可避免地将会产生一个不小的保育人员缺口。要想实现承诺，政府必须尽快采取应对措施，比如将离职的保育员重新争取回来，让半天工作的保育员转为全职工作，同时提高保育员的工资水平，提高这个职业的吸引力。①

为了配合和支持各州政府扩建学前教育的努力，德国联邦教育与科研部（BMBF）和联邦家庭、老人、妇女与青少年部（BMFSFJ）共同制定了两项措施："进修创议：儿童护理"和"行动项目：儿童日间照管"。这两项举措的目的都是向新聘任的保育员提供专业培训，提升其专业化的水平，进而提高学前教育机构的办学质量。德国各州政府也在积极努力地落实上述工作目标，并探索出许多创新性的模式。例如，为了加强学前教育机构和小学的衔接，巴登-符腾堡州开创了"3～10 岁儿童教育坊"的新型教育模式。这一教育模式的目的在于深化幼儿园和小学之间的合作，促进保育员和教师以及孩子父母之间的合作，实现不同机构和不同年龄阶段的儿童共同学习和游戏，根据学生个人的特点促进其个性化的发展，为孩子提供 7 年连贯性的教育发展。②

2. 保证和提高学前教育质量

德国联邦家庭、老年人、妇女及青少年事务部在 1999 年就提出了"儿童日托机构国家教育质量行动"计划，该计划由五个独立的子项目组成，每个子项目都分别聚焦于不同重点的质量保障，包括 3 岁以下幼儿教育、幼儿园教育、学龄儿童教育、教育工作的情境教学以及日托机构自身工作。行动计划的目的在于改善日托机构的教育质量，构建质量测评标准，开发内部自我测

---

① Thomas Rauschenbach, Matthias Schilling, "Zu wenig Fachkräfte für unter Dreijährige", *DJI Impulse*, 2012(2), p. 11.

② Ministerium für Kultus, Jugend und Sport Baden-Württemberg, "Bildungshaus für Drei- bis Zehnjährige", http://kindergaerten-bw.de/Bildungshaus, 2020-12-09.

评及外部评估方法。①

由于劳动市场及年轻人生活状况的不断变化，德国于 2004 年颁布了《日托扩充法案》，对儿童与青少年福利的相关法律进行了调整。该法案的重点在于为 3 岁以下儿童扩展以质量为导向、基于需求且灵活的幼托服务，减轻父母的育儿负担。② 在此基础上，2008 年颁布的《儿童促进法案》从法律上规定让更多 3 岁以下的幼儿享受日托服务，加速高质量幼儿保教的建设，从而让父母能够在工作与家庭中真正有选择的可能。③

在过去的十年中，德国联邦、各州及地方政府为 3 岁以下的儿童创建了超过 40 万个托儿场所，幼儿日托机构的大规模发展并没有导致教育质量的下降，但是各州之间仍存在很大的差异，居住在不同地区的儿童所接受的教育及成长环境条件也是不同的。为了确保德国范围内所有儿童都能平等地获得高质量的早期教育、养育和照管，必须有针对性地改善幼儿日托的质量。④ 因此，德国联邦家庭、老年人、妇女及青少年事务部于 2018 年出台了《优质幼儿日托法案》，其目标在于进一步提高各州幼儿日托机构的早期教育、养育及照管质量，改善幼儿对日托机构的参与，让更多儿童能够享受日托机构的保教服务，从而为全联邦范围内儿童的成长创造平等的教育及生活条件，为父

① OECD, "Die Politik der frühkindlichen Betreuung, Bildung und Erziehung in der Bundesrepublik Deutschland", https：//www.bmfsfj.de/blob/101854/8f16ccd82dd4cec33ce86a4f221f1195/oecd-studie-kinderbetreuung-data.pdf, 2020-12-09.

② BMFSFJ, "Das Tagesbetreuungsausbaugesetz（TAG）", https：//www.bmfsfj.de/blob/86582/8f415e2bb646421f3bab9352fc3a50b8/tagesbetreuungsausbaugesetz-tag-data.pdf, 2020-12-09.

③ BMFSFJ, "Gesetz zur Förderung von Kindern unter drei Jahren in Tageseinrichtungen und in Kindertagespflege（Kinderförderungsgesetz-KiföG）", https：//www.bmfsfj.de/blob/86388/cd9923f0b607e4883359b473e6da822d/kifoeg-gesetz-data.pdf, 2020-12-09.

④ BMFSFJ, "Entwurf eines Gesetzes zur Weiterentwicklung der Qualität in der Kindertagesbetreuung", https：//www.bmfsfj.de/blob/127140/9ba2cbb2c498fd10eba1919eb3a2fca0/gute-kita-gesetz-referentenentwurf-data.pdf, 2020-12-09.

母能够更好地兼顾工作与家庭生活提供重要的先决条件。①

该法案于 2019 年 1 月 1 日生效。德国联邦政府在 2022 年之前为此投入 55 亿欧元的资金,致力于更高的质量和更低的费用。此外,由于每个联邦州幼儿日托的情况各不相同,各联邦州的促进措施也与该州特定的需求紧密相关。因此,德国联邦政府与 16 个联邦州分别签订了推动幼儿日托质量发展的协议,每个联邦州都可以根据实际情况自行选择推动发展的领域。②

日托机构和幼儿日间看护质量的进一步发展是整个社会的任务,也是德国联邦及各州政府的共同目标。提供更高的质量、缴纳更少的费用是《优质幼儿日托法案》的主要目的。该法案为改善幼儿日托提供了多种路径,德国各联邦州根据各自不同的发展需要进行有针对性的投资并采取相应措施,以更加有效地推进质量提升的进程。该法案还有助于实现儿童平等的成长及生活条件,能够在一定程度上减少不同地区间的幼儿教育差距,为其提供更加平等的教育机会。此外,该法案在日托费用方面为儿童的父母减轻了经济负担,同时为其对工作与家庭的兼顾提供了稳定的条件与保障。

二、基础教育改革和发展

德国基础教育阶段包括了小学阶段(1~4 年级或 6 年级)、初级中等教育阶段(5 年级或 7~9 或 10 年级)和高级中等教育阶段(11~12 或 13 年级)。德国基础教育在过去这 30 年间经历了深刻的变革,在结构和内容方面都出现了重要调整。因为许多改革同时覆盖了基础教育阶段的各类学校(如全日制学校建设,教育标准的制定,数字化发展),所以,这里对其合并进行介绍。

---

① BMFSFJ, "Gesetz zur Weiterentwicklung der Qualität und zur Teilhabe in der Kindertagesbetreuung", https://www.bmfsfj.de/blob/133310/80763d0f167ce2687eb79118b8b1e721/gute-kita-bgbl-data.pdf, 2020-12-09.

② BMFSFJ, "Dr. Franziska Giffey zum Gute-KiTa-Gesetz", https://www.bmfsfj.de/bmfsfj/mediathek/dr-franziska-giffey-zum-gute-kita-gesetz/131354, 2020-12-09.

（一）发展概况

在两德统一之后，原东德既没有保留自己原来的统一的中小学体制，也没有完全采用西德地区的三轨制中小学体制。作为对人口结构变迁的回应，原东德地区的联邦州在文理中学之外设立了包括多轨路径的中学，其名称往往不同，如中等学校（萨克森州）、中级学校（萨克森－安哈特州）、常规学校（图林根州）、地区中学（梅克伦堡－前波莫瑞州）等，颁发主体中学证书和中等学校毕业证书。①

从1999年到2018年，德国受教育人口数量在下降，导致学校和学生的数量都出现了下降。

从统一至今，德国的基础教育经历了一系列深刻的变革。在小学阶段，改革包括将入学年龄灵活化，允许提前入学或延迟入学，引入外语课，扩建全日制小学等。② 中等教育阶段的改革既包括学制结构的变革，如从传统的中等教育多轨制转向两轨制，从9年制文理中学转向8年制文理中学以及再度部分回归9年制文理中学；也包括改善教学质量的政策举措，如引入国家教育标准，引入全州统一考试，教育系统监测，扩建全日制中学等。其他大小规模不等的改革举措还有：政府对中小学的管理从输入式调控转向输出式管理；推进全纳教育，在普通中小学培养具有特殊教育需要的学生；出台"面向数字化知识社会的教育攻势"，推进从学前教育到继续教育的各个阶段的数字化转型；出台"数字化世界的教育"战略，为中小学及高校的数字化教育确定了明确的目标和内容；实行"中小学数字化公约"，改善中小学的信息技术基础设施。

---

① Konsortium Bildungsberichterstattung（Hrsg.），*Bildung in Deutschland 2006*，Bielefeld，W. Bertelsmann Verlag，2006，p.49.

② KMK（Hrsg.），*Das Bildungswesen in der Bundesrepublik Deutschland 2010/2011*，Bonn，KMK，2011，p.271.

(二)主要改革与发展

下面重点介绍德国基础教育阶段的五项重要改革和发展举措,即扩建全日制学校,改革中等教育学制,改革教育调控模式,制定国家教育标准,推行全纳教育。

1. 扩建全日制学校

传统上,德国的绝大多数中小学都是半日制学校。各地各级学校授课的时间在7:30到13:00/14:00之间不等。采用半日制学校的基本出发点是,除了学校之外,家庭是学生同样重要的一个成长和体验空间,家庭在教育儿童方面承担着至少是与学校同样重要的责任。半日制学校的实施是以特定的家庭结构为前提的,即父母双方只有一方(通常来说是父亲)全时工作,而另一方(通常来说是母亲)不工作或不全时工作,以承担起照看和教育孩子的责任。不过,这种传统的家庭结构距离德国当前的现实已经越来越远了。根据调查,在2000年,老的联邦州(原西德)有近70%的15岁学生的母亲都在工作,而在新联邦州(原东德),这一比例超过了80%。[①]

因此,对于德国绝大多数家庭而言,特别是对于那些单身父母而言,半日制学校让他们很难在职业和家庭之间维持平衡。除了半日制学校不符合当前的家庭结构这一问题之外,研究结果也表明,半日制学校也不利于抵制教育不平等。因为有些父母的教育水平低,不能为自己的孩子提供高质量的家庭辅导,所以,社会出身不好的学生在学习中相应地处于劣势地位。鉴于这些问题,在"PISA冲击"之后,德国的教育决策者将资助设立全日制幼儿园和中小学列为教育改革的中心任务之一。

2003年,德国联邦政府和各州政府签订了一个协议,决定实施一项名为"未来的教育和照管"的资助项目(简称IZBB)。按照协定,联邦政府在2003

---

① 孙进:《变革中的教育体制:新世纪德国普通中等教育改革》,载《比较教育研究》,2010(7)。

年至 2009 年间，向各州提供 40 亿欧元用于全日制中小学及幼儿园的建立或扩建。在 2003 年至 2008 年，全国约有 7000 所学校得到了该项目的资助。在 2002 年到 2006 年间，提供全日制教学和照管服务的学校由 4951 所增加到 9688 所，也就是说在 4 年之内翻了一番。在 2012—2013 学年，32% 的初等教育阶段和中等教育第一阶段学生就读于全日制学校（Ganztagsschulen）。就读于全日制学校的学生比例在小学为 29%，在总合中学为 72%，在特殊教育学校为 40%，在主体中学为 39%，在文理中学为 27%，在实科中学为 17%。[①]

　　近年来，德国所有的联邦州都加大力度推进全日制学校的扩建，并取得了明显的进展。在 2019—2020 学年，德国初等教育和中等教育第一阶段中有 70.8% 的学校提供全日制服务，全日制学校的总数为 18948 所，这一数据比 2015 年增长了近 10%。按学校类型划分，德国小学中有 70.6% 的学校提供全日制服务，总合中学中有 88.1%，主体中学中有 77.6%，特殊教育学校中有 76.0%，文理中学中有 65.5%，实科中学中有 57.8% 的学校提供全日制服务。从就读学生的比例来看，在 2019—2020 学年，在初等教育和中等教育第一阶段，有 47.9% 的学生就读于全日制学校，学生数量超过 348 万。其中，就读全日制学校的学生比例在小学为 47.2%，在总合中学为 79.0%，在特殊教育学校为 59.8%，在主体中学为 39.1%，在文理中学为 37.2%，在实科中学为 23.4%。[②]

　　2. 改革中等教育学制

　　在 2001 年"PISA 冲击"之后，德国文教部长联席会议（KMK）曾发表声明，主张将讨论集中于课程和辅导等内部因素，明确反对展开有关外部学校

---

① 孙进：《变革中的教育体制：新世纪德国普通中等教育改革》，载《比较教育研究》，2010 (7)。

② Sekretariat der Ständigen Konferenz der Kultusminister der Länder, "Allgemeinbildende Schulen in Ganztagsform in den Ländern in der Bundesrepublik Deutschland. Statistik 2015 bis 2019", https://www.kmk.org/fileadmin/Dateien/pdf/Statistik/Dokumentationen/GTS_2019_Bericht.pdf, 2021-09-06.

体制与结构的讨论，这被德国学者视为是对"学校结构问题的禁忌"。不过，之后的一系列国际学生学习成绩的测试结果一再地将人们讨论的焦点引向德国的学制问题。对 PISA 系列测试结果的分析表明，德国成绩好的学生和成绩差的学生之间的差距过大，并且受到学生家庭背景的决定性影响；德国学校在对移民学生的融合方面做得并不成功，在德国出生和长大的第二代移民学生的成绩甚至比第一代移民学生的成绩还要糟糕。此外，对德国各州的学生考试成绩的比较分析表明，萨克森州和图林根州出人意料地取得了很好的成绩，人们将这一成绩归功于那里实行的两轨制的中等教育体制。因此，尽管文教部长联席会议反对有关教育体制和结构的全面讨论，但是，迫于公共舆论的压力，各联邦州都开始对中等教育体制与结构进行改革。①

对德国中等教育体制的改革主要集中在两个方面。

第一，缩短文理中学的学制。通常来说，文理中学涵盖的阶段是 5 年级（在实行六年制小学的联邦州是 7 年级）至 12 或 13 年级。在 21 世纪的前十年，除莱茵兰-普法尔茨州之外，所有的原联邦德国的联邦州均将文理中学的学制缩短了一年，由 9 年缩短至 8 年。因为在原民主德国地区的联邦州中，从入学到高级中学毕业的学习时间按照民主德国的传统已被确定为总计 12 年，因此，改革之后，德国所有的中学生都可以在 12 年的学习之后获得普通高等学校的入学资格。只是在莱茵兰-普法尔茨州，大多数文理中学的学习时间还是十二年半。

缩短学制的改革措施主要是为了和国际接轨，因为德国中小学教育时间为 13 年，比国际通行的 12 年中小学教育多出了整整一年的时间。不过，这项改革在实施几年之后便陷入了激烈的争论，特别是在老联邦州中：在许多联邦州里都出现了抗议团体，他们要求重新回归到九年制文理中学。民意调

---

① 孙进：《变革中的教育体制：新世纪德国普通中等教育改革》，载《比较教育研究》，2010 (7)。

查显示，全德国约 80% 的受访父母支持九年的学习时间。九年制文理中学的支持者认为，压缩学校学习时间会带来学校学习质量的下降。在八年制文理中学中，学生成绩压力增大，导致他们缺少休闲时间、对校外活动的投入减少和生病情况增多。缩短文理中学的学习时间也危及学生的大学就读能力。不过，有许多人支持缩短文理中学学习时间，他们通过援引实证研究的结果来支持保留并进一步发展八年制文理中学。实证研究显示，八年制文理中学批评者所持的论点缺少实证基础。没有任何数据可以证明，文理中学时间的缩短会影响到八年制文理中学学生的学习成绩、大学学业准备和课余时间安排（与九年制文理中学的学生相比）。

为了回应对文理中学缩短学制的批评，德国大多数联邦州都进行了进一步的调整，比如，通过增加文理中学所提供的全日制教育、修改教学计划或者提供八年制和九年制两种选项。

第二，从现有的多轨制的中等学校结构（文理中学、实科中学、主体中学、总合中学 + X）向两轨制（文理中学 +X）转型。具体的做法是将文理中学之外不同类型的学校（主要是主体中学和实科中学）整合成一种类型，各州对这类学校使用的名称不同。进行这种合并除了学校本身的问题之外，还有人口发展方面的原因。因为现在已有许多学校招不到足够多的学生来维系学校的存在。虽然从多轨制向两轨制转变代表着改革的发展方向，但并非所有的州都已经完成了这种转型，在有些州仍然存在着多种不同的学校类型。[1]

3. 改革教育调控模式

德国学生在 21 世纪初的国际学习成就比较测试中的平庸表现让人感到意外。这引发了一系列的教育改革。在这一过程中，德国的教育调控模式出现了明显的调整和变化。在中等教育领域，这一变化可以被概括为：由输入导

---

[1]　孙进：《变革中的教育体制：新世纪德国普通中等教育改革》，载《比较教育研究》，2010 (7)。

向的教育调控转向产出导向的教育监控。在改革之前，德国教育体系的调控以输入为导向，例如通过教学计划和课程大纲规定各年级课程的内容和主题。改革之后，通过引入国家教育标准，转变为产出导向的教育监控，即关注学生实际掌握的知识、能力和态度(素养)。

　　教育监测便是在这一过程中被引入的一种调控机制。教育监测不仅仅考察教育体制内有关学校结构和教育内容的规定，而且同时关注学校活动和课程的过程，并根据提前制定好的计划，在学习过程结束时对其需要达到的成效进行分析。根据各州文教部长联席会议的计划，教育监测应致力于解释所发现问题产生的原因并提出恰当的改革措施。为此，德国各州文教部长联席会议在 2006 年提出的"教育监测整体战略"，包含以下程序和工具：参加国际学校成就比较测试；统一检查教育标准在各联邦州的实现情况并进行跨州比较；结合教育标准实施比较测试，针对所有学校的成就实施覆盖全州或跨州的检查；联邦和州共同发布《德国教育发展报告》。2015 年 6 月，德国文教部长联席会议对教育监测整体战略作出了修订。[1]

　　4. 制定国家教育标准

　　为了解决德国在教育领域存在的问题，特别是教育水平不均衡的问题，同时也为了保证各地、各类学校教育水准的可比性及其所颁发的教育证书的等值性，德国决定引入国家教育标准。2003 年 12 月，德国文教部长联席会议通过决议，提出了用于"中等学校毕业资格"(10 年级)的国家教育标准。2004 年 10 月，文教部长联席会议公布了用于小学教育(4 年级)的国家教育标准以及用于"主体中学毕业资格"(Hauptschulabschluss，9 年级)的国家教育标准(包括德语、数学和第一外语 3 个科目)。2004 年 12 月，德国文教部长联席会议又通过了用于"中等学校毕业资格"其他 3 个科目(生物、化学、物理)的

---

　　[1] KMK，" Überblick: Gesamtstrategie zum Bildungsmonitoring "，https://www.kmk.org/themen/qualitaetssicherung-in-schulen/bildungsmonitoring.html，2021-07-22.

国家教育标准。在 2007 年 10 月，文教部长联席会议通过决议，决定将文理中学毕业考试（12～13 年级）的统一考试要求（EPA）进一步发展成用于"普通高等学校入学资格"的国家教育标准。2012 年 10 月，文教部长联席会议通过了用于普通高等学校入学资格考试的国家教育标准，包括数学、德语和外语（英语/法语）科目，而这一阶段生物、化学、物理等其他科目的国家教育标准于 2017 年开始制定。[①]

这样一来，德国国家教育标准就覆盖了整个基础教育阶段，从小学直到高中。引入国家教育标准的目的是提升学校教育的质量，保证让在德国不同地区、不同学校中学习，有着不同家庭背景的学生能够达到一个相同的、最低的标准要求。德国国家教育标准明确规定了学生在修完特定的年级时应该达到的最低能力水平。

教育标准与教学大纲不同，教学大纲以课程内容为中心（输入导向），而教育标准则是聚焦于学生应该达到的能力（产出导向）。这正是德国教育标准的革新性所在，它要求教师在教学中不仅仅关注课程内容的传授，更要重视学生能力的发展。

引入国家教育标准是德国由输入导向的教育调控转向产出导向的教育监控的一个重要举措。教育标准不仅可以为学生学习、教师教学、学校安排和组织教学活动提供一个明确的参照体系，而且便于测评检查教育活动的目标是否以及在多大程度上得到了实现。通过比较不同的州以及不同学校的教育效果，还可做到对教育体系的监控和对学校的评估。[②]

5. 推行全纳教育

1994 年，联合国教科文组织在西班牙萨拉曼卡（Salamca）召开了"世界特殊需要教育大会"，通过了《萨拉曼卡宣言》，并在该宣言中正式提出了"全纳

---

① KMK, "Bildungsstandards der Kultusministerkonferenz", https://www.kmk.org/themen/qualitaetssicherung-in-schulen/bildungsstandards.html, 2021-08-21.

② 孙进：《变革中的教育体制：新世纪德国普通中等教育改革》，载《比较教育研究》，2010(7)。

教育"的理念。根据该《宣言》，全纳教育主张教育要接纳所有学生，反对歧视和排斥。2009 年，德国加入《联合国残疾人权利公约》。因此，德国有义务为所有学生——包括有残疾的学生——打开通往普通教育学校的大门，也就是为所有学生提供全纳教育(inklusive Bildung)。

事实上，自 20 世纪 80 年代以来，即早在《联合国残疾人权利公约》签署之前，德国便开始进行将残疾儿童融入普通学校的尝试，让残疾儿童与健康儿童共同接受教育。从 90 年代开始，此类试点已经发展成为常规的设置。残疾学校与普通学校开始进行各种形式的合作，在教育研究领域也出现了融合教育学的理论(integrationspädagogische Ansätze)。在看待残疾儿童教育问题时，一种基于个体的视角取代了原来的着眼于机构的视角，即在儿童择校时，"特殊学校需求"(Sonderschulbedürftigkeit)(即在残疾学校和普通学校之间进行选择)这一概念被"特殊教育促进需要"(Sonderpädagogischer Förderbedarf)这一概念所取代，后者是针对每一个学生个体进行诊断的。[①] 在所有的德国联邦州，对特殊教育促进需要的诊断成为向残疾儿童提供个性化的促进和支持的基础。在许多联邦州，特殊学校和促进学校已经发展成为促进中心——教育、咨询和能力中心。德国出台《残疾儿童与青少年在中小学的全纳教育》既是对国际公约的回应，也是对国内既有政策的深化发展。

这项变革已经带来了明显的变化：2012—2013 学年，全德国共计 49.5 万名中小学生被诊断出具有特殊教育需求。初等教育和中等教育第一阶段对具有特殊教育需求的学生的促进率达到了 6.6%。其中，大约 14 万名具有特殊教育需求的学生就读于普通学校，由此，教育的全纳率达到了 28.2%。另外，大约有 35.5 万名(71.8%)具有特殊教育需求的学生在专门为其设立的特殊教育学校接受教育。

---

① KMK (Hrsg.), *Das Bildungswesen in der Bundesrepublik Deutschland 2009*, Bonn, KMK, 2010, p.265.

特殊教育促进率(Förderquoten)，即接受全纳教育的学生比例，在德国各个联邦州之间差异显著：在"普通学校"这一学习地点上课的具有特殊教育需求的学生比例，不来梅最高，为 63.3%，下萨克森州最低，仅为 14.7%。德国联邦州之间的这种差异表明，特殊教育需求的诊断标准在各州有所不同，或者说得到了不同的阐释。

对学前教育、初级教育和中等教育阶段所做的专门的数据分析显示，在德国，全纳教育在各个教育阶段得到落实的情况是十分不同的。2011 年，在幼儿教育领域，大约 67.1% 的具有特殊教育需求的儿童就读于全纳性幼儿园或者托儿所，小学教育阶段在这一年的全纳教育比例明显更低，为 39.2%，到了中等教育第一阶段，这一比例又进一步下降，仅为 21.9%。其中，有 4.5% 就读于实科中学，5.6% 在文理中学，剩余的 89.9% 就读于其他类型的中等学校。

《德国教育报告 2018》显示，2016—2017 年度，德国共有特殊教育需求的青少年 523813 人，其中有 205811 人进入全纳学校，全纳比率为 39.3%；2000—2001 年度，有特殊教育需求的青少年 479940 人，其中有 59353 人进入全纳学校，全纳比率仅为 12.4%。17 年间，德国基础教育全纳比例明显提升。加之在此期间德国基础教育学生数量总体呈下降趋势，全纳学校承担的特殊学生份额(Förderquote)从 0.7% 迅速增至 2.8%，同期特殊学校承担的特殊学生份额从 4.6% 调整到 4.3%，保持基本稳定。从 2000 年至 2016 年，学习障碍特殊教育学生占所有特殊教育学生比例由 54.1% 缩减至 36.5%，同期情感与社交发展类特殊教育学生以及学习、语言、情感与社交发展类学生迅速扩张。①

---

① KMK, " Bildung in Duetschland 2018 ", https：//www.bildungsbericht.de/de/bildungs-berichte-seit-2006/bildungsbericht-2018/pdf-bildungsbericht-2018/bildungsbericht-2018.pdf, 2020-12-17.

三、职业教育改革和发展

(一)发展概况

根据 1990 年的统一合约,原东德在职业教育领域采用了联邦德国的职业教育制度,原西德的《职业教育法》《手工业规章》《培训规章》《双元制职业培训框架大纲》等制度也适用于东德地区的新联邦州。[①] 进入 21 世纪之后,德国人口呈现下降趋势,人口老龄化问题加重,社会对劳动力的需求提升。然而德国职业教育新生数量总体呈现下滑态势,尽管在 2011 年前双元制职业教育新生数保持增长,且难民危机为德国职业教育提供新的生源,但未能改变德国职业教育吸引力下降的总趋势。2005 年后,德国联邦统计局统计的职业教育档案中登记的职业教育合同签订数量从 2008 年的 607566 份下降到 2019 年的 413309 份,同期高等教育新生注册数量从 2008 年的 245625 人增长到 2011 年的最高点 445320 人,之后保持相对稳定的态势,2019 年冬季学期新生注册数为 429049 人。高等教育大众化增大了职业教育招生压力,学生在教育路径选择时更加倾向学术教育,职业教育吸引力和竞争力有所减弱。从职业教育本身考察,职业教育各级各类职业资格名称不透明、职业教育毕业生相对于高等院校毕业生在劳动力市场竞争力弱以及双元制职业教育津贴缺少统一标准等可能是导致德国职业教育吸引力下降的原因。因此,提高职业教育的吸引力,改善职业培训的质量,帮助辍学者、失业者、难民青少年获得职业教育毕业证书,推进职业教育的数字化发展和应对信息社会的挑战,构成这一时期德国职业教育改革的主要措施。

在进一步发展职业培训的框架下,2009 年,《培训师资格规章》被重新公布。改善职业培训的一个重点是与社会伙伴一起根据需求的变化对国家认可的培训职业加以现代化。2009 年,文教部长联席会议在一项有关职业学校在

---

① KMK(Hrsg.), *Das Bildungswesen in der Bundesrepublik Deutschland 2000*, Bonn, KMK, 2001, p. 27.

双元制职业教育中的未来地位的声明中，强调了学校教育部分在双元制职业教育中的重要性。①

为了保持并提高职业教育对青年一代的吸引力，德国联邦教育与科研部（BMBF）和联邦经济与科技部（BMWi）于 2011 年 11 月 8 日共同启动了一项全国范围内的宣传项目，名为"职业教育——无与伦比的实践性"。这一宣传项目的目的是让人们更好地了解双元制职业教育的优点、熟悉职业继续教育的各种途径和可能。

为了应对专业人才匮乏的挑战，充分挖掘年轻人的就业潜力，德国联邦政府和各州政府与企业一起合作采取措施，为那些找不到培训位置的学生提供帮助和支持，例如通过过渡系统中的教学活动提升学生获得职位的能力，以便他们经过学习后能够被企业接收为培训生。2013 年 2 月，德国启动了"年轻的成年人初次培训计划"，目的是在 2013—2015 年帮助 10 万名没有职业证书的年轻人获得职业培训的机会。② 2016 年 8 月，德国启动了"开启未来——年轻人的初次培训"项目，目标是到 2020 年帮助 12 万年轻人通过进修获得职业教育毕业证书。③

2014 年年底，德国联邦政府、劳工署、经济联合会、工会和各州签署成立了"培训和继续教育联盟（2015—2018）"，其共同的目标是，增强双元制职业教育以及促进职业教育和学术教育的等值性。合作伙伴也致力于吸纳难民青少年参加职业教育，为他们成功完成职业教育创造条件。④

① KMK（Hrsg.），*Das Bildungswesen in der Bundesrepublik Deutschland 2009*，Bonn，KMK，2010，p. 104.

② KMK（Hrsg.），*Das Bildungswesen in der Bundesrepublik Deutschland 2013/2014*，Bonn，KMK，2015，p. 292.

③ KMK（Hrsg.），*Das Bildungswesen in der Bundesrepublik Deutschland 2016/2017*，Bonn，KMK，2019，p. 315.

④ KMK（Hrsg.），*Das Bildungswesen in der Bundesrepublik Deutschland 2016/2017*，Bonn，KMK，2019，p. 317.

应对信息社会的挑战是职业教育改革的一项重要的任务。德国在这方面出台的政策既包括面向各类学校的《中小学数字化公约》，也包括专门针对职业教育的"职业教育 4.0"计划和"职业教育学校 4.0"计划。

2015 年 3 月，德国文教部长联席会议出台了一项新的《有关职业学校的框架协定》，对数字化工作提出的新要求作出了回应，改善培训期间出国交流学习的条件，例如加强外语教育与学习。[①]

从数量发展来看，1999 年，德国有各类职业学校 9537 所，职业学校学生 2656496 名，各类职业教育教师 108935 名，双元制培训中的培训师 798471 名。在 2018 年，德国有 8621 所职业教育类学校，其中职业学校 2785 所。职业学校学生总计 2449533 名，其中职业学校 1521690 名，各类职业教育教师 124653 名，双元制培训中的培训师 644436 名。

(二)主要改革与发展

下面重点介绍以下三项德国职业教育领域的主要教育改革与发展举措，即"职业教育 4.0"计划、职业教育的国际化、再度修订《职业教育法》。

1."职业教育 4.0"计划

"职业教育 4.0"是德国联邦教育与科研部(BMBF)和联邦职业教育研究所(BIBB)于 2016 年提出的一个政策倡议，目标是打造面向未来的、富有吸引力和竞争力的职业教育。该计划的启动是对德国所提出的"工业 4.0"计划的回应。"工业 4.0"是适应新时代工业数字化发展的一个高科技战略计划，其目标是提升德国制造业的智能化水平，使德国工业为未来的生产做好准备。在其要求下，很多工厂已经安装了自动化制造设备，生产过程中的工作任务也相应发生了改变。[②] 这对从业者的职业能力提出了新的要求。职业教育需要针

① KMK (Hrsg.), *Das Bildungswesen in der Bundesrepublik Deutschland 2016/2017*, Bonn, KMK, 2019, p. 313.

② BMBF, "Industrie 4.0", https：//www.bmbf.de/de/zukunftsprojekt-industrie-4-0-848. html, 2020-12-10.

对这一现状进行改革，并帮助推进这一进程。

作为一个总体性政策倡议，"职业教育 4.0"涵盖了一系列已经实施以及将要实施的相关政策措施，主要有：(1)面向未来的数字化工作的专业人才培养与能力。这是一个研究项目，由德国联邦教育与科研部和联邦职业教育研究所共同资助。该项目重点选取了 14 个职业，分析数字化对其工作进程、活动内容和技能需求的影响。(2)资助跨企业职业教育场所和技能中心的数字化。这一由联邦教育与科研部资助的特殊项目的目标是，资助职业教育场所和技能中心购置数字化设备，例如 3D 打印机、数控设备、互动式触屏等，以便于学生在培训期间就为数字化的工作做好准备。(3)职业教育中的数字化媒体。这一由德国联邦教育与科研部资助的框架项目的目标，一方面在于发展可用于职业教育的数字化教学方案，例如基于网络技术的流动性教学，另一方面在于加强学生的媒介素养及培训者的媒体教育学知识，让他们学会在职业教育中使用当前的数字化媒介。(4)"经济 4.0"中的培训和继续教育。这个资助项目是联邦教育与科研部的"工作启动⁺"项目的一个组成部分，其目的在于帮助中小型企业应对数字化给其双元制职业培训带来的挑战，例如通过为中小型企业提供咨询服务，帮助其在方法和教学法方面作出改进，以适应数字化所提出的培训要求。①

"职业教育 4.0"是一个持续性的计划，随着计划的不断推进，德国政府更加注重对职业教育学校的改造，并出台了一系列的政策，以支持和鼓励数字化进程。2017 年，德国文教部长联席会议在《面向数字世界的教育》对职业学校提出发展要求之后，推出了《职业教育学校 4.0——今后十年德国职业教育学校创新力和融合力发展》的联合声明，进一步推进"职业教育学校 4.0"进

---

① BMBF, BIBB, "Berufsbildung 4.0-Fachkräftequalifikationen und Kompetenzen für die digitalisierte Arbeit von morgen", https：//www2.blbb.de/bibbtools/tools/dapro/data/documents/pdf/at_78154.pdf, 2020-12-10.

程。在强调了数字化进程的同时，也对移民青年的融合等问题做出了说明，确立了在"工业4.0"时代背景下，面向未来十年打造职业教育学校升级版的全面蓝图。[①]

2. 推进职业教育国际化

在经济全球化、国际化，特别是欧洲一体化的时代背景下，德国的职业教育也面临着国际竞争的挑战和与国际接轨的问题。目前，欧洲其他国家的职业教育的发展趋向是产出导向，与德国的输入式调控和治理显得有些格格不入。产出导向的职业教育要求培训更加紧密地与市场的需要挂钩，让学生掌握市场需要的技能。此外，产出导向的着眼点是"产出"和"结果"，即学生最终获得的技能，而不看重学生是在何种机构获得的这些技能。这样一来，比较的基点就是教育结果(技能)，而不是教育机构和层次等形式特征。这种导向对于德国是有利的，因为这样一来其他国家高等教育传授的技能有可能与德国职业教育传授的技能等值起来。

为了与国际接轨，德国联邦教育与科研部积极参与制定欧盟的政策，并在国内落实对应的政策，具体包括在2007年引入与欧洲学分体系相对应的学分体系；在2008年设立与欧洲职业教育质量保证网络接轨的德国创议德国职业教育质量保证办事处[②]；在2013年制定与欧洲资格框架对应的《德国终身学习资格框架》。

德国通过积极参与欧盟相关政策的制定，提升了职业教育的吸引力，为德国职业教育的毕业生参与欧洲市场的竞争创设了有力的条件。

---

① KMK, "Berufliche Schulen 4.0—Innovationskraft und Integrationsleistung werden zu zentralen Handlungsfeldern in der Beruflichen Bildung", https://www.kmk.org/fileadmin/user_ upload/Erklaerung_ Berufliche_ Schulen_ 4.0_ -_ Endfassung.pdf. 2020-07-22.

② BiBB, "DEQA-VET- Nationale Referenzstelle für Qualitätssicherung in der beruflichen Bildung", https://www.bibb.de/de/12083.php, 2021-07-22.

3.《职业教育法》第二次修订

1969 年，作为基本法的德国《职业教育法》颁布，2005 年，《职业教育法》得到第一次修订，2019 年，《职业教育法》得到了第二次修订。

德国新《职业教育法》着力点是在职业教育进修阶段效仿学术教育设立三级学位制度，设立"考试认定的行家""专业学士"和"专业硕士"学位①，规范各级各类职业教育职业繁复的称谓，以期提高职业教育的透明度和国内国际地位，增强职业教育吸引力和竞争力，推动落实职业教育与学术教育等。在对职业教育者的利益保障方面，新《职业教育法》规定了受教育者的最低津贴和离岗期间教育折算规则，向有特殊需要的人士提供非全日制职业教育，规定考官执行考务工作时的合法离岗，使职业教育能够为参与者提供充分的保障，吸引受教育者和有资质的职业教师参与职业教育。在制度设计方面，新《职业教育法》完善了考试规程，划定联邦和州政府在考试条例制定上的权责，打通国内外、不同阶段职业教育之间资格与能力的壁垒，力图重塑职业教育影响力。此外，在职业教育个人档案建立和国家对职业教育数据统计方面，《职业教育法》致力于完善个人职业教育档案，丰富联邦职业教育研究所的数据统计，加快数据电子化进程。同时新职业教育法注重机构和个人隐私数据保护，提出合规要求。②

该修订案草案一经推出便引起了争议，因其核心内容为效仿学术教育设立三级学位制度，支持者认为修订案有利于德国职业教育与学术教育等值、增强职业教育吸引力，反对者则称该修订案使职业教育丧失了学徒制传统。

---

① 有译者将三级学位分别译为"职业专家""职业学士"和"职业硕士"。

② 刘立新、张凯：《德国〈职业教育法（BBiG）〉——2019 年修订版》，载《中国职业技术教育》，2020(4)。

四、高等教育改革和发展

(一)发展概况

在柏林墙倒塌之后，原东德地区的高校在正式统一之前便进行了许多改革，如让新成立的联邦州负责管辖本州的高等学校，恢复大学的办学自主权和学术自由，改革受到意识形态影响的专业领域以及开放高校的科学委员会也受到委托，对大学之外的科研机构进行评估，并提出重组高等教育体系的建议。此后，新的联邦州采取了一系列的改革举措，例如在法学、经济学和社会科学领域设立了新的学院，成立了源自西德地区的高等专业学院(即后来的应用科学大学)，另有大约三分之一的大学师资被裁撤。[①]

自20世纪90年代开始，受到资金和人员不足等问题的影响，全德国的高校开始了改革，目的是要通过放权、突出绩效导向和提供激励促进高校的竞争和分化，确保德国高校的国际竞争力。在这一过程中，德国大学的学业结构和高校的内部组织也得到了调整(如确定常规学习时间，改善教学质量)。高等专业学院也得到了扩建，其吸引力也得到了提高。通过1998年对《高等学校总纲法》的修订，德国各州获得了改革高校的更大空间。[②]

1999年开始的博洛尼亚改革彻底地改变了德国高等教育的学制，并引发了一系列的相关改革，如课程的模块化改革，大学评估和认证方式的改革，教师教育模式的改革，博士生培养模式的改革(引入结构化的博士生培养模式)，高等教育的国际化等。这让博洛尼亚改革成为德国在这一时期最重要的一项高等教育改革举措。

为了保证高等教育质量和实现现代化，德国出台了一系列的改革举措，例如进一步扩建分级的学业结构，进一步发展认证和评估。通过对专业的认

---

① KMK(Hrsg.), *Das Bildungswesen in der Bundesrepublik Deutschland 2000*, Bonn, KMK, 2001, pp.147-148.

② KMK(Hrsg.), *Das Bildungswesen in der Bundesrepublik Deutschland 2000*, Bonn, KMK, 2001, p.148.

证来保证人才培养符合专业标准和内容标准，以及毕业证书对于职业的重要意义。通过评估了解办学机构及其学科专业的优势和不足，促使高校在教学领域采取系统性的保证教育质量的策略。通过引入系统认证（体系认证），政府旨在加强高校内部的质量保证体系，让高校独立负责质量保证。各州管理高校的方式也发生了变化，从以前的细节调控转向突出高校的自主行动，高校在组织和人事方面的权限得到了扩大。通过将决策的权限从部委转至高校，高校的行动能力得到了增强。①

经过20世纪90年代以来的新公共管理改革，德国政府放弃了对高校进行细节干预的传统外部管理体制，改为通过高等学校法、目标协定、总体预算和绩效拨款等工具进行宏观调控。例如，在传统的财政管理模式下，高校在资金使用方面受到诸多限制，既无法在不同的预算项目之间进行调整，也不能将本年度节余的办学资金转入下一年度。这一制度在德国也导致了年底突击花钱的"十二月热度"现象。② 新公共管理改革引入了总体预算，让高校获得了自主支配政府作为总体拨付的办学资金的权力，本年度的剩余资金也可转入下一年度继续使用。德国政府在放弃细节干预的同时通过目标协定和绩效拨款等宏观调控工具保证高校遵守与州政府共同确定的发展目标。除了财务制度之外，德国政府在人事聘任方面也开始将权力下放给高校。新公共管理改革之前，聘任教授的最终权力在于各州的主管部委，高校只是负责选拔出三位候选人，最终决定由主管部长做出。与此相应，教授的雇主是各州的主管部委，而非高校。改革之后，在超过一半以上的联邦州里，高校获得了聘任教授的权力。由此一来，德国政府在高等教育管理方面的角色便从划桨者转为掌舵者。高校的社会身份也发生了改变，不再是政府的附属机构，

①　KMK(Hrsg.), *Das Bildungswesen in der Bundesrepublik Deutschland 2000*, Bonn, KMK, 2001, p.149.

②　Torben Schubert, *New Public Management an deutschen Universitäten. Strukturen, Verbreitung und Effekte*, Stuttgart, Fraunhofer IRB Verlag, 2008, p. 22.

而成为独立的公共法人，获得了人事、财务和专业设置等方面更多的自主权，进一步迈向自治。①

高等教育机构的均质性长期以来被视为德国高等教育体系的一个核心特征。在德国，人们用来区分高校的首要维度并非个体高校的质量和声望，而是高校的类型(综合性大学及应用科学大学)。不过，近年来的一些高等教育政策——卓越计划、绩效拨款、高校排名、高校特色发展战略等——开始偏离维持高校均质性的传统，试图通过引入竞争促进高校之间的分化。②

最后，在高等学校的人事结构方面，德国也进行了改革，例如引入了青年教席，改革教授工资制度，将原来的教授工资的四个层级(C1、C2、C3、C4)修改为三个层级(W1、W2、W3)。

就规模发展而言，从 1990 年到 2000 年，德国大学生人数一直稳定地保持在 180 万人左右。此后，大学生人数开始上升，2010 年达到了 220 万人，2019—2020 学年进一步增长到了 290 万人。这说明高等教育对于年轻人的吸引力在上升。③在 1995—1996 学年，德国的高校数量是 327 所，到 2011—2012 学年增长到了 422 所，并在 2014—2015 学年达到了高峰(438 所)。到 2018—2019 学年，德国高校数量因为撤并减少到了 427 所，其中公立综合性大学 93 所，私立综合性大学 19 所，公立应用科学大学 107 所，教会举办的应用科学大学 18 所，其他私立应用科学大学 88 所，行政类应用科学大学 34 所，神学院 16 所，艺术和音乐学院 52 所。④

---

① 孙进：《政府放权与高校自治——德国高等教育管理的新公共管理改革》，载《现代大学教育》，2014(2)。

② 孙进：《由均质转向分化?——德国高等教育的发展趋向分析》，载《比较教育研究》，2013(8)。

③ Autorengruppe Bildungsberichterstattung (Hrsg.), *Bildung in Deutschland 2020*, Bielefeld, wbv Publikation, 2020, p. 181.

④ Autorengruppe Bildungsberichterstattung (Hrsg.), *Bildung in Deutschland 2020*, Bielefeld, wbv Publikation, 2020, p. 182.

（二）主要改革与发展

下面重点介绍四项重要的德国高等教育改革与发展举措，即博洛尼亚改革、引入高等教育认证、制定《高等教育协定》、实施卓越计划和卓越战略。

1. 博洛尼亚改革

1998 年 5 月 25 日，德国、法国、英国和意大利的教育部长在法国索邦大学 800 年校庆之际签订了《索邦宣言》。该宣言初步确立了博洛尼亚进程的基本目标和基本内容，为博洛尼亚进程的发展提供了方向。1999 年 6 月 19 日，来自 29 个国家的教育部长在意大利签订了《博洛尼亚宣言》，正式宣告博洛尼亚进程的开启。① 它的产生，既是欧洲一体化发展（包括经济一体化和欧洲公民身份认同）在文化领域尤其是高等教育领域的体现，也是欧洲大学改进自身弊端（办学经费紧张、辍学率高、学业时间过长、学校的学习与劳动力市场脱节等）、提高国际竞争力的举措，既有其现实的需求，也有深厚的历史渊源和前期的酝酿和准备，是多方面因素共同作用下形成的产物。

根据《博洛尼亚宣言》的基本目标，各国应在 2010 年时建成欧洲高等教育区（EHEA），并在国际范围内提高欧洲高等教育系统的地位。为了实现这一基本目标，欧洲各国设定了六个方面的具体目标：提高各国学生毕业证书的可读性和可比性；建立以"本科"和"硕士"为基础的两级学位结构；引入学分制系统；提高高校学生、教师、研究人员和行政人员的流动性；促进各国在高等教育质量控制方面的合作；在课程和项目设计中体现"欧洲维度"。②

自从项目开展以来，欧洲各国平均每两年会举行一次教育部长会议，评估和总结阶段性的实施成果，并在此基础上调整和确立下一阶段的工作重点和项目目标。目前，各国在 2001 年、2003 年、2005 年、2007 年、2009 年、

① 孙进：《德国的博洛尼亚改革与高等教育学制与学位结构变迁》，载《复旦教育论坛》，2010（5）。

② BMBF，"Der Bologna-Prozess"，https://www.bmbf.dc/bmbf/de/bildung/studium/bologna-prozess/bologna-prozess_node.html，2021-07-02.

2010 年、2012 年、2015 年、2018 年、2020 年召开了阶段性会议，并在会议上签署了《布拉格公报》《柏林公报》《卑尔根公报》《伦敦公报》《鲁汶公报》《布加勒斯特公报》《埃里温公报》《巴黎公报》《罗马公报》，内容通常包括项目的进展情况、未来面对的挑战和下一阶段的工作重点、人员机构上的变动以及对下一届会议的安排等。下一次会议定于 2024 年在阿尔巴尼亚举行。[①]

1999 年，签订《博洛尼亚宣言》的国家共有 29 个，至 2016 年，博洛尼亚进程参与的国家增长到了 47 个，参与范围也超过了欧盟的界限。在进程的开展过程中，博洛尼亚项目的目标和内容不断得到了补充和更新，在不同的阶段，进程的工作重点也有所不同。[②]

在博洛尼亚进程的实施效果方面，博洛尼亚项目跟进小组发布的博洛尼亚进程实施报告显示，总的来说，项目在很大程度上取得了进展。例如，在学位结构改革方面，大多数国家的学生都在"本科—硕士—博士"三级学位结构下学习。在学分系统引入方面，绝大多数国家都实施了欧洲学分转换系统（ECTS）。大多数国家都为毕业生出具欧洲文凭附件（Diploma Supplement），用英语证明证书持有者学习的性质、层次、背景和状态。在促进学生的国际流动方面，博洛尼亚进程也显示出了明显的效果。2000 年，有大约 11.3 万名国际学生在德国学习，占德国所有大学生的比例为 6.4%。到了 2019 年，有大约 32 万名国际学生在德国学习，占德国所有大学生的比例达到 11%。2000 年，有大约 5 万名德国学生在国外高校学习，到了 2017 年，这一数字达到了 14 万人。就 2017 年的数据来说，26% 的德国高年级的学生都拥有在国外学习或接受培训的经历，达到并超过了博洛尼亚进程所确定的 20% 的目标。在欧

---

① BMBF, "Die Entwicklung von den Anfängen bis heute", https：//www.bmbf.de/bmbf/de/bildung/studium/bologna-prozess/die-entwicklung/die-entwicklung-von-den-anfaengen-bis-heute.html, 2021-07-02.

② Die Bundesregierung, "Bologna-Prozess", https：//www.bundesregierung.de/breg-de/service/bologna-prozess-616326, 2021-07-02.

洲高等教育区内教育质量的合作方面，博洛尼亚进程发挥了统筹和促进的作用。2005 年，各国教育部长在卑尔根会议上通过了《欧洲高等教育标准和方针》(简称 ESG)，为各国在质量保障合作方面的实践提供了标准和参考。①

总的来说，博洛尼亚进程是德国和欧洲近年来最重要的一项高等教育改革政策，对各国高等教育均产生了深远的影响。

2. 引入高等教育认证

在博洛尼亚进程中，德国开始引入与国际接轨的学士和硕士两级学制。为了保证新设立的学士和硕士专业的质量，德国文教部长联席会议(KMK)决定不再沿用传统的输入式的调控方式(如制定总纲性的考试规章)，而是要求由中立的认证机构对新设立的专业进行认证。为此目的，德国专门成立了一个全国性的"认证委员会"，由它负责审核和监管其他具体开展高等教育认证工作的认证代理机构。此后，经过不断探索和发展，德国建立起一个非政府性的、分权式的认证体系，拥有高度规范化的认证机构和程序、多元化的认证形式以及详尽而完备的认证标准，形成了富有德国特色的高等教育认证体系。

德国高等教育认证的机构主要包括认证委员会和认证代理机构，它们构成一个双层的元认证体系：认证代理机构负责认证高校开设的专业或其内部质量保证体系，而其自身则需要首先得到认证委员会的认证。与此同时，认证委员会也会定期得到外部的评估。

认证代理机构是具体实施评估和认证的机构。认证代理机构只有在通过认证委员会的认证之后才能对高校进行认证。目前，已经有十几个认证代理机构通过了认证委员会的认证，获得了对德国高校学士及硕士专业或其内部

① BMBF, "Der Bologna-Prozess- die Europäische Studienreform", https://www.bmbf.de/bmbf/de/bildung/studium/bologna-prozess/der-bologna-prozess-die-europaeische-studienreform.html, 2021-07-02.

质量管理体系进行认证的资格。根据认证对象的范围,大体上可以将认证代理机构分成两类:一类是跨专业性的认证代理机构,它们可以认证高校所有的专业。这类机构有认证、认可与质量保证所,专业认证与质量保证代理社,中央评估与认证代理社,瑞士高校认证与质量保证机构,奥地利质量保证代理社,巴登-符腾堡州评估代理社等。另一类认证代理机构聚焦于特定的专业,这样的机构有面向治疗教育学、护理、卫生、社会专业的认证代理社,神学专业质量保证和认证代理社,工程科学、信息科学、自然科学及数学专业的认证代理社,国际商务管理认证基金会等。①

3.《高等教育协定》出台

为了应对21世纪知识经济社会的挑战,满足更多学生接受高等教育的需求,同时增强德国高校的科研实力与国家创新力,德国联邦政府与16个州政府于2007年8月20日签署了《高等教育协定2020》。该协定计划在2007年至2020年间由联邦政府和州政府共同出资让高校增加学习位置,改善教学条件,同时为高校现有的高水平科研项目——即已经获得德国科研协会资助的科研项目——提供额外的项目经费,从而同时实现扩招和提升德国高校的教学质量与科研水平的发展目标。

《高等教育协定2020》确定的总目标是:"确保年轻一代接受高等教育的机会,培养科学研究需要的后备人才,提升德国的国家创新力。"

《高等教育协定2020》的内容主要包括两个方面,这两个方面也被称作此项政策的"两大支柱"。在第一阶段(2007—2010年),这两方面的措施是:第一,增加高校的学习位置,满足更多高中毕业生接受高等教育的需求。因为各联邦州之间存在着较大的差异,特别是原东德和原西德地区的高校发展水平存在差异,所以,协定在扩招名额分配上照顾到了各州的差异。总的来看,原东德地区的高校面临着学生入学人数下降的问题,所以其"扩招"的任务是

---

① 孙进:《德国高等教育认证:机构、程序与标准》,载《高等教育研究》,2013(12)。

保持 2005 年时的招生容量，只要不缩减招生名额就可以了。而原西德地区的高校因为历来深受新生的青睐，所以承担起扩招的主要任务，也相应地获得联邦政府更多的资助。

第二，资助高校的高水平科研项目，即向已经获得德国科研协会（DFG）资助的高校科研项目提供额外的项目经费。经费完全由德国联邦政府单独拨付，经费的数额为已获得的课题资助额的 20%。这一经费可被用来支付与课题间接相关的一些额外开支，经费使用由高校或研究机构自己支配，自由度较大。因为这类间接开支此前须由高校自己负担，不能算作科研经费，所以，这一资助方式大大减轻了高校的财政负担。德国联邦政府预计共需为此提供 7.04 亿欧元。

在第二阶段（2011—2015 年），第一阶段所确定的政策措施得到了延续，并根据新的发展情况得到相应的调整，例如进一步增加了高校的学习位置，提高了对新生的资助额，由 22000 欧元增加到 26000 欧元。此外，继续资助高校的高水平科研项目。这一阶段对科研项目资助的方式和比例与第一阶段相同，不过，资助幅度在第二阶段提高到了 17 亿欧元。

第三阶段（2016—2020 年）继续前两个阶段的政策。到 2020 年，德国高校要额外扩招 76 万名新生。德国联邦政府将为此提供 99 亿欧元。后续资助将延续至 2023 年为止。各州也将提供 94 亿欧元的额外资金。总体来看，2007—2023 年，德国联邦政府共为落实高等教育协定投入 202 亿欧元，各州共投入 183 亿欧元。在第三阶段，对高校的高水平科研项目的资助方式不变，不过，自 2016 年开始，资助的比例由原来的 20% 增加到了 22%。

从共同科学会议所公布的资料来看，《高等教育协定 2020》已经显现出积极的政策效果。在第一阶段，德国高校额外录取了 18.2 万名大学生，远远超过了最初预期的 91370 名学生。德国的高校入学率（大学新生占同龄人口的比例）由 2005 年时的 37% 增加至 2010 年时的 46%，从而一举超过了联邦政府和各州政府多年来所追求的 40% 的发展目标。与此同时，德国高校聘用的教师人数也有了大幅的增加，学术性及艺术性工作人员的人数由 2005 年时的 15.2万增加至 2010 年时的 15.8 万。其中，全职的学术工作人员在 2005—2009 年间增长了 23500 人，校外特聘讲师的人数也在同期增长了 35%。除了上述的发展目标之外，《高等教育协定 2020》还要求高校着力提高女性教师的比例，提高亟待扩大规模的、德国第二大类高等教育机构——应用科学大学的招生比例。这两个目标在第一阶段也得到了实现。女性教授的比例从 2005 年的14.3%增加到 2009 年的 18.2%。应用科学大学的招生人数与 2005 年前相比也增长了 38%。自 2007 年实施高等教育协定以来到 2014 年，额外招收的高校学生已经超过了 76 万名。2020 年，德国高校还额外招收 76 万名新生。①

4. 实施卓越计划和卓越战略

"卓越计划"(Exzellenzinitiative)是一项旨在提高德国大学的尖端科研水平以及科研后备人才(博士生)培养水平的高等教育政策。卓越计划的主要内容是德国政府通过额外出资重点资助一批严格按照学术标准筛选出来的、高水平的大学科研机构及科研项目，提高其国际竞争力，使其达到世界一流大学的水平。就其运行程序而言，它可被视为是一项德国大学尖端科研机构的科学性竞赛，由科学委员会(WR)和德国科研协会(DFG)共同负责组织与实施。

卓越计划包含三条资助线:(1)第一条资助线是博士生院，资助优秀的、结构化的博士生培养项目，培养科研后备人才，为博士生发展创造国际化的、跨学科的科研环境。(2)第二条资助线是卓越集群，主要是支持大学科研机构从事多个人员和机构合作、跨学科的、具有世界一流水平的科研活动，促进大学与校外科研机构、应用科技大学以及经济界的合作。(3)第三条资助线是发展大学尖端科研的未来方案，未来方案指的是大学对自己未来科研发展的

---

① 孙进:《〈高等教育协定 2020〉评述——德国面向 21 世纪的高等教育扩张政策》，载《河北师范大学学报(教育科学版)》，2012(10)。

长期的、总体性的战略规划，包括大学的科研发展目标、现有的优势和资源以及实现发展目标的步骤等内容。相关申请只有在大学至少有一个博士生院和一个卓越团队获得资助的情况下才可提出。①

卓越计划最初确定的执行期为 5 年（2006／2007—2011／2012），共投入资金 19 亿欧元。其中联邦政府承担 75%，各州政府承担 25%。在第一次执行期限内，即在第一阶段，卓越计划分别于 2005／2006 年和 2006／2007 年实施了两轮评选。共有 39 个博士生院，37 个卓越集群，9 所大学的未来方案得到了资助。2009 年 6 月 4 日，德国联邦总理和各州州长签订了协议，决定继续实施卓越计划，第二阶段的执行期限为 2012 年至 2017 年。这一阶段（即第三轮）的资助规模与前两次相比有大幅提升，达到了 27 亿欧元。最终的获选名单于 2012 年 6 月 15 日产生。在第二阶段，共有 45 个博士生院，43 个卓越集群，11 所大学的未来方案得到了资助。②

卓越计划执行期于 2017 年结束。不过，德国联邦政府和州政府在 2016 年 6 月 16 日通过签订协定确定实施卓越计划的后续资助项目"卓越战略"（Exzellenzstrategie）。与卓越计划不同的是，新出台的卓越战略仅包括两条资助路线：卓越集群和卓越大学。卓越集群（Exzellenzcluster）旨在资助德国大学以及大学联盟中具有国际竞争力的科研领域，以项目的形式进行资助。在卓越集群中，来自不同学科和机构的科研人员合作完成一个科研项目。资助让他们有可能集中精力去实现他们的研究目标，培训学术后备人才，招募国际尖端人才。卓越集群的资助期为 7 年，有可能获得第二个资助期（为期 7 年）的资助。这条资助路线每 7 年招标一次。

名为卓越大学（Exzellenzuniversität）的资助路线旨在增强德国大学以及大

---

① 孙进：《德国教育政策与发展趋势》，见北京师范大学国际与比较教育研究院组编：《国际教育政策与发展趋势年度报告（2013）》，132 页，北京，北京师范大学出版社，2015。

② DFG，"Exzellenzinitiative"，https：//www.dfg.de/foerderung/programme/exzellenzinitiative/，2020-12-15.

学联盟在国际尖端科研领域的地位。申请获得卓越大学资助的大学必须至少获得了两个卓越集群的资助，申请获得卓越大学资助的大学联盟必须至少获得了三个卓越集群的资助。对卓越大学的资助是持久性的。不过，每7年要经过一次审核和评估，看看是否满足继续获得资助的前提条件。此外，卓越大学每7年都要参与卓越集群的申请，以便获得足够数量的卓越集群资助。

卓越战略项目由德国联邦和各州共同出资。联邦政府和各州政府计划每年为卓越战略提供5.33亿欧元的资助。75%的资金由联邦政府负担，25%的资金由卓越集群和卓越大学所在的联邦州负担。其中，为卓越集群资助路线每年提供的资助为3.85亿欧元，为卓越大学资助路线每年提供的资助为1.48亿欧元。①

五、教师教育改革和发展

(一)发展概况

因为受到联邦制的影响，德国各州的教师教育存在许多差异。在这一时期，各州对教师教育的改革主要集中在以下几个方面：加强大学阶段教学的实践导向，加强不同培养阶段的关联度，关注入职初期阶段的特殊意义，引入学期考试，改善教师的诊断能力和方法。作为改革基础的是教师教育混合委员会在1999年提出的建议，以及科学委员会在2001年针对未来的教师教育结构所提出的建议。2004年12月，德国文教部长联席会议出台了《教师教育标准：教育科学》，确定了未来教师完成其日常工作所需具备的能力。2008年10月，文教部长联席会议又出台了《各州通用的对于教师教育的学科专业和学科教学法的内容要求》，与《教师教育标准：教育科学》共同构成了认证和

---

① BMBF, "Exzellenzstrategie", https://www.bmbf.de/bmbf/de/forschung/das-wissen-schaftssystem/die-exzellenzstrategie/die-exzellenzstrategie.html, 2020-12-15.

评估师范专业的基础。①

传统上，德国教师教育是以国家考试（包括第一次国家考试和第二次国家考试）结业的。在博洛尼亚改革的进程中，德国高校也尝试在教师教育领域引入学士、硕士的分级学制。2005年6月，德国文教部长联席会议通过了一项《奎德林堡决议》，要求将学士学位和硕士学位认可为获得教师资格的前提条件，即认可教师教育采用学士、硕士的新型学制及其所颁发的教育学学士和教育学硕士毕业证书。这些专业也需要按照此前出台的两个标准进行评估和认证。各州可以自主决定是否保留第一次国家考试的制度。通常来说，获得教育学硕士相当于通过了第一次国家考试。在完成见习阶段的实践锻炼和学习之后，师范生还需要通过第二次国家考试才能获得教师的资格。②

2012年，德国文教部长联席会议修订了有关六类师范教育的框架协定，目的是让未来的教师学会应对学生群体异质性以及推行全纳教育所带来的挑战。特殊教育领域的教师教育也应该更有针对性地培养未来教师应对所有学校类型中的全纳教育的挑战。③

同样也是在2012年，德国文教部长联席会议通过了《各州通用的对于见习期安排以及随后的国家考试的要求》，以回应学校领域的新发展以及进一步提高教育体系中的统一性和流动性。④

2015年3月，德国文教部长联席会议与高校校长联席会议共同提出了一项建议——《面向多样化学校的教师教育》，以便于让未来教师为全纳教育和

① KMK（Hrsg.），*Das Bildungswesen in der Bundesrepublik Deutschland 2010/2011*，Bonn，KMK，2012，pp. 273-274.

② KMK（Hrsg.），*Das Bildungswesen in der Bundesrepublik Deutschland 2010/2011*，Bonn，KMK，2012，p. 275.

③ KMK（Hrsg.），*Das Bildungswesen in der Bundesrepublik Deutschland 2013/2014*，Bonn，KMK，2015，p. 289.

④ KMK（Hrsg.），*Das Bildungswesen in der Bundesrepublik Deutschland 2013/2014*，Bonn，KMK，2015，p. 290.

多样化的学生群体做好准备。应对异质化的学生群体所带来的挑战一直都是教师教育改革与发展中的一个重点。德国政府已经出台了一系列相关的政策。①

(二)主要改革与发展

下面重点介绍三项主要的德国教师教育领域的改革与发展举措，即出台教师教育标准、出台《各州通用的对教师教育的学科专业和学科教学法的内容要求》、实施"教师教育质量攻势"项目。

1. 出台教师教育标准

制定教师教育标准是德国21世纪以来教师教育改革的重要举措，也是以标准为导向的整个教育改革的重要组成部分。在引入针对学生的国家教育标准之后，制定针对教师的国家教育标准便顺理成章地成为接下来的任务。2004年，德国文教部长联席会议首先通过了《教师教育标准：教育科学》，2008年又通过了《各州通用的对教师教育的学科专业和学科教学法的内容要求》，由此为教师教育的各个环节(教育科学、学科教育、学科教学法和见习)确定了全国统一的标准和要求。

2004年出台的《教师教育标准：教育科学》的核心是对未来教师需要获得的在教学、教化、评价和创新4个领域的11种能力的定义。每一种能力又进一步细化为若干个行为指标，分别须在理论教学阶段和见习阶段达到。

第一能力领域是"教学"。教师是教和学方面的专家，需要掌握以下三种能力：能力一，教师按照学科专业及实际情况的要求设计课程，并正确地加以实施。能力二，教师通过设计学习情境来支持学生的学习。教师鼓励学生，让学生有能力建立知识间的联系以及应用所学的知识。能力三，教师帮助学生发展自主学习与工作的能力。

---

① KMK (Hrsg.), *Das Bildungswesen in der Bundesrepublik Deutschland 2016/2017*, Bonn, KMK, 2019, p. 314.

第二能力领域是"教化"。教师要履行其教化职责，需要掌握以下三种能力：一是教师了解学生的社会文化生活条件，在学校的框架下对学生个人的发展施加影响。二是教师传授价值和规范，支持学生自主地判断和行动。三是教师可以找到解决学校和课堂中困难与冲突的办法。

第三能力领域是"评价"。教师要合理而负责地完成评价工作，需要掌握以下两种能力：一是教师能够诊断学生的学习前提和学习过程，有针对性地促进学生的学习，向学生及其父母提供咨询。二是教师根据透明的评价标准评价学生的成绩。

第四能力领域是"创新"。教师需持续不断地发展自己的能力，一是教师对于教师职业的特殊要求有清醒的认识，他们将其职业视为负有特殊责任和义务的公共职务。二是教师视其职业为持续性的学习任务。三是教师参与规划和实施学校项目和计划。

引入教师教育标准是德国新世纪以来教师教育改革的一项重要举措。教师教育标准在出台之后便被各州用作对师范类专业进行评估和认证的基础，成为教师教育质量保证机制中重要的一个环节。[①]

2. 出台《各州通用的对教师教育的学科专业和学科教学法的内容要求》

2008年通过的《各州通用的对教师教育的学科专业和学科教学法的内容要求》是德国教师教育标准的一个重要组成部分。它一方面定义了未来教师所需掌握的专业知识和能力，另一方面还针对具体的学科描述了其"学科概貌"，确定了学科专业和学科教学法方面的教学目标和内容。

学科专业能力是指一名教师为了完成其教师工作而必须具备的知识、能力、技能和态度。这些能力是在教师教育的不同阶段和不同教育机构中获得的。

在大学学习阶段，师范生通过大学阶段的学习重点掌握了本学科的专业

---

① 孙进：《德国教师教育标准：背景·内容·特征》，载《比较教育研究》，2012(8)。

知识、认知手段和工作方法以及学科教学法知识。具体来看,师范生在毕业时需要证明已经掌握了以下的专业能力:第一,掌握了贯通性的专业知识。第二,掌握了本学科的认知手段和工作方法。第三,掌握了贯通性的学科教学法方面的知识。

在见习阶段,师范生通过在中小学中的见习获得与教学实践相关的能力,具体包括:规划和设计学科教学;处理复杂的课程情境;促成可持续性的学习;掌握本学科的成绩评价方法。大学阶段的学习应为这些能力的获取打下基础。

在进修和继续教育阶段,教师应该通过进修和继续教育在专业和个性两个方面进一步发展自己作为教师的专业能力。

以上三个阶段紧密相连,每个阶段都应为下一阶段的学习做好相应的准备,并且与下一阶段有着内在的关联。

"学科概貌"描述了师范生通过对某一学科的学习所获得的专业知识和能力,并列出了与此相应的学科专业和学科教学法。除了培养小学教师所涉及的各个教学科目以及特殊教育各个分支(视觉、听觉、语言、运动、学习和精神等方面的障碍)之外,《内容要求》重点列出了培养中等学校教师所涉及的 18 个教学科目的学科概貌。每个学科概貌都包括该学科特有的能力概貌和学业内容两个组成部分。①

3. 实施"教师教育质量攻势"项目

通过近年来的国内和国际测评,如 PISA、IGLU、TIMSS 等,德国联邦政府充分认识到,教师个人发展的促进及其与家长的合作是十分重要的,教师的进修和继续教育必须得到重视。然而,在教师的教育、未来展望以及职业贡献中,国家都有着不可推卸的特殊责任。因此,德国联邦和州政府试图通过"教师教育质量攻势"项目,支持业已开始的教师教育改革,推进新的发展

---

① 孙进:《德国教师教育标准:背景·内容·特征》,载《比较教育研究》,2012(8)。

进程，其中，有培养教师任务的高校处于核心地位。①

"教师教育质量攻势"项目对高校资助的目标在以下行动领域实现可持续的系统性改善：(1)德国师范类高校中教师教育结构的优化；(2)教师教育中实践部分的质量改善；(3)师范类大学生的专业咨询和培育服务的改善；(4)促进教师教育满足学生多样化与全纳教育的要求；(5)实现专业知识、教学方法和教育科学理论的继续发展；(6)实现教师工作相关的学习成绩和毕业学历之间的可比性和相互认定，保障见习阶段准入机制的公平性，提高师范类大学生和教师的流动性。②

"教师教育质量攻势"项目从2014年7月起实施，持续两个资助阶段，分别为2014—2018年、2019—2023年。德国联邦教育与科研部为第一个资助阶段的拨款总计27500万欧元，其中两轮的资助金额划分为70%和30%。③ 第二个资助阶段的金额总计22500万欧元，只包括一轮项目审批。④

六、成人教育与继续教育改革和发展

在人口变迁、移民和技术变革加速的背景下，继续教育扮演的角色愈加重要。它嵌入一种终身学习制度化的过程中。社会对于继续教育的期待是，它能够维持和扩展人们的就业能力，促进社会参与和融入，增强个体自我发

---

① BMBF, "Qualitätsoffensive Lehrerbildung – ein Beitrag zu mehr Mobilität in der Lehrerschaft", http：//www.bmbf.de/de/21697.php? hilite = qualit% E4tsoffensive + lehrerbildung, 2020-12-13.

② BMBF, "Bekanntmachung des Bundesministeriums für Bildung und Forschung von Richtlinien zur Förderung der Qualitätsoffensive Lehrerbildung", http：//www.bmbf.de/foerderungen/24295.php, 2020-12-13.

③ BMBF, "Bekanntmachung des Bundesministeriums für Bildung und Forschung von Richtlinien zur Förderung der Qualitätsoffensive Lehrerbildung", http：//www.bmbf.de/foerderungen/24295.php, 2020-12-13.

④ DLR Projektträger, "Häufig gestellte Fragen zur Antragstellung", http：//www.dlr.de/pt/Portaldata/45/Resources/a_dokumente/bildungsforschung/FAQ_final_1803.pdf, 2020-12-14.

展和自我调节的能力。①

(一)发展概况

自 1990 年两德统一之后,原民主德国的继续教育结构(以国家垄断为特点)完全消失了。按照原西德老联邦州的榜样,德国新联邦州也颁布了关于继续教育的法律规章。例如,勃兰登堡州在 1993 年 12 月 17 日颁布了《关于管理与促进继续教育法》,其第二款将继续教育的权利看作是人格自由发展的基本权利的组成部分。在第五款和第六款,该法规定,各市、县必须举办继续教育,当地的继续教育委员会负责协调继续教育的发展。②

德国继续教育举办人的组织形式呈多样化,对继续教育提供资助的有联邦、各州和地方政府、私人经济、举办人组织(如工会、教会、基金会和协会)以及联邦劳工署等。经济界的公法性自我管理机构(如工商联合会、手工业和农业联合会等)开设的课程直接满足经济界的需求。工会、全德工会联合会和职员工会为雇员提供各种不同的教育项目。政党通过特殊的基金会(如社会民主党的埃伯特基金会和基督教民主联盟党的阿登纳基金会)从事成人政治教育。天主教教会和基督教教会举办的宗教成人教育提供了内容丰富的服务,如家庭教育课程、培训课程、关于神学和宗教问题的学术会议和报告。③

正因为继续教育举办者非常多样,相关的准确数据较难获得。不过,对于国民业余大学的相关发展,法兰克福德国成人教育研究所完成了相关的统计。国民业余大学多数是由德国地方政府举办的。在 1994 年,全德国共有1031 所国民业余大学,其中在老联邦州有 871 所,在新联邦州有 160 所。这

---

①　Autorengruppe Bildungsberichterstattung (Hrsg.), *Bildung in Deutschland 2020*, Bielefeld, wbv Publikation, 2020, p.211.

②　[德]克里斯托弗·福尔:《1945 年以来的德国教育:概览与问题》,肖辉英、陈德兴、戴继强译,260 页,北京,人民教育出版社,2002。

③　[德]克里斯托弗·福尔:《1945 年以来的德国教育:概览与问题》,肖辉英、陈德兴、戴继强译,258-261 页,北京,人民教育出版社,2002。

些国民业余大学通常会在不同地方设立多所分校，满足当地民众对继续教育的需求。国民业余大学的全职人员在领导层有 1019 人，教学工作人员 3712 名，行政管理人员 3610 人。全德国民业余大学各类课程的兼职教师共计 18 万人。1994 年，全德国民业余大学开设的各类课程达到了一个新的水平：老联邦州的国民业余大学开设了 45.9 万个班，有 596.7 万名学员。新联邦州的国民业余大学开设了 30139 个班，有 40.4 万名学员。大多数是外语班（包括德语作为第二外语），其次是健康教育课程、艺术和手工艺课程、家政课程、数学-自然科学-技术课程、教育学以及心理学和哲学课程、管理和商务时间课程。此外，国民业余大学还提供了许多预备基础教育毕业考试的课程。1994 年，有 180 家远程教育机构提供了上千门课程，约有 15.3 万名学员。自 20 世纪 60 年代开办的广播电视远程教育学院在 1994—1995 学年也有大约 2 万名学员。1992 年，用于成人教育的经费达到了 701 亿马克。[1]

经过这些年的发展，成人教育和继续教育的学员人数、机构数以及雇员人数已经成为德国规模最大的一个教育领域。在 2014 年，有 2630 万名学员，5 万多个公法性、慈善性、商业性继续教育机构，大约 200 万家在继续教育方面比较活跃的企业，大约 70 万名教学人员。[2] 2014 年，有大约 18 万人参加了远程教育课程。[3]

鉴于继续教育和终身学校在信息社会和知识社会扮演着越来越重要的角色，德国文教部长联席会议在 2011 年的《有关继续教育的第四次建议》中要求将继续教育作为教育体制的一个组成部分，同时强调要在终身学习中突出个

① [德]克里斯托弗·福尔：《1945 年以来的德国教育：概览与问题》，肖辉英、陈德兴、戴继强译，259~262 页，北京，人民教育出版社，2002。

② Josef Schrader, "Institutionelle Rahmenbedingungen, Anbieter, Angebote und Lehr-Lern-prozesse der Erwachsenen- und Weiterbildung", in *Das Bildungswesen in Deutschland. Bestand und Potenziale*, hrsg. Olaf Köller et al., Bad Heilbrunn, Verlag Julius Klinkhardt, 2019, p. 702.

③ KMK (Hrsg.), *Das Bildungswesen in der Bundesrepublik Deutschland 2015/2016*, Bonn, KMK, 2017, p. 187.

性发展的内容，加强继续教育参与机构和人员的合作，重视使用新的信息技术和媒介。人们对于继续教育的改革达成以下的一些共识：通过发展地方性的继续教育中心，改善继续教育市场的透明性；进一步发展继续教育的信息网站建设(Info Web)；通过认可检测机构和核实的认证程序，进一步发展继续教育领域的质量保证措施；将继续教育课程模块化和提供学分，提高继续教育的参与度；为继续教育提供和安排时间，扩展学术性的继续教育；发展新的资助工具。①

2004年，联邦和各州通过了一项共同的《联邦德国终身学习战略》，指出了如何促进和支持人们在各个生涯阶段和生活领域、在不同的学习地点、以不同的学习方式进行学习，并确定了各个生涯阶段的发展重点。

2006年，德国联邦教育与科研部任命了一个"继续教育创新小组"，提出了有关设计终身学习的10项战略建议，包括改善不同教育领域的贯通和衔接，增加咨询服务，通过教育实现更有效的融合，以及对能力的认可。这些建议成为2008年出台的《联邦政府有关终身学习的计划》的基础。②

在提高继续教育的参与度方面，德国确定了到2015年，将参与正式的继续教育的比例从43%提高到50%，以及将受教育水平比较低的人的继续教育参与比例，从28%提升到40%以上。为实现这一目的，就需要增强参加终身学习的动机，消除参加继续教育的障碍，改善继续教育课程，提高各教育领域的贯通性和衔接性，加强对终身学习的研究。这些措施都成为2008年出台的教育战略《教育带来晋升》的组成部分。③

2013年，德国出台了《德国终身学习资格框架》。2014年，德国联邦政

---

① KMK (Hrsg.), *Das Bildungswesen in der Bundesrepublik Deutschland 2009*, Bonn, KMK, 2010, p. 192.

② KMK (Hrsg.), *Das Bildungswesen in der Bundesrepublik Deutschland 2009*, Bonn, KMK, 2010, p.193.

③ KMK (Hrsg.), *Das Bildungswesen in der Bundesrepublik Deutschland 2012/2013*, Bonn, KMK, 2014, p. 281.

府、联邦就业署、经济界、工会和各州签署了《培训和继续教育联盟 2015—2018》，取代了之前的《国家培训和专业后备人才协定》。2015 年 9 月，德国联邦和各州政府提出《扫盲十年计划》，延续了《成年人扫盲和基础教育国家战略》的政策目标，即让成年人获得足够的书写和阅读能力，能够充分参与社会生活。

2016 年，德国通过了《失业者保险保护和继续教育增强法》，以帮助那些受教育程度低的雇员以及长期失业者获得接受继续教育的机会，并通过继续教育获得具备就业资格的毕业证书。同年，德国修订了《晋升进修促进法》，提高了资助的额度，同时扩大了资助的范围。[①]

（二）主要改革与发展

下面重点介绍三项德国成人教育和继续教育领域的改革和发展举措，即出台《德国终身学习资格框架》，实施《国家扫盲和基础教育十年计划（2016—2026）》，制定《国家继续教育战略》。

1. 出台《德国终身学习资格框架》

《德国终身学习资格框架》于 2013 年 5 月 1 日被正式引入。《德国终身学习资格框架》（以下简称为《德国资格框架》）是以《欧洲资格框架》（EQR）为基础制定的，同时考虑到了德国教育体制的特殊性。制定这一资格框架的主要目的是让德国教育体系更加透明，对人们在中小学、高等学校和职业教育以及通过其他途径获得的资历进行分类和界定，同时通过与《欧洲资格框架》的接轨，让德国颁发的学历证书可以在欧洲范围内得到更好的认可，促进学生和就业者的流动。

《德国资格框架》的制定和出台是德国联邦和各州、社会伙伴和经济组织协同合作、共同努力所取得的成果。它将个人在基础教育、高等教育和职业

---

① KMK（Hrsg.），*Das Bildungswesen in der Bundesrepublik Deutschland 2016/2017*，Bonn，KMK，2019，pp. 314-315.

教育领域内获得的学历和技能按照专业能力与个人能力分为八个水平等级，其中专业能力分为知识和技能，个人能力分为社会能力和独立性。专业能力一方面指获取知识的宽度和深度，另一方面指技能掌握的程度，包括使用和拓展相关工具与方法、评价工作结果的能力；个人能力一方面指社会能力，如团队意识、领导能力、参与能力和交际能力，另一方面包括自主性、责任意识、内省能力和学习能力。[①]《德国资格框架》区分的八个等级具体如下。

水平等级1(Niveau 1)，描述的是在一个结构清晰和稳定的学习和工作领域中，达到简单要求的能力。对此任务的完成，是在他人的领导之下进行的。

水平等级2(Niveau 2)，描述的是在一个结构清晰和稳定的学习和工作领域中，按照专业水准达到基本要求的能力。对此任务的完成，在很大程度上也是在他人领导下进行的。

水平等级3(Niveau 3)，描述的能力是在一个结构相对清晰、部分具有开放性的学习领域或职业活动领域中，独立自主地达到专业要求。

水平等级4(Niveau 4)，描述的能力是能够在一个广泛的、不断变化的学习领域或职业活动领域，独立自主地规划和完成专业性的工作任务。

水平等级5(Niveau 5)，描述的能力是能够在一种复杂的、专业化的、不断变化的学习领域或职业活动领域，独立自主地规划和完成综合性的、专业性的工作任务。

水平等级6(Niveau 6)，描述的能力是能够在一个学术性专业领域或者一个职业活动领域中，规划、完成和评估综合性的、专业性的工作任务和问题，以及独立自主地负责流程的调控。这里的任务结构具有复杂性和变化性的特征。

水平等级7(Niveau 7)，描述的能力是能够在一个学术专业或一个具有战

---

① 宁海芹、孙进：《德国教育政策与发展趋势》，见北京师范大学国际与比较教育研究院组编：《国际教育政策与发展趋势年度报告(2015)》，140页，北京，北京师范大学出版社，2016。

略导向的职业活动领域中，完成全新的复杂性的任务，以及独立自主的负责流程的调控。这里的任务结构，具有经常性的和不可预期的变动特征。

水平等级 8(Niveau 8)，描述的能力是能够在一个学术专业领域获得科研知识，或者能够在一个职业活动领域，提出创新性的解决方案和流程。这里的任务结构具有新颖性和模糊性的特征。①

《德国资格框架》作为一项教育领域与就业领域的转换工具，对职业技能和学历水平进行了分类，让在德国获得的技能可以在欧洲范围内得到更便捷的认可。《德国资格框架》是导向性的资格框架，而不是规范性的资格框架，对学历与技能水平的等级划分不具有法律效力。

2. 实施《国家扫盲和基础教育十年计划(2016—2026)》

尽管德国的教育体系高度发达，义务教育也已经普及，但仍有一部分人未能学会读写技能，或者有些人在学校学习时并未牢固掌握这些技能，以至在离校后就逐渐忘记了。这些人就成了德国的功能性文盲。2011 年，由德国联邦教研部和汉堡大学共同实施的调查表明，德国成人功能性文盲数量达 750 万，占成人(18~64 岁)总数的 14.5%。为减少功能性文盲的数量，提高民众对社会和经济生活的参与度，德国联邦教研部(BMBF)和文教部长联席会议(KMK)于 2011 年颁布了《德国成人扫盲及基础教育国家战略(2012—2016)》(以下简称《国家战略》)。2016 年 10 月，德国文教部长联席会议颁布了《国家扫盲和基础教育十年计划(2016—2026)》(以下简称《十年计划》)，计划发展了更多的行动领域，同时吸引了更多的合作伙伴，以延续和加强扫盲教育的积极影响。

德联邦和州政府已与《十年计划》合作组织就以下政策目标和措施建议达成共识：(1)提高语言水平。(2)提高公众关注度。(3)加深研究。(4)扩充课

①　BMBF," Der Deutsche Qualifikationsrahmen für lebenslanges Lernen ", https://www.dqr.de/dqr/de/home/home_ node.html, 2021-01-09.

程项。(5)加强教师专业化培训。(6)重建、改进和发展新框架结构。具体包括将扫盲和基础教育理念渗透到联邦、州和各地方的公共管理部门;将扫盲教育作为其他政策领域发展计划的横向目标;各州加强扫盲课程项目宣传,通过互联网建立学习圈;将扫盲和基础教育列入各继续教育机构的长期规划中;利用联邦劳动局的咨询和评估职权,确认语言和基础教育的缺陷;扫盲教育和职业培训相结合;与联邦政府移民和难民管理局(BAMF)合作,对难民进行扫盲教育,如开设相关课程,学习情况调查和教师培训;根据履历评价扫盲教育程度。(7)总结和评估,即在《十年计划》中期,各合作组织应共同评估该项目的实施进度及成效,为下一阶段的工作做好充足的准备。①

《国家扫盲和基础教育十年计划(2016—2026)》是《德国成人扫盲及基础教育国家战略(2012—2016)》的延续②,对于扫除成年文盲、促进受教育水平低的德国公民以及移民和难民的社会融入,具有十分重要的促进意义。

3. 制定《国家继续教育战略》

继续教育是保证工人工作熟练度和就业能力的基础,是提高德国创新能力和竞争力的关键。因此,德国联邦劳工及社会事务部(BMAS)和联邦教育与研究部(BMBF)联合各社会成员、联邦各州、商业协会和联邦就业署在 2019 年 7 月 12 日出台了《国家继续教育战略》。这是德意志联邦共和国历史上第一项国家继续教育战略。③

《国家继续教育战略》的主要目标在于强化职业培训和终身学习,确保职业人士都能获得平等的接受教育的机会,使人们更好地应对数字化变革带来

---

① KMK, "Grundsatzpapier zur Nationalen Dekade für Alphabetisierung und Grundbildung", https://www.bmbf.de/files/16-09-07%20Dekadepapier.pdf, 2020-12-24.

② 杨柳、孙进:《德国教育政策与发展趋势》,见北京师范大学国际与比较教育研究院组编:《国际教育政策与发展趋势年度报告(2014)》,140 页,北京,北京师范大学出版社,2016。

③ BMAS, "Nationales Weiterbildungsstrategie", https://www.bmas.de/DE/Schwerpunkte/Nationale-Weiterbildungsstrategie/nws-artikel.html, 2020-12-24.

的挑战。①从内容上来看，《国家继续教育战略》聚焦于职业培训，是德国联邦政府"技术人才战略"的重要组成部分。具体来看，此战略包括以下十个重要目标：(1)继续教育机会公开化和透明化；(2)缩小资金缺口，制定新的激励措施，调整现有资助系统；(3)全面开展继续教育咨询服务，加强对中小型企业的咨询扶持；(4)强化社会成员责任，发挥各行业社会伙伴关系的力量；(5)建立对继续教育项目的质量保障和评估机制；(6)使员工在职业培训中所获技能可视化和被认可；(7)优化继续教育产品，规范资格认定，使人们获得满足数字化进程需求的新兴技能；(8)战略性地将教育机构发展为职业能力培训中心；(9)培养适应数字化新时代的继续教育培训人员；(10)增强战略远见，优化数据统计，更好地预估继续教育的发展趋势和评估《国家继续教育战略》的效果。②

第四节　教育思想

在第二次世界大战结束后的最初 30 年间，人文科学教育学(又译文化教育学、精神科学教育学)、实证教育学(又译经验教育学)和批判教育学作为德国教育学界的主流理论③，曾先后分别主导了学界 10 年左右的教育学讨论。④

---

① BMBF, "Nationales Weiterbildungsstrategie", https：//www.bmbf.de/de/nationale-weit-erbildungsstrategie-8853.html, 2020-12-24.

② BMAS, "Strategiepapier Nationale Weiterbildungsstrategie", https：//www.bmas.de/SharedDocs/Downloads/DE/Thema-Aus-Weiterbildung/strategiepapier-nationale-weiterbildungsstra-tegie.pdf, 2020-12-26.

③ 有关这三大教育学流派的介绍可参见彭正梅：《德国教育学概观：从启蒙运动到当代》，第 7～9 章，北京，北京大学出版社，2011。

④ Heinz-Hermann Krüger, *Erziehungs- und Bildungswissenschaft als Wissenschaftsdisziplin*, Opladen, Barbara Budrich, 2019, p.117.

自20世纪七八十年代以来，德国教育学理论的发展呈现出多样化的特征，涌现出超验批判教育学、实践学教育学、历史唯物主义教育学、精神分析教育学、现象学教育学、结构主义和后结构主义教育学、沟通教育学、互动主义教育学、发展教育学、进化理论教育学、行动理论教育学、系统理论教育科学、建构主义教育学、生态主义教育学、女性主义教育学、现象学教育科学以及反思性教育学等众多的教育科学理论。① 人们从这些理论的名称便可以看出，有不少理论受到了世界范围内重要理论或思潮(建构主义、后现代主义、后结构主义、女性主义、生态主义)的影响，是这些理论或思潮在德国的应用和发展。下面重点介绍20世纪末至21世纪初三个具有较高原创性的理论分支，即实践学教育学、系统理论教育科学和反思性教育科学。

一、实践学教育学

实践学教育学的主要代表人物是柏林洪堡大学的教育学教授底特利希·本纳(Dietrich Benner)。为了在教育学分化为许多分支学科的背景下重建教育学的统一性，同时也为了发挥教育学沟通科学与实践的作用，本纳在其《普通教育学》②一书中提出了一种系统性的教育学理论设计。他的工作延续了赫尔巴特所开辟的构建普通教育学理论的传统。③

作为其理论方案的核心部分，本纳提出了教育思想与行动的四个原则，即可塑性原则，促进主动性的原则，将社会影响转化为合理教育影响的原则，

---

① Heinz-Hermann Krüger, *Einführung in Theorien und Methoden der Erziehungswissenschaft*, 5. Auflage, Opladen, Verlag Barbara Budrich, 2009.

② 此书的全称是《普通教育学——教育思想和行动基本结构的系统的和问题史的引论》(*Allgemeine Pädagogik. Eine systematisch-problemgeschichtliche Einführung in die Grundstruktur pädagogischen Denkens und Handelns*), 最初发表于1987年，此间经过多次修改已经出版到了第7版(2012年)。

③ Winfried Böhm, Birgitta Fuchs, Sabine Seichter (Hrsg.), *Hauptwerke der Pädagogik*, Paderborn, Ferdinand Schöningh, 2011, p.37.

以及人类总体实践非等级秩序的原则。

第一，可塑性原则。这里的可塑性的概念援引自赫尔巴特。赫尔巴特认为，人具有"可塑性"，人的发展既不是由天资决定的，也不是由环境决定的。这等于是肯定了人有参与并影响自己发展的可行性和必要性，同时否定了具有宿命论色彩的天资决定论和具有被动性特点的环境决定论。本纳以此为基础将赫尔巴特所说的"道德意志的可塑性"理解为"人参与总体实践的确定性"和"面向接受式和自发性的人类实践的肉体性、自由性、历史性和语言性的可塑性"。①

可塑性原则把人的天资的非定型性作为教育行动的出发点，承认人可以通过实践实现定型。可塑性是教育互动的原则，是一种关系性的原则，它把教育实践视为一种个体性的、主体间的和代际实践，拒绝将教育行动降格为仅仅是实现天资决定论或环境决定论所主张的预定性的辅助手段。②

这些需要指出的是，可塑性原则除了肯定受教育者有能力参与他的学习过程之外还有些空洞。要想确保这个原则在教育互动中能够得到遵守，仅仅给予受教育者行动自由是不够的，还需要让受教育者能够真的运用这种自由。这说明，教育思想和行动并非只有可塑性这一个原则，而是还有其他的原则，如促进受教育者主动性的原则。③

第二，促进主动性的原则。如果说可塑性原则初步确定了教育活动的任务，那么，促进主动性的原则确定了施加教育影响的方式。这一原则想要回

---

① Dietrich Benner, *Allgemeine Pädagogik. Eine systematisch-problemgeschichtliche Einführung in die Grundstruktur pädagogischen Denkens und Handelns*, 7., korrigierte Auflage, Weinheim, Beltz, p.71.

② Dietrich Benner, *Allgemeine Pädagogik. Eine systematisch-problemgeschichtliche Einführung in die Grundstruktur pädagogischen Denkens und Handelns*, 7., korrigierte Auflage, Weinheim, Beltz, p.71.

③ Dietrich Benner, *Allgemeine Pädagogik. Eine systematisch-problemgeschichtliche Einführung in die Grundstruktur pädagogischen Denkens und Handelns*, 7., korrigierte Auflage, Weinheim, Beltz, p.77.

答的问题是，如何教育未成年人才能确保其可塑性得到认可，而不会受到伤害。这一原则要求教育者以下述的方式来影响下一代的学习过程，即要求他们自己思考、自己判断和自己行动。这也意味着，不是要告诉学习者应该如何思考、判断和行动，也不是告诉他们应当思考、判断和做什么，而是尝试让学习者的活动相互影响，让学习者发展自己的观念并拥有反过来影响自己的反思经验。①

可塑性原则和促进主动性的原则密切相关。只有从可塑性的角度来理解教育互动时，才会对受教育者提出主动性的要求。反过来，只有被要求去主动参与其教育过程，受教育者才能在可塑性原则意义上找到自己在接受和自发的肉体性、自由性、历史性和语言性方面的确定性。② 人们从这两个原则的辩证关系可以推导出教育实践有终结自己的意图。当受教育者无须外部的帮助能够自主行动时，由教育者所实施的教育也就到了其终点。这种预期的终结性是教育实践有别于其他实践的重要特征。拒绝为尚需接受教育的人提供教育帮助和继续帮助，以及不需要外部帮助的受教育者都是一种错误。过多或过少的教育关怀，都有悖于教育实践的自我终结性的特征。③

上述讨论带来了两个问题，即如何在对未成年人的过高和过低要求之间找到一个平衡点，以及如何确定将教育权威交给受教育者自己的恰当时间。这两个问题无法通过上述的两个原则得到回答。因为上述两个原则都只涉及教育者和受教育者的个体层面，而对以上两个问题的回答并不取决于个体的

---

① [德]底特利希·本纳：《普通教育学——教育思想和行动基本结构的系统的和问题史的引论》，彭正梅、徐小青、张可创译，6页，上海，华东师范大学出版社，2005。

② Dietrich Benner, *Allgemeine Pädagogik. Eine systematisch-problemgeschichtliche Einführung in die Grundstruktur pädagogischen Denkens und Handelns*, 7., korrigierte Auflage, Weinheim, Beltz, p.79.

③ Dietrich Benner, *Allgemeine Pädagogik. Eine systematisch-problemgeschichtliche Einführung in die Grundstruktur pädagogischen Denkens und Handelns*, 7., korrigierte Auflage, Weinheim, Beltz, pp.90-91.

良好愿望，而是受到了个体所在的社会的影响，即取决于社会对教育提出了怎样的要求和期待。这就需要将教育之外的其他社会实践领域也考虑在内。为此，本纳引入了下面两个涉及社会维度的原则。①

第三，将社会影响转化为合理教育影响的原则。在教育实践与其他社会实践的关系方面，本纳批评了在他看来是错误的两种立场：一种主张教育实践与其他社会实践领域完全脱离，建立一种独立于社会的教育空间；另一种主张教育实践与其他社会实践直接挂钩，让教育实践服务于社会对教育制度的要求。② 本纳提出的将社会影响转化为合理教育影响的原则强调要将社会的要求转化为教育方面合理的影响，与此同时，如果社会的要求妨碍或阻止教育行动的成功时，就必须通过教育学上的社会分析和批判重新构建和改变教育过程的前提、要求和条件，将其转化为符合教育情境的条件。③ 由此可以看出，本纳所提出的原则既认可了社会其他实践领域对教育的影响，因为这种影响实际上是无法逃避的，同时也认可教育实践的独立性，即不是盲目地、无条件地服从和接受社会的要求，而是要将其转化为合理的影响，包括对那些阻碍因素的合理转化。不过，这种教育学上的转化是否能够取得成功取决于一个社会是否允许成长着的一代及其家长、教育者和教学者参与这种转化，而且其他的行动领域（特别是经济、道德、伦理和政治领域）是否也支持这种相应的转化。④

---

① Dietrich Benner, *Allgemeine Pädagogik. Eine systematisch-problemgeschichtliche Einführung in die Grundstruktur pädagogischen Denkens und Handelns*，7., korrigierte Auflage, Weinheim, Beltz, p.92.

② Dietrich Benner, *Allgemeine Pädagogik. Eine systematisch-problemgeschichtliche Einführung in die Grundstruktur pädagogischen Denkens und Handelns*，7., korrigierte Auflage, Weinheim, Beltz, pp.94-100.

③ ［德］底特利希·本纳：《普通教育学——教育思想和行动基本结构的系统的和问题史的引论》，彭正梅、徐小青、张可创译，81页，上海，华东师范大学出版社，2005。

④ ［德］底特利希·本纳：《普通教育学——教育思想和行动基本结构的系统的和问题史的引论》，彭正梅、徐小青、张可创译，6页，上海，华东师范大学出版社，2005。

本纳指出，要判定教育活动能否做到遵循可塑性原则和促进主动性的原则，不能只是在教育活动内部去寻找答案，而是要分析社会对教育实践所提出的要求在多大的程度上有助于或有碍于对这两个原则的认可和遵循。① 作出这一判断的标准涉及如何处理教育实践与其他实践领域的关系的问题。第四个原则对此问题作出了回答。

第四，人类总体实践非等级秩序的原则。本纳认为，人类的总体实践有六种基本现象：经济、伦理、政治、艺术、宗教和教育。它们影响着人类的共同生活。"人必须通过劳动，通过对自然的索取和养护，创造和维持自己的生存基础(经济)。人必须提出、发展和承认人类达成理解的规范和准则(伦理)。人必须规划和建设社会的未来(政治)。人把其现实提升为美学表现(艺术)，并面对同类生命的有限和自身死亡的难题(宗教)。除了劳动、伦理、政治、艺术和宗教之外的第六个基本现象即是教育，也就是说，人类处在代际的关系中，受到上一代成员的教育并且教育着下一代的成员。"②

人类实践的这六种基本现象或者说实践领域，相互作用与影响，一个领域的变化会给其他的领域带来影响，但它们的相互关系并非一种等级关系，即不处于一种地位和影响上下有别的等级秩序中，"任何一种实践都不能要求具有优先于其他实践的地位。它们无法由一种导出另一种，而是有同样的缘起性，并对于人类依赖的方式方法，即人类赖以作为不完善性生物以肉体存在，赖以通过自由的、历史的、语言的实践寻求自己的确定性，筹划并试行其决定，是基础性的"③。这六种实践领域是同样重要的，它们之间的相互作

---

① Dietrich Benner, *Allgemeine Pädagogik. Eine systematisch-problemgeschichtliche Einführung in die Grundstruktur pädagogischen Denkens und Handelns*, 7., korrigierte Auflage, Weinheim, Beltz, p.114.

② [德]底特利希·本纳：《普通教育学——教育思想和行动基本结构的系统的和问题史的引论》，彭正梅、徐小青、张可创译，8 页，上海，华东师范大学出版社，2005。

③ [德]底特利希·本纳：《普通教育学——教育思想和行动基本结构的系统的和问题史的引论》，彭正梅、徐小青、张可创译，28 页，上海，华东师范大学出版社，2005。

用不是直线式的，而是借助于人类实践创造性的肉体性、自由性、历史性和语言性来传递。这一原则对于其他的原则也有影响，只有承认所有的实践领域都是同样重要和平等的，社会要求才有可能被转化为教育上合理的要求，人们在教育互动中才能提出对主动性的要求，人类的可塑性才能被认可为参与人类总体实践的可塑性。①

在本纳提出的四个原则中，前两个原则是基础性原则或构成性原则，涉及教育思想与行动的个体方面，早在18世纪和19世纪初就已在哲学和教育领域得到论述；后两个原则是调节性原则，指向教育思想与行动的社会方面，是随着现代社会的形成而得到发展的。

在提出这四个基本原则之后，本纳以此为基础区分了作为教育科学组成部分的三种理论，即教育理论、教化理论和教育机构理论（见表5-1）。教育理论指的是如何影响下一代学习过程的理论，与第二个原则和第三个原则相关。教化理论的任务是从个体可塑性原则和人类总体实践的非等级性秩序原则出发来对教育行动进行反思，它与第一个原则和第四个原则相关。教育机构理论旨在探讨教育行动场所的结构，并解释教育过程在这些场所所遵循的逻辑条件。这里涉及的问题是，如何去创造教育行动的各种分化的场所（家庭、学校、职业教育），从而将教育实践的个体方面的原则和社会方面的原则协调一致。因此，教育机构理论同时涉及以上四个原则。②

---

① Dietrich Benner, *Allgemeine Pädagogik. Eine systematisch-problemgeschichtliche Einführung in die Grundstruktur pädagogischen Denkens und Handelns*, 7., korrigierte Auflage, Weinheim, Beltz, p.126.

② ［德］底特利希·本纳：《普通教育学——教育思想和行动基本结构的系统的和问题史的引论》，彭正梅、徐小青、张可创译，6~8页，上海，华东师范大学出版社，2005。

表 5-1 教育思考和行动的原则①

	个体方面的构成性原则	社会方面的调节性原则
A 教育理论 (2):(3)	(2)促进主动性	(3)将社会影响转化为合理教育影响
B 教化理论 (1):(4)	(1)可塑性	(4)人类总体实践的非等级性秩序
	C 教育机构及其改革的理论 (1)/(2):(3)/(4)	

资料来源：Dietrich Benner, *Allgemeine Pädagogik. Eine systematisch-problemgeschichtliche Einführung in die Grundstruktur pädagogischen Denkens und Handelns*, 7., korrigierte Auflage, Weinheim, Beltz, p. 126.

　　本纳所著的《普通教育学》被认为是过去几十年中德国学界少数几个宏大的系统性论述之一。② 《教育学的主要作品》一书将本纳此书列入了教育学的主要作品，与康德、福禄培尔、赫尔巴特、凯兴斯泰纳等人的经典作品并列，说明编者对本纳这一作品的高度肯定。③ 不过，也有研究者对本纳的理论提出了批评，例如仅仅以行动理论作为教育科学理论大厦的唯一的参照理论，有可能会让观察教育行动之社会条件的视野受到限制。此外，本纳之所以能在自己的理论方案中成功地建立起教育学的统一性，是因为他系统地忽略了教育科学分化为大量实践领域的部分事实。④

---

①　此表内容在原表格的基础上进行了部分调整。

②　Alfred Schäfer, Christiane Thompson, " Transzendentalphilosophische/praxeologische Pädagogik", in *Wörterbuch Erziehungswissenschaft*, hrsg. von Heinz-Hermann Krüger, Cathleen Grunert, 2. Auflage, Opladen, Barbara Budrich, 2006, p.391.

③　Winfried Böhm, Birgitta Fuchs, Sabine Seichter (Hrsg.), *Hauptwerke der Pädagogik*, Paderborn, Ferdinand Schöningh, 2011, pp.37-39.

④　Heinz-Hermann Krüger, *Einführung in Theorien und Methoden der Erziehungswissenschaft*, 5. Auflage, Opladen, Verlag Barbara Budrich, 2009, p.93.

二、系统理论教育科学

系统理论教育科学是以德国社会学家尼克拉斯·卢曼（Niklas Luhmann）的社会系统理论为基础发展起来的一个教育科学理论分支。卢曼本人亲自参与创建并持续推动了这一理论分支的发展。

从科学史的角度来看，卢曼从智利生物学家马图拉纳（Humberto Maturana）和瓦雷拉（Francisco Varela）有关知识和认知的神经生物学研究[1]中获得了重要的启发。卢曼采用了他们提出的"自我生产"的概念并将之应用于其社会系统理论。卢曼认为，社会系统及其子系统（如经济系统或教育系统）在历史发展进程中不断出现分化。作为这一分化进程的结果，原本开放性的系统逐渐变成了自我参照和自我组织的、封闭的系统，即变成自我生产式的系统。[2]

卢曼对社会系统的定义有别于普通系统理论。普通系统理论是从系统构成要素及其相互关系的角度来定义系统，而卢曼则是从系统与环境的边界的角度来定义社会系统："系统不只是偶然性的，也不只是适应性的，它们在结构上以环境为导向，没有环境就无法存在。系统通过生成和保持与环境的区分来构建和维持自身，并且利用其边界来规范这种区分。"[3]例如，家庭作为一个社会系统，并非是通过作为其组成部分的个体得到定义的，而是通过家庭与环境的差异，有些事情在家庭中会以不同于在环境中的方式得到处理，有些话题只会在家庭中得到谈论。[4]

在 20 世纪 70 年代末，卢曼与卡尔·E. 朔尔（Karl E. Schorr）合作发表了

---

① Humberto R. Maturana, Francisco J. Varela, *The Tree of Knowledge*, *The Biological Roots of Human Understanding*, Boston, Shambhala, 1987.

② Heinz-Hermann Krüger, *Erziehungs- und Bildungswissenschaft als Wissenschaftsdisziplin*, Opladen, Barbara Budrich, 2019, p.102.

③ Niklas Luhmann, *Soziale Systeme*, Frankfurt am Main, Suhrkamp, 1984, p. 35.

④ Eckhard König, Peter Zedler, *Theorien der Erziehungswissenschaft*, *Einführung in Grundlagen, Methoden und praktische Konsequenzen*, Weiheim, Beltz, 2007, p. 185.

《教育系统中的反思问题》①，将其社会系统理论应用于教育领域，从社会系统分化的角度分析了教育系统以及教育研究的变迁，指出了教育系统自 18 世纪以来已经发展成为一个自我生产性的子系统。② 此后，他们连续发表了一系列的作品，从系统理论的角度探讨各方面的教育问题。③ 2002 年，于卢曼去世后发表的《社会的教育系统》将其参与的理论建设推向了一个新的高度。④

就教育研究而言，卢曼与朔尔建议更加明确地区分教育学和教育科学这两个概念。教育学是教育系统的一个组成部分，是这一系统对自身的反思，但是，严格意义上来说，这样一种教育学并非真正的科学。因为真正的科学必须要从外部对教育系统进行观察和分析，这就要求研究者与研究对象保持一定的距离。⑤ 因此，在他们看来，并不存在所谓"系统理论教育学"，只有"系统理论教育科学"。系统理论教育科学通过对教育活动和教育研究的观察指出教育行动的不足和教育计划的局限。教育学不能发展出一种可用于控制和实现其所追求的目的的技术。因为教育和课程都具有一种"技术缺陷"。⑥

---

① Niklas Luhmann, Karl E. Schorr, *Reflexionsprobleme im Erziehungssystem*, Frankfurt am Main, Suhrkamp, 1979.

② Niklas Luhmann, Karl E. Schorr, *Reflexionsprobleme im Erziehungssystem*, Frankfurt am Main, Suhrkamp, 1979, p.16.

③ Niklas Luhmann, Karl E. Schorr (Hg.), *Zwischen Technologie und Selbstreferenz: Fragen an die Pädagogik*, Frankfurt am Main, Suhrkamp, 1982. Niklas Luhmann, *Soziale Systeme*, Franfurt am Main, Suhrkamp, 1984. Niklas Luhmann, Karl E. Schorr (Hg.), *Zwischen Intransparenz und Verstehen: Fragen an die Pädagogik*, Frankfurt am Main, Suhrkamp, 1986. Niklas Luhmann, Karl E. Schorr (Hg.), *Zwischen Anfang und Ende: Frangen an die Pädagogik*, Frankfurt am Main, Suhrkamp, 1990. Niklas Luhmann, Karl E. Schorr (Hg.), *Zwischen System und Umwelt: Fragen an die Pädagogik*, Frankfurt am Main, Suhrkamp, 1996.

④ Niklas Luhmann, *Das Erziehungssystem der Gesellschaft*, Frankfurt am Main, Suhrkamp, 2002.

⑤ Heinz-Hermann Krüger, *Erziehungs- und Bildungswissenschaft als Wissenschaftsdisziplin*, Opladen, Barbara Budrich, 2019, p.103.

⑥ Niklas Luhmann, Karl E. Schorr (Hg.), *Zwischen Technologie und Selbstreferenz: Fragen an die Pädagogik*, Frankfurt am Main, Suhrkamp, 1982, p.14.

教育者无法对受教育者的意向施加直接的影响，因为人的意识是一种自我生产性的系统，它不会与自己的环境（比如教师）建立直接的联系。不管教育措施设计得多么精心，教育者都无法直接对受教育者的意识施加影响，受教育者的意识对教育者来说是不透明的。因此，教育学并不能指出受教育者最终受到了什么样的影响，因为它无法真正地理解教育主体，因此不可避免地带有一种"理解缺陷"。① 教育目标和手段之间的关系并不是一种明确的、可控制的关系。因此，教育理论家的因果关系假定以及与此相关的想要指导教育行动的计划从系统理论的角度来看是错误的。②

　　系统理论教育科学在德国学界受到了一些批评，比如它仅仅将行动主体（教育者和受教育者）视为复杂的社会子系统中的一种要素，忽视了其意向和自由的重要性，它将自身视为一种中立的观察性科学，不谋求改造社会会对现有的社会现状起到稳定化的作用，它挑战和质疑了教育学作为"有关教育实践和为了教育实践的科学"的传统观念，拒绝成为为实践提供导向的行动学说。③ 这些批评主要来自批判教育科学这一理论流派的追随者，反映出不同理论流派对教育科学功能和使命的不同定位。不过，尽管有这些批评，系统理论教育科学还是得到了很多德国教育研究者的认可，有关教育系统的系统理论反思推动了教育科学理论的进一步发展，影响覆盖了几乎所有的教育科学的子学科。④

---

① Niklas Luhmann, Karl E. Schorr (Hg.), *Zwischen Intransparenz und Verstehen: Fragen an die Pädagogik*, Frankfurt am Main, Suhrkamp, 1986, p.7.

② Niklas Luhmann, Karl E. Schorr, *Reflexionsprobleme im Erziehungssystem*, Frankfurt am Main, Suhrkamp, 1979, p.229.

③ Heinz-Hermann Krüger, *Einführung in Theorien und Methoden der Erziehungswissenschaft*, 5. Auflage, Opladen, Verlag Barbara Budrich, 2009, pp.132-133.

④ Heinz-Hermann Krüger, *Erziehungs- und Bildungswissenschaft als Wissenschaftsdisziplin*, Opladen, Barbara Budrich, 2019, p.106.

三、反思性教育科学

反思性教育科学代表着德国学界在教育科学理论方面的最新的发展。这一理论方向的发展受到了哲学领域有关后现代的讨论以及社会科学领域有关社会的自我危害和融合问题的讨论的影响和推动。反思性教育科学有三个理论分支。

第一个分支是迪特·伦岑(Dieter Lenzen)所代表的反思性教育科学。伦岑曾担任柏林自由大学和德国汉堡大学的教授和校长,是德国知名的教育学者和教育管理者。他在1996年出版的著作《行动与反思——从教育学的理论缺陷到反思性教育学》中率先引入了"反思性教育学"的概念。[1] 在他看来,反思性教育学是后现代时代的一种教育学,它对教育实践和教育知识进行反思,可生产出三类反思性的知识,即风险知识、神话知识和诗意知识。风险知识(Risikowissen)涉及对教育后果和影响的评估,例如有关教育活动所带来的风险的实证研究。神话知识(Mythenwissen)涉及有关教育的历史人类学研究。这类研究的侧重点是揭示和重构教育历史中以及当前教育日常实践中存在的那些神话式的取向,例如福柯有关监控和惩罚的话语分析。诗意知识(poetisches Wissen)涉及应该做什么的问题,例如认可和尊重差异,禁止侵犯,增强受教育者过渡的能力等。伦岑在这里援引德国传统的教化思想(Idee der Bildung),并结合极端建构主义理论将其转化为一种自我生产式的自主创造的模型。[2]

第二个分支是由海因茨-赫尔曼·科吕格(Heinz-Hermann Krüger)[3]所提出的反思性教育科学。科吕格是德国哈勒-维滕堡大学的教育学教授,长期从事

---

[1] Dieter Lenzen, *Handlung und Reflexion. Vom pädagogischen Theoriedefizit zur Reflexiven Erziehungswissenschaft*, Weinheim, Beltz, 1996.

[2] Heinz-Hermann Krüger, "Theorien der Erziehungs- und Bildungswissenschaft", in *Erziehungswissenschaft. Ein Grundkurs*, hrsg. von Hannelore Faulstich-Wieland, Peter Faulstich, Reinbek bei Hamburg, Rowohlt, 2008, pp. 261-262.

[3] Heinz-Hermann Krüger, *Einführung in Theorien und Methoden der Erziehungswissenschaft*, Auflage, Opladen, Verlag Barbara Budrich, 2009, p.5.

教育学理论的研究。他以贝克、吉登斯等人提出的"反思性现代化"的社会理论①以及认同理论为基础，提出了另一种不同的反思性教育科学。在他看来，反思性教育科学首先是一种以批判为导向的、采用实证性研究方法的教育研究，它通过采用量化研究或质性研究来分析反思性现代化在教育领域所带来的风险和消极影响。其次，反思性教育科学也是一种以社会历史为导向的教育科学研究，它在现代化进程的自相矛盾的背景下分析家庭教育、中小学教育、校外教育、生涯发展、性别关系等议题，以及教育学自我理解的长期性的变迁。最后，反思性教育科学的任务还包括发展出一种批判性的教育理论，回答下述问题情境带来的教育挑战的问题，即工业社会现代化的巨大风险，劳动社会的危机，以及由此产生的社会张力、冲突的增加和生涯历程的个性化发展。②

　　第三个分支是芭芭拉·佛里波茨豪泽（Barbara Friebertshäuser）及其研究团队提出的反思性教育科学，其理论基础是法国社会学家布迪厄所提出的反思性社会学的思想③。④　在布迪厄看来，反思性分析意味着，研究者不仅要分析研究对象在社会空间中的社会文化定位，以便于在其社会位置和境遇的背景下理解其言说与未言说的内容，同时也必须要对研究者自身所处的社会位置和学术场域，以及自己的学术立场进行反思，将此纳入反思性分析的范畴，以便于能够澄清潜藏在研究问题和研究者学术观念中的那些集体性的和无意

①　Ulrich Beck, Anthony Giddens, Scott Lash, *Reflexive Modernisierung. Eine Kontroverse*, Frankfurt am Main, Suhrkamp, 1996.

②　Heinz-Hermann Krüger, "Theorien der Erziehungs- und Bildungswissenschaft", in *Erziehungswissenschaft. Ein Grundkurs*, hrsg. von Hannelore Faulstich-Wieland, Peter Faulstich, Reinbek bei Hamburg, Rowohlt, 2008, p.263.

③　Pierre Bourdieu, "Narzißtische Reflexivität und wissenschaftliche Reflexivität", in *Kultur, soziale Praxis, Text*, hrsg. von Eberhard Berg, Martin Fuchs, Frankfurt am Main, Suhrkamp, 1993, pp. 365-374.

④　Barbara Friebertshäuser, Markus Rieger-Ladich, Lothar Wigger (Hg.), *Reflexive Erziehungswissenschaft*, Wiesbaden, VS Verlag für Sozialwissenschaften, 2006.

识的偏见。① 这种将研究对象和研究者同时纳入分析的反思性分析正是佛里波茨豪泽所代表的反思性教育科学对自身的要求。

　　虽然这三个分支分别有着不同的理论基础，但它们也有着明显的共性，即它们都将教育科学视为一种反思性的科学，侧重于研究教育现实的历史演进以及其当前的状况。此外，它们都将教育科学视为一门以研究为主的学科，侧重于开展有关教育历史和现实状况的基础性研究，并在此基础上为教育实践和教育决策者提供科学性的知识，而不是将教育科学当作一门直接为教育实践提供导向性帮助的行动科学。②

　　① Barbara Friebertshäuser, "Verstehen als Herausforderung für reflexive empirische Forschung", in Reflexive Erziehungswissenschaft, hrsg. von Barbara Friebertshäuser, Markus Rieger-Ladich, Wiesbaden, VS Verlag für Sozialwissenschaften, 2006, p.237.

　　② Heinz-Hermann Krüger, "Theorien der Erziehungs- und Bildungswissenschaft", in Erziehungswissenschaft. Ein Grundkurs, hrsg. von Hannelore Faulstich-Wieland, Peter Faulstich, Reinbek bei Hamburg, Rowohlt, 2008, p.263.

第六章

20 世纪末至 21 世纪初期的俄罗斯教育

第一节　教育改革和发展的背景

　　20 世纪末至 21 世纪初，俄罗斯教育改革与发展是在国家经历巨大变化的背景下进行的。1991 年 11 月 26 日，苏联正式解体，作为世界上最大的社会主义国家，其瞬间崩溃震动全世界，成为 20 世纪最重大的历史事件之一，引发了 20 世纪世界格局的第三次重大变化，也成为俄罗斯历史发展的重要转折阶段。以苏联解体为重要节点，20 世纪末至 21 世纪初，解体前的苏联及其继承国——俄罗斯曾经并仍在经历深刻的政治、经济和社会转型。苏联解体影响巨大，时隔 30 年，对于"解体的原因和后果"等问题的争论仍十分激烈。解体的原因是多方面的，但是，苏联社会长期以来形成的各种矛盾的日益激化，积重难返，是导致其最后解体的深层次原因。20 世纪中后期，苏联经历了社会各领域发展缓慢的"停滞时期"，生产增速疾速放缓，劳动生产率持续下降，国家经济越来越明显滞后于西方发达国家，高科技领域的滞后表现得更加显著。从 20 世纪 60 年代到 80 年代，苏联国民收入年增长速度从 6.5% 下降到

4.2%，80年代中期更降至1%~3%。农业长期落后，消费产品匮乏。① 到20世纪80年代中期，苏联社会各种矛盾激化，社会普遍认识到国家体制需要改革。

一、苏联的"改革"及解体(1985—1991年)

1985年4月，戈尔巴乔夫任苏共中央总书记，苏联进入改革阶段。戈尔巴乔夫改革从经济领域实施"加速战略"开始，经济改革失败后，1988年，改革的重心转移到政治制度，试图走"人道的、民主的社会主义"道路，以政治改革推动经济改革，发展混合经济。戈尔巴乔夫在1988年12月联合国大会会议上阐释了其新思维，提出全人类价值高于个别国家和社会团体价值，特别强调要尊重公民的权利和自身价值，发挥个人主动性，这些主张激发了民众极大的兴趣，得到社会各界的广泛支持。但是，其试图在苏联这个大型的多民族国家实行民主，却没有明确的改革理念和行动计划。戈尔巴乔夫任苏共中央总书记后的6年多时间里，先后提出了"改革""公开性""民主化"和"新思维"等口号，然而其政治改革的政策却未经严肃的论证，常常方向相左，甚至相互矛盾，社会思想混乱。

在经济形势恶化的情况下，苏联民众逐渐对改革失去信心，社会的离心倾向加剧，1986—1987年，劳工领域的罢工运动和抗议运动明显增多。面对经济和社会形势严重恶化的局面，在以叶利钦为首的激进的政治改革派推动下，1990年10月，苏联开始推行彻底摧毁社会主义公有制，促进大规模私有化的"500天计划"，结果造成物价飞涨，社会经济濒临崩溃。最终苏联解体。

---

① 吴恩远，关于"停滞时期"的苏联社会经济发展状况与"苏联解体必然论"，http://lcl.cssn.cn/zt/zt_zh/zgtsshzy/sllszx/201603/t20160319_2929346.shtml，2020-01-26。

二、俄罗斯社会根本转型时期(1991—1999 年)

苏联解体后，作为苏联的继承国，俄罗斯进入社会转型加速阶段。改革的推动力量为政治、经济精英，部分知识精英和媒体工作者。与缺乏明确理念引领的戈尔巴乔夫改革不同，叶利钦时期的俄罗斯彻底抛弃"苏联模式的社会主义"，选择了西方发达资本主义，特别以美国模式作为学习的榜样和发展方向。主张实行西方式的政治制度，按照联邦制和三权分立原则建立了总统共和制，并以《俄罗斯联邦宪法》构成俄罗斯政治制度的法律基础。经济领域则彻底改变苏联经济体制，实行以国企大规模私有化、开放价格，确立私有制为主要内容的"休克疗法"。"全盘西化"的改革使俄罗斯付出了极大的代价，经济急剧滑坡，通货膨胀严重，卢布急剧贬值。俄罗斯联邦统计局的统计数据显示：1991 年至 1999 年，居民实际收入下降了近 52%。1999 年，俄罗斯人均 GDP 为近 30 年最低值，仅为 1331 美元。百姓生活水平明显下降，社会动荡且混乱。

图 6-1　俄罗斯人均 GDP 的变化

数据来源于世界银行数据库 https：//data. worldbank. org. cn/indicator/，2019-08-16.

三、俄罗斯稳定发展时期(2000 年至今)

随着新千年的到来，俄罗斯政治局势由极度不稳定转为相对稳定状态。普京就任总统后采取一系列措施巩固了俄罗斯的政治制度，加强了中央集权，强化了各领域的国家职能。在经济领域，通过实现从寡头资本主义经济转变为国家资本主义经济，逐步加强国家对经济的控制权。1999 年，俄罗斯经济开始止跌回升，2000 年，出现了 10 年来最快速度的增长，一直到 2008 年，俄罗斯年均 GDP 增速为 7%，高于世界平均水平。

在思想领域，以 1999 年 12 月发表的《千年之交的俄罗斯》为开始，普京在结合西方价值观和俄罗斯传统价值观的基础上，提出了由"爱国主义""强国意识""国家观念""社会团结"四个方面组成的"俄罗斯新思想"，建构了俄罗斯主流社会价值观。2005 年，普京在其发表的国情咨文中对俄罗斯意识形态和政治领域的原则做了明确说明，以此为标志，形成了"主权民主"思想。"主权民主"思想强调俄罗斯传统的价值观是团结俄罗斯社会的思想基础。

21 世纪的最初 10 年是俄罗斯从社会剧烈转型带来的全面混乱中逐渐企稳的 10 年。到 2012 年，普京再次出任总统时，俄罗斯政局逐渐走向稳定，但是，社会贫富悬殊和腐败严重，引发部分民众，特别是中产阶级和知识界的强烈不满。调整经济结构，摆脱"能源附庸"的发展模式，实现经济复苏和快速增长成为俄罗斯社会的主要矛盾。2012 年到 2018 年 6 年，俄罗斯改善经济的预期并未实现，其国际经济地位和百姓生活水平均有明显下降。2018 年，在普京开启第四届总统任期时，俄罗斯面临更加严峻的挑战。俄罗斯科研人员数量，特别是科技领域的研究人员数量在逐年减少，而且，从目前高校学生所学专业比例来看，在可预见的未来，情形均不容乐观。俄罗斯科学院向俄罗斯联邦总统和联邦政府提交的《关于俄罗斯联邦基础科学状况(2016)》的报告显示：2014 年，研究人员的数量为 373.9 万，比 2000 年减少 12.2%。相比 1988 年的 1032.1 万，更是相去甚远。在 1988 年苏联的高校毕业生中，有 463.3 万人主修物理和数学、技术和自然科学，其余的专业占 311.9 万人。但 2016 年的数据显示，工程和技术人员占俄罗斯高校毕业生的比例仅为 18.2%，

发展课程,如音乐、体育、舞蹈、艺术及"环境"。按照2005年的规定,从2年级开始,所有学校都要学习外语(此前只有专门学校学习外语)。

中等教育阶段分为基础教育阶段和完全中等教育阶段。基础教育从5年级到9年级,学制为五年,实施基础教育大纲。学生接受基础的文化知识和初步的职业劳动训练,逐渐培养个性、爱好、兴趣以及社会能力。基础学校学习的课程总量将近20科。其中包括代数、几何、物理、无机化学和普通化学、有机化学原理、生物、俄语、文学、历史、社会学、地理、外语、信息通信技术、音乐、美术、劳动、体育。课程量为平均每天六课时。基础教育结束后,学生参加九年级毕业考核,合格后获基础普通教育证书。基础学校毕业后,部分学生进入完全中等教育阶段,即高中阶段(10~11年级),另外一部分学生进入中等专业学校。完全中等教育一般学制为2~3年。这一阶段,学生一方面加深文化知识,提高认知能力;另一方面有选择地进行某职业方面的侧重学习。完全中学毕业的学生参加国家统一考试,国家统一考试既是中学毕业生的结业考试,也是其进入高等学校的入学考试。

俄罗斯普通教育采取中小学一贯制。独立的小学较少,主要有不完全中学(9年一贯制)和完全中学(11年一贯制)两种普通教育学校形式,另设有高级中学、文科中学、实科中学等。

(二)职业教育体制及大职教观

1992年制定的《俄罗斯联邦教育法》对职业教育体制进行大幅度调整,将高等教育纳入职业教育,形成了由初等、中等、高等、高等后职业教育和补充职业教育共同组成的连续的职业教育体制。

1. 初等职业教育

初等职业教育主要由两类学校提供,第一类为职业学校,这是传统初等职业学校形式,相当于苏联时期的职业技术学校;第二类是近年来形成的新型的初等职业学校,即职业性实科学校。二者的区别在于:实科学校提供更高层次的培养，甚至可以实施中等职业教育，主要培养高水平的技术工人。还有部分初等职业学校向技校（中等专业学校）方向发展，主要表现形式是学生学习年限延长，一般为3~4年，培养技术工人和职员。初等职业教育阶段的学习时间取决于学生入学时的受教育程度，9年级毕业入学一般学习2~3年，11年级毕业入学要学习1~2年。初等职业教育在俄罗斯属于义务教育，入学基本不存在竞争。初等职业教育的教学内容以实践课为重，不同专业的实践课占总课时的50%至70%，远远超过理论课的比例。

2. 中等职业教育

中等职业教育的目的是培养具备中等职业教育程度的、有熟练技能的专门人才，中等职业教育在普通基础教育、完全中等教育和初等职业教育的基础上满足个人深化和扩展知识的需要，使个人获得所选职业活动需要的技能、智力、身体、道德方面的发展。俄罗斯的中等职业教育相当于联合国教科文组织统计局制定的《国际教育标准分类法》中高等教育的第5级中的5B，也就是相当于中国的高职教育。中等职业学校主要有三类学校，第一类是中等专业学校，包括中等技术学校和中等专业学校[也有部分中等专业学校的名称使用"中学"（школа）一词]；第二类是学院；第三类是企业（机关）技校。其中，第一类学校是实施中等职业教育的基本专业学校；学院是独立的提高型学校（或者是综合性大学、专科性大学、高等专科学校的分校）。两类学校的主要区别体现为教学计划不同，前者实行中等职业教育计划中的基础阶段的计划；学院实行中等职业教育基础阶段和提高阶段的计划。中等职业教育的提高阶段与基础阶段相比，人才培养的深度和广度均有所提高，学习期限增加一年。企业技校也是一种独立的学校，按照中等职业教育计划开展职业教育。技校毕业生获得"技师"资格，学院毕业生获"高级技师"资格。中等职业教育的人才培养过程中，理论培养占据主导地位，占总学时数的60%以上。理论知识具有概括性，基本上具有一般职业知识的特点，实践性培养以实验室实践课程形式进行。

3. 高等职业教育

俄罗斯的高等教育都属于高等职业教育，大学可以划分为以下几类：综合性大学，专科性大学、学院。任何一类高等职业学校及其分校在有相应的许可证条件下都可以开展普通初等、普通基础、普通完全中等、初等和中等职业教育，甚至是补充职业教育。现有的三类高等学校在实行以上教学计划的同时，通常还要实行高等后职业教育计划，对高水平人才、科学和教育科学工作者实行培养、再培养和技能提高，兼顾开展基础性和应用性科学研究。对教育计划、教学量以及毕业生培养水平的要求都由高等职业教育国家标准决定。

按照1992年的《俄罗斯联邦教育法》，俄罗斯高等教育主要培养五年制的"文凭专家"，同时引入了"学士""硕士"两级高等教育。2003年，俄罗斯签署《博洛尼亚宣言》，加入欧洲教育一体化进程，俄罗斯在原有"文凭专家—副博士—博士学位"高等教育体系基础上，并设"学士、硕士、副博士和博士"四级学位制度，希望实现与欧洲教育体系对接。

4. 高等后和补充职业教育

高等后和补充职业教育也是俄罗斯职业教育中的一个重要的组成环节。按照1992年的《俄罗斯联邦教育法》的规定，高等后职业教育向公民提供在高等教育基础上提高自身教育水平和科学教育素养的可能。高等学校提供的研究生教育属于高等后教育。补充教育的目的是全面满足公民的教育需求，在职业教育的所有层次都存在补充教育，其主要任务是持续提高工人、职员、专业人员的专业技能素养。

比照联合国教科文组织统计局1997年制定的《国际教育标准分类法》，俄罗斯的三级职业教育体系涵盖了初等、中等和高等职业教育(见表6-1)。与许多其他国家不同的是，俄罗斯职业教育包括全部高等教育和高等后教育，形成了大职教观。

表 6-1　俄罗斯职业教育与国际教育分类标准(1997 年)的对应关系①

国际教育分类	俄罗斯对应的教育层次和类型
ISCED 3-Upper secondary education	普通高中教育，初等职业教育(学生为初中毕业生)
ISCED 4-Post_ secondarynon_ tertiary education	初等职业教育(学生为高中毕业生)
ISCED 5B-Tertiary_ type B education	中等职业教育
ISCED 5A-Tertiary_ type A education	高等职业教育
ISCED 6-Advanced research programmes	高等后职业教育

(三)义务教育

苏联时期各类教育一律免费，对青少年普及免费的中等教育，即 11 年的普通中等教育，以及涵盖其中的初等职业教育。1993 年，《俄罗斯联邦宪法》规定初等教育和基础普通教育是义务教育。教育责任由家长和合法代理人来承担，家长根据孩子的意见有权选择学校，以及接受基础普通教育的形式。《俄罗斯联邦宪法》实际上不再保证免费的完全中等教育(9 年级以后的教育)。这就意味着部分青少年被排除出完全中等教育之外，这一调整遭到社会各界强烈反对。到 20 世纪 90 年代中期，在社会各界呼吁下，1996 年修订后的《俄罗斯联邦教育法》提出完全中等教育是普及的和免费的教育，普及免费教育年限恢复到苏联时期的 11 年。2004 年版《俄罗斯联邦教育法》规定，俄罗斯保证国家公民接受普及性的、免费性的学前、初等普通、基础普通、中等(完全)普通和初等职业教育。俄罗斯公民通过竞试在国立和市立学校免费接受国

---

① 本表根据 приложение К Докладу На Совмест ном Заседании Государст венного Совет а Российской Федерации И Комиссии При Президент е Российской Федерации По Модернизации и Технологическому Развит ию Экономики России От 31 Август а 2010 Г. "Российское Профессиональное Образование В Конт екст е Международных Индикат оров, http：//www.mamso.ru/files/международный% 20доклад% 202010_ 0.pdf, 2020-01-02.

家教育标准范围内的中等职业、高等职业和大学后职业教育，其中义务教育年限为 9 年。学生家长(合法代理人)有保证其子女接受基础普通教育的义务。2012 年新修订的《俄罗斯联邦教育法》(2013 年起实施)中，免费普及教育阶段从学前、初等、基础、中等普通教育阶段扩展到中等职业教育阶段。

(四)应用型学士培养

按照 1992 年《俄罗斯联邦教育法》构建的职业教育体系，以及国家教育标准的设定，俄罗斯初等职业教育培养技术工人，中等职业教育培养中等层次的专业面窄的专业人员，高等职业教育培养理论知识扎实、从事管理或者理论工作的高水平专业人员。这样的培养体系导致俄罗斯职业教育体系中缺少高技能人才培养环节，这类人才的培养理论上应由中等职业教育承担，实际上中等职业教育无法胜任这样的任务，人才培养断层直接导致高技能人才缺乏。

为解决高技能人才培养断层问题，从 2010 年开始，经过竞争性选拔，俄罗斯有 33 所联邦中等职业学校和 16 所大学加入应用型学士培养计划的试验。在经历了 2012 年的中等职业教育地区化发展后，2012—2014 年，33 所中等职业学校中有 26 所成为地区中等职业学校，6 所成为大学下设中等职业教育机构或独立为高等学校，1 所保留联邦职业技术学院(俄罗斯联邦银行学院)地位。到 2014 年，应用型学士培养在俄罗斯形成了两条途径：其一是以中等职业学校为基础，按照中等职业教育专业制订教育计划，与大学合作开展教学；其二是按照高等教育学士培养方向制订教育计划，在吸收企业参与的情况下开展应用型学士培养。按照第一种路径，中学毕业生进入中等职业教育机构，经过三年学习，通过中等职业教育计划的国家考核，然后进入大学。根据高等教育计划学习一年，在顺利通过高等教育国家鉴定后，毕业生获得国家高等教育证书及学士文凭。按照第二种路径，中学毕业生毕业进入大学，按照学士培养计划学习。应用型学士培养计划与传统学术型学士培养计划的不同在于，应用型学士培养与企业密切结合，学生从一年级就开始到企业培训。此外，学生要在企业的教育中心确定就职专业。

二、现行的俄罗斯教育体制

2012年年底通过的新的《俄罗斯联邦教育法》对教育体制结构做了新的布局，分为普通教育、职业教育、补充教育和保障终身可以实现受教育权的职业培训（连续教育）。按照该法第10条规定，俄罗斯教育分为普通教育、职业教育、补充教育和保障终身可以实现受教育权的职业培训（连续教育）。在图6-2中，普通教育包括学前教育、普通初等教育、基础普通教育、普通中等教育；职业教育包括中等职业教育，高等教育—学士学制，高等教育—专家、硕士学制，高等教育—高水平人才培养；补充教育包括儿童补充教育、成人补充职业教育和补充职业教育。普通初等教育、普通基础教育、普通中等教育属于义务教育层次。未掌握普通初等教育或普通基础教育的学生，禁止进入普通教育以后层次的学习。如果学生没有接受过相应教育，对具体学生的普通中等教育义务性要求在其年满18岁之前一直适用。

（一）学前教育纳入普通教育

2012年前，俄罗斯确立了保证普及学前教育的目标。为达成这一目标，由俄罗斯联邦拨付资金，交由地区用于幼儿园的建设和重新配备，以及提高教师技能。新的《俄罗斯联邦教育法》对于教育体制的重要调整是使学前教育成为普通教育的一个层级，从法律角度保证学前教育的财政投入，为普及学前教育、提升教育质量提供很好的保障。截至2016年年底，俄罗斯长期存在的入园难的问题已经得到解决，所有3～7岁的儿童已经免费接受学前教育，俄罗斯由此进入学前教育最发达国家行列，这是近年来俄罗斯教育领域的最显著成就之一。目前，发展3岁前儿童的早期教育，建立儿童生理、心理、社会发展伴随服务，被列入俄罗斯2024年之前的教育发展战略。计划在早期

俄罗斯学制图

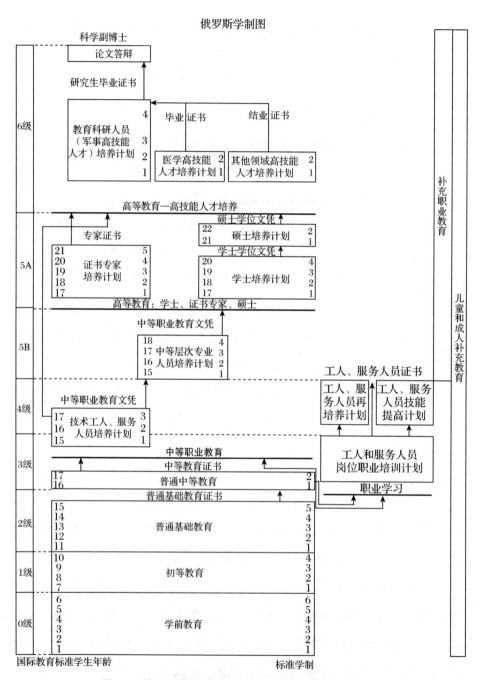

图6-2 俄罗斯学制图(根据《俄罗斯联邦教育法》绘制)

发展支持体系中，建立儿童从出生到 3 岁的陪伴服务体系，对于能力受限儿童，陪伴服务要延长到 6 岁。儿童发展专家每月都要观察儿童，并向家长提供咨询服务。

(二)将初等职业教育纳入中等职业教育

新的《俄罗斯联邦教育法》将职业教育体系由原来的五个层级调整为四个层级，取消了"初等职业教育"层级，将初等职业教育的培养任务纳入"中等职业教育"的范围，中等职业教育成为普及教育。

(三)明确补充教育的构成

新的《俄罗斯联邦教育法》更加强调终身学习理念。作为一种教育类型，单列补充教育，将补充教育划分为三类，包括儿童补充教育、成人补充教育和补充职业教育。落实补充教育计划，包括补充普通教育计划——补充一般发展计划，补充职业前计划；补充职业计划——职业资格提升计划，职业再培训计划。《俄罗斯联邦教育法》同时对开展补充教育的组织进行规定，包括按照普通补充教育计划开展教育活动的教育组织、按照补充职业教育计划开展教育活动的教育组织。

从立法角度对补充教育的重视，使一度遭受冷落的儿童补充教育重获发展良机。2014 年 1 月 17 日，普京总统签署了一系列关于发展儿童补充教育的委托书。此后，俄罗斯讨论了由三部委共同制定完成的《俄罗斯联邦补充教育发展构想》，明确提出在 2020 年前，保证 5~18 岁年龄人口的补充教育覆盖率不低于 70%。2017 年，《儿童普及性补充教育国家优先发展方案》全面实施，该方案对于儿童补充教育发展的内容和管理提出新的要求。2017 年，俄罗斯联邦用于儿童补充教育计划的综合预算计划开支为 2170 亿卢布，儿童补充教育组织的每生每项补充教育投入为 2.02 万卢布(中小学学校教育生均投入为 7.6 万卢布)，俄罗斯中小学校提供的补充教育 70% 免费，特别是在农村地区，中小学校是提供补充教育的绝对主体；校外机构提供的补充教育 50% 免费；三分之一以上儿童接受一项以上补充教育。2017 年的数据显示，全联邦范围内接受补充教育的 5~18 岁人口，占同龄人口的 67.7%。① 2018 年，俄罗斯继续加大对儿童补充教育的支持。为此，前俄罗斯教育科学部制订建立了青少年科技园区计划，为天才儿童提供免费的学习环境，吸引更多儿童参与机器人制作、神经生物学、工程设计等前沿科学研究活动。并计划在 2024 年前，继续建立更多的儿童科技园，从童年起，培养科技人才，为实现科技突破性发展提供人才支持。

第三节　各级各类教育改革和发展

在高度集权的"停滞"时期，苏联教育管理高度集权性和划一性，整个苏联从加里宁格勒(俄罗斯的最西边)到楚科奇半岛(俄罗斯最东北部)，同一年级的同一门课程的教科书、教学计划，教学形式和方法，甚至教学进度都是一样的。整个教学过程定位于"中等水平学生"，即高度强调一致性和平均化，儿童和青少年的个性特点得不到应有的重视。划一的教学大纲、苏联教育部制订的统一的教学法使教师丧失了开展创造性探索的权利，使学生失去了选择个性化教育途径的权利。1983 年，美国发布《国家处在危险中，教育改革势在必行》报告，从美国开始，整个世界掀起了新一轮的教育改革浪潮。苏联教育部也着手改革国家教育。1984 年 4 月苏维埃社会主义共和国联盟最高委员会通过了《普通学校和职业学校改革的主要方向的决议》②(以下简称《决

---

① 姜晓燕：《为何这个国家的校外教育闻名世界？给你还原真实的一面》，载《现代教育报》，2018-01-17。

② Пост ановление ВС СССР От 12.04.1984 N 13-Xi "Об Основных Направлениях Реформы Общеобразоват ельной И Профессиональной Школы"，http：//www.zaki.ru/pagesnew.php？id = 1846.

议》），该《决议》确定了此次教育改革的主要原则。改革的目的是通过完善教学计划和教学大纲，完善教育教学方法，提升课程教学水平，使学生牢固地掌握科学基础知识，改善教育教学质量，将学校工作提高到一个新的水平。本次教育改革触及教育体系的各个部分，苏联教育科学研究院围绕改革明确了其研究计划。但是，在长期形成的教育管理体制下，学校教育难以达到现实的改变，1984年的苏联教育改革被认为是一次摆脱危机的失败的尝试。

一、1985—1991 年的苏联教育改革和发展

这一时期的教育改革受到当时的苏联社会氛围，特别是思想、文化领域"公开性"政策影响。1984年教育改革未能改变苏联教育系统的官僚主义和高度集权，学校教育忽视学生的个性发展，教育过程的科学和方法支持不足等问题，令苏联社会各界普遍认识到学校需要根本性的改变。思想领域的"公开性和多元化"倡导公开揭露问题，公开批评，公开讨论问题。戈尔巴乔夫在讲话中提出，生活的各个领域的激进改革应该从思维和心理、精神和文化领域的改革开始，多年被压抑的知识界的各种思潮得到彻底释放，对于苏联教育批评更加激烈，上述教育领域存在的问题，以及单纯追求成绩、教师和管理者专业水平低等问题都成为批评的对象。在《教师报》《9月1日》《教育公报》《教育学》《人民教育》《母校》等报章杂志上，教育界在积极争取教育过程的民主化、教育系统管理中的去集权主义，并积极讨论以前被禁止或者被无视的人道化的教学理论。分散在各地的教育创新者通过宣传经验，相互联合起来，组织教育创新研讨会。

教育界的努力及媒体的宣传，促使苏联领导层以及公众认识到教育问题的重要性和教育全面改革的必要性。1988年2月，苏共中央委员会全体会议宣布了学校民主化改革的方针。1988年3月，在当时的教育部、高等学校部和国家职业教育委员会的基础上组建了苏联教育部，时任教育部部长雅戈金

(Г. А. Ягодин)命令建立名为"学校"的临时科研集体，由苏联教育科学院普通教育研究所教研室负责人德涅普罗夫(Э. Д. Днепров)领导，达维多夫等苏联教育学界极富影响的学者为成员。建立这一集体的目的，是制定以发展学生个性为核心的全新的苏联教育政策，使教育成为推动社会发展的有效因素。

（一）教育改革的基本原则

临时科研集体制定完成了普通教育和中等教育的改革构想，以及新的《中学条例》草案，并于 1988 年 8 月底在《教师报》上公布上述文件，在苏联社会掀起了关于教育问题的全民讨论。讨论在以《教育报》为主的刊物，以及教师和教育科学研究集体中进行了 4 个月。1988 年 12 月 20 日至 22 日举行的全苏教育工作者大会通过关于学校改革的文件，就此形成了教育改革的原则和思路。教育改革计划围绕十项基本原则进行，其中前五项原则是决定教育从集权主义社会向公民社会转变的核心和驱动力，包括教育的民主化，多种投入、多样性、可选择性、民族性和国家性、区域化、开放性，其他原则实际上是保证完整教育活动的条件，包括教育的人道化、人文化、差异性、发展性和活动性，以及连续性。[①] 改革总方向是改变教育管理的形式主义，取消对学校生活和教学过程命令和行政干预，赋予了学校一定的自由，为教育创新创造了条件；同时，为保证教育质量，提议将 11 年义务教育改为 9 年义务教育，11 年教育是普及非义务教育。

（二）教育改革的实践

20 世纪 80 年代后期，苏联开始出现基于个人或团队开发的原创性教育心理学理念，同时也出现了这种管理理念组织的教育教学学校，即"创意性学校"。其出现和发展打破了苏联教育机构的统一性，是对教育实践的创新，学

---

① Эдуард Днепров. Три Ист очника и Три Сост авные Част и Нынешнего Школьного Кризиса, https: //magazines.gorky.media/znamia/1999/12/tri-istochnika-i-tri-sostavnye-chasti-nyneshnego-shkolnogo-krizisa.html, 2021-12-26.

校所倡导的自治原则在 1992 年颁布的《俄罗斯联邦教育法》中，作为教育领域
的国家政策原则得到确立。同一时间，在中学高年级组织开展侧重教学的探
索，包括更新教学大纲、拒绝人文课程及其他课程内容意识形态化，提高外
语教学质量等，学校中广泛出现了数学、物理、生物、化学、人文等专业侧
重的班级。侧重专业教学，为大学定向培养人才的学校数量进一步扩展，包
括以提供大学前教育为主的文科学校和以培养学生为目的的实科学校，这类
学校的教学计划比传统学校丰富。在中小学教育改革的同时，以教育内容的
人道化、管理的去集权化以及教育的多样化为主要特点的高等教育改革也在
推进，大学民主化和自治得到进一步发展。

（三）教育改革和发展的特点

1988 年开始的苏联教育改革是在国家保证教育投入情况下，由教育界倡
导推动的一场自下而上的教育民主化改革。教育界的倡议和媒体助力使苏共
中央认识到教育改革的紧迫性，通过整合三个教育部门（继而成立苏联国家教
育委员会），组建"学校临时研究集体"，提出教育改革的构想，从组织、管理
和理念方面推进改革。并且以《教师报》为主要平台，进行了长达 4 个月的讨
论，形成了教育改革的基本思路。这次改革有广泛的社会基础，以及明确的
思想导向，是一次新旧教育理念的对抗，是对传统教育思想的摒弃。苏联国
家教育委员会从行业角度对改革予以支持，但是，改革没有得到其他相关部
门的支持，且由于政局和经济形势所限，委员会无法为改革提供必要的物质
和财政资源。1989 年，积极倡导改革的《教师报》被重组，总编辑被免职，改
革基本停滞。苏联解体后，此次改革因理念的超前性、思路的系统性，理念
深入社会，其基本原则得以继续落实。

二、1992 年至 1999 年俄罗斯教育的发展和改革

20 世纪 90 年代的教育改革是裹挟在俄罗斯社会变革的进程中的。俄罗斯

独立后，国家政治体制发生变化，彻底放弃了社会主义发展道路，改行西方的多党制、议会制；建立自由市场经济模式，社会经济向资本主义市场经济转变，俄罗斯教育发展的外部环境发生了疾速而根本的变化。经济领域的"休克疗法"对教育领域造成的直接影响就是教育投入的大幅缩减；当时俄罗斯政府希望建立西方教育模式。

（一）首部《俄罗斯联邦教育法》的颁布与实施

第一任俄罗斯教育部长是曾经的教育研究集体负责人德涅普罗夫，由其领导制定的希望学校成为 1988 年教育改革思路的延续。1992 年，德涅普洛夫主导制定的第一部《俄罗斯联邦教育法》颁布，该法以法律的形式巩固了 1988 年教育改革的主要原则，教育"去集权化""个性化""多样化""地区化"发展等原则落实到教育实践中，在教育管理方面，俄罗斯联邦管理机关的权限压缩，地方管理部门的自主权扩大，伴随着资金投入，责任也在增加。《俄罗斯联邦教育法》恢复了大学的学术自由和自主权，取消校长任命制，校长只能由学术委员会和大学集体选出。大学自主权的扩大首先引发一波更名潮，很多高等教育机构更名为大学或学院，以此提高自身的名气地位。

《俄罗斯联邦教育法》允许建立不同法律组织形式的教育机构，这为新建非国有教育机构及国立教育机构私有化奠定了法律基础。俄罗斯学校组织形态发生了变化，非国立高等教育发展迅速。根据俄罗斯教育统计数据，1993—1994 学年，共有 78 所非国立高等教育机构，2004—2005 学年，数量为 409 所；学生人数从 7000 人，增长到 102 万人。① 同时，大多数国立大学开始提供收费教育服务，部分研究生教育成为有偿教育。另一部调整俄罗斯教育的法律是 1996 年颁布的《俄罗斯联邦高等及大学后职业教育法》，该法提出要确保高等教育机构的自主权、学术和经济自由，建立高等教育的国家社会管

① *Негосударст венные Высшие Учебные Заведения（На Начало Учебного Года），*http：//stat.edu.ru/scr/db.cgi? act=listdb&t=2_ 6_ 1v&ttype=2&field=all，2020-05-26.

理体系，并明确给出了社会参与高校管理的形式。

《俄罗斯联邦教育法》确定了教育发展的基本方向，其颁布开启了俄罗斯教育发展的新时代。如俄罗斯独立后第一任教育部部长所言，作为俄罗斯历史上第一部教育法，其颁布本身就是教育的一项改革。① 民主化教育改革者期望以此实现依法治教的愿望，从法律角度引导俄罗斯教育走入道化、多样化，以及去官僚化和去集权化的变革之路。《俄罗斯联邦教育法》集中表达了知识分子理想化的自由民主愿望，强调了教育的人道主义性质、全人类价值观的优先性、人类生命和健康优先性、个性的自由发展。该法被联合国教科文组织认为是 20 世纪最进步和民主的教育法案②，但也正因此，其中的很多内容实际上并未得到落实。

(二)国家教育标准制定的前期工作

俄罗斯国家教育标准规定了基础教育中最低限度的必修内容、最高限度的课业负担量，以及对毕业生培养水平的起码要求。1992 年的《俄罗斯联邦教育法》从法律角度明确将更多的权利交给了地方和学校，同时保留国家维护统一的教育标准和教育的连续性，以及保障公民教育权利的责任。该法第七条对国家教育标准进行了规定，除《俄罗斯联邦教育法》规定的情况外，国家教育标准的制定、批准和实施均由俄罗斯联邦政府确定；按新教育大纲制定国家教育标准的工作，应在该教育大纲实施五年后进行；国家教育标准的制定通过招标进行，并且至少每十年修订一次。除了上述规定之外，俄罗斯联邦政府对标准的规则另有专项规定，明确了其不同层次和不同类型。在普通教育阶段，从 1992 年开始，俄罗斯着手制定各级各类国家教育标准。1994 年，教育部宣布开展制定基础教育标准联邦部分的竞赛，当时的俄罗斯教科院普通

---

① Какой Закон Об Образовании Нам Нужен? Мнение Педагогов Мало Интересует Чиновников, *Учительская Газета*, 2010-06-01.

② Эдуард Днепров, Две Эпохи Образовательного Законодательства, http：//www.ng.ru/education/2012-11-15/3_ kartblansh.html, 2020-01-12.

教育研究所制定的教育标准在竞赛中获胜，但是，直到1999年年底，都未有教育标准出台。

(三)青少年德育的缺失与重启

1991年，俄罗斯教育部在《关于普通教育机构德育活动民主化》决议中指出，"教育机构应完全摆脱党的影响，不允许带有政治色彩强迫儿童和青少年的社会化"，由此开启了俄罗斯教育去意识形态的历程。1992年，首部《俄罗斯联邦教育法》明确规定："在国家和地方教育机构及教育管理机关中，不得建立政党、社会政治和宗教团体的组织机构，不允许它们在教育机关中进行活动。"从法律角度否定了少先队组织、共青团组织的存在。而教育的"去集权化"促使俄罗斯教育部和地方教育行政部门不再制定统一的德育大纲，也不对学校德育制定具体的标准，这一切对中小学校德育造成了巨大的影响。学校开始被视为提供教育服务的机构，道德教育也不再被视为学校教育的任务，学校客观上变成了道德教育的真空地带。

在所有教育机构的政治性组织(党、团、少先队等)均被解散的同时，苏联时期服务于儿童和青少年的社会基层机构——少年宫、文化中心、剧院、体育场等也由于缺少保障和资金而功能弱化。同时，缺少监管的传媒将良莠不齐的电视、电影以及网络信息不加选择地传达给青少年。学校，尤其是中小学阶段的学生德育状况堪忧。青少年的身心发展和道德素养不断下降，未成年人犯罪比例提高，学龄人口的斗殴、吸毒、卖淫现象越来越严重。

从20世纪90年代下半叶，在俄罗斯社会探寻"国家思想"以凝聚社会的同时，德育对解决青少年道德精神危机的作用也得到关注。儿童社会组织开始进行德育探索，1995年，俄罗斯有24家儿童社会团体注册。这些团体均为自主性的、非政治性自我管理机构。儿童社会组织通过开展社会性活动进行爱国主义教育、道德和伦理教育、音乐艺术教育、审美教育、生态教育，使青少年具有公民素养。据相关研究显示：这些儿童社会组织的影响不大，而且，受多方因素的影响，多数儿童社会组织在成立后不久就自我消亡。在国家和学校忽视德育的情况下，1997—1999 年，俄罗斯新西伯利亚、斯摩棱斯克斯、库尔斯克等地区的中小学开设了教授东正教信仰的课程。教会通过签署合作协议在教育领域开展东正教信仰教育。直到 1999 年 10 月，俄罗斯才出台了《俄罗斯教育系统 1999—2001 年德育发展规划》，该规划提出要提高学校德育的地位，以国家传统和现代经验更新德育的内容和结构。

(四)教育发展的困境与教育界的努力

整个 20 世纪 90 年代，经济的衰退，加之国家层面对教育的实际放弃，导致俄罗斯教育投入持续减少，整体处于艰难求存的状态。1996 年，叶利钦在谋求总统连任时，增加教育投入的承诺并未兑现。到 2000 年，教育投入占 GDP 之比不足 3%。义务教育压缩年限，教育投入不足，大量教育机构关闭。1992—1996 年，19000 多所学前教育机构被关闭，学前教育机构的儿童数量从约 83000 人减少到 63000 人。[1] 大量校舍处于危房状态而无法得到修缮，教师工资水平下降，一度仅为平均工资水平的 50%，不到最低生活标准的 90%。尽管工资水平很低，但仍不能保证按时发放，大量教师，特别是优秀的中年教师离开教师队伍，青年不愿加入教师队伍，师资短缺问题在那些无法保障教师工资足额发放的偏远地区尤为严峻。教师队伍老龄化严重，一半以上的中小学教师都面临退休或者已经超过年龄。大学创新能力不足，只有 16% 的大学教师开展研究活动。[2] 俄罗斯人口的受教育水平，以及俄罗斯的人力资源情况均有倒退。

---

[1] Концепция Очередного Этапа Реформирования Образования: Позиция Парламентского Комитета, Униситетское Управление: Практика И Анализ, 1997 (3), С, 3-15. Walter Blair, "Americanized Comic Braggarts", Critical Inquiry, 2013(9), p.331.

[2] Основные Параметры Прогноза Социально - Экономического Развития Российской Федерации На Период До 2020—2030 Годов. http://www.economy.gov.ru/wps/wcm/myconnect/economylib/mert/welcome/economy/strategyandinnovation/longtermstratdirectarea/doc1248451454482, 2020-01-17.

1997年发布的《教育改革下一阶段的构想：议会委员会的立场》报告指出，在现时代的俄罗斯教育中，存在两个方向不同，甚至是相互矛盾的发展过程：一个是教育系统外部表现为教育投入减少，甚至是投入危机，将教育推向崩溃；另一个是教育系统内部防止上述崩溃的自我运动，教育系统的自我发展，教育系统内部潜力的增长，教育服务扩大。在两种对抗进程中，第二个进程占据上风，并证明了教育系统的稳定和生命力……①在资金严重匮乏、设施和教学法基础过时、缺乏教科书、教师工资无法保证的极其恶劣条件下，教育工作者以令人难以置信的努力，为学校生存而奋斗，使教育领域不仅避免了过度商业化，而且还获得发展。与其他社会领域不同，俄罗斯教育没有卷入私有化进程，没有一所国立学校转变为非国立学校。教师联合会的努力得到部分政党、科学协会、新闻和新闻机构、俄罗斯校长联盟和副协会的支持，进而形成了由国家杜马教育和科学委员会、俄罗斯大学校长联盟以及高等教育和教学知名人士领导的保卫教育联盟。在各方努力下，1998年，根据联邦委员会、国家杜马委员会以及普通教育和职业教育部共同决定，俄罗斯成立了专门委员会，制定了《俄罗斯联邦国家教育要义》。

三、21世纪初期俄罗斯教育的发展和变革

进入21世纪，以2012年12月《俄罗斯联邦教育法》颁布为关键节点，俄罗斯教育改革发展分为两个阶段。前一阶段主要调整纠错20世纪90年代的政策，开始逐步恢复国家对教育发展的责任，强调教育领域的国家利益。在后一阶段，2012年年底新的《俄罗斯联邦教育法》更加强调教育领域的国家意志和国家主义。

---

① Концепция Очередного Этапа Реформирования Образования：Позиция Парламентского Комитета，Униситетское Управление：Практика И Анализ，1997(3)，С，3-15.

（一）2000 年至 2012 年俄罗斯的教育改革与发展

从 2000 年起，随着国家治理领域中央权力以及政府的逐渐强化，教育领域也由转型初期的"国家退出"转为"国家回归"。俄罗斯在联邦层面先后出台了《2000—2005 年联邦教育发展计划》《2025 年俄罗斯联邦国家教育要义》。2001 年 12 月 29 日，俄罗斯联邦政府颁布了《2010 年前俄罗斯教育现代化构想》（以下简称《构想》）。《构想》一方面总结 20 世纪 90 年代教育改革得失，调整不当政策；另一方面，提出要"恢复国家对于教育领域的责任心和积极作用，使俄罗斯教育实现现代化"，推动教育体系的发展。此后，2003 年制订的《俄罗斯教育现代化计划》更加明确地指出："教育现代化是国家任务。"这些文件强调教育在国家转变过程以及克服社会经济落后中的重要作用，确定了教育改革的优先事项、主要方向，以及实施措施。如果说构想指明了方向，那么之后教育现代化则从经济和组织问题出发，从技术层面保证构想的落实。

1. 教育政策的主要原则

与重振国家经济与构建凝聚俄罗斯社会"国家思想"总体发展思路一致，这一时期的教育政策强调学校是社会经济关系的重要因素，强调国家在教育领域的利益，重视教育空间的统一，以及教育在国家文化统一和精神统一方面的作用。2006 年颁布的《2004—2010 年俄罗斯联邦教育政策构想》集中体现了如上思路，指出"俄罗斯多民族人民精神团结与国家政治统一是教育发展的优先事项"，俄罗斯国家教育政策的观点、原则和优先事项由俄罗斯多民族的社会决定，由其多种语言和多元文化、多元文明、多种宗教、俄罗斯各民族和文化历史，以及精神统一所决定。俄罗斯联邦的国家教育政策在"承认教育是俄罗斯多民族社会稳定发展的战略资源，承认教育作为确保多民族国家安全的重要因素的特殊作用"，以及"俄罗斯联邦文化和教育空间的统一"的基本原则的基础上形成。

2. 新的教育投入机制

进入 21 世纪，随着经济情况的好转，俄罗斯教育优先发展的动议开始落实在实践中。"国家回归"首先体现在教育投入方面，《构想》提出要将教育投入占 GDP 的比例从不足 3% 增加到 5%。从 2001 年起，教育投入逐年提升。按照俄罗斯高等经济大学的统计，俄罗斯联邦预算投入加预算外投入总计已经接近或者达到这一目标。其次也体现在恢复了国家对于教育的投入管理制度，开始严格监督资金使用以及教师工资的发放情况，并开始注重教育领域政策的连续性。2005 年年底，俄罗斯开始实施改善教育、医疗、住房和农业四大国计民生领域的"国家优先发展项目"。结合国家社会经济发展目标，以目标性发展计划推进教育发展是新时期促进教育发展的主要形式。目标性发展针对俄罗斯教育领域存在的紧迫问题，提出解决方案，确定教育改革的优先方向。以五年为一周期，先后实施了 2000 年至 2005 年、2006 年至 2010 年、2011 年至 2015 年三个俄罗斯联邦目标性教育发展计划，并配套其他相关的政策。

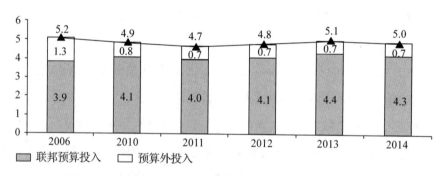

图 6-3 俄罗斯联邦不同来源教育投入占 GDP 的比重（单位:%）

本着鼓励创新，以"投入换成果"的原则，目标性发展计划改变了以往的教育投资机制，将有限的资金集中投入最需要发展领域，向结果导向型"项目投入"机制转变。从 2006 年开始，俄罗斯先后实行了包括创新中小学校建设和支持计划、初等和中等职业教育支持计划，以及高等教育创新计划等一系列教育发展专项计划。

3. 第一代和第二代国家教育标准

俄罗斯教科院普通教育研究所在 20 世纪 90 年代中期开始的制定教育标准工作于 2001 年 11 月完成，共设计了六套教育标准草案提交审议，其中一套教育标准于 2003 年 12 月 29 日在俄罗斯联邦教育科学部部务委员会批准通过，作为第一代标准于 2004 年投入使用。教育标准规定教学内容由俄罗斯联邦、地区和学校三部分组成，在保证联邦范围最低统一教育标准的基础上，为地区和学校自主设计教学内容留有一定空间。2007 年俄罗斯颁布第二代教育标准的制定原则，俄罗斯教科院 2009—2011 年分别完成了普通教育阶段 1—4 年级、5—9 年级、10—11 年级的国家教育标准的制定，第二代标准尚在实施中，与第一代标准的最大不同在于它更加强调"能力为主"。在职业教育阶段，根据专业的不同，国家教育标准分别由相应专业为优势专业的学校制定完成，由俄罗斯联邦教育科学部批准公布并实施，比如师范类专业教育标准由国立赫尔岑师范大学承担制定。

教育标准分课程设计，确定课程教育计划的结构、课程学习课时数、必修课和学校设课程的比重，以及对教育计划掌握结果的要求。在 2007 年，标准的结构变得更加复杂，增加了对落实教育计划的师资、资金、物质、技术和其他条件要求。从 1997 年至 2008 年，俄罗斯联邦政府先后批准并实施了各级各类教育机构示范性条例，包括《婴幼儿教育机构示范性条例》《幼儿园示范性条例》《中小学校示范性条例》《中等职业学校示范性条例》《高等职业学校示范性条例》，以及《专业人员补充职业教育（业务进修）机构标准条例》。教育机构示范性条例既是教育机构许可证认证依据，也是对教育机构进行资格鉴定，发放国家认证证书的依据。

4. 高中"侧重专业性教学"

俄罗斯《普通教育高年级阶段实行侧重专业式教学的构想》(Концепция

профильного обучения на старшей ступени общего образования)将"侧重专业性教学"(профильное обучение)定义为差别化和个性化的教学方式,即通过教学结构、内容和教学组织形式的调整,来更加全面地关照学生的兴趣、爱好和能力,为高年级学生根据自身的职业兴趣和学习意愿继续学习创造条件。① 具体到教育实践中,侧重专业性教学要保证学生深入学习教学计划中的某些课程;为高年级学生的课程教学内容实现差异性创造条件;帮助不同类别的学生根据自身的能力、个人爱好和需求,真正平等地接受教育;使学生具有广泛而灵活的可能性,以实现个性化教学计划;保证普通教育和职业教育之间的衔接,使中学毕业生能够更加有效地掌握高等教育计划;更加积极地促进学生的社会化。侧重专业性教学阶段的课程结构由三部分组成,包括基本的普通教育课程(基本课程)、有专业侧重的普通教育类课程(专业侧重课程)以及可选择课程。按照《普通教育高年级阶段实行侧重专业式教学的构想》的要求,三者比例为50∶30∶20,三类课程在课程内容和对学生要求方面有着本质的差别。

为了促进侧重专业性教学的实施,早在 2001 年 12 月 29 日,俄罗斯联邦政府签署第 1756 号命令,批准了《2010 年前俄罗斯教育现代化构想》,提出在中学高年级阶段建立侧重专业性教学体系。2002 年 7 月,俄罗斯教育部颁布了《普通教育高年级阶段实行侧重专业式教学的构想》。2003 年 6 月,俄罗斯教育部第 2757 号命令和联邦政府第 334 号政府命令共同确定了在高中阶段实行侧重性教学的日程。之后,2003 年 12 月,俄罗斯教育部部长菲利波夫(В. М. Филиппов)和俄罗斯教科院院长尼康德洛夫(Н. Д. Никандров)联合签署命令,确定在 2004 年 3 月前,由俄罗斯教育部和俄罗斯教科院合作制订开展侧重专业性教学实验的计划。侧重专业性教学实验开始于 2003 年,按照

---

① Концепция Профильного Обучения На Старшей Ступени Общего Образования, Http：//Www.Profile-Edu.Ru/Content.Php, 2013-08-16.

《普通教育高年级阶段实行侧重专业式教学的构想》的设想，从 2005—2006 学年起，政府用两年的时间研究并制定相关的法律准则，到 2007—2008 学年，侧重专业性教学在全俄中学全面实施。①

2006 年年底，俄罗斯教科院代表对于侧重性教学实验结果进行总结，指出依靠将基础性课程和侧重性课程教学进行不同组合以保证教学的侧重性是俄罗斯高中教育发展不变的方向。根据俄罗斯联邦教育科学部的统计，2007 年，在俄罗斯的大中城市中，有近 70% 的中学在高年级阶段已经实现侧重性教学。② 而在 2008 年年底出台的《2020 年前俄罗斯联邦长期社会经济发展构想》（КОНЦЕПЦИЯ ДОЛГОСРОЧНОГО СОЦИАЛЬНО-ЭКОНОМИЧЕСКОГО РАЗВИТИЯ РОССИЙСКОЙ ФЕДЕРАЦИИ НА ПЕРИОД ДО 2020 ГОДА）③中再次强调，2020 年前，向所有高年级学生提供掌握个性化教学计划的比例，其中包括专业侧重式教学。在作为《2020 年前俄罗斯联邦长期社会经济发展构想》附件中的《2020—2030 年前俄罗斯联邦社会经济发展预测基本指标》（ОСНОВНЫЕ ПАРАМЕТРЫ ПРОГНОЗА СОЦИАЛЬНО-ЭКОНОМИЧЕСКОГО РАЗВИТИЯ РОССИЙСКОЙ ФЕДЕРАЦИИ НА ПЕРИОД ДО 2020—2030 ГОДОВ）④中进一步明确：2010 年，中学高年级完成向侧重专业性教学组织原则过渡。

侧重教学并非严格的专业化，而是尽可能地满足学生构建个性化的教学计划的要求，从教学法和技术方面保证学生选择个性化教学计划，其中包括

---

① Концепция Профильного Обучения На Старшей Ступени Общего Образования, www. profile-edu. ru/content. php, 2013-08-16.

② Степанов В.А., Есенина С.А., Ельцов А.В., Федорова Н.Б. Проблемы И Преимущества Профильной И Предпрофильной Подготовки Учащихся Средних Школ, Наука И Школа, 2007（3）, С.14-16.

③ Концепция Долгосрочного Социально-Экономического Развития Российской Федерации На Период До 2020 Года, http：//govportal. garant. ru, 2020-11-17.

④ Основные Параметры Прогноза Социально-Экономического Развития Российской Федерации На Период До 2020—2030 Годов, http：//www. economy. gov. ru, 2014-10-12.

利用信息技术。在高中阶段，侧重专业内容与基础性内容均为国家普通教育标准的组成部分，此外，作为地区和学校内容，学校另设选修课程，用于在学习过程中进一步专门化，并建立学生的个人教育路径。

5. "国家统一考试"与"9 年级毕业考核"

苏联时期直至 20 世纪 90 年代末，俄罗斯中学毕业考试与高校招生考试分立，高校招生由各高校单独命题，考试为口试，中学毕业生需去希望升入的每所大学参加考试。随着市场机制引入俄罗斯高等教育，这种招生模式受到挑战。首先，非国立大学的出现和国立大学提供有偿教育，俄罗斯高等教育的供应量成倍增加，提供了更多入学机会，对成绩的要求有所放松；其次，高校招生中存在的舞弊现象严重；最后，受困于经济条件，部分学生，特别是偏远地区的学生因为交通等费用问题，难以实现跨地区入学的愿望，一定程度上造成了接受高等教育的不平等。

1999 年 3 月 12 日，俄罗斯联邦教育科学部批准了《关于对俄罗斯联邦九年级和十一年级学生进行国家毕业鉴定的规定》[①]，此后几经修订，2001 年 2 月，俄罗斯政府作出了《关于试行国家统一考试的决定》，并于当年开展了国家统一考试实验，此后，实验规模逐年扩大，2008 年国家统一考试首次在全国范围内实施。从 2009 年开始，所有的普通中学毕业生必须参加国家统一考试，国家统一考试成绩成为学生获取中学毕业证书的依据，也被视作大学及中等技术学校的入学考试成绩。全国的统一考试科目及考试内容以国家教育标准为基础，2001 年，测试题目包括 8 个学科，全国只有 16 所大学承认考试成绩，有 4.5 万人参加考试，到 2008 年，当国家统一考试实验结束时，84 个俄罗斯联邦主体自愿加入到国家统一考试中，制定了 13 门课程的测试材料，

① Положением О Государственной（Итоговой）Аттестации Выпускников Ix И Xi（Xii）Классов Общеобразовательных Учреждений Российской Федерации），http：//www.consultant.ru/document/ cons_ doc_ law_ 26299/fe8c94b611c041702b1ebd4e0207341a3b1c3f58/，2019-06-07.

1800 所大学和分校承认国家统一考试结果, 有 266.5 万名学生参加考试。

国家统一考试的特点是按照统一程序, 使用全国统一的考试题目, 在同一时间进行。它改变了在俄罗斯存在 30 多年的大学自主招生制度, 以及历史更加悠久的 "五分制" 考核形式, 考试以笔试为主, 既是中学毕业考试, 也是大学入学考试, 是俄罗斯教育发展中的重大变革。实验开始时遭受各方阻力, 至今仍然备受争议, 认为其有违教育个性化、多样化发展原则。但最终仍能够得到推行, 其最大的特点是评价结果相对客观, 从 2001 年起, 经过试行、调整到全国推行, 考试机制不断完善, 考试组织的透明度、有效性和公开性, 以及社会认同度也逐渐提升, 据全俄社会意见研究中心 2009 年的调查结果显示, 教师对国家统一考试的支持率从 54% 提高到 58%; 学校毕业生的支持率从 39% 提高到 44%; 家长的支持率从 37% 提高到 43%; 参与调查的在职教师 (约占全俄教师总数的 18%) 中有 48% 的人认为, 国家统一考试为各地区的优秀学生提供了考入国家重点大学的机会。[①]

从 2002 年起, 在俄罗斯不同的地区开始组织 9 年级国家毕业考试, 考试由地区负责教育管理的部门组织, 以标准化试题形式进行, 考查学生对基础性教育计划的掌握程度, 鉴定用测试材料由地区确定。俄罗斯联邦教育测试所研制考题, 题库中各科目考题网上公开, 地区教育管理机构可以从中选择制定试卷。从 2010 年起, 所有 9 年级毕业生必须要参加毕业考试, 不参加考试者不授予 9 年级毕业证书, 也不会被 10 年级和职业学校录取。未通过 9 年级毕业鉴定的学生无权参加 11 年级毕业后的国家统一考试。

6. 青少年德育体系重建

1999 年俄罗斯出台了《俄罗斯教育系统 1999—2001 年德育发展规划》, 提出要提高学校德育在社会中的地位, 以国家传统和现代经验更新德育的内容

---

① Число Ст оронников Егэ Среди Учит елей И Выпускников Возросло, https://www.rbc.ru/society/24/09/2009/5703d6839a7947733180b48b, 2009-09-25.

和结构。但是,当时的教育政策没有对德育重返教育过程予以应有的重视。进入21世纪,俄罗斯的"国家思想"逐渐清晰,"爱国主义"是其核心和基础。与"国家思想"构建几乎同步,俄罗斯政府先后三次颁行《公民爱国主义教育纲要》。《公民爱国主义教育纲要》(以下简称《纲要》)详细地重新定义了爱国主义教育的概念,提出了爱国主义教育的目的、任务和原则。在指出保证落实爱国主义教育的机制同时,提出了评价《纲要》执行效果的具体措施,明确"爱国主义成为俄罗斯社会精神道德统一的最重要的基础性价值观之一"。2007年修订的《俄罗斯联邦教育法》中则指出,"基础普通教育大纲的主要任务是保障学生的精神道德发展、教育和培养质量"。

在重建道德教育体系的过程中,中小学是否设置单独的德育课程,设置什么课程一直是一个备受关注的问题,俄罗斯社会就这一问题进行了长达十多年的争论。2007年,普京总统在与东正教主教们见面时谈到:现在,在中学需要以不同形式教授宗教(这里所说的宗教不只是某一种宗教)知识,在制定教育标准时要考虑将精神道德教育纳入其中的必要性。2009年7月1日,各宗教派别领导人与梅德韦杰夫总统就教学计划中出现俄罗斯传统宗教和世俗伦理方面内容的必要性进行讨论,之后,梅德韦杰夫在宗教界代表会上发布了支持在中小学校教授宗教文化基础知识和世俗伦理的决定。

俄罗斯教科院制定并出台了《俄罗斯公民精神道德发展与公民道德教育构想》(以下简称《构想》),《构想》确定了俄罗斯现代教育最重要目标是培养道德高尚、有责任感、具有创造力和首创精神的有技能的俄罗斯公民。《构想》系统提出了"基础国家价值观",明确了道德教育的目的、原则及实施途径,试图将精神道德文化、精神道德发展以及道德教育结合在一起。《构想》是国家教育标准的制定依据,它的出台意味着,以基本国家价值观为基础构建道德教育体系,开展精神道德教育成为当前俄罗斯德育的主要内容。2010年1月1日起生效的新一代《俄联邦基础普通教育标准》中将"俄民族精神道德文化基础"科目列为中小学生的必修课，在四年级的最后一个季度、五年级的第一个季度开设这一课程。

2010 年，"宗教文化和世俗伦理基础"课程已在俄罗斯 21 个地区以实验性质展开。2012 年起在所有俄联邦主体开设此课程。目前，以莫斯科为例，该城市大多数学生选择世俗伦理学基础，占 55.9%；28.8% 选择世界宗教文化基础；14.9% 选择东正教文化基础；0.2% 选择伊斯兰教文化基础；0.1% 选择佛教和犹太教文化基础。[①] 紧紧围绕"祖国、家庭和宗教"三个俄民族基本的传统价值展开，集中体现了"道德教育应以俄罗斯多民族国家的历史和文化以及基本的民族价值为基础"的思想原则。[②] 除了专设课程以外，中小学开设的其他文化课程也都渗透了思想道德教育，补充教育也以不同形式开展道德教育。

（二）2012 年至今俄罗斯的教育改革与发展

2012 年，普京在担任了四年的总理后重返克里姆林宫，开启第三次总统任期。此时，他的治国理念更加清晰，内政外交政策的强国意识和国家主义色彩也更为凸显。在教育领域，在总结俄罗斯教育发展 20 年的得失成败，结合俄罗斯社会发展的阶段性特征，以及教育发展预期基础上，2012 年 12 月，在经过三年的制定、讨论后，新的《俄罗斯联邦教育法》颁布，确定新阶段教育法律及规范的新变化。

1. 教育政策的基本原则

新颁布的《俄罗斯联邦教育法》在结构、内容方面进行大幅调整，篇幅远远大于旧的法律。其中第 3 条明确了俄罗斯联邦教育领域国家政策与教育领

---

①　Главная Проблема Преподавания Школьникам Религиозной Культ уры И Свет ской Эт ики – Незнание Предмет а Самими Учит елями, http：//www.gazeta.ru/social/2013/05/08/5316501. shtml, 2014-08-19.

②　А.Я.Данилюк, А.М.Кондаков, В.А.Тишков. Учебный Предмет Основы Духовпо Нравст венной Культ уры Народов России［J］. Педагогика. 2009, (9), С. 14-23.

域关系法律调整的基本原则,重点包括"俄罗斯境内教育空间的统一","为俄罗斯联邦教育体系和联邦主体间的教育体系实现一体化创造良好条件"。同时要求"在保证国家教育政策统一的前提下,俄罗斯联邦政府每年应向俄罗斯联邦会议提交国家教育政策实施报告,并在俄罗斯联邦政府官网上予以发布",更加强化了教育领域的国家管理的力度。这些基本原则从法律角度给出了俄罗斯教育的使命及发展方向。

2. "钱随学生走"的教育投入机制

在目标性投入的同时,"钱随学生走"的投资原则更加明确。《俄罗斯联邦教育法》第 8 条在"俄罗斯联邦主体国家权力机关在教育领域的职权"部分提出"通过提供补助金支付劳动报酬、购买课本和教辅材料、教学设备、游戏设备、玩具的经费,为在私立学前教育组织获得学前教育,为在按照经国家认证的基础普通教育计划开展教育活动的私立普通教育组织中接受初等普通、基础普通、中等普通教育的权利的实现提供资金保障";"俄罗斯联邦主体国家权力机关有权为在开展经国家认证的基础普通教育计划的市立教育组织和私立普通教育组织中组织学生膳食提供补充性资金保障,为儿童补充教育提供国家支持,包括为开展儿童补充教育的市立教育组织和私立教育组织提供资金保障"。

基于上述法律基础,从 2016 年 1 月开始,俄罗斯幼儿园中小学校以及儿童补充教育机构的投入机制转变为"钱随学生走",按学生人数拨款的机制,对国立非国立教育组织投入。考虑到小规模农村学校和偏远地区学校的学生人数较少,俄罗斯很多联邦主体在确定教育投入标准时向农村学校、偏远地区学校倾斜,包括向农村学校教师提供补助。2016 年的情况显示:19 个联邦主体制定了针对此类学校的专门的投入机制;37 个联邦主体提高了小规模农村学校和偏远地区学校的生均投入标准;11 个联邦主体决定以学校为单位向此类学校进行投入。72 个联邦主体中有 17 个联邦主体向小规模农村学校和偏远地区学校提供补充投入。①

3. 第三代国家教育标准

2012 年底颁布的新的《俄罗斯联邦教育法》第 11 条，对于教育标准的规定进行调整，提出联邦国家教育标准和联邦国家要求保证俄罗斯联邦教育空间的统一性；基本教育计划的连续性；相应教育层次教育计划内容的可选择性，在基于学生不同教育需求和能力的情况下制订难度和方向不同的教育计划的可能性；以对落实基本教育计划的条件、掌握结果的统一和必要要求为基础的、教育水平和质量的国家保障。同时，俄罗斯联邦国家教育标准对基本教育计划（包括基本教育计划的必修部分和由教育关系参与者制定部分的比例）结构及规模的要求；实施基本教育计划的条件，包括师资、资金、物质技术和其他条件；对基本教育计划掌握结果的要求。从 2018 年开始，俄罗斯已经在制定第三代普通教育标准，第三代教育标准更加强调"超学科能力"的培养和个性化发展。

4. 毕业作文和国家监测项目

新的《俄罗斯联邦教育法》更加重视对教学质量的检查和管理，其中第58、59 条分别对学生阶段性考核和毕业考核做出规定。从 2014—2015 年开始，在全国范围，增设 11 年级毕业作文，作为高中毕业生参加国家统一考试前必须完成的一项考核，其目的是了解学生的思考、分析及论证自己观点的能力，一定意义上也是对学生情感、道德、价值观的了解。考核结果分为"通过"，或者"不通过"，只有通过者，才有机会参加国家统一考试。毕业作文从五个方面对毕业生进行评价，包括观点论证、材料引用、篇章结构组织、语言表述、文字等方面的能力。毕业作文由学校和地方组建的委员会审阅。

---

① Анализ Нормативного Подушевого Финансирования Общего Образования В Субъект ах Российской Федерации / И. В. Абанкина, М. Ю. Алашкевич, В. А. Винарик, П. В. Деркачев, М. В. Меркулов, С. С. Славин, Л. М. Филат ова; Национальный Исследоват ельский Университ ст 《Высшая Школа Экономики》, Инст ит ут Образования. — М.; НИУ ВШЭ, 2016. — 64 С. С. 36.

2014 年俄罗斯启动了国家监测项目,即国家教育质量研究(Национальное исследование качества образования,НИКО),要求针对某一教育层次的具体课程的教学质量开展定期监测。在国家教育质量研究框架内,于 2014—2015 年先后开展了 5~7 年级的数学教学质量测评,小学 1~4 年级教育质量测评,8~9 年级信息技术教育质量测评。2018 年,开展了地理课教学质量测评。国家监测项目目前由学校自愿组织参加。

5. 新的教科书鉴定制度

按照《俄罗斯联邦教育法》的规定,俄罗斯联邦教育科学部负责确定教科书目录,教科书的选择权属于学校,甚至属于教师,但使用的教科书一定要来自教科书目录。这样的教科书管理和使用机制对教科书目录的质量提出很高要求。针对目前俄罗斯教科书领域存在的问题,完善教科书鉴定制度,调整教科书目录,加强教科书垂直管理是当前俄罗斯教育科学部的一项重要工作。俄罗斯科学院、俄罗斯教育科学院以及专业性团体参与到这项工作中,从鉴定机构到鉴定都有所调整。

(1)"联邦教科书科学指导委员会"统领教科书鉴定工作

俄罗斯联邦教育科学部普通教育政策司组建有"联邦教科书科学指导委员会",该委员会由社会组织和教育组织的代表组成,负责组织中小学教科书的鉴定工作,包括制定中小学教科书和教学用书的鉴定内容和鉴定程序,并根据对教科书的各项鉴定结果最终给出建议中小学使用的教科书目录。2016 年 7 月 18 日,俄罗斯联邦教育科学部颁布《制定联邦教科书目录的程序》,对中小学教科书的鉴定内容、鉴定程序做了新的规定。

(2)严格教科书和教学用书的鉴定程序

俄罗斯中小学教科书鉴定由对教科书的科学鉴定、教育鉴定、社会鉴定、历史和文化鉴定、民族文化和地区鉴定五项内容组成,每一种鉴定都有特定的鉴定内容和鉴定视角。鉴定对象为纸质版和电子版教科书,以及配套教学

用书。鉴定分为两个阶段，第一阶段对教科书进行科学鉴定和教育鉴定，对
《俄罗斯历史》教科书进行历史文化鉴定。上述三项鉴定可以同时进行，也可
以依次进行。

完成第一阶段的鉴定后，再对教科书进行社会鉴定、民族文化和地区鉴
定。俄罗斯教育科学部保留向任何一个鉴定组织提出要追加检查认为需要重
新鉴定的教科书的权利。另外，要求鉴定人的姓名一定出现在教科书上，鉴
定人要对鉴定结果负责。如果鉴定结论与实际情况不符，以后，鉴定人将无
缘此类活动。

在调整《制定联邦教科书目录的程序》后，2017 年，俄罗斯教育科学部对
教科书目录重新进行鉴定，部分教科书由于无法通过严格的鉴定而从教科书
目录中被取缔，教科书数量由 1602 册调整为 1399 册。调整力度比较大的包
括俄语课、俄罗斯历史课教科书。教科书目录的调整工作还将继续，目标是
每一门课程只保留 2~3 套教科书。每科教科书分为基础教科书和专业侧重教
科书，基础教科书全国要保持一致。

（3）重编《俄罗斯历史》教科书

俄罗斯以极为审慎的态度开展新的历史教科书编写工作。首先明确了中
小学《俄罗斯历史》教科书的任务为保证学生获得关于俄罗斯历史的知识，形
成对于多民族国家发展基本阶段的认识，认识到俄罗斯国家历史是世界历史
进程的一个不可分割的部分。针对俄罗斯社会存在的历史虚无主义问题，《俄
罗斯历史》教科书另一重要任务是帮助学生客观认识历史上的重要人物，以及
精神文化生活问题，培养学生对国家历史命运的认知，特别是对 20 世纪 90
年代以及 21 世纪初期的俄罗斯历史的认知，包括对 90 年代初期紧急改革"休
克疗法"原因、性质以及后果的认知；对 90 年代叶利钦获胜的原因及后果的
认知，对 90 年代俄罗斯对外政策的评价，对 2000 年俄罗斯经济以及政治体
制稳定的原因、后果的认识及评价。希望《俄罗斯历史》教科书发挥历史教育

作为凝聚国民共识、培养爱国主义情感的重要工具的作用。为此，首先由俄罗斯历史协会组织专家制定完成《俄罗斯历史文化构想》和《新的国家历史教学—教学法综合体构想(课程构想)》，作为新编教材的指导思想；并成立了由时任教育和科学部部长利瓦诺夫和文化部长兼俄军事历史学会主席梅津斯基担任副组长的学术小组，组织近百位历史学家、教师以及社会组织等参与编写完成三套《俄罗斯历史》教科书；先后两次大规模征求意见。经鉴定有 14 本列入了俄罗斯教科书目录，开始在历史教学中使用。①

第四节 教育思想

20 世纪 80 年代开始，俄罗斯教育界在不同教育学、教育心理学思想流派基础上，进行教育探索和改革。进入 20 世纪 90 年代，《俄罗斯联邦教育法》从法律角度赋予地方和学校自主权，学校在国家教育标准范畴内有权自行制订教学改革计划，根据学校情况选择不同的教育理念、创新教学体系，以及选择相应的教材和教学组织模式。此后，俄罗斯主要有两类教学体系：传统教学体系和发展性教学体系。发展性教学体系以艾利康宁(1904—1984)、达维多夫 (1930—1998)和赞科夫(1901—1977)为代表。传统教学体系中代表性的创新模式包括维诺格拉托娃(教育科学博士)领导实验的"21 世纪的学校"等，在俄罗斯形成了以教学理论为基础，结合配套教材和教学用书，以及有相应教学法支持的教学体系。

---

① Почт и 40 Учебников Ист ории Исключены Из Школьной Программы Из-За Несоот вет ст вия Ст андарт у, https：//tass. ru/obschestvo/4383283? ysclid = loy0a2otit273815928，2018 - 08 - 19.

一、赞科夫发展性教学体系

在苏联教育学中，教学被理解为学生掌握具体的知识、技能和技巧，而发展指的是学生多方面的心理品质（智力、意志力、感觉）的形成。教学与发展的关系一直是苏联教育学家关注的一个问题。苏联著名心理学家维果茨基在20世纪20年代就对这个问题有专门的论述，他提出"最近发展区"学说，明确强调教学在发展中起主导作用，教学要先于发展，要引导发展的观点。但由于时代的局限，维果茨基的理论只是停留在思辨阶段。赞科夫（Л. В. Занков，1901—1977，俄罗斯著名的心理学家、儿童缺陷学家、教育学家，教育学博士、教授、苏联教育科学院院士）继承并发展了维果茨基的命题，并将其思想首先在实验室进行实施，继而进行广泛的教育实践，提出了教学与发展的"一般发展"理论。其根本思想就是以最好的教学效果来促进学生的"一般发展"。

赞科夫所研究的"一般发展"，是不同于"特殊发展""全面发展""智力发展""身体发展"的一般心理发展，是儿童个性在知、情、意等所有方面的一般心理机能的整体发展。其整个实验教学体系的主导思想，就是以尽可能好的教学效果来促进学生的一般发展。

赞科夫本人并没有来得及提出完整的教学法体系，他在自己的著作中揭示了教学法的某些特征，经其同事和学生的总结，并由赞科夫教学体系的其他成员的完善和丰富，20世纪90年代以后，赞科夫教学体系受到了俄罗斯联邦政府的进一步重视，从1995—1996学年开始被认定为同已有的国家初等教育体系并行的国家教育体系。

20世纪90年代末21世纪初始，在俄罗斯联邦的各个州和地区都有以赞科夫体系为原则进行教学的学校，这类学校在各种学校类型中占据30%的比重，俄联邦附近的其他独联体国家也有一些教师对这一体系进行研究。赞科夫教学思想及其理论不仅在小学教学实践中，而且在中学教学过程中也得到了体现，在为四年制小学制定教科书和教学参考书的基础上，为5~9年级的学生编写了数学、俄语、地理、自然等系列教材。据俄罗斯联邦赞科夫科学教学法研究中心提供的资料，赞科夫教学体系的学生的观察能力、思维能力和实际操作能力高于普通学校的学生，他们更渴望学习，更努力获取知识、解决问题，在动手、动脑等方面高于普通学校的学生，具有良好的人生观、价值观，在大纲教学要求方面也高于普通学校的学生。①

2019年年底，赞可夫教育体系因其不仅达到了国家教育标准要求的结果，而且有助于发掘每个孩子的潜力，发展儿童的独立性和责任心、思维的系统性和创造性、合作性和领导力，有助于培养学生学习能力，为后续学习奠定坚实基础，经过严格教科书鉴定程序，其小学教科书被纳入俄罗斯联邦教育部建议中小学使用的俄罗斯联邦教科书名录中。

二、艾利康宁－达维多夫发展性教学体系

达维多夫[B. B. Давыдов，1930—1998，苏联教育科学院及解体后的俄罗斯教育科学院院士、俄罗斯教科院第一副院长，美国教育科学院名誉院士)，从1959年起，一直从事学习活动理论的大型实验研究和基础理论研究(早年与其导师艾利康宁合作)]。在多年实验研究的基础上形成的达维多夫发展性教学理论又称"学习活动"理论，"学习活动"是达维多夫发展性教学的奠基性概念，学习活动是源于人类的物质活动及基于其上的人类精神、文化活动，是对历史的形成的活动技能、方式、能力的一种再现活动，是低年级儿童的主导活动。学习活动展开的路线是从抽象到具体，从一般到特殊。"学习活动"就其本质特征而言，是对理论知识的改造和掌握活动，是有步骤地掌握理论知识的过程。

---

① Федеральный Научно-Методический Центр Им Л. В. Занкова，http：//zankov.ru/center/，2015- 02- 17.

以"学习活动"理论为基础，20 世纪 80 年代末期至 90 年代后期，形成了艾利康宁–达维多夫教学体系，并于 1991 年进入了大规模的教学实践；1994 年在达维多夫的倡议和直接参与下建立了"发展性教学"国际联合会，该联合会使学校的教师、领导、发展性教学专家和学者以共同的思想为核心联合在一起。根据不完全统计，1996—1997 学年初，在俄罗斯联邦初等学校中有近 7000 名教师参加了这项工作。在这一阶段，该体系也获得了社会的广泛认可，1996 年俄罗斯联邦教育科学部工作委员会承认艾利康宁–达维多夫教学体系是与传统教学体系和赞科夫体系平行的国家三套教学体系之一；该体系编写小学的《文学是美学课》教程的作者和莫斯科"91 学校"教师获得了教育领域的政府奖。艾利康宁–达维多夫实验室的工作人员由于在发展国家教育方面所做的贡献获得了俄罗斯联邦总统奖。

1996 年，达维多夫的《发展性教学理论》一书出版，该书是学习活动的历史文化理论的里程碑式的著作。20 世纪 90 年代，艾利康宁–达维多夫教学体系在俄罗斯国内外的很多学校产生影响，这一阶段，也是发展性教学影响迅速扩大阶段。到 20 世纪 90 年代末期，按艾利康宁–达维多夫发展性教学体系开展教学实践的初等学校占总数的 10%。[①]

进入 21 世纪，按照达维多夫发展性教学体系组织教学活动的学校数量开始压缩，但达维多夫的发展性教学理论研究和实践探索并未停止，其学生和追随者将其发展性教学体系向 5~9 年级推广，开展了"艾利康宁–达维多夫教育体系的青少年学校"项目。在实验学校组织新的课程，试用文学、数学、生物、地理、物理和化学教科书。同时开展研究工作，形成了关于青少年教育活动的特点和发展性可能的理论。

"艾利康宁–达维多夫教育体系"的基础——"系统活动论"，是莫斯科市 2006 年开始的"未来学校"项目的重要的理论基础，也是目前正在执行的初等

---

① *Вестник Образования*, 2019(9), с.12.

普通教育、基础普通教育、中等普通教育标准的理论基础之一。2018 年 12 月，俄罗斯联邦教育科学部批准将"艾利康宁–达维多夫教育体系"部分教科书系列列入建议中小学采用的教科书名录。他们认为，按照"艾利康宁–达维多夫教育体系"学习的小学毕业生善于解决非标准化问题，找到突破困境的方法，独立计划并组织自己的活动，寻找信息来源，自我发展，善于合作，并在集体中开展互动，同时能够为自己的活动结果负责。"艾利康宁–达维多夫教育体系"培养的学习的愿望和能力，有助于后续的职业和生活自决。

1995—2005 年，通过对两个班级学生一年级到毕业进行跟踪研究，开展了一项关于通过教学活动形成学生学习独立性的十年研究。实验证明，小学和中学课堂教学活动的一致性和系统性建设会显著提高学生智力领域的反省能力（人理解自身行动的基础，并可以在矛盾和不确定性的情况下采取行动），在社会领域（一个人理解与自己不同的观点并可以协调它们），在艾利康宁–达维多夫教育体系的研究者和实践者看来，如上内容也是正在制定的新的教育标准的超学科原则的核心内容。20 世纪第二个十年，"艾利康宁–达维多夫教育体系"提出的新任务，就是以"艾利康宁–达维多夫教育体系"为核心形成新的教育范式——艾利康宁–达维多夫活动教育学。[1]

三、"21 世纪的学校"实验项目

20 世纪 90 年代后，俄罗斯教科院普通中等教育所小学中心在中心主任维诺格拉托娃（Н. Виноградова，1937 年生，俄罗斯教科院通讯院士、教育学博士）的带领下，开展了"21 世纪的学校"教学创新实验项目。该实验是发展性教学思想在俄罗斯时代的新发展，实验以维果茨基、艾利康宁、达维多夫、赞科夫的发展性教学理论为基础，结合维诺格拉托娃的未来小学构想，本着人道化、区别化与整合性原则，研制新的小学教学计划和学习方式，制定现

---

[1] Вестник Образования，2019(9)，с. 13.

代小学构想，更新教学内容、结构，更好地实现学前教育与小学教育的衔接、小学教育与初中教育的衔接，从而实现小学教育教学现代化。

"21 世纪的学校"实验特别关注为低年级学生创造良好的情感环境，发展学生的创造性和独立性。在实验项目的框架内，项目专家制定了教学大纲和教科书、教学法手册、指导计划、教学活动簿以及一整套教学方法体系。1999 年年末全俄罗斯已有近 4000 所学校参与这一项目，该项目于 2002 年获得了教育领域俄罗斯总统奖。

本章小结

教育发展深受社会多种因素的影响和制约，20 世纪末 21 世纪初期，苏联及之后俄罗斯教育在动荡不安的历史环境下经历了特殊的发展过程，包括 20 世纪 80 年代末，由教育界人士借戈尔巴乔夫民主化改革带来的言论自由和思想自由推动的教育的民主化改革；20 世纪 90 年代，在俄罗斯社会剧烈转型，国家政治经济危机情况下的艰难求存；21 世纪最初 10 年，俄罗斯政局逐步稳定，在经济发展受困的条件下，教育的稳中求变；当前，在科技、经济亟待实现"突破性发展"的期待下，俄罗斯教育的锐意创新。短暂的 30 年，俄罗斯教育经历了体制的调整、理念的迭代、导向和原则的根本变化。

教育的状况决定当前和未来国家经济和社会发展、精神气质，以及在国际社会中的地位。这一阶段，特别是 20 世纪 90 年代，国家对教育的实际放弃，不仅深化了 20 世纪 90 年代俄罗斯社会经济和政治危机，对此后俄罗斯社会发展的报复性影响更不容小觑。20 世纪 30 年代苏联已经消除文盲，数十年后的 1995 年俄罗斯再次出现文盲；俄罗斯高等教育占俄罗斯人口的比例持续下降，出现了 1970 年来的最低值；20 世纪 90 年代，犯罪人口年龄降低，

青少年犯罪和专业犯罪集团中的少年犯人数增长，青少年犯罪比例每年为
17%，1985 年这个数字是 12%[①]；由于生活不稳定，思想文化危机对人们的
思想情绪的负面影响，俄罗斯的自杀率攀升，直到 2001 年才开始逐年下降；
1999 年，俄罗斯的人类发展指数触底，之后，缓慢上升，2018 年回到人类发
展指数最高的国家行列。

　　如同政界以及学术界在分析和思考这一时期俄罗斯政治、经济、思想、
文化等领域的变化、缘起和影响时，争论不断，难以达成共识一样，对于这
一阶段俄罗斯教育的发展及影响的认知和分析也有待假以时日历史地审视。

---

① Доклад：Рост Прест упност и В 90-Е Годы И Новое Законодат ельст во，Https：//Mka1.Ru/
Publication/8_ 10-02-2011/，2019-07-20.

第七章

20 世纪末至 21 世纪初期的意大利教育

第一节　教育改革与发展的背景

　　意大利为南欧国家，由亚平宁半岛及两个地中海岛屿西西里岛和萨丁岛组成，与法国、瑞士、奥地利和斯洛文尼亚接壤。意大利有过罗马帝国的辉煌历史，也曾作为文艺复兴发源地备受世人瞩目。如今意大利作为发达资本主义国家，在世界舞台上占据重要地位。意大利在世界教育史上同样扮演着重要角色，公认的世界上历史最悠久的大学——博洛尼亚大学就诞生于意大利。意大利高度重视教育问题，自 20 世纪末以来，面对各方面的挑战，意大利重新规划教育改革，制定符合时代发展的教育政策。

一、人口结构的变迁

（一）老龄化趋势严重

　　2019 年 2 月 7 日意大利国家统计局（Istat）发布的年度人口统计报告显示，截至 2019 年 1 月，意大利总人口约为 6039 万人，年满 65 岁的居民共计 1380

万人,占总人口的 22.8%。①

自 2009 年以来的 10 年间,意大利人口总数呈现出先上升后下降的趋势,截至 2015 年 1 月,人口总数达到峰值,约为 6080 万人。自此之后的四年之中,意大利总人口呈现出逐年减少的态势,2016 年至 2019 年人口总数分别为 6070 万、6060 万、6050 万和 6040 万人左右。减少人口主要体现在 0~14 岁及 15~64 岁两个年龄段之中。相较于 2015 年,14 岁及以下人口共计减少 42 万人,15~64 岁人口减少 54 万人。截至 2019 年 1 月,0~14 岁人口共计 800 万,占总人口的 13.2%;15~64 岁人口共计 3860 万,占总人口的 64%。②

意大利老龄人口所占比重近十年间呈不断上升的趋势,自 2009 年的 20.3% 上升至 2019 年的 22.8%,人口老龄化问题严重。15~39 岁的青年人占总人口比重呈不断下降趋势,自 2009 年的 31.0% 降至 2019 年的 26.8%;40~64 岁的中年人占总人口比重则呈上升趋势,自 2009 年的 34.6% 升至 2019 年的 37.2%。由此可见,意大利社会主要劳动力的平均年龄呈上升态势,人口结构向高龄化偏移。③

人口结构的变迁对教育产生了广泛影响,老龄化现象严重以及与之相伴的国民年龄结构的改变使得意大利不得不面对新的社会需求。15~39 岁的青年人口比重不断下降,40~64 岁的中年人口比重则不断上升,支撑意大利社会运转的主要人群呈现出向高龄群体聚拢的趋势。为了保证主要劳动力人群能够适应经济全球化时代下社会经济发展的需要,维持意大利的国际竞争力,职业教育、成人教育以及终身教育体系需进一步完善。

---

① ISTAT, "Testo Integrale e Nota Metodologica", https：//www.istat.it/it/files//2019/02/Report-Stime-indicatori-demografici. Pdf, 2019-02-19.

② ISTAT, "Testo Integrale e Nota Metodologica", https：//www.istat.it/it/files//2019/02/Report-Stime-indicatori-demografici. Pdf, 2019-02-19.

③ ISTAT, "Testo Integrale e Nota Metodologica", https：//www.istat.it/it/files//2019/02/Report-Stime-indicatori-demografici. Pdf, 2019-02-19.

（二）移民社会的挑战

意大利多种族研究促进基金会（简称 ISMU）2018 年 12 月 4 日发布的移民报告显示，截至 2018 年 1 月 1 日，在意大利的外国移民总数达到 610 万人，对比当时意大利 6048 万的总人口，移民人口占总人口的比重已超 10%。与上年同期相比，意大利移民年人口增量为 2.5%。由于在意大利存在一些尚未获得合法居住权的外国移民，因此统计过程中 15.8% 的移民数据来源于调查评估。2017 年共有 14.7 万外国移民获得意大利国籍，自 2007 年至 2017 年间，约 160 多万移民提交了加入意大利国籍的申请。①

该移民报告还显示，罗马尼亚为意大利移民最主要的来源国，几内亚和马里也日趋成为意大利不容小觑的移民输出国。另外，意大利移民中 71% 来自非欧盟国家，共计 358.2 万人，若考虑进未进行户籍登记的外国移民，这一数字则将增至 435 万人。移民人口主要来自非欧盟国家阿尔巴尼亚、乌克兰、摩尔多瓦，非洲国家摩洛哥、埃及、尼日利亚、塞内加尔以及突尼斯。2017 年，涌入意大利的非洲国家居民人数增加，其中几内亚移民增加 63%、马里增加 30%、尼日利亚增加 20%、科特迪瓦增加 16%、索马里增加 12%。来自亚洲的移民为 100 万人左右，主要来源国为中国、菲律宾、印度、孟加拉国、巴基斯坦和斯里兰卡。来自美洲的移民约为 37 万人，主要来自拉丁美洲的秘鲁和厄瓜多尔。据意大利移民网权威发布，意大利已成为全球第四大移民输入国，意大利移民人口仍在不断增长。②

随着移民人口数量的增加，意大利各级各类学校中来自其他国家和地区的学生也日趋增加，学生结构的多元化和复杂化使得意大利的教育与培训体系面临全新的挑战。校方需在文化融合、语言培养等各方面作出调整，以适

---

① ISMU, "xxiv rapporto ISMU sulle migrazioni 2018", http：//www.ismu.org/wp-content/uploads/2018/10/Comunicato-Stampa-XXIV-Rapporto-Ismu-sulle-Migrazioni.pdf, 2019-03-10.

② ISMU, "xxiv rapporto ISMU sulle migrazioni 2018", http：//www.ismu.org/wp-content/uploads/2018/10/Comunicato-Stampa-XXIV-Rapporto-Ismu-sulle-Migrazioni.pdf, 2019-03-10.

应不断变化的学生结构。

二、欧洲一体化进程的推进

为强化欧洲各国之间的联系，增强欧盟在国际市场中的竞争力和在世界舞台上的影响力，欧盟自 20 世纪中期以来一直致力于推进一体化进程，各成员国之间在政治、经济和文化领域的交流与合作越来越紧密。20 世纪 90 年代以来，欧盟进一步推进一体化进程。为了培养出了解欧洲历史和现状，对欧洲有认同感且能够熟练掌握多门欧洲语言的人才，欧盟开始致力于加强教育领域的合作，出台了一系列政策文件来推进教育一体化进程。①

落实"欧洲认同"是 20 世纪 90 年代以来欧盟教育政策中的重要理念。②1993 年的《欧洲维度的教育绿皮书》具体提出了 4 项政策以突出教育的"欧洲维度"，即强化青少年对欧盟的认同感；引导欧洲人参与欧盟的经济及社会发展；帮助欧洲人了解欧盟为其拓展的更大的经济及社会发展空间，并学习如何应对挑战；增进欧洲人对欧盟及成员国的历史、文化、经济及社会层面的相互认识，并进一步认识欧盟成员国与其他区域或国家合作的意义。③ 1996年的《教学与学习——走向学习社会》(*Teaching and Learning — Towards the Learning Society*)白皮书，在教育与就业方面提出五大目标，即鼓励获得新知识；密切学校与企业的联系；消除偏见和排外；精通三门语言；平衡资本投入与培训投入。④1999 年的《博洛尼亚宣言》旨在加强欧洲教育质量，建设促

---

① 梅伟惠：《意大利教育战略研究》，42 页，杭州，浙江教育出版社，2013。

② 冉源懋：《欧盟教育政策的历史变迁》，载《教师教育学报》，2014(1)。

③ European Commission, "Green Paper on the European Dimension of Education", https://xueshu.baidu.com/usercenter/paper/show?paperid=794981daff9fe0594a16e2422a2b44a4&site=xueshu_ se, 2019-03-10.

④ European Commission, "White Paper: Teaching and Learning—Towords the Learning Society", https://xueshu.baidu.com/usercenter/paper/show? paperid = ae8e68b7d3ca492f5c2fdbe70bda0bb0&site=xueshu_ se, 2019-03-10.

进公民流动并增加工作机会的欧洲高等教育区。

20世纪末以来，欧盟相继出台众多的教育政策文件，如2000年的《有关学校认证体系建设的学校教育质量框架：16项标准》，2001年的《学校教育质量欧洲合作框架》，2004年的《欧洲职业教育与培训质量保证参考框架》，2009年的《欧洲共同质量保证框架》；有关高等教育的1991年的《高等教育备忘录》，2008年的《欧盟高等教育治理：政策、结构、资金、学者》；有关教师教育和教师职业能力发展的2009年的《关于教师和学校管理人员专业发展的教育理事会决定》，2010年的《为新教师提供连贯系统的入职教育：政策制定指南》；等等。[①]

欧洲教育一体化进程的推进是欧盟成员国实现教育现代化的重要举措。意大利作为欧盟的重要成员国，教育历史悠久，但教育改革进程缓慢。意大利作为传统保守的天主教国家，不擅于改变和创新，不崇尚冒进，大多数人固守传统且安于现状，这也使得意大利教育自1859年《卡萨帝法案》至20世纪90年代都未曾发生根本性变革。历史传统的桎梏使得意大利现代化进程缓慢，难以适应社会变迁和时代发展。在这一背景之下，融入欧洲教育一体化进程无疑是意大利通向教育现代化之路的重要环节。在欧洲统一框架之下，意大利可减少改革阻力，推进改革进程，逐渐褪去历史烙印，构建现代化的教育体系。

三、经济全球化竞争的加剧

(一)经济全球化竞争对教育提出新的挑战

经济全球化背景下，许多国家开始实行知识经济，知识经济强调知识和信息对社会发展的推动作用，其核心是知识生产。创造性脑力劳动是知识经济发展的核心动力，这对传统教育体制下的观念和人才培养模式发出了挑战，

---

① 陈时见、冉源懋：《欧盟教育政策的历史演进与发展走向》，载《教师教育学报》，2014(5)。

为确保在知识经济时代的优势地位，人们需重新思考如何构建可以培养出高技能人才的教育培训机制。另外，若想在经济全球化背景下持续保持本国劳动力的竞争力，需重视语言能力、文化包容能力以及多元环境适应能力的培养，使本国劳动力能够在日益激烈的经济全球化竞争中保持自身优势，这也要求对传统教育模式进行调整，培养适应经济全球化环境的人才。

(二)意大利教育在国际评估中表现不佳

在国际评估中，意大利学生与同龄的他国学生相比没有明显的竞争优势。例如，意大利有 21773 名学生参与了 2006 年的国际学生评估项目(PISA 测评)。测评结果显示，在 57 个参评国家和地区中，科学科目的整体平均分为 500 分，意大利学生的平均分为 475 分，排名第 36 位；数学科目的整体平均分为 498 分，意大利学生的平均分为 462 分，排名第 38 位；阅读科目的整体平均分为 492 分，意大利学生的平均分为 469 分，排名第 33 位。不难看出，在 2006 年的 PISA 测评中，意大利 15 岁学生在科学、数学和阅读三门考试中的成绩平均分在所有参评国家和地区中皆低于平均水平。在 25 个欧盟参评国中，意大利学生的成绩也仅高于希腊、葡萄牙、保加利亚和罗马尼亚，仍处于较低水平。

2006 年的 PISA 测评结果在一定程度上说明意大利在教育领域中存在许多亟待改善之处，这也是 2008 年玛丽亚·吉尔米尼(Maria Gelmini)被任命为教育、大学和科研部部长之后着手进行意大利高中改革的动因之一。意大利在 2006 年的 PISA 测评中表现欠佳，在之后的测评中也未发生可观的改善。这意味着，在未来国际竞争中意大利难以占据优势。在知识经济时代，在经济全球化背景下，各国均需重视本国人才在国际市场上的竞争力。教育作为培养人才的中心环节，若落后于国际水平，很难在其他方面得到弥补，将会直接影响一个国家在国际竞争中的实力。因此，教育需要与时俱进，通过不断革新实现现代化。教育应逐渐摆脱历史桎梏和传统模式，不应仅进行简单的知识传输，还应考虑如何培养与市场需求相吻合的人才，培养学生的匹配能力。因此，重新审视意大利教育培训体制所面临的问题并及时做出调整显得至关重要。

四、增强学校自主权的趋势

第二次世界大战后至 20 世纪 90 年代，意大利进入福利主义教育时期。在这一时期，意大利教育取得了重要发展，但与其他欧洲国家相比，教育质量仍然处于较低水平。福利社会时期，意大利教育依然维持并不断强化了中央集权和官僚制度的特征，限制和约束了具有创新力的教育改革。中央集权制有效地保持了国家的传统，但存在明显弊端，意大利中央政府在实际管理过程中无法提供足够的资源和采取切实的措施。在统一的教育政策和教育模式下，政府无法充分考虑到个体学校的具体需求，学校无法充分行使职能。意大利传统教育的制度文化无法保障学校具体的需求和期待，无法充分反映国家的多样性特征。①

意大利在世界版图中以"靴子"形状闻名，海岸线狭长，地域差异明显。由于历史、政治等多方面的原因，意大利南北方经济差异显著，教育质量也不可同日而语。意大利南部的教育环境接近同属于南欧的希腊和葡萄牙等国，教育质量较低，北部教育环境则明显优于南部。意大利教育的地区差异性也使得在中央政府管控下，按照标准模式统一各级各类学校难以达到提高教育质量的目的。地区特征和学生特质都是构建教育蓝图必须考虑的因素，因此，在国家和地区、中央和地方之间寻求平衡作为一种行之有效的办法被意大利政府接纳。

在这种背景下，意大利 20 世纪 90 年代以来推出了一系列改革措施以提高各级各类学校的学校自主权，强化学校自治。90 年代末的贝林格改革开启

① 梅伟惠：《意大利教育战略研究》，26~27 页，杭州，浙江教育出版社，2013。

了意大利学校自主权改革的进程，在改革中重申了意大利所有学校享有教学、组织、财务、研究、试验和发展等方面的自主权，意大利由此开启学校自主权的实践。

第二节 教育体制的基本结构

意大利学前教育共计3年，儿童于3至6岁就读于幼儿园。第一阶段教育共计8年，包含小学和初中，初中即意大利第一级中学。其中，青少年自6岁至11岁接受小学教育，时长5年；自11岁至14岁接受初中教育，时长3年。第二阶段教育包含两条不同的路径。第一条路径为学生初中毕业后进入由国家管辖的第二级中学，时长5年，主要针对14岁至19岁的青少年。在国家管辖范围内的第二级中学包括普通高中、技术高中和职业高中。第二条路径为学生初中毕业后进入大区管辖范围内的职业教育培训（IFP），时长为3年或4年。完成第二阶段教育后，青少年通过全国性考试进入第三阶段教育，即高等教育阶段。[①]

根据2003年的意大利法律规定，所有的青少年都有权利和义务接受至少12年的教育或培训，或在18岁前取得一项职业资格证明。职业资格证明的获得需要三年的系统学习。意大利2007年的法律规定青少年自6岁至16岁享有义务教育，涵盖时长8年的第一阶段教育和第二阶段教育的前两年。青少年完成第一阶段的学业任务后，即初中毕业后，应接受至少两年的教育。根据意大利2008年的法律规定，初中后的两年义务教育，即青少年14至16岁的两年间，可以自由选择升学路径。既可就读于由意大利中央政府管辖的普通

---

① MIUR, "Sistema educativo di istruzione e di formazione", https://www.miur.gov.it/web/guest/sistema-educativo-di-istruzione-e-formazione, 2019-04-23.

高中、技术高中和职业高中，也可就读于由大区管辖的职业教育与培训体系内的院校。意大利 2010 年的法律规定对于 15 岁的青少年，可选择通过一年的学徒期来完成义务教育的最后一年。但学徒期必须有大区、劳动部、教育部和相关单位的协议合同作为保证。①

2013 年 4 月，意大利修改了义务教育的相关规定，表示国家义务教育不仅应关注学生入学率还应重视学生的出勤情况。学生可在公立学校内就读，也可选择私立学校，在某些特定情况下家庭教育和其他类型的学校教育也得到认可。初中毕业后选择在大区管辖的职业教育培训体系中就学的学生，必须具有在相关企业实习的经历。让孩子接受义务教育是学生家长或学生法律监护人应履行的义务，市政府和学校校长也有责任推进义务教育的顺利进行。②

学生在完成义务教育阶段之后，若选择不继续接受教育，将会得到一份完成义务教育的证明，在职业教育培训体系内就读的学生，完成相应的学分任务后，除义务教育证明外还将获得相关职业资格证明。③

在由大区管辖的职业教育与培训体系中，学生在完成相应的课程和学分任务后将获得相关证明，如经过三年学习并完成学校要求可获得职业资格证明；经过四年学习且各方面合格可获得职业文凭。④

青少年完成第二阶段教育后，将参与全国性考试，其阶段特征和地位类似于中国的高考。通过该考试后，学生将有权进入第三阶段教育，即大学或高等艺术与音乐教育系统（AFAM）。具体入学条件由意大利教育、大学与科研

---

① MIUR, "Sistema educativo di istruzione e di formazione", https：//www.miur.gov.it/web/guest/sistema-educativo-di-istruzione-e-formazione, 2019-04-23.

② MIUR, "Sistema educativo di istruzione e di formazione", https：//www.miur.gov.it/web/guest/sistema-educativo-di-istruzione-e-formazione, 2019-04-23.

③ MIUR, "Sistema educativo di istruzione e di formazione", https：//www.miur.gov.it/web/guest/sistema-educativo-di-istruzione-e-formazione, 2019-04-23.

④ MIUR, "Sistema educativo di istruzione e di formazione", https：//www.miur.gov.it/web/guest/sistema-educativo-di-istruzione-e-formazione, 2019-04-23.

部决定。①

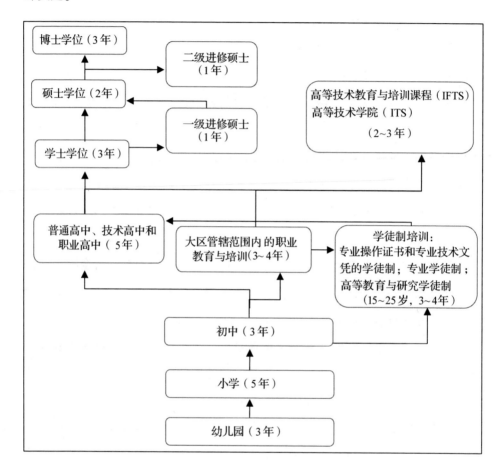

图 7-1　意大利教育体系②

① MIUR, "Sistema educativo di istruzione e di formazione", https://www.miur.gov.it/web/guest/sistema-educativo-di-istruzione-e-formazione, 2019-04-23.

② 此图为作者自绘。

第三节　各级各类教育改革与发展

一、学前教育改革与发展

（一）发展概况

意大利学前教育指针对 6 岁以下儿童实施的保育和教育，根据儿童年龄差异可分为两个时段，第一时段针对 3 岁以下儿童，第二时段则面向 3 至 6 岁儿童。

1. 意大利学前教育的第一时段

意大利 0 至 3 岁的儿童可以选择进入托儿所（asili nido），托儿所归地方而非意大利教育、大学与科研部管理，在大区内部存在着针对 3 岁以下儿童的幼教机构的管理标准，但尚不存在全国范围内的统一标准。托儿所的组织形式和文化氛围受到地方政策、社会倡议等多方影响，具有明显地域特征。

意大利国家统计局（ISTAT）发布的数据显示，截至 2014—2015 学年，意大利共有 13262 所面向 0 至 3 岁儿童的幼教机构，其中 36% 为公立，余下 64% 为私立机构。这些机构可容纳 357786 名儿童，涵盖意大利 22.8% 的 3 岁以下儿童，比重较上一学年的 22.5% 有所提升。另外，意大利南北的显著差异在幼教服务方面也十分明显，较为发达的东北部和中部地区面向 0 至 3 岁儿童的幼教机构可容纳该年龄段儿童总数的 30%，西北部地区为 25%，而这一比重在欠发达的南部地区和包括西西里岛和撒丁岛在内的地区分别为 10% 和 14%。学生的入学比例也视所在地区而异，入学比例高的中部地区可达 18.3%，而比例低的南部地区仅为 4.1%。[1]

---

[1]　ISTAT, "Anno educativo 2014/2015 Asili Nido e Altri Servizi Socio-Educativi Per La Prima Infanzia", https：//www.istat.it/it/files/2017/12/CS_Asili-nido-servizi-prima-infanzia_2014_2015.pdf, 2019-02-19.

总体来讲,家长若想将儿童送入幼教机构,需向当地负责此项工作的相关办公室提交入学申请。在同一社区内可能存在不止一所幼教机构,家长可在面临非单一选项时进行自由挑选,地方政府会根据申请情况做好幼教服务供求之间的平衡工作。托儿所大多只接受出生 3 个月至 36 个月的儿童,也存在部分为年龄不足 3 个月的儿童提供幼教服务的情况,但通常是在家长的陪同之下。儿童进入托儿所后会按照年龄划分为不同组别,但也存在混龄班级。幼教体系内的师生比视大区具体规定而定,没有国家层面上的统一规定。意大利的托儿所不是免学费的,托儿所有着很高的经营支出,家庭也为此承担部分费用。托儿所学费约占到托儿所总开支的 21%。但学费的具体数额不一,受到地区标准、机构规定和家庭收入等多种因素的影响。①

托儿所是 3 岁以下儿童接受家庭之外教育的主要场所,若从幼教机构共可容纳多少适龄儿童这一层面进行统计,托儿所所做贡献高达 80.5%。除被大家熟知的托儿所之外,意大利还存在一些其他类型的补充服务,如春季班级和亲子中心,相较于托儿所的学生容量,贡献比为 10.5% 和 9%。春季班级针对 24 至 36 个月的儿童,开设在幼儿园之内。传统幼儿园面向 3 至 6 岁儿童,为了满足提前入园的需求,部分幼儿园增设了面向 24 至 36 个月儿童的春季班级。亲子中心同时对儿童和家长开放,为儿童和家长提供家庭外的亲子经历,家长也可借此平台与其他家长进行交流。②

2. 意大利学前教育的第二时段

幼儿园为 3 至 6 岁的儿童提供教育服务,向包括外国儿童在内的所有儿童开放,时长 3 年。这一时段的学前教育被视为意大利教育体系中第一个重

---

① Tullia Musatti & Mariacristina Picchio, "Early Education in Italy: Research and Practice", International Journal of Early Childhood, 2010(42), pp.141-153.

② ISTAT, "Anno educativo 2014/2015 Asili Nido e Altri Servizi Socio-Educativi Per La Prima Infanzia", https://www.istat.it/it/files/2017/12/CS_Asili-nido-servizi-prima-infanzia_2014_2015.pdf, 2019-02-19.

要的阶段，不属于义务教育的范畴，家庭可自行决定是否让这一阶段的儿童
接受教育。

　　意大利国家统计局发布的数据显示，截至 2014 年，意大利共有 23515 所
幼儿园，其中公立幼儿园 15378 所，私立幼儿园 8137 所，公立幼儿园中包含
13424 所国立幼儿园。其中公立幼儿园免收学费。意大利幼儿园分为国家、地
方政府和私人团体创办等不同形式，分别归管于教育部、地方政府和私人
机构。①

　　适龄儿童若想注册进入幼儿园，需在该学年的 12 月 31 日前年满 3 周岁，
鉴于近年来越来越多的家庭要求将可注册年龄条件放宽，自 2009 年开始，于
该学年 4 月 30 日前年满 3 周岁的儿童可提前进行注册，实现提早入园。家长
可自行选择将孩子送去哪所幼儿园，但前提是幼儿园有足够师资和配套设施，
若入学需求量超过幼儿园容量，幼儿园有权力设置准入标准。幼儿园按学生
年龄划分班级，相同年龄的儿童被划分到同一班级。然而，幼儿园可在自主
权范围内进行班级设置，混龄班级日益增多，意在增强学生间和师生间的互
动，并实现教学空间和教具的高效利用。自 2009 年起，意大利规定幼儿园的
开放时间为每周 40 小时，最多不超过 50 小时。家长可根据具体情况减少儿
童在园内的时间，可选择只在上午让儿童在幼儿园就学，这类儿童每周在幼
儿园的时间为 25 小时。②

　　意大利规定幼儿园内班级的学生人数宜在 18 至 26 名之间，最多不可超
过 29 名。但若班级内有情况较为严重的残疾儿童，班级学生数量则不得超过
20 人。表 7-1 为托儿所和公立幼儿园在特定方面的对比，仅代表普遍情况。

---

　　① ISTAT，"Anno educativo 2014/2015 Asili Nido e Altri Servizi Socio-Educativi Per La Prima
Infanzia"，https：//www.istat.it/it/files/2017/12/CS ＿ Asili-nido-servizi-prima-infanzia ＿ 2014 ＿
2015.pdf，2019-02-19.

　　② EURYDICE，"Organisation of Programmes for Children over 2 － 3 years"，https：//
eacea.ec.europa.eu/national-policies/eurydice/content/organisation-programmes-children-over-2-
3-years-23＿ en，2019-06-02.

表 7-1　意大利学前教育的两种主要形式

	托儿所	幼儿园
儿童年龄	3~36 个月	3~6 岁
开放时间	7：30—9：00 a. m. 4：00—6：00 p. m.	8：00—9：00 a. m. 4：00—4：30 p. m.
师生比	1：6	1：25
学费情况	需交学费，具体数额不一	免学费
管理方	地方	教育、大学与科研部

资料来源：Tullia Musatti & Mariacristina Picchio, "Early Education in Italy：Research and Practice," *International Journal of Early Childhood*, 2010(42), pp. 141-153.

(二)重要改革与发展

1. 学前教育机构的承认和创新

自 1971 年起，意大利政府正式将托儿所认可为面向 3 岁以下儿童的一种社会服务性机构，在第 1044/1971 号法案中指出，"托儿所是一种公共社会服务，旨在帮助有需求的家庭实现对幼儿的暂时性照管，为有工作的女性减轻家庭负担"。并制订五年计划，意在实现对当时已有的至少 3800 所托儿所的管理，并将对托儿所的规划和监管权给予各大区，由地方政府实现直接管理。[1]

1997 年意大利颁布的第 285/1997 号法案中规定，"应对幼儿教育服务进行实验和创新"。这并非指要建立新型机构以取代托儿所，而是指创立可满足不同社会需求的幼教机构，如创立家长也可参与其中的教育机构、不安排餐饮和午睡的短时服务机构、根据家长需求自行组织教学活动的机构等。[2]

---

[1]　PARLAMENTO ITALIANO, "LEGGE 6 dicembre 1971, n. 1044", https：//www. gazzettauffici ale. it/eli/id/1971/12/1 5/071U1044 /sg, 2019-06-02.

[2]　GAZZETTA UFFICIALE, "Legge 28 agosto 1997, n. 285 Disposizioni per la promozione di diritti e di opportunità per l'infanzia e l'adolescenza", http：//www. parlamento. it/parlam/leggi/ 972851. htm, 2019-06-02.

2. 幼儿教育特别计划

2006 年第 296/2006 号法案中规定，意大利于 2007 年起正式推行幼儿教育特别计划，在 2007 年至 2009 年的 3 年间，投放 4.46 亿欧元的国家经费和 2.81 亿欧元的大区经费用于幼教服务建设，旨在创立更多面向 0 至 3 岁儿童的幼教机构，如托儿所等，满足不断增长的家庭需求。自 2007 年之后的几年，国家和地方高度重视幼教体系的建设，相继投放基金。再加上 2010 至 2012 年间意大利家庭基金会（Fondo famiglia）的支持，国家层面对幼教服务的投资超过 6.16 亿欧元。大区层面投放资金增加到 3 亿欧元。春季班级和私人托儿所等新兴实验性机构的建设需求增加，因此需要更多经费支持，为幼教机构建设提供的资金总计超过 10 亿欧元。[①]

3. 凝聚力行动计划

2013 年至 2015 年，意大利政府提出凝聚力行动计划（PAC），旨在缩小欠发达的南部地区与意大利其他地区的差异，目标大区[②]为坎帕尼亚（Campania）、西西里（Sicilia）、普利亚（Puglia）和卡拉布里亚（Calabria）大区。《有关儿童和老年人护理与服务的全国性规划》（PNSCIA）的出台是凝聚力行动计划下的一项具体举措，旨在在儿童和老年人所能享有的服务方面缩减意大利南部地区与其他地区的差异。《有关儿童和老年人护理与服务的全国性规划》原计划为期三年，于 2013 年开始实施，2015 年初步实现，但实际推行过程延迟至 2017 年 6 月。该规划由意大利内政部负责。在凝聚力行动计划中，2013 年

---

① PARLAMENTO ITALIANO, "Legge 27 dicembre 2006, n. 296 Disposizioni per la formazione del bilancio annuale e pluriennale dello Stato (legge finanziaria 2007) pubblicata nella *Gazzetta Ufficiale* n. 299 del 27 dicembre 2006- Supplemento ordinario n. 244", http：//www. parlamento. it/parlam/leggi/06296l. htm, 2019-06-02.

② 意大利共有 20 个行政大区，分别为：皮埃蒙特、伦巴第、威内托、利古里亚、艾米利亚-罗马涅、托斯卡纳、翁布里亚、拉齐奥、马尔凯、阿布鲁佐、莫里塞、坎帕尼亚、普利亚、巴西利卡塔、卡拉布里业、瓦莱·达奥斯塔、特伦蒂诺-上阿迪杰、弗留利-威尼斯·朱利亚、西西里及撒丁。每个大区包含若干个省，意大利共有 103 个省。

至 2017 年为意大利幼儿教育提供的建设基金高达 3.39 亿欧元。《有关儿童和老年人护理与服务的全国性规划》中明确规定，该项基金由意大利内政部直接拨给受惠机构，不经过地方政府等第三方。①

二、第一阶段教育改革与发展

意大利第一阶段教育共计 8 年，包含小学和初中，初中即意大利第一级中学。其中，青少年 6 岁至 11 岁接受小学教育，时长 5 年；11 岁至 14 岁接受初中教育，时长 3 年。

(一)发展概况

1. 小学教育发展概况

(1)组织结构

意大利 6 至 11 岁的青少年进入小学就读，在意大利小学中，按照年龄对学生划分班级，但不同班级的学生有机会共同参与特定的学校活动或共同完成指定的学习目标。最低班容量为 15 人，最高班容量为 26～27 人，有关班级人数的规定可根据具体情况稍作调整，调整范围需在 10% 以内。若班级内包含有特殊教育需求的学生，则班级人数不应超过 20 人。小型村镇、偏远山区或小岛内的学校中，最低班容量为 10 人。若个别地区人口稀少，不能达到班级最低人数的要求，可设置混龄班级，不同年龄的学生一同上课，但负责混龄班级的教师须针对不同年龄组的学生开展不同的教学活动。②

目前，意大利小学中多为单一教师。单一教师对其所负责的班级具有绝对管理权，对于学生来讲，无论是在知识获取方面还是在情感态度养成方面，教师都是重要的影响者。教师的具体数量需根据学校时间表进行判断，若学

① CAMERA Degli DEPUTATI, "Il Piano di Azione e coesione", https：//temi.camera.it/leg17/post/OCD25-105.html? tema＝temi/politica＿ coesione＿ d , 2019-06-02.

② EURYDICE, "Organisation of Primary Education", https：//eacea.ec. europa.eu/national-policies/eurydice/content/organisation-primary-education-23＿ en, 2019-06-02.

校规定学生每周就学时间为 24、27 或 30 小时，通常情况下有一名主导教师，并有英语教师和宗教教师对主导教师提供专业支持。若学生每周就学时间为 40 小时，则多为两名主导教师分工合作完成既定的教学任务。课程安排每周不少于 5 天，学校通常在周一至周五提供课程，但部分学校每周提供为期 6 天的课程。学校可根据学生家庭需求、学校教职工情况、硬件设施等因素自主组织教学活动并进行课程安排。[①]

意大利宪法规定教师享有教学自由，教师可自由选择教科书和其他教学工具，教师做出选择后，需在教师大会上予以通过方能生效。教科书和其他教学工具的选择与使用须和课程要求以及学校教育计划保持一致。学生可免费获取教科书，该款项由当地市政府支付。[②]

意大利小学中一般都设有较为完善的教学配套设施，国家鼓励学校创立图书馆、健身房、科学实验室和音乐实验室等。通常情况下，意大利小学中都设有支持教学活动的 ICT 实验室，部分班级中配备有交互式白板(IWB)。学校可在财政自主权的范围内选择教学材料、工具和设备，地方当局也会根据当地有关学习权利保障的法令分担部分费用。[③]

(2)学生评估体系

意大利小学的班级教师负责学生的每日评估、学期评估和学年评估。班级内所有教师均参与评估程序，包含主导教师、负责宗教学习和其他辅助教师。学期评估和学年评估的结果用十分制表示，学生得到的分数从 0 到 10 不等，从低到高对应不同的学习水平，10 分为最高分。等于或高于 6 分意味着学生达到了既定学习目标，低于 6 分则体现出学生在这一学科中的学习欠佳。

① EURYDICE, "Organisation of Primary Education", https://eacea.ec.europa.eu/national-policies/eurydice/content/organisation-primary-education-23_ en, 2019-06-02.

② EURYDICE, "Teaching and Learning in Primary Education", https://eacea.ec.europa.eu/national-policies/eurydice/content/t eaching-and-learning-primary-education-23_ en, 2019-06-02.

③ EURYDICE, "Teaching and Learning in Primary Education", https://eacea.ec.europa.eu/national-policies/eurydice/content/t eaching-and-learning-primary-education-23_ en, 2019-06-02.

得到低于 6 分的成绩不会直接影响学生进入下一年级进行学习，只有在特殊情况下经全体教师通过才可做出禁止学生进入下一阶段学习的决定。对于一科或多科成绩低于 6 分的学生，学校会适时反馈给家长，并自主组织具体措施帮助学生进步。①

主导教师会通过生成评估报告对学生在校表现进行品行评估。负责宗教学习和负责同宗教并列的其他可选择性学习活动的教师通过综合报告对学生进行单独评估，描述了学生的学习表现和学习成果。②

学期评估和学年评估是对小学生进行评估的主要方式，小学毕业时不再单独设置毕业考试，因为意大利仅在每个阶段教育结束时设置考试，小学和初中共同构成意大利第一阶段教育，因此小学毕业时学生无须参加考试。③

意大利国家教育系统评估研究所(INVALS)会在 5 月以国家标准化测试的方式对小学二年级和五年级的学生进行外部评估，对二年级学生进行评估是为了检测其意大利语和数学水平，对五年级学生进行评估时会增加一门英语考试。④

2. 初中教育发展概况

(1)组织结构

意大利学生在结束小学教育时会得到初中的入学证书，持有初中入学证书的学生必须进入初中继续学习。公立小学里的学生在毕业时不设置考试，但对于在私立小学中就读或在家庭中完成小学教育的学生，需通过资格考试

---

① EURYDICE, "Assessment in Primary Education", https：//eacea.ec.europa.eu/national-policies/eurydice/content/assessment-primary-education-23_ en, 2019-06-02.

② EURYDICE, "Assessment in Primary Education", https：//eacea.ec.europa.eu/national-policies/eurydice/content/assessment-primary-education-23_ en, 2019-06-02.

③ EURYDICE, "Assessment in Primary Education", https：//eacea.ec.europa.eu/national-policies/eurydice/content/assessment-primary-education-23_ en, 2019-06-02.

④ EURYDICE, "Assessment in Primary Education", https：//eacea.ec.europa.eu/national-policies/eurydice/content/assessment-primary-education-23_ en, 2019-06-02.

方可进入初中学习。

　　学生家长可自由选择学生进入哪所学校就读初中，但若学生申请总数超过学校容纳额度，学校可自行设置学生入学标准。由于意大利初中教育属于义务教育，为保证学生平等的受教育权利，学校和地方当局密切合作。由小学直接向初中提交入学申请。

　　意大利初中教育为期 3 年，学生年龄跨度通常为 11 至 14 岁，10 岁学生可实现提前入学。根据学生年龄划分班级，初中一年级每班至少应包含 18 名学生，最多可包含 27 ~ 28 名学生，初中二、三年级的班级最低容量为 20 名学生。同小学一样，有关班级人数的规定可根据具体情况稍作调整，调整幅度需控制在 10% 以内。若班级内包含有特殊教育需求的学生，则班级人数不应超过 20 人。小型村镇、偏远山区或小岛内的学校中，最低班容量为 10 人。若个别地区人口稀少，不能达到班级最低人数的要求，可设置混龄班级，但班级人数不得超过 18 人。

　　有关学年跨度、学期安排以及每周课程天数的规定，初中和小学相同，在此不做赘述。意大利第 89/2009 项法案规定，初中每年最低教学时间为 990 小时，每周最低教学时间为 30 小时。每周 30 小时的教学时间内包含有 1 小时专门用于语文科目的深入学习。另外，部分初中每周教学时间为 36 小时或 40 小时，家长可自由选择学生就学时间（见表 7-2）。[1]

---

① EURYDICE, "Organisation of General Lower Secondary Education", https：//eacea. ec.europa.eu/national-policies/eurydice/content/organisation-general-lower-secondary-education 18_ en, 2019-06-02.

表 7-2 学校作息时间表(每周 36 小时)

	课前	上课时间	午餐时间	上课时间	课后
周一	—	8：15—13：15	13：15—14：15	14：15—16：15	—
周二	—	8：15—13：15			—
周三	—	8：15—13：15	13：15—14：15	14：15—16：15	—
周四	—	8：15—13：15			—
周五	—	8：15—13：15	13：15—14：15	14：15—16：15	—
周六	—	8：15—13：15			—

资料来源：URYDICE，"Organisation of General Lower Secondary Education，" https：//eacea. ec. europa. eu/national-policies/eurydice/content/organisation-general-lower-secondary-education-18_ en, 2019-06-02.

有关教科书、教学工具和教学配套设施，初中和小学的规定大体相同，不同之处在于初中阶段教科书不可免费获取，可根据地区规定和收入标准提供教科书补贴。意大利教育部每年都会设置教科书的最高成本。

(2)评估体系

《意大利学生宪章》中指出，初中应建立高效透明的评估体系，通过自我评估了解自身优劣势，并获得改善和提高。同小学一样，教师以 10 分制评分在学期末和学年末对学生进行评估，并在初中结束时出具学生能力证书。若学生出现低于 6 分的情况，不会直接影响学生进入下一年级进行学习，只有在特殊情况下经多数教师同意，才可做出禁止学生进入下一阶段学习的决定，而在小学中必须全部教师同意，才可执行这一禁止升级的决定。[①]

意大利国家教育系统评估研究所会在 4 月通过国家标准化测试对初中三年级的学生进行外部评估，目的是检测其意大利语、数学和英语水平。

初中毕业时，第一阶段教育结束，学生需参加阶段性考试，类似于中国

---

① EURYDICE，" Assessment in General Lower Secondary Education "，https：//eacea. ec. europa. eu/national-policies/eurydice/content/assessment-general-lower-secondary-education-18_ en, 2019-06-02.

的中考。学生若想参加该阶段性考试，需满足以下三点要求：一是每学年中出勤率不低于总教学时长的 75%；二是未出现因被记过而被教师委员会通知不可参加阶段性考试，亦不可进入下一阶段就学的情况；三是参加了国家教育系统评估研究所组织的国家标准化测试。①

意大利每所学校都设有考试委员会，由所有班级的教师组成。考试委员会划分为不同组别，分别负责不同班级的考试和学生评估工作。初中毕业的阶段性考试由三场笔试和一场面试组成，考试时间应安排在自最后一个学年课程结束之后至 6 月 31 日之前，具体时间学校可自行规定。三场笔试分别为意大利语、数学和外语水平测试。面试内容涵盖初中三年级教授的所有科目，侧重于考查学生的推理能力、问题解决能力、批判性思维、公民身份②和外语水平。③

学生在三场笔试和一场面试中得到的成绩为 10 分制分数，小组委员会将为每位学生计算出平均值。另外，在阶段性考试之前，班级委员会将会根据学生初中三年的学习表现和在此期间获得的考试分数给出一个综合分数，该分数的评估方式也为 10 分制。小组委员会将该分数和阶段性考试分数结合，得出学生的最后得分。最终结果会公布在学校布告栏中，若学生的最后得分少于 6 分，则直接标注"未通过"，不写出具体分数。通过考试的学生会获得第一阶段教育完成证书，凭此证书可进入第二阶段教育。④

---

① EURYDICE, "Assessment in General Lower Secondary Education", https：//eacea.ec.europa.eu/national-policies/eurydice/content/assessment-general-lower-secondary-education-18_ en, 2019-06-02.

② 公民身份的判断标准基于公民认同感以及对公民权利和义务的了解程度。

③ EURYDICE, "Assessment in General Lower Secondary Education", https：//eacea.ec.europa.eu/national-policies/eurydice/content/assessment-general-lower-secondary-education-18_ en, 2019-06-02.

④ EURYDICE, "Assessment in General Lower Secondary Education", https：//eacea.ec.europa.eu/national-policics/ourydice/content/assessment-general-lower-secondary-education-18_ en, 2019-06-02.

(二)重要改革与发展

1. 小学单一教师制的回归

意大利自 1859 年《卡萨帝法案》实施后一直推行"单一教师制",该制度在意大利教育史上曾存在超过一个世纪之久,直至 20 世纪 90 年代第 148/1990 号法案的出台才被改变。

1990 年意大利出台第 148/1990 号法案[1],开启小学体制改革,此次改革的核心内容为用模块化的方式来进行班级管理。模块化的班级管理主要包含以下几项内容:一是三位教师负责两个班级,条件不允许时由四位教师负责三个班级;二是教师对班级承担共同责任;三是按学科领域对教师教学内容进行划分;四是教师间协同合作完成教学和组织层面的周计划。

在模块化的班级管理中,基本单位为模块和教师队伍。两个平行班级构成一个模块,三位教师组成一个教师队伍。被提出的还有主导教师政策,即对于体育、音乐、信息技术和外语等专业性较强的教学活动,由专业教师辅助教师队伍中负责班级的主要教师完成教学任务。

1990 年第 148/1990 号法案的出台,用模块化教师制取代了存在已久的单一教师制,模块化的班级管理模式在意大利近代教育史中存在了近 20 年之久,直至 2008 年才被改变。

2008 年第 137/2008 号法案[2]出台,规定自 2009 年 9 月起意大利正式恢复单一教师制。这一时期的改革被称为"吉尔米尼改革",恢复小学单一教师制是这一改革中的一个核心措施。然而,与 20 世纪 90 年代之前的单一教师制度不同的是,吉尔米尼改革中所规定的单一教师对班级管理和学生学习负全

---

① Edscuola, "Riforma dell'ordinamento della scuola elementare", https: //www. edscuola. it/archivi o/norme/leggi/l148_ 90. html, 2019-06-02.

② Leggi e normative, "Decreto legge 137 del 1 settembre 2008-disposizioni urgenti in materia di istruzione e università-emendamenti approvati il 23 settembre 2008", http: //m. flcgil. it/leggi-normative/documenti/decreti-legge/decreto-legge-137-del-1-settembre-2008-disposizioni-urgenti-in-materia-di-istruzione-e-universita-emendamenti-approvati-il-23-settembre-2008.flc, 2019-06-02.

责，同时可在专业领域向专业人士寻求帮助。因此，吉尔米尼改革下的单一教师，对学生来讲不是唯一教师，而是承担大部分班级管理和教学活动等工作的教师，教师角色不完全等同于意大利历史上存在过的单一教师，而类似于主导教师。吉尔米尼改革对学生需在学校就学的时间进行了重新设置，规定学生每周需在单一教师的指导下完成 24 小时的课时任务，根据具体情况可作出适度调整。如单一教师每周课时数可增加至 27 小时；单一教师和其他配合其工作的专业教师每周可共同组织 30 小时的教学活动；全日制学校中将学生就餐时间计算在内，学生需在学校完成 40 小时的校园活动等。法案规定班级的责任教师应规划教学内容、教学活动和教学方法，自行安排教学时间和教学进度，与具体领域的专业教师构建起协同合作的同事关系，并注重学生学习内容的连贯性和协调性。

在小学教育中，意大利一直在模块化教师制和单一教师制两种政策之间摇摆，这两种制度模式各有明显的优势和不足。模块化教师制可在更大程度上保证教师专业性和学生知识获取的准确性，但易出现教师对学生整体情况了解欠佳的局面；单一教师制能更轻松地在家庭和学校间建立互动关系，保证教学连续性和统一性，教师可在学生各科学习和人格培养等各方面形成对学生的综合性认识，但不利于适应知识增长和专业化的时代背景。两种政策各有利弊，不同政策也各有权衡，所考虑到的因素不仅涉及政策本身的价值和弊端，还取决于政府的经费投入和投资导向。如吉尔米尼改革时采取缩减经费、节省开支的总体政策，在教师投入上有所减少，而单一教师制的回归有利于这一政策的实现。

2. 初等教育课程改革（2012 年）

（1）小学课程改革

意大利自 2012—2013 学年开始实施《国家课程指南》，该文件取代了 2004

年颁布的《小学个性化学习方案的国家指导方针》和 2007 年颁布的《课程指南》。①

根据新的指导方针,意大利小学教育的目的在于培养学生基本的认知能力和文化水平。为期 5 年的小学教育中所教授的科目包括意大利语、英语、历史、地理、数学、科学、技术、音乐、艺术、体育和宗教,宗教不作为必修课程。在小学教育阶段不存在统一且明晰的科目学习时间表,仅规定了英语和宗教学习的时长。一年级学生应保证每周 1 小时的英语学习时间,二年级 2 小时,三、四、五年级 3 小时,小学阶段英语学习总时长应达到 396 小时。另外,关于宗教学习或其他选修活动,时长应为每周 2 小时。②

公民课程和宪法课程也被纳入意大利小学的教学内容中,公民课程和宪法课程不作为单独科目进行教学,而是通过学校自主研发的教学项目推进,这一部分内容涵盖在学校三年教育计划(PTOF)中。每所学校都应自行制订符合自身发展需求的三年教育计划。③

(2)初中课程改革

20 世纪末学校自主权增强政策启动后,意大利政府对初中教学的调控较为宏观。自 2012—2013 学年开始实施的《国家课程指南》④作为意大利初中教育的指导文件,取代了 2004 年颁布的《初中个性化学习方案的国家指导方针》和 2007 年颁布的《课程指南》。《国家课程指南》中指出,各学校需在自主权允许的范围内,遵照课程指南中的纲领性原则开展教学工作,从而在国家性目

---

① EURYDICE, "Teaching and Learning in Primary Education", https: //eacea. ec. europa. eu/national-policies/eurydice/content/teaching-and-learning-primary-education-23_ en, 2019-06-02.

② EURYDICE, "Teaching and Learning in Primary Education", https: //eacea. ec. europa. eu/national-policies/eurydice/content/teaching-and-learning-primary-education-23_ en, 2019-06-02.

③ EURYDICE, "Teaching and Learning in Primary Education", https: //eacea. ec. europa. eu/national-policies/eurydice/content/teaching-and-learning-primary-education-23_ en, 2019-06-02.

④ MIUR, "Linee guida per le Indicazioni Nazionali per il curricolo", http: //icsansperatocardeto. it/files/RCIC875006/LineeGuida_ Indicazioni_ Nazionali_ per_ il_ Curricolo1.pdf, 2019-06-02.

标和教育机构自主权与个体责任之间达成平衡。指南中涵盖两方面的基本内容，一个为第一阶段教育结束后，学生需发展出的必备技能；另一个涉及课程教师应发展出的与学科相关的技能目标。意大利此次初中课程改革中提出：学校应注重教学活动的创新，教学体系不仅是各学科内容的机械式结合，更应注重各学科之间的整合性和融合性；教学体系安排上应注意与下一阶段，即第二阶段教育中的课程能够有效衔接，避免两阶段教育脱节的情况。本次课程改革的基本内容在注重学校的创新性、自主性和灵活性的同时，对原则和纲领进行了规定。这也是学校自主权不断增强的过程中国家的又一次宏观性调控。

意大利初中课程改革对学科内容和时间安排进行了调整，有关公民课程和宪法课程的新规与小学教育相同。初中所教授的科目包含意大利语、英语、第二外语、历史、地理、数学、科学、技术、音乐、艺术和设计、体育科学和宗教。教师通常在整个三年期间教授同一班级。以下为不同教学时间下的学校时间表（见表 6-3）。

表 6-3　主流初中时间表（每周 36 小时/40 小时）

学科	每周教学时间	每年教学时间
意大利语、历史、地理	15	495
数学、科学	9	297
技术	2	66
英语	3	99
第二外语	2	66
艺术和设计	2	66
体育科学	2	66
音乐	2	66

续表

学科	每周教学时间	每年教学时间
宗教	1	33
以上一门或多门学科的深入学习	1/2	33/66
	39/40*	1287/1320

资料来源：MIUR，"Linee guida per le Indicazioni Nazionali per il curricolo," http：//ic-sansperatocardeto. it/files/RCIC875006/LineeGuida_ Indicazioni_ Nazionali_ per_ il_ Curricolo1. pdf, 2019-06-02.

三、高中教育改革与发展

(一)发展概况

意大利义务教育时长为10年，包含为期8年的第一阶段教育和第二阶段教育的前两年。因此，学生在完成第一阶段教育后，需进入第二阶段继续学习。学生在初中毕业后面临三种选择：一是五年制高中、普通高中、技术高中、职业高中；二是大区组织的职业教育和培训（简称 leFP）；三是学徒制培训。[①]

其中普通高中属于普通教育体系，职业高中、技术高中、大区组织的职业教育和培训以及学徒制培训属于职业技术教育与培训体系。本节主要对五年制高中阶段的普通高中、技术高中和职业高中的发展概况和改革历程进行阐述，其他内容在下面的职业教育部分介绍。

1. 普通高中

意大利普通高中分为6类，分别为艺术高中、古典高中、语言高中、音乐与舞蹈高中、理科高中和人文高中。

---

① INAPP，"INAPP et al.（2016）. Vocational education and training in Europe-Italy. Cedefop ReferNet VET in Europe reports；2016"，http：//libserver. cedefop. europa. eu/vetelib/2016/2016_ CR_ IT. pdf, 2019-06-02.

艺术高中旨在培养学生审美情趣和艺术实践的能力，帮助学生了解艺术创作和艺术研究的科学方法，注重学生对特定历史文化背景下的文化遗产的了解，并知道其对当代社会的意义。前两年学生学习公共课程，从第三年开始，艺术高中出现培养方向上的分流，共分为视觉艺术、建筑与环境、设计、视听与多媒体、书画刻印艺术和舞台设计 6 个方向。①

古典高中重视古典文明和人文文化的传播，学生需通过学习文化、历史和哲学等人文学科，理解文明发展历程，并在文化框架内掌握人文研究的典型方法。同时不放弃数学、物理和自然科学的学习，使学生在学科知识的融合中发展能力并构建批判性思维。②

语言高中注重对语言文化知识的学习，要求学生除意大利语之外掌握三门外语，并学会用批判性思维理解不同文化传统和历史文明间的特征。语言高中要求学生所学三门外语中，其中一门需至少达到欧洲标准的 B2 水平，另外两门则要求 B1 水平。③

音乐与舞蹈高中设置于 2010—2011 学年，注重学生音乐和舞蹈领域的学习和实践，并帮助学生理解音乐和舞蹈对历史和文化的重要意义。学生还需掌握必要的历史和美学等方面的文化知识。④

理科高中包含传统理科高中和应用科学方向的理科高中。此类高中注重对学生数学、物理和自然科学的学习，旨在通过知识深化和能力培养帮助学生习得科学技术研究所需的技能，并在不同学科知识之间建立联系。另外，

①　MIUR，"Liceo Artistico"，https：//www.miur.gov.it/web/guest/liceo-artistico，2019-04-23．

②　MIUR，"Liceo Classico"，https：//www.miur.gov.it/web/guest/liceo-classico，2019-04-23．

③　MIUR，"Liceo Linguistico"，https：//www.miur.gov.it/web/guest/liceo-linguistico，2019-04-23．

④　MIUR，"Liceo Musicali e Coreutici"，https：//www.miur.gov.it/web/guest/liceo- musicali-e-coreutici，2019-04-23．

理科高中注重对学生语言能力的培养和其他相关技能的训练。①

人文高中包含传统人文高中和社会经济方向的人文高中。学生需学习社会学、心理学和人类学等领域的基本知识；在阅读古今名著的过程中了解西方文化；了解多民族和谐共生理论与政治模型及其历史、哲学和社会根源等。②

2. 技术高中

技术高中分为经济和技术两个领域，为青年提供在学习和工作中应用的理论知识、必要的认知能力、解决问题的能力、自主管理的能力和责任感。这些必要的知识和能力使学生能够直接进入工作世界、大学教育、高等艺术与音乐教育系统、高级技术教育（ITS）或高级技术教育与培训（IFTS），以及未来职业发展所需的专业学习和实践。技术学校的毕业生大多数（75%）都继续接受高一级的教育，学制和普通高中一样为 5 年。③

3. 职业高中

职业高中分为服务和工业与手工业两个领域，为青年提供普通教育、与工作有关的技术与职业教育，以及必要的认知能力、解决问题的能力、自主管理的能力，在监控、评价和改进工作中的责任感。④ 从职业高中毕业的学生，可以选择进入工作领域或者升入高级技术教育与培训体系或大学学习。

(二)重要改革与发展

1. 高中的同质化和多样性

2000 年，意大利公共教育部部长路易吉·贝林格（Luigi Berlinguer）颁布名

---

① MIUR, "Liceo Scientifico", https：//www.miur.gov.it/web/guest/liceo-scientifico, 2019-04-23.

② MIUR, "Liceo Scienze Umane", https：//www.miur.gov.it/web/guest/ liceo-scienze-umane, 2019-04-23.

③ Mengucci R. e Romano R, "L'evoluzione dell' istruzione professionale", *Studi e Documenti degli Annali della Pubblica Istruzione*, 2006, pp.111-136.

④ Mengucci R. e Romano R, "L'evoluzione dell' istruzione professionale", *Studi e Documenti degli Annali della Pubblica Istruzione*, 2006), 2006, pp.111-136.

为《教育路径重组法案》的第 30/2000 号法案。该项法案的特色之处在于高中的"同质化"，取消传统意义上的"三分"局面，将普通高中、技术高中和职业高中划到同等地位之上，消除不同高中类型中的等级和分化，无论高中属于何种类型和文化属性，无论偏重理论还是注重实践，都仅仅作为学生教育路径的一个选项，无高低优劣之分。高中为五年制，高中前两年教授通识知识，后三年根据培养方向和教学目标进行授课。

意大利于 2003 年颁布了名为《国家关于普通教育标准、职业教育及其培训等级的规定》的第 53/2003 号法案，本次改革被称为"莫拉蒂改革"。与上任中左派政府主导的注重为所有人提供平等统一的公共教育、强调中央集权、减少多样性以及提高同质性的贝林格改革截然不同，莫拉蒂改革强调给予年轻人在教育上更多的自主选择和流动等权利，注重教育的多样性，并引入社会各方的力量，提供更多的教育选择和工学合作课程。[①] 青少年在初中毕业后既可进入高中系统，也可进入职业教育与培训系统，两者具有同等地位。

2. 高中体系的重构

(1)吉尔米尼改革

2010 年意大利颁布了第 89/2010、88/2010 和 87/2010 号总统法令，分别对普通高中、技术高中和职业高中进行了新的规定，此次高中改革是 2010 年意大利吉尔米尼改革中的重要组成部分，也是近年来意大利高中阶段最全面系统的改革。

吉尔米尼改革中对普通高中、技术高中和职业高中进行了重组，规定普通高中分为六类(具体指：艺术高中、古典高中、语言高中、音乐与舞蹈高中、理科高中和人文高中)；意大利技术高中分为经济和技术两个领域，共包含 11 个培养方向，其中经济领域包括管理、金融和市场营销，旅游；技术领

---

① 土晨：《意大利职业技术教育的理念、制度和革新——以维罗纳圣西诺慈幼会职业技术学院为例》，载《职教论坛》，2010(1)。

域包括机械与能源，技术与物流，电子与电气工程，信息与通信技术，设计与传播，化学、生物技术，时尚设计，农业、粮食与农业和农业工业，建设与环境。职业高中分为服务领域和工业与手工业领域，涵盖6个培养方向，其中服务领域包括农业服务与农村发展，社会健康服务，食品、葡萄酒以及酒店服务，商业服务；工业与手工业领域包括工业和手工业生产，维修和技术支持。

（2）"好学校"改革

随着2015年第107/2015号法案的颁布，意大利发起了一项关于职业高中的改革。此次改革自2018—2019学年开始生效，适用于该学年入学的高一年级，并计划于2022—2023年完成新旧高中的过渡工作。2022—2023学年之前，改革未波及的高中年级依然采取涵盖6个培养方向的职业高中旧制。改革旨在修订职业高中的培养方向和学习方案，以避免与技术高中和大区层面的职业教育和培训体系相重叠。职业高中从之前的6个方向增加到11个方向，同时重视通识知识的学习，通识知识在各职业高中前两年所占比例增加到40%，后三年所占比例增加到50%。根据此次改革，意大利职业高中培养方向类别如表7-4所示。

表7-4 意大利新旧职业高中对比①

旧职业高中培养方向	新职业高中培养方向
农业服务与农村发展	农业、农村发展、当地资源开发以及山区和森林资源管理
	商业网络、渔业
工业和手工业生产	"意大利制造"的工业和手工业
维修和技术支持	维修和技术支持
	水资源管理和环境修复

---

① 此表为作者自绘。

续表

旧职业高中培养方向	新职业高中培养方向
商业服务	商业服务
食品、葡萄酒及酒店服务	食品、葡萄酒及酒店服务
	文化服务和娱乐
社会健康服务	社会健康服务
	配镜
	牙科技师

3. 高中评估系统的改进

（1）品行分数（voto in comportamento）新规

意大利在吉尔米尼改革中对高中评估系统进行了改进，2008年意大利颁布了第169/2008号法案[1]，规定在高中阶段的学生评估中，品行分数若不合格，学生不能进入下一年级，也不能参加毕业时组织的国家考试。

高中阶段，在每学期末和每学年末，由所有教师组成的班级委员会会对学生学科学习情况进行评分，评分自0分至10分不等，6分为及格线。学生品行也被纳入到10分制考核中，校方对学生校园生活参与情况进行考察，并给出相应的品行分数。校园参与情况即学生在学校就学时与教师、同学和校园内其他工作人员的配合程度。学生品行分数若未达到合格线，不能进入下一年级学习，也不能参加第二阶段教育结束时的阶段性考试。

品行分数是学生综合表现评价的重要组成部分。学生评估不再是学科成绩的机械相加，而趋向于对学生进行立体评估。该评价体系建立在对学生的综合表现进行评估的基础之上，意大利这一新规冲淡了"唯分数论"的局面，打破了将知识获取和人格培养相隔离的现状，旨在实现对学生学习情况、日

---

① Camera，"Conversione in legge, con modificazioni, del decreto-legge 1° settembre 2008, n. 137, recante disposizioni urgenti in materia di istruzione e università"，https：//www.camera.it/parlam/leggi/08169l.htm，2019-04-23.

常表现和课程成绩等各方面的全方位评估，充分发挥评估机制对于学生下阶段学习或工作路径选择的导向性作用。[1]

(2)学校学分新规

意大利于2017年颁布第62/2017号法案，与之前相比，学校学分在高中生评估中的重要性增强。

自高中三年级开始，每学年结束时，学生将获得学校学分。学校学分与学生在学年评估时所获得分数的总平均分有关，计算平均分时既包含各学科所得分数，也包含体现学生在校表现和课外活动参与度的品行分数。学生在高中后三年中每学年末所获得的学分被称作学校学分。高中三年级学生最多可获得12学分，高中四年级学生最多可获得13学分，高中五年级学生最多可获得15学分。因此，学生在高中后三年中最多得到40学分。意大利第62/2017项法案中规定了学生所获得的平均分数和学分之间的对应关系，如表7-5所示。

表7-5 高中分数—学分对应表[2]

平均分	三年级学分	四年级学分	五年级学分
A < 6	—	—	7~8
A = 6	7~8	8~9	9~10
6<A≤7	8~9	9~10	10~11
7<A≤8	9~10	10~11	11~12
8<A≤9	10~11	11~12	12~13
9<A≤10	11~12	12~13	14~15

另外，学生若在校园外参加文化、艺术或体育类活动，经学校批准后可获得校外实践学分。

---

[1] Michiele Caprioli, "Come è cambiata la scuola? Un bilancio della riforma Gelmini", Aggiornamenti sociali, 2014(1).

[2] 此表为作者根据意大利第62/2017号法案所述内容绘制。

（3）阶段性国家考试新规

根据意大利第 62/2017 号法案，高中五年级参加国家标准化测试，是在高中毕业时参加阶段性考试的必备条件之一。国家标准化测试为意大利国家教育系统评估研究所（INVALSI）对高中二年级和高中五年级的学生进行的外部评估，旨在检测其意大利语、数学和英语水平。

4. "学校—工作"交替制的确立

意大利于 2015 年颁布的第 107/2015 号法案中规定，在意大利高中教育阶段，对于五年制的普通高中、技术高中和职业高中实行"学校—工作"交替制。

职业高中和技术高中的学生在 3 年级至 5 年级的 3 年间，校外工作或实习时间应达到至少 400 小时；在普通高中就读的学生后 3 年校外工作或实习时间，应达到至少 200 小时。高中生工作或实习地点多样化，企业、政府机关以及博物馆等都可作为选项，学生还可以暑假期间参与学校组织的国外实习项目。另外，法案中提出，为了进一步规范意大利高中阶段的"学校—工作"交替制，应将可供学生工作或实习的企业及机关单位的名称记录在册，以供学校参考。"学校—工作"交替制的具体实施路径被规定在学校的三年教育方案中，各学校对此有较大的自主权。

四、职业教育改革与发展

（一）发展概况

意大利职业教育与培训体系（简称 IFP）包含高中阶段、高中后专科层次和继续教育阶段。

1. 高中阶段的职业教育与培训

高中阶段的职业教育与培训体系主要包括以下三种类型：技术高中和职业高中；大区组织的职业教育和培训（简称 IeFP）；学徒制培训。

技术高中和职业高中为五年制。技术高中和职业高中的发展概况已在"高中教育"一节中作出解释，此处不再赘述。

大区组织的职业教育和培训有三年制和四年制两种类型，青少年在完成第一阶段教育后可以选择大区组织的职业教育和培训，继续接受义务教育或获取相关职业资格。其课程或由当地培训中心提供，或在培训中心和职业高中的合作下共同提供。与主流高中教育相比，大区组织的职业教育和培训的时长更短，在教学过程中注重学生的主动性和参与性，在教授一般科学文化知识的基础上重视培养学生的实践操作能力，旨在帮助学生更快进入到劳动力市场。① 大区组织的职业教育和培训的学生毕业时，将会得到相关资格证明。三年制颁发专业技师资格证明，相当于欧洲资格框架中的第三级。四年制颁发专业技术文凭，相当于欧洲资格框架中的第四级。②

学徒制培训分为三类，分别为专业操作证书和专业技术文凭的学徒制、专业学徒制和高等教育与研究学徒制。

专业操作证书和专业技术文凭的学徒制为了让 15 至 25 岁的年轻人履行其受教育的权利和义务，14 岁的初中毕业生需在高中或大区组织的职业教育和培训体系中学习一年才可入学。合同期限不超过三年或四年，每年不得低于 400 小时的培训时间。三年期结束时可颁发专业技师资格证明，四年制可颁发专业技术文凭。完成三年期学习并获得专业技师资格证明的学生可选择在统一职业领域内继续学习一年，以获得专业技术文凭。顺利完成为期四年的学习的学生，若想获得接受高等教育的资格，需在学校中继续学习一年。③

专业学徒制的受众人群为 18 至 29 岁之间，想要获得劳动力市场所需技能的青年人，内容包含核心技能培训和职业技能培训。核心技能培训的内容

---

① Cedefop, "Relazione sull'istruzione e la formazione professionale (IFP) in Italia", https: // www.cedefop.europa.eu/files/4132_ it.pdf, (p.29), 2019-05-11.

② Cedefop, "Relazione sull'istruzione e la formazione professionale (IFP) in Italia", https: // www.cedefop.europa.eu/files/4132_ it.pdf, (p.30) 2019-05-11.

③ Cedefop, "Relazione sull'istruzione e la formazione professionale (IFP) in Italia", https: // www.cedefop.europa.eu/files/4132_ it.pdf, (p.29), 2019-05-11.

由意大利大区或自治省进行规划，具体课程由培训中心提供，3 年内须完成 120 课时；职业技能培训由特定领域内的企业直接提供。专业学徒制最低培训时长为 3 年，但手工艺部门的专业学徒制培训通常为 5 年。[1]

高等教育与研究学徒制的设立旨在满足 18 至 29 岁青年人不同的教育需求。受教育者可通过接受中小学、大学或博士课程获取欧洲资格框架中的第 4 至 8 级资格证书，也可通过在私企中参与科研活动或技能培训来获取职业能力，尤其是律师、建筑师或商务咨询等职业。[2]

2. 高中后专科层次的职业教育与培训

高中后专科层次的职业教育与培训指高等技术教育与培训系统，包括高级技术教育与培训课程（简称 IFTS）和高等技术学院提供的培训（简称 ITS）。提供高中后专科层次的职业教育与培训的机构包括职业培训机构、大学和企业。[3]

高级技术教育与培训创立于 1999 年，2013 年意大利修改与高级技术教育与培训相关的条例，规定高级技术教育与培训需设置 800～1000 小时的课程，其中至少安排出 30% 的时间用于企业实习，最终颁发的证书相当于欧洲资格框架中的第 4 级。[4]

高等技术学院提供的培训时长为 4 个学期，共计 1800/2000 课时，学生在企业实习的时长至少应达到占据课时数的 30%，50% 的教师需有特定领域的职业经验。高等技术学院提供的培训最终颁发的证书相当于欧洲资格框架中

---

[1] Cedefop, "Relazione sull'istruzione e la formazione professionale (IFP) in Italia", https：// www.cedefop.europa.eu/files/4132_ it.pdf, 2019-05-11.

[2] Cedefop, "Relazione sull'istruzione e la formazione professionale (IFP) in Italia", https：// www.cedefop.europa.eu/files/4132_ it.pdf, 2019-05-11.

[3] Cedefop, "Relazione sull'istruzione e la formazione professionale (IFP) in Italia", https： // www.cedefop.europa.eu/files/4132_ it.pdf, 2019-05-11.

[4] Cedefop, "Relazione sull'istruzione e la formazione professionale (IFP) in Italia", https： // www.cedefop.europa.eu/files/4132_ it.pdf, 2019-05-11.

的第 5 级。①

3. 继续教育阶段的职业教育与培训

继续教育阶段的职业教育与培训主要依靠意大利的成人教育机构——省级成人教育中心(CPIA)来实现。有关省级成人教育中心及其课程类型的介绍详见"成人教育"章节。

(二)重要改革与发展

20 世纪 90 年代以来,受到知识经济和国际化市场的影响,在终身教育理念的推动下,意大利劳动力市场对技术人才和专业人才的需求逐渐增加。意大利教育部对职业教育与培训体系进行重置,并遵循"过于专门化的职业教育不利于学生个性发展"的原则。强调课程具有两方面的目标:一是保证更突出的普通文化成分;二是要使课程更加有效地适应外面的市场。②

1. 学徒制改革(1997 年之后)

学徒合同制最早由意大利第 196/1997 号法案制定,由大区管理机构执行。意大利旧的学徒制系统主要是基于公司的内部培训,缺乏外界的支持。③有关学徒制的规定 1997 年之后经历过数次修改,旨在加强教育体系与劳动力市场之间的联系并促进校企合作。如意大利第 30/2003 号法案以及随后的第 276/2003 号法案将原来单一的学徒制发展为三类学徒制,并且引入了更为灵活的就业合同制,增加学生的选择性,促进教育系统的多样性,以鼓励青少年通过各种途径获得经验和能力。在新的学徒制体系下,学徒一方面在企业工作和学习,另一方面参加由大区培训中心或经过认证的培训机构开设的相

---

① Cedefop, "Relazione sull'istruzione e la formazione professionale (IFP) in Italia", https://www.cedefop.europa.eu/files/4132_ it.pdf, 2019-05-11.

② Ministero della Pubblica Istruzione. Persona, "Tecnologie e Professionalita: Gli Istituti Tecnici e Professionali come Scuole dell' innovazione", http://www.cislscuola.it/files/MPI_ TecnProf_ 3mar_ 08. pdf, htm, 2019-04-23.

③ Sandra D'Agostino, *Rediscovering Apprenticeship*, Springer, Dordrecht, 2009, pp.59-73.

关课程;①第 167/2011 号法案中规定意大利学徒制有 3 种类型，以书面合同的形式规定雇佣关系，通过学校培训让学徒在规定的时间内获得职业资格所需的知识和专业技能。②

2014 年发布的意大利第 78/2014 号工作法案对现代学徒制进行了重新规定。改革后的意大利现代学徒制具有以下特点：一是通过合同规范学徒流程。学徒通过和企业签订合同，对双方责任和义务进行明确规定，保障学徒合法权益。二是帮助学生实现顺利过渡。青年人在获取相应的文凭或证书后，无论就业还是升学，都可作为有力工具。三是设置对企业的激励政策。政府通过减免税收等方式提高企业参与积极性，并通过降低学徒工资来减轻企业负担。③

2. 莫拉蒂改革(2003 年)

意大利第 53/2003 号法案的重要特征是，承认普通教育体系和职业教育与培训体系具有同等地位，学生在初中毕业后可以选择进入普通教育体系，也可以选择进入职业教育与培训体系，学生具有自由选择权，并且学生在进入劳动力市场之前应至少获得一份证书，可以是毕业证书也可以是职业资格证书。新型的教育与培训体系的突出特点在于学生可以在学术轨道和职业轨道进行自由转换。如学生就读于职业教育与培训体系之中，可以一直走职业路径，也可以选择转入普通高中体系内就读。学生在职业教育与培训体系中完成学业后，可以选择进入高等职业教育与培训体系继续学习，也可以取得高中毕业文凭后进入高等教育体系。另外，职业教育与培训体系的地位有所改观，不仅培养掌握工艺的人才，而且具有文化功用。通过工作经验和现实

---

① 梅伟惠：《意大利教育战略研究》，107~108 页，杭州，浙江教育出版社，2013。

② 佛朝晖：《"哥本哈根进程"中的意大利职业教育与培训改革》，载《中国职业技术教育》，2016(27)。

③ 佛朝晖：《后金融危机时代意大利职业教育与培训体系改革》，载《教育与职业》，2016(19)。

的实践，培养劳动力市场所需的知识和技能。①

另外，在吉尔米尼改革和"好学校"改革中，意大利高中体系得到了重构，针对普通高中、技术高中和职业高中颁布的新规定，对意大利职业教育的发展产生了重要影响。详见"高中教育"一节。

五、高等教育改革与发展

(一)发展概况

意大利高等教育主要包括大学教育，高等音乐、舞蹈与艺术教育(AFAM)和高等技术学院(ITS)提供的教育。

1. 大学体系

意大利目前共有 96 所大学，包括公立大学 67 所、私立大学 29 所(11 所为远程大学)。②根据意大利教育、大学与科研部(MIUR)的统计，2014—2015学年意大利综合性大学的注册人数超过 170 万人，其中 92% 的学生选择公立大学，8% 的学生选择私立大学。40% 的注册学生集中于 11 所总注册人数超 4万人的综合性大学，70% 的学生选择了 26 个成立于 1945 年以前的大学。③

意大利大学学制分为本科、研究生和博士三个层次，分别对应学士学位、硕士学位和博士学位。除此之外，大学体系还提供可获取相关学位的其他学术课程。

第一层次为本科教育。学生进入本科阶段学习的必要条件是拥有高中毕业证书或从国外取得同等学力的文凭。本科学制为 3 年，学生修满 180 学分方可获得学士学位。

---

① 彭慧敏：《"墨拉蒂改革"——意大利教育与培训制度的重建》，载《中国职业技术教育》，2009(30)。

② MIUR, "Il Sistema Universitario", https：//www.miur.gov.it/web/guest/il-sistema-univer-sitario? inheritRedirect=true, 2019-04-03.

③ 罗红波、孙彦红：《变化中的意大利》，188 页，北京，社会科学文献出版社，2017。

第二层次为研究生教育。其入学基本条件为学生需获得学士学位或在国外取得同等学力的文凭。另外，各学校可自行制定额外的新生准入标准。硕士学制为2年，学生需再获得120学分才能取得硕士学位。

另外，对于实施单周期硕士课程的特定学科领域，包括医学和外科学、兽医、牙科和牙体修复、医药和工业医药、建筑和建筑工程、法学和初等教育学，其学制和学分要求有所不同，详见表7-6。

表7-6 意大利高等教育部分学科学制及学分要求

学科	学制和学分要求
医学和外科学	6年学制 需获得360学分
牙科和牙体修复	
兽医	5年学制 需获得300学分
医药和工业医药	
建筑和建筑工程	
法学	
初等教育学	

资料来源：MIUR, "Il Sistema Universitario Italiano," http://attiminister iali. miur. it/media /211291/il_ sistema_ universitario_ italiano. pdf, 2019-04-01.

第三层次博士研究生教育为意大利高等教育的最高层次，旨在帮助学生习得科学研究的先进方法。入学者需获得硕士学位或在国外取得同等层次的文凭并通过入学考试。最低学制要求为3年，博士毕业时需提交原创论文并通过毕业答辩。

对于医学、临床学和外科学等特定领域，设立专业课程，颁发专业文凭，入学者需获得硕士学位或在国外取得同等学力的文凭并通过入学考试。学制为2年(120学分)至6年(360学分)，视具体学科的情况而定。

另外，学生在获得学士学位或硕士学位后，可分别选择进入一级进修硕士或二级进修硕士就读，进修硕士学制均为一年，学生需在一年内修满60学分，毕业时分别颁发一级硕士学位和二级硕士学位。仅持有进修硕士学历证书的学生无权接受博士研究生教育。

2. 高等音乐、舞蹈与艺术教育体系

目前，意大利高等音乐、舞蹈和艺术教育体系内共有145所院校，其中82所为公立机构。[①] 高等音乐、舞蹈和艺术院校的注册学生接近8.7万人。[②] 高等音乐、舞蹈和艺术院校所授予学生的学位与大学具有同等法律效力，其类型和数量如下(统计信息更新至2018年12月12日)：

(1)20所公立艺术学院。

(2)1所国家戏剧学院。

(3)55所国家音乐学院。

(4)18所前音乐学院。

(5)5所高等艺术工业研究所。

(6)18所国家认可的私立艺术学院。

(7)27所其他提供艺术领域高等教育的机构，可授予同等学位。[③]

意大利高等音乐、舞蹈和艺术教育体系内的院校授予学生的学位与意大利大学体系所授学位具有相同的法律效力(见表7-7)。

表7-7 意大利高等教育学位比较

	大学体系	高等音乐、舞蹈与艺术教育体系
第一层次学位 (1°ciclo)	学士学位 (laurea)	一级学术文凭 (diploma accademico di primo livello)
第二层次学位 (2°ciclo)	硕士学位 (laurea magistrale/specialistica)	二级学术文凭 (diploma accademico di secondo livello)

① MIUR，"Il Istituzioni AFAM Riconosciute"，https：//www.miur.gov.it/web/guest/il-sistema-universitario? inheritRedirect=true，2019-04-01.

② 罗红波、孙彦红：《变化中的意大利》，188页，北京，社会科学文献出版社，2017。

③ MIUR，"Il Istituzioni AFAM Riconosciute"，https：//www.miur.gov.it/web/guest/il-sistema-universitario? inheritRedirect=true，2019-04-01.

	大学体系	高等音乐、舞蹈与艺术教育体系
第三层次学位 (3°ciclo)	研究型博士学位 (dottorato di ricerca)	研究型学术文凭 (diploma accademico di formazione alla ricerca)

资料来源：MIUR，"Afam/Alta formazione，"https：//www. miur. gov. it/web/guest/afam-alta-formazione-artistica-musicale-e-coreutica1，2019-04-01.

3. 高等技术学院(ITS)

高等技术学院属于意大利职业教育与培训的一部分，与高等技术教育与培训课程(IFTS)共同构成意大利职业教育与培训体系中的高中后专科层次阶段。

(二)重要改革和发展

1. 大学教学体制改革(1990年)

1990年，意大利颁布名为《大学教学体制改革》的第341/1990号法案。该项法案通过规定新增短期文凭使得意大利大学可颁发的文凭从3个增至4个，并授予了大学更多的自主权，推进了大学的自治进程。

法案第一条规定意大利大学可颁发以下四种文凭：大学文凭(简称DU)、传统学士学位(简称DL)、专业学位(简称DS)和研究型博士学位(简称DR)。新增的大学文凭又称短期文凭。意大利传统大学学制为4至6年，教学方式传统保守，教学内容偏重学术和理论。短期文凭学制2至3年，其目的是通过短时间的教育，培养适用于特定领域的专业性人才。短期文凭的引入为学生提供了新的选择，丰富了意大利大学体系。

大学有权进行课程设置，在进行课程设置时可以选择两种不同的倾向。第一种是在短期文凭教育中侧重与本科学习的衔接度，有利于学生继续在同一领域内深造，但职业培训较弱。第二种是通过专业教师的教学和培训，培养学生的实操能力，并注重从实践之中收获理论，但学术培养较弱。①

---

① ［意］马里滋亚·朱利奥、［意］卡洛·南尼、梅伟惠：《博洛尼亚进程中的意大利大学改革》，瞿姗姗译，载《浙江大学学报》，2010(1)。

2. 博洛尼亚改革(1999 年)

20 世纪末，意大利传统学位制度弊端凸显：大学生通常不能按时获得本科学位和大学文凭，缺课率、辍学率和肄业率居高不下，传统学位制度封闭单一，不利于实现与外部的人员流动。在此背景下，意大利积极融入欧洲高等教育一体化进程，推进教育现代化。

1999 年，意大利颁布名为《关于大学教学自治的规定》的第 509/1999 号法案。该项法案的颁布是意大利融入博洛尼亚进程、进行大学改革的重要助推器，法案中提出的改革举措主要包含学位体系、学分制度、课程重置等方面。

(1)建立"3+2"学位体系

按照新学制，意大利的本科教育从 4 年缩短至 3 年，建立了"3+2"的基本学位体系。第一级学位为学士，第二级学位为硕士。取得硕士学位后可攻读第三级研究型博士学位，特定领域设置有专业文凭。此外，还通过引入一级硕士和二级硕士丰富了意大利学位体系，改变了意大利封闭单一的传统学位体系。

(2)引入欧洲学分转换体系(ECTS)

意大利引入以欧洲学分转换体系(ECTS)为基础的大学学分(简称 CFU)制。每学分对应学生 25 小时的学习，个人学习时间不得低于总学时的一半。学生每学年应获得至少 60 学分，对应 1500 小时的学习时长。新学分体系的建立为学生实现校际和国家间流动提供了便利。

(3)重置学位课程群

这是按照统一的既定标准和教学目标，对意大利学位课程进行归类，是改革的又一重要举措。自 2001—2002 学年开始，意大利本科教育包括 42 类专业，硕士教育涵盖 104 类专业。不管学校如何命名，其专业都应归属于学位课程群中的某一类。不同大学对于同一专业类型的教学要求基本一致，有利于推进学生流动。

3. "Y"模式的引入(2004年)

博洛尼亚改革中"3+2"培养体制的确立，在一定程度上改善了意大利大学高辍学率和低毕业率的情况，并提高了大学毕业生的平均年龄。然而，学制3年的本科教育难以实现职业技能提高和研究方法习得的双赢，面对这一困境，意大利莫拉蒂改革中提出了新型培养模式。

2004年，意大利教育、大学与科研部部长莱蒂齐亚·莫拉蒂(Letizia Moratti)颁布了第270/2004号法案，对1999年颁布的《关于大学教学自治的规定》进行了修订。其中最主要的改变是引入了"Y"模式的教育体系，即本科一年级时学生需接受统一的教学活动，在第二年时进行分流：一种培养路径致力于帮助学生毕业后顺利进入劳动力市场，具有明显的职业化导向；另一种培养路径则致力于为学生攻读硕士学位，奠定文化知识和学习方法等方面的基础。分流后的两种教育路径可归纳为"1+2"模式和"1+2+2"模式。学生在第一年公共教学中需获得60学分，这部分学分所对应的学习内容具有一致性。对于本科阶段后两年中所需得到的120学分，其对应的学习内容因分流后选择的方向不同而有所不同。

4. 吉尔米尼改革(2008年)

2008年，在金融危机背景之下，意大利教育、大学与科研部部长玛丽亚斯黛拉·吉尔米尼(Mariastella Gelmini)对大学教育进行改革。改革并非是大刀阔斧式的，而是针对大学教育中暴露出的具体问题提出了针对性的解决措施。

(1)削减大学公共经费

吉尔米尼改革中大幅削减大学公共经费。意大利于2008年颁布了第133/2008号法案，法案中规定，大学基金(FFO)在2009年将减少0.635亿欧元；2010年将减少1.9亿欧元；2011年将减少3.16亿欧元；2012年将减少4.17

亿欧元;2013年将减少4.55亿欧元。①

吉尔米尼表示该项缩减大学教育经费的法案可为政府节省大量开支,缓解政府面临的巨额公共财政赤字。不过,学生们则抗议说这项措施会使国家高等教育质量严重下降。法案通过后,意大利多地爆发了抗议性的学生运动和示威游行。

(2)大学管理机构改革

吉尔米尼对校长、大学评议会和行政委员会等管理层进行了改革。其中规定应转变校长角色。校长应实现从行政领导到学校管理者的转变。校长不应是官僚机构中的一分子,而应该作为促进学校良性发展的管理者。校长任期为6年且不可连任,对于在改革前已经就任的校长,这一规则依然有效。大学评议会为学术机构,行政委员会为管理机构,为有效解决二者界限模糊的问题,应对其职责进行明确划分。另外,行政委员会中应有2至3名校外人员,如私人企业或本地政府的代表等,在学校的相关决定中发挥作用。大学评议会和行政委员会成员届期均为4年,仅可连任一次。

意大利大学在财政及教学等方面享有自主权,但其权限与自身行为直接相连,若管理不当,政府会收回部分权限。如改革中明确规定学校应遵循一项基本道德准则:避免任人唯亲现象和亲属连带关系中的利益冲突。若有学校未以公开透明的方式进行人员聘用或资源管理,意大利教育部有权减少对该学校的经费投入。

意大利大学在校与校间可以实现合并,以避免重复和浪费现象的发生,提高教学、科研和管理等方面的质量和效率,实现校园场地和教学设施等各类资源的合理化利用。

---

① Parlamento Italiano, "Legge 133/2008", http://www.camera.it/parlam/leggi/08133l.htm, 2019-04-03.

六、成人教育改革与发展

(一)发展概况

1. 课程类型

意大利的成人教育机构为省级成人教育中心,以及为成人提供二级课程的高级中学,高级中学隶属于省级成人教育中心。① 意大利教育、大学与科研部(MIUR)的最新调查结果显示:截止到 2018 年,意大利共有 130 所省级成人教育中心,分布在各大区。成人教育体系内的课程类型包括:一级课程、二级课程、针对外国成年公民的意大利语学习课程。省级成人教育中心提供一级课程和意大利语学习课程,高级中学提供二级课程。② 在意大利监狱内也提供上述成人教育课程。

一级课程分为两个教学路径:一是帮助学习者获得第一阶段教育的完成证书;二是帮助学生取得义务教育完成证书。学生若想获得义务教育完成证书,须参加成人教育体系内开展的与技术高中和职业高中内教育活动内容相似的公共教育活动。

可以注册一级课程的人包括:未取得意大利义务教育所规定的知识和能力,未获得第一阶段教育完成证书的成年人(包括在意大利居住的外国公民);年满 16 周岁但未获得第一阶段教育完成证书的人;年满 15 周岁且有特殊需求的人(需有大区和大区学校办公室所签订协议的指导);年满 15 周岁且受到过少年司法机关刑事处分的人;年满 15 周岁的无人陪伴的外国未成年人。③

---

① INDIRE, "Viaggio Nell'Istruzione Degli Adulti In Italia Alla Scoperta Di Esigenze, Problemi E Soluzioni", http://www.indire.it/wp-content/uploads/2018/05/Viaggio-istruzione-adulti-in-Italia.pdf, 2019-04-19.

② INDIRE, "Viaggio Nell'Istruzione Degli Adulti In Italia Alla Scoperta Di Esigenze, Problemi E Soluzioni", http://www.indire.it/wp-content/uploads/2018/05/Viaggio-istruzione-adulti-in-Italia.pdf, 2019-04-19.

③ MIUR, "Iscrizioni ai Percorsi di Istruzione", https://www.mlur.gov.it/web/guest/percorsi-di-istruzione, 2019-04-01.

二级课程旨在帮助学习者获得高中毕业文凭或 3 年的职业资格证明，其中高中毕业文凭主要指技术高中、职业高中或艺术高中的毕业文凭。① 教学活动被划分为 3 个阶段：第一个两年、第二个两年和第五年。② 二级课程的注册人群为：持有第一阶段教育完成证书的成年人(包括在意大利居住的外国公民)；年满 16 周岁且已取得第一阶段教育完成证书，但无法白天上课的人。③

意大利语课程旨在帮助在意大利居住的外国成人提高意大利语水平，至少应达到欧洲语言框架内的 A2 等级。④

2. 参与情况

意大利国家文献创新与教育研究协会在 2015—2016 学年和 2016—2017 学年对全国 126 个省级成人教育中心进行了监测。结果显示，在 2015—2017 年，意大利成人教育系统中的学习者数量在所有类型的课程中都有所增加。

在 2016—2017 学年，各种课程的参加人数总计 108539 人，比 2015—2016 学年增加了 18.4%。省级成人教育中心在 2016—2017 学年举办的一级课程相较于上一学年的 989 期增加了 6.9%；2016—2017 学年举办的二级课程相较于上一学年的 1176 期增加了 40.6%。2016—2017 学年参加一级课程的外国成人人数较 2015—2016 学年增长了 14.1%，参加二级课程的人数则增加了 16.9%。⑤

---

① INDIRE，"Viaggio Nell'Istruzione Degli Adulti In Italia Alla Scoperta Di Esigenze, Problemi E Soluzioni "，http：//www. indire. it/wp-content/uploads/2018/05/Viaggio-istruzione-adulti-in-Italia. pdf, 2019-04-19.

② MIUR，" Percorsi di Istruzione"，https：//www. miur. gov. it/web/guest/percorsi-di-istruzi-one, 2019-04-01.

③ MIUR，" Iscrizioni ai Percorsi di Istruzione"，https：//www. miur. gov. it/web/guest/per-corsi-di-istruzione，2019-04-01.

④ MIUR，" Percorsi di Istruzione"，https：//www. miur. gov. it/web/guest/percorsi-di-istruzi-one, 2019-04-01.

⑤ INDIRE，"Monitoraggio relativo ai Centri Provinciali per l'Istruzione degli Adulti"，http：//www. retetoscanacpia. it/wp-content/uploads/2018/05/INDIRE_ monitoraggio_ 107_ CPIA. pdf, 2019-04-29.

意大利监狱中的成人教育课程也有所增加：一级课程数由 259 增至 283；二级课程数由 173 增至 180；意大利语课程数由 302 增至 364。参加一级课程的囚犯从 2995 人增加到 3645 人；参加二级课程的囚犯从 2613 人增加到 2875 人；注册意大利语课程的囚犯人数增加了 8%。[①]

（二）重要改革与发展

1. 地方终身学习中心的创立（1997 年）

1997 年，意大利出台第 455/1997 号政府条例，名为《初等教育总体方针》，规定在意大利各地创办地方终身学习中心（CTP），建在综合研究院或中学中，并在该机构中开展意大利成人教育。这一时期意大利成人教育的推进主要依靠在意大利高中开设夜间课程。

意大利地方终身学习中心开设的课程包含非正式课程和正式课程两类。非正式课程通常为模块化课程，为学习者提供艺术、外语等特定领域的课程；正式课程旨在帮助学生获得官方认可的文凭，如高中毕业文凭，尤其是技术高中和职业高中。教授正式课程的教师为正式的中学教师。意大利中学课程一般开设在上午，为了满足成人需求，成人教育课程开设在晚上。在高中内开设的夜间课程和普通高中生每周课时安排大体一致，仅在运动科学这门课中减少 1 小时。普通高中生每周课时数一般为 36 小时，参加夜间课程的学生，每周课时数一般为 35 小时。

夜间课程最早出现在意大利北部，并迅速发展起来，扩散至全国。最初的注册者主要为在工作领域寻求突破和改变的工人，以及想进入大学的成人。在成人教育体系下获得高中毕业文凭后，学习者可选择进入大学学习。意大利地方终身学习中心创立之后的近十年间，学习者出现了低龄化和国籍多样

---

① INDIRE, "Monitoraggio relativo ai Centri Provinciali per l'Istruzione degli Adulti", http：//www.retetoscanacpia.it/wp-content/uploads/2018/05/INDIRE_ monitoraggio_ 107_ CPIA.pdf, 2019-04-29.

性的趋势。最初注册者主要为已有工作经历的成人,之后越来越多的青少年开始选择注册成人教育系统,其中不乏被学校劝退的学生。另外,随着移民增多,很多外国人为了更好地融入意大利,选择在成人教育体系内接受语言和文化知识的学习。

2. 省级成人教育中心的创立和成人教育改革(2012 年)

为了适应学习型社会的发展趋势,满足公民日益多样化的教育和培训需求,意大利于 2012 年开展成人教育改革,其标志为 2012 年颁布的名为《有关成人教育中心教学组织结构重新定义总体规则的条例》的第 263/2012 号法案。法案中提出创立省级成人教育中心,以此替代之前的地方终身学习中心。省级成人教育中心与地方终身学习中心相比,最大的革新在于自主权的提升。省级成人教育中心作为自治性教育机构,主要负责人为一名校长和一名主管行政工作和一般服务的主任,该机构与意大利地方政府和劳动力市场进行联结,在教学和组织结构上都更为灵活,旨在制定可满足注册者多样性和特殊性学习需求的教学路径,如夜间课程不是仅仅作为日间课程的复制品,而是根据注册者的需求和特征形成独立的教学体系。

3. 成人教育创新行动计划(P. A. I. DE. I. A. 2014—2017 年)

2014—2015 学年,意大利教育、大学与科研部(Miur)提出成人教育创新行动计划,被称作 P. A. I. DE. I. A. 计划。负责实施该计划的机构是意大利国家文献创新与教育研究协会(Indire)、意大利国家教育系统评估研究所(Invalsi)和大区学校办公室。伴随 2015 年第 51/2015 号法案的颁布,P. A. I. DE. I. A. 国家小组得以成立,并由该组织负责成人教育创新行动计划指导方针的制订工作。①

意大利成人教育创新行动计划为期 3 年,旨在通过设计并提供专业发展

---

① MIUR, "Misure Nazionali di Sistema", https：//www. miur. gov. it/web/guest/misure-nazi-onali-di-sistema, 2019-04-11.

性活动，促进省级成人教育中心的自主化。成人教育创新行动计划中的活动，由省级成人教育中心中的工作人员和提供二级课程的高中职员设置。① 在2014—2017 年，成人教育创新行动计划具有分别的目标和规划，依次递进。成人教育创新行动计划主要通过研讨会的方式实施，研讨会可通过线上线下双渠道推行，参加人员有专家学者、省级成人教育中心的教职工等，旨在培训分布在全国各地的省级成人教育中心的管理者、教师和其他工作人员，以巩固并更新其在各级别课程组织上的所需技能，并针对教学活动和未来课程安排进行梳理。研讨会虽具有一定性质的培训意义，但更重要的是通过领域专家之间的交流，进行理论和思想的碰撞，从而形成富有成效的研讨结果。②

七、全纳教育改革与发展

(一)发展概况

意大利国家统计局(ISTAT) 发布的报告显示：2017—2018 学年，在意大利所有学校(包含幼儿园和中小学)中，共有 272167 名残疾学生，占学生总数的 3.1%。③ 2016—2017 学年，意大利小学和初中残疾儿童数量约为 16 万人，较上一学年来看，残疾儿童数量增加 3000 人。其中小学残疾儿童共有 9 万人，占小学注册学生总数的 3.2%，2001—2002 学年所占比例为 2.1%；初中共计 6.9 万人，占注册学生总数的 4%，2001—2002 学年所占比例为 2.1%。意大利小学和初中残疾儿童的男女比例极为不平衡，男生占比高达 64%，具

---

① EACEA NATIONAL POLICIES PLATFORM, "Developments and Current Policy Priorities", https：//eacea.ec.europa.eu/national-policies/eurydice/content/developments-and-current-poli-cy-priorities-38_ en, 2019-04-11.

② European Commission, " Il piano P.A.I.DE.I.A.：il mondo dell'istruzione degli adulti si confronta e si forma", https：//epale.ec.europa.eu/is/node/46388, 2020-03-11.

③ ISTAT, " Anno Scolastico 2017-2018 L'Inclusione Scolastica：Accessibilità, Qualità Dell'Offerta e Caratteristiche Degli Alunni Con Sostegno", https：//www.istat.it/it/flles/2019/01/Alunni-con-sostegno-as-2017_ 18.pdf, 2019-02-19.

体来看，其在小学和初中分别占比为 68.1% 和 64.3%。①

近年来，随着残疾儿童数量的提升，完善全纳教育已经成为意大利教育体系中必须面对的问题。为促进学校一体化，保障每位学生的受教育需求，意大利提出的相关举措及现状如下。

1. 建设辅助管理机制

（1）设置支持教师

在意大利学校中设置支持教师岗位，支持教师负责协助普通教师，满足班级内残障学生的特殊需求，促进学校一体化建设。这是意大利实现全纳教育的重要举措之一。然而，支持教师不仅仅是专为班级内的残疾学生而存在的，更是被视为完善班级管理的一种特殊教育资源。②

据意大利教育、大学与科研部统计，截至 2017—2018 学年，意大利中小学和幼儿园中共有 15.6 万名支持教师，支持教师与残疾学生的师生比总体为 1∶1.5，已经超过意大利第 244/2007 号法案中所规定的 1∶2 的师生比，其中意大利南部师生比为 1∶1.3，中部为 1∶1.4，北部为 1∶1.6。③

支持教师理论上是指接受过特殊教育相关培训的教师，因此具备过关的专业知识，可以辅佐普通教师为有特殊教育需求的残疾学生提供帮助。然而，由于专业支持教师的匮乏，目前意大利 36% 的支持教师是从课程教师的名单

---

① ISTAT, " Anno Scolastico 2016—2017 L'Integrazione Degli Alunni Con Disabilità Nelle Scuole Primarie e Secondarie Di Primo Grado ", https：//www.istat.it/it/files/2018/03/alunni-con-disabilità-as2016—2017.pdf? title = Integrazione + degli + alunni + con + disabilità +-+ 16% 2Fmar% 2F2018+-+Testo+integrale+e+nota+meto dologic a.pd f：18, 2019-02-19.

② MIUR, " Alunni Con Disabilità ", https：//www.miur.gov.it/alunni-con-disabilità. 2019-04-01.

③ ISTAT, " Anno Scolastico 2017—2018 L'Inclusione Scolastica：Accessibilità, Qualità Dell'Offerta e Caratteristiche Degli Alunni Con Sostegno ", https：//www.istat.it/it/files/2019/01/Alunni-con-sostegno-as-2017_ 18.pdf, 2019-02-19.

中挑选出来的，这一情形在北部更为严峻，比例高达 49%，南部则为 21%。①

（2）成立学校残障工作组

根据第 104/1992 号法案的规定，意大利每所学校中都设有学校残障工作组（简称 GLHI），成员包含校方代表、学生家长、当地医疗机构及地方政府人员等。在高中，学校残障工作组还包括学生代表。这一工作组的特别之处在于，参与者不仅仅是全纳教育的直接相关者，如支持教师、残疾学生及其家长等，而且还包括学生。设立学校残障工作组是为了协助校长进一步落实全纳教育工作，如确保个人教育计划的顺利实施，促进普通教师、支持教师、医疗人员和学生家长等的协同合作等。②

（3）政府专员进行辅助

意大利地方政府（市级政府和大区政府）为促进学校一体化建设，保障特殊教育需求，派遣护理人员和交流人员进入学校，为残疾学生提供帮助，使其用合适的方式接受学校教育。护理人员主要负责残疾学生身体方面的问题，重点面向缺乏自主能力的学生。交流人员则负责残疾学生感知方面的问题，帮助残疾学生以恰当的方式进行沟通。两类专员的具体服务内容因地区而异，但总体来讲，专员的任务在于：当残疾学生在上课过程中遇到困难时，为其提供适当帮助。因此，与支持教师不同的是，政府任命的专员，工作对象仅包含有特殊教育需求的残疾学生，而不包括班级内其他学生。③

---

① ISTAT, " Anno Scolastico 2017—2018 L'Inclusione Scolastica：Accessibilità, Qualità Dell'Offerta e Caratteristiche Degli Alunni Con Sostegno", https：//www.istat.it/it/files/2019/01/ Alunni-con-sostegno-as—2017_ 18.pdf, 2019-02-19.

② MIUR, " Alunni Con Disabilità", https：//www.miur.gov.it/alunni-con-disabilità. 2019-04-01.

③ MIUR, " Alunni Con Disabilità", https：//www.miur.gov.it/alunni-con-disabilità. 2019-04-01.

2. 完善物质资源建设

(1)建设无障碍设施

根据意大利第 503/1996 号总统条例中的规定，学校应建设适用于残疾人的无障碍设施，如残疾人可用电梯，长乘宽不低于 1.4×1.1 米；符合残疾人标准的卫生设施；符合标准的步行梯；门宽不少于 0.9 米；学校入口的残疾人坡道的坡度小于 8%；为盲人设置有声标识；为聋哑人设置视觉标识；设置适用于盲人的有凹凸的可触地图等。[①]皆满足要求的学校被称作"从身体诉求层面来讲符合要求的学校"。目前意大利仅有 32% 的学校达到了上述要求，其中意大利北部合格学校达 40%，中部为 32%，南部仅有 26%。有声标识、视觉标识和可触地图中至少有一个达标的学校，被称作"从感知诉求层面来讲符合要求的学校"，目前意大利仅有 18% 的学校达到标准。南北部差异依然显著：北部学校有 22% 达到标准，南部学校中仅有 13% 达到标准。[②]

(2)高新技术支持

意大利地区支持中心(CTS)负责收集、存储并传播有关全纳教育的知识和资源，其中包含前沿实践、培训课程和以新兴技术为媒介的有利于全纳教育的软硬件资源，支持学校购买新型科技产品并协助学校实现对其的有效利用。地区支持中心伴随"新兴技术和残疾"(NTD)计划而兴起，目前，在意大利共有约 100 个地区支持中心。"新兴技术和残疾"计划于 2007 年由意大利教育、大学与科研部推出，旨在通过为意大利各级各类学校提供高新技术支持，

---

① ISTAT，"Anno Scolastico 2016—2017 L'Integrazione Degli Alunni Con Disabilità Nelle Scuole Primarie e Secondarie Di Primo Grado"，https：//www.istat.it/it/files/2018/03/alunni-con-disabilità-as2016—2017.pdf? title = Integrazione + degli + alunni + con + disabilità +-+ 16% 2Fmar% 2F2018+-+Testo+integrale+e+nota+meto dologic a.pdf：18，2019-02-19.

② ISTAT，"Anno Scolastico 2017—2018 L'Inclusione Scolastica：Accessibilità，Qualità Dell'Offerta e Caratteristiche Degli Alunni Con Sostegno"，https：//www.istat.it/it/files/2019/01/Alunni-con-sostegno-as—2017_ 18.pdf，2019-02-19.

辅助残疾学生实现自身教育诉求，促进全纳教育的推行。①

适用于全纳教育的新型科技工具类型多样，如利用盲人打印机把电脑中的普通文字打印成盲文，方便盲人学生阅读；借助语音合成工具帮助聋哑人实现语言交流，并可通过改变声调、声速、阅读模式、语言满足多样需求等。②

3. 制订区分性计划

（1）制订个人教育计划（PEI）

个人教育计划中包含教学目标、教学方法、教学标准和学生评估等内容。在个人教育计划的指导下，残疾学生有自己的学习路径，校长教师应遵照计划进行工作安排，并实施教学任务。对于小学生和初中生来讲，学校会在个人教育计划的指导下设置区别于普通学生的评价体系，残疾学生通过既定考试即可获得初中文凭，仅在学生未能按照个人教育计划完成学习计划的情况下不可获得毕业文凭。高中阶段这一情形发生改变：学生出席课程的权益可以得到保证，但却不一定获得高中毕业文凭。残疾学生在高中阶段有两条路径可选，一为课程型路径，旨在满足高中阶段的最低课程要求，最终可获得高中毕业文凭；二为区分型路径，仅保证学生有参加课程的权益，最终得到课程出勤证明，而非具有法律效力的毕业文凭。③

（2）制订个性化教学计划（PDF）

个人教育计划适用于残疾学生，但具有阅读障碍、写作障碍、拼写障碍

---

① MIUR, " Alunni Con Disabilità ", https：//www.miur.gov.it/alunni-con-disabilità. 2019-04-01.

② ISTAT, " Anno Scolastico 2016—2017 L'Integrazione Degli Alunni Con Disabilità Nelle Scuole Primarie e Secondarie Di Primo Grado", https：//www.istat.it/it/files/2018/03/alunni-con-disabilità-as2016—2017.pdf? title = Integrazione + degli + alunni + con + disabilità +-+ 16% 2Fmar% 2F2018+-+Testo+integrale+e+nota+meto dologic a.pdf：17, 2019-02-19.

③ MIUR, " Alunni Con Disabilità ", https：//www.mlur.gov.it/alunni-con-disabilità. 2019-04-01.

和计算障碍这类特定学习障碍(DSA)的学生被排除在外,学校为其设置单独的个性化教学计划。个性化教育计划由班级委员会制订,为纲领性文件,针对被认定为具有特定学习障碍的学生。个性化教育计划的制订建立在了解对象学生身心发展状况的基础之上,并致力于在适当范围内满足其教育需求。例如,对于有阅读障碍的学生,长篇阅读不仅不利于其阅读能力的开发,反而有可能造成其学习热情的损耗。因此,应根据具体情况和特定需求量体裁衣、因材施教。①

(二)重要改革与发展

1. 全纳教育体系的确立和发展

意大利于1992年出台了名为《关于社会援助、全纳和残疾人权利的框架》的第104/1992号法案,该法案的颁布是意大利全纳教育发展历程中的里程碑事件。法案中提出应通过家庭、学校、工作和社会的整合,保障残疾人的尊严和自由自主的权利,这也是第104/1992号法案的特别之处。通过社会融合,保证残疾人的权益,将学校放入整个社会体系之中,将受教育的权利纳入到残疾人所有合法权益之中,而不是单独强调学校整合和特殊教育的促进。就有关受教育的权利,法案中提到:残疾人有进入托儿所、幼儿园、中小学和大学等各级各类学校的权利,残疾学生受教育的权利不应因为疾病问题而被阻碍。全纳教育的实现应在学校、地方政府、当地医疗机构(ASL)等协同合作下共同完成,学校在进行一体化建设时应以发展残疾学生学习、交流、人际交往和社会化为目标,学生的评价体系应建立在个人教育计划(PEI)的基础之上。

进入21世纪后,关于全纳教育发展的相关法案和公告基本上都重点指向教师、特殊需要的学生以及课程等,旨在提升全纳教育质量。例如,2003年

---

① MIUR, "Alunni Con Disabilità", https://www.miur.gov.it/alunni-con-disabilità. 2019-04-01.

意大利颁布的《国家关于普通教育标准、职业教育及其培训等级的规定》(第53/2003号法案)和2004年颁布的《关于幼儿园和小学教育相关规则的定义》(第59/2004号法案)规定：延长义务教育年限；调整课程；缩小全纳教育班级容量；发展新方法招募和培训教师；在全国范围内实施国家评价体系，检测教学质量；为学前教育和继续教育提供支持，满足其发展需求等。①

2.《学校全纳教育新规》的颁布

在吉尔米尼改革中，意大利颁布了名为《学校全纳教育新规》的第170/2010号法案和有关学生评估体系的第122/2009号法案，其中对意大利全纳教育进行了新的规定，主要针对于有特定学习障碍(DSA)但没有认识缺陷和神经病理的学生。学习障碍包含阅读障碍、写作障碍、拼写障碍和计算障碍，法案规定，为更好地保障此类学生受教育的权利，应建立早期诊断和康复教育机制、健全教师支持体系、创新学生评估方式，并在教育和培训过程中加强家庭、学校和卫生系统之间的关系。

早期诊断工作由意大利国家卫生系统认可的专业机构负责，家庭应配合学校完成相关程序，若学生被确诊患有学习障碍，卫生机构将为其提供诊断证明。学校应为患有学习障碍的学生量体裁衣，制定符合其自身身心状况和学习需求的个性化教学方案，在制定个性化教学方案时，考虑到学生的学习能力和接受能力，应删减部分学科内容，减轻学生的学习任务。另外，在对患有学习障碍的学生群体进行学习成果检测时，可适当放宽考试要求。如在一定情况下学生可被允许使用电脑、计算器等科技工具；可适度延长考试时间；可酌情减少考试内容等。考核方式是学生个性化教学方案的组成部分，有关考核具体措施的制定需要班级委员会达成一致意见，并与学生家长进行

① Italian Eurydice Unit, "Structures of education and training systems in Europe：Italy", http：//www.indire.it/lucabas/lkmw_？le/eurydice/STRUTTURE_ 2009_ 2010_ EN.pdf, 2019-03-18.

协商，必要时可以寻求专业医生的帮助。①

3. "好学校"改革中关于全纳教育的新规

在2015年开展的"好学校"改革对于全纳教育的相关规定进行了调整，主要针对先前出现的问题提出了纲领性的举措，如由于支持教师供需不平衡，无法保证残疾学生在同一所学校就读期间支持教师的统一性，若更换频繁不利于残疾学生的学习。因此，"好学校"改革中指出，应尽量保证支持教师的连续性；全纳教育在多方协助下共同实现，但易出现不同主体间相互推诿的情况，因此应对学校、卫生系统和社会方面的具体职责进行划分，促进其协同合作；对全纳教育中的自我评估和外部评估的指标进行调整，使其更为公平合理等。

第四节 教育思想

意大利在这一时期重要的教育思想是瑞吉欧教育学。这是一种以意大利北部城市瑞吉欧-艾米莉亚的社区幼儿园和托儿所的育儿哲学为导向的教育学。这些"童年的工作坊"深受劳瑞斯·马拉古奇(1920—1994)的影响。他将儿童视为是从一出生就有能力的、丰富的、强大的，应给予孩子自己发声的机会，其做法不是由成年人为儿童做记录，而是让孩子们自己用100种语言来表达自己。在意大利，瑞吉欧教育学通过"儿童的100种语言"的展览变得国内外知名。1981年，第一个展览在斯德哥尔摩举办，之后在全世界巡回展览。马拉古奇还提出了著名的"三个教育者/教师"的概念。第一个教育者是同龄的儿童，他们是特定的儿童文化的承载者和创造者。第二个教育者是成年

---

① Caprioli Michiele, "Come è cambiata la scuola? Un bilancio della riforma Gelmini", *Aggiornamenti sociali*, 2014(1).

人，他们让这种儿童文化成为可能，并且支持孩子建立情感依恋的努力。第三个教育者是空间，带着其可能性和要求。瑞吉欧教育学以城市名命名，因为这种教育哲学将对孩子的教育视为是由父母、教师和公民团体所构成的社区的共同任务。①

"孩子是拥有权利的"这一批判性信念是瑞吉欧教育学的基础。孩子这一学习者的形象被视为权利的主体，"如果孩子有合法的权利，那么他们理应有发展自我的机会"。孩子天生所具有的智慧为个人成长成才做好了准备。孩子是强大的、能干的、富有创造力的、好奇心强的、充满潜力的且具有欲望的。孩子的本性应该得到重视，教育者应听取孩子内心的声音。应顺应儿童本性开发其潜能并保护其美好天性，而非一味干扰。因此，在教育过程中，儿童这一主体性角色被视为知识的积极建构者，儿童拥有能力和潜力，天生渴望学习与理解世界。儿童并非施教者，而是同教师和其他人在一起，发现和建构解决问题的方法。学习不是为孩子做的事，而是孩子自己所做的事。孩子通过与教师、同伴、环境等进行互动，主动建构知识。②

教师这一角色不是简单的知识传授者，而是学习过程中的协助者、合作者和共同学习者。同时，教师也要承担"研究员"的角色。教师有责任观察和记录学生的动态成长过程，并对孩子的行为反应和日常变化进行研究，实现动态化和精准化了解，对孩子的行为最大限度地理解，观察学生的兴趣、能力，并为学生提供充分的自然成长空间。③ 教师在同孩子共同建构知识的过程中，高度重视儿童与成人之间的相互交流，实现双向的沟通与成长。如果把

---

① Anna Winner, "Das Münchener Eingewöhnungsmodell—Theorie und Praxis der Gestaltung des Übergangs von der Familie in die Kindertagesstätten", https: //www. kita-fachtexte. de/fileadmin/Redaktion/Publikationen//KiTaFT_ winner_ 2015. pdf, 2019-08-25.

② Hewett, Valarie Mercilliott, "Examining the Reggio Emilia approach to early childhood education, " *Early Childhood Education Journal*, 2001 (29), pp.95-100.

③ Vakil Shernavaz, Freeman Ramona & Swim Terry, "The Reggio Emilia Approach and inclusive early childhood programs, " *Early Childhood Education Journal*, 2003 (30), pp.187-192.

教育过程比作游戏，儿童和成人作为游戏参与方是平等的。因此，无论儿童还是成人，都应根据游戏规则、对手特性和当日状态进行自我调整，以促进最佳的成长和学习。可见，教育不是教师或学生一方的单打独斗，而是协同合作的过程。①

秉持瑞吉欧教育观的教育家认为，学校不是传播知识的地方。相反，学校是一种环境，使得孩子可以成为知识和文化的生产者与创造者。孩童时期可以呈现出人类最好的状态，孩子应被视为当下的社会公民，而不仅仅是未来的公民。教育是建立知识和能力的过程，而非传授知识的过程。幼儿教育的目的不是为给之后的学习打基础，而是一段非常重要的发展孩子对世界非凡好奇心的时期。②

瑞吉欧教育观作为一种哲学方法，专注于理解儿童本性并尊重儿童本能，并以此为基础制定教育项目。在瑞吉欧教育中，重要的不是最终的输出性成果，而是学习过程。瑞吉欧教育非常重视培养儿童的艺术修养，尤其是美术能力。因为艺术素养和儿童创造力相关，而创造力可以影响儿童的表达方式。在教学环境布置上，其十分重视审美性、空间灵活性和物体透明性，环境被视为第三位老师。孩子可以同环境发展出良性互动，有益于其创造文化和知识，自然发展其潜能。③

瑞吉欧教育学中，"包容性幼儿计划"是重要部分。在这一计划下，残障儿童被视为课堂上的平等成员。残障儿童的社交能力和适应能力得到明显改

---

① Hewett, Valarie Mercilliott, "Examining the Reggio Emilia approach to early childhood education," *Early Childhood Education Journal*, 2001 (29), pp.95-100.

② Dodd-Nufrio &Arleen Theresa, "Reggio Emilia, Maria Montessori, and John Deway: Dispelling teachers' misconceptions and understanding theoretical foundations", *Early Childhood Education Journal*, 2011 (39), pp.235-237.

③ Santin Mercè Fernández & Torruella Maria Feliu, "Reggio Emilia: An Essential Tool to Develop Crital Thinking in Early Childhood", *Journal of New Approaches in Educational Research*, 2017 (6), pp.50-60.

善，其他儿童对残障儿童的接受度也大大提高，儿童之间的合作意识和尊重意识明显增强。① 瑞吉欧教育可在较大程度上开发儿童潜力，尤其是建立人际关系的能力、沟通能力和游戏技巧。有特殊需求的残障儿童也可以在瑞吉欧教育法中得到充分的尊重，并发展出与自身潜力相匹配的社会能力。②

公立小学学前班中盛行的标准化考试模式，使得幼儿教育陷入危机。实际上，将幼儿教育计划建立在游戏基础之上的方式可以尊重儿童本性。因此，以建构主义为基础的自然学习的教学模式和教育理念至关重要。③对儿童正面形象的认可是瑞吉欧教育学的主要原则之一，它相信每个孩子都有与他人交流、参与学习并与周围环境建立关系的欲望。④这种"充分尊重孩子的个人能力，将孩子视为教育的积极参与者"的教育观念，为孩子提供了更多适当的、有益的、有价值的和欢乐的学习经历。⑤

---

① Vakil Shernavaz, Freeman Ramona & Swim Terry, "The Reggio Emilia Approach and inclusive early childhood programs," *Early Childhood Education Journal*, 2003 (30), pp.187-192.

② Hong Seong Bock &Shaffer LaShorage, Han Jisu. "Reggio Emilia inspired learning groups: Relationships, communication, cognition and play", *Early Childhood Education Journal*, 2017 (45), pp.629-639.

③ Heidi Alene Harris, "Parental Choice and Perceived Benefits of Reggio Emilia Inspired Programs", PhD diss., the United States: Walden University, 2019.

④ Dodd-Nufrio &Arleen Theresa, "Reggio Emilia, Maria Montessori, and John Deway: Dispelling teachers' misconceptions and understanding theoretical foundations", *Early Childhood Education Journal*, 2011 (39), pp.235-237.

⑤ Heidi Alene Harris, "Parental Choice and Perceived Benefits of Reggio Emilia Inspired Programs", PhD diss., the United States: Walden University, 2019.

第八章

20 世纪末至 21 世纪初期的芬兰教育

第一节　教育改革与发展的背景

芬兰教育的发展与其特殊的历史发展轨迹、现代社会状况和国际化进程等有密切的关系。其中最主要的影响因素包括北欧福利社会体系、苏联的解体、知识社会的转型和经济全球化等。

一、北欧福利社会体系

作为北欧福利体系的一个成员，芬兰起步较晚。芬兰建设福利社会的重要时期是第二次世界大战后的 1945 年至 1949 年，但是直到 20 世纪 60 年代甚至 70 年代末，芬兰才满足了北欧福利模型的大多数标准。将北欧国家与其他80 年代的欧盟国家进行比较，其最独特之处是与凯恩斯主义相伴随的"充分就业"政策，北欧国家的失业率保持在较低水平（4%），而欧盟国家为 10%。北欧妇女在家庭外工作的人数占工作年龄妇女的 70% 以上，而在欧盟国家中这一比例为 50%。作为社会福利体系的一个重要组成部分，芬兰在教育方面进行了系统的巨额投资。特别是在 20 世纪下半叶以后，芬兰教育水平迅速提高，如今已成为经合组织国家中教育水平最高的国家之一。①芬兰所秉承的福利社会制度深深影响着芬兰教育政策和理念。但是自20世纪90年代以来，芬兰的福利社会体系因国际环境变化等因素的影响，不断受到冲击。

二、苏联解体对芬兰的影响

从1917年建国一直到第二次世界大战结束，芬兰在欧洲一直是一个相对落后的农业国家，主要的工业是伐木和造纸。第二次世界大战后，芬兰作为战败国通过提供船舶和机械等产品的方式向苏联支付战争赔款，也因此构建起了自己的工业体系。1952年，芬兰付清了所有战争赔款，但苏联已经依赖芬兰的产品并成为芬兰工业产品的重要市场。到20世纪70年代，芬兰的森林工业和金属工业成为国家两大支柱产业，产值占全国总产值的60%，芬兰进入工业化时代。到90年代，除了一些农场主外，芬兰几乎所有的农村劳动力都迁至城镇。与工业化进程相伴的是不断完善的福利社会体系，为国民提供医疗、教育和养老的福利以及失业救济等。②

芬兰经济持续发展的势头一直保持到1989年的苏联解体。因为芬兰的市场过于依赖于苏联，芬兰的企业因为失去了订单而大面积破产、裁员，这也导致重大信贷违约和银行危机，造成了芬兰历史上最严重的经济萧条。经济衰退在1993年达到了最高点，当时失业率接近20%，利率为15%，芬兰国民

---

① Risto Rinne, "The Globalisation of Education: Finnish education on the doorstep of the new EU millennium", *Educational Review*, 2000(2), pp.131-142.

② Richard Lewis, *Finland*, *Cultural Lone Wolf*, Yarmouth, Intercultural Press, 2005, pp.32-42.

生产总值连续 3 年下降。[1] 这极大地挑战了芬兰的福利制度。由于税收不足以支撑国家的福利开支，芬兰的议会开始讨论是否用新西兰模式取代福利社会体制。新西兰被誉为 20 世纪 80 年代后期和 90 年代初"新公共管理运动"中的典范，在国家管理中重视绩效和市场的作用。但是，最终芬兰还是选择了继续走福利社会的道路，并卖掉了一些国有企业弥补政府的财政匮缺。与此同时，芬兰人意识到芬兰没有矿产等工业资源，刚刚发展起来的工业体系过分依赖国外市场，十分脆弱，国家发展所能依靠的只有人才[2]，而人才的素质取决于教育的质量。新公共管理主义所强调的效率和效果，成为芬兰教育政策过程的重要讨论议题。正是在这一最困难的时期，芬兰教育投入的 GDP 占比只用了数年时间就从 1989 年的 5.1% 提升到 1993 年的 7.5%[3]。

三、向知识社会转型

20 世纪 90 年代初苏联解体对芬兰的经济造成严重的打击，芬兰政府为挽救芬兰经济和闯过难关，制定了国家复兴战略，其中一个重要项目就是优先发展高科技和知识密集型产业，并把芬兰建设成为信息技术强国，这使芬兰成为世界上最早向知识社会转型的国家之一。90 年代成为芬兰从投资驱动型经济走向创新驱动型经济的转折点。

---

[1] Seppo Honkapohja, Erkki Koskela, "The Economic Crisis of the 1990s in Finland", In *Down from the Heavens, up from the Ashes: The Finnish Economic Crisis of the 1990s in the Light of Economic and Social Research*, edited by Jorma Kalela, Jaakko Kiander, Ullamaija Kivikuru, Heikki A. Loikkanen, and Jussi Simpura, Helsinki, Government Institute for Economic Research, 2001, pp. 51-99.

[2] 蔡瑜琢：《从福利制度走向市场化——芬兰高等教育改革透视》，载《比较教育研究》，2012 (1)。

[3] 世界银行：https://data.worldbank.org/indicator/SE.XPD.TOTL.GD.ZS? end=2017& locations=FI&start=1970&view=chart。

芬兰构建知识社会主要是通过建立和实施国家创新系统来实现的①，具体措施如下：第一，深化实施经济开放的政策，这是为了重新定位芬兰在世界市场上的地位。第二，重视微观经济政策以提高竞争力。第三，新成立的科学技术政策委员会(STPC)为以信息和通信技术(ICT)为主导的经济增长以及建立"国家创新系统"制定了议程，为研发(R&D)和高等教育机构提供了更多资金。②在这样的背景下，教育部在1994年制定了芬兰信息社会教育、培训和研究的发展战略，政府在国家经济和财政困难的情况下，仍然保证了对高等教育和高新技术研究的投入，这为芬兰成功摆脱经济危机和实现经济转型起到了至关重要的作用。因为芬兰的人口相对较少，所以国家要尽可能保障每一个人都要接受良好的教育，并人尽其才。这些新的政策造就了两个奇迹——诺基亚和芬兰教育。③

四、经济全球化进程

在基于新自由主义的经济全球化影响下，以及面对欧盟政策对市场和竞争力的强调，芬兰不可避免地受到市场的冲击，基于福利社会的传统教育政策也面临挑战。新自由主义强调市场竞争和标准化，这往往造成效率优先于公平、专业自主缺失。新自由主义对教育的影响，最具标志性的事件是英国1988年颁布的《教育改革法案》。④这个法案不仅影响了英国的教育，也在很大程度上影响了世界教育改革的潮流。其关键词包括学校自治、父母选择、私

---

① Finnish Ministry of Education and Finnish Ministry of Employment and the Economy, *Evaluation of the Finnish national innovation system*: *policy report*, Helsinki, Taloustieto Oy, 2009, pp.9-11.

② Halme, Kimmo, Ilari Lindy, Kalle A. Piirainen, Vesa Salminen, and Justine White, *Finland as a Knowledge Economy 2.0*: *Lessons on Policies and Governance*, The World Bank, 2014, p.3.

③ 蔡瑜琢:《芬兰教育成功的秘密，能学吗?》，载《中国教师》，2015(19)。

④ Andy Hargreaves, Dennis Shirley, *The Fourth Way*: *The Inspiring Future for Educational Change*, Thousand Oaks, Corwin, 2009, pp.8-11.

有化、放松管制、管理主义、经济理性主义、以结果为导向的评估等。这些随着经济全球化而盛行的教育改革浪潮也影响到芬兰的教育政策。芬兰的教育政策逐渐偏离追求地区、社会、经济和性别平等为目标的理想，芬兰在其教育政策中适应了经济全球化世界的总体思路。①但是由于根深蒂固的福利社会理念的存在，芬兰的教育发展处于福利社会和新自由主义两种不同逻辑的张力中，而芬兰在调和不同理念的冲突中发展出了芬兰模式。②

第二节　教育体制的基本结构

芬兰政府的教育文化部负责教育事务的管理，具体负责制定教育相关的法令、法律和重大决策，为决策者的决定提供必要的信息。芬兰教育文化部负责大学的经费投入。教育文化部下属有两个重要的部门。一个是国家教育署，负责学前和基础教育的课程大纲制定和教育国际合作等。该部门是2017年芬兰国家教育委员会和国际交流署合并而成的。另一个是芬兰科学院，负责竞争性的科研经费管理和使用。此外，芬兰的教育评估中心作为独立的机构，负责对幼儿教育到高等教育的办学情况进行评估，其评估的重点在于保证学校构建不断完善的机制和提升质量的能力，而不是以结果为导向。

芬兰教育体制如图8-1。简言之，芬兰教育系统包括幼儿教育、学前教育、基础教育（小学和初中教育）、高中教育（包括普通高中和职业高中）、高等教育和成人教育（融入高中和高等教育）。③

---

① Risto Rinne，"The Globalisation of Education：Finnish education on the doorstep of the new EU millennium"，*Educational Review*，2000（2），pp.131-42.

② Andrew Hargreaves，Gábor Halász，Beatriz Pont，*School leadership for systemic improvement in Finland：A case study report for the OECD activity Improving school leadership*，OECD，2007，p.14.

③ Ministry of Education and Culture，Finland：https：//okm.fi/en/education-system.

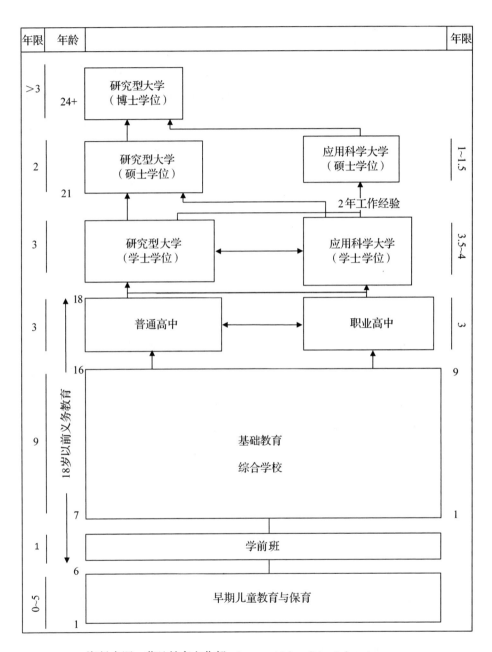

资料来源：芬兰教育文化部，https：//okm.fi/en/education-system

图 8-1　芬兰教育体制结构图

芬兰学前教育包括幼儿教育和学前班,其中为期1年的学前班教育从2015年8月1日开始纳入义务教育。幼儿教育的对象主要是从8个月到5岁的幼儿,6岁的孩子进入学前班学习,学前班可以设置在幼儿园或者小学。幼儿园的形式包括公办幼儿园、私立幼儿园和家庭日托等。地方政府负责确保根据儿童和家庭的需要提供学前教育。芬兰教育和文化部负责学前教育的总体规划、指导和监督。从2021年8月1日起,芬兰开始进行两年制学前班教育的试验,有三分之一的城市参加到这个试验项目中,该项目将在2024年进行评估。

芬兰基础教育阶段的小学和初中属于义务教育。一般情况,学生7岁进入基础教育阶段学习,到15岁结束。一至六年级的大多数课程由班主任教师教授,而七至九年级的课程是由专业课教师教授。在芬兰,有的学生可以在同一所学校接受一至九年级的教育,而有的学生需要在不同的学校分别接受一至六年级和七至九年级的教育。在义务教育阶段,学校教育是免费的,学校提供学生学习所需要的教科书和学习用品,还提供免费午餐。学校还配备护士、牙医和心理医生等,以保障学生的身心健康。为学生和社工提供免费的社会支持服务。芬兰地方政府提供教育资源并对学校进行管理。

九年级结束后,大约有一半的学生进入普通高中学习,另一半去职业高中就读,但在两类学校的学生可以相互选课。特殊教育是通过全纳教育的方式开展的,即在主流教育中为有特殊需要的学生提供额外的和多种形式的支持。

芬兰普通高中教育,顾名思义是提供普通教育,这也意味着学生在普通高中毕业后,不能获得任何特定的职业资质。普通高中教育通常需要3年完成。芬兰普通高中的课程并不以固定年级授课为基础,而是学生根据自己的计划参加必修和选修课程学习。从2021年8月1日开始,芬兰将高中教育纳入义务教育范畴。在普通高中的最后一年,学生将参加全国毕业会考。会考成绩会成为芬兰高等院校录取学生的重要参考。

芬兰职业高中的主要目标是提供学生在特定领域所需的基本技能，学制是3年。在职业教育和培训开始之初，芬兰教育机构将和学生一起为学生制订个人能力发展计划，其中概述了学习的内容、时间表和方法。职业教育和培训也可以通过学徒协议或培训协议在工作场所提供。年轻人和成年人都可以申请职业教育和培训。不论是普通高中还是职业高中的毕业生都有资格申请进入高等教育阶段学习。

芬兰高等教育系统包括大学和应用科学大学。大学提供以研究为导向的教育，而应用科学大学提供更多实践教育，旨在满足劳动力市场的需求。按照博洛尼亚进程，大学的学士学位的目标完成时间为3年，硕士学位的目标完成时间为2年，博士学位的目标完成时间是3年。应用科学大学主要提供学士学位和硕士学位的教育。在招收硕士项目学生时，应用科学大学要求入学申请者有至少3年相关领域的工作经验。

第三节　各级各类教育改革和发展

一、学前教育、基础教育、中等教育和特殊教育

（一）学前教育

芬兰的基本国策之一是为儿童成长和发展提供所需的时间和空间。芬兰学前教育的目标是支持孩子的成长、发展和学习，促进其福祉。芬兰国家教育署负责幼儿教育的总体规划、指导和监测。地方当局负责根据儿童和家庭的需要组织和实施学前教育服务。芬兰地方政府组织与当地幼儿教育专家合作，在国家核心课程标准的基础上制定适合地方特点的学前教育课程，并指导早期教育中心、日托场所和家庭，为每个儿童制订教育计划和实施措施，

以及在必要时提供特殊支持。2017 年芬兰颁布的《儿童早期教育和护理法》和 2014 年制定的《儿童学前教育核心课程》是指导学前教育的纲领。芬兰法律规定，在规划、实施和评估学前教育和护理时，必须询问儿童的意见和愿望，也必须允许孩子的父母或监护人参与孩子的学前教育和发表意见。父母有权决定子女是否参加这一阶段的教育。芬兰开设的学前教育机构主要有针对 1 至 3 岁幼儿的日托中心，3 到 6 岁幼儿的日托中心、幼儿园或幼儿俱乐部，而 6 岁以上儿童通常安排在综合学校的学前班。

芬兰从 1990 年开始启动全面日托儿童照顾计划，照顾 8 个月大到 5 岁的婴幼儿。芬兰新的《儿童早期教育和护理法》于 2018 年 9 月 1 日生效，规定了儿童早期教育护理专业人员标准，提出了儿童早期教育和护理数据库的发展措施。芬兰的早期教育和护理由地方当局或私营服务提供者提供或安排，以家庭为中心、日托护理为辅助。芬兰地方政府有义务在日托中心和各种幼儿游乐场所提供开放的早期教育和护理活动。这一阶段的早期教育和看护不属于义务教育，芬兰地方政府组织的公办的幼儿教育和护理机构收取一定的费用。费用的多少主要取决于家庭的平均收入，以及孩子参加早期教育和护理的小时数，但最高额大约是每月 200 到 300 欧元之间。私人开办的早期教育机构也可以得到芬兰政府的补贴，所以家长选择公立和私立幼儿园所需支付的费用相差不多。

在幼儿 3 岁前，母亲可以申请在家庭照顾孩子并获得政府补贴。其间政府会派人不定期家访，了解家庭环境是否适当。父母也可以在公立日托班与私立日托班之间进行选择，托护形式有小团体式的家庭日托或日托中心。各市提供的早期教育和日托服务是有教学目标的，法律规定了从业人员的能力要求。日托班的教师全都拥有大学学士以上学位。在所有日托中心，看护员与孩童的法定比例如下：针对 3 岁以下幼儿的比例是 1∶4，如 3 位照顾员(一名教师与两名护理师)照管 12 名幼儿；针对 4 到 6 岁的比例为 1∶6，如 3 位照顾员(一名教师与两名护理师)照管 20 位左右幼童。芬兰日托中心的理念是"让儿童通过游戏学习",早期教育是在游戏与呵护中开展的。幼儿们不仅享受父母的养育和照顾,还在日托班上通过玩耍、锻炼和户外活动来学习团队合作。

芬兰儿童到 6 岁时需参加义务学前班教育,教育目标在于提高儿童的社交能力并培养健康的自我认知,为日后入学做准备。学前班通常安排在综合学校。学前班教育的课程内容按照芬兰国家课程标准设置。芬兰地方政府有义务为学前班提供课程,并负担相关教育费用。到 2018 年,芬兰几乎所有的6 岁儿童都参加了综合学校学前班的学习。对于有交通安排需要的儿童,芬兰地方政府负责为其提供上学和放学的接送服务。如有必要的话,还对儿童是否已做好进入学校的准备进行测试,并允许儿童提前或推迟 1 年入学。

芬兰的学前班教育强调尊重每个孩童的个性,并使每个孩童都有机会发展。学前班的学习目标是"学习怎样学习",学习内容并非仅针对阅读或数学,而是涵盖了自然、动物以及"生命循环"等符合儿童年龄特点不同方面的基本知识和能力。学前班教育的重点有二:一是发展儿童独立精神,使儿童有能力做负责任的决定;让儿童都能成长为会照顾自己的成人和积极参与社会的公民。二是领导儿童发展社交以及交往技巧,鼓励儿童注意其他人的需要以及兴趣,关心其他需要帮忙的人,以及对其他人、文化以及环境保持正面态度。

(二)基础教育

芬兰的基础教育是指 7 岁至 16 岁的学生在综合中学接受的 9 年免费义务教育,包括小学教育和初中教育。2016 年,芬兰"共有 2440 所综合学校,54万名学生,学校平均注册学生数为 203 人,班级平均人数为 19 人,90%的教师对自己的工作感到满意"①。到 2018 年,随着芬兰总人口从 2016 年的

---

① Finnish National Agency for Education, "Compulsory education in Finland", https://www.oph.fi/english/publications/brochures, 2018-11-20.

549.53万增加到555万，公办综合学校增加到了3200所。芬兰尽管也有极少数的私立综合学校，但在私立综合学校学习的学生不到学生总数的2%。基础教育既有教育任务也有教学任务，目的是支持学生作为个体的人和社会成员的健康成长，习得必要的知识和技能。当学生根据综合学校教学大纲完成基础教育时，他们就完成了义务教育。

1. 一贯制综合学校中的义务教育

现在芬兰综合学校开展的是针对从学前班(6岁)至初中毕业(16岁)学生的10年义务教育。到2017年，芬兰99.7%的儿童都接受综合学校的教育并获得基本教育证书，同时也可获得申请后续普通高中或职业教育学习所需的资格。综合学校既有教育任务也有教学任务。目的是支持学生作为个体的人和社会成员的健康成长，习得必要的知识和技能。当学生根据综合学校教学大纲完成综合学校教育时，他们就完成了义务教育。

芬兰地方政府有义务为当地所有义务教育阶段的学生提供综合学校教学。学生通常在居住地附近的学校就读。虽然学生也可以选择除指定学校以外的其他学校，但由于芬兰综合学校师资与设施几乎不存在差别，家长或学生有择校意愿的概率极低。芬兰政府除免费为综合学校阶段的学生提供教学设施和设备外，还免费提供所需的教科书、教学材料以及基本的教具、学具等。此外，学校每天为学生提供一顿免费的午餐。如果学生居住地距离学校超过5公里或者路途不方便，或学生独自上学存在交通风险，学生有权获得免费交通或足够的交通补贴。对于有特殊需要的儿童，芬兰法律规定其可以获得的特殊服务，如残疾人或有特殊需要的人有权免费获得口译、援助服务和辅助工具等。

每一个在芬兰永久居住的儿童都有权利在综合学校接受义务教育。学生的父母和监护人负责确保学生完成义务教育。义务教育从儿童6岁开始，如果儿童因残疾或疾病而无法在义务教育年限内完成综合学校目标，则该儿童属于延长义务教育的范围。综合学校的学年从每年的 8 月初开始，次年的 5 月底或 6 月初结束。学年分为两部分：秋季学期和春季学期。一学年为 190 个学习日。教育机构可以自行决定假期的具体时间。

进入 21 世纪，随着时代的变化，芬兰的综合学校面临新的挑战，如教育差距日益扩大和学生能力水平下降等，改革迫在眉睫。2016 年，芬兰对综合性学校进行了一系列的改革，主要是针对综合学校所处的变革的学习环境和数字化时代，就如何将新的国家核心课程付诸实践，以及如何有效应对综合学校的挑战制定的相应目标和措施。改革的重要目标有三：“推动以学习者为中心的教育；培养培训称职的教师；建构合作的学校文化。”①具体如下：

第一，新的综合性学校要以学习者为中心。通过推动每个学生平等地开展学习和受教育，激发学生积极参与学习的兴趣，发现自己的长处。鼓励学生对所学的知识开展实践，获得更好的学习效果。

第二，新的综合学校要培育世界上最称职的教师。未来的教学依赖优秀教师广泛的教学能力，如创新知识、共同合作、自我完善和改善工作环境等。教师专业技能的磨炼要在教师社区和网络学习中进行，让优秀的教师愿意并有能力在整个职业生涯中发展自己的专业技能。

第三，新的综合性学校要培养一种有开放氛围的社区意识。这是基于教育活动应开展广泛互动的理念而确定的目标。包括鼓励学校和家庭之间开展密切的交往；通过实施地方课程加强学校内部、学校之间、学校与学习环境之间的联系，以及通过参与国际合作，使学校自下而上具有互动性的环境，使学生能够在任何地方都采用最佳做法和有效模式吸收和传播知识文化。

---

① Ministry of Culture and Education, “New comprehensive school action plan”, https：// minedu.fi/documents/1410845/4183002/New+Comprehensive+School+%28infographic%, 2018-12-12.

2. 课程设置:在国家核心课程中发展学生横贯能力

芬兰国家教育委员会于 2014 年完成了新的国家基础教育和学前教育核心课程的修订。从 2016 年 8 月 1 日起,芬兰在所有综合学校 1 至 6 年级的初等教育阶段实施新的国家核心课程。从 2016 年至 2018 年,逐年自 7 年级至 9 年级实施芬兰国家核心课程。芬兰国家核心课程为地方课程提供了统一目标和框架,旨在进一步加强全国教育的平等。每个城市和学校都被赋予自主权可根据当地的需要进行适当修订,使课程为学校教学活动提供更详细的指导和积极灵活的支持。

芬兰国家核心课程分别针对学前教育、初等教育、中等教育制定了推动综合学校改革教学方法的指导方针,以提高学生对学习的兴趣和动机,保证学习过程的质量。新修订的芬兰国家核心课程的总目标是"确保芬兰儿童和青年的知识和技能今后在国内和国际上保持强大,并鼓励改革学习活动"①。具体目标是"发展学校成为学习社区;重视激发学习的乐趣;强调形成协作氛围;促进学生在学习活动和学校生活中的自主权"②。芬兰国家核心课程的主要内容涵盖以下方面:综合学校各个学科的目标和核心内容;特殊需要教育;学生福利;教学活动建议;学校管理文化;评价方面的原则;等等。为了应对未来的挑战,改革后的芬兰国家核心课程特别重视学生横贯(通用)能力的培养。横贯能力由知识、技能、价值观、态度和意志共同组成。在新的芬兰国家核心课程中,横贯能力的学习目标被描述为七个能力领域:"思考和学习;文化素养,沟通和表达;管理日常生活,照顾自己和他人;多语言能力;

---

① Finnish National Agency for Education, "Goal: to secure the necessary knowledge and skills as well as encourage learning", https: //www.oph.fi/english/curricula_ and_ qualifications/basic_ education/curricula_ 2014, 2018-12-21.

② Finnish National Agency for Education, "Renewing subjects", https: //www.oph.fi/english/curricula_ and_ qualifications/basic_ education/curricula_ 2014#Renewing subjects, 2018-12-01.

ICT 技能；创业、工作和生活技能；参与和建设可持续发展的未来。"[1]

芬兰国家核心课程从横贯能力发展的需要出发，在《基础教育法》规定的科目基础上对学科内容和课时上做了调整（见表 8-1）。主要学科有母语和文学（芬兰语、瑞典语或萨米语）、第二母语（芬兰语或瑞典语）、外语（如英、俄、德、法等）、数学、环境、宗教、伦理、历史、社会教育、音乐、视觉艺术、手工艺、体育等。[2]新修订的芬兰国家核心课程对这些科目的目标和内容进行了更新，以反映当今社会以及未来社会发展所需人才应具有的知识和技能。一些科目在教学年级的安排上进行了调整，例如，社会研究和第二外语提前到小学三年级实施。艺术和实践课程选修课扩展至小学一年级。从课时看，艺术、工艺以及公民和历史课的课时增加，宗教和道德教育的课时减少。所有科目都更注重通信技术技能的运用，所有学科均被要求培养学生的横贯能力。学科教学根据课程目标和课时分配开展。

表 8-1　芬兰综合学校的学科安排及课时分布

学科	年级			课时
	一、二	三、四、五、六	七、八、九	
母语和文学	14	18	10	42
A1-语言	9(三年级后可选)		7	16
B1-语言	2(六年级可选)#		4	6
数学	6	15	11	32
环境保护	4	10		
生物学和地理学*			7	
物理和化学*			7	
健康教育*			3	

---

① Finnish National Agency for Education, " Curricula and Qualifications ", https：//www. oph.fi/english/curricula_ and_ qualifications, 2018-12-27.

② 张瑞海：《芬兰普通高中教育的特色》，载《课程·教材·教法》，2003(4)。

续表

学科	年级			课时
	一、二	三、四、五、六	七、八、九	
环境和自然研究总计	14	17	31	
宗教/伦理学	2	5	3	10
历史和社会研究**	5(四年级以后可选)#		7	12
音乐	2	4	2	8
视觉艺术	2	5	2	9
工艺	4	5	2	11
体育	4	9	7	20
家政	3(七年级后可选)#			3
艺术和实践选修科目	6		5	11
艺术和实践科目共计				62
指导咨询	2(七年级后可选)#			2
选修科目	9			9
最低课程数量				222
(可选A2语言)***	(12)(三年级后可选)#			(12)
(可选B2语言)***	(4)(七年级后可选)#			(4)
"#"由地方决定是否在地方课程中教授。				
"*"该科目是1~6年级综合环境研究的一部分。				
"**"社会研究在4~6年级教授,每周至少2小时,7~9年级每周至少3小时。				
"***"学生可以自由选择A2语言作为选修科目,或代替B1语言。				

资料来源:《芬兰国家核心课程(2016)》。

芬兰教育的价值观是"每个学生都是独一无二的,都有接受高质量教育的权利"[1]。它在综合学校课堂教学中具体化为学生应受到倾听、重视和鼓励;

① Finnish National Board of Education, "New national core curriculum for basic education: focus on school culture and integrative approach", https://www.oph.fi/english/publications/brochures, 2018-12-20.

学生对自身的学习和幸福的感受应得到关注；教师应引导学生了解可持续学习能力发展的重要性，走向可持续的生活方式；整个课堂教学活动是一个知识和技能以及价值观、态度和意愿相互融合、贯穿始终的过程。

课堂教学是学习社区建设与学校文化建构的过程。芬兰教育的基本价值观促使学校发展为学习社区。在学习社区中，每一位成员的安全和福祉都得到关注。首先，芬兰的综合学校将课堂教学视为建设学习社区的过程，学习社区以尊重和建设性的方式组织互动，为所有成员提供个人学习和分享的机会。在学习社区中，所有成员通过平等的对话和交流，努力使自己的行动适应学习社区的活动。这种对话要求每个人都参与表达并倾听他人的想法和需要，学生的成长由此获得了多方面的有力支持。其次，芬兰的综合学校将课堂教学作为一个发展学校文化，以综合方式开展教学的过程，课堂教学致力于"建立一种促进学习、互动、参与、幸福和可持续生活方式的学校文化"①。这样的学校文化能提供实验、探索、积极学习、体育活动和玩耍的机会，能保证文化意识和语言的多样性，能让学生"理解不同学习内容之间的相互依存关系；能够将不同学科的知识和技能结合起来，形成有意义的整体；能够在合作学习中运用这些知识"②。

自 2018 年开始，芬兰所有综合学校都被要求在每个学年至少开展一个在不同科目之间合作的多学科学习单元或模块，并要求学生参与规划和实施。具体做法是："确定一个基于问题解决的主题（项目或课题），将不同年级、不同学科的内容结合在一起，教师团队之间开展协作，组织学生共同参与，最

①　National Agency for Education, "Changing the ways schools operate", https://www.oph.fi/english/curricula_ and_ qualifications/basic_ education/curricula, 2018-12-02.

②　Finnish National Board of Education, "New national core curriculum for basic education: focus on school culture and integrative approach", https://www.oph.fi/english/publications/bro-chures, 2018-12-20.

终从若干学科整合的角度解决问题。"①多学科学习模块设计的原则体现为两点：第一，多学科学习模块是整合不同科目学习和增加不同学科之间对话的工具，要体现不同学科的特点。多学科学习模块由学校规划和实施，专题和持续时间可以因需要和兴趣而有所不同。对学生多学科学习效果的评估是根据不同学科的目标进行的。第二，在多学科教学中促进横贯能力的发展。核心课程描述了七个横贯能力领域。它们是教育目标的缩影，反映了生活各个领域所需的能力。横贯能力是由知识、技能、价值观和意志构成的，被芬兰国家核心课程要求作为不同科目的一部分来教授、学习和评估。

从芬兰多模块学习项目的课堂实施层面看，课堂教学的"关键目标在于加强学生的参与，提高学习的意义，使每个学生都能感到成功；学生的经验、感受、兴趣领域和与他人的互动为教师奠定了组织多模块学习的课堂教学设计的基础"②。教师普遍重视学生的参与，让学生通过不同感官的参与增加学习的体验性。在多学科模块的课堂，有些教师运用戏剧或其他艺术表达形式设计教学，让学生能够运用多个学科的知识以不同方式表达，并与不同的人和群体进行建设性的互动。有些教师以实验或问题为中心，促进学生批判性和创造性思维以及培养应用某种技能的能力。总之，在组织多学科模块学习的过程中，教师考虑到每个学生的个人学习方法，将引导学生成为终身学习者作为重要目标。学生被鼓励制定目标，解决问题，承担更多的学业责任，并在学习上获得更多的支持。

---

① National Agency for Education，"At least one multidisciplinary learning module a year"，https：//www.oph.fi/english/curricula_ and _ qualifications/basic _ education/curricula_ 2014，2018-12-02.

② Finnish National Agency for Education，"New national core curriculum for basic education：focus on school culture and integrative approach"，https：//www.oph.fi/download/174369_ new_ national_ core_ curriculum_ for_ basic_ education_ focus_ on_ school_ culture_ and.pdf，2018-12-20.

（三）普通高中教育

芬兰的普通高中是为升入大学做准备的。芬兰的普通高中教育可以在国家开办的教育机构、地方政府、联合市政当局、注册协会、基金会或其他教育机构开展，但必须获得芬兰教育文化部的许可。办学经费由芬兰国家和地方当局依据《教育和文化经费筹措法》的规定承担，经费额度根据学生人数和每名学生的投入预算分配。校长和教职员工按照《教学资格法令》的规定选拔和聘用。从 2021 年 8 月 1 日起，芬兰高中教育纳入义务教育。

1. 无固定年级的普通高中教育的目标和内容

芬兰普通高中的课程并不以固定年级授课为基础，学生完成了全面的综合学校的基础教育课程或持有初中证书，均可申请普通高中教育。普通高中教育通过日间普通高中、成人高中和远程学习等形式开展。学生完成普通高中学业后获得资格参加芬兰高中毕业会考。芬兰普通高中教育"主要目标是为学生能够升入高等教育机构继续学习做准备；教学大纲涵盖 3 年的学习时间；课程至少包括 75 门，平均每门课程的学习时间为 38 小时；学生可以根据个人兴趣、水平选择不同进度的课程学习"[①]。无固定班级的普通高中学生按照走班的方式上课。我们以芬兰坦佩雷大学附属高中的课表为例（见表 8-2），从表中可以看出，该课表并非针对学生年级设计的，而是按照不同学科的不同等级设计，学生基于自身水平、兴趣和需要选择不同教室上课即可。

---

① Finnish Ministry of Education and Culture, "general-upper-secondary-education", https：//minedu.fi/en/general-upper-secondary-education, 2018-12-28.

表 8-2 芬兰坦佩雷大学附属高中 2017 学年第 44—45 周课程表

	周一	周二	周三	周四	周五
8：00—9：00	英语4；高等数学2；数学入门；高等数学16；艺术2	数学入门7；高等数学7；物理8	化学8	高等数学7；数学入门4；英语	化学1；英语8；物理4
9：15—10：30	化学1；英语8；物理4	英语4；高等数学3；英语1	化学3；英语2；高等数学4	英语4；高等数学13；英语1	英语4；艺术2；高等数学2；数学入门2；高等数学6
11：15—12：45	化学8	化学1；英语8；物理4	数学入门7；高等数学7；物理8	英语4；艺术2；高等数学2；数学入门2；高等数学16；	高等数学7；数学入门4；英语4
13：00—14：15	高等数学7；数学入门4；英语1	化学3；英语2；高等数学4	英语4；高等数学13；英语1	化学3英语2高等数学4	化学8
				数学入门4；高等数学7；物理8	

资料来源：作者根据芬兰坦佩雷大学附属高中 2017 学年第 44—45 周课程表绘制

2015 年芬兰国家教育委员会对"国家高中核心课程"进行了改革，以新的国家核心课程为基础的地方课程于 2016 年 8 月 1 日生效。核心课程界定了不同科目、学科群、专题课程单元、辅导学生的目标及核心内容。2016 年 8 月 1 日，芬兰教育文化部对普通高中增加了选修课课时，其目的是验证学生是否能从更多的选修课中受益。结果表明，"选修课课时对增加学生的普通教育能力、知识和技能有积极影响；有助于提升教师的地位；对学生在高等教育预科考试有积极影响"①。2017 年春季，芬兰政府修订了《普通高中教育法》，并于 2018 年春季向议会提交了普通高中改革提案，改革目的是"更新普通高中教育，使其能够应对未来的社会发展、新的知识和技能要求，以及继续教育和工作生活所带来的挑战"②。

2. 普通高中的多重质量保障

在芬兰，普通高中教育质量被视为关系到教育效率以及个人平等的一个关键因素，质量是通过广泛的地方自治而非行政手段的控制来保障的。评估的首要任务在于引导和鼓励学生，而不是在学生之间进行比较或开展竞争。芬兰国家学业评估的主要目的是在全国范围跟踪核心课程规定的目标实现情况，评价被要求遵循以下原则：采取多样性评估手段进行持续反馈；评估应以积极的方式支持和指导学生；学生的自我评估能力应得到发展；课堂教学要提供学生自我评估和同伴评价的机会，使他们既能给予也能得到建设性的反馈；评价结果被用来帮助学生了解自己的目标，认识其自身长处和发展需要，以"支持学生自我学习知识和发展技能，并帮助学生学会了解她或他的学习过程和进步"③。

普通高中评估是参照芬兰国家质量标准开展的，普通高中质量标准的目的是确保教育的质量和多样化，并保障所有学生的基本教育权利。质量标准为地方决策者提供了评估其决策对学校质量的短期和长期影响。质量标准包括"四张关于结构质量的质量卡和六张与学生有关的质量卡。后者包括课程的

---

① Finnish Ministry of Education and Culture，"Development of general upper secondary education"，https：//minedu.fi/en/development-of-general-upper-secondary-education，2018-12-30.

② Finnish Ministry of Education and Culture，"Development of general upper secondary education"，https：//minedu.fi/en/development-of-general-upper-secondary-education，2018-12-30.

③ Finnish National Agency for Education，"Finnish education in a nutshell"，https：//www.oph.fi/download/146428_Finnish_Education_in_a_Nutshell.pdf，2018-11-20.

实施、对学习的支持、成长和幸福、学校与家庭的合作,以及学习环境的安全等问题"①。卡片包括描述、质量标准和支持操作的因素。每张卡都包含了教育提供者和学校的标准。

芬兰政府把对普通高中学生学业成果的评估与社会平等和公平问题联系起来。评估也被视为维护区域平等的手段,来自不同社会背景、不同语言群体、不同性别学生的公平在评估过程中均需得到保障。评估是以样本为基础的。样本是基于随机和分层两种方式抽取的。其中的分层抽取样本就是为了确保芬兰不同地区、不同类型城市的不同学校等的样本具有代表性,误差小。抽取的样本约占所有学校的10%,占学生总数的5%至7%。评估结果的使用在国家层面用于国家发展,并作为决策的基础。在参与的学校层面,学校从评价结果中发现问题,并采取纠正措施。

(四)特殊教育

20世纪70年代开始建立的综合学校也纳入了特殊教育的课程,而真正改变了特殊教育的是1997年制定的《基础教育法》,该法案允许残疾和其他有学习障碍的学生进入主流教育,而学校要为每个学生消除学习和发展的所有障碍,从此芬兰进入了全纳教育的模式。在这之前,有学习障碍的学生是在社会福利服务的管辖范围内,他们的教育被安置在疗养院或其他非公立教育设施中。《基础教育法》实施后,在综合学校的特殊教育学生数量迅速增加,在很大程度上挑战了地方学校为残疾和有学习困难学生提供服务的能力,芬兰地方政府普遍担心学校提供的特殊教育是否满足所有学生的需求,并于2006年就这些问题向芬兰教育文化部提交了报告。作为回应,芬兰教育文化部成立了一个专门的工作小组,其职责是编写一份长期特殊教育发展战略提案。

---

① Education in Finland, Quality assurance in general education, "steering instead of control", https：//www.oph.fi/download/148966＿Quality＿assurance＿in＿general＿education.pdf, 2018-12-20.

次年，该小组提供了就基础教育法关于特殊教育部分进行修改的建议，这些建议经过不断完善，最终获得议会的通过，形成了2010年颁布的《基础教育法修正案》，从2011年1月开始实施。

按照该修正案，每个芬兰市政当局都需要准备当地课程，以满足当地和每所学校的教育目标和需求。这些课程必须与《基础教育法修正案》对特殊教育安排的规定保持一致。然而，芬兰市政当局和学校拥有以各种方式组织特殊教育的自主权，例如，根据地方和学校的特点，采取不同的方式将学生置于主流教育或独立的特殊教育课程。总体上有特殊教育需要的学生可以获得三个方面的支持。第一个方面的支持是在普通教育课堂上提供的，这些学生可以参加一般的基础教育课程；第二个方面包括针对有特殊需要的学生进行针对性干预和帮助；第三个方面是传统上所谓特殊教育，即更多的个性化教育。与此同时，该法令要求每位教师都有责任尽早发现个体学生的学习困难。①

（五）重要改革与发展

20世纪70年代的芬兰教育改革，奠定了芬兰基础教育发展的基础。这一时期主要有三项重要的教育改革②。一是1972—1977年的综合学校的改革。在改革前，芬兰学生在经过4年的小学教育后要选择进入两个互不相通的轨道。一个轨道是文法学校，学生在这里学习5年之后，可以进入高中，之后有机会升入高等教育阶段学习，如果进入了职业高中，基本上毕业后直接进入劳动力市场。另一个轨道是公民学校，学生在这里继续接受3～5年的基础教育，然后可以升入半年到两年制的职业学校，然后进入劳动力市场。公民

---

① Henri Pesonen et al., "The Implementation of New Special Education Legislation in Finland", *Educational Policy*, 2015, 29(1), pp.162-178.

② Hannu Simola, *The Finnish Education Mystery: Historical and Sociological Essays on Schooling in Finland*, New York, Routledge, 2015, pp.3-26.

学校主要是为了提供社会所需要的工人，而文法学校主要为培养管理者。① 综合学校的改革将原先以分流和培养精英为主的双轨制教育，转变为基于教育公平理念的现代基础教育体系。这意味着在芬兰，所有学生无论其社会经济背景、性别、种族、年龄和生活的地理位置，都能接受同等质量的 9 年基础教育，之后学生可以继续享受免费的高中或职业高中教育以及高等教育。

二是 1973—1979 年的芬兰教师教育改革，主要涉及 1~6 年级的小学教师的培养。改革前小学教师的培养主要由教师培训学院和小镇上的神学院来承担。改革的重点是在大学建立新的教育学院，开设教师培养的硕士学位课程，由此大大提升了教师的教育层次并突出了教育研究在教师培养中的作用。教师从传授知识的实践者转变为教育思想家和对自身工作的研究者，他们在教学中的自主权也极大地提升。芬兰师范教育的改革也是为了适应综合学校改革后对新的教学教法和教师能力的需求。改革后，大学的师范教育成为与法律和临床医学等齐名的最热门专业。每年大约有 8000 名优秀的高中毕业生申请师范专业，大约只有百分之十的申请者能被录取。②

三是 1977—1980 年的课程改革。在第二次世界大战前，芬兰的课程大纲里很少提到作为个体的学生，在学校里学生不是被作为个体对待，而是接受教育的一个群体。虽然在战后，学生作为个体的概念在义务教育中被合法化，但是在实践中仍然明显服从于社会的利益，学校根据社会的需要，把学生培养成有用之才。芬兰课程改革的一个重点就是要求老师密切关注每个个体学生的特点。另外，这次课程改革完全实现了从价值—理性为导向的社会行动

---

① Hannu Simola, *The Finnish Education Mystery: Historical and Sociological Essays on Schooling in Finland*, New York, Routledge, 2015, pp.3-26.

② Hannele Niemi, Jari Lavonen, Arto Kallioniemi, and Auli Toom, "The Role of Teachers in the Finnish Educational System: Highprofessional Autonomy and Responsibility." In *The Teacher's Role in the Changing Globalizing World: Resources and Challenges Related to the Professional Work of Teaching*, edited by Hannele Niemi, Auli Toom, Arto Kallioniemi, and Jari Lavonen, Brill, 2018, pp.47-62.

向目标—理性为导向的社会行动的完全转变。根据马克斯·韦伯对社会行动的分类，价值理性的特点在于对行动的内在价值的信念，而不是关注行动的后果；目标理性把行动视为实现特定目标的一种手段，关注对行动的结果的预期和评价。[1] 例如 20 世纪 70 年代发布的核心课程规定了具体和可以测量的学习目标。

自 20 世纪 70 年代芬兰教育改革之后，每过十年芬兰便会更新一次课程体系。总体上芬兰的国家课程改革也沿袭着一条从集权到分权，从标准化到个性化的发展道路。例如 1970 年出台的芬兰第一部国家核心课程体现了高度的中央集权，该课程详细规定了教学内容和行政管理标准，国家教育部门由上而下地指导地方教育部门和学校的工作。[2] 到了 1985 年，基础教育转由地方政府提供，芬兰开展了第一次全国性的国家核心课程改革，国家核心课程被定位为一部引领学校管理、划定知识范围和指导教师教学的纲领性文件。1985 年的课程明确提出要以个体学生为主体，提升地方教育部门和学校在课程开发和本土化实施上的自主权，芬兰国家教育部门的职能转变为政策引领。从此，一个国家、地方和学校的三级课程体系建立起来，沿用至今。[3]

国家、地方和学校的三级课程开发虽然遵循先后顺序，但三者并非完全割裂，在国家课程草案出台时全社会都有权进行探讨和反馈。在地方课程的开发过程中，芬兰每个自治市的地方教育部门、大学研究者、学区行政长官、校长和教师代表组建成工作坊，在对话过程中确立地方教育目标、课时分布、

---

① William C. Cockerham, "Max Weber: Bureaucracy, Formal Rationality and the Modern Hospital." In *The Palgrave Handbook of Social Theory in Health*, *Illness and Medicine*, edited by Fran Collyer, London, Palgrave Macmillan UK, 2015, pp.124-138.

② Erja Vitikka, Leena Krokfors, and Elisa Hurmerinta, "The Finnish national core curriculum: Structure and development", In *Miracle of Education*, edited by Hannele Niemi, Auli Toom, Arto Kallioniemi, University of Helsinki, 2012, pp.83-96.

③ Pasi Sahlberg, Erkki Aho, Kari Pitkänen, *Policy development and reform principles of basic and secondary education in Finland since 1968*, Washington, Human Development Network Education, 2010, p.166.

教学资源分配等协定。当地方课程雏形建立后，学校会邀请家长和学生一同与校长和教师进行校本课程的开发，制订详细的年度教学计划，重要意见可以反馈纳入地方课程中，形成一个三环相扣的工作流程。除了教育部门和学校之外，大学师范教育学院对于教师的职前和职后培训，教学专家对教材的开发都为新课程的实施做了人力和物力资源的保障。一言以蔽之，芬兰课程改革是一个由上而下引领、由下而上实施、利益相关者从旁协助的流程体系。

1994 年的芬兰国家核心课程继续沿袭教育分权和个性化教育的道路，校长的教学领导力、教师的教学自主权和学生的课程选择权都得到进一步提升。由于芬兰在 20 世纪 90 年代取消了针对学校和教材的外部督导制度，高中毕业会考成为唯一的全国统一标准化测试，针对基础教育实施的跟踪则通过抽样考试和学校自我评价的方法进行。1994 年的国家核心课程可能是分权化程度最高的一次改革，地方教育部门享有很大的财政分配和课时分配权，学校可以通过校本课程自主开发学校特色课程，呈现百花齐放的状态。[①] 同时还确定了每十年制定一次新的课程大纲的国家战略。

有意思的是，2004 年的国家核心课程对 1985 年以来一路高歌猛进的分权改革进行了反思，芬兰国家教育委员会认为有必要提供相对统一的教学目标和评价标准，来缩小地区和学校间的差异。例如在 2004 年的课程标准中，母语、数学等核心学科的课时数增加，选修课课时数减少。此外，2004 年芬兰国家核心课程还第一次明确规定了学生评价的国家标准，树立教师作为学生评价者的地位，同时规定学生学习评价不能仅以学科测试成绩为依据，必须对照国家标准体现过程评价，真实反映学生在整个学习过程中的参与度、合作能力和进步表现，其中学生自评结果也是学习评价的重要组成部分。

2014 年，芬兰又制定了新课程标准，自 2016 年 8 月开始实施。这次课改

---

① 蔡瑜琢、田梦等：《从集权到分权，从标准到个性——芬兰历次课程改革的历史回溯》，载《中国教师》，2016(24)。

主要包括以下九个方面：

第一，强调课程改革的目标是确保芬兰孩子和年轻人在学校获得的知识和技能，使其未来无论是在国内还是国际环境下都能保持优势，同时学校要致力于发展能有效提升学生学习兴趣和动力的方法。一些主要的改革目标包括加强学生社会参与、加强有意义的学习，并且使每一个学生有体验成功的机会，以及引导他们在学校事务中承担更多的责任。

第二，鼓励教师引导学生在教室外的学习和新技术的应用。芬兰课程改革的一个具体目的是创建优化的学校学习环境和工作方法。除了教室和学校的环境，学生也要进入其他的学习环境，例如走进自然、访问博物馆和公司等。游戏和其他的虚拟环境也应该更多地被认可为学习环境。新技术在学校常规教学等活动中应发挥更显著的作用，以便学生更容易地选择和进入他们的学习环境。

第三，为适应新能力的培养，对课程内容和课时分布进行必要的调整。芬兰《基础教育法》具体规定教学科目和课时分布。例如，将社会学习和语言课程放到更低的年级开始教学，同时对这些科目的教学目标和内容进行了更新，以贴近当今社会和体现未来需要的知识和技能。

第四，在所有科目的教学中都要加强七大未来横贯能力的培养。芬兰国家核心课程规定横贯能力的培养目标，而市级政府和学校可以根据地方特点对这一能力进行进一步的定义。

第五，学生要熟悉编程基础。每一门课程都应该提升学生掌握信息技术能力的机会，在教学和学习中更多地应用技术。例如，编程应融入数学课教育目标中，学生应在更低的年级学习编程基础。

第六，每一所学校在每学年至少要组织一次跨学科的学习模块，包括主题活动、现象学习和实践项目等，需要学生综合不同课程的知识和从不同科目的视角来分析问题。学生也要参与到多学科学习模块的计划中。

第七,在较低年级开设更多选修课。艺术和实践性的课程也列入选修课中,但由芬兰市级政府和学校决定具体课时数、课程内容和开设年级等。

第八,开展多样的学习评价。芬兰新的课程体系强调学习评价方法的多样性,通过评价来引导和促进学习。每一个学生的学习进展信息必须经常反馈给学生和他们的监护人,并且反馈信息要多样化、多维度,而不仅仅是成绩报告的形式。每学年结束学生会收到成绩报告,该报告的目的是反映学生这一学年是否达到既定的学习目标。

第九,学生和家长要熟悉所在学校的课程体系。学生和他们的监护人都必须了解学校的课程,使监护人更有效地支持孩子的学习,以积极参与到学校活动的计划和实施过程中去。家庭和学校间的有效合作可以改善学生、课堂以及整个学校社区的安全和健康发展,这是为学生铺垫学习成功之路的关键。[1]

二、职业教育改革与发展

(一)发展概况

几个世纪以前,编织学校、纺织学校以及各种类型的手工艺学校,是芬兰职业学校的雏形。1869 年芬兰成立了国家教育服务委员会,把教会对职业教育的管理权转移到了政府机构手中,职业教育正式纳入了国家管理的轨道,拉开了芬兰职业教育发展的序幕。

1965 年以前,芬兰的职业教育主要培训具体职业的熟练劳动力,以满足芬兰工业和商业的发展需要,当时的手工业商业部、农业林业部、运输部等部门为中等职业教育提供了很大的帮助。1965—1973 年,芬兰政府强化教育的行政管理,在教育部之外成立了国家职业教育委员会,负责所有职业教育

---

① 蔡瑜琢、田梦等:《从集权到分权,从标准到个性——芬兰历次课程改革的历史回溯》,载《中国教师》,2016(24)。

行政管理，负责课程的内容和结构、教学方法评价、学生入学和升级、资源的利用、职业教育机构资金的分配等。1974—1987 年，芬兰进行了职业教育大改革，职业教育的体系结构与经济发展密切相连，并成为整个教育系统中不可缺少的一部分。1987 年以后，芬兰政府主要围绕两个方面进行职业教育改革：一是建立应用科学大学，二是实现职业教育与普通教育的融合。[①]

目前，芬兰的职业教育和培训既适用于没有高中学历的年轻人，也适用于已经在工作中的成人。职业资质可以通过在职业学校学习或取得能力资格证书的方式获得。芬兰职业教育与培训包括在校学习和学徒制两种方式。职业学校的毕业生具有申请大学和应用技术大学的资格。[②] 芬兰职业教育和培训（VET）有三种类型的资格：初级职业资格、高级职业资格以及专业职业资格。根据芬兰统计局的教育统计数据，2017 年共有 126900 名新生接受职业教育，52% 为女性。在新生中，有 46200 名学生参加课程教育，目标是取得职业教育毕业证书；41800 名学员是为了准备各种技能考试；还有 38900 名接受继续教育的学生。在芬兰职业教育和培训是免费的，但是学生需要支付一些职业教育中使用材料的费用。职业学校每天也为学生提供一顿免费午餐。

为了加强对职业教育的管理以及与相关职业工作领域的联系，芬兰专门成立了国家教育培训委员会与国家教育培训协调组等专家机构。芬兰国家教育培训委员会于 2007 年成立，主要承担的任务包括：跟踪、评估、预测、分析劳动力市场所需的技能进展状况；提出定性、定量发展培训的建议；调查核心课程和资格要求；提交关于其所在部门议题的陈述。委员会成员主要包括来自芬兰国家教育培训行政部门、教师、雇主和雇员的代表。委员会成员要求具备具体领域的专门知识与技能，必须对发展培训感兴趣，并愿意去熟

---

① 吴雪萍、章红波：《芬兰职业教育和培训改革面面观》，载《比较教育研究》，2001(3)。

② The Ministry of Education and Culture, "Vocational education and training in Finland", https://minedu.fi/en/vocational-education-and-training, 2018-12-23.

悉职业教育培训的规定和指导方针。芬兰国家教育培训协调组主要推动国家教育培训委员会与不同利益相关者之间的合作，每年向芬兰教育文化部、国家教育委员会以及劳动和培训事务三方委员会提交一份报告，分析技能和培训需求的进展以及预测、结果、发展需求的状况。

（二）重要改革与发展

20 世纪后期，芬兰职业教育进行了一次重要的改革，即 1974 年到 1987 年进行的职业教育和中等教育改革。[①] 这次改革主要涉及三方面内容：第一，根据 1978 年《中等教育发展法》，将职业学校作为中等教育的一部分进行改革，按照芬兰社会经济发展和劳动力市场需要来扩展职业教育的内容，不断扩展中等职业教育的内容，把更多的受教育机会提供给基础教育和高中应届毕业生；第二，根据 1983 年颁布的法律对职业学校的投资体系进行改革，芬兰中央政府和地方政府开始对中等职业学校按比例进行投资；第三，全面修订芬兰《职业教育立法》，把曾经对职业教育起过指导作用且经过修改的零散的规定和条文统一收集到职业机构大法中，使中等职业教育机构的机制、活动、管理机构实现了统一。改革后，中等职业学校除了向年轻人提供基础职业教育外，还承担了成人的职业教育、劳动市场服务工作和残疾青年的特殊教育的任务。此外，中等职业教育和基础教育的融合工作有了更大的进展，综合学校的毕业生能够继续接受普通高中教育或中等职业教育。这次改革意义深远，意义巨大，被称为芬兰"职业教育最重要的一次改革"。

20 世纪 70 年代芬兰实行综合学校的义务教育体系之后，学生经过 9 年义务教育可以选择进入普通高中或职业学校。由于此前职业教育在义务教育阶段处于较低的地位，综合学校的改革试图把职业教育和普通的高中教育置于平等的地位，例如 9 年义务教育之后，学生可以自由选择去两类学校。但是

---

① 吴雪萍：《基础与应用》，见《高等职业教育政策研究》，40 页，杭州，浙江教育出版社，2007。

长期以来人们习惯把职业教育同低收入的工作与社会地位低下相关联。此外职业教育也被视为那些来自低教育水平家庭学生的选择，而受过高等教育的父母们的孩子往往遵循父母的榜样获得高等教育。因此，改革后的职业学校与普通高中相比，缺乏吸引力，多数学生选择进入普通高中，而进入职业学校学习的学生的辍学率也较高。

为了增强职业教育的吸引力，促进普通教育和职业教育的有效衔接，芬兰进行了一系列的改革。

1. 增加中等职业学校学生接受高等教育的机会

1991 年，芬兰颁布了《中等职业和高等职业教育法》，对职业教育进行改革，建立和完善了中等职业教育与高等职业教育相互衔接的机制，通过合并中等职业教育机构和重新规划等形式，建立了应用科学大学，这使中等职业学校的毕业生有了更多接受高等教育的机会。芬兰教育文化部还通过等值承认职业教育和普通教育学历资格等措施，鼓励中职学生选修普通高中的内容，参加大学入学考试，进入大学接受教育。通过这些措施，芬兰的学生在 9 年义务教育后，可以进行第一次分流，高中后可以再进行分流，职高学生经考试合格可进入高等职业技术学院，个别的职高学生也可报考大学，普高学生经全国大学入学考试既可升入大学也可进入高职院校。这样，就形成了职高、普高与高职、大学相互衔接与沟通的局面。

2. 加强以工作为基础的学校教育和学徒制培训

芬兰的学徒制培训具有悠久的历史。早在 1923 年芬兰政府颁布的《学徒制培训法》中，就确立了学徒制培训的法律地位。1992 年的《学徒制培训法》规定了学徒制培训的实施过程（包括学徒合同、培训期限、资格证书等），为学生提供了坚实的法律保障。芬兰的学徒制培训实行交替式培训和学习，学生约 2/3 的时间在企业接受培训，约 1/3 的时间在校学习理论。

学徒制培训既是一种培训形式，也是一种用工形式，芬兰政府规定受训者的年龄不能低于 15 岁。在培训开始之前，受训者必须与雇主或企业签订一份学徒合同。学徒合同实际上是一种将受训者和雇主相结合的雇佣合同，它规定了培训内容(由雇主与受训者协商而定)、培训期限(4 个月至 4 年不等)、学徒工资(一般为熟练工的 80% ~ 90%)、工作时间(一天工作不得超过 8 小时，一周不得超过 40 小时)、双方的权利和义务(受训者必须有能力胜任该工作，而雇主也必须为受训者提供合适的任务并指派一名师傅指导和监督其学习)等内容，受训者通过可获得等级或资格证书的考试后，学徒合同就自然终止。①

学徒制培训以技能学习为主，约占总培训时间的 70% 至 90%。由于芬兰各个地方的经济特色以及风俗习惯不同，培训内容也明显带有地区性色彩。受训者在培训结束后要接受理论和操作技能两项考试。受训者一般可获得两种资格证书。一种是按照学生在企业和学校中的成绩分成的等级：非常好(5)、好(4 ~ 3)、满意(2 ~ 1)；另一种是初级职业资格证书。而能否获得高级职业资格证书和专门职业资格证书，则要视受训者的成绩而定。

3. 建立职业资格证书体系

建立以能力本位的职业资格证书体系是芬兰教育改革中的重要内容。1994 年 5 月芬兰颁布的《职业资格证书法》规定，通过学徒制培训可获得初级职业资格证书、大专资格证书、高级职业资格证书和专门职业资格证书。芬兰国家教育部负责制定职业资格证书的结构，而芬兰国家教育署则负责制定职业资格证书的标准和建立职业资格证书委员会。职业资格证书委员会由雇员、雇主、教师及独立机构或个人代表组成，任务是监督职业能力考试的实施并颁发职业资格证书。自从 1994 年芬兰开始实施职业资格证书制度以来，劳动市场的需求成为人们报考职业资格证书和参加相关培训的"晴雨表"和"方

---

① 温从雷、王晓瑜:《芬兰学徒制培训基本特征和质量管理策略》，载《职业技术教育》，2006 (10)。

向盘"。许多成人通过职业资格证书，测试了个人的职业知识和技能水平，而不需要提供个人的学历证明，这意味着职业资格证书的获得与教育途径无关，只与个人能力有关。[1]

初级职业资格认证是学生完成基础教育大纲要求的 3 年职业课程学习后，所获得的一种认证资格。普通高中学生完成了 2 年到 2 年半学习后可取得此类认证资格。芬兰初级职业教育主要途径是在校学习，但目前工作场所实习也成为取得认证资格的一个必要条件，3 年的课程必须包括至少半年的实习期，共 20 学分(1 学分相当于 1 周的在校学习)。另外，参加学徒培训是取得初级职业认证资格的一种方式，而且通过这种途径取得认证资格的人数正在逐年增加。每年芬兰大约有 45000 名学生接受这种以在校学习为主的初级职业教育，另有 6000 名学生选择学徒培训教育。初级职业资格认证使获得者具备了处理其专业领域各种问题的基本能力，并具备了适应职业生涯需要和更高层次的资格认证所需的特殊职业技能。此外，取得认证也就意味着具备了申请高等学校的资格，初级职业资格持有者可以申请入读应用科学大学和研究型大学。芬兰初级职业认证资格的种类共有 51 种，涵盖以下七大职业群：(1)自然资源开发与保护；(2)科技与运输；(3)商业与管理；(4)酒店与餐饮管理；(5)健康与社会服务；(6)文化教育；(7)休闲和运动教育。[2]

4. 不断完善质量保障体系

20 世纪 90 年代以前，芬兰中央政府实行中央集权式管理，对全国教育进行严格管控，建立了以督导为基础的教育质量保障体系。1988 年以后，进行了立法改革，教育决策、管理权下放至省、自治市乃至学校。2014 年，芬兰成立了国家教育评估中心(FEEC)，作为独立的第三方评估机构统筹负责各级

① 姜大源：《职业资格、经费投入和能力评价——芬兰职业教育的改革现状》，载《职教论坛》，2002(21)。

② 马龙海、田红雨：《芬兰职业教育改革及其启示》，载《现代情报》，2004(4)。

教育外部评估工作。2006 年对职业教育学生的学习结果评估机制进行了改革，把技能展示系统引入芬兰所有职业资格(职业学习模块)中。技能展示系统的首要目标是确保和提升职业教育质量、改进学生评估质量。芬兰该项改革力求使职业教育机构和工作领域彼此联系更加紧密，以确保职业教育能实现预定目标并与劳动力市场需求相匹配。改革要求工作领域代表高度关切并积极参与技能展示、技能考试的计划、实施与评估的工作。教师、企业代表和学生对技能展示的共同评估保证了技能考试的效度和信度。这些考试与职业教育课程目标以及劳动力市场所要求的技能熟练水平密切相关。在技能展示系统中，学生能力评估的情境同学生进入工作生活即将面临的真实情境相类似。为保证职业技能展示评估的有效性，职业教育提供者设立了专门机构，由芬兰地方职业技能展示委员会（LBVSD）全面负责评估活动。委员会成员来自教育机构、企业、行业和学生代表。在评估过程中，委员会负责监控评估的整个过程，鉴定评估结果，并据评估结果制定相关决策。[1] 2010 年，国家教育评估中心对职业技能展示的研究结果表明：职业技能展示评估机制加强了职业教育与工作世界的联系，有助于促进学生学习和技能提升，有效保障了芬兰职业教育质量。

通过这些措施，芬兰九年制综合学校毕业生入读职业高中的学生比例从2000 年的 36% 上升到 2008 年的约 42%，之后一直保持稳定。

随着经济全球化、信息化时代的到来，单一的以知识和技能为主的教育已不再适应当前的社会环境，学生需要具备应对复杂工作和生活环境的素养。职业教育对劳动者的要求不断提高，职业教育需要达到更新、更高的目标才能应对社会的转变与挑战。2018 年 1 月 1 日，芬兰颁布了新《职业教育与培训法》，确立了 5 个战略重点：实行灵活的招生政策，以降低职业教育与培训的入学门槛；注重个性化能力发展计划，为每一位学生量身打造个性化的学习

---

① 孙芳芳：《芬兰职业教育质量评估机制研究》，载《职教论坛》，2016(19)。

计划；提供多功能的学习环境，积极发展人性化与技术性的有效结合，为职业教育与培训提供便捷的学习环境；保障学生灵活的学习时间，通过正式场合的学习与非正式场合的培训相结合，真正贯彻杜威"从做中学"的思想；规范职业资格，用 164 项职业资格取代之前的 351 项职业资格，力图拓宽每种资格认证的学习领域，兼顾资格内容专业化与资格认证灵活性。①

三、高等教育改革与发展

（一）发展概况

当前芬兰的高等教育是双轨制，包括（研究型）大学和应用科学大学，两类学校分别遵循《大学法》和《应用科学大学法》办学。研究型大学侧重学术研究，授予博士、硕士和学士学位。而应用科学大学的教育以实际应用为目标，注重与商业和工业部门就业紧密联系，以学士学位项目为主，并在多数学科领域提供研究生教育。截至 2019 年年底，芬兰有 13 所大学，在校生 153000 人；22 所应用科学大学，在校生 128000 人。此外芬兰还有两所特殊的应用科学大学，一所是在奥兰自治区自治的奥兰应用科学大学，另一所是由芬兰内政部管理的警察学院。

芬兰高等教育的起源可以追溯到 1640 年。那时芬兰受瑞典王国的统治，图尔库是芬兰的首府，图尔库皇家学院就是在当时成立的，学院的主要功能是培养国家管理所需的官员和相关人才。学院包括四个系，分别是神学、哲学、法学和医学，每年招收 60 名至 80 名学生。瑞典王国在 1808 年至 1809 年的战争中败给沙俄，芬兰也因此从瑞典的版图分隔出来，成为沙俄的一个自治大公国，图尔库国家学院更名为图尔库帝国学院。1827 年一场大火摧毁了图尔库的大部分民宅和建筑，图尔库帝国学院也被迫迁往芬兰大公国新的首

---

① Ministry of Education and Culture, "Reform of Vocational Upper Secondary Education", http://minedu.fi/en/reform-of-vocational-upper-secondary-education, 2021-04-03.

都——赫尔辛基,同时更名为亚历山大帝国大学。该大学作为当时芬兰唯一的一所高等教育机构,在芬兰的政治、经济和文化发展,以及芬兰主义的崛起中发挥了至关重要的作用。芬兰1917年独立后,重视高等教育的发展,发展了自己的高等教育发展理念,比如大学是国家的重要机构,高等教育是民族和国家发展的重要支柱部门,成功的高等教育离不开成功的基础教育,接受教育(包括高等教育)的机会是一个政治问题,等等。

进入20世纪后,芬兰高等教育发展的一个重要特点就是数量和规模的持续增长和扩张,并相对均衡地分布在全国不同地区。特别是在20世纪50年代后期,芬兰建立并巩固了福利社会的政治理念,在高等教育方面的重要体现就是建立平等接受教育(包括接受高等教育)和保证高级人才在全国不同地区和社会不同部门的均衡分配。在其影响下,芬兰开始了高等教育大众化的改革,其主要特点就是高等教育规模的扩大和招生人数的增加。福利社会政策的另一个重要特点是保证对包括教育在内的基本社会服务的公共财政投入。因此,尽管在20世纪60年代以后建立起来的高等院校大多是私立院校,但是所有这些私立院校都得到了芬兰政府的财政支持并接受政府管理。特别是经过20世纪70年代和80年代的调整后,所有私立高等院校先后被纳入国办大学体系。芬兰最重要的高等教育改革,发生在20世纪90年代以后。

(二)重要改革与发展

1. 应用科技大学的建立

工业和经济部门在经济转型过程中所需的人才更具多元化,这对芬兰高等教育的人才培养模式也提出了新的要求。直到20世纪90年代初期,芬兰的高等教育系统中还只有研究型大学,为国家和地方经济发展培养高层次的工程技术、研究和管理人员。当时,为工业部门培养技术人员的职责一直由分布在芬兰各地的200多所职业技术学校承担。然而,到20世纪80年代末,芬兰的这种职业教育系统已经不适应工业社会的发展需要,难以保证培养足够的经济和工业部门需要的高级职业技术人员。因此，在 90 年代进行的芬兰高等教育改革的一个重要举措就是在全国范围内设立 29 所应用科技大学，这不仅为更多高中毕业生提供了深造机会，更重要的是保证了劳动力市场的供需平衡。这些高等教育机构的建立和发展主要是把一些地理位置毗邻的职业技术学校合并和升格，升格后的学校具有学士学位授予权。这些院校很快发展成为与芬兰研究型大学互为补充的一个个独特的高等教育部门，芬兰形成了双轨制的高等教育体制，即包含研究型大学和应用科学大学两个依据不同法律框架运行的高等教育机构。①

2. 博洛尼亚进程

1999 年，来自欧洲 29 个国家的教育部长在意大利的博洛尼亚签署了一个共同宣言，这个宣言之后的一系列高等教育改革通常称为"博洛尼亚进程"。这一进程从根本上改变了欧洲高等教育的结构，其最终目标是在 2010 年前建立欧洲高等教育区，以促进流动性和提高国际竞争力。该宣言包括五个主要目标：建立共同的具有可比性的学位制度，从一定意义上接近英、美学位体系；采用三级学位教育模式，以及强调教育的延续性；建立欧洲统一的学分体系；消除学生自由流动的障碍；建立具有欧洲特点的高等教育评估体系。

为配合《博洛尼亚宣言》，芬兰对高等教育进行了相应的调整和改革，主要体现在学位结构的调整上，即 3 年本科教育、2 年硕士研究生教育和 3 年博士学位教育。第一和第二阶段的学位应该具有不同的定位和各种形式，以便适应个体、学术和劳动力市场需求的多样性。2005 年新的学位政策规定，除了医学和牙医学，芬兰各大学的所有专业开始实行新的两级学位系统。学士学位是强制性的，要进入硕士学位的学习必须首先完成学士学位的学习。完

---

① Yuzhuo Cai, Po Yang, Anu Lyytinen, and Seppo Hölttä. (2015). " Seeking Solutions Through the Mirror of Finnish Experience: Policy Recommendations for Regional University Transformation in China." Journal of Higher Education Policy and Management, 37(4), 447-458.

成第一阶段教育后所颁发的学士学位使学生能够顺利进入劳动力市场。新的学位结构也适用于应用科学大学，第一级学位是学士学位，第二级学位是硕士学位(申请应用科学大学的硕士项目需要有在相关领域3年以上的工作经历)。①

3. 市场机制和新公共管理制度的引入

芬兰从20世纪90年代开始，在高等教育中逐步引入了市场的机制。首先，高等教育的发展从简单的规模扩张转向为国家重大经济和工业政策和发展服务，大学在国家创新体系的建设中发挥越来越重要的作用。其次，国家对高等教育的管理模式也从集权和计划模式逐渐过渡到通过立法、经费分配和监督(评估)来管理的方式。用目标为导向的综合性财政拨款模式取代了原来的项目拨款模式。每隔三年，芬兰教育文化部分别与每所大学就拟实现的培养学位生数量等产出指标进行协商并达成协议，教育文化部依据学校完成各项指标的费用核算预算和一次性拨款，并在合同期末对大学进行绩效评估。通过这样一个拨款模式，政府可以使大学的办学方向和国家的发展政策保持一致。学校对于如何使用预算经费有充分的自主权。②

更明显的市场化的改革体现在2011年1月1日正式颁布执行新的大学法。新的大学法颁布后，大学对政府的附属关系不再存在，成为具有更多办学自主权的法人实体。大学法人包括两类，一类是公共法人，这类法人依据大学法设立，大学的机构和功能由法律明确规定；另一类是基金会法人，这种法人依据基金会法设立。两类大学的共同目的在于实现大学法规定的各项使命。大学被推向市场后，学校将能够更加灵活地寻求新的经费来源，例如吸引私人捐赠、与国内和国际公司合作、提供教育服务和收取学费、获得银行贷款等。当然，教育文化部还将是大学财政收入的主要来源，但是政府的投入不

---

① 蔡瑜琢：《芬兰高等教育的发展历程和改革趋势》，见岑玉珍、蔡瑜琢：《芬兰印象——改革开放30周年留学芬兰文集》，北京，社会科学出版社，2009。

② Seppo Hölttä, "The funding of universities in Finland: towards goal-oriented government steering", European Journal of Education, 1998(33), pp.55-63.

再是通过政府财政拨款的形式，而是作为财政补贴。在新的环境中，大学作为法人，具有支配法人财产的权利。当然作为法人，大学也要独立承担办学带来的风险。如果大学办学不力，也可能面临破产的风险。大学作为独立法人后的另一个变化体现在人员聘用上，即大学享有独立的人事权。大学教师不再是公务员，大学取代政府成为他们的雇主。这也意味着，大学可以根据需要，更加灵活地制定人事政策，提高大学教师职位的吸引力。[①]

与研究型大学改革类似，2014年颁布的新的《应用科技大学法案》规定应用科技大学成为独立的法人实体。在经费拨款方式上，新的法案也进行了改革。为应用科技大学提供的经费主要包括核心经费、项目和绩效经费以及日常开支经费。应用科技大学的管理机构（主要是地方政府）和中央政府共同负责提供大学经费。核心经费通过大学管理机构拨给应用科技大学。根据新的法案，应用科技大学直接从中央政府获得经费。2014年改革后，核心经费将基于应用科技大学的两项使命：85%的经费基于教学活动，15%的经费基于应用研发。[②]

此外，市场化体现在2017年芬兰高校开始向欧盟以外的学生征收学费，与此同时学校也为学生开设了各类奖学金项目，吸引和帮助优秀国际学生到芬兰留学。

4. 大学合并

在高等教育市场化改革的同时，芬兰政府已经意识到提高大学的国际影响力和竞争力对于保持芬兰高等教育持续发展的重要性，并开始对芬兰高等教育进行结构性调整。主要措施是通过院校合并，精简学校的数量，扩大学校规模和实力，从而打造出更有国际竞争力的大学。高校的合并从2008年开

---

① 蔡瑜琢：《从福利制度走向市场化——芬兰高等教育改革透视》，载《比较教育研究》，2012(1)。

② 蔡瑜琢、阿鲁·李迪纳等：《建设应用科技大学的国际经验(下)》，载《中国教育财政政策咨询报告(2010—2015)》，2016(2)。

始,通过合并(见表8-3),应用科技大学的数量从2009年的29所降到了2019年的13所,研究型大学从2009年的20所增加到2019年的22所。

表8-3 芬兰合并院校信息

类型	时间	新的校名(英文名)	合并基础	教职工数	学生人数	合并目标
应用科技大学	2008	都会应用科技大学(Metropolia University of Applied Sciences)	赫尔辛基斯塔迪亚应用科技大学(Helsinki Polytechnic Stadia)、EVTEK应用科技大学(Espoo-Vantaa Institute of Technology)	920人(2019年)	16400人(2019年)	建成一所培养具有洞察力和专业性的未来建设者的大学
	2010	坦佩雷应用科技大学(Tampere University of Applied sciences)	皮尔肯玛应用科技大学(Pirkanmaa University of Applied Sciences)、坦佩雷应用科技大学(Tampere University of Applied Sciences)	700人(2018年)	13000人(大约10000名攻读学位的学生)(2018年)	成为芬兰第二大的多学科应用科技大学
	2014	拉普兰应用科技大学(Lapland University of Applied Sciences)	克米托尼奥应用科技大学(Kemi-Tornio University of Applied Sciences)、罗瓦涅米应用科技大学(Rovaniemi University of Applied Sciences)	约500人(2019年)	约5000人(2019年)	从不断变化的运营环境带来的优势与机遇中提炼专业知识与活力,以满足北方人民的社会生活
	2017	芬兰东南应用科技大学(South-Eastern Finland University of Applied Sciences)	屈米区应用科技大学(Kymenlaakso University of Applied Sciences)、米凯利应用科技大学(Mikkeli University of Applied Sciences)	750人(2019年)	9400人(2019年)	

续表

类型	时间	新的校名 （英文名）	合并基础	教职工数	学生人数	合并目标
应用科技大学	2020	LAB 应用科技大学 （LAB University of Applied Sciences）	拉赫蒂应用科技大学（Lahti University of Applied Sciences）、塞马应用科技大学（Saimaa University of Applied Sciences）	360人（2020年）	8500人（2020年）	
研究型大学	2010	阿尔托大学（Aalto University）	赫尔辛基工业大学（Helsinki University of Technology）、赫尔辛基经济学院（the Helsinki School of Economics）、赫尔辛基艺术与设计大学（University of Art and Design Helsinki）	4000人（2019年）	12000人（全日制学生）（2019年）	与社会息息相关的创新与跨学科领域；2020年成为世界一流大学
	2010	东芬兰大学（University of Eastern Finland）	约恩苏大学（University of Joensuu）、库奥皮奥大学（University of Kuopio）	2500人（2019年）	15500人，另有成人教育学生15400人（2019年）	有明确的领域界定的新的大学结构与治理
	2010	图尔库大学（University of Turku）	芬兰的图尔库大学（University of Turku）、图尔库经济学院（Turku School of Economics）	3493人（2019年）	20185人（2019年）	具有协作特征的完全合并
	2013	赫尔辛基艺术大学（University of the Art Helsinki）	芬兰美术学院（Finnish Academy of Fine Arts）、西贝柳斯学院（Sibelius Academy）、赫尔辛基戏剧学院（Theatre Academy Helsinki）	718名专职人员（2018年）	1935（其中全日制1531人）（2018年）	孕育芬兰艺术遗产，复兴芬兰艺术

续表

类型	时间	新的校名 (英文名)	合并基础	教职工数	学生人数	合并目标
研究型大学	2015	赫尔辛基大学 (University of Helsinki)	芬兰的赫尔辛基大学 (University of Helsin- ki)、国家消费者研 究中心(the National Consumer Research Centre)、国家法律政 策研究中心(the Na- tional Research Institu- te of Legal Policy)	7800 人 (教学与 研究人员 为 4458 人) (2018 年)	31200 人 (2018 年)	具有兼并特 征的完全 合并
	2019	坦佩雷大学 (Tampere Universities)	坦佩雷大学(Tampere Universities)、坦佩雷 工业大学(Tampere U- niversities of Technolo- gy)	4100 人 (2019 年)	19000 人 (攻读学 位学生) (2019 年)	基金会管理 的大学;融 合技术与社 会科学,最 具跨学科特 征的大学 之一
	2019	坦佩雷大学社区 (Tampere higher education commu- nity)	2019 年合并后的坦佩 雷大学(Tampere Uni- versity)与 2010 年合 并后的坦佩雷应用科 技大学(Tampere Uni- versty of Applied sci- ences)	4800 人 (2019 年)	30000 人 (2019 年, 其中应用 科技大学 学生占约 三分之一)	学术型大学 与应用科技 大学合作乃 至合并的全 新模式

资料来源:表格内容部分参考 Timo Aarrevaara & Ian Dobson (2016). "Merger mania? The Finnish higher education experience", in: Mergers in Higher Education, Vol. 46, Higher Education Dynamics, Spring International Publishing. pp. 59-72.

2019 年 1 月 1 日,坦佩雷大学、坦佩雷工业大学和坦佩雷应用科技大学合并成立(新的)坦佩雷大学,这是一次非常独特的合并,因为它涉及按不同法律框架运作的研究型大学和应用科学大学之间的合并。虽然宣传上有时说成三校合并,但只有坦佩雷大学和坦佩雷工业大学是实质的合并,而坦佩雷应用科技大学在合并后依然保留自己的校名和独立办学。坦佩雷应用科技大学并入坦佩雷大学是通过股权变换的方式。合并前坦佩雷应用科技大学作为股份有限公司的全资股东是坦佩雷市政府，合并后坦佩雷大学的法人坦佩雷大学基金会成为坦佩雷应用科技大学的主要股东。这次合并是三校自发的，但是得到了芬兰教育文化部和坦佩雷政府的大力支持。合并的主要目的是提升坦佩雷大学的国际声誉和国内影响力，增强对坦佩雷区域的影响以及充分实现学科融合和资源共享。

四、教师教育改革与发展

（一）发展概况

1852 年赫尔辛基大学设立了第一个教育学的教授席位，标志着芬兰教师教育制度的开端。1863 年芬兰第一个针对小学教师教育的师资培训学院成立，课程模式主要参照德国和瑞士的模式设计，随后，许多教师培训学校纷纷成立。1965 年芬兰教育文化部成立教师培育改革委员会，提出教师培训的基本方针，即教师的角色是生活辅导者与学习引导者，而不是资讯传递者，教师必须通过进修提升教学品质，维持专业适当性。1971 年，芬兰通过《教师教育法》，将教师学历全面升格为硕士学位层次，并把初等学校与中等学校教师教育改由大学培养。主要由 8 所大学（其中 1 所以瑞典语授课）培养师资，设定硕士学位师资培育课程。此外，还有 4 所大学提供教师进修与研习课程。因此，芬兰共有 12 所师资培训机构。受到博洛尼亚进程的影响，芬兰大学2005 年 8 月 1 日开始实行新的两级学位制，即三年的本科教育和两年的硕士教育。同时，芬兰的教师教育课程也进行了改革。21 世纪以后，作为欧盟成员国，芬兰依照欧洲体系对教师教育进行了调整。2001 年 11 月 14 日，芬兰教育文化部颁布了《教师教育发展计划》，主要对学生的选拔、教育学学习、教师教育的地位与合作机制以及教师与教师培养者的持续专业化教育等做了新的规定和要求。

1. 教师资格的标准(学前、初等教育、中等教育、高等教育、特殊教育等)

芬兰的教师教育自 2005 年 8 月 1 日起实行两级学位体系,即三年的学士学位和两年的硕士学位。在芬兰要获得教师资格,必须修满 300ECTS(即欧洲学分转换系统)学分(按照每学年 60 学分、1 学分相当于 27 学时计算,本科阶段为 180 学分,硕士阶段为 120 学分),获得硕士学位,才有资格做中小学教师。芬兰对不同类型的教师资格都做了相应的规定和要求,具体要求见表 8-4。

表 8-4 芬兰各类学校教师资格要求一览表

任职学校类型	学生年龄	年级	所需教师资格
幼儿园	0~6 岁		幼儿园教师(学士)
学前教育	6 岁		幼儿园教师(学士) 小学教师(硕士)
综合学校 (公立学校)	7~16 岁	1~9 年级	综合学校教师(硕士)
小学	7~12 岁	1~6 年级	小学教师(硕士)
初中	13~15 岁	7~9 年级	学科教师(硕士)
普通高中	16~18 岁	10~12 年级	学科教师(硕士) 职教教师(学士)
职业高中			学科教师(硕士)
大学	19 岁以后		高等学术学位(博士)
应用科学大学			高等学术学位(硕士/博士)

资料来源:Pasi Sahlberg, *Finnish lessons*:*What can the world learn from educational change in Finland?* New York, Teachers College Press, 2011, p. 79.

班级教师一般是指任教于小学各个学科教学的教师,以及幼儿园教师。班级教师的申请资格必须是完成高中学业、通过大学入学考试或者具有三年职业资格或相关国外学习经历。班级教师的选拔程序包括两个阶段:第一阶段主要是基于全国统一的大学入学考试、高中毕业证书、中学学习记录和相关领域的工作经历。第二阶段主要由大学组织进行，具体由大学实施，选拔内容可以是相关文献或材料的作业、评论、个人或小组面谈、教学观察以及其他方式的考核。班级教师的资质必须要具有硕士学位，同时进行主要任教学科的教师教育，学制为5年。

学科教师，主要包括初中（7～9年级）、高中（10～12年级）、职业教育、成人教育与培训机构一门学科或多门学科的教师。学科教师获得教师资格必须要完成学科课程和教师教学法研究。教学学科研究要进行教学实践。学科研究是对教师将要从事的教学科目进行研究。教学法研究强调各种教育机构的教授法和一般教学方法，其目的是发展教学专业，形成个人教学能力和教学工作共同体。

特殊需要教师主要是指中小学校中特别需要的教师、特殊班级教师和特殊幼儿园教师。他们主要从事特殊教育领域。特殊需要教师或者特殊教育班级教师的教师资格，要求具有较高的学术性学位，包括主要学科及特殊教学法、特殊教育研究。特殊需要教师的职责主要是对语言（芬兰语和瑞典语）学习有问题的儿童提供特别的辅导。

学生顾问。芬兰的小学和初中教育阶段，会为学生提供教育指导和职业咨询方面的教师。学生顾问必须获得硕士学位，硕士课程包括某一教育领域的一门主要学科、教师教学法研究、学生咨询研究。学生咨询研究旨在让未来学生顾问获得完成工作所需的专业能力。[①]

职业教育的教师资格，必须要符合法律规定的资格制度要求（无须单独的认证或认可程序），具体要求如表8-5所示。

---

① 裴巧灵：《芬兰全纳教育研究——历史、现状及启示》，硕士学位论文，曲阜师范大学，2011。

表 8-5　芬兰职业教育教师类型和资格要求

职教教师类型	职教教师工作机构的资格要求	
	中等职教机构	高等教育机构
应用科技大学讲师教师		硕士学位，包括教育学课程学习
应用科技大学资深讲师		拥有博士学位或专业执照
职业学科教师	拥有相关领域的硕士学位以及职业教师教育学院的教育学课程学习	
核心学科教师	硕士学位，包括教育学课程学习	
特需教师	硕士学位，包括教育学课程学习；拥有相关领域的硕士学位以及职业教师教育学院的教育学课程学习	
指导顾问	硕士学位，包括教育学课程学习；拥有相关领域的硕士学位以及职业教师教育学院的教育学课程学习	硕士学位，包括教育学课程学习
校长	硕士学位，包括教育学课程学习；拥有相关领域的硕士学位以及职业教师教育学院的教育学课程学习	硕士学位，包括教育学课程学习

资料来源：The Ministry of Education, *VET teachers and trainers in Finland*, Helsinki, Publications of the Ministry of Education, 2006, p. 41.

2. 教师教育的课程设置

芬兰的中小学教师教育课程设置中，对小学教师和中学教师的要求各不相同。芬兰的小学教师，即班级教师，主要在综合性学校里教授1~6年级的学生；中学教师，即科目教师，主要在综合性学校中教7~9年级的学生(或者高中1~3年级的学生)，为他们能够进入大学接受高等教育做好准备。

小学教师(班级教师)负责教授1~6年级全部的课程，因此，在培养小学教师的课程设置中，主要是教育类的课程，同时也有一些小学科目知识；而中学教师(学科教师)，主要教授不同科目，他们需要先在本专业的院系学习两年之后再向教师教育学院提交申请，申请通过之后再进行教育学与专业科目的学习。芬兰小学教师和中学教师都要进行教育类课程的学习，学分要求都一样，这就使得两类教师可以相互转换，除了教育类课程，双方只要修满相关的学分就能达到要求。中学教师的学科课程包括外语、数学科学(数学、物理、化学、计算机科学和计算机技术)、母语(芬兰语或瑞典语)、生物学(植物学、动物学、遗传学)和地理、社会学(包括历史学和经济学)、宗教和哲学、家政学、纺织工艺品、技术工艺技术、艺术和音乐以及体育。

表8-6是芬兰20世纪七八十年代教师教育课程设置的情况，可以看出，初等学校和中等学校教师教育课程设置还是有一些差别的。2005年芬兰加入博洛尼亚进程以后，小学教师和中学教师培养的统一要求是要修满300ECTS学分(学士180ECTS学分、硕士120ECTS学分)。所有大学的教师教育课程都必须要包含6个课程模块：学科专业课程，科学研究，教育教学课程(至少60ECTS学分，包括教育理论学习、教学实习等)，沟通、语言以及信息通信技术课程，个人研究计划，选修课程。每一所大学都有自主权发展一些特色的教师教育课程，课程设置强调跨学科知识的学习。在教师培养的课程设置上，班级教师和学科教师各有侧重，班级教师要把教育科学课程作为主修课程，学分占到总学分的一半，然后再选择英语和数学等其他课程作为辅修课程。而学科教师则要把今后从事教学所要教授的学科课程作为主修课程，再依据学校规定选择一到两门相关科目作为辅修课程，例如数学教师可以选择化学、生物或者物理作为辅修课程。

表8-6 芬兰20世纪七八十年代教师教育课程

	主修科目	辅修科目	硕士论文	教学实践	其他学习
初等学校教师教育160学分(4~5年)	在教育系的教育学学习55学分	不同学校教学科目的基础学习和一门或两门专业学科的综合学习35+35学分	教育学20学分	作为教育学学习的部分20学分	语言和交流选修课程10~20学分

续表

	主修科目	辅修科目	硕士论文	教学实践	其他学习
中等学校教师教育 160 学分（5 年）	在学术院系学习不同学校的科目 50～60 学分	一门或两门教学科目和教育院系的教育学学习 30+35 学分	学术科目研究 20 学分	作为教育学学习的部分 20 学分	语言和交流选修课程 10～20 学分

资料来源：Hannele Niemi, Teacher education in Finland-current trends and future scenarios. In Teacher education policies in the European Union : proceedings of the Conference on Teacher Education Policies in the European Union and Quality of Lifelong Learning, Loulé（Algarve），22 and 23 May 2000（pp. 51-64）. Portuguese Presidency of the Council of the European Union，European Network on Teacher Education Policies, 2000.

（二）重要改革与发展

1. 通过稳固的国家政策奠定教师社会地位

芬兰的文化传统中非常重视教育，教师一直被认为是神圣而崇高的职业。芬兰教师教育的核心理念是，各级教师不仅可以成为而且必须成为各自领域具有专业知识的专家，他们还要能够应对来自各种领域的挑战，如教育、行政、家庭或社区等，还要与当地产业保持密切合作。因此，芬兰在进行教育改革和制定政策时，一方面注重保持尊师重教的文化传统，另一方面强调教师的高度专业化，这使得教师的社会地位非常高。20 世纪 70 年代以来的芬兰教育改革，以研究导向作为教师培养的基本原则，使教师在课程学习、教学评价、教学领导力等方面都受到专业性的学术训练，并且获得硕士学位才能取得教师资格，这些政策都保证并奠定了教师的社会地位。

2. 全程的质量保障导航师范生培养

芬兰在培养师范生的过程中，一些大学的专业院系会专门设置教授职位来监督师范生的培养，主要从教师教育的课程设置和教学目标进行评价和监督。在师范生的教学实践环节，大学一般会设定一两所教师实践学校，一方面承担学校的日常教学及管理工作，同时培训学校的一部分人并监督指导师范生的实习。在培养师范生的大学里，很多学科院系与教育院系共同合作，一起监督师范生的培养质量，评价学生的学术与研究能力是否得到提升。这样的全过程指导和监督，保证了师范生的质量。

3. 完全的信任孕育了高度负责的教师队伍

在芬兰，高度的信任文化使整个教育制度保持良性运转。芬兰政府没有采用标准化的考核制度，而是建立了一套具有自身特色的教育政策，为学校创造宽松自由的制度环境，使学校和教师能够深入实施独特的学习理论，开展各种教学法实验，以满足不同阶段、不同层次学生的学习需求。学校高度信任教师的专业能力，在课程计划、教材选择、教学方法等方面，给予教师充分的学术自由。教师在充满信任的工作环境和社会氛围中，形成了强烈的责任意识，更加专注于教学，奉献教育事业。

五、成人教育和继续教育改革与发展

芬兰的成人教育是"成人教育与培训"的简称，主要包括成人普通教育和成人职业教育两部分，其中成人普通教育主要是对成人进行的通识教育和公民教育，由普通成人中等教育、高等教育和自由成人教育三部分组成。成人职业教育主要指成人的职业培训，是指芬兰的成人初、高级职业教育和由劳动力市场、企业单位或其他机构组织的成人教育培训。在芬兰，各类成人教育机构提供的教育没有明确的界限，成人教育机构多种多样，为成人提供多样化的教育服务。

不论哪种成人教育的职业训练，凡参加者必须具备下列条件：一是至少20岁（完成了义务教育的20岁以下的人，无机会在正规的职业学校获得职业教育者除外）；二是失业或潜在失业者；三是需要保持和提高其职业或专业技能的人；四是需要重新训练，以及换了新职业、苦于技术能力上有明显欠缺的人。[①]

---

① 姜秀玉：《芬兰成人教育的几种形式》，载《教育与职业》，1989(10)。

(一)发展概况

芬兰的成人教育最早出现在 19 世纪晚期,到 20 世纪初期,已经有 91 所学校可以为成人提供培训。到 1966 年,成人教育的发展步入一个上升的阶段。20 世纪 70 年代,芬兰政府先后通过了《职业培训法》《关于国家资助在职人员参加函授学习和教育法》等一系列有关成人教育的法律法规,开始重视发展成人教育。随后,成人教育的目标、运行模式及结构逐步成熟和完善,到了 20 世纪 80 年代,成人教育的参加人数有了标志性的突破。20 世纪 90 年代以后,政府采取强有力措施积极开辟高等教育多元化学习途径,使成人教育迅速发展起来。

1. 中等成人教育和继续教育

在芬兰,一些没有完成初中或高中学业的成年人可以通过成人教育的形式去完成学业,以此来获得相应的证书或者继续参加大学入学考试。《普通高中教育法》规定,为保证学生有自主选择的能力,必须提供完整的课程,如果有需要,可以借助其他教育机构辅助教学。这从法律上保证了通过成人教育获得证书的合法性。

芬兰提供成人初级和高级职业教育的机构主要是由市政或商业群体主办的,旨在提高成人职业水平,主要包括普通中等职业技术学校、职业机构、成人职业教育中心和专业职业机构四种。

职业高中教育也可以使一些成年人获得教育证书,它的目的是提高就业人员的专业知识与能力,满足他们对工作及专业知识的需求,并促进其就业。

在普通中等职业技术学校,成人可以和年轻人一样在学校通过学习获得初级职业资格证书,一般学习时间是 3 年,其中半年是在职培训。成人学习的组织形式多样,除了和年轻人一起学习的普通模式,还有专门针对成人的学习形式,比如采取学徒制的形式,即以在工作场所学习为主。在教育文化部规定的教学任务、教学领域和学生数量的范围内,学校可以自由决定成人学生和普通学生的教育资源分配。

2. 暑期大学

暑期大学是芬兰的专门教育机构。暑期大学通常由私人组织开办，除了收取学费外，它们还从国家和市政当局接受拨款。暑期大学的正式员工很少，教师常常是高等教育院校的教师。暑期大学对所有人开放，不受年龄或者教育背景的限制。暑期大学的大部分教学主要在夏季的 6、7、8 月进行，但近年来越来越多的课程趋向于全年开设。暑期大学主要用芬兰语进行教学，有少部分使用英语。暑期大学与芬兰的大学、应用科学大学有密切的合作关系，每年与大学合作安排课程计划，提供的课程主要有跨学科的文化研究、欧洲研究、芬兰语言和文化、艺术、舞蹈、音乐、戏剧、教育、环境科学、医疗保健和社会科学。每个暑期大学都有自己的详细课程计划。

暑期大学还提供专业继续教育和职业继续教育、高中分科课程以及种类广泛的语言课程。暑期大学的学习组织形式有开放大学培训（这些课程的安排参照大学的标准或者能获得学分的学习标准设置）、高级职业教育培训、资格考试预备课程、普通讲座、有关文化或区域问题的研讨会。

3. 开放大学

开放大学在芬兰的成人教育机构中扮演着极其重要的角色。芬兰的开放大学教育有着悠久的办学传统，大学和应用科学大学都大力发展开放技术教育。芬兰推行终身教育战略，坚持"学习无处不有，无时不在，可以任何方式进行"的教育理念。继续教育中心依据教学大纲组织实施开放大学教育。开放大学实施的继续教育没有入学要求，其对所有人开放，不分年龄与教育程度，都可以到开放大学进行学习。大学与许多教育机构（如职业教育中心、暑期大学和民间中学）合作，在全国范围内开展教学。

芬兰的《1997—2000 年信息战略计划》规定，开放大学可以利用电子信息技术向成人提供高等教育和相关服务。芬兰虚拟大学通过一个共享的端口为大学学生、教师、研究人员及其他员工提供一个虚拟的校园。

芬兰开放大学和开放应用科学大学的活动经费主要由教育部和有关高校共同承担。学费仅用于支付诸如信息、监督、学习资料及相关项目等学习管理方面的开支。学费的高低主要根据教学和教学管理的具体情况而定，但为了实现政府提出的教育平等的目标，政府把学费控制在一个合理的水平。①

（二）重要改革与发展

1. 终身教育理念贯穿成人教育，把成人教育融入普通的教育体系

芬兰的终身教育理念已融入成人教育各个层次。芬兰的成人教育的内容囊括了所有的教育层次的内容，成人教育与普通的教育体系具有非常灵活的转换机制，使所有人在其一生中都能找到适合自己的学习路径。

1998年芬兰颁布了《自由成人教育法》，由自由成人教育机构提供非正规的非学位导向的教育。1999年，芬兰进行了成人教育改革。废除了以前众多的零碎条例，使成人教育发展的法律依据更加规范明确。成人教育包含所有的教育层次的内容，所有的教育培训法都适用于相应层次的成人教育培训。2002年6月，芬兰成人教育委员会制订了"成人教育培训战略行动计划"，规定未来成人教育培训的发展与生活紧密结合，覆盖所有行业，提供方法先进、内容优质的教育，以推进教育民主、增强社会凝聚力为原则，并明确了三个具体的目标：制订成人教育的发展计划，采取提高成人学习条件的措施，以及理顺成人教育的融资管理。

高等教育的入学要求是完成普通中等教育并参与入学考试，或者持有中等职业教育结业证书（即初级资格证书）。但是对于成人，通过参加能力为本的资格考试来获得初级资格证书后，也可以像年轻人一样进入大学学习，这样就打通了成人教育和普通高等教育的通道。

"2007—2012年教育与研究发展计划"提出，当前芬兰成人终身学习的目

---

① 彭伟强、叶维权：《芬兰开放大学及其启示》，载《中国远程教育》，2001(7)。

标是：平等的教育机会，高质量的教育和研究，输出技术熟练的工人，发展高等教育和提升师资。计划中提出，2009 年在成人的职业教育领域采用以绩效为本的财政补贴模式，取代以往的以参与工作的年限为基准的补贴模式。这个计划再次强调了自由成人教育对实现社会平等、公民权利维护、公民意识觉醒和移民教育的重要性，将保障自由成人教育的供给定为芬兰教育发展的目标之一。

2. 成人职业教育作为独立的教育体系

芬兰的成人职业教育体系与普通教育体系是芬兰成人教育的两个重要组成部分。成人职业教育主要提供成人初级和高级职业教育，目的是提高成人职业水平。成人职业教育机构主要由市政或商业群体主办，主要包括普通中等职业技术学校、职业机构、成人职业教育中心和专业职业机构四种。

普通中等职业技术学校，它提供的教育可以让成人和年轻人一样在学校学习，获得初级职业资格证书，一般学习时间为 3 年，其中半年是在职培训。

芬兰的职业机构大约有 220 所，主要由市政府、市政联盟主办，属于政府机构或者私营企业。这些职业机构除了满足主办单位内的职业教育需求外，还提供特殊群体的特殊教育。

芬兰的成人职业教育中心有 45 所。这类教育机构，政府补助只负担初等职业教育的部分成本，其他大部分的经费通过机构出售教育培训来获得。成人职业教育中心是芬兰一个重要的成人职业教育提供机构，40% 的自我培训以及近 60% 的劳动力市场培训由成人职业教育中心提供。

专业职业机构有 54 所，主要由商业群体主办，为在职人群提供高级职业教育、继续职业教育。这种机构提供的课程和项目与职业成人教育中心的课程内容相似，但时间较短。

第四节　教育思想

如果追溯芬兰教育思想和教育理论，首先需要简单了解一下芬兰教育思想发展所处的历史环境。关于芬兰的文字资料是从12世纪开始出现的，当时以瑞典人主导的天主教会在芬兰西南部获得立足点，并开始了瑞典对芬兰长达几百年的统治。1808年2月至1809年9月，瑞典和沙俄间进行了"芬兰战争"，作为战败方瑞典失去了对芬兰的控制权，从此芬兰成为沙俄的一个大公国。在沙俄统治期间，芬兰的民族主义不断高涨，其主要表现是推广芬兰语和芬兰文化，从而增强社会各阶层人民的凝聚力。在这期间发展了芬兰人的教育思想和理论，芬兰教育的发展也紧密地与民族主义联系在一起。列宁1917年领导的十月革命成功后，苏联布尔什维克赋予了芬兰人民选择自己命运的自主权，包括选择独立的权力。芬兰议会于1917年12月6日投票通过独立表决，随即获得苏维埃政府的认可。芬兰独立后，逐渐成为北欧福利社会大家庭的一员，而福利社会的基本理念也深深地影响了芬兰教育政策和教育发展。自19世纪至今，芬兰涌现出来很多有影响力的教育思想家和教育学者。下面对几位最有代表性的教育家和学者以及他们的教育思想做一简单介绍。

一、芬兰"小学教育之父"伍诺·西格涅斯

伍诺·西格涅斯（Uno Cygnaeus，1810—1888）是芬兰的牧师、教育家和国家学校系统的首席督察员。他被认为是芬兰的小学教育之父和教师教育的奠基人。他的成就还包括开始进行高级教师培训，强调妇女教育的重要性。特别重要的是，他把手工引入学校课程中。他认为，手工教育不仅是对技术的研究及职业前培训，而且是实现脑、心、手平衡的有效手段。1855年，沙

皇亚历山大二世登上王位后，俄国参议院受命推进芬兰的教育体系改革。参议院从不同来源征集了提案，西格涅斯的提案最终获得了参议院的支持。参议院还授权西格涅斯建立民俗学校系统。为准备建立民俗学校的计划，他途经瑞典和丹麦前往德国和瑞士，学习了德瑞两国的经验，特别是受到了汉堡幼儿园和瑞士学校系统的影响。西格涅斯根据他在旅途中记下的笔记，起草了计划，并于1861年获得参议院的批准。西格涅斯提出了工作是一种"道德责任"的概念，这种道德责任是完成工作的人的荣誉。他的思想和著作的核心是，教育应该使每个孩子都懂得什么是真正的工作，以便将来每个公民都具有对工作的普遍赞赏和尊重，而教育不仅仅是对特定职业的培训。①

二、芬兰教育思想的领航人约翰·维尔赫尔姆·斯内尔曼

约翰·维尔赫尔姆·斯内尔曼（Johan Vilhelm Snellman，1806—1881）是19世纪芬兰非常有影响力的哲学家，新闻工作者和政治家。他在1860—1861年担任赫尔辛基大学教育学教授。斯内尔曼崇尚的黑格尔哲学极大程度地影响了芬兰民族运动，该运动在几十年内使得芬兰从一个由瑞典上流社会统治的国家转变为一个由说芬兰语的多数人掌控文化和政治权利的社会。斯内尔曼认为，增加芬兰语的使用是芬兰避免被俄罗斯同化的方式，他特别强调文学在促进民族认同感方面的重要性。②1861年，斯内尔曼在他的一个非常有影响力的演讲中指出，芬兰的教育必须采用"陶冶"的手段来建设。③"陶冶"是德国人约翰·弗里德里希·赫尔巴特（Johann Friedrich Herbart，1776—1841）于

---

① Aki Rasinen, Timo Rissanen, *In the spirit of Uno Cygnaeus: pedagogical questions of today and tomorrow*, University of Jyväskylä, Department of Teacher Education, 2010, pp.7-16.

② Ilkka Mäkinen, "Snellman kansankirjastoista ja lukemisesta", Kirjastotiede ja informatiikka, 1992, 11(1), pp.10-24.

③ Michael Uljons, Cilla Nyman. "Educational Leadership in Finland or Building a Nation with Bildung", in *Transnational Influences on Values and Practices in Nordic Educational Leadership: Is There a Nordic Model?*, edited by Lejf Moos, Netherlands, Springer, 2013, pp.31-48.

18 世纪末期提出的教育原则，即将教育学和解放的文化发展联系起来，从而为人的教育服务，这不同于教育和教学。这从历史上解释了为什么芬兰人特别崇尚教育，因为芬兰教育的发展从一开始就与"陶冶"的概念以及芬兰语言的兴起交织在一起。①

三、教育思想家扎克里斯·约阿希姆·克利夫

西格涅斯和斯内尔曼都对芬兰学校和教育系统的建立发挥了重要的作用，扎克里斯·约阿希姆·克利夫(Zachris Joachim Cleve，1820—1900)则是芬兰历史上对教育思想的发展最有影响力的学者。他继承斯内尔曼担任赫尔辛基大学的教育学教授(1862—1882)，开创了芬兰教育协会和第一个教育学期刊。作为学校教育改革家，他在 1856 年主持起草了《小学条例》。克利夫的教育思想主要体现在他于 1861 年发表的关于学校教育学的论文，后来他在该论文的基础上，进一步充实和编辑(1886 年)出版了著名的《学校教育》一书。他的另一部重要的著作是 1884 年出版的《学校教育学基础》，这是芬兰关于教学法的第一本教科书。

克利夫教育思想的核心体现了黑格尔和斯内尔曼的哲学观，即认为人的内心中存在两种对立的力量，人格在这两种力量之间摇摆。克利夫认为一种力量来自个体的人，而另一种来自人类的文明。前者是一个消极因素，人性首先导致了自我欲望和自满，然后导致了自我利益和孤立，并最终导致了自我毁灭。而文明是对善的追求。当一个人为善而奋斗时，这会指导他为真理和正义而奋斗，即创造文明。善良、真理和正义反映在人类生活方式和行为中。因此克利夫把教育科学定义为人类教育活动的科学。教育是有灵性和文

---

① Rebekka Horlacher, "What is Bildung? Or: Why pädagogik cannot get away fromt he concept of Bildung Bildung", in *Theories of Bildung and Growth*, edited by Pauli Siljander, Ari Kivelä, Ari Sutinen, Rotterdam, Sense Publishers, 2012, pp.135-147.

化属性的，这把人和动物区分开来。人有语言和思考能力，也有价值观和善
与恶的意识，而真理、美丽、正义、爱与圣洁对动物没有任何意义。一个人
的价值观念随着对文化遗产的继承而逐渐成长和发展。文明是人类最崇高的
愿望，而教育是实现人类文明的重要手段。通过教育，人可以从天生的主观
性中解放出来，并逐渐接受传达客观真理的道德独立性。

　　按照克利夫的教育思想，学校的使命是补充家庭和社会中的社会化过程，
而不是为家庭和社会服务。学校以其人文精神可以加强公民社会和改善家庭
的生活方式，并增强公民的权能。学校是社会变革的重要力量，可以帮助人
们建立与习俗和传统信念的关系。在学校里，要从真理和道德的角度看待事
物。学校必须在政治和经济利益方面具有自主权，因此学校必须是国家机构，
要摆脱对教会的依赖。

　　克利夫特别重视教师的素质。教师在学校中发挥重要作用，他们要有高
尚的道德品格，追求真理，要坦诚和坚持原则，并要有强大的行动能力。教
师的教学必须有趣，并使孩子兴奋。教师的教学形式要多元化，例如介绍、
提问或辩论等。每门课程都有其各自的作用，但它们必须在学生的学习过程
中形成一个凝聚的整体。[①]

四、国外教育思想的引进者

　　1884 年，克利夫出版了芬兰第一部教学法教科书不久，就迎来了引进国
外教学法的潮流。约翰·弗里德里希·赫尔巴特的教育思想通过约翰·佩兰
德（Johan Perander，1838—1885），尤其是瓦尔德玛·鲁恩（Waldemar Ruin，
1857—1938）的作品被系统地引入芬兰。从实践的角度来看，最有影响力的教
学法教科书作者是米卡尔·索尼宁（Mikael Soininen，1860—1924）和 A. K. 奥

---

　　① Helström：Pedagogiikkaa ja koulupolitiikkaa，"Suomalainen pedagogiikan alkulähteillä osa 14"，http：//pedagogiikkaa.blogspot.com/2010/03/zjcleve-oppikoulun-isa.html，2021-04-25.

特林(A. K. Ottelin, 1871—1936),他们俩都曾去过德国耶拿,与德国教育理论家威廉·赖因(Wilhelm Rein, 1847—1929)一起学习。他们的著作在20世纪上半叶被广泛使用。在那期间,尽管芬兰已经有了渐进式教育的思想,但赫尔巴特主义在中学教育中一直占有很高的地位。赫尔巴特主义的地位逐渐被经验分析方法所取代,在这过程中,阿尔伯特·利留斯(Albert Lilius, 1873—1947)和马蒂·科斯肯涅米(Martti Koskenniemi, 1908—2001)的著作发挥了重要作用。虽然德国的人文教育学被朱霍·奥古斯特·霍洛(Juho August Hollo, 1885—1967)介绍到芬兰,但不久之后,盎格鲁-撒克逊的教育学的新思想就很快占据了芬兰教育领域。①

五、当代教育理论家约尔·恩格斯托姆

约尔·恩格斯托姆(Yrjö Engeström, 1948—)是芬兰当代著名的教育学者和理论家,他是赫尔辛基大学的成人教育教授,创建了拓展性学习理论②,在国际上颇具影响力,并被广泛应用到当代的教育学研究和实践中。恩格斯托姆基于他对活动理论所总结的五个基本原则,构建和完善了拓展性学习理论。该理论回答了几个教育研究的经典问题,即学习的对象是谁?他们为什么学习?他们学到了什么?他们如何学习?活动理论的五项主要原则是:作为分析单位的活动系统;活动的多声性;活动的历史性;作为活动变化驱动力的矛盾;作为活动转换的可能形式的扩张周期。扩展学习理论与以往流行的教育学理论的不同主要体现在三个方面。首先,它关注的是知识构建的过程,而不是掌握那些被公认为稳定和有明确定义的现有知识和技能。其次,扩展学习理论关注的是集体转化,而不是个人学习。尽管集体的变化是由社区内

---

① Pertti Kansanen, Michael Uljens, "On the History and Future of Finnish Didactics", Scandinavian Journal of Educational Research, 1997, 41(3-4), pp.197-235.

② Yrjö Engeström, *Learning by Expanding*, New York, Cambridge University Press, 1987, pp.1-29.

的个人发起的，但转变本身是系统性的集体变化。第三，扩展学习理论侧重于横贯发展（知识面的拓展，如跨界学习），而不是单纯的纵向发展（旨在将人类向上提升到更高水平的能力）；前者既是学习的重要方面，也是后者的重要补充。①简单讲，拓展性学习理论超越了传统的学习理论，即通常预设既定的学习环境、学习内容和学习目标等。"拓展性学习理论绝不仅仅针对教育学或心理学领域的问题，它所关注的是人的发展、组织的变革、社会的转型等社会科学共通的议题，彰显了其跨学科的理论雄心。"②恩格斯托姆的理论很大程度上解释了创新发生的过程和机制，因为创新的核心就是通过跨界活动的学习，在理解矛盾的过程中提高自身的认知水平和构建新的知识体系。

六、帕斯·萨尔伯格的《芬兰经验》

帕斯·萨尔伯格（Pasi Sahlberg）曾在芬兰担任学校教师，教员，研究员和政策制定者，现任哈佛大学访问教授。为回应世界探寻芬兰教育成功秘诀的热情，萨尔伯格于 2011 年出版了《芬兰经验》一书，之后分别在 2015 年和 2021 年出版了《芬兰经验 2.0》和《芬兰经验 3.0》。基于萨尔伯格对芬兰教育的研究，以及非常有影响力的学术论文，他在该书中总结了芬兰教育的思想和理念以及芬兰教育的发展路径和展望。其中最著名的是"少即是多"的芬兰教育悖论，即"教的少，学的多"；"考试少，掌握知识多"；"在发展多样化的同时加强公平"。芬兰悖论的这三点分别挑战了三个教育界普遍的认知。③

第一，芬兰"教的少，学的多"挑战了教育改进思想的典型逻辑，即通过

---

① Yrjö Engeström, "Expansive Learning at Work: Toward an Activity Theoretical Reconceptualization", Journal of Education and Work, 2001(1), pp.133-156.

② 魏戈：《人如何学习——解读恩格斯托姆的〈拓展性学习研究〉》，载《北京大学教育评论》，2017(3)。

③ Pasi Sahlberg, Finnish Lessons: What Can the World Learn from Educational Change in Finland? New York: Teachers College Press, 2011, pp.41-69.

增加教学时间和学生的家庭作业负荷来解决低于预期的学生表现。根据经合组织（OECD）2018 年的统计数据，芬兰小学和初中的学习时间是 OECD 国家中用时最少的五个国家之一①，而芬兰在 2015 年 OECD 组织的 PISA 测评中排在前五名②。与此同时，芬兰教师的授课时间和学生的家庭作业的任务量也大大低于其他 OECD 国家。按照萨尔伯格的说法，芬兰的学校似乎遵循苏加特·米特拉（Sugata Mitra）的"微创教育"理念③，该理念提出儿童可以在无人监督的环境中自学和互相帮助。

第二，芬兰的"考试少，掌握知识多"挑战了全球性教育改革思想所包括的一种假设，即竞争、选择和频繁的外部测试是提高教育质量的一个先决条件。虽然芬兰的学校只有较少的来自外部的考试，但是芬兰在 PISA 测评的成绩明显高于那些在教育政策中强化标准化测试的国家，例如英国、美国、新西兰和日本等。

第三，芬兰"在发展多样化的同时加强公平"挑战了一个人们通常的认识，即当社会的文化异质性高的时候，学生学习的差异可能会变大。自 1995 年加入欧盟以来，芬兰的文化和种族多样性显著增加。例如在赫尔辛基的移民儿童比例超过 10%，这些学校的母语数量超过 40 个。在 PISA 测评中，芬兰学生在数学、阅读和科学方面的高分在芬兰各地的学校中均匀分布。也就是说，芬兰能够做到在提高教育公平性的同时，学校和教室也变得更加多样化。

---

① OECD, *Education at a glance*, Paris, OECD, 2018, pp.333-349.

② OECD, *PISA 2015: Results in focus*, Paris, OECD, 2018, p.5.

③ Sugata Mitra, Vivek Rana, "Children and the Internet: Experiments with Minimally Invasive Education in India", *British Journal of Educational Technology*, 2001(2), pp.221-232.

第九章

20 世纪末至 21 世纪初期的瑞士教育

第一节　教育改革与发展的背景

一、博洛尼亚进程的影响和推动

作为欧洲高等教育改革重大举措的博洛尼亚进程，即欧洲高等教育区建设进程，是在高等教育国际化和欧洲经济政治一体化的背景下产生的。它以构建欧洲高等教育区为目标，旨在加强各成员国之间高等教育的可比性和兼容性，增强欧洲高等教育的吸引力和竞争力，提高欧洲高等教育的质量，重塑欧洲高等教育的辉煌。1999 年 6 月，欧洲 29 国教育部长共同签署《博洛尼亚宣言》，提出建设欧洲高等教育区的具体构想、行动纲领和工作计划。其后，经过历次会议特别是 5 次部长峰会的评估和改革，逐步形成了"学位体系建设、质量保证、学位互认、促进流动、联合学位、终身学习、社会维度和机会均等、提升就业力、经济全球化背景下的欧洲高等教育"等新的行动目标，并在学制改革、质量保证、学分互换、学位互认等方面取得明显进展。①

---

① 金传宝：《博洛尼亚进程：背景、发展、成就与挑战》，https://www.docin.com./p-393088667.html，2019-08-13.

瑞士作为欧洲的一员，于 1999 年签署《博洛尼亚宣言》，正式加入博洛尼亚进程。为了更好地推动博洛尼亚进程，促进内部教育结构、目标与国际通用标准之间的协调，瑞士开始逐步引进英美教育体系中的学士、硕士学制，取代以往实施的"本硕连读"学制，同时还在高等教育领域实施了其他多项举措。① 首先，明确办学发展定位，趋于国际化。瑞士的高等学校通过确定学校的发展目标、战略思路和发展规划，实现高等教育的国际化。例如，苏黎世联邦理工学院(ETH)制定了 2004—2011 年的发展规划，目标是建成世界上最好的大学之一。其次，瑞士高校重视吸引优秀拔尖人才。瑞士高校把聚集拔尖人才，建设一支优秀的教师队伍放在高校发展的首要位置。它们通过一系列的政策、制度保证选择优秀的人才做大学教师：提供优良的工作条件和给予较优厚的薪酬待遇、科研环境。洛桑理工学院(EPFL)对博士生都给助教的岗位，有一定待遇，并为吸引留校当教师打基础。苏黎世理工学院鼓励支持青年教师从事前沿方向研究，取消硬性考核规定，不拘一格使用人才。

同时，瑞士增强瑞士大学校长联席会议的作用。成立于 1904 年的瑞士大学校长联席会议(CRUS)，经过 2001 年的重组，现由两所联邦理工学院和 10 所州立大学的校长组成。每两个月召开一次会议。瑞士大学校长联席会议是介于政府和大学之间的非政府组织，具有志愿互益的属性，发挥着政府和单个大学难以发挥的作用。第一，它作为大学共同利益的代表，有利于争取和维护大学的权益。第二，它建立了大学与社会，与政府沟通、协商的平台和机制，有利于信息交流和决策的科学和民主，也有利于社会监督。第三，它通过成员间的统一标准和权力制衡，保证了大学的教学质量和办学行为的规范。第四，有利于政策的贯彻实施。② 瑞士通过对本国高等教育的改革，融入

① Bieber Tonia, "Soft governance in education: The PISA study and the Bologna Process in Switzerland", Tran State working papers, No.117, 2010, p.21.

② 李霞：《欧盟高等教育政策实施进展一览——以德国、瑞士、瑞典、芬兰、丹麦五国为例》，载《中国大学教学》，2009(12)。

博洛尼亚进程的大背景，逐渐将本国的高等教育进一步与国际高等教育学制接轨，推动国际交流，同时也有利于大学生尽早地进入劳动市场。

二、全球教育一体化的影响

随着世界经济一体化、区域化的日益增强，世界政治、文化一体化、区域化的发展趋势也越来越明显加快。全球教育一体化是在全球经济一体化背景下产生的。全球教育一体化是指全球教育资源的整合，局部教育活动受全球趋势的左右，各国之间的教育依存度不断提高，教育合作与交流活动日益密切的现象。① 全球教育一体化推动教育全球化的产生。教育越发展，各国教育之间的相互依赖性也越强，全球教育一体化程度也就越高。

全球教育一体化始于欧洲，一是为了加强在新科技革命浪潮下的激烈国际竞争，二是要缓解1974—1975年在西方资本主义世界爆发的战后最严重的经济衰退。在这种背景下，欧共体意识到需制定成员国共同科技与人才发展的政策，为达此目的，需要改革高等教育。经济全球化趋势促使欧洲要推动高等教育国际化发展，而1987年欧共体推出的伊拉斯谟计划是欧洲高等教育国际化政策的重要组成部分。该计划旨在加强师生的欧洲意识和视野，推动欧洲各国协作发展高等教育，鼓励欧洲高等院校师生跨国交流。② 伊拉斯谟计划与博洛尼亚进程在相当多的实施领域是有重合的，如学分转换系统，增强欧洲大学的吸引力，促进学生、教师和研究人员的流动性，等等，这两个计划的实施是相互影响、相互促进的。

伊拉斯谟计划自1987年实施以来，经历了五代的发展，每一代计划都是建立在上一代计划的经验基础之上的。概括来讲，伊拉斯谟计划大致包括以

① 杨颖：《全球教育一体化背景下归国留学生就业难的原因与对策》，载《中国成人教育》，2013(4)。

② 蔡安成：《欧盟〈ERASMUS计划〉的发展》，载《比较教育研究》，2001(11)。

下行动：学生流动、课程开发、国际集中项目、主题网络、语言课程，以及欧洲学分转换系统(ECTS)等。2014 年 1 月，欧盟推出了"伊拉斯谟+"计划，该计划是一个致力于推动欧洲教育、培训和体育的计划。① 其国际版为伊拉斯谟世界项目。该项目在原有计划基础上又增设了伊拉斯谟世界联合硕士学位计划(EMJMD)、高等教育领域的能力建设项目、让·莫内项目活动，以及包含知识联盟、行业技能联盟和战略合作伙伴关系在内的其他高等教育机会。

瑞士因为不是欧盟成员国，所以并没有直接参加欧共体或者欧盟的这一系列高等教育改革计划。但是作为"伊拉斯谟+"的伙伴国，瑞士参与了伊拉斯谟世界联合硕士学位计划、让·莫内项目以及包含知识联盟、行业技能联盟和战略合作伙伴关系在内的其他高等教育机会。这三个项目在不同层面上对瑞士的高等教育带来了影响。首先，通过与欧盟国家和世界范围内高水平大学和科研机构的合作，整合优质教育资源，联合培养具有国际水平的高质量研究生，并为优秀学生提供全额奖学金。这不仅提升了瑞士高教机构的教学质量及国际化水平，还为瑞士名牌大学吸引了优秀的硕士研究生，提升这些优秀人才的技能和就业能力。其次，瑞士支持各种科研学术机构将教育全球一体化的研究内容嵌入大学的正式课程当中，同时在义务教育阶段和教师培训活动中也增加相关内容。这些行动旨在提供一个深入的有关全球教育教学一体化的内容，以应对更广泛的就业市场需求，同时鼓励和建议年轻的教师和学者们对相关的领域进行研究。再次，通过建立和完善瑞士与欧洲各国与世界范围内的大学间的交流网络，创建高水平的知识和理论交流平台，进行相关的传播、讨论和反思活动。② 最后，促进研究领域教研活动的发展，推动教研活动创新，为学生以及年轻专业人才传授专业知识，提高公民技能。加

---

① European Commission, "What is Erasmus +?", https：//ec.europa.eu/programmes/erasmus-plus/about_ en, 2019-08-14.

② 李大为：《欧盟"新伊拉斯谟"计划述评》，载《现代教育论丛》，2014(6)。

深高校与企业之间的合作交流，提升职业教育与培训的质量。①

三、"可持续发展教育"观念的影响

1987 年可持续发展的概念最先在世界环境与发展委员会的"布伦特兰报告"中出现，即"可持续发展是在不损害子孙后代满足自身需要的能力的情况下，满足当代需要的发展"。1992 年在里约热内卢举行的地球问题首脑会议提出了《21 世纪议程》②，为执行可持续发展政策奠定了基础。2002 年，在约翰内斯堡可持续发展问题世界首脑会议中，利益相关者认识到，教育问题已成为重点关注的问题。2002 年 12 月 20 日联合国大会第 57 届会议通过第 57/254 号决议，宣布推行联合国教育促进可持续发展十年计划，并指定联合国教科文组织为主要机构。联合国可持续发展教育十年，是一个寻求变革的全球教育政策、投资和实践运动，时间跨度从 2005 年到 2014 年，最终目标是让人民和社区参与有意义的终身学习进程，考察社会如何能够以更可持续的方式运行。

在国家层面，瑞士于 1992 年承诺制定和推行可持续发展政策。这是 1997 年瑞士联邦委员会"可持续发展战略"的具体形式，该战略已定期修订，其最新版本包括 2011—2015 年立法期间的行动计划。在通过可持续发展目标之后，瑞士启动了一个进程，用来在国家范围内落实这些战略，并参与其监测工作。根据需要完成的 MONET 系统将用于检测瑞士的可持续发展状况。

瑞士政府还制定了可持续发展的三大传统支柱（社会、环境和经济），作为三个质量目标：社会团结、环境责任、经济效益。这些目标是相互关联的，

---

① European Commission，"伊拉斯谟项目-EACEA-Europa EU"，https：//max.book118.com/html/2018/0831/8067115047001122.shtm，2019-08-14.

② UNCED，"Agenda 21"，https：//sustainabledevelopment.un.org/content/documents/Agenda21.pdf，2019-10-14.

同时，这三个目标也是 MONET 监测系统的三大指标，每一指标下面又分若干次指标。① 但是，MONET 监测系统是开放的，它的指标并不是固定不变的，它有可能在原有基础上增加、修改或删除某些指标。

教育作为瑞士可持续发展战略的一部分，在 MONET 监测系统中被归到"教育与文化"指标中。2016 年，瑞士联邦统计局发布《可持续发展报告(2016)》，其中在"教育与文化"指标的检测结果中，我们可以看到教育可持续发展在瑞士的影响。监测结果显示：(1)在文化活动的参与度方面，超过三分之二的人口每年至少去一次博物馆、音乐会、纪念碑或电影院，说明人们开始注重艺术文化的熏陶，追求文化修养的提升。(2)在 15 岁以上青年人的阅读能力方面，能够完成基本阅读任务的年轻人所占的比例正在增加，说明青年人的阅读能力在攀升，国家整体的文盲率正在逐步减少。(3)在受教育程度方面，接受义务教育的人口的比例处于稳定的高水平状态，说明瑞士联邦政府对义务教育高度重视，义务教育的普及率越来越高。(4)在网络技能方面，截止到 2014 年，60% 以上的人口达到中高级的互联网技能水平，说明瑞士在教育网络建设、发展网络教育等方面取得进展，利用网络教育来提高教育教学质量、培养高素质人才的趋势被越来越多人接受。(5)其他方面还有，截止到 2011 年，瑞士超过 60% 的人选择继续教育，说明终身教育理念深入人心，人们越来越注重个人学历与知识的提升，以适应竞争日趋激烈的教育竞争。②

从《可持续发展报告(2016)》中，我们可以看到，可持续发展教育给瑞士带来的影响是多方面的，并且是积极的。循此道路，基于联合国发布的《2030

---

① Federal administration, "The MONET indicator system", https：//www.bfs.admin.ch/bfs/en/home/statistics/sustainable-development/monet.html, 2019-08-15.

② Federal administration, "Sustainable Development Report 2016", https：//www.bfs.admin.ch/bfs/en/home/statistics /sustainable-development.assetdetail.1101247.html, 2019-08-16.

可持续发展议程》，瑞士在 2018 年发布了《2030 议程》，确立了适合自己国家的可持续发展道路。这一新的议程共计有 17 个目标，并根据目标设立了 85 个检测指标。① 这一新的议程给瑞士可持续发展教育带来了更大的挑战，但也是瑞士在可持续发展教育方面的新机遇。

第二节　教育体制的基本结构

一、学区与学制的划分

瑞士位于欧洲的中心地带，其地理位置与非中央集权的政府结构使得这个国家成为众多文化与语言的交汇点，这也构成了该国非常独特的多元化教育环境。

瑞士分为了四个不同语言区，分别为德语、法语、意大利语和罗曼司语。这样的四个语言区之间虽然政治上具有统一性，但却无教育制度的统一性。现有的瑞士 26 个联邦州，各州享有充分的独立、自主、立法等权利。根据瑞士宪法的规定，"各州充分行使其权利，联邦政府不能取代州的权利"（联邦宪法第三条规定）。② 瑞士联邦不设教育部，联邦一级的教育事务分别由内政部的科学与研究领导小组所辖联邦高工系统委员会和联邦教科司负责，同时辅以大学联席会议、大学校长联席会议、州教育局长联席会议、瑞士高教中心等全国性协调机构；瑞士全国的职业教育由国民经济部的联邦职业教育与技术部管理。

瑞士联邦教育主要分为三个主要级别（见图 9-1）：初等教育，即小学教

---

① Federal administration, "Agenda 2030 in Kürze 2018", https：//www.bfs.admin.ch/bfs/de/home/statistiken/nachhaltige-entwicklung/monet-2030.assetdetail.6746504.html, 2019-08-16.

② 马庆发：《瑞士学前特殊教育理论与实践发展趋势》，载《外国教育资料》，1998(6)。

育；中等教育，包括第一阶段和第二阶段，即初中和高中；高等教育，即大学教育。瑞士联邦在全国普及 9 年义务教育，义务教育包括初等教育和中等教育的第一阶段。义务教育阶段都是免费的。① 学前教育由于不纳入义务教育，所以学前教育的实施场所既可以是正规的幼儿园，也可以是儿童自己的家庭。

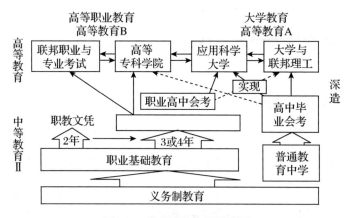

图 9-1　瑞士教育体系示意图

在大多数联邦州，瑞士的小学阶段包括两年的学前教育（第一个学习周期的前两年），持续大约 8 年。唯一特殊的是提契诺州（Ticino），该州的小学教育为 7 年。② 一般来说，小学教育的学生入学年龄多为 4~5 岁，根据各州的不同规定需要接受 8 年的基础教育。学生可以选择在公立学校或者私立学校，大多数学生会在当地的公立学校接受义务教育，根据最新统计数据，只有4%~5% 的学生选择去私立学校。瑞士初等教育的目的主要是教学生学习基本的文化知识，学习读、写、算、历史、政治、地理、社会、音乐、艺术、体育

---

① 教育部国际合作与交流司：《世界 62 个国家教育概况》，北京，首都师范大学出版社，2001。

② European Commission, "Primary Education," https：//eacea.ec.europa.eu/national-policies/eurydice/content/primary-education-67_ en，2020-12-02．

等主要科目。① 德语区的学校要求学生们在完成学前教育后，进行相应的评估，从而决定是否继续进入 3 年级，或者再上一年的学前教育。然而，在瑞士的法语区，这样针对学业能力的评估往往在第一个学习周期完成后(4 年期限)再进行评估。② 在小学教育阶段，联邦政府非常重视基础知识与能力的培养，文化身份以及对于他人、环境、社会个体的责任感，从而实现作为人的全面发展，实现综合素质的全面提升。

初中阶段是瑞士义务教育的一部分，它可以为学生提供职业教育与专业化的培训，也可以提供普通高中阶段的教育。初中毕业后学生可以分流到普通教育与职业教育。高中阶段的普通教育包括普通高中和中等专科学校。普通高中为学生提供广泛的普通教育，学生通过高中会考后可以直接进入大学学习。如果想进入应用科学大学(UAS)或者接受高等职业教育(PET)，必须学习相应职业的基本知识，并获得职业专业技能，同时获得瑞士联邦职业证书。瑞士的中等专科学校属于普通教育，可以作为高等职业教育和应用科学大学的预备阶段，提供预备课程，学制为 3 年。根据 2015 年《瑞士的职业教育(2012)》的统计数据，在瑞士的高中生当中，有大约 3/4 的学生选择接受职业教育，1/4 的学生会接受普通教育，因此，在 19 岁的青年人中接受职业教育的比例达到了 2/3。

瑞士的中等职业教育有全日制与双元制，即学徒制。双元制的学生每周 1~2 天在职业学校接受通识教育和学习专业基础理论知识，每周 3~4 天在企业实习，每学期 1~2 周在行业培训中心学习跨专业的行业课程，以补充企业实践和职业学校学习内容的不足。③ 一般来说，瑞士中等职业教育可以划分为

---

① European Commission, " Primary Education, " https：//eacea.ec.europa.eu/national-policies/eurydice/content/primary-education-67_ en, 2020-12-02.

② European Commission, "Organisation, " https：//eacea.ec.europa.eu/national-policies/eurydice/content/organisation-primary-education-66_ en, 2021-06-29.

③ 赵鹏飞、陈秀虎：《"现代学徒制"的实践与思考》，载《中国职业技术教育》，2013(12)。

2年制、3年制与4年制。2年制的学生通过结业考试后，可以获得联邦政府颁发的"联邦职业证明"。获得该证明的学生也可以继续学习三年或四年职业内容，可获得各联邦州政府颁发的"联邦职业文凭"。获得该证书的学生即有资格进入相应行业工作，也可直接升入专业教育与培训学院(PET)深造。① 一部分通过职业高中教育会考(FVB)的学生，可获得"联邦职业高中毕业证书"并直接升入"应用科学大学"(UAS)学习，或补足普通综合类大学所需要的入学材料，进入公立大学或联邦理工大学进行学习。② (见图 9-2)

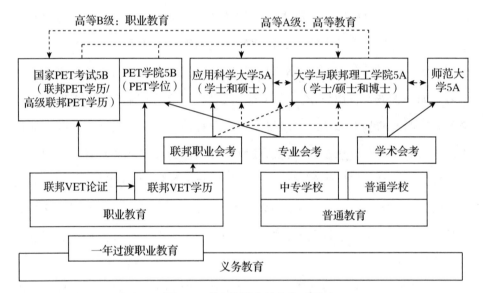

图 9-2 瑞士的职业教育体系图

资料来源：联邦职业教育与技术局(DPET)。实线表示直接进入学习，虚线表示需要通过理论或者实践资格考试。

目前瑞士共拥有 12 所学术型综合公立大学，其中 10 所为联邦州立大学，

① 周红利、周雪梅：《瑞士职业教育体系、管理体制及其启示》，载《教育与职业》，2012 (35)。
② 吴全全：《瑞士职业教育基本情况及发展现状》，载《中国职业技术教育》，2011(36)。

2 所为联邦理工大学，还有 8 所公立和 1 所私立应用科学大学，此外还有 16 所师范类高等院校。瑞士综合类大学全日制本科学位的学制一般为 3 年，全日制硕士学位的学制一般是 1 到 2 年不等。在本科学习阶段，学生将会学习专业的学科知识，以及开展相关研究所需的知识。随后开始的硕士学习阶段，学生将会获得更加深入、专业、系统化的知识，为胜任未来的学术研究奠定相应的理论基础。瑞士大学为所有开设的本科专业都设置了可以相互衔接的硕士课程。硕士学位已经成为瑞士高校的标准要求，硕士研究生毕业后可以选择攻读博士学位。①

基于应用型人才培养目标的应用科学大学是瑞士高等教育领域重要的组成部分。相比学术综合型大学，应用科学大学的专业设置、课程安排、教学实施偏向应用与实践性，关注学生专业实践技能的培养与职业领域内的发展与研究。

该类大学全日制的学位课程一般为 3 年，非全日制在职学士学位课程为 4 年。在成功完成学士学位的课程后，学生可以继续攻读硕士学位，学制一般为一年半至两年。近年来，应用科学大学的专业设置变得越来越广泛，几乎涵盖了职业技术教育所有的学科领域，以培养实践导向的高层次技能型人才为教育目标。职业技术与技能训练的专业师资培养，以及特殊教育专业的教师培养，基本都是安排在各类师范高校的。瑞士各联邦州主要负责师范大学的管理，负责其组织的设置和经费拨付。大学联合会不向师范大学支付任何捐款。艺术和音乐高等学院实际上都是包含在相应的大学或者应用科学大学内。大多数艺术专业(艺术与音乐等)的学生都会选择攻读硕士学位。瑞士大学校长联席会议将艺术、音乐学科单独列出，并为其制订相应政策与发展计划，以凸显艺术和音乐教育的重要性。

---

① European Commission, "Higher education", https：//eacea.ec.europa.eu/national-policies/eurydice/content/types-higher-education-institutions-108_ en, 2021-05-21.

二、教育行政管理体制

在瑞士，不论是联邦政府还是各州、市政府，都不具有管理整个瑞士教育的权力和机构。瑞士联邦教育体制的多样性和分权而治的特点要求联邦政府与州政府、各州政府之间要不断取得各种平衡，这样一个比较复杂的教育行政管理体系就应运而生了。

(一)国家层面的教育行政管理

瑞士联邦政府内部有两个主要部门负责教育事务相关政策的制定。第一个为内政部下属的教育与研究创新司，成立于 2013 年，最高负责人由科技技术国务秘书担任，其职责为制订全瑞士的科学发展的战略目标和计划，并负责落实和监督检查；发展全瑞士的国际网络，并确保其在欧盟和全球科学、研究与创新活动中的地位；依据劳动市场的变化提供高质量的通识教育和职业教育与培训；为高等教育提供高效和高质量的教学和研究活动；负责瑞士联邦政府在教育、科学、研究、创新领域的目标的实现；与瑞士联邦其他部门、各州及经济界协调；促进和协调瑞士在空间研究和应用方面的活动。

第二个部门是瑞士教科司。成立于 1968 年的教科司，作为瑞士联邦政府最为重要的教育管理机构，负责《联邦高等教育促进法》《联邦科研法》等联邦教育法规的实施，瑞士联邦政府对州立大学的资助，奖学金、高中会考证书的认定等工作，同时代表瑞士联邦政府资助瑞士国家科学促进基金会和瑞士四家科学院开展科研工作并协调其相互关系，对外代表国家促进瑞士与国外的教育、科研合作。[1]

瑞士联邦州教育局长联席会议(EDK)成立于 1897 年，是由 26 个州的教育局长组成的教育协调机构。其主要任务是制定与协商各州都适用的教育政策，并开展一系列的全国性教育调研，促进不同州之间信息的交流与合作，并确保瑞士教育系统内部的质量、公平、渗透和有效流动，实现一定意义上

---

① 教育部国际合作与交流司：《世界 62 个国家教育概况》，北京，首都师范大学出版社，2001。

的统一与相互认可。瑞士州教育局长联席会议的最高决策实体是全体局长委员会，由所有26个州的教育局长组成。瑞士州教育局长联席会议执行委员会，由12个州的教育局长组成，列支敦士登公国也参与了瑞士州教育局长联席会议的工作。EDK有一个重要的附属职能就是可以有效完成地区或者联邦州本身难以制定的教育政策，并作为瑞士教育文化管理的重要部门参与国际间的教育合作。

1970年，EDK正式通过了《各联邦州学校协调合约》，对学生入学年龄、义务教育年限、学期课时数等内容都做了具体规定，也奠定了各州在教育领域达成一致的基础性框架，特别是全面推进了各联邦州的教育互认。自20世纪90年代初期起，作为《各联邦州学校协调合约》的补充性文件，瑞士各联邦州又通过了关于互认文凭与教育资金自主支配，以及跨州教育自由流动的相关条例，从而进一步提升了瑞士教育的流动性。此外，瑞士州教育局长联席会议根据《关于承认各联邦州学历互认条例》的规定，全面承认各联邦州职业教育资格，并为之制定了最低的资格标准。

（二）地区层面的教育行政管理

瑞士教育体制深受其联邦体制政体的影响，26个州各设有自己的州级教育管理机构，州以下的市镇同样具有教育自治权；瑞士联邦政府只有原则立法权，实施则主要由各州根据各自情况来完成，各州均有自己的教育法，规定州政府的责任以及在不同标准方面的教育组织。瑞士各联邦州及其共同社区负责义务教育部门（小学阶段，包括学前或第一个学习周期，以及初中阶段）的管理和实施。社区往往主要负责学校本身的建设。高中阶段，分为普通教育和职业及专业教育及技能培训（职业教育与培训等形式），各联邦州政府与瑞士联邦政府都负有相应的管理责任。高等教育阶段，主要由各州议会指定相应的学术委员，委托他们制定适用于地方的法案，所以这些委员所组成的委员会立法团体，称为"大会议"。但是大部分的州，其所制定之法律必须获得选民赞成才会体现有效性。①

实际上，公社一级行政结构的划分比较特殊。社区行政管理部门按照主题领域划分行政单位实施管理。然而在城镇(城市)，这些机构的组织方式与州政府类似。在这里，社区或镇(市)议会的成员可以主持社区教育理事会。②

（三）（联邦与地区层面）高等教育的管理与机构

根据《瑞士联邦宪法》的明确规定，联邦政府与各联邦州共同为瑞士高等教育机构的合作发展、教育质量的保障负责任。一般来说，瑞士高等教育阶段，主要划分为两个主要部分，一个是普通高等教育，另一个则是涉及职业教育与技术训练的高等教育，对此无论是瑞士联邦州政府还是联邦议会都拥有独立的立法权。联邦议会下设高等教育管理机构，主要负责领导和管理两所联邦理工学院和 4 家联邦研究所，负责制定相应的发展规划，并审批各单位的计划、章程，行使监督的职责，决定人员的聘任(主席和研究所所长除外，其任命由联邦委员会负责)等。③

其他的 10 所大学分属于不同的瑞士联邦州，都在联邦州的管辖权限内。各联邦州大学是具有独立法人资格的公共部门，拥有学术、财务和组织自主权，享有学术与研究自由。大学的学术委员会是学校核心的管理部门，负责为高校制定章程、确立学校未来的发展规划，并积极保证大学的运转，对整个教学进行有效的监督。

瑞士大学联席会议成立于 1968 年，是各联邦州和瑞士联邦大学协调和控制质量的一个整合性组织。瑞士大学联席会议的成员主要包括 9 个州的教育部长、2 个无高校州的代表、教育和研究部的秘书长以及瑞士联邦技术司董事

---

① 詹栋梁:《瑞士教育制度》，台湾，五南图书出版公司，1983。

② European Commission, "Administration and Governance at Local and/or Institutional Level", https：//eacea.ec.europa.eu/national-policies/eurydice/content/administration-and-governance-local-andor-institutional-level-115_ en, 2021-07-06.

③ 教育部国际合作与交流司:《世界 62 个国家教育概况》，北京，首都师范大学出版社，2001。

会主席。该组织的立法基础是 1999 年 10 月 8 日颁布的《大学资助法》以及
1999 年 12 月 9 日通过的《大学间协调大学国际公约》。其任务是协调各州立大
学在政策、规划、信息等方面的关系，促进其在教学和科研方面的合作，提
高人力和财力的利用率，同时还对各大学入学条件、学历认证、高校间学生
流动等问题做出原则性规定。①

　　成立于 1904 年的瑞士大学校长联席会议（CRUS）是一个代表瑞士大学的
协商性组织，当时被称作"瑞士校长联席会议"。2001 年，它与瑞士应用科学
大学校长会议（CHK）以及教育大学校长会议（COHEP）合并成为现在的瑞士大
学校长联席会议。其成员包括 10 所高校的校长，卢塞恩大学和意大利语区大
学的校长列席会议。瑞士大学校长联席会议旨在推进瑞士各大高校共同关注
的议程，它鼓励各大学在教学、研究和教育服务方面进行协调与合作。该组
织在高等教育中参与所有需要相互理解或共同意见的事务，在政治、文化和
公共等领域代表着瑞士各大学。②

第三节　各级各类教育改革和发展

一、学前教育改革与发展

（一）发展概况

　　瑞士义务教育阶段总的年限是 11 年，初级阶段是 2 年幼儿园，加上第一
学习阶段（小学阶段），共计 8 年；中级阶段是 3 年。其学前教育包含两种常
见形式。一种称为基本形式，是 2 年的幼儿园加上小学的第一年。另外一种
则是基础形式，是 2 年的幼儿园加上 2 年的小学。在瑞士大多数德语区联邦

---

①　教育部国际合作与交流司：《世界 62 个国家教育概况》，北京，首都师范大学出版社，2001。

②　教育部国际合作与交流司：《世界 62 个国家教育概况》，北京，首都师范大学出版社，2001。

州内，第一年的幼儿园教育(4～5 岁之间)并非属于义务教育，只有后一年属于义务教育。特别是在一些德语区，实行学前教育的基础形式，孩子从 4 岁起进入小学，并在小学内完成 2 年的学前教育，随后再正式进入小学学习 2 年。在这样的学校里，孩子从 4 岁起就进入小学的初级阶段，他们就会被安排在一个固定的班级，学习到 8 岁。在瑞士的法语区内，2 年的学前教育阶段往往被融入小学阶段，共计 4 年。① 值得一提的是，瑞士的提契诺州的学前教育为 3 年，这意味着 3 岁以上的孩子就可以选择进入公立幼儿园，享受义务教育。

在很多德语区内，不像正式的小学教育，学前教育是非强制性的，或者只有第二年是强制性的。然而在大多数州，只有在儿童没有准备好上学前教育、发育迟缓或其他特殊原因的情况下，才有可能晚些进入学前教育。在学前班的第一年或第一个学习周期，每周上课的次数根据不同的州在 12～25 节之间变化。在第二年，在大多数州每周教授 20～25 节课。一般来说，儿童在他们居住的公社接受学前教育或第一个周期的学习。如果他们不能做到这一点(例如，如果上学的路线太长)，公社会安排交通设施。费用由公社或州支付。所以大多数孩子(98.5%)会进入幼儿园学习 2 年，再进入小学。② 在一些讲德语的州，公社可以运行一种称为初级阶段的第一个学习周期。在这种组织形式中，4～8 岁的孩子在同一个班级里一起上课。在瑞士讲法语的地区，学前两年是第一周期或第一周期的一部分。在提契诺州，除了两个义务学龄前教育年外，还为 3 岁以上的儿童提供一个可选的学年。③

---

① EDK, "How long is compulsory education? What types of education and training are available afterwards? Who is responsible?", https：//www.edk.ch/en/education-system/basics, 2019-08-23.

② "Schools in Switzerland-Primary & Secondary Education", https：//www.justlanded.com/english/Switzerland/Switzerland Guide/Education/Schools-in-Switzerland, 2019-08-23.

③ European Commission, "Early Childhood Education and Care", https：//eacea.ec.europa.eu/national-policies/eurydice/content/early-childhood-education-and-care-114_ en, 2021-07-20.

(二)重要的改革与发展

1. 适龄儿童需要进入幼儿园

自 19 世纪以来，福禄培尔的幼儿教育理论对瑞士的幼儿教育影响很大。自 20 世纪后，则又受蒙台梭利幼儿教育思想的影响。进入 21 世纪以来，瑞士著名心理学家皮亚杰关于儿童智力发展的理论则直接影响了瑞士学前教育的发展，并被广泛接纳。正是因为深受各种儿童教育思想的影响，瑞士幼儿园独有的教学模式在全世界范围内都享有盛誉。①

为了培养出高质量的劳动者，瑞士非常重视学前教育。瑞士学前教育招收 5 岁或 6 岁儿童学习 1~2 年。在瑞士的 26 个州，幼儿园系统都有立法。为了促进民族融合，幼儿园有责任招收在附近居住的外籍儿童，帮助他们熟悉瑞士的语言和环境。②

瑞士幼儿园教育的首要目标则是培养全面发展的孩子。幼儿园可以通过提供不同的课程设计，为孩子们提供接触自然与社会的机会，促进其个体能力的全面发展。无论是常规 2 年的幼儿园学习，或者是参与第一学习阶段的小学，孩子们都需要学习以下一些知识内容：语言、简单数学运算的能力、手工、音乐、舞蹈、体育、基本生活常识等内容，并参与各类教学性游戏、锻炼听、说、读、写等基本能力。通过各类课程的安排，孩子们在幼儿园阶段获得 5 种基本能力，即良好的社会交往能力、独立思考能力、口头表达能力、创造力与实践能力。

瑞士各联邦州幼儿园的学习时间存在很大差异。但上午基本是 3.5 小时，下午则是 2 小时。一般来说，大多数公立幼儿园不提供午餐，孩子们需要回家吃午餐，然后再回幼儿园继续上课。

---

① 吴式颖：《外国现代教育史》，北京，人民教育出版社，1997。
② 周谊：《瑞士教育的特色》，载《教育与职业》，2006(19)。

2. 政府加大了对于学前教育的经费支持

瑞士的学前教育是非强制性的，家长可以选择孩子入学前的教育机构或是在家庭接受教育。在瑞士，很多家庭成为幼儿早期教育的主要场所。据1978年的一份针对学龄前儿童的统计数据，70万初生至6岁婴幼儿中，在自己家庭生活的占95.4%，在亲戚或养父母家生活的占2.5%，由其他家庭收养的占1.4%，在"儿童之家"生活的孤儿、残缺儿童等则占0.7%。为了改变这样的情况，自20世纪80年代起，瑞士政府出台了一系列相应的政策，大力建设各类学前教育机构、托儿所等地方教育机构，并给予一定的财政支持。为大力推广公办学前教育机构，瑞士政府曾规定，凡是满1500人的地区就可申请设置一所托儿所或幼儿园，并可向政府申请一定的财政资助。例如德语区的苏黎世州，在20世纪70年代约有40万人口，共设有200所幼儿园，政府每年对每所幼儿园拨款4万瑞士法郎，旨在全面提升幼儿园的办学规模与质量，从而吸引更多的家庭把孩子送到幼儿园。一般来说，瑞士学前儿童教育的经费是按照地区的人口规模进行分配的。入园儿童家长仅负担极小一部分费用，且按家庭整体收入的多少进行缴纳，低收入的父母可以申请免费入园。

据统计，到1987—1988学年，瑞士4岁幼儿入园率增为18.9%，5岁儿童增至67.7%，入园率有明显的提高，但幼儿入园率在各个联邦州的城市与农村之间仍普遍存在一定的差距。随着学前教育的发展，瑞士政府也在对学前教育进行改革，加强对学前教育的宏观调控，提高学前教育的义务性。20世纪60年代，瑞士法律规定，各州儿童至少享受1年以上的免费义务学前教育。自20世纪70年代末以来，瑞士教育改革的明显趋势是，通过州的立法改变学前教育的非义务性，发展公立学前教育机构，要求家长为每个儿童至少提供1~2年的学前教育。据统计，瑞士儿童进入义务教育阶段之前，平均99%接受过1年学前教育，63%的儿童接受过2年，个别接受过3年的学前教育；全瑞士儿童平均接受 1.8 年的学前教育。① 近年来，托儿所的数目大幅度增加。同时，瑞士联邦的临时补贴方案旨在促进为儿童设立更多的日托场所，这也大大提高了场所数量。在 2003 年至 2020 年 1 月间，它支持创建了约 6.3 万个新的护理场所。该计划已延长 4 年至 2023 年。

3. 瑞士学前教育教学内容与方法的改革

在进入小学阶段前，儿童的知识、能力、发展和语言技能各不相同。面对这种异质性，瑞士学前教育的目标是刺激所有儿童的发展和学习。因此，教学以跨学科的组织和结构为主。儿童的技能也是通过刺激游戏和学习环境发展起来的，要使孩子们逐渐掌握基本的社交技能，学习学校的日常事务，游戏是非常重要的一种训练方式。

瑞士学前教育大纲规定幼儿园要完成七项教育内容：社会教育、感觉训练、智力教育、游戏和算术、技艺练习、音乐教育和体育。在具体的实施过程中，幼儿教师要把学前教育的内容与儿童的实际经验、社会生活紧密联系，教师要为儿童提供不同种类、不同水平的材料，让儿童自由选择、使用。20世纪 70 年代以前，瑞士学前教育的主要方法是"赞美"法，随着教育的改革和发展，其教育方法开始向"拒绝"法转变，强调半权威式教育，对儿童的不合理要求予以拒绝，对儿童的不正当行为予以批评。将幼儿的自主和教师的权威相结合，更加注重培养幼儿的自主性。②

在幼儿教育方向框架下，成人鼓励儿童提出问题并找到答案，他们提出开放性问题，并积极倾听孩子们的意见，他们鼓励孩子制定自己的解决方案，并进行尝试。他们从不打断孩子们的单独学习过程，或者干预他们解决问题和解决冲突的试错过程。成年人促进和支持儿童积极的社会交往，鼓励孩子们表达和交流他们的兴趣、感受和需要。

---

① 杨青：《瑞士学前教育的特点及其对我国的启示》，载《教育导刊》(下半月)，2010(12)。
② 赵永玲：《中瑞学前教育比较》，载《新课程》(教研)，2011(9)。

而护理人员负责提供刺激的体验空间，允许儿童独立发现、设计和探索。其中包括各种可自由获取的材料(如玩具、天然材料、媒体材料)和刺激性的社会环境(尤其是其他儿童)。儿童也需要大量的自由时间和空间，这样他们就可以集中表现出他们玩耍和学习的欲望，当护理人员提供各种各样的游戏区时，儿童可以通过发现和感知、建筑和建造、动作和音乐、手指木偶和手木偶、角色扮演和情感游戏来得到丰富的学习经验。

还有一些具有特殊教育方向的托儿服务机构(如森林学校、因凡斯、弗罗贝尔、蒙台梭利或施泰纳)。此外，日托中心可以提供特定的主题，如音乐、多种语言、多元文化甚至宗教。最后，还有一些提供具体支助的服务(例如运动能力的发展、语言发展、社交技能的发展)，特别是支助在困难条件下成长的儿童的发展。

课程的选择也包括教学原则和能力目标，所以教师在很大程度上可以自由选择自己的教学方法，他们选择最适合目标、内容和主题的方法。从学前或第一个学习周期开始，儿童的背景各不相同，因此，这项工作主要是以儿童的发展阶段为指导，而不是以年龄组制定的标准为指导，差异化教学是关键。同时教师能够设计适当的教学形式来激发学生的好奇心、学习乐趣和学习意愿；组织游戏活动和学习环境，介绍不同的游戏形式和社会形式、内容和主题，并提供相关材料；通过引导序列直接组织活动；等等。例如，教师引导儿童进入一个特定的话题，设计任务、唱歌游戏、讲故事等。在开放式教学中，教师会间接地影响活动，根据需要干预游戏，并视情况而定，通过参与提出建议、提出有帮助的问题和鼓励孩子，从而进入新的、更具挑战性的游戏形式。①

---

① European Commission, "Early Childhood Education and Care", https：//eacea.ec.europa. eu/national-policies/eurydice/content/early-childhood-education-and-care-114_ en, 2021-07-20.

二、基础教育改革与发展

(一)发展概况

大多数瑞士的适龄儿童都会就近选择进入政府的公立学校,只有大约5%的学生会选择进入私立学校。公立学校作为义务教育重要的组成部分,接纳了来自不同国家,拥有不同语言、文化背景的学生。由于瑞士是联邦制国家,政治、经济、文化、教育都由各联邦州自行管理,公立学校也主要由地方政府负责。

1990年,瑞士州教育局长联席会议通过并开始实施《明日瑞士教育》的改革方案,内容涉及加强小学课程的基础性,重视信息教育,要求普通教育必须加强实践训练,而职业教育则必须加强更为普通的教育,加强对学生学业成就的综合评价,加强外语课程和有关欧洲教育的课程,以及跨文化教育课程的教育等多个方面。

1993年2月,瑞士州教育局长联席会议、卫生部长联席会议颁布了《各联邦州职业教育毕业认定协议》①,该项协议从1995年正式开始实施。

20世纪90年代以来,为加强基础教育阶段的科学研究,瑞士州教育局长联席会议提出并实施了《中小学教育研究》,以提高基础教育质量。

2006年5月21日,瑞士公民通过公投以86%的优势通过联邦宪法中关于教育的改革方案,并开始实施《国家教学大纲21》,从此瑞士开始有了统一的国家教学大纲。自此,瑞士26个联邦自治州为不同学校、不同年级的学生制定了一个明确的能力发展目标。

2007年6月14日瑞士州教育局长联席会议一致通过《协调义务教育州际协议》,旨在加强联邦政府与州政府在教育领域的合作,对各州教育目标、各个科目和班级的每周教学时间、课时长度进行了规定。

---

① EDG & GDK, "Interkantonale Vereinbarung über die Anerkennung von Ausbildungsablüssen", https://edudoc.ch/record/38062/files/Vereinb_d.pdf, 2019-09-02.

(二)重要的改革与发展

1.《国家教学大纲 21》

针对年度教育报告反映出的瑞士基础教育阶段出现的问题，特别是教育质量不均衡、各联邦州教育目标差异较大的问题，《国家教学大纲 21》规定了瑞士义务教育阶段学生结业应该掌握的知识和获得的能力，并对学生能力的发展提出了以下几点具体的要求。① (1)知识：拥有获得解决问题的知识与理解。包括分析和构建信息的能力。(2)能力：拥有把知识转化为实践，并最终解决问题的能力与技巧。(3)决心：拥有利用知识解决问题的意志力、态度、良好习惯。此外，对于能力要求，大纲也做了具体的划分。基本能力的要求就是学生在此阶段结业前需要达到的最基本的能力标准。基于最低的能力标准，大纲还为每个阶段的学习设置了具体的任务目标，学生需要通过自己对相关学科的学习完成这些能力任务。

关于教与学的理解，瑞士新的教学大纲突出了能力导向的改革目标，强调了教学需要训练学生完成知识联结并有效使用知识。主要的改革内容如下。(1)教学任务应当保证内容丰富。教师需要设计更具挑战性、但并非难以完成的任务。帮助学生将先前知识与新知识建立联系，并为不同程度的学生提供合适的支持，有效提升他们的能力。(2)努力提升学生的通识能力(包括个人、社交、使用方法的能力)。(3)创新丰富多样的教学方法。鼓励教师开发多种形式的教学，为学生的发展提供多种形式的支持。

2. 加强联邦与州政府在教育领域间的协调与合作

瑞士实施的是联邦体制，基础教育领域的管理与监控主要由各州独立负责，联邦政府无权干涉。随着教育法案修改条例的生效，义务教育阶段的入学年龄、学习年限以及各级教育目标都需要参照此标准，用以保证整体的教

---

① D-EDK, "Lehrplan 21 Überblick", https：//v-fe.lehrplan.ch/container/V_ FE_ Ueberblick. pdf, 2019-09-02.

育质量以及毕业证书的互认。联邦政府和州政府、州教育局长联席会议通过制定国家培养标准和监控教育质量等手段，共同指导（管理）瑞士的基础教育。①

为了全面加强联邦政府与州政府在教育领域间的合作，瑞士州教育局长联席会议积极制订"协调合作计划"，最终于 2007 年 6 月 14 日一致通过了一份《协调义务教育州际协议》。该项协议主要涉及以下几个方面。②（1）将 2 年的学前教育纳入义务教育阶段。（2）统一义务教育阶段的教育目标。确定义务教育学习科目（包括语言、数学与自然科学、社会与人文社科学科、音乐艺术与设计、运动与健康科目），制定国家培养标准和规格，协调外语学习的计划、教学大纲和不同语言区域的教学手段。（3）设置瑞士国家教育标准测评体系，并开发具有参照系的测试系统。（4）对学校教育的日常课时做出了统一安排。为了进一步落实《协调义务教育州际协议》的改革要求，同年 10 月 25 日，瑞士州教育局长联席会议再次出台相应的政策，便于各州更加有效地完成义务教育阶段的统一与协调。

3. 促进普通教育与职业教育的融通

为了进一步构建更加完善的学校教育制度，瑞士政府一直致力于处理好普通中学与职业学校之间的关系。1993 年 2 月，瑞士州教育局长联席会议、卫生部长联席会议颁布实施了《各联邦州职业教育毕业认定协议》③，就各联邦州各类职业院校的毕业证书以及职业资格证书进行认定，进一步打通了普通中学与职业学校之间长久以来的壁垒。瑞士州教育局长联席会议作为毕业证书认定的官方机构，负责对包括州内的实科学校、普通文理中学、职业技

---

① 驻瑞士使馆教育处：《改革中的瑞士基础教育》，载《基础教育改革动态》，2009(19)。

② "Harmonisierung der obligatorischen Schule Schweiz (HarmoS)", https://edudoc.educa. ch/static/web/aktuell/medienmitt/harmos_ kurzinfo_ d.pdf, 2019-09-02.

③ EDK & GDK, "Interkantonale Vereinbarung über die Anerkennung von Ausbildungsablüssen", https://edudoc.ch/record/38062/files/Vereinb_ d.pdf, 2019-09-02.

师学校、职业高中以及师范学校的毕业证书进行认证，并与各州加强协商与交流，促进普通教育与职业教育之间的互通互利。该项协议从 1995 年正式开始实施。瑞士各联邦州积极就本地区普通高级中学进行改革，开始发展一些学制为 2～3 年的职业证书学校，帮助学生获得专业岗位的职业资格证书，认定证书发放的州际委员会也陆续成立。

4. 启动新一轮中小学课程改革，将信息技术课程正式列为必修课

20 世纪 90 年代以来，受科学技术革命的影响，世界各国都在根据新的形势对中小学课程进行改革。因此，瑞士在中小学教育和课程方面也进行了一些改革。

20 世纪 80 年代末 90 年代初，瑞士州教育局长联席会议公布了一项新的名为《明日瑞士教育》的改革方案，这项带有前景性质的改革方案得到了各州的广泛支持，1990 年开始实施。该方案的主要内容如下：(1)加强小学课程的基础性，确立现代数学和国语的中心地位；(2)重视信息教育，义务教育学校广泛开设计算机课程、各类普通文理中学设置必修课程信息学，在学校开展信息教育活动，使学生能更好地认识和利用这一新技术；(3)普通教育必须加强实践的训练，而职业教育则必须加强更为普通的教育，实现普通课程职业化，职业课程普通化；(4)加强对学生学业成就的综合评价，特别是对学生动手能力和实际应用能力的评价；(5)加强外语课程和有关欧洲教育的课程及跨文化教育课程的教育，以适应日益广泛的国际合作。

基础教育阶段的信息技术教育得到空前的重视。1995 年瑞士联邦就开始有针对性地发展学校的信息技术教育，成立了州一级的协调机构，称为"义务教育阶段的计算机信息教育"州际工作小组，以便指导在义务教育学校如何进一步加强计算机课程的教学。[1] 2017 年 2 月，信息技术教育被列为瑞士学校的必修课程，并且出台了《信息技术课程框架(试用版)》，规定了学校教育阶段

---

① 汪霞：《瑞士中小学课程改革的新进展及评价》，载《课程·教材·教法》，1998(2)。

该课程的目标，其中要求学生不仅仅会灵活操作计算机，更需要掌握信息技术的核心原理，如程序设计语言的主要特点、计算机网络的技术背景、数字通信安全等多领域的知识。2018年，瑞士正式出台了一项国家性的《全国数字化发展策略》，旨在为学生适应未来数字化时代发展提供最完善、最有力的支持，涉及数字信息时代发展的7个主要领域。

5. 加强基础教育阶段的科学研究

20世纪90年代以来，瑞士完成了一项全国范围的教育研究与发展计划——《中小学教育研究》。这项计划由瑞士州教育局长联席会议提出并实施，包括4大方面：(1)中小学教育的宗旨和目标、要求和现实；(2)学生课业评估的作用与形式；(3)中小学课程的相互衔接；(4)学校与家长之间的联系与合作。在这项计划中，最重要的一点在于实现了研究与实施之间的相互联系和研究成果的传播与普及。近年来，瑞士根据社会政治经济的发展状况准备修订一个比较理想的课程目标，其基本内容是：(1)发展学生的批判和创新精神；(2)发展学生的实践能力；(3)加强艺术教学；(4)开展责任心教育、自信心教育和社会化教育；(5)发挥道德力量，重视积极向上的道德教育。①

三、职业教育改革与发展

(一)发展概况

从1930年颁布的《职业培训法》起，瑞士的职业教育就逐步进入规范化、标准化、现代化的发展轨道，也从法规条文上规定了联邦政府统一的领导权和管理权。② 瑞士职业教育与职业培训在世界范围内享有盛誉，特有的"三轨制"为本国培养了大批专业技术型人才。职业教育与培训是瑞士一直以来主要

---

① 汪霞：《瑞士中小学课程改革的新进展及评价》，载《课程·教材·教法》，1998(2)。

② Swiss Education, "Vocational and professional education in Switzerland", https://swisseducation.educa.ch/en/higher-professional-education-and-training, 2019-09-02.

的人才培养途径，根据专业的数据统计，有至少 1/2 的劳动力人口拥有职业教育证书，有将近 70% 的学生在义务教育阶段以后会选择职业教育。较高的职业教育参与率，在很大程度上满足了劳动力市场对职业技能型人才的需求，从而促进了瑞士经济的迅速发展。[1]完成义务教育阶段的学习后，选择进入职业教育领域的学生，通常完成后续的课程需要 2 年到 4 年。完成 2 年的职业教育和训练实习项目结束后，需要参加联邦职业文凭考试，通过该项考试的学生则可以获得联邦职业能力证书。作为职业教育的初级阶段，获得该职业证书的毕业生往往只能从事一般职业。若是选择继续完成 3~4 年的课程，通过考试即可拿到职业联邦文凭，就可以选择进入企业工作，获得上岗就业资格；也可以继续接受高等教育阶段的专业教育培训，进入高等职业院校深造，未来从事高级的专业技术与管理。[2]

1963 年瑞士颁布实施的《联邦职业教育法》，对职业教育、职业教育研究，以及职业咨询做了清晰的法律规定，特别是对于职业教育体制做了详细的规定。为了顺应产业结构的调整和社会经济发展，瑞士政府经多次修订，分别于 1978 年与 2004 年颁布了《职业教育与培训法》，旨在进一步加强本国职业教育与国际职业市场之间的关联，并构建更加完善的职业教育体系。[3]

2018 年 1 月 29 日，瑞士联邦教育、研究与创新秘书处正式发布了《2030 职业教育发展使命宣言》，旨在全面提升瑞士职业教育整体发展的竞争力[4]，

---

① 匡冬平：《瑞士职业教育与培训：举措与成就》，载《世界教育信息》，2003(16)。

② 张仁家、曾羿：《瑞士职业教育之学徒制对台湾教育改革之蕴义》，载《教育资料集刊》，2010(63)。

③ Federal administration, "Federal Act on Vocational and Professional Education and Training VPETA", https：//www.admin.ch/opc/en/classified-compilation/20001860/201901010000/412.10.pdf, 2019-09-04.

④ SBFI, " Leitbild Berufsbildung 2030 ", https：//www.sbfi.admin.ch/sbfi/de/home/bildung/berufsbildungssteuerung-und--politik/projekte-und-initiativen/berufsbildungsstrategie-2030.html, 2019-09-03.

以应对工业 4.0 进程对于职业技术专业人才培养的具体要求。

2005 年，联邦经济、教育和研究部颁布了关于高等职业学院课程认证的法规，旨在推动其职业学位的国际认可度。

（二）重要改革与发展

1. 积极构建一体化的职业教育体制

瑞士《职业教育与培训法》第一次把高等职业教育定义为一种独立的高等教育类型，与研究型大学以及应用科技大学并列，作为"非学术领域应用导向的高等教育"。[1] 瑞士高职教育也一直定位于这样的原则，积极寻求高职教育与学术类高等教育，特别是与应用科学大学之间的高度差异化。

基于新的职业教育法案，瑞士政府将原有的部分高等专科学校改组为新型高等教育机构"高等专业学校"（HES），又称为"应用科学大学"（UAS），作为向完成学徒培训的学生提供高等职业教育的专门机构。为了进一步保证受教育者实现从中等职业院校向高等职业院校（以及向其他高等教育）之间的无缝衔接与过渡，促进不同类型受教育群体依据个人需要和职业需求自主择学，瑞士实施了新的职业教育改革方案。一般来说，完成基本职业教育的学生可以获得 EFZ 证书。只有获得了联邦职业能力证书，才有能力进一步转向各类高等职业学校（大约有 1/3 的学生会选择这一路径）。获得技术会考文凭可以通向工程师学校，商业会考文凭可以通向高等管理学校，农业会考文凭可以通向农艺师学校，等等。取得 EFZ 证书的学生继续学习，可以选择参加职业会考，通过后可以获得职业会考证书，从而取得进入应用科学大学学习的机会。如果在"专业会考证书"基础上，再取得职业会考+综合高校证书则可以获得进入综合类大学深造的机会。通过这样一系列证书资格与考试制度的改革，瑞士有效促进了教育子系统之间的有效衔接与贯通，提升了职业教育与培训

---

① SBFI，"Strategieprojekt höhere Berufsbildung"，https：//www.sbfi.admin.ch/sbfi/de/home/bildung/hbb/strategieprojekt-hbb.html，2018-03-08.

的质量。

瑞士完善的职业教育体系和开放的教育发展空间使职业教育相对于其他类型教育具有明显的竞争优势。在瑞士职业教育体系中，职业教育与其他教育融通衔接，形成弹性灵活的教育体系，为个人发展提供了个性化的学习路径。各类的资格证书与职业会考并行的制度，使得以往无法获得升学资格的学生获得了可以享受高等教育的机会，中—高一体化、相互衔接的职业教育体制逐渐得到确立。

2. 学徒制人才培养模式的改革

"学徒制"源于对德国"双元制"的本土化改造。1884年，瑞士联邦议会决定成立"手工业和工业学校"，并且开始为职业培训提供经费，探索全日制学校与公立培训作坊联合建立的双边培训系统。为了保障职业教育的顺利开展，1930年瑞士的第一部《职业培训法》产生，1963年瑞士联邦政府正式颁布《联邦职业教育法》。此后，瑞士分别于1978年和2004年两度重新颁布《职业教育与培训法》。20世纪90年代后期，随着电子等新兴产业的发展，对于学徒数量和质量的要求有所提高，这要求学徒不仅仅要掌握本行业的技术技能，同时还要掌握其他行业的基础知识，以便打破行业间人员流动所带来的技术壁垒，使被新技术冲击而淘汰的人可以顺利过渡到新的行业。因此，瑞士是在对德国的"双元制"教育模式批判继承的基础上，建立了本国的"双元制"学徒培训制度。此后，又吸收了法国和意大利"学校职业教育"模式的优势，并且结合自身的特征形成了"三元制"的职教模式。所谓"三元制"就是整个职业教育过程在职业学校、企业以及培训中心"三个学习地点"。"三元制"中的培训中心是瑞士职业教育最有特色之处。所谓"培训中心"，是由瑞士建立的独立于学校和企业的第三方组织，主要对学徒进行基础知识的培训。①

––––––––––––––

① 方绪军：《瑞士职业教育现代学徒制的历史脉络、本土特色以及启示》，载《教育与职业》，2018(5)。

学生在完成义务阶段的学习后，就可以申请去企业参加实习，或者进入职业学校成为学徒。职业教育与培训帮助学生获得从事专业工作的知识与技能。大多数16~18岁的青年会选择进入中等职业技术学校，接受学徒培训。期望获得职业证书与攻读学位的学徒学习期限不同，通常需要2年到4年。一般来说学徒需要每周在校学习1~2天，其余3~4天则在企业接受实践培训。

随着21世纪信息技术的迅速发展，高科技产业对于人才的要求也越来越高。传统基于双元制的培训模式受到来自社会、时代的巨大冲击。如何改变以往只重视手工操作、实践技能型学徒的培养模式，成为瑞士职业教育改革的重要方向。因此有关信息技术、网络空间、数据统计与处理、人工智能领域的课程进入瑞士职业教育培训中。传统的学徒培养主要是在中小企业内实施。为了应对社会和市场对于大批实用性人才的培养，一个更加规范化、市场化、系统化的培训体系亟待构建，因此校企之间的合作变得越来越紧密，特别是行业协会也越来越多地参与学徒的培养。为了更好地发挥学徒制培养方面的优势，很多瑞士行业协会也开始通过参与制定课程标准与大纲、建立职业教育研究中心、建立实习基地、组织选派兼职教师等多种形式，参与到学徒制的培养中。学徒制培养也从传统学校、企业"双元制"，演变成企业、学校、行业协会的"三元制"，进一步完善了培养模式。一些瑞士的行业协会，还直接将从企业收取的会费用于支付学生到相关企业的实习费用，大大促进了不同行业协会参与学生培养的积极性。

3. 明确了瑞士职业教育未来发展的目标

为全面提升瑞士职业教育的整体竞争力①，以应对工业4.0进程对于职业

---

① SBFI, "Leitbild Berufsbildung 2030", https：//www.sbfi.admin.ch/sbfi/de/home/bildung/berufsbildungssteuerung-und--politik/projekte-und-initiativen/berufsbildungsstrategic 2030. html，2019-09-03.

技术人才培养的要求，2018 年 1 月 29 日，瑞士联邦教育、研究与创新秘书处正式发布了《2030 职业教育发展使命宣言》(以下简称《使命宣言》)。为了进一步帮助瑞士应对国内外职业教育发展的复杂环境，该项宣言提出了未来瑞士职业教育发展的三大愿景与三大核心任务。对于未来的发展，瑞士政府提出职业教育发展的三大愿景：第一，未来职业教育需要对经济可持续发展起到重要的促进作用。毫无疑问，瑞士高质量的职业教育是其经济成功的重要因素，是经济发展的原动力。第二，职业教育将为个人的职业生涯和发展提供更加广阔的空间，为毕业生未来的职业与专业发展打下坚实的基础。第三，2030 年瑞士职业教育将会因为良好的教育质量，获得国内外社会的大力支持与高度认可。随着经济全球化程度不断增强，职业教育国际认证变得越来越重要，瑞士职业教育培养的具有国际认证资格的专业人才将在国际上受到更加广泛的认可和关注。

为了实现这些发展愿景，《使命宣言》提出以下三大核心发展任务：第一，与其他教育融通衔接。职业教育作为瑞士教育的核心组成部分，需要与非职业教育相互融通，形成多轨发展，灵活贯通的教育体系，为学生未来更多的职业选择提供方便。第二，职业教育需要时刻瞄准劳动力市场和社会需求，预测外部环境的发展变化并适时做出调整。第三，保证高效的管理结构和教育质量。① 总体来说，瑞士的职业教育为促进劳动力市场的可持续发展，为个人未来的职业发展与规划提供了更多的可能。同时提高和保障了职业教育的质量与吸引力，并积极构建高效的管理结构。

4. 积极完成对高职学院课程的认证，推动职业学位的国际认可度

瑞士联邦政府对高职学院的课程实施严格的认证制度。2005 年，瑞士联邦经济、教育和研究部颁布了关于高等职业学院课程认证的法规，规定"开设高职课程的高职学院必须按照相应职业领域的框架教学计划要求开发并实施

---

① 鄂甜：《瑞士职业教育发展的 2030 愿景与战略原则》，载《世界教育信息》，2018(10)。

课程"，"只有通过课程认证的高等职业学院才能授予毕业生国家认可的学位证书"，"各州负责对高等职业学院的课程实施过程进行监督"。①

框架教学计划具有国家效力，是瑞士高职课程开发与实施的基本依据。瑞士框架教学计划由世界工作组织与高职院校共同制订。框架教学计划的制订严格遵循以下原则：一是劳动力市场导向原则，依据工作世界的需求确定职业特征和资格。二是明确定位原则，框架教学计划中的职业资格明确定位于职业领域，而非学术高等教育的学位。框架教学计划中规定了各职业的特征，要实现的能力目标，学校教育和实践教育的构成分配，等等。国家教育、研究和创新秘书处负责审批框架教学计划。②

瑞士各高职学院依据框架教学计划自主开发的课程，都需要经过严格的申请和认证程序。只有通过课程认证的高等职业学院才能授予毕业生国家认可的学位证书。高职学院首先要向州主管部门提交课程认证申请。申请主要包括教学计划、课程组织和教学形式、教学媒体和手段、教师资质和教育管理制度、资金投入情况、学生能力考核程序等。州主管部门接受申请后要对申请批示，并将申请连同意见书一并转交上级以期得到最终的核准。③

为了进一步完善高等职业院校的学位认定制度，瑞士政府进一步改革了以往传统的学位体制。这也就意味着学生在修满国家的认证课程后，将会被授予联邦认可的高职教育学位。为了全面提高瑞士高等职业学位的国际认可度，2015年起，高职学院学位开始使用新的英文名称——"高等教育—高级联邦学位"。"高级"表示毕业生获得的能力要高于职业考试。"联邦"意味着所接受的教育基于联邦认可的课程，课程本身已获得联邦政府认可。"高等教

---

① "Die analog der Ziele gemäss dem Bundesgesetz über die Berufsbildung, Bundesrat", No.3, 2004.

② SBFI, "Allgemeine Informationen zu höheren Fachschulen(HF)", https：//www.sbfi. admin. ch/sbfi/de/home/bildung/hbb/allgemeine-informationen-hf.html, 2019-09-01.

③ 鄂甜：《瑞士高等职业教育人才培养的路径、特色及启示》，载《职业技术教育》，2018(22)。

育"则意味着高等职业学院接受的是与学术类高等教育等值的高等教育。①

四、高等教育改革与发展

(一)发展概况

瑞士的高等教育分为两大基本类型：一是学术型综合大学；二是高等职业教育。高等职业教育领域不仅包括20余所高等职业技术学院和众多高级专业学校，还拥有培养应用型人才的应用科学大学，其中包含多所艺术与音乐学院。

目前瑞士拥有12所学术型综合公立大学，9所应用科学大学，16所师范高等学校，16所艺术和音乐高等学院，4所专业高等教育机构(也可以被称为独立学院)。瑞士法语区有3所大学(日内瓦大学、洛桑大学和纽沙泰尔大学)，德语区有5所(包括创建于1460年的瑞士最古老的巴塞尔大学，以及伯尔尼大学、苏黎世大学、卢塞恩大学和圣加伦大学，弗里堡大学为双语大学)。在12所学术型综合大学中包括两所联邦理工学院(苏黎世联邦理工学院、洛桑联邦理工学院)和5所联邦研究所，主要由瑞士联邦内政部下属的联邦高等工业委员会负责管辖，属于国立大学，其余的10所则属于州立高校，分别由各大学所在地的州政府管辖，均具有博士学位授予权。瑞士特有4所独立学院，享有大学促进法规定的政府拨款补贴资格。学院均与当地大学合作办学，但享有自主权。办学目标以培养研究生(硕士、博士)为主，主要招收大学毕业后的学生。

基于应用型人才培养目标的应用科学大学是瑞士高等教育领域重要的组成部分。不同于学术型综合类大学，应用科学大学主要以提供实践、应用导向性的课程为主，无论是学士还是硕士阶段的培养，都具有鲜明的应用型职

---

① OEDC, "Höhere Berufsbildung erhält englische Titel", http://www.odec.ch/files/pdf2/Bericht_ Englische_ Uebersetzung.pdf, 2016-06-01.

业导向。该类大学全日制学位课程为 3 年，非全日制在职学士学位课程则为 4 年。近年来，应用科学大学的专业设置也变得越来越广泛，涵盖了几乎所有职业教育的学科领域，以培养职业导向的高层次技能型人才为目标。艺术和音乐高等学院实际上都包含在相应的大学或者应用科学大学内。但瑞士大学校长联席会议（CRUS）将其单独列出，凸显艺术和音乐教育在瑞士的重要性。

20 世纪 60 年代，瑞士发布了大学资助法案，明确了联邦为州立大学提供经费资助。1999 年，新的《大学资助及大学事务合作联邦法案》（简称《大学资助法案》）在联邦国会通过，它明确了"竞争和合作"的大学组织战略原则。

1998 年，瑞士联邦政府对 1992 年通过的《联邦高等教育促进法》提出修改草案，并改称为《联邦大学促进和高校合作法》，旨在加强各大学与各州的合作，赋予"瑞士大学联席会议"对学业成绩和文凭进行认证、提供相关经费的新职能，确立了联邦政府对于联邦理工、州立大学、高等职业院校实施统一的管理。

20 世纪末，瑞士政府颁布实施了《应用科学大学联邦法》，对于应用科学大学的定位、目标和标准进行了明确规定。

2016 年年初，瑞士联邦理工学院联合体公布新一轮战略发展规划（2017—2020），旨在提高高校与研究机构的教育质量。

2017 年 1 月，瑞士大学校长联席会议正式出台了新一轮 BFI-Periode 2021—2024 战略计划，旨在进一步提升学术后备人才的质量，并为之创造更加开放、国际化的学术环境。

2019 年 2 月，瑞士联邦议会颁发新一轮《瑞士教育、研究、革新国际化战略》，从政府层面全面提升国家研究的整体水平，为研究与科技的创新与改革提供全方位的支持。

(二)重要的改革与发展

1. 瑞士高校的自治改革

由于瑞士特殊的联邦体制,瑞士高校一直保持着大部分州立大学依附于各州的传统,联邦宪法也明确规定州立大学的管辖权在大学所在州(简称大学州)。在此之后直到20世纪90年代,瑞士联邦政府对州立大学基本上没有管辖权。虽然在20世纪60年代,发布了《大学资助法案》,但只是明确了联邦为州立大学提供经费资助,州立大学管理政策并未改变。① 此后瑞士联邦政府也试图通过修改立法来改变州政府独管州立大学的现状,但由于联邦政体以及瑞士"直接民主"的决策形式,联邦政府的意图无法实现。20世纪90年代以后,为适应国际国内环境的变化,瑞士各联邦州开始修订各自的大学法,不同程度地给予了大学行政部门在资金、人员和内部组织上更大的自主权。同时,瑞士中央政府也加紧了国家高等教育战略统筹发展计划的实施。经过两年多的讨论和修改,1999年,新的《大学资助及大学事务合作联邦法案》(简称《大学资助法案》)在联邦国会通过,这不是对原来法案的修订,而是一部新的法案。② 它明确了"竞争和合作"的大学组织战略原则,确定了四个基本方向,即国家高等教育系统整体发展;瑞士政府教育经费框架和大学提供服务相一致;政策制定结构一致化;瑞士大学委员会在一定领域具有决策权。

在此基础上,1999年和2000年瑞士又分别出台了由各州政府共同签署的《大学政策合作州际协定》和州与联邦政府共同签署的《有关大学事务的合作协议》。至此,瑞士联邦和大学州对高等教育实施"共建"的法律基础构建完毕。尽管大学仍属于各州,但一个合作管理机制和高等教育系统发展的法律框架已经建成,新的国家高等教育管理体制也逐渐得以确立,这也开启了新时期

---

① Perellon J F, "The Governance of Higher Education in a Federal System: The Case of Switzerland and", Tertiary Education and Management, Vol.7, No.2, 2001, p.211.

② 邢媛、张福兰、陈士俊:《瑞士高等教育管理体制改革及思考》,载《外国教育研究》,2008(4)。

瑞士大学组织战略模式改革和转型的序幕。①

20 世纪 90 年代以来，在各州与大学的合作层面的改革也取得了一些成效。1998 年，瑞士联邦政府对 1992 年通过的《联邦高等教育促进法》提出修改草案，并改称为《联邦大学促进和高校合作法》。新的合作法中规定：各大学将通过与各州签署协调协议的方式，加强与各州的合作；赋予"瑞士大学联席会议"新的职能，将对学业成绩和文凭进行认证，并提供相关经费，对整个高等教育起全面指导作用。也确立了联邦政府对于联邦理工、州立大学、高等职业院校实施统一的管理。②

基于《联邦高等教育法》的相关规定，瑞士高校具有高度的自治权，体现在组织自治、内部管理、财政收支、人事自治以及学术自治多个领域。瑞士大学始终秉承双重结构管理框架，即理事会/董事会和参议会共同管理。③ 理事会/董事会作为最高的学术权力机构，主要由来自政治、学术、文化、企业等社会利益相关体相关代表组成，实现对大学学术事务的共同管理，体现出高度开放性、包容性与深层互动性。大学董事会主要负责制定学校的发展战略，协调财务、人事、招生、科技转化等多项事务，并全面监控大学的教学质量，复杂人事的升迁和任免。对于财政的自治层面，高校也具有很高的自治度，可以自由决定财政拨款的用处，但是在校园不动产方面则需要征得教育部等外部机构的许可。

虽然高校的大部分资金来自联邦政府的财政，但是整体来看，瑞士的高校还是具有高度的自治性。瑞士联邦政府通过一系列法律法规的制定，最大限度地保证了高校的教育自治权，充分发挥了高校管理自身事务的积极性。

---

① 武学超：《瑞士大学组织战略模式转型及思考》，载《比较教育研究》，2015(8)。

② Perellon J F, "The Governance of Higher Education in a Federal System: The Case of Switzerland", Tertiary Education and Management, Vol.7, No.2, 2001, p.211.

③ 刘艳红、宋向楠、Thomas Estermann：《欧洲大学自治的多维度剖析及实然样态》，载《高校教育管理》，2017(2)。

2. 制定以研究和创新为导向的国际化、开放型战略

瑞士作为一个创新驱动发展型国家，经济在很大程度上面向高科技制造业和知识密集型服务业，因此高校的发展非常重视科技知识的创新和技术的转化。自 20 世纪 90 年代起，瑞士联邦政府每四年发布国家层面的研究和创新战略，并据此指定预算，修改相关法律和组织机构。该战略主要基于数据对国家整体的研究与创新系统进行分析，并鉴定当前发展层面的优点和不足，确立未来战略优先发展的对象和具体措施。

为了进一步促进瑞士高等教育领域内的深度合作，制定一个可以融合不同类型高校教育发展的框架性政策，2017 年 1 月瑞士大学校长联席会议正式出台了新一轮 BFI-Periode 2021—2024 战略计划。该项战略计划旨在进一步提升学术后备人才的质量，并为之创造更加开放、国际化的学术环境，加大对于医学健康相关领域的投入，并增加对于高校工程、自然学科、技术、生命健康相关领域的关注。此外，本项计划还特别强调要扩大高校领域数字现代化的发展，以便更好地实现学术信息的共享，数据资源库的使用，避免学术阶段的断层，有效加强不同学术阶段间的相互衔接。苏黎世联邦理工学院 (ETH Zurich)作为世界一流大学的代表，在建筑、化学、生物、物理等诸多领域都取得了尖端和创造性的发展。

2019 年 2 月，瑞士联邦议会颁发新一轮《瑞士教育、研究、革新国际化战略》(Switzerland's International Strategy on Education, Research and Innovation)，从政府层面全面提升国家研究的整体水平，为研究与科技的创新与改革提供全方位的支持。

该战略提出了四项具体的目标。第一，借鉴国外与教育、研究、创新相关的基础研发设施、战略和服务，以此提升本国的服务质量；第二，利用现有机会促进青年专业人员和科学家的跨界推广，以促进跨国研究和学习流动以及国际承认瑞士的教育资格和课外活动实践经验；第三，利用 ERI 系统评

估新出现的全球趋势的相关性，并顺应时代趋势做出适时的改变；第四，在瑞士建设众多高质量的研究机构，把瑞士打造成以创新为基础的国家。①

同时，瑞士高等教育系统始终把深化国际化合作作为其实现可持续发展的一个要点。发展国际合作，有利于吸引并教育最优秀的人才为瑞士的持续卓越贡献力量；有利于通过科学、创新和外交合作，采用新的方法在世界各地开展科学研究，以此扩大瑞士的科学活动范围，并在健康、能源、环境和城市规划等全球性问题上实现新突破，促进瑞士科学的卓越发展；有利于促进瑞士双教育系统（职业和学术教育）的发展，创造多样化的劳动力，使瑞士成为创新和颠覆性技术发展的中心。②

瑞士高校依据自身的特色以及优势，制订了一系列国际化发展战略，积极扩大与全球其他高校以及研究机构之间的合作。特别是一些高校已经与其他高校建立了良好的合作关系，学生、学者交流的项目众多，收效十分显著。苏黎世联邦理工学院秉持高度开放、国际化的发展战略，积极扩大与全球高校和研究机构的合作。通过与负责执行苏黎世联邦理工学院的全球战略目标的专门部门——ETHZ全球办公室（ETH Global）的合作，苏黎世联邦理工学院与欧洲、亚洲、非洲、拉丁美洲、北美洲、南美洲的7437所高校和519所机构建立了合作关系。合作伙伴涉及哈佛大学、牛津大学、斯坦福大学、麻省理工学院等国际顶尖院校以及微软、陶氏、三星、迪士尼等国际知名企业。

3. 联邦理工学院及研究所成立科研联合体（ETH Domain）

瑞士联邦政府为了充分发挥高校、科研单位以及专业研究机构的巨大优势，为国家发展顶尖水平的教学、科研、知识普及和技术转让方面的资源，

①　State Secretariat for Education, Research and Innovation, "State Secretariat for Education, Research and Innovationmeine-informationen", https：//www.sbfi.admin.ch/sbfi/en/home/services/publications/data-base-publications/int-strategy-eri.html, 2019-08-29.

②　ETH-RAT, "Position Paper on International Initiatives of ETH Domain Institutions", https：//www.ethrat.ch/sites/default/files/150515-International-Initiatives-E.pdf, 2019-09-07.

并全力提升本国专业研究的综合实力，组织成立了瑞士联邦理工学院及研究所联合体(ETH Domain)。该联合体主要由两所理工学院，即苏黎世联邦理工学院(ETH Zurich)与洛桑联邦理工学院(EPFL)，以及四所专业研究机构，包括保罗谢尔研究所(PSI)、瑞士联邦森林、雪和景观研究所(WSL)、联邦材料科学和技术研究所(Empa)、联邦水科学和技术研究所(Eawag)组成。该联合体的工作任务主要包括以下五个方面：(1)培养科技领域的大学生和专业人员，并提供终身教育；(2)通过科研工作来扩大科学成果；(3)培养青年科学家；(4)提供科学技术方面的服务；(5)开展面向公众的活动，开发利用科研成果。① 此外，联合体还包括董事会(管理机构以及监督部门)(ETH Board)以及内部申诉委员会(联邦联合体的独立申诉机构)，负责整体发展战略的制定与修订，并承担相应的改革方案。

2016年年初，瑞士联邦理工学院及研究所联合体公布新一轮战略发展规划(ETH Board's Strategic Plan 2017—2020)，旨在以高素质研究性教学作为首要目标，并把高校与研究机构的教育质量规定为最重要、也是最需要优先发展的战略要点，并制定了一系列政策来保证高等教育整体的质量。②瑞士联邦理工学院及研究所联合体将以教育与研究为使命，应对环境、资源利用、健康、经济福利以及社会福利方面的巨大挑战。为了应对数字化发展带给瑞士社会、研究领域的巨大挑战，并基于21世纪信息时代的特点，联邦理工学院及研究所联合体归纳了四项战略重点领域：个性化健康和相关技术、数据科学、高级制造以及能源研究。③ 瑞士联邦理工学院及研究所联合体(ETH Domain)各种类型的研究领域也立足于对数据科学的认知。因此，洛桑联邦理工

---

① 瑞士联邦理工学院以及研究所及董事会：《瑞士联邦理工学院以及研究所联合体简介》，hhttps：//www.ethrat.ch/sites/default/files/ETH-Domain%20in%20brief%202021_ZH.pdfhttps：//www.ethrat.ch/zh-hans，2019-08-28。

② 梁会青、魏红：《瑞士世界一流大学建设路径探析》，载《江苏高教》，2018(3)。

③ 瑞士联邦理工学院以及研究所及董事会：《瑞士联邦理工学院董事会战略重点领域》，https：//www.ethrat.ch/zh-hans/瑞士联邦理工学院及研究所联合体/战略重点领域，2019-08-28。

学院（EPFL）和苏黎世联邦理工学院（ETH Zurich）联手创立了瑞士数据科学中心（SDSC），由多名数据科学家与来自应用领域的科研人员共同致力于该科学中心建设。瑞士联邦理工学院及研究所联合体董事会（ETH Board）在新一轮发展计划中确定了以"先进制造技术"为核心内容的发展方向，旨在通过联合体与中小企业的合作，全面推进高新制造技术的研发与推广。

总体来说，瑞士联邦理工学院及研究所联合体（ETH Domain）创造了130亿法郎的附加价值并为10万人提供了工作岗位。此外，瑞士联邦理工学院及研究所联合体（ETH Domain）培养了大批社会急需的人才，对健康、环境与安全等重要社会课题开展研究并与中小企业、工业领域及行政机关部门开展密切合作。作为国家科学技术的精英团队——瑞士联邦理工学院及研究所联合体，正在为提高本国的国家竞争力与人们的生活质量做出重要贡献。

4. 高等院校合并重组，应用科学大学蓬勃发展

20世纪末，新兴产业成为瑞士经济发展的主要推动力，产业转型对高技术人才提出了更高要求。面对这一挑战，瑞士政府于20世纪90年代初将全国60多所高等职业技术学院合并调整，成立了7所应用科学大学，21世纪初又成立了2所私立应用科学大学。这9所应用科学大学是从28所工程学院、21所经济与管理学院以及9所设计学院中创建而来。为了与其他州立大学（10所综合类大学）与两所联邦理工学院区分开来，瑞士政府颁布实施了《应用科学大学联邦法》，对于应用科学大学的定位、目标和标准进行了明确规定。①截止到2010年，瑞士应用科学大学开设8大类专业，有230种本科和70种硕士专业。本科学制一般为3年，硕士学制1.5年到2年，现有在校生约79000人，占高等A类教育层次在校生总数的1/3。

随着瑞士高等教育国际化、学术化程度不断增强，传统的应用科学类大

---

① 姜朝晖、张熙：《瑞士应用科学大学人才培养模式分析——以苏黎世应用科学大学为例》，载《世界教育信息》，2016(6)。

学也更多地开始参与理论研究的创新以及实用技术的运用。特别是自 2017 年起，瑞士联邦学术委员会开始批准一些应用科学大学拥有博士学位的授予权，这也在一定程度上标志着传统以实践应用为特色的应用型高校也开始逐渐具备学术研究能力，进一步提升了本国高等教育的创新性与实践性。

不同于传统的综合类高校，瑞士应用科学大学突出强调实践与应用型导向，旨在培养高层次的专业人才，教学活动突出实践应用导向，强调为学生从事相关职业提供必要的理论知识与科学方法。受到新一轮产业革新与技术革命的巨大影响，应用科学大学基于科学技术的新要求，社会人才培养的新方向，积极改革以往的课程设置，将企业的新技术贯穿到人才培养方案的制订当中，面向中小企业培养定制化的人才，并直接面向中小企业、科研机构展开深度的研发与合作工作，提供成果转化和技术支持，并针对市场的具体需求设计相应的解决方案，受到了社会的广泛认可与关注。实践证明，应用科学大学给中小企业带来了巨大效益，满足了企业差异化经营战略的需求。校企合作中碰撞出的火花，还进一步延伸扩展了相关产业链。①

五、教师教育改革与发展

(一)发展状况

在瑞士，幼儿园、小学、初中、高中教师和特殊需要的教师大部分是在师范大学接受培训的。由于它们的学位课程以实践为导向，研究领域也面向职业领域，所以师范大学在类型上被归类为应用科学大学。但是，它们的管理方式不同。在国家层面以瑞士州教育局长联席会议所颁布的法规进行管理。师范高校的职权范围包括初级教育，继续教育和培训，面向应用的研究和开发以及为第三方提供的服务。

瑞士州教育局长联席会议于 1995 年最后通过了《使命宣言》，旨在改革教

---

① 中国教育科学研究院课题组：《欧洲应用技术大学国别研究报告》，35~44 页，2013。

师教育的州政策的共同准则。师范高校（UTE）因此被归类为应用科学大学。教师教育课程的内容包括教育科学、教学艺术等，旨在将理论和实践工作、教学和研究相结合，使教师能够为各种教育水平的学生以及有特殊需要的儿童和青少年提供足够的知识和能力教育。教师教育和培训的任务是为各级教师提供高质量、学术性和实践性的教育和培训。毕业生可获得各级各类学校的教学资格。

2019 年，瑞士州教育局长联席会议重新修订了瑞士教师资格认定制度，2020 年正式实施，旨在提高各级各类学校教师质量。

（二）重要的改革与发展

1. 师范高校的专业认证

师范高校在分类上归为应用科学大学。瑞士的师范高校由一个或多个州管理。一所师范高校可以在多个州建立分校。作为高等教育协调重组的一部分，师范高校被纳入瑞士高等教育部门的整体管理体系之中，与其他高等教育机构一样受到监管，而且它们必须获得机构认证。因此，师范高校要遵守《瑞士高等教育部门资助和协调联邦法》（高等教育资助和协调法案，HFKG）的条例，不过它们可以继续接受各州提供的独家资金。而且，《瑞士高等教育部门资助和协调联邦法》规定，除了研究机构提供的资金外，师范高校还有权获得联邦的相关项目捐款。

瑞士州教育局长联席会议负责瑞士范围内对师范高校的专业资格认可。国家层面的教师培训主要基于瑞士联邦州教育局长联席会议关于在特殊教育中承认的教学专业和特定职业的文凭的规定。瑞士联邦州教育局长联席会议负责教师培训质量的监管以及离职证书的办理。关于认可的规定包含培训目标和内容的最低要求、学习范围、入学要求以及讲师和实践教师的资格。瑞士联邦州教育局长联席会议对文凭的认可是教育专业和特殊教育中特定职业的国家和国际流动的先决条件。教师培训机构之间的专业协调由教师专业培训会议负责。①

2. 教师资格认证与教师培训

瑞士联邦州教育局长联席会议负责拥有教学资格(学前和小学、初中、大学)或特殊教育领域资格的学位课程(早教补习、特殊教育、言语治疗、精神运动疗法)的认可。瑞士联邦州教育局长联席会议颁发的文凭认可协议和教学资格认可条例为立法奠定了基础。文凭认可法规定了瑞士范围内对资格的专业认可以及对教师教育、培训和资格的质量控制。

不同学位课程的认可规定包括有关课程目标、课程内容、学习时间、入学要求和大学教师资格等方面的最低要求。瑞士联邦州教育局长联席会议仅承认符合认可规定的学位课程。各州承诺为所有具有公认资格的人员提供平等的职业机会。

在瑞士,教师培训是根据教师任职的学校的水平和类型进行的。不同水平和类型的师资培养有着各自相应的培养内容。②

(1)幼儿园教师的培养

在各州的幼儿园里,教师有公立和私立两种。幼儿园教师大多数为女性,其接受教育的年龄通常为17岁或18岁,而且要接受过10年的学校教育且有实际教学经验才有资格接受培养。在多数州,幼儿师范学院培养幼儿园教师,学制3年。也有一些州,在大学的教育系培养幼儿园教师。

(2)小学教师的培养

小学教师由师范学院或大学培养,学生必须通过高中毕业考试。20世纪70年代以来,一些州把教师培养工作从师范学院移向大学,但多数州仍在师范学院培养小学教师。招收初中毕业生的师范学院学制5年,招收高中毕业

① Swiss Education, "Coordination in the area of universities of teacher education", https：// swisseducation.educa.ch/en/coordination-area-universities-teacher-education, 2019-08-31.

② 詹栋梁:《瑞士教育制度》,台湾,五南图书出版公司,1983。

生的师范学院学制 3 年。通过小学教师考试的学生可获得教学职位，也可到大学进一步学习。

（3）初中教师的培养

初中教师一般由大学培养，将来想要当初中教师的学生必须进大学学习7~8 学期，学习期限按语言地区而划分。最近的趋势是各州互相承认学业证书。教师证书通常分为教数学和自然科学或语言和历史学科。

（4）高中教师的培养

高中教师要在大学进行专门的训练。在一些学校，这种训练从新生入学开始；而在另一些学校，这种训练始于主要专业学习之后。无论是通过哪一渠道，担任高中教师，都要经过严格考核才能获准。

（5）职业学校教师的培养

职业学校的教师培养采用全联邦统一标准。职业学校专门学科的教师通常为在职的专业人才经过补充教师训练而成的。

（6）特殊学校教师和其他教师

各级特殊学校、家政、科学、运动、音乐以及特殊教学的教师，设有专门的训练课程。有关教师训练，特别是在新教师补充，培养内容、结构，教师职业的进入，在职培训等方面也在不断地改革。

（7）高校教师的培养

大学教师的培养极为严格，一般是从大学中的许多研究人员或研究生里选拔，他们要有博士学位，且博士论文为优秀水平，具有研究能力，能进一步地被培养成研究高深学术的人才。有资格成为大学教师的人，一般先从讲师做起，而后要接受严格的论文与答辩程序才有资格成为教授。

3. 教师资格证的州际互认

由于瑞士各州的教育政策不同，师资的资格标准也不同，州与州之间互不承认，本州培养的教师只能在本州内任教。这种状况也使瑞士的教师资格不能与欧洲其他国家接轨，欧洲其他国家对瑞士的教师资格不予承认。为了打破这种封闭局面，瑞士于 1993 年 6 月 30 日颁发《关于师范高等院校改革与发展的 23 个论点》的文件。① 文件中提到的改革的总方向是：提高新教师资格标准，加强州际之间协作，建立一个为各州乃至欧洲各国承认的培训体系。其中主要论题为：

(1)统一教师资格标准，提高教师学历层次。改革后瑞士各州的小学、初中教师均需在大学学习三年后，再到教师培训学院进行两年教师职业训练；高中教师到大学学习四年后，再到教师培训学校学习一年或两年。

(2)加强大学与教师培训学院的合作。教师在教师培训学院接受职业培训期间，学科专业知识聘请大学有经验的教师授课，教育学、心理学、教学法由有经验的中小学教师授课，发挥大学与培训学院各自的优势，提高培训质量。

(3)加强教育实践环节。强调在培训中要到中小学去实习，学习教育教学的实际能力，到中小学能即刻胜任教学工作。

(4)为适应科技高速发展的时代需要，教师培训要增加现代科技内容，以提高未来教师的科技意识，还要求全体教师掌握现代化教学手段。

(5)加强教育科学研究，提倡有经验的教师与教育科学研究、教学理论研究的专家相互结合并进行教育改革试验工作。

随着博洛尼亚进程的不断推进，瑞士政府采取了一系列改革措施，以推进本国高等教育国际一体化的发展，特别是针对以往地区教师教育培养模式的多样性、复杂性，各联邦州政府进一步规范了各高校本硕分段的教师培养模式，规定了高校研修、学校见习、在职培训的教师培养模式，有效地贯通了大学学习与教师培训学院之间的联结与合作。

同时，关于未来教师教育的各个方面和结构问题也在讨论中，并起草报

---

① 孟吉平：《法国、瑞士师范教育考察记》，载《中小学教师培训》，1995(5)。

告制订共同战略计划。在这份《使命宣言》)中，师范高校(UTEs)作为高等教育层次的组成部门，首次被正式提出。该报告于 1993 年 9 月发布。通过这份官方报告确定教师教育改革的目标，州教育局长联席会议在国家一级层面起到了带头作用，开始着手处理这个问题。《使命宣言》主要是由一个教师教育部门的专家组制订的。该宣言的目标是通过建立一个关于未来教师教育的机构讨论其相对具体的规划，确定新文凭的相互间认可的标准，并规定建立该机构的一般要求和面临的挑战。

《使命宣言》提出要改革瑞士教师初级教育，同时将师范学校转变为高等教育。在高等教育框架里构想的教师教育的核心任务包括：(1)培训和陪同未来的教师，使他们有机会接受科学基础的教学；(2)开展面向职业领域的教育研究与开发；(3)对自己的教学人员进行资格鉴定，并向他们提供持续的培训；(4)参加与教学有关的职业培训，如学前教育和成人教育。①

至于师范高校的教师资格，在《使命宣言》中的要求较为灵活，要求教师教育工作者完成大学学习或"同等学习"，并持有额外的教师资格。研究中心由优秀的研究人员领导，最好持有博士后学位。《使命宣言》坚持教师教育者的传统双重资格认证——大学学位和教学证书。但是，获得大学学位，也可以通过同等的非大学学习来满足。但是由于师范高校与传统大学的教学人员的这种资格差别很大，因为大学的教学人员通常至少具有博士学位或博士后学位，因此比师范高校的教学人员更有资历。

4. 师范高校的管理②

在州际文凭承认管理框架的基础上，瑞士州教育局长联席会议随后发布了一系列关于承认州际间教师教育的州际条例。通过这些新的条例，瑞士联

---

① Denzler, Stefan. "Integration of teacher education into the Swiss higher education system", Diss, Université de Lausanne, Faculté des sciences sociales et politiques, 2014.

② Denzler, Stefan. "Integration of teacher education into the Swiss higher education system", Diss, Université de Lausanne, Faculté des sciences sociales et politiques, 2014.

邦州教育部长联席会议确定了关于人员的准入、学习时间、课程和资格或教师教育的高等教育要求的国家标准。因此，瑞士联邦州教育局长联席会议组织的州际管理在教师教育的结构和内容方面对州政策进行了大量干预。教师教育的改革和简化并不是因为高等教育政策决定了高等教育机构对教师教育的经费和任务，而是来自教师文凭的标准化。

但是，瑞士各州在实施过程中仍有充足的空间，这些空间完全属于各州的领域。而且，虽然将教师教育纳入高等教育，但并没有明确教师教育在高等教育领域的类型，也没有具体规定教师教育应如何，以及在何处纳入高等教育系统等各种细节问题。因此，关于教师教育如何实施的问题，并没有一个制度环境的保障。所以，各州可以自由地在综合类大学、应用科学大学或师范类高校培训自己的教师。教师教育的国际规定并不代表着整个高等教育体系的结构状况。教师教育领域，特别是师范类高校融入高等教育系统的方式仍然是开放的。这种跨州政策的结果是，瑞士的教师教育并没有完全被归属于专业的师范大学，而是被视为可以在不同类型教育领域或者专业机构中提供职业培训的特定部门。因此，实际情况是瑞士的教师教育将主要由师范大学以及应用科学大学提供。师范类高校并不能获得培养教师的专有权，它们在这个领域没有完全的垄断地位。关于师范类高校，在概念上的一个弱点是师范类高校的基本规定中并没有将其定义为高等教育系统的功能分化，而只是一个为教师的教育和培训而设计的高等教育机构。

虽然文凭条例已经规定了影响瑞士各州教师教育内容、结构和程序的州际管理文件，但没有进一步的文件明确教育和发展理事具备干预各州教师教育管理的权力。至于师范类高校的财务管理，与应用科学大学的情况不同，它们实际也不具备有效资源导向与治理的能力。

六、其他类型教育改革与发展

(一)继续教育与终身教育

1. 发展概况

20 世纪七八十年代，瑞士将"基于新的环境与任务要求，从而全面提升与升级成人的基本技能、能力与知识"作为继续教育实施的总体目标。为了更好地适应时代发展的新要求、新标准，大多数瑞士人都非常愿意参与到继续教育或者终身教育的行列之中。由于瑞士继续教育大多是市场化运作，相比大多数工薪阶层，往往那些受教育程度较高、在职并拥有相对较高收入的瑞士人会更加热衷于参加继续教育。据官方统计数据表明，有 50% ~ 80% 兼职的员工会更愿意去选择参与继续教育，然而瑞士女性往往会选择那些与工作内容不太相关的方向作为自己参与继续教育的内容。[①] 瑞士各个联邦、地区继续教育与终身教育的发展程度存在很大差异，主要表现在承担社会责任、机构规模、学校管理、开设课程、教育形式、师资质量等多个不同方面。实际上，瑞士联邦政府与地区政府对于继续教育的发展只是起到了一个相对辅助性的作用，主要是监管那些没有资质开设继续教育的机构与个人。瑞士中央政府与地方政府致力于全面推进继续教育的规模与质量，以便可以更好地促进国外移民的融合教育、消除文盲，从而使得更多的人获得社会生存的必备技能。

进入 21 世纪以后，瑞士联邦政府与地方政府之间加强了合作和交流，为进一步提升继续教育整体的发展与质量，制定了一系列相应的法律法规，并规范了各联邦州继续教育的教育目标，基于地方的具体特征，制定了相应的办学标准，全面加强了对各联邦教育整体的管理。通过 2006 年对《联邦宪法》(第 64a 条)中教育条款的修订，瑞士联邦政府确立有权在教育法案中制定指导继续教育的具体原则。此外，瑞士联邦政府有权可以管理继续教育的相关

---

① European Commission, "Adult education and Training", https：//eacea.ec.europa.ou/national-policies/eurydice/content/adult-education-and-training-108_ en, 2018-09-28.

领域，并为之制定适当的质量标准。进入21世纪，随着信息技术时代的到来，以往的继续教育与终身教育面临新的历史变革，瑞士联邦委员会正在酝酿一个新的联邦继续教育与培训的政策，以协调各联邦州的具体情况，该委员会在2013年的会议上，正式审定并通过了该文件和《联邦继续教育和培训方案》。

2014年6月20日，瑞士联邦议会国民院与联邦院正式通过《联邦继续教育法》(Weiterbildungsgesetz，WeBiG)，该法律旨在对全瑞士境内的继续教育的机构与组织方式、课程设置等方面进行合理的规范，并对其承担的社会责任、教学质量、教育形式、收取的费用、入学资格等方面进行了一定程度的完善。此外，《联邦继续教育法》还明确了瑞士联邦特别法规中对继续教育提供补贴的统一条件。

2016年2月24日，瑞士联邦议会再次修改了2014年版本的《联邦继续教育法》(Weiterbildungsverordnung，WeBiV)。新的《联邦继续教育法》从2017年1月起正式生效。该法也会使瑞士继续教育的整体质量和透明度进一步得到提升，从而进一步改善以往继续教育关于入学条件缺乏合理公平性的突出问题。

2020年4月28日，瑞士联邦州教育局长联席会议正式出台了《2021年—2024年全面推进成人基本能力获得与延续的基本文件》①，该文件特别明确规定了2021年至2014年成人继续教育发展的主要目标，联邦教育与研究科学革新处(SBFI)的主要职责，以及对于成人基本能力的定义与相关范围。所谓基本能力是指"成人为了适应未来工作与日常生活所必须掌握的基础性能力，这也是人们实现终身学习的个体必备能力，应该包括以下三种主要的能力：(1)用母语来进行阅读、写作与口头交流的能力；(2)数学的基础性能力；

---

① EDK，"Berufsbildung"，https：//www.edk.ch/de/themen/berufsbildung，2021-04-21.

（3）信息与通信技术应用的能力”①。

（二）特殊教育

1. 发展概况

瑞士特殊教育整体发展的程度较高，拥有比较系统的教育体系。无论是学前教育阶段还是后期的学校教育阶段，再或者是职业教育体系都非常重视特殊需要儿童们的融合。瑞士儿童早期教育的年龄范围是从出生到幼儿园、特殊幼儿园或者入学的早期阶段。早先的特殊教育通常局限于学龄儿童，很少关注学前儿童。后期随着瑞士境内建立伤残保险金制度（Invalidenversicherung，1960）和伤残基金法的修订（1968），学前特殊教育开始兴起，众多的学前特殊教育研究机构与学前特殊教育中心纷纷建立。学前特殊教育是对学前儿童的一种特殊教育，早期采取相应的措施（咨询、辅导、支持等），帮助各种类型的障碍性儿童尽早地培养发展意识与能力。② 实际上，瑞士特殊儿童的早期干预是由专业医生参与，并在儿童以及家长熟悉的环境中共同完成的。义务教育阶段的特殊教育，主要是由普通学校的“特殊班级”，或者是由专业的特殊教育机构或者专业康复中心来负责实施的。即便是在普通的学校里面开设特殊班级，大多数的学生也并没有被纳入瑞士主流的学校环境之中，而是处在隔离的状态之中。特殊学校往往接收相对重度的残疾儿童，包括重度感官残疾、肢体障碍或者智力障碍的儿童，等等。这些学校一般是由政府或者私人机构经营，并可以获得“联邦残障保险金”的资金支持。③

进入21世纪，虽然瑞士政府积极推行全国范围内的“融合教育发展计划”，但其实际效果却并不明显，普通学校体系内部的融合教育实施现状困难

---

① EDK, Grundsatzpapier 2021—2024 Förderung des Erwerbs und Erhalts von Grundkompetenzen Erwachsener, https：//www.sbfi.admin.ch/dam/sbfi/de/dokumente/2020/06/grundsatz-papier-21-24.pdf.download.pdf/grundsatzpapier_ 2021—2024_ d.pdf.

② Heilpädagogische Früherziehung in der Schweiz 2 Auflage, EDK-Bern, 1994.

③ 张依娜：《与普教共同发展的瑞士特殊教育》，载《现代特殊教育》，2010(2)。

重重，特别是一些有轻度残疾障碍，以及特殊需要的学生个体并未得到有效的关注与支持。究其原因，最重要的障碍便是瑞士教育体制相当复杂，拥有多个语言区，26 个联邦州原有的教育体制存在很大差异，关于教育改革的方案实施起来存在分歧，难以得到有效贯彻。以往针对残疾儿童设置的联邦残障保险金制度是在原先特殊儿童被单独区分而来的基础上实施的，这为瑞士各联邦州实施新一轮"融合教育发展计划"增加了不小的难度。基于以上这些突出问题，瑞士政府与各联邦州之间也在积极协调，通力合作，以便为进一步发展本国的特殊教育找寻最优的解决方案。

2. 重要的发展与改革

2002 年 12 月 13 日，瑞士正式通过了《残疾人平等权利》(以下简称《平等权利》)条例①，明确规定了所有具有残疾或者特殊需要的人与其他人一样都享受平等的权利，政府与所有机构都需要为他们参与日常社会生活、个人的社会性交流、个体的发展、相关能力的获得等方面提供必要的支持与保障。与此同时也为如何保障残疾人平等社会权利提出了具体的措施与建议。基于《平等权利》的具体要求，各个瑞士联邦州需要尽最大可能去为残疾儿童提供相应的福利，以各种丰富的教学形式帮助他们融入主流的学校之中。

与此同时，2002 年 12 月，瑞士还颁布了《关于各联邦州社会机构协定》(Interkantonale Vereinbarung für soziale Einrichtungen，IVSE)，进一步规范了瑞士特殊教育相关机构的设置与管理制度。2004 年 1 月 1 日起生效的《残疾歧视法》构成了一个中心基础。"艺术"第 20 条第 1 款内容如下："各州应确保残疾儿童和青年人享受适合其具体需要的基础教育。"第 2 款规定："各州应鼓励残疾儿童和青年人通过适当形式的学校教育融入正规学校系统可能对残疾儿童

① Die Bundesversammlung der Schweizerischen Eidgenossenschaft，"Bundesgesetz über die Beseitigung von Benachteiligungen von Menschen mit Behinderungen"，https：//fedlex.data. admin.ch/filestore/fedlex.data.admin.ch/eli/cc/2003/667/20040101/de/pdf-a/fedlex-data-admin-ch-eli-cc-2003-667-20040101-de-pdf-a.pdf，2012-12-13.

或有关青年有利。"①

2007 年 10 月 25 日，瑞士政府颁布了《联邦各州特殊教育实施的相关协议》。该协议规定自 2008 年 1 月 1 日起，瑞士各联邦州需要负责残疾儿童、青少年特殊教育学校的技术、法律与财政事宜。以往瑞士联邦残障保险金制度将不再承担相关事项的支出与具体活动的安排。瑞士各联邦以州际合作协定的形式，全面管理有关特殊教育领域的相互合作与认定。加入这一协定的瑞士联邦州，需要全面遵守特殊教育发展框架的具体要求。而且瑞士各联邦州需要根据本地区特殊教育的具体特征，指定关于地区特殊教育实施的具体措施，从而规范以往的教育要求。

基于这样的协定，瑞士为各联邦州特殊教育的具体实施制定了一个全国通用的实施框架，该协定的核心内容就是为各联邦州确立了特殊教育领域通用的术语、确立特殊服务提供方的质量标准，以及认定个人需求的标准化评估程序。根据该协定的具体要求，所有居住在瑞士有特殊教育需要要求的儿童和青少年(0~20 岁)都有权享受特殊教育，并严格避免各种形式的歧视，然而具体提供的措施则主要由各联邦州确定，主要包括以下相关服务：(1)提供咨询和支持服务；(2)为特殊幼儿提供教育、语言治疗和心理运动治疗；(3)为普通学校和特殊需要学校的特殊儿童提供必要的教育措施；(4)为特殊教育的学校提供学校日托的相关设施或住宿场所(根据具体的要求)。②

---

① EDK, "Sonderpädagogik", https：//www.edk.ch/de/themen/sonderpaedagogik, 2019-10-04.

② Special Education Need, https：//swisseducation.educa.ch/en/special-needs-education-0, 2021-02-16.

第四节 教育思想

20世纪末至21世纪初期的瑞士在世界经济一体化、区域化,世界政治、文化一体化、区域化的脚步日益加快的背景下,教育领域也出现了许多影响深远且意义重大的教育思想。在瑞士的教育思潮中,让·皮亚杰(Jean Piaget, 1896—1980)的认知发展理论为西方的结构主义教育运动奠定了依据,也对瑞士的教育改革有着一定的影响。另外,以查尔斯·赫梅尔(Charles Hummel)为代表的教育思想革新也对瑞士乃至世界的教育问题提出了新的见解,对教育实践活动有着重要的促进与改革作用。

一、赫梅尔与教育的未来

查尔斯·赫梅尔是瑞士教科文组织全国委员会秘书长,瑞士常驻联合国教科文组织的代表,教科文组织执行局委员,第三十五届国际教育会议总报告员。在第三十五届国际教育会议上,赫梅尔以《今日的教育为了明日的世界》中的内容分析了世界各国存在的教育问题。在这本书中他将当前的教育问题分章节分别论述,发表了对"教育改革与革新""终身教育的发展""教育民主化""教育与社会"和"未来教育的发展"五个方面的见解,对当时解决世界教育普遍存在的问题提出了建议。

第二次世界大战以后,世界的政治格局发生了巨大的变动。在20世纪60年代,"世界教育危机"是在许多国家中引发了关心教育问题的各界人士广泛讨论的一个议题,教育系统也面临着各方面巨大的压力和挑战,人们的价值观念发生了巨大的转变。各国的教育改革和革新活动开展得如火如荼。赫梅尔认为,教育改革首先要考虑改革的目的,"教育的目的是对人,对人类生存的历史,以及对使人类与自然界以及与他生活、创造和活动的社会相联系的各种关系制度进行冷静思考的结果"。目标是指出了基本的方向，但却是一种理想的状态，应该要以其目的和目标之间的辩证关系为特征。赫梅尔在考察了多个国家的教育现状之后，提出瑞士在教育目标制定上需考虑两个问题。一是制定教育目标要结合本国的社会背景，二是制定的教育目标要考虑未来教育的发展状况。改革是面向未来的，它致力于改变现存的状态，更多侧重于改进。而革新是制定新的目标。革新需要克服巨大的阻力，因为各种管理机构由于它们的惰性对革新造成了极大的困难。改革和革新都是一项长期和艰难的任务。

　　20世纪60年代中期，终身教育已经在国际上成为具有广泛影响力的教育思潮，同时也成为未来教育战略的国际性教育思潮。终身教育包含了教育的各个方面，从生命的开始到走向终点，教育的发展在各个时期中紧密地联系着。在1965年12月，朗格朗（P. Lengrand）首次以"终身教育"为题，在联合国教科文组织会议上做出总结性汇报，这标志着终身教育成为国际性教育思潮的开端。赫梅尔也对此点评道："可以与哥白尼学说带来的革命相媲美的终身教育概念的发展，是教育史上最为惊人的事件之一。"①虽然在第一次世界大战之后，终身教育的观点已经广泛提出，但其原则是20世纪60年代才得到概念化的。在70年代初，不到10年的时间里就制定了它的理论基础。赫梅尔认为："终身教育的概念会被认为是含糊不清的。其实，它的思想是很简单的，复杂的是对它的应用和对它所意味的意义深远的教育改革进行规划。"只从学校教育中去获取知识在今天看来是远远不够的，这些知识并不能受用终身，成人之后必须补充新的知识。这就需要学校教育增加其他形式的再学习和成人教育，这个过程是绝对协调统一而不是单方面的，并且从终身教育的观点出发，教育活动也被视为一个整体，因此教育制度和学校制度需要不

---

　　① 冯克诚：《［当代］教育与未来教育原理文论选读》，210页，北京，中国环境科学出版社，学苑音像出版社，2006。

断地灵活变化，进行运动和革新，而所有的教育部门都应结合在一个统一的制度体系之中。赫梅尔还认为终身教育是一种意识形态，是一项面向未来的教育计划，是"唯一能够适应现代人，适应生活在转变中的世界上和变动的社会中的人的教育"。在一个飞速变化和发展着的时代，终身教育能够让学习者不断地进取，学习感兴趣、受启发的知识，引导受教育者认识到命运是掌握在自己手里的，能进行自我的不断教育，得到充分的发展。

在全球范围内，教育民主化同样是一个热点。教育民主化反映的是人们对获得公平的教育权利的愿望。时代的不断发展使得教育民主化的内涵在不断地发生着变更，它的范围在不断地扩大。在目前的条件下，教育民主化还是一种理想的目标状态。在大部分国家中仍存在着因性别歧视和贫富差异产生的受教育不平等。因此，要实行教育民主化需要教育制度的不断改革和变更，以使得人们能公平地获得受教育的机会。

教育和社会是紧密联系在一起的。人们意识到社会的发展不仅通过经济增长体现，还表现在社会和教育的发展上。教育是促进社会和个人发展的基本因素，个人享有《世界人权宣言》中的一切权利，人们生活质量的提高是通过发展来实现的。越来越多的发展中国家认识到了这一点，因此加大了在教育上的投入力度，使得入学人数逐步提升。尽管如此，教育事业仍然面临着巨大的压力：大学生失业问题日益突出，农业从事人数在减少……面对这些困境，部分国家采取了如下措施加以应对：(1)创建适合本国国情的教育模式；(2)加大对妇女教师的投入；(3)大力发展基础教育；(4)协调学校和企业之间的关系；(5)教育农村化；(6)教育要促进文化发展。"今天，实际上所有发展中国家和许多研究工作者都在控诉从殖民政权继承下来的学校。"① 学校被迫传播外国的教育观念和价值观，但这些对本国的教育发展是毫无意

---

① [瑞士]赫梅尔：《今日的教育为了明日的世界》，王静、赵穗生译，124 页，北京，中国对外翻译出版公司，1983。

义的。"它们主要是培养在殖民地政府中担任下级职务的人。"①还有些国家会选择外国学校模式的教育革新举措，但这些革新是不符合当地的社会文化背景的。因此，建立与本国社会文化背景相适应的教育制度尤为重要，教育制度是与国家需要和考完的教育的发展模式紧密相关的。

二、皮亚杰与结构主义教育

作为一种哲学思潮，结构主义产生于 20 世纪初期，盛行于 20 世纪五六十年代。伴随着结构主义哲学的广泛流行，结构主义教育思想于 20 世纪 60 年代形成。从某种意义上说，结构主义教育思想是第二次世界大战以后资本主义政治、经济和军事发展需要的产物，同时，也与欧洲唯理主义的哲学传统和结构主义运动以及自然科学新发展的影响密不可分。

从结构主义教育思想代表人物的思想形成过程来看，结构主义哲学的影响十分重要。让·皮亚杰就曾深受索绪尔、里奥纳德·布龙菲尔德（Leonard Bloomfield，1887—1949）的结构主义语言学、乔姆斯基的转换生成语言学的影响。同时，皮亚杰本人就是一个在结构主义哲学上颇有研究的结构主义者。他曾写下了《结构主义》《发生认识论原理》等结构主义的哲学论著。②

尽管皮亚杰自称是一个结构主义者，但他指出："结构主义真的是种方法而不是一种学说。"早在 20 世纪二三十年代，皮亚杰在研究儿童时便从儿童智慧发展的同步性（即表现出相同的智慧水平）中意识到儿童认知发展过程中存在着结构的特征。在《结构主义》一书中，他对盛行于各个学科领域的结构主义作了全面的回顾和考察，并概括出了"结构"的以下三个特性：

（1）整体性（Wholeness），指结构内部的各成分不是孤立的或硬性相加混

---

① ［瑞士］赫梅尔：《今日的教育为了明日的世界》，王静、赵穗生译，125 页，北京，中国对外翻译出版公司，1983。

② 李森：《解读结构主义教育思想》，9~10 页，广州，广东教育出版社，2007。

合的,而是相互联系、相互作用,并受制于结构本身内部的规律。

(2)转换性(Transformation),指决定整体性质的结构并不是静止不变的,而是在建构活动中运动发展的,这种转换既可以使结构得以保存,又可丰富其内容。

(3)自我调节性(Self-regulation),指结构无须借助外在因素而可自行进行自身的规律调节。①

皮亚杰对"结构"进行解释时说:"结构就是由具有整体性的若干转换规律组成的一个有自身调整性质的图式体系。"②根据皮亚杰对"结构"内涵以及特性的理解,后来的结构主义者以此为基础论述教育,并注重对教育过程的动态研究,力图从儿童的心理能力引出关于不同年龄儿童学习和理解的一般性法则,从而形成了在 20 世纪具有重大影响的教育思潮。

结构主义教育理论较为关注儿童对知识结构的掌握及认知能力的培养,强调合作学习与发现学习。所谓"结构",就是指一种关系的组合,该组合反映出了事物之间的本质联系。根据认知结构的质的不同,皮亚杰把儿童认知的发展划分为四大阶段,即感知运动阶段(0~2 岁)、前运算阶段(2~7 岁)、具体运算阶段(7~11 岁)、形式运算阶段(12、13 岁开始)。他认为在不同的发展阶段,儿童的认知结构具有不同质的差异。并且在其发展进程中,思维内容越来越丰富,而新的要素丰富着原有水平的结构,以构造出新的结构,其中主体的自我调节作用,是构成认知的能动创造性的根本内在因素。因此,教师在教学中要注意"激起学生的首创性和探索性",促进其认知的发展。由于儿童只有能了解教师所提供的信息,才能接受那些有价值的信息,所以选取的教学策略和材料也要适应儿童智力的发展。皮亚杰的认知发展观点,对瑞士的教学改革仍具有现实意义。

---

① 吴式颖等:《外国教育思想通史》(第十卷),54~56 页,长沙,湖南教育出版社,2000。

② [瑞士]皮亚杰:《结构主义》,倪连生、王琳译,"译者前言"2 页,北京,商务印书馆,1984。

另外，根据阶段论思想，皮亚杰提出教育、教学必须与儿童的认知发展水平相适应，即教育过程具有阶段性，这为现代教育的发展提供了坚实的理论基础。皮亚杰认为，教育主要是发展儿童的认知结构，即智力结构。因此，教育工作要依据儿童的不同阶段的智力结构特点，通过教学活动加以培养，使儿童掌握各种基本科学概念和进行逻辑思维的能力得到发展。在感知运动阶段，要注意早期教育，及时给婴幼儿提供多样化的能吸引他们观察的物体；实施促进儿童动作发展的训练。在前运算阶段，主要通过观察、测量、计算、讲故事等活动培养幼儿的初步科学观念。在具体运算阶段，主要通过教学活动，培养儿童的各种科学的基本逻辑概念和逻辑分类能力。在形式运算阶段，可以进入更高层次的抽象的教育内容。在具体教学中应遵循直观—记忆—理解—操作的顺序进行教育。由此可见，皮亚杰关于儿童认知发展的连续性和阶段性的理论，向人们展示了一个丰富、复杂而又有规律的儿童心理发展世界，表现了儿童认知发展的一般模式，为教育工作者更好地了解儿童，促进儿童认知发展提供了理论依据。

在西方教育领域，皮亚杰建构在发生认识论基础上的有关儿童认知发展的理论及教育学说，因有关认知特性，使西方教育界为之一振。

其中，皮亚杰的结构主义教育思想已成为瑞士、欧美和亚洲地区进行学校教育和教学改革工作的重要理论依据。西方一些国家流行的活动教育、开放教育、视听教育、重视个别课程制度、采用新的教育技术，其中不少做法都与皮亚杰的理论有着密切联系。特别是在各国开展的各种新的教育活动和采用新的教育手段的过程中，对学生主动活动和发现学习的重视和突出，很大程度上是吸取皮亚杰理论精华的结果。在西方教育思潮和流派中，美国心理学家和教育家、结构主义教育流派代言人布鲁纳深受皮亚杰思想的影响。他曾坦言皮亚杰对他的思想有意义深远的影响，使他在理智上深深地卷入了皮亚杰所从事的工作。可以说，皮亚杰的理论为以布鲁纳为代表领导的结构主义教育运动提供了坚实的心理学依据和结构主义的方向。

第十章

20 世纪末至 21 世纪初期的瑞典教育

　　瑞典位于斯堪的纳维亚半岛东部，国土面积约 45 万平方千米，是欧洲第三大国。人口稀少，2018 年有 1020 万，多集中在南部。城镇人口占 86%。人口的平均寿命为男 81 岁，女 84 岁。瑞典是个高度工业化的国家，拥有完善的福利保障制度，一直以高收入、高税收、高福利著称。经济合作与发展组织（OECD）的数据表明，瑞典 2020 年人均国内生产总值（GDP）为 53719 美元。国民收入分配比较平均。基尼系数最近几年微弱上升，2016 年为 0.28。2017年用于小学到大学教育的总支出（直接支出）占国内生产总值的 5.4%，占政府总支出的 11.9%，分别高于 OECD 成员国的平均值 4.9% 和 10.8%。瑞典的教育长期以来以平等而著称于世。教育平等旨在为所有的学生提供同样好的教育，不论其种族、个人特质或家庭背景。民众的受教育水平比较高。2019 年25~34 岁的人口中受过不同程度高等教育的占 48.4%，高于 OECD 成员国的平均值 44.9%。

第一节　教育改革与发展的背景

20世纪90年代初，瑞典经历了一些重大的社会变迁。经济衰退导致了失业率上升，教育和其他公共事业经费缩减。因居住地不同而引起的人口种群隔离的现象凸显，社会不平等加剧。人口组成格局发生改变，移民人数增加，形成了新的移民族群。80年代末出生率的升高导致90年代中期小学适龄人数非同寻常地增加。瑞典传统家庭的格局也发生改变，离婚率升高，单亲家庭数量增加。单亲家庭的收入、家长和孩子在一起的时间对孩子的学习都造成了一定的影响。父母都要参加工作，和孩子在一起的时间显著减少。孩子和家长在一起的时间变为去幼儿园或参加课后活动。新科技带来新的课后活动方式。电脑与学校争夺学生的时间，原先用来阅读的时间被玩电脑挤占。

瑞典这些重大的社会变迁促发了一系列的教育改革。教育改革不是独立发生的，而是社会变迁的反映。

瑞典教育改革的最主要特点是在教育决策与实施上经历了从集权到分权的重大改革。教育体系在很短的时间内由西方国家最集中的教育体制之一转变为一个自由主义的体系。除了由国家制定统一的教学大纲、课程大纲等外，瑞典其他的教育决策权都在很大程度上下放给了地方政府和学校。社区接管了教育领导权，又依次把责任下放给学校。旨在培养教师职业责任感的新的管理政策文件生效，为教师留有足够的解释空间。社区当局取代中央政府承担起将教育资源分配给学校的责任，有权决定财政收入的多大份额用于教育。不同社区的教育投资差别很大。教师密度和合格教师的比例也不尽相同。不同社区的学校之间在教育资源方面的差别逐渐扩大。

瑞典的教育改革的另一个特点是市场机制的引入，大力扩展私立教育的发展机会。学校管理由强调规章制度转为强调办学目标和效果，增加学生和家长选择学校的可能。

瑞典教育政策的重要目标之一是教育机会均等。学校应为所有的学生提供同样的学习机会来实现自己的目标。与其他北欧国家一样，瑞典中小学长期以来注重教育机会均等，学校之间的差别很小。教育改革以来瑞典的教育体系发生了方向性的改变，教育机会均等的目标受到挑战。瑞典不再是北欧教育机会均等的典范。

第二节　教育体制的基本结构

如图所示，瑞典的教育体系由五大类教育组成(见图10-1)。分别是学龄前教育(幼儿园、学前班)、义务教育(义务教育学校、特殊学校、萨米学校、有学习障碍儿童的教育)、综合高中教育、成人教育(成人基础教育、有学习

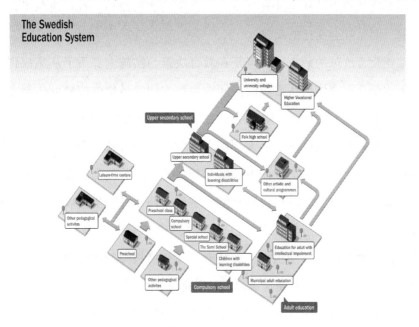

图 10-1　瑞典教育体系的基本结构

障碍成人的教育、移民瑞典语教育）和高等教育（大学和学院、高等职业教育）。

瑞典议会和政府制定有关学前教育、义务教育、综合高中教育的教育法案和课程，设立教育目标和指导方针。瑞典国家教育署负责教育目标和指导方针的落实与达成，为学校提供指导和支持，对学校进行评价，以便改善和提高教育成果和质量，使所有学生获得同等的教育。

议会和政府全面负责高等教育和研究，决定高等教育的目标、指导方针和教育经费。瑞典议会和政府的职责包括制定有关高等教育的立法，决定适用于高等教育领域的规则，授予大学办学资格，提供高等教育经费和部分研究经费，任命高等教育院校的副校长，调整规范高等教育机构。瑞典教育和研究部负责与高等教育有关的机构、学校、研究单位、成人教育、学生金融等事项。大学和学院是独立的实体，对课程设置和内容、学生录取、成绩评定和其他相关问题做出自己的决定。

（1）学前教育。瑞典国家教育署的数据显示，2019 年瑞典共有约 9750 所学前教育场所，约 11 万雇员，接收了 52 万多名儿童，比 2018 年增加了 4200 名。全职雇员中持有学前教育结业证书的约占 40%，比 2014 年（42%）略有下降。

（2）义务教育。2020—2021 学年瑞典有 4803 所义务教育学校，共有 110 万名学生，比上一学年度增加了 1%。生均费用为 107100 克朗（2019 年）。

（3）综合高中。2020—2021 学年瑞典共有 1273 所综合高中，共有学生 36 万名，其中 105000 人学习职业教育课程。2019 年综合高中的教育经费为 445 亿克朗，比 2018 下降了 0.2%。

（4）成人教育。2019 年度瑞典共有 249 所成人教育机构，开设 1240 门课程，共有 26 万多名学员。

瑞典国家教育署的数据显示，2019 年高等教育体系之外的各类教育机构

(学前教育儿童活动之家、义务教育学校、综合高中、社区成人教育机构等)
的费用约为 3020 亿克朗，比 2018 年增加了约 57 亿克朗，增幅为 1.9%。

（5）高等教育。2019 年度瑞典有 17 所大学、13 所学院、5 所艺术院校和
13 所独立的办学机构。在读的专科生、本科生和硕士生共 41 万多名，博士生
17000 名。2019 年瑞典高等教育经费总额为 764 亿多克朗。其中用于博士生
教育和科研的经费为 448 亿克朗，占总额的 59%。博士生教育和科研经费中
直接来自政府的部分为 194 亿克朗。其余的来自其他途径，比如公共科研基
金，地方和社区公共资源，非盈利私立机构和公司，欧盟和外国。

第三节　各级各类教育改革和发展

一、学前教育改革与发展

学前教育指进入小学前的教育阶段。从终身教育的角度看，学前教育还
包括幼儿保育和幼儿早期教育。瑞典国家教育署发布的学前教育课程大纲①指
出，学前教育机构应该积极和自觉地影响和激励儿童，发展对社会规范和社
会价值观的理解和接受。努力使每一位儿童在下述方面得到发展：开放、尊
重、团结和责任；考虑和同情他人处境的能力与帮助他人的意愿；发现和应对
日常生活中不同的伦理困境和问题的能力；认识到所有人，不论社会背景、
性别、族裔、宗教信仰、性别或功能障碍等都具有同等价值，尊重一切形式
的生命，以及关心其环境。学前教育机构应该注重儿童的学习和发展。学前
教育应以教育学的方式把看护、社会化和学习等融为连贯的整体。安排的活
动应激励和挑战儿童的学习和发展。儿童的学习环境应该是开放的，内容丰
富，有吸引力，使儿童在游戏中提高创造力和学习乐趣，注重和加强儿童对

---

① Skolverket, *Curriculum for the Preschool. Lpfö 98 Revised 2010*, 2011.

学习和获取新经验、知识和技能的兴趣。学前教育应该有助于儿童了解自己和周围的世界。儿童的探索感、好奇心和求知欲应该成为学前活动的基础。孩子们的想法应该被用来创造学习的多样性。

从 1991 年开始，根据父母的意愿，年满 6 周岁的儿童可以开始上学。瑞典规定，从 1998 年开始，地方政府有义务对所有年满 6 周岁的儿童提供学前教育。瑞典政府还与地方教育机构一道，创建更完善的婴幼儿早期教育、儿童看护及家庭健康体系。在瑞典，几乎所有家庭中的父母都工作。孩子从 1 岁起就被送进离家很近的幼儿园。如斯德哥尔摩市一家非常普通的幼儿园中，72 名 1~5 岁的孩子被编入四个班内。分班级不按年龄，让不同年龄的孩子生活在一个班里，能够培养他们的社会协作能力。

瑞典政府最近又批准了目前实施的学前教育课程大纲的修订版。① 修订版学前教育大纲于 2019 年 6 月 1 日起执行。修订版大纲对诸如儿童的看护、教师的责任、儿童的数码能力、可持续发展等方面做了进一步强调或说明。比如，学前教育要反映《儿童权利公约》所表达的价值观，即学前教育必须以儿童的最大利益为基础。儿童有权参与和影响学校的活动，并能意识到自己的权利。要根据儿童的年龄和发展需要构建教育活动，让儿童有充分的休息和玩耍的机会。儿童的最大利益应始终是组织学前教育活动的出发点。学龄前儿童每个学年至少有 525 小时接受指导。幼儿园领导决定这些时间的分配方式。学生每周上多少天幼儿园没有硬性规定。但规定学校安排的活动每个学年不超过 190 天，每天 6 小时。

二、义务教育改革与发展

瑞典的教育体系在 20 世纪 90 年代经历了以市场机制的引入和权力下放为主要特征的重大改革。教育决策权逐步由中央下放给瑞典地方政府。瑞典

---

① Skolverket, *Läroplan för förskolan Lpfö* 18, 2018.

除了由国家制定统一的教学大纲、课程大纲等外，其他的教育决策权都在很大程度上下放给了地方政府和学校。瑞典的义务教育和综合高中教育充分表达了这一思维。如 1994 年 7 月 1 日，瑞典议会通过《国家教育法案》，对义务教育、高中教育的体制、管理模式以及教学大纲进行了改革，明确了国家、地方、学校的权力配置。瑞典通过国家教育署制定全国教育宏观发展目标，然后由地方(省、市、区)政府根据这一目标制定本地区的教育发展目标，各学校再依次结合本地或社区的发展规划制定自身发展目标。受教育者也享有更多的权利。如学生选择的某项课程所在的地区不提供，学生可以去另外一个地区学习。允许学生选择学校。

瑞典的义务教育指 7 岁至 16 岁阶段的教育。1962 年由瑞典议会通过法令明确规定义务教育延长至 9 年，所有 7~16 岁的儿童都必须接受义务教育，并于 1972—1973 学年全面实施。瑞典的义务教育阶段不向学生或家长收取学费以及教材、卫生保健和交通等费用，还为学生提供免费的午餐。除此以外，儿童从出生到 16 岁还享受政府颁发的儿童津贴。现在的标准为每月 1250 克朗。16 岁以后则有不同种类的助学补贴。高中生可获得 80 到 120 个星期(2~3 学年)的补贴，大学生可获得 240 个星期的补贴。学生如有特殊需要，比如住宿，可申请特殊补贴或贷款。贷款可在工作以后根据自己的条件和意愿分期偿还。

瑞典的法律规定，无论性别、种族或政治背景以及家庭的经济地位如何，儿童都享有平等的受教育权。瑞典的义务教育依照教学对象的不同分为普通学校、少数民族学校和特殊教育学校(盲聋哑儿童)以及智障学校。普通学校是瑞典义务教育的主体。少数民族学校指有北方萨米族裔特色的萨米学校。萨米族儿童可以在萨米学校接受 1~6 年级的义务教育，相当于普通学校的前六年的教育。瑞典特殊教育学校指专为有严重听觉障碍、视觉障碍与聋哑学生所设的特殊学校。大多数听觉障碍和所有视觉障碍或体残的学生都在普通学校接受教育。严重视听残疾的学生则去特殊教育学校。特殊学校提供 10 年的教育课程，学生学的知识和普通学校相同。盲聋哑儿童中智力障碍儿童还有专门的特殊教育学校。智力障碍不特别严重的孩子仍去普通义务教育学校。智障学校的学生可以选择接受义务教育课程或训练课程。特别严重的智力障碍儿童在培训学校接受训练课程的教育。

教育的大部分责任由瑞典地方政府承担，大部分教育预算由地方税收支付（大约一半的市政预算用于教育）。瑞典鼓励私立教育的发展，学校管理由强调规章制度转为强调办学目标和效果。尽管课程和学校的组织方式发生了很多变化，但人人享有免费教育的基本前提仍然没变。所有 6~16 岁的儿童都必须接受教育。学生和家长有择校权，可选择他们想去的学校，也可以上其他社区的学校或独立（私立）学校。绝大多数的孩子都选择就近入学。

1. 独立学校

瑞典的独立学校也称为私立学校。与国内不同，瑞典的私立学校由政府提供经费，只是由私人或私营机构运营。1992 年起，学生可以到任何公立学校或独立学校就读。独立学校必须经过瑞典国家教育署的认可才能办学，和公立学校一样遵从国家统一的教学大纲和课程计划。当然可以有自己的特色课程。如果独立学校不能达到要求，瑞典国家教育署有权撤销其办学资格。一经批准，独立学校将获得瑞典政府资助，并且不得向学生收取学费，但可以接受私人捐款。独立学校一般都有不同于公立学校的特色，如艺术、音乐、体育，或者实行某种特殊教育方法、遵循某种教学理念（例如蒙台梭利），以某种语言或群体为服务方向，或有特殊的宗教特征，等等。独立学校对所有学生开放。20 世纪 80 年代末瑞典全国只有不到 1% 的学生就读于独立学校。这一数字到 1993 年增长到 1.1%，而到 1997 年、1999 年、2006 年分别增长到2.5%、3.0% 和 7.6%。2006 年独立学校学生比例最高的地区甚至达到了27.1%。目前，大约五分之一的瑞典高中学生就读于独立学校。斯德哥尔摩地区 2006 年有 53 所独立学校，就读的学生达到 20%。

很多学者认为 20 世纪 90 年代初的教育改革举措对瑞典教育平等这一基本特质形成了威胁。有人担心这将导致独立学校与传统的公立学校之间的不公平竞争，一些公立学校可能因此而面临关闭的威胁。

2. 义务教育的课程设置

瑞典《教育法》规定，义务教育应为学生提供知识、技能和参与社会生活所需的其他方面的训练，并为进一步升入高中学习奠定良好的基础。以此为指南，瑞典课程改革委员会通过广泛的调查和讨论于 1992 年 9 月向议会提交了一份关于课程改革的议案。瑞典政府于 1994 年正式颁发了《义务教育学校课程大纲》。该大纲于 1995 年在义务教育的 1～6 年级试行，1997 年在各年级全面推行。该大纲适应于普通义务教育学校、贯彻义务教育的萨米学校、特殊教育学校和智障学校等。

1998 年，该课程大纲重新修订为《义务教育学校、学前班、课外教育中心课程大纲》，添加了学前班和课外教育中心的内容。该课程大纲对义务教育学校的基本价值观和指导方针作了阐述。要求瑞典地方政府对辖区学校的组织和发展制订规划。如何具体落实规划则由学校的校长、教师和学生自由掌握。

2011 年，瑞典国家教育署公布了以 2010 年教育法案为依据的《义务教育学校、学前班、学龄儿童教养课程大纲》，并于 2018 年修订[1]。2011 年的课程大纲规定，学校开设语言和交流、创造和艺术表达、自然与社会、比赛，体育活动和户外远足等课程，总计 21 门学科。这些学科包括艺术、英语、家庭和消费、体育和健康、数学、现代语言、母语、音乐、生物、物理、化学、地理、历史、宗教、公民教育、萨米语、手工、瑞典语、作为第二外语的瑞典语、手势语、技术。

---

[1] Skolverket, *Curriculum for the compulsory school*, *preschool class and school-age educare REVISED* 2018, 2018.

3. 义务教育的学业评定

2011 年以前，义务教育阶段一至七年级没有考核评分，学生自动升入高一年级就读。但是教师会根据学生的课堂表现、随堂测验以及参与活动计划等写学业评语。如遇特殊情况，学校在征求学生监护人同意后，可以让学生留级或提前升入高一年级。瑞典教育法规定，学校必须为学习有困难的学生提供补偿性教学，以帮助他们完成九年义务教育。八、九年级时教师则要根据每个学生的考核结果做出评定，评定等级有优秀、良好、及格三等。瑞典义务教育阶段共有 3 次国家统一测试。一次是对二年级学生的阅读、写作和算术能力进行的统一测试。另外两次分别在五年级和九年级进行，测试科目为语文(瑞典语)、数学和英语。一般是由瑞典国家教育署负责统计和综合 3 次统一测试的结果。这一结果再加上教师的评语和记录，就成为对学生综合等第评估的主要依据。学生在合格完成了义务教育后可获得义务教育结业证书，并有资格升入综合高中继续学业。

2011 年起，瑞典 3 次国家统一测试分别改在三年级、六年级和九年级结束时举行。瑞典国家统一测试的目的是对学生的知识做更平等和公正的评估。三年级的测试科目包括数学、瑞典语和第二语言。六年级的测试科目有数学、瑞典语和第二语言。九年级的测试科目包括数学、瑞典语和第二语言、生物、物理、化学，以及地理、历史、宗教、社会学四门科目中的任一门。

除国家统一测试外，各科的学业评定方法也从 2011 年起根据新的教学大纲的要求做了改进。按照新的学业评定方法，瑞典义务教育阶段的第一次学业评定在六年级结束时进行。之后，每学期末进行一次，直到九年级结束。九年级的结业成绩是升入综合高中的凭证。

学业评定分为六个等级：A、B、C、D、E 和 F。A 至 E 均为及格等级。F 为不及格。

成绩等级表示学生达到科目知识要求的程度。每门科目的不同等级所应达到的知识要求都有具体的规定。学业评定的目的是逐渐增强学生对自己学习的责任感，提高评定自己成绩的能力，把自己得到的评定和别的同学的评定以及自己的学习条件联系起来。

瑞典新的大纲要求教师通过和学生之间的"发展对话"，以及学生的个人发展计划，进一步促进学生的知识和社会发展。教师要根据课程大纲的要求对学生的学习情况进行评估，并口头和书面通知学生和家长，并报告校长。教师要以学生家长的意愿为起点，定期向家长和学生知会学习的进展和差距。评定等级时，要充分利用与学生的知识和学习有关的信息，以大纲的要求为参照进行全面评估。

三、综合高中改革与发展

综合高中教育属非义务教育。几乎所有完成义务教育的学生都会继续接受高中教育，直到年满 20 岁。瑞典政府在这一阶段提供多种国家课程，供学生选择。课程涵盖大部分职业类别，只有少数课程专为准备进入高等教育而设。学生必须完成高中教育才能进入高等教育。

瑞典政府非常重视高中教育，采取了种种措施推动高中教育的发展，使其形成自身的特色。瑞典高中教育虽不属于义务教育范围，但为了普及高中教育，瑞典议会决定从 1992 年 7 月 1 日起，地方政府要做到辖区内所有 20 岁以下的青年在完成义务教育后都继续接受某种形式的高中教育。现在瑞典则更明确地提出人人需要高中教育。职业生涯中所需要的知识和技能在不断变化，应该加强学生个人安排学习专业的机会。高中教育已成为培养一个合格公民最基本素质的重要条件。瑞典现行的综合高中体制根据 1994 年《非义务教育学校课程大纲》从 1995—1996 学年度起在所有社区实施。

瑞典综合高中教育和义务教育一样，依照教学对象的不同分为普通高中教育学校和特殊教育学校(盲聋哑青少年)以及智残高中学校。当学生完成了义务教育后，他们可以自由选择进入何种类型的高中就读。

综合高中教育在形式上呈现"整合化"的特点，在课程的设置上又具有"学科化"特色。整合化是指瑞典中等教育的形式已经精简。普通高中、职业高中和其余类型的技术学校的分界已经淡化。学科化是指高中的教育已经为高等教育或职业选择作好了铺垫。各个学校必须遵照国家统一课程计划的原则分门别类地设计科目，安排课程。

1. 综合高中的课程设置

1994 年 7 月 1 日开始实施的《非义务教育学校课程大纲》规定，瑞典的综合高中课程主要由国家课程、特别设计的课程、个人化课程三部分组成。课程的多样化赋予学校更大的自主权，赋予学生选择适合自己的课程的权力，成为瑞典综合高中课程设置的特色。

(1)国家课程

瑞典国家课程主要向学生提供范围广泛的课程内容，目的是为学生接受高中后教育打下基础。2000 年，瑞典的综合高中课程共提供 17 项国家课程，其中的 14 项为职业技术导向课程，3 项为大学的准备课程。17 项国家课程和其相关的学科名称如下。儿童和娱乐：娱乐性、教育性和社会性活动；建筑：建筑、建筑物、绘画、金属制造；电机工程：自动化、电子学、电机工程、计算机技术；能源：操作与维护，海洋工程，供热、通风、卫生设施；艺术：美术与设计、舞蹈、音乐、戏剧；车辆工程：航空技术、汽车车身设计与制造、机动机械和工程学、运输；工商管理：商业和服务业、旅行和旅游业；手工艺品：各类商业与工艺；宾馆饭店和餐饮：宾馆、饭店和餐饮服务；工业：地方专业；食品：地方专业；媒体：媒体制作、印刷技术；自然资源的使用：地方专业；自然科学：数学和计算机科学、环境科学、自然科学；保健：无全国性专业；社会科学：经济、文科、社会科学、语言；技术：地方专业。英语、艺术、体育与卫生、数学、科学、公民教育、瑞典语(或作为第二语言的瑞典语)以及宗教8门为核心科目,是必修课。综合高中的学习期限为3年。

每项课程因其包含的特色科目不同而各具特点。17项瑞典国家课程中的13项包含至少11周的校外工作实习。另外4项即艺术、自然科学、社会科学和技术课程虽然也提供了在工作场地进行实习的机会,但不是硬性规定。

多数国家课程在第二、第三学年分成不同的学科化课程。在学科化课程中哪些课程必修,由瑞典国家教育署决定。许多学校并不提供所有的国家课程或特色学科。学生可选择到别的学校就读喜欢的课程。瑞典地方政府也可根据当地教育发展的特色和需求,设置和国家课程有联系的本地专业课程。

(2)特别设计的课程

特别设计的课程的质量要求与瑞典国家课程相同,学习期限也是3年。上述八门核心科目均为必修课。这种课程的实施完全由瑞典地方政府和学校决定。一般来说有两种途径,既可由地方政府设计,作为申请进入高中学生的选择,也可由学生与学校合作,共同制订整个阶段的个人学习计划,以满足不同学生的需求和兴趣。特别设计的课程自由灵活,既可以选择各类国家课程中的学科门类,也可以选择由地方设计的学科门类,或者根据需要重新组合。这样就使地方政府和学生在国家课程之外有更多的灵活性和选择的权力。

(3)个人化课程

个人化课程充分考虑学生的个体差异。凡是从义务教育学校毕业成绩未能达标而不能进入国家课程的学生或国家课程无法满足个人特殊需求的学生,都可选择个人化课程。个人化课程的学习内容和期限可以有多种变化,以适应学生的需求和兴趣。个人化课程还可以为学生提供特殊的帮助。

2011年,瑞典政府对综合高中进行了改革。[1] 这次改革的主要目的如下。

---

① Skolverket, *Gymnasieskola 2011*, 2011.

第一，使每一位学生通过 3 年的学习为进一步升学或直接就业做好准备；第二，使每一位学生通过 3 年的学习都能达标，获得毕业证书；第三，促进课程同值化，使学生和家长容易理解不同学科的概况和目标；第四，使学习路径和督导文件更明了。学校要按照《学校法》，综合高中管理条例，教学大纲，毕业标准等文件的要求办学。2013 年瑞典国家教育署公布了新的高中课程大纲并于 2018 年修订。新的高中课程大纲规定，综合高中课程共包括下述的十八项国家课程。其中的十二项为职业技术课程，六项为大学准备课程。

（1）职业技术课程：儿童和幼儿园、基建和建筑、电和能源、车辆和运输、商业和管理、手工、旅馆和旅游、工业技术、自然的使用和管理、饭店和食品、房地产、护理保健。职业技术课程为学生提供就业、创业或继续接受高等职业教育的基础。

（2）大学准备课程：经济、艺术、人文、自然科学、社会科学、技术。

2013 年公布的新的高中课程大纲除了对 2000 年起实施的瑞典国家课程做了调整外，还对上述的个人化课程、特别设计的课程等做了适当的修改和补充。

2. 综合高中的学业评定

瑞典高中阶段没有全国统一的毕业考试，但有课程统考。学业评定的主要目的在于评估各地高中的教学质量。国家教育署每年对十二年级的学生组织瑞典语、数学和英语三门课程的全国统考，试卷由大学命题，再由瑞典国家教育署根据考试结果对各地区的教育质量做出报告，并向社会公布。

瑞典高中改革后实行以课程为基础的学业评定。学业评定分优秀、良好、及格和不及格四个等级。成绩评定标准由瑞典国家教育署在教学大纲中明确规定。除了以学时为确定课程计划是否完成的标准外，还引进了学分制。学生通过一门课程的最低要求即可获得一定的学分。2004 年 2 月，瑞典教育科学部向议会提交了高中改革议案，建议取消课程阶段性成绩，改为学科评定成绩。2007 年瑞典高中改变了过去在学生学完单项科目或期末进行评定的做法，改为每门课程都完成以后才进行评定。把学业评定看作是一个连续的过程。任课教师根据评定等级标准，结合学生的学习态度、完成作业及随堂测验情况等评定该门课程的等级。高中毕业时学生获得毕业证书。证书包括高中所学课程的全部成绩记录。完成各种 3 年制国家课程学习的学生都有资格升入大学。

教学大纲要求教师定期向每位学生提供相关的学习进展和提高的信息、与学生的家长或监护人合作，向他们提供学生在校的学习情况、向学生讲明评分的依据。教师做评定时要参照国家关于学科知识的要求，对学生掌握的知识以及课外习得的知识做全面的评价。从 2011 年起，瑞典综合高中施行的评定系统共有 A(20 分)、B(17.5 分)、C(15 分)、D(12.5 分)、E(10 分) 和 F(0 分)六个等级。A 到 E 为及格。A 为最高及格等级，E 为最低及格等级。F 为不及格。每门学科或课程的 E、C 和 A 三个等级都对学生应该达到的知识标准分别列出相应的要求。满足各项要求才能得到相应的等级。A：满足全部 A 的要求；B：满足全部 C 的要求和大部分 A 的要求；C：满足全部 C 的要求；D：满足全部 E 的要求和大部分 C 的要求；E：满足全部 E 的要求；F：未满足某些或所有 E 的要求。

如果学生某门科目或课程的缺课较多以致教师缺乏足够的信息判定该科的学业等级，则不评任何等级而标注"–"。"–"不属于任何等级。只有在教师确认学生某科的知识水平不能满足 A 到 E 中任何一种及格等级的要求时才评 F。

3. 瑞典义务教育和综合高中教育可供参考的借鉴

(1)教育权力配置

瑞典教育近百年来经历了多次改革，教育权力配置已基本趋于合理。20 世纪 90 年代初开始，瑞典在教育制度决策与实施上经历了从集权到分权的重大改革，除了由国家制定统一的教学大纲、课程大纲等外，其他的教育决策权都在很大程度上下放给了地方政府和学校。1994 年 7 月 1 日，瑞典议会通过《国家教育法案》，对义务教育、高中教育的体制、管理模式以及教学大纲进行了改革，明确了国家、地方、学校的权力配置。瑞典通过国家教育署制定全国教育宏观发展目标，然后由地方(省、市、区)政府根据这一目标制定本地区的教育发展目标，各学校再依此结合本地或社区的发展规划，制定自身的发展目标。受教育者享有了更多的权利，如学生所选的课程所在的地区不提供，可以去另外一个地区学习。学校学费全免，只有少数私立学校收取少量费用。

(2)考试制度

瑞典实行的是宽松的考试制度，避免了"考试指挥棒"的负面效应。长达十二年的瑞典义务教育和综合高中教育几乎看不出"考试指挥棒"的影子。瑞典的学校基本没有入学考试，一个人能进入什么学校是由平时的学业成绩和在校表现决定的。瑞典高中的入学率达到 98%。

瑞典注重的是提高社会的整体水平，人们更重视不让社会出现落伍者，而不仅是培养个别天才或尖子。瑞典人口少，就业机会相对较多，社会竞争不是主要通过考试来表达的。

(3)课程设置

瑞典义务教育和综合高中课程设置多样化独具特色。瑞典课程设置注重整合化，既表现在自然科学和社会科学的互相渗透，也表现在课堂教学和工作实践的相互配合。课程的设置除了按照大纲需要设立的科目外，各个学校还可以推出自己的特色课程，可以以某个科目为重点来设立特色课，如数学、外语、音乐、体育等。这是吸引学生的一个重要举措。尤其是经历了家长和学生有权自主择校的改革后，各个学校之间为了争取生源，对特色课程的设置和教学更是重视。这在某种程度上刺激了学校间的竞争。

瑞典义务教育和综合高中教育课程设置强调受教育者的个性诉求。综合高中个人化课程的设置尤其凸显这一特点。个人化课程为学校和学生提供了充分的选择余地，学生可以根据自己的兴趣，自由选择课程，学校也可结合地方的发展需求、学校的办学特点等开设富有特色的课程。自主分配各学年的课程组合、课时组合，自主组织本校的教育教学活动。这就意味着每所学校都会有自己具体的课程表，而且更有特色的是学校的具体课程安排也相当自由，完全可能出现某个学校根据本地区特色或学生需求把邻近学校二年级开设的技术课提前安排在一年级。在具体的学科教学中，教师则享有更大的教学自主权。教师在不违背瑞典全国课程计划要求的前提下，可自由设计教学内容、教学材料、教学方法、教学手段。可根据教学需求分配教学阶段、教学时间。

始于20世纪90年代初的以市场机制的引入和权力下放给地方为主要特征的瑞典教育改革取得了一定的成效，但也引发了一些负面影响。比如，教育决策权在很大程度上下放给了地方政府和学校后哪一级机构应作何种决策有时并不明确。不同地域对瑞典国家有关教育规定的理解和解释不尽相同。学生可以选择学校则在一定程度上导致了来自经济文化条件较好家庭的学生集中在私立学校。学校之间的差别在扩大，不仅在一定程度上激化了教育的不平等，而且促使了不同学生群体之间的隔离。这一现象近年来引起了瑞典社会的广泛重视。

四、高等教育改革与发展

瑞典的高等教育院校遍布全国，无论居住何处每一个人都有接受高等教育的机会。2018年具有学士、硕士和博士学位授予资格的高等院校或机构共33所，其中7所为私立院校。只有学士和硕士学位授予资格的院校或单位共15所，其中11所为私立院校。在公立院校就读的学生约占总数的90%。瑞典的大学在全球排名中经常名列前茅，如《泰晤士报》高等教育世界大学排名和上海交通大学世界大学学术排名。2019年度瑞典有35所大学和学院，13所独立的办学机构。在读的专科生，本科生和硕士生共41万多名，博士生1.7万名。

2018年瑞典25岁至64岁的人口中具有学士学位或同等学力的占43%，高于OECD成员国的平均值37%。高等教育的主体是公立的大学和学院，只有少数的独立（私立）院校。独立高等教育机构是由基金会或协会等组织运营的私立高等教育机构。大多数独立的高等教育机构只提供一个或几个领域的课程，主要涉及健康、心理治疗或神学领域。独立高等教育机构的学位授予权由瑞典政府赋予。公立高等教育机构的学位授予权由瑞典高等教育管理部门赋予。

凡是成功完成瑞典高中教育学业的人就有资格申请进入大学。除这一要求外，有的学科或课程还有特定的入学要求。例如，工程专业可能要求学生学完更高水平的数学。外国学生到瑞典大学就读还要能够证明自己的英语水平。

瑞典议会和政府全面负责高等教育和研究，决定高等教育的目标，指导方针和资源分配。高等教育的目标主要受高等教育法和高等教育条例的制约。瑞典议会和政府决定高等教育机构是否具有大学的地位，决定哪些高等教育机构可以存在或继续运营。自2013年起，高等教育事务由瑞典高等教育管理局（Universitetskanslersämbetet，UKÄ）和瑞典高等教育委员会（Universitets- och högskolerådet，UHR）两个中央政府部门负责。瑞典高等教育管理局主要负责审查高等教育机构的质量和批准学位授予权。瑞典高等教育委员会主要负责学生录取问题、管理高等信息、国外学位证书认证和国际合作等。大学和学院仍然是独立的国家实体，有权对课程内容，录取，成绩和其他相关问题做出自己的决定。

瑞典高等教育机构的经费主要来自公共资源。议会确定资金上限。资金上限的总量取决于高校注册的学生数量和学生实际获得的学分。(以前只根据注册的学生数量)资金数额因不同的学科领域而异,人文、社会科学、神学和法律领域的数额最低,艺术、医学、技术和科学学科最高。除瑞典政府拨款外,私人基金会,非营利组织和欧盟也为高校的研究项目提供数目可观的研究经费。2012年,约85%的经费由瑞典政府直接拨款或来自其他公共资金。其余的资金来自私营资源。

过去十年中,瑞典高等教育的投入,特别是在科研和博士科目方面大幅度增加。2017年瑞典高等教育部门的总经费为811亿瑞典克朗。同年瑞典高等教育投资占国内生产总值的百分比为1.7%,略高于OECD成员国的平均水平的1.6%。

高等教育近几十年的发展使瑞典人口受教育的程度显著提高。2008年至2018年之间,25~64岁人口中至少接受两年高等教育的百分比平均增长了11个百分点,从32%升至43%,高于经合组织成员国的平均值。2019年瑞典25~34岁人口中受过不同程度高等教育的占48.4%,高于OECD成员国的平均值44.9%。

瑞典民众对参加高等教育有很大的兴趣,但是只有少数人在高中毕业后直接上大学。许多人在一年或更长时间之后才开始接受高等教育。

20世纪50年代,瑞典接受高等教育的人数少于50000,到60年代后期,这一数字超过了100000。1977年瑞典高等教育改革,把几乎所有中学后教育都纳入了高等教育,导致学生人数增加。80年代初,在学人数达到近160000名。20世纪90年代到21世纪,瑞典高等教育继续扩展。学生人数从173000增加到340000。在之后的经济复苏期间,有几年的学生人数减少了,但在金融危机之后,瑞典对高等教育的需求再次增加。2008年秋季至2010年,学生人数急剧增加。2010年秋季学生总数达到365000名。2010年至2011年高等教育的短暂扩张使高校的招生人数接连几年比以往任何时候都多。2019年秋季，在学的专科，本科和硕士生总数为359700人。这是继2010年在学人数破纪录之后的第二高数字，接近历史最高水平。后来，瑞典实行了高等教育收费制度，学生人数有所减少。但近年来，在校学生人数再次增加。

长期以来，瑞典多数高等教育机构利用远程教育技术为新生提供教育。在最近的两个学年中，远程学生的数量增加了20%，是增长最快的学生群体。2018—2019学年，每五名学生中就有一名仅通过远程教育就读。许多高校的学生参加远程教育的比例超过三分之一，某些高校的这个比例超过了一半。

2019年秋，瑞典在校生的人数为273700，占学生总体的76%，比上一年略有增加。将校园学习与远程学习相结合的学生为15800名，占学生总体的4%，比上一年增加了近2000。远程学生年龄较大，将近一半的学生年龄在34岁以上，非全日制学习者占75%。

2011年以前瑞典高等教育对所有的学生都是免费的。自2011年秋季起征收学费。来自瑞典、欧盟、欧洲经济区和瑞士的学生得到全额补贴。这些地区以外的学生(交换生除外)需要支付学费。有些非欧盟国家的学生可以获得支付学费和生活费的奖学金。但奖学金的数额不能满足学生的所有需求，仍有部分费用须由学生个人承担。自2011年起，非欧盟国家来瑞典的学生数量减少了80%。学生群体变得更加同质化，学生来源国的多样性受到很大影响。笔者原来工作的斯德哥尔摩大学国际教育研究所见证了这一变化。

高等教育机构和高等教育管理局共同负责瑞典高等教育的质量保证。瑞典《高等教育法》明确规定，高等教育机构有义务确保所提供的课程和研究达到高标准。

应政府委托，瑞典高等教育管理局2016年制定了新的高等教育质量保证体系①，用以对高等教育机构分期分批进行评估。该体系包括四个方面：(1)

① UKÄ, *National system for quality assurance of higher education*, 2016.

对学位授予权申请进行评估；(2)对高等教育机构质量保证流程进行复审；(3)对教育项目进行评估；(4)专题评估。高等教育管理局以四年或六年为周期对高等教育机构进行评估，侧重四个方面：(1)组织和管理；(2)办学环境、资源和领域；(3)课程设计、教学过程及结果；(4)跟踪、反应和反馈。评估过程中还力求从不同的视角(学生和博士生视角、工作生活视角、性别平等视角)来观察分析。目前的周期从2017年开始将持续到2022年。不符合质量标准的瑞典高等教育机构可能会被撤销学位授予权。

近年来，为推进博洛尼亚进程，瑞典的高等教育体系发生了重大变化。目的是促进欧洲的共同目标的实现，建立综合的欧洲高等教育区。近五十个国家签署的《博洛尼亚宣言》的目标是促进学生和教师的流动、提高学生的就业能力以及促进欧洲作为教育大陆的竞争力。

博洛尼亚进程促使瑞典议会批准了要求相互承认国家学位的《里斯本公约》。此外，每个在瑞典获得大学学位的人都会得到文凭补充材料，使学生到别的国家继续求学或工作变得更容易。

第四节　教育评估

如前所述，瑞典的教育体系在20世纪90年代经历了以市场机制的引入和权力下放给地方为主要特征的重大改革。瑞典政府十分重视对改革带来的变化及后果进行评估。委托瑞典国家教育署对学前教育，义务教育，综合高中教育和成人教育的现状和发展情况每两年进行一次一般性评估。此外，瑞典还积极参加由国际教育成就评价协会(IEA)和OECD、欧盟等机构组织的一系列教育评估项目，如国际阅读素养进展研究、国际数学和科学趋势研究、国际公民权利和义务教育研究、OECD教与学国际调查等，以便从国际比较的角度来分析瑞典教育的优缺点，为教育决策提供参考。

一、学生优秀分

除了前面提到的义务教育的学业评定之外，瑞典对学校教育成就评估的另一个指标是"学生优秀分"。这个分数是以学生九年级时达到教学大纲要求的程度而设计的。学校在学生升综合高中之前为学生计算此分，作为升高中的参考。学生优秀分以学生成绩最好的十六门科目的成绩为根据，优秀 = 20分、良 = 15分、及格 = 10分。最高分为320分。

自1998年使用这个分数以来至2011—2012学年度（除2008—2009年度下降以外），瑞典学校的学生优秀分的总平均分呈上升趋势。女生的分数显著比男生高。2012年女生的分数为223.8，男生为199.4。家长最高学历为义务教育、至少一年高中或至少一年大学的学生的平均优秀分数分别为158.1、195.6、232.6。私立学校的平均学生优秀分高于公立学校，由1997—1998年度的224.2升为2011—2012年的230，而公立学校同期的平均分分别为201和208.2。社区之间平均学生优秀分的差别很大，从最高的257分到最低的171.5分。

二、什么影响瑞典学校的教育成就？

自20世纪90年代中期以来，瑞典中小学生在不同的国际知识测评中的成绩呈持续下降趋势。特别是数学和科学学科，下降明显。语文学科的成绩也有轻微的下降。是什么因素导致了学生学业成绩的下降？如何解释这种下降？为此瑞典国家教育署于2008年春季启动了一项题为"知识概观"的项目，组织有关大学和学院对义务教育进行系统的审查和回顾。2009年发布了题为《什么影响瑞典学校的教育成就？》①的报告。报告指出，20世纪90年代初瑞

---

① Skelverket, *Vad påverkar resultaten i svensk grundskola? En sammanfattande analys*, 2009.

典学生在国际比较项目中的成绩都很好，但后来便开始下降。学生学业成就下降的背后有哪些深层的原因值得深入研究。这次审查和回顾涉及的层面广泛，汇总了对不同层面的因素进行的研究的结果。这些层面涉及的领域广泛，诸如社会因素、改革、重组资源和学校的内部工作等。报告除了对不同的研究得出的测评结果进行了深入的回顾和审查外，还对瑞典学生不同时期成绩的变化进行了跨时段的分析。

长期以来，瑞典教育政策的重要目标之一是教育均等。学校应为所有的学生提供同样的学习机会来实现自己的目标。学校之间的差别很小。通过"知识概观"国家教育署发现瑞典的教育体系发生了方向性的改变，由教育均等转为族群隔离。一系列的研究表明瑞典学校的学生组成越来越同质化。同一学校内具有相同背景的学生越来越多。而学校间，学生团体间学生的社会背景，学习成绩的差别越来越大。父母的教育水平，父母为子女择校对学生的学习成绩有更大的影响。研究表明，把学生分为三六九等对教育体系的办学效果有负作用。研究表明，学生群体的同质性越高，学生的社会经济背景所起的作用就越大。同学间的相互影响，教师的管理都被指认为和学生的学业成绩有较强相关的因素。同学间的相互影响和教师的管理二者之间交互强化形成一种合力，对学生的学业成绩产生更强的影响。

由于权力下放，社区当局取代瑞典中央政府承担起将教育资源分配给学校的责任。社区当局有权决定财政收入的多大份额用于教育。研究表明，教育资源对所有学生的影响不同于对某个学生群体的影响。教师密度和班级大小两个因素对低年级学生和条件不好或缺少家庭帮助的学生相当重要。把学生按需要和知识水平的不同划分班的做法导致了学生组群的高度同质性。这种做法一般不会对学生的学业成绩有积极的影响。反之，学生的自我概念和学习动机会受到一定程度的影响。分到差班的学生上进心受到伤害，同学间的相互影响和教师期望的效果都被削弱。

瑞典的教学模式已经变得个体化，教育的责任从教师转移到学生，从学校转移到家庭。学习是学生自己的私人事项，为自己的学习负责。教师的作用在削弱。这样的现实导致家庭对学生学习的支持显得越来越重要。家长的教育水平和文化资本对学生的学习彰显出更重要的意义。学习过程的个性化对学生的学习动机和投入程度产生了不同的影响。在这样的情况下，教师能否积极有效地鼓励所有的学生努力学习并取得好成绩尤为重要。

《什么影响瑞典学校的教育成就？》就社会变迁和教育改革、种群隔离、权力下放等问题对教育结果的影响做了比较客观的分析。

1. 社会变迁和教育改革

教育改革是社会变迁的反映。20世纪90年代的瑞典经历了重大的社会变迁：经济衰退，失业率上升，社会不平等加剧，离婚率升高，小学适龄人数增长，新科技带来的挑战，教育经费缩减。社会变迁促发了瑞典90年代的教育改革，使教育体系在很短的时间内由西方国家最集中的教育体制之一转变为一个自由主义的体系。

2. 教育结果的变化

20世纪90年代教育改革的动机之一是提高教育质量。遗憾的是，瑞典学生几门重要学科的平均成绩每况愈下。瑞典国家教育署对国家教育系统所作的评估和几项国际测评的结果一致表明，瑞典中学生的数学，语文，科学成绩自90年代中期以来持续下降。学校之间的差别、学生群体（社会经济状况、家长教育水平、种族）之间的差别从1993年起开始扩大，趋势引人注目。

3. 关于教育改革

有理由认为20世纪90年代的教育改革的结果和改革的初衷并不一致，影响了学生的学习成绩，致使学生间的差别扩大。国家教育署综观有关瑞典教育改革的研究，对下述主题做了分析和总结。

(1)种群隔离

国际比较中，瑞典通常被认为是教育机会均等的国家。但研究表明，现实已经在一定程度上起了变化。瑞典校内学生的组成趋于同质化，而学校间，学生群组间在学生学业成绩方面的差异加大。学校的种性隔离(学生父母的社会经济背景)从1998年至2004年增加了10%。学习动机强烈的学生选择到父母具有高学历的瑞典学生集中的学校就读。无论国家教育署的研究，OECD举行的国际学生评估计划(PISA)还是国际教育成就评价协会的研究都表明瑞典的校间差异在不断增加。父母的教育水平对学生学业差异的解释力超过性别和种族的因素之和的两倍还多。

(2)权力下放

权力下放背后的基本思想是将教育资源更有效、更直接地分配到最需要的地方。然而，研究表明权力下放对社区之间的教育资源差别起了推波助澜的作用。不同社区的教育成本各不相同。比如，2007—2008学年度的年生均成本从最低大约6000克朗到最高约108000克朗不等。1990—2007年间教师密度(每百名学生拥有的教师数)也呈下降趋势。20世纪90年代初时平均每百名学生有9.1位教师，到1997/1998年度时降低到7.5位，达到最低值。具有师范学院学位的教师的比例由1991年的94%降到2007—2008学年度的85%。各社区间受过高等师范教育的教师比例差别很大，从72%到90%不等。

4. 瑞典中学生PISA 2012的成绩及其相关因素

20世纪90年代中期以来瑞典中学生在不同的国际知识测评中的成绩呈下降趋势。特别是数学和科学学科下降明显。OECD举行的国际学生评估计划(PISA)是一项自2000年起每三年进行一次的国际调查。瑞典中学生的瑞典语文、数学、科学的平均成绩自2000年至2012年持续下降，由高于或等同于OECD参加国的平均成绩下降到低于该组织的平均成绩。多于四分之一的中学生没能达到基本线。数学科目中成绩优良学生的比例只是2000年的一半。语文和科学科目中成绩优良学生的比例也明显下降，但降速比数学稍缓。

没有其他任何一个参与 PISA 项目国家的学生成绩像瑞典那样显著下降。瑞典学生的数学成绩在 OECD34 个参加国中列第 28 位，语文和科学列第 27 位。在所有经合组织参加国中，只有智利和墨西哥两个国家的三科成绩明显低于瑞典。校间差异显著增大，校内同质性也显著增加。这样的结果表明作为瑞典全民共识的教育平等遭到了巨大的冲击。这种下降的趋势在 2012 年降到了谷底。2015 年和 2018 年的测评成绩全面回升（见图 10-2）。

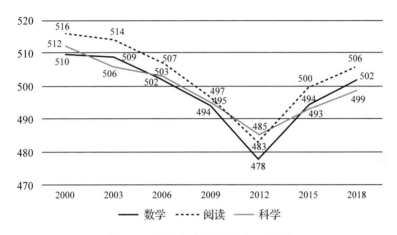

图 10-2　瑞典学生的 PISA 测试成绩

PISA 除了测试学生的知识和技能外，还收集了与学生学习有关的其他信息，以期分析影响教育结果的因素。

（1）教育投入

瑞典的学生人均费用居 OECD 成员国的第十位。6～15 岁学生的人均累计费用为 95831 美元，接近比利时、冰岛和荷兰的生均费用。高于芬兰，低于丹麦和挪威。

与其他国家相比，瑞典教师的工资较低。OECD 的多数国家教师的工资相当于各自国家人均 GDP 的 100%。学生成绩较高的国家教师的工资一般来说都较高。比如,韩国教师工资为韩国人均 GDP 的 182%,芬兰为 121%,丹麦为 136%。瑞典初中教师的工资只为瑞典人均 GDP 的 92%。和国家的富裕程度相比较,瑞典初中教师的工资是偏低了。

(2)教育资源和学校的设备

在瑞典,处于社会经济劣势的学校的教育资源和设备比不上其他的学校。瑞典学校的平均教育资源和 OECD 的平均相差无几,但分配很不均衡。处于社会经济劣势的学校的校长比其他学校的校长会更多地抱怨学校的教学受到资源短缺或设备不良的影响。

(3)班级大小和生师比

瑞典学校的教学班一般比较小,平均每班 21 位学生,低于 OECD 参加国的平均每班 24 人。但研究表明班级大小和学生学习成绩之间的关系微弱。

瑞典中学的生师比平均为 12.5:1,略低于 OECD 参加国的平均值 13.3:1。但研究表明所有 PISA 2012 参加国生师比和学生学习成绩之间呈弱相关。在瑞典,生师比和学生学习成绩之间的相关更微弱。

(4)学生的学习时间

瑞典 15 岁学生每年平均接受教师授课的时间为 741 小时。低于 OECD 参加国的平均值 942 小时/年。

(5)师生关系

自 PISA 2003 以来,OECD 参加国的师生关系都有改善。但瑞典师生关系的改善不如其他国家明显。80% 的瑞典中学生认为和多数教师的关系处得不错。教师关心自己,认真听取自己的倾诉,如有需要能够得到教师的额外帮助。多数教师能够公平地对待学生。认为和教师关系不好的多数是学业成绩低的学生。

约 20% 的瑞典学生所在学校的校长认为教师对学生期望值低是影响学生学习的因素之一。这一比例高于 OECD 参加国的平均值 15%。

（6）课堂纪律

瑞典学生对课堂纪律的反应比 OECD 参加国的平均值还要低。OECD 参加国的课堂纪律 2003 年以来都有改进，而瑞典则保持原状。

PISA 测评表明学生逃课与学校系统的教育结果呈负相关。在 OECD 参加国中，瑞典学生迟到的比例最高。瑞典学生占多数的学校中有一半以上的学生在 PISA 2012 测评前两周至少迟到一次。比 OECD 参加国平均值 21% 高得多。然而，大多数瑞典校长并不认为逃课是学习的障碍。

第十一章

20世纪末至21世纪初期的澳大利亚教育

第一节　教育改革与发展的背景

"澳大利亚历史几乎总是如同一幅美丽的风景画，既让人好奇，又有些奇怪。……读起来不像历史，倒像美丽的谎言。然而，这一切都是真实的，都曾发生过。"①澳大利亚是第一个完全以和平方式走向现代化的国家。澳大利亚的社会转型和社会变革更多是在风平浪静的和平环境中以渐进平稳的状态进行的，甚至平静到澳大利亚人都没有感觉到身边正发生着重大的变化。其中的重要原因是基于英国社会文化的传承及其社会模式的本土化，崇尚和平杜绝暴力始终是澳大利亚的社会共识，相应的社会制度与社会机制将这种共识转化为实践。

一、经济全球化的冲击和知识经济的挑战

"经济全球化和信息革命预示着学习过程的性质的彻底改变，将促进新的

---

① 王宇博：《澳大利亚史》，8页，南京，江苏人民出版社，2017。

教育商品化，形成学习与其传统制度场所相分离的局面。"①换言之，经济全球化除了要求各国的资本和产品在全球范围内流通外，更为关键的是要求教育变革培养更具创新能力和适应能力的人才。教育国际化既要求教育要将人类共有的知识、价值传递给学生，又要注重培养学生的独特个性，培养兼具国家认同和全球视野的公民。以上种种国际化的挑战对澳大利亚原有的教育体系造成了强烈的冲击。

同时，随着知识经济的快速发展，以创新和科技为主要驱动力的知识型社会日臻形成，知识经济发展对澳大利亚提出了多方面的挑战。澳大利亚的经济发展和繁荣传统上依靠农业、采矿业和制造业，这些产业面临巨大的竞争压力，不得不努力改进技术，降低生产成本，提高生产率。同时，澳大利亚在知识密集型领域的新兴产业基础相对薄弱，高新技术企业数量不足且规模太小，缺乏竞争力。此外，知识经济发展对就业和从业者技能提出了更高的新要求。因此，澳大利亚迫切需要发展高新技术支撑的知识经济。澳大利亚为迎接知识经济的挑战提出的重要对策包括推动市场化变革，促使国民经济实现最佳的全面增长并适应国际竞争；建立和保存对未来发展至关重要的竞争能力，如培养高素质的人力资源和加强基础设施建设等。

二、政治生态多元化和碎片化

澳大利亚实行议会制君主立宪制，政党在政治生活中发挥着重要作用。在移植英国政党制度的基础上，澳大利亚形成相对成熟的政治制度和特点突出的政党政治。联盟党(自由党与国家党联盟)和工党分庭抗礼、轮流执政，其他党派此消彼长，共同对澳大利亚政治产生了深刻影响。近年来，主要政党内部派系林立，党争激烈，令主流政党形象受损且造成政府行政效率低下、

① ［英］安迪·格林：《教育、全球化与民族国家》，朱旭东等译，186 页，北京，教育科学出版社，2004。

经济增速下降、贫富差距扩大、民众幸福感降低、选民信心缺失等一系列问题。澳大利亚政坛传统的城乡二元格局已被打乱,左中右选民群体的选举偏好发生了变化,政党碎片化不断加剧。同时,澳大利亚民族主义情绪有所上升、民粹主义思想有所抬头,澳大利亚意识形态与社会思潮更加多元化和碎片化,对传统政治格局造成冲击。

近年来,澳大利亚社会民众对民主的不满情绪急剧上升。据2016年澳大利亚国立大学的一项调查显示,40%的民众对现行民主制度不满,仅有26%的民众对政府保持信任;2019年大选前夕,联邦政府、州和地方政府、政治人物的公众信任度分别仅有31%、33%和21%。[①]选民对澳大利亚主流政党和政客失去信心,左右两翼的极端势力趁势而起,社会对立极化,分歧日益加剧,城乡差别、环保政策、移民政治等都可能继续制造裂痕。

三、经济转型亟待提升国家创新能力

澳大利亚在20世纪90年代呈现了奇迹般的增长,进入21世纪后,经济发展依然呈增长态势,其实际GDP年增长幅度在发达国家中居于前列。2018年澳大利亚GDP为18375.67亿澳元,比上年增长了2.4%。2008—2018年澳大利亚GDP年均增长2.61%,以连续27年正增长保持着发达国家中经济增长的最长纪录。[②] 在保持经济增长的同时澳大利亚经济发展经历着由制造业和矿业经济向服务经济的转型。作为"坐在矿车上的国家",澳大利亚传统意义上经济增长主要依靠丰富的矿产资源。20世纪七八十年代经历了全国性的经济结构调整之后,经济发展已从逐渐从制造导向性产业走向服务导向性产业。当前的主导产业有服务业、制造业、采矿业和农业。据统计,2009年澳大利

---

① 袁野、姚亿博:《2019年澳大利亚大选与政党政治新变化》,载《当代世界》,2019(9)。

② 史逸林:《澳大利亚研究》第3辑,30~44页,北京,社会科学文献出版社,2019。

亚服务业、制造业、采矿业和农业的产值分别占 GDP 的 78%、13%、5% 和 4%。①可见，服务业成为国民经济主导产业。20 世纪 80 年代以来，澳大利亚政府实施了一系列重大经济改革，推动澳大利亚服务业的迅速发展。其中澳大利亚政府十分重视金融体系建设与完善，金融和保险行业异军突起，2010 年金融和保险业的 GDP 比重增长至 10.99%。根据澳新银行的预计，到 2030 年服务业将占到澳大利亚经济比重的 77.3%，医疗和教育等行业将达到 6% 的年增长速度。②服务业作为澳大利亚经济的稳定剂，特别是金融保险、科技服务、医疗教育等行业，成为推动澳大利亚经济增长和增加就业的主要支柱，且这些行业仍有较大的提升空间。

随着从矿业经济、制造经济向服务经济的转型，这个过程中不可避免会出现服务行业劳动力的大量需求，而澳大利亚自身的人口数量和结构显然无法满足经济转型的需要。据澳新银行研究报告预计，到 2030 年，澳大利亚将出现技术劳工短缺，劳动力市场将发生实质性变化。其背后的原因主要有两方面：其一是澳大利亚正从矿业经济向服务经济转型，即从传统的依靠能源和资源的出口转变为以金融、旅游、教育、健康等专业性服务行业为主，这就需要更多具备特殊技能的服务型人才；其二是人口老龄化的影响，预计到 2030 年澳大利亚 20% 的人口将超过 65 岁。按照这样的发展趋势，澳大利亚每年劳动力的需求增幅将逐渐加大，特别是教育服务和健康养老等服务产业的人才缺口会更大。毋庸置疑，澳大利亚教育面临着如何培养更多能够满足服务业发展的高级人才的问题。

同时，互联网及信息技术产业的蓬勃发展，进一步促进了澳大利亚经济的转型，促使科技产业比重快速增长。据统计，2010 年互联网为澳大利亚的 GDP 贡献了 500 亿澳元，相当于当年澳大利亚的零售业和教育产业的 GDP，

① 何河：《澳大利亚移民政策演进及其对经济的影响研究》，博士学位论文，南京大学，2012。
② 翁东辉：《澳大利亚经济转型面临"人才荒"》，载《经济日报》，2016-08-12。

并超过了传统的农业和渔业。2016 年澳大利亚的互联网产业对其 GDP 的贡献达到 700 亿澳元，年增长率为 7%。澳大利亚依托互联网经济、云计算、人工智能技术在经济领域的应用，致力于数字经济建设。澳大利亚政府出台了一系列促进互联网产业化发展应用的政策文件，例如 2009 年出台《澳大利亚数字经济：未来方向》(Australia's Digital Economy：Future Directions) 和 2011 年发布了《国家数字经济战略》(National Digital Economy Strategy)，力求将澳大利亚建设成全球领先的数字经济体。2016 年又出台"澳大利亚网络安全战略——助推创新、发展与繁荣" (Australia's Cyber Security Strategy：Enabling Innovation, Growth and Prosperity)，以此进一步统筹规划数字经济发展，强化数字经济在网路安全中的应用能力。[1]澳大利亚也通过一揽子计划来扶持高新技术的发展，加速经济转型。例如"澳大利亚能力支撑——用科学与创新构建未来"计划、合作研究中心计划、研究开发启动计划等。此外，加强科技园区建设，推进科技创新，大力发展信息通信、新能源新材料、生物技术等高新技术产业。在这样的背景下，教育对于澳大利亚经济发展的重要性日益增强。澳大利亚数字经济建设、产业技术创新和经济持续增长的能力在很大程度上取决于教育发展及人才培养。

四、多元文化和移民文化战争

自 20 世纪六七十年代开始，澳大利亚经历了多元文化主义意识的觉醒和认识的深化，也出现了对多元文化主义的旨意甚至主流文化的回归。80 年代末以来，为顺应急速发展的经济全球化进程，澳大利亚多元文化政策重心从安置服务移民与帮助弱势群体向强调文化多样性的经济利益转变。不同文化背景的劳动力来源和更加开放的多元文化成为社会发展的重要资本，亦是获

---

① 汪书丞：《澳大利亚数字经济建设路径及启示》，http：//www.cssn.cn/gjgxx/gj_ bwsf/201911/t20191129_ 5050867.shtml，2019-11-29。

取经济收益的战略选择，日益掩盖了其指向社会公正的价值追求。"9·11"事件之后相当长一段时间内，澳大利亚政府的多元文化政策表述模糊。约翰·霍华德(John Howard，1939—)执政期间有意淡化多元文化主义政策，以强调国家认同的主流意识、推进不同社群之间的社会凝聚力和社群和谐来稀释多元文化主义的影响。提出"澳大利亚的多元文化主义"来表明其主流文化意识形态。2010年工党茱莉亚·吉拉德(Julia Gillard，1961—)政府出台《澳大利亚的人民》(The People of Australia)的报告，明确提出澳大利亚政府在恪守多元文化方面的意志毫不动摇，澳大利亚的多元文化架构居于国家认同的核心地位，是澳大利亚国家历史和特征的内在要求。①报告强调颂扬和珍重多样性，保护社会凝聚力，处理不宽容和歧视问题等多元文化政策的基本原则。多元文化的澳大利亚已成为国际社会对澳大利亚的基本共识。

从霍华德政府开始，澳大利亚对移民敞开了大门，导致移民特别是亚裔移民人数大幅增加，使相当多的澳大利亚人感觉成为"在我自己国家里的陌生人"。②目前，澳大利亚正面临"第三次移民革命"，移民不仅来自欧洲危机肆虐的地区，而且越来越多地来自东亚和南亚、非洲和中东的战争动荡国家和地区。由于他们自身的社会资源相对较少、宗教和文化的差异、就业市场竞争的加剧，以及澳大利亚对国家安全的考虑和对非法移民的偏见等，这些新澳大利亚人在适应和融入方面面临更多的困难。澳大利亚相对开放的移民政策和宽容的多元主义策略能否应对"第三次移民革命"的考验，是一个有待进一步关注和探讨的问题。③移民问题只是文化焦虑的一部分，气候变化问题才是文化冲突的主题。

---

① 钱志中：《澳大利亚多元文化主义政策的历史选择与动态演化》，载《世界经济与政治论坛》，2014(6)。

② 袁野、姚亿博：《2019年澳大利亚大选与政党政治新变化》，载《当代世界》，2019(9)。

③ ［澳］简·帕库尔斯基、［波］斯蒂芬·马科夫斯基：《全球化移民和多元文化主义：欧洲和澳大利亚的经验》，冯红译，载《国外理论动态》，2016(1)。

五、确保澳大利亚教育领先地位的内在压力

澳大利亚教育体系以其自身的优越性曾在国际上享有一定的美誉。吉拉德政府时期强调要为儿童提供高质量且高度公平的教育,提出到2025年实现澳大利亚教育体系跻身世界前五行列的宏伟目标。然而,现实情况是自2000年以来澳大利亚学生学业成就在国际评价的排名呈持续下滑趋势。在PISA项目评价结果中,2015年澳大利亚15所学校学生科学平均成绩排名从2012年的第八下降为第十,数学排名从2012年的第七下降为第十,阅读排名从第十降至第十二。2018年PISA结果显示,澳大利亚由"高于平均水平"掉落至"平均水平",学生的阅读、科学和数学降至自其参与测试以来的最低水平。科学平均成绩比2006年首次测试时低了24分,且低分学生人数增长了6%。数学平均成绩比2003年首次参加测试时的平均成绩低了33分,且低分学生人数增长了8%,首次未能超过OECD国家的平均水平。

无独有偶,澳大利亚参与TMISS测评获得的成绩也不如人意。2015年TIMSS测试结果表明,澳大利亚四年级、八年级学生的科学和数学成绩在过去20年里处于相对稳定状态,而其他国家的成绩已大幅提高。因此,相较而言,澳大利亚事实上是在走下坡路。此外,根据测评结果,大约有四分之一至三分之一的学生尚未达到TIMSS国际基准线。[1]

与此形成鲜明对比的是,澳大利亚每年花在学校上的支出近600亿澳元,较21世纪初期的支出高出了70%。澳大利亚中小学教师的工资在OECD成员国中属于最高阵营,比平均水平要高出22%至36%。"无论从哪方面来看,澳大利亚中小学教育体系都是一个支出大头,但就教育成就而言却乏善可

---

[1] ACER,"TIMSS2015:A First Look at Australia's Result",https://research.acer.edu.au/cgi/viewcontent.cgi?article=1000&context=timss_2015,2019-11-28.

陈。"①这种"令人失望"的结果，为澳大利亚教育体系敲响了警钟。澳大利亚政府和社会各界对不断下滑的国际排名、教学成就及教师质量产生质疑和恐慌。"澳大利亚应成为教育的领导者。我们的学生应该跻身世界上最好的学生之列。现在不改变的话，还要等到什么时候？……我们必须有明确的路线图并且敢于实施改革来提高学生成绩。"②基于此，时任教育部长丹·特汉（Dan Tehan）表达了教育改革势在必行的决心，以期提升澳大利亚的教育质量和人才培养水平，确保澳大利亚重新回归国际排行榜的前列。

第二节　教育体制的基本结构

作为英联邦的重要成员，澳大利亚的教育体制很大程度承袭了英国的教育体制。澳大利亚教育体制纵向上由学前教育（early childhood education）、初等教育（primary education）、中等教育（secondary education）和高等教育（tertiary education）组成。各级教育的实施、管理和资助主要由各州和领地负责。澳大利亚重视发展职业技术教育，建立了相对完善的职业技术教育与培训体系及其与中等教育、高等教育互通机制。

一、现行学制结构

澳大利亚学前教育通常从 3 岁开始，主要实施机构是幼儿中心和幼儿园。

---

① Robert Bolton, "Australian Maths Students Fall Years behind China", https：//www.afr.com/work-and-careers/education/maths-students-fall-years-behind-china-20191202-p53g6g, 2020-01-22.

② Robert Bolton, "Australian Maths Students Fall Years behind China", https：//www.afr.com/work-and-careers/education/maths-students-fall-years-behind-china-20191202-p53g6g, 2020-01-22.

初等教育分为小学预备和小学教育两个阶段,有六年制和七年制两种。儿童 5 岁进入预备班学习,为非免费教育,自愿就读。6 岁开始接受正规小学教育,各州年限不同,有 6 年或 7 年。6 岁至 15 岁是中小学义务教育阶段(塔斯马尼亚州到 16 岁)。小学毕业即自动升入中等教育结构,初中年限在澳大利亚首府行政区、新南威尔士州、塔斯马尼亚州和维多利亚州是从 7 年级到 10 年级,而在北领地、南澳、西澳和昆士兰州年限则为 8 年级至 10 年级。10 年级以后大部分学生会进入高级中学——11~12 年级。高中课程以面向大学升学为主,同时包含职业性课程的训练准备。高中毕业后若想继续学习,可以选择以职业实训课程为主的技术与继续教育学院,也可以接受学术导向的大学教育,申请资格以 12 年级的毕业会考成绩为依据。高等教育亦称第三级教育,实施机构主要是大学和高等教育学院。技术教育与继续教育学院开设部分专科程度的职业技术教育课程,主要提供职业技术培训和成人继续教育课程,只发证书,不授学位。大学以教学和科研为中心,提供全面的学术训练和专业教育,培养学士、硕士和博士等高级人才。高级教育学院以教学为主,提供实科专业教育和职业培训,通常只发毕业证书和授予学士学位。从 20 世纪八九十年代以来澳大利亚联邦政府致力于建立统一的高等教育体系以取代大学和高级学院并存的双元制体系。澳大利亚现行学制结构具体如图 11-1 所示。

澳大利教育体系主要包括中小学教育、技术与继续教育学院构成的职业教育体系、大学教育三个部分。中小学教育通常由州(领地)政府组织负责,各州教育年限和课程设置等方面存在差异。小学是 1 年级至 6 年级或 7 年级,通常设置英语、数学、科学等学科,没有考试制度,大部分儿童在政府举办的公立学校学习。中学阶段年限通常是 5 年制或 6 年制,开设英语、数学、科学、体育、历史、地理、艺术等诸多灵活广泛的课程供学生选择,其中 11~12 年级既有大学升学导向课程,又有职业技能培训课程。学业优秀的学

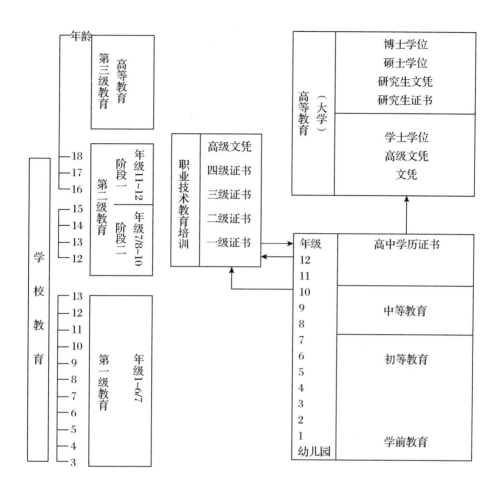

图 11-1 澳大利亚现行学制图

生可以选修部分大学基础课程，进入大学学习和获得相对应的课程及学分。学生 12 年级毕业后会获得相应的证书，例如，维多利亚州的学生可以获得维多利亚州教育证书（The Victorian Certificate of Education）；新南威尔士州的学生则获得高中毕业证书（Higher School Certificate）。澳大利亚大部分州和领地当前均采用 1—6—6 学制，唯有南澳大利亚州采用 1—7—5 学制。澳大利亚各州（领地）中小学教育体系如表 11-1 所示。

表 11-1 澳大利亚各州(领地)中小学教育体系①

州/区	预备阶段	初等教育	中等教育	最小入学年龄	义务教育开始年龄	最低离校年龄
新南威尔士州	幼儿园 Kindergarten	幼儿园 1~6年级	7~12年级	4岁且7月31日前满5岁	6岁	17岁
维多利亚州	预备年级 preparatory	学前班 1~6年级	7~12年级	4岁且4月30日前满5岁	6岁	17岁
昆士兰州	学前班 preparatory	学前班 1~6年级	7~12年级	4岁且6月30日前满5岁	6岁半	17岁
南澳大利亚州	学前班 reception	学前班 1~7年级	8~12年级	4岁且5月1日前满5岁	6岁	17岁
西澳大利亚州	学前班 preprimary	学前班 1~6年级	7~12年级	4岁且6月30日前满5岁	5岁半	17岁半—18岁
塔斯马尼亚州	预备年级 preparatory	预备班 1~6年级	7~12年级	1月1日前满5岁	5岁	17岁
北部领地	过渡年级 transition	过渡年级 1~6年级	7~12年级	4岁且6月30日前满5岁	6岁	17岁
澳大利亚首都领地	幼儿园 kindergarten	幼儿园 1~6年级	7~12年级	4岁且4月30日前满5岁	6岁	17岁

澳大利亚中小学阶段学校类型通常包括公立学校(government school)、天主教学校(Catholic school)以及独立学校(independent school)。公立学校可供本国公民及永久居民免费就读,天主教学校及独立学校则会收取学费,并得

---

① Australian Curriculum Assessment and Reporting Authority, "National Report on Schooling in Australia 2019", https://www.acara.edu.au/reporting/national-report-on-schooling-in-australia/national-report-on-schooling-in-australia-2019, 2020-11-12.

到政府相应的补助。公立学校由政府负责，大部分天主教学校则由地方教会或地方天主教教育部门负责运营。独立学校通常与宗教相关，同时强调各具特色的教育教学理念。无论是公立学校、天主教学校抑或独立学校，教育教学的开展都必须遵守所在州（领地）的课程大纲。澳大利亚大部分学生在公立学校接受教育。据最新统计，2020 年澳大利亚共有 9542 所学校招收在读学生约 400 万名，比 2019 年增加了 1.5%，其中公立学校的入学率最高，达到 65.6%，天主教学校占比 19.4%，独立学校占比 15%。2016—2020 年澳大利亚在校学生人数逐年增加，具体如表 11-2 所示。①

表 11-2 2016—2020 年澳大利亚在校学生人数

	2020 年	2019 年	2018 年	2017 年	2016 年	2016—2020 年（增加百分比）
公立学校	2629143	2594830	2558169	2524865	2483802	5.9
天主教学校	778603	769719	765735	766870	767075	1.5
独立学校	599226	584262	569930	557490	547374	9.5
总体	4006974	3948811	3893834	3849225	3798226	5.5

技术与继续教育学院主要提供更具实用性的职业技能教育，面向初中或高中毕业后不上大学的学生。TAFE 学院职业教育和培训种类繁多，涉及专业、高级技师、技师等不同层次，课程一般会与企业、社会相关团体合作开设，以确保学生获得最切合实际的专业知识和技能培训。TAFE 学制一般 2~3 年，大部分学校向毕业生颁发 1~4 级证书（Certificate I/ II/ III/ IV）、文凭（Diploma）和高级文凭（Advanced Diploma）。澳大利亚各州 TAFE 体系不尽相同，但建立了全国性认可与互通的职业培训教育体制。TAFE 证书和文凭被澳大利亚大学和企业雇主广泛认可，且在全国通用，获得文凭或高级文凭的毕

① Australian Bureau of Statistics, "Data on Students, Staff, Schools, Rates and Ratios for Government and Non-government Schools, for All Australian States and Territories", https://www.abs.gov.au/statistics/people/education/schools/2020, 2021-04-12.

业生可以通过分数转换进入大学继续深造。需要指出的是，澳大利亚教育体制与其他国家相比的显著特征是建立了一套相对完备的澳大利亚学历资格框架（Australian Qualifications Framework，AQF）。该框架包括10个不同等级，涵盖中等教育、高等教育和职业教育与培训，将中小学、职业技术教育和大学教育学历资格整合成一个互通的全国性体系。① 这在很大程度方便学生基于各自需求在不同层次的教育及其相应实施机构进行选择和流动，也为学生未来职业生涯规划提供了便利和灵活性。澳大利亚学历资格框架具体如表11-3所示。

表11-3 澳大利亚学历资格框架AQF（Australian Qualifications Framework）

等 级	名 称
Level 1	Certificate Ⅰ 一级证书
Level 2	Certificate Ⅱ 二级证书
Level 3	Certificate Ⅲ 三级证书
Level 4	Certificate Ⅳ 四级证书
Level 5	Diploma 文凭课程
Level 6	Advanced Diploma 高级文凭 Associate Degree 副学士学位
Level 7	Bachelor Degree 学士学位
Level 8	Bachelor Honors Degree 荣誉学士学位 Graduate Certificate 研究生证书课程 Graduate Diploma 研究生文凭课程
Level 9	Masters Degree 硕士学位
Level 10	Doctoral Degree 博士学位

澳大利亚现有43所大学，大部分为公立大学。学士学位课程学制通常是三年，医学、建筑等课程长达五年，毕业后获得学士学位（Bachelor Degree），

① Australian Government, "Australian Qualifications Framework", https：//www.studyaustralia.gov.au/english/australian-education/education-system, 2020-12-02.

优秀的学生在完成学士学位后再读一年可获得荣誉学士学位(Bachelor Honors Degree)。硕士学位课程分为以研究为主(by research)或以授课为主(by course work)两种方式。前者学习年限为一年半到两年，后者学习年限为一年到一年半。澳大利亚学历资格框架中的研究生文凭课程(Graduate Diploma)学制通常为一年，主要是使学士学位获得者学习相应的专业知识并获得次于硕士学位的资格，继续学习半年至一年可获得硕士学位(Masters Degree)。澳大利亚最高学位——博士学位通常由大学授予，学习年限以三年居多。澳大利亚大学分布于 6 个州和 2 个领地的各大城市，且大部分大学通常在一个州(领地)设立主校区，而在其他州(领地)设立多个分校区，以便于不同地区的学生有更多的选择。澳大利亚大学在各州(领地)的分布情况如下①：维多利亚州 12 所，昆士兰州 11 所，西澳大利亚州 6 所，澳大利亚首都领地 5 所，新南威尔士州 19 所，南澳大利亚州 9 所，塔斯马尼亚州和北部领地各有 1 所。尤以澳大利亚八校联盟(Group of Eight，简称 G8)享誉世界，分别是澳大利亚国立大学、悉尼大学、墨尔本大学、昆士兰大学、新南威尔士大学、莫纳什大学、西澳大学、阿德莱德大学。这八所研究型综合性大学在学术水平、毕业生就业率、师资水平、政府经费资助等方面均处于澳大利亚领先地位。

澳大利亚各州(领地)每学年设置四个学期，从每年 2 月初到 12 月中旬。以澳大利亚首都领地为例，2021 年学期安排时间表如表 11-4 所示。②

---

① Australian Government,"List of Australian Universities",https：//www.studyaustralia.gov.au/english/australian-education/universities-higher-education/list-of-australian-universities,2020-12-11.

② ACT Government,"ACT School Term Dates 2021",https：//www.education.act.gov.au/public-school-life/term_ dates_ and_ public_ holidays,2021-01-12.

表 11-4 澳大利亚首都领地 2021 年学期安排

学期	日期	时间
第一学期	2 月 1 日—4 月 1 日	9 周
第二学期	4 月 19 日—6 月 25 日	10 周
第三学期	7 月 12 日—9 月 17 日	10 周
第四学期	10 月 5 日—12 月 17 日	11 周

二、教育行政管理体制

长期以来，澳大利亚教育行政管理权限主要集中在州(领地)，形成州级政府占据主导的教育管理体制。由于各州教育发展水平参差不齐，各州自行管理不利于全国教育体制整体协调及提高学校、社区和家长的积极性，20 世纪 80 年代以来，澳大利亚持续推进教育管理体制改革，致力于实行教育管理权限的上移和下放：一方面联邦政府日渐加强对各州(领地)的教育管理权限；另一方面州(领地)级政府将教育权限下放至学校。

(一)联邦政府加强对教育的宏观调控

当前，澳大利亚联邦教育行政由教育、技能与就业部 (Department of Education, Skill and Employment) 管理，主要通过各专门机构和委员会，对各级各类教育进行指导和资助，制定全国统一的教育规划和相关政策，开展国际教育交流以及组织全国性的教育调查研究，等等。澳大利亚联邦政府通过一些项目为中小学提供教育经费，尤其在多元文化教育、原住民教育等方面。澳大利亚教育研究委员会发布的报告显示，2015 年澳大利亚教育投入 1118 亿澳元，比 2000 年增加了近 80%。其中联邦政府贡献了 472 亿澳元，约占总金额的 42%。而且，澳大利亚联邦政府教育投入经费呈逐年稳步增长趋势。例如，2017—2018 年联邦教育经费从 418 亿澳元上升到 426 亿澳元，2020—2021 年度联邦政府教育经费达至 510 亿澳元，用于学前、中小学教育，高等教育及国际教育、职业与技术教育等。① 同时，据官方数据显示，联邦政府对中小学的资助从 2013 年的 130 亿美元增长到 2029 年的近 330 亿美元，增长约 150%。其中公立学校增幅最大，自 2013 年以来澳大利亚联邦政府对公立学校的资助增加了一倍多，到 2029 年还将进一步增加 45%。此外，为帮助处境不利群体学生，澳大利亚联邦政府投入 4800 万澳元给予非营利组织史密斯之家（the Smith Family）推行为了生活的学习计划，确保受到该计划帮助的学生人数能增长 24000 名。澳大利亚联邦政府自 2017 年投入 590 万澳元帮助原住民学生更好地开展英语学习。②

在高等教育领域，基于新自由主义理念的指引，澳大利亚联邦政府不断下调拨款比例，推动高等教育市场化改革，高校内部管理引入更多市场机制，给予大学更多的微观管理权限。然而，澳大利亚联邦政府并未削弱对高等教育的管理力度，而是通过严格的质量监督和构建绩效考核体系，突出政府的监管职能。换言之，"联邦政府的公共物品提供功能逐渐弱化，服务者角色日益让位于宏观管理和监督者角色"③。一方面，澳大利亚政府给予高校更多的管理自主权，另一方面通过拨款和宏观管理的手段加强对高等教育的控制与影响。通过"胡萝卜加大棒"式的管理，澳大利亚建构了一种大学与政府的新型关系，即联邦政府主导下的市场模式。澳大利亚联邦政府既是高等教育改革的引导者，也是规则的制定者和评判者。

（二）州（领地）政府教育管理权限的下放

澳大利亚地方教育行政采取州和地区二级管理形式，州通常设教育部，

---

① Department of Education, Skills and Employment, "Budget 2020-21: Investing in Education and Research", https://ministers.dese.gov.au/tehan/budget-2020-21-investing-education-and-research, 2020-10-06.

② Department of Education, Skills and Employment, "Boosting Outcomes and Opportunities for Australia's Education Pathways", https://ministers.dese.gov.au/birmingham/boosting-outcomes-and-opportunities-australias-education-pathways, 2017-05-09.

③ 何晓芳：《新自由主义背景下的澳大利亚高等教育管理模式转型》，载《清华大学教育研究》，2012（6）。

具体设置规划处、督导处等部门，并在下属地区设相应的办事处，具体负责教育经费的分配、学校筹建、教师录用和流动、督导学校教育教学等。尽管联邦政府在教育上的权限日益扩大，澳大利亚教育行政管理权力主要集中于州(领地)政府。自 20 世纪 80 年代以来，这种管理体制饱受诟病，因为它既不能促进各州教育体制的相互协调，也未能提升学校办学和社会参与的积极性。基于此，90 年代以来澳大利亚教育行政管理改革的重心之一是州政府教育权限逐渐下放至学校。例如，新南威尔士州对公立学校实行从等级制的集中管理走向学校本位的分散管理，启动"以学校为中心"的教育改革计划，旨在扩大学校的办学自主权，然而在推进实行过程中忽视了学区的教学服务功能的改革，结果并未达到预期成效，反而一定程度上加剧了教育行政机构的臃肿。由此，各州着手精简教育行政机构、增加学区教育专业服务人员的编制，注重发挥学区对所辖学校的教学服务功能，进一步推进向学校的深度分权。其中新南威尔士州为各州提供了良好的范例。从 90 年代末期开始，新南威尔士州主张"卓越的学校领导力是最大限度地实现学生成果的基础"[1]，开展全面深入的"深度分权"改革，主要举措如下：削减教育行政机构的编制数量；为确保教育行政部门更好地服务于学校，增加教育顾问和教学专家等专业技术人员的编制；致力于将管理结构扁平化，将原来的大学区划分为更小的学区，学区管理力量有所增强，学校能从学区得到更多咨询和服务的机会，学校与政府管理部门的沟通更为直接和顺畅；学校依照州教育部的发展目标自主设立本校的发展理念、发展目标及具体规划，且以学校各自的目标作为评价的相应标准等。新南威尔士州通过基于学校深度分权的改革，相对有效地解决了教育行政机构臃肿庞大、效率低下等问题，同时提升了学区对学校的服务质量，给予学校更大的办学自主权，更好地彰显学校教育教学的活力

---

① NSW Government，"School Leadership"，https：//education.nsw.gov.au/policy-library/policies/pd-2004-0024，2020-11-12.

和成效。

值得注意的是，深度的教育分权一定程度上导致学校突然失去了"路标"和"向导"，带给学校更为激烈的竞争，带给校长更多的"坐立不安"。学校竞争的常态化是否应该成为学校生活的主流，教育分权是否有利而无害，分权应趋于何种深度和广度等问题成为澳大利亚学校管理面临的新挑战。如何在教育集权和分权之间找到一个恰当的平衡点并构建一种合理的调适机制并非轻而易举。①

(三)职业教育管理体制的完善

21 世纪以来，澳大利亚职业教育与培育逐渐向能力本位、技能综合的市场化方向发展，其管理体制也进行了相应的改革。当前，澳大利亚职业教育与培训管理体制主要体现在联邦政府、州/领地政府、行业和教育培训机构，每个层面都设有相关职业教育管理机构，职责分明，紧密合作，形成合力。首先，澳大利亚联邦政府层面立足国家经济发展的需要，制订有关职业教育改革发展的战略方针和计划，负责监督和管理职业教育与培训，具体由澳大利亚高等教育与就业部长理事会(Ministerial Council of Tertiary Education and Employment)及其下设机构国家高等教育、职业教育和就业顾问咨询处(National Advisory for Tertiary Education, Skills and Employment)、国家行业技能委员会(National Industry Skills Committee)、国家高级官员委员会(National Senior Officials Committee)、国家技能标准委员会(National Skills Standards Council)、国家职业教育与培训权益咨询委员会(National VET Equity Advisory Council)、国家培训统计委员会(National Training Statistics Committee)等负责②。其次，州/领地政府通常设有培训局(STAs)或注册和课程认证机构(Registration and Course Accreditation Bodies)，主要负责管理本州/领地职业教育与培训的机构

---

① 冯大鸣：《美、英、澳教育管理前沿图景》，144 页，北京，教育科学出版社，2004。

② 管祺骐：《职业教育管理体系建设：澳大利经验与借鉴》，载《职业技术教育》，2011(30)。

注册审核、课程设置审核、财政拨款、经费使用及办学评估等，并向各州/领地的 MCTEE 提出建设性建议。再次，在行业层面，澳大利亚每个行业都成立了行业技能委员会(Industry Skills Councils)，技能委员会通常代表所在行业参与职业教育与培训的管理，主要负责从各企业雇主、专业行业协会收集培训需求信息，确保培训能以行业为主导、以客户为中心，全面负责行业培训包的开发、维护和更新，参与办学过程、制定办学操作规范、支持实训基地建设，根据行业发展和人才需求特点向政府提供关于完善职业教育与培训的建议等。最后，教育培训机构(Registered Training Organizations)是实施职业教育与培训的主体，负责提供澳大利亚国家认可的职业教育与培训，颁发相应的职业教育培训体系资格证书。概言之，澳大利亚职业教育与培训是个系统工程，从联邦政府到各州/领地政府，从不同行业到各级各类教育培训机构都参与其中。其中政府在职业教育与培训管理体制中发挥宏观调控和统筹的作用，各行业和部门积极参与，不断完善管理结构，提高运转效率，构建了统一且灵活的运行机制和管理体制。

第三节　各级各类教育改革和发展

20 世纪末 21 世纪初，随着全球经济一体化进程的推进，澳大利亚国内政治经济和文化发展面临诸多新挑战，为确保澳大利亚教育发展维持在国际上持续领先的地位，澳大利亚对学前教育、基础教育、高等教育、职业技术教育、教师教育和特殊教育等领域都进行了大刀阔斧的改革并取得了相应的成效。

一、学前教育的改革与发展

21 世纪以来澳大利亚学前教育与保育沿袭了原有的传统，即在市场模式下主要由非政府部门提供。学前教育和保育分为正式服务和非正式服务两大类，正式服务通常得到澳大利亚政府资助并受政府管制，主要是家庭以外的早期学习和保育服务；非正式服务则是由亲属、邻居、朋友、临时保育人员提供的收费或不收费的保育服务。正式的幼儿教育与保育机构包括五类：澳大利亚联邦政府批准的保育机构、在公共服务部（Department of Human Services）注册的保育提供者、联邦资助的非主流的儿童服务机构、由州/领地政府许可但不接受联邦政府资助的保育机构、专门的幼儿园。澳大利亚联邦政府批准的保育机构的办学资质和标准须得到联邦政府的认可，且能够领取相应的儿童保育补贴，具体包括针对0~5岁儿童的全日托（long day care），在家中提供的相对灵活的家庭日托（family day care）和在家托管（in-home care），由于家长无法照顾儿童而提供的短暂的临时托管（occasional care），为12岁以下学龄儿童在课后、假期提供的校外托管（outside school hours care）等类型。① 这些类型中全日托和校外托管机构占据绝大多数，例如，据统计2015年第一季度经澳大利亚联邦政府批准的保育机构有16966所，其中全日托6656所，校外托管机构9366所，家庭日托机构771所，临时托管机构116所，在家托管机构67所。② 在公共服务部注册的保育服务提供者通常是祖父母等亲属、邻居、朋友、保姆或临时保育人员等。澳大利亚政府资助的非主流儿童服务机构主要针对原住民儿童、流动儿童等群体。由州/领地政府许可的保育机构主要包括各辖区内的体育馆、儿童保育中心等场所。

澳大利亚学前教育通常侧重由具有合格资质的教师为儿童在接受正式学校教育之前提供早期学习计划。2009年2月，澳大利亚联邦政府推行实施《学前教育国家合作协议》（National Partnership Agreement on Early Childhood Educa-

---

① 赵强：《澳大利亚幼儿教育与保育的政府干预研究》，载《浙江师范大学学报》，2017(2)。
② Steering Committee For The Review Of Government Service Provision，"Report on Government Services 2016(Chapter 3)"，https：//www.indigenousjustice.gov.au/resource-author/steering-committee-for-the-review-of-government-service-provision/，2019-11-05。

tion),要求儿童普遍接受每周15小时、每年40周的学前教育。学前教育由政府、非政府组织和全日托机构举办。各州/领地政府管理的幼儿园每周提供10~20小时的学前教育,每学年提供40周。非政府组织举办的学前教育机构包括社区管理的非营利性幼儿园、私人举办的营利性幼儿园和部分天主教学校。此外,部分全日托机构每周提供5天的学前教育,每学年提供至少48周。据统计,2014年澳大利亚共有8989所学前教育机构,其中全日托机构和专门的幼儿园分别有4709所和4280所。[①]

基于市场的学前教育与保育模式能满足家长的多样化需求,有利于降低服务成本、提升服务效率及对实际需求的反应灵敏度。但近年来澳大利亚学前教育与保育日渐出现某些成本较高的儿童群体(如0~2岁儿童、特殊需求儿童、偏远地区儿童等)的服务供给不足、学费交叉补贴等市场失灵现象,澳大利亚政府通过直接提供服务、经济资助以及管制等措施加大对学前教育的干预,这些都在近年来澳大利亚学前教育改革的具体举措中得以反映,亦一定程度上体现了学前教育改革的趋势。21世纪以来特别是2007年澳大利亚工党政府执政之后,澳大利亚联邦和州及领地政府日渐认识到高质量的学前教育对儿童成长及国家发展的重要意义,决定共同合作采取改革措施以确保适龄儿童能享受高质量的学前教育和保育服务。如加大经费投入普及学前一年教育,精简监管体系以减轻政府监管负担和学前教育机构的行政压力,制定全国统一的学习大纲、监管标准和评估体系以保证教育质量,资助学前师资培养和在职培训以提升教师专业素养,加大对贫困家庭及特殊群体的资助以确保所有儿童能接受高质量的学前教育和保育。这一系列大刀阔斧的改革举措得到澳大利亚各州及领地政府、社区和家庭的积极响应。

---

① Steering Committee For The Review Of Government Service Provision, "Report on Government Services 2016(Chapter 3)", https：//www.indigenousjustice.gov.au/resource-author/steering-committee-for-the-review-of-government-service-provision/, 2019-11-05.

（一）颁布学前教育法律法规

澳大利亚联邦政府制定学前教育发展战略及一系列相关的法律法规以保障学前教育的规范有序发展。澳大利亚学前教育发展的相对滞后引发政府和社会的高度关注。特别是 2007 年澳大利亚工党政府执政后意识到迫切需要从国家层面出台相应的政策举措以切实提高学前教育质量。2009 年 7 月，澳大利亚联邦政府制定了学前教育发展的国家指导战略——《国家儿童早期发展战略——投资在早期》（Investing in the Early Years——A National Early Childhood Development Strategy）。该战略对澳大利亚 0～8 岁儿童的早期教育设计了长远规划，提出学前教育的总体目标是加强联邦政府与各州（领地）及地方政府的合作，确保到 2020 年所有儿童都能享有最好的早期教育，进而为儿童自身成长及国家发展创造更加美好的未来。同时，该战略强调要为儿童成长创设适宜的安全的环境以更好地促进儿童培养未来生活和发展所需的知识与技能，鼓励创办多样化的机构满足不同儿童的成长需求，重视家庭教育在儿童成长中的重要作用。

在此基础上，澳大利亚学前教育改革注重建立学前教育和儿童保育质量保障体系。2011 年 1 月，澳大利亚联邦政府颁布《国家教育和保育法》（Education and Care Services National Law），规定了学前教育机构许可证的申请、评估和评级、权利与义务、监管等，旨在建立全国统一的政府主导、社会参与的学前教育和保育服务质量管理与评估体系。同年 10 月，澳大利亚教育、儿童早期发展和青年事务部长委员会（The Ministerial Council for Education, Early Childhood Development and Youth Affairs）通过了《国家教育和保育条例》（Education and Care Services National Regulations），详细规定了学前教育和保育机构需要达到的运营要求，建构了一整套实践操作层面的详细法规，包括机构经营许可证和监督员证书的申请程序、等级范围、对机构进行评级和评估的程序等。该法规于 2012 年 1 月 1 日正式生效，从而取代了各州及领地各不相同的学前教育和保育的许可和监管体系，希冀全方位保障儿童的安全和健康并使其享受高质量的学前教育服务。概言之，澳大利亚政府通过颁布统一的法律法规以规范学前教育及保教机构的办学过程，提升其教育质量，有效地推动了 21 世纪以来澳大利亚学前教育和保育服务的持续改进和发展。

(二)构建学前教育质量保障体系

自 20 世纪 80 年代以来澳大利亚联邦政府一直将提高学前教育质量作为学前教育发展的重中之重。澳大利亚联邦政府相继出台了一系列法律法规以确保学前教育质量的提高。1993 年联邦政府构建了日托机构质量认证体系，澳大利亚成为世界上首个要求日托机构完成质量认证的国家。澳大利亚联邦政府又于 2001 年、2003 年分别将家庭日托和校外托管服务机构纳入质量保障对象，构建了家庭日托机构和校外托管服务机构的质量认证体系。2007 年 11 月新当选的工党政府进一步加强对学前教育质量的高度关注。同年 12 月，澳大利亚联邦政府与州/领地政府达成一致意见，计划对学前教育领域进行大刀阔斧的改革，为学前教育建立高质量的国家质量保障体系。基于此，2009 年 7 月，澳大利亚联邦政府正式颁布首个全国性的学前教育宏观指导战略——《国家儿童早期发展战略——投资在早期》(The National Strategy for Early Childhood Development—Invest in the early years)，宣布到 2020 年联邦政府与地方政府合作确保所有儿童均能接受高质量学前教育的战略目标。同年 12 月，澳大利亚联邦政府与各州及领地政府签署了学前教育和保育质量议程的合作协议，宣布建立学前教育和保育国家质量系统，将全国范围内所有的全日托、家庭日托和学前班/幼儿园纳入新监管体系，实施统一的监管标准，以确保学前教育和保育的质量。新监管体系于 2012 年开始正式实施，重点涉及建立新的国家监管机构、出台统一的监管标准以及实施新评估制度等。

1. 建立新的国家监管机构

2012 年 1 月 1 日，澳大利亚儿童教育和保育质量管理局(Australian

Children's Education and Care Quality Authority）作为新的国家机构正式运行。它取代了原有的国家保育认证委员会，主要负责监督并确保全国质量系统在全国范围内的有效实施。具体运行方式是各州和领地的学前教育和保育监管机构负责依法评估和监管辖区内的全日托、家庭日托和学前班/幼儿园，督促并保障以上所有机构达到《国家质量标准》的要求。各州和领地的学前教育和保育监管机构均由新监管机构澳大利亚儿童教育和保育质量管理局直接管辖。倘若各州及领地的学前教育机构对其所在辖区监管机构的监管和评估结果存在异议，可以向澳大利亚儿童教育和保育质量管理局申请重新评估。①

2. 构建新的监管标准

围绕什么是高质量的学前教育以及如何评价高质量的学前教育等核心问题，2009 年 12 月，澳大利亚政府委员会（Council of Australian Governments）制定了有史以来第一个全国统一的《国家质量标准》，试图通过优质的学前教育和保育计划促进儿童的学习和发展，因此，对学前教育和保育的质量领域提出了更高的要求，主要包括七个质量领域：（1）教育项目和实践领域（education program and practice）要求符合《早期学习大纲》的要求，提高激励性和吸引力以促进儿童学习和发展。（2）儿童健康和安全领域（children's health and safety）强调保障每个儿童的健康和福利。（3）物理环境领域（physical environment）注重为儿童发展提供安全舒适的环境和丰富多样的活动体验。（4）师资配备领域（staffing arrangement）要求教师能鼓励儿童积极参与学习，为儿童学习营造安全快乐的环境。同时，新标准对师生比和教师资格提出了更高要求。（5）与儿童关系领域（relationships with children）要求教师尊重儿童并及时回应儿童的需求，促进儿童形成安全感和归属感，以促使他们自由参与学习和探

① Australian Government Department of Education, Employment and Workplace Relations, "National Quality Framework", http：//www.deewr.gov.au/Earlychildhood/Policy Agenda/Quality/Pages/home.Aspx#overview#overview, 2019-08-17.

索环境。(6)与家庭及社区合作领域(collaborative partnerships with families and communities)强调与家庭建立相互尊重和支持的关系,注重与社区的沟通合作。(7)领导与服务管理领域(leadership and service management)主张通过服务管理、持续改进、计划、评价和业务管理等促进儿童的学习和发展。每个质量领域包括 2~6 个高水平学习成果的标准,每个标准涉及 1~6 个要素,7 个质量领域共包括 23 个标准和 58 个要素。

2012 年,学前教育《国家质量框架》(National Quality Framework)正式启动,澳大利亚联邦政府颁布了针对各类学前教育机构的整合性质量标准和课程标准。由此,澳大利亚成为世界上首个实施学前教育质量标准并将其纳入法律体系的国家。统一的国家标准有助于保障学前教育的整体服务质量,将其纳入法律体系能更有效地确保质量标准的执行力度。

3. 设立新的等级评定体系

澳大利亚《国家质量标准》要求对学前教育机构进行质量等级评定,并设立新的等级评定体系。根据新的质量标准,学前机构会接受一个全方位的评级并最终获得质量等级证书。首先,新等级评定体系将学前机构提供的教育和保育质量分为五个等级:(1)不合格(unsatisfactory),尚未达到《国家质量标准》最低要求,限期整改否则将被强行关闭;(2)经营水平(operating level),正努力达到《国家质量标准》;(3)国家质量标准(National quality standard),已经达到《国家质量标准》;(4)高质量(high quality),超过《国家质量标准》;(5)优秀(excellent),已达到优秀水平,成为行业中的典范。其次,新的评级标准要求学前机构只有在《国家质量标准》的所有质量领域及其下属指标均达标时才可以获得国家质量标准或更高等级。具体而言,基于澳大利亚《国家质量标准》七个质量标准,学前教育机构评估后会得到一个总体的评级等级。总等级的评定有相应的细则,例如倘若某个质量领域的等级是不合格或经营水平,总等级就由质量领域最低评级决定;如果七个质量领域评级均达到国家质量标准或高质量水平，而有三个或三个以下质量领域达到高质量水平，总等级则为国家质量标准；七个质量领域评级是国家质量标准或高质量水平，而有大于或等于四个领域达到高质量水平且其中两个领域属于教育计划和实践与儿童的关系、与家庭和社区的合作关系、领导和服务管理，总等级就是高质量水平；如在高质量等级基础上想获得优秀等级，则需要提交申请。所有学前机构必须向社会公布各自的认证和等级信息。此外，在评估频率方面，全面评估的频率取决于学前机构之前的质量记录、当前的评定等级以及可能会使机构达不到标准的危险和变化。优秀和高质量等级通常是每三年进行一次全面评估，国家质量标准等级是每两年评估一次，而处于经营水平和不合格水平评估比较频繁。

澳大利亚通过建立国家认证机构、制定国家质量标准以及完善立法等举措加强对学前教育质量保障的干预，从而形成富有特色的学前教育质量保障路径。

（三）优化学前教育和保育课程

2008年11月，澳大利亚教育、就业、训练和青年事务部长委员会签署的《墨尔本宣言》（Melbourne Declaration on Educational Goals for Young Australians）提出了"使澳大利亚所有青少年成为成功的学习者、自信且具有创造性的个体、积极明知的公民"。2009年7月，教育、就业和劳资关系部颁布了澳大利亚首个全国性的儿童早期学习大纲——《归属、存在和形成：澳大利亚早期学习大纲》（简称《早期学习大纲》）（Belonging，Being and Becoming：The Early Years Learning Framework for Australia），针对全国范围的全日托、家庭日托和学前班/幼儿园的0~5岁和幼小衔接阶段的儿童教育和保育，致力于扩展和丰富儿童的学习，以确保所有儿童能享受高质量的学前教育和保育。①《早期学习大纲》作为澳大利亚学前教育和保育全国质量议程的重要组成部分，注重鼓励地方课程计划和决策，指导学前教师制定和实施高质量的课程，同时为学前机构教育和保育质量提供评价标准。各州和领地可以根据各自情况将其作为现行课程大纲的替代或补充。②

澳大利亚《早期学习大纲》以学习为核心，强调游戏本位的学习，同时注重培养儿童的言语、交往、社会性和情绪的发展，要求学前教师和家长通力合作以最大程度地发挥儿童的潜能。具体而言，《早期学习大纲》对学前教师课程规划和实施的原则、具体教育教学实践以及儿童应该达到的学习目标等进行了详细的规定。首先，学前教师在规划、决策和实施课程过程中要遵循以下五个基本原则：与儿童建立安全、尊重和互惠的关系，与家庭建立良好的合作关系，保持高期望和公平，尊重多样性，持续学习与反思性实践。其次，学前教师促进儿童学习的教育教学实践主要包括采用整体分析的方法、及时回应儿童、开展游戏本位的学习、计划教学、为儿童学习创造良好的环境、关注儿童及其家庭背景、为儿童适应不同的环境提供连续的经验、对儿童学习的评估。最后，《早期学习大纲》提出儿童应该达到的五个学习目标：具有强烈的身份认同、与外部世界建立联系并有所贡献、拥有持久的幸福感安全感、成为积极参与的自信的学习者、成为有效的沟通者。这些指导性的规定为学前教师的课程计划、课程实施与决策、质量评价等提供了重要支持。

此外，为更有效地落实《早期学习大纲》的总体要求，澳大利亚教育、就业和劳资关系部出台了《早期学习大纲》的教师指南，为学前教师提供了详实的课程设计和实施的具体案例。各州和领地教育当局为学前机构实施新的课

---

① Australian Government Department of Education, Employment and Workplace Relations, "Early Years Learning Framework", http://www.deewr.gov.au/earlychildhood/policy_ agenda/quality/pages/earlyyearslearningframwork. aspx, 2019-08-17.

② 王春亚：《澳大利亚学前教育和保育改革研究》，硕士学位论文，南京师范大学，2012。

程大纲开展专业的培训和相应的监督。

(四)改革学前教育财政资助体系

传统的澳大利亚学前教育财政资助体系以联邦政府对家庭的资助占据主体，主要由儿童保育福利、儿童保育返还和工作、教育与培训儿童保育费用资助构成。21 世纪以来，政府财政对正规学前教育的投入增长了近 3 倍，覆盖了学前教育成本的三分之二。[①] 然而，由于学前教育财政资助体系庞杂低效、缺乏对不同群体需求的精准定位、易受通货膨胀影响等问题，其难以最大限度地为不同家庭提供相应的支持。为消除原有福利保障体系的弊病，减轻家庭负担并引导家长选择高质量的学前教育机构和项目，基于市场失灵、政府干预和家庭选择等理论依据，澳大利亚联邦政府实施了学前教育财政资助体系改革。2015 年 12 月，《家庭援助立法修正案》(Family Assistance Legislation Amendments)提出了以"为家庭工作儿童保育一揽子资助"为主体的学前教育财政资助改革，从 2016 年开始逐步通过合并原有繁杂重叠的资助项目、实施统一的一揽子资助计划、普及学前一年教育、完善和扩展国家质量框架等举措不断调整优化财政资助体系以提高财政支持的效益和学前教育质量。

优先改革的领域主要涉及三方面：一是继续支持主流服务的、单一的面向儿童的补贴，二是支持融合学前保教服务，三是支持面向所有儿童的学前班项目。澳大利亚政府主要实施以下政策举措：(1)发放儿童保育补贴(Child Care Subsidy)，改善主流服务的可偿付性，为工薪阶层家庭分担保育成本。儿童保育补贴于 2018 年 7 月 1 日启动，政府投入约 230 亿澳元直接付给儿童保育提供者，用于抵扣参加工作、培训、学习和其他认可活动的家庭需要支付的儿童保育成本，且向中低收入家庭倾斜。(2)构建儿童保育安全网(Child

---

① Productivity Commission in Australia, "Childcare and Early Childhood Learning- Productivity Commission Inquiry Report: Overview and Recommendations", http://www.pc.gov.au/inquiries/completed/childcare/report/childcare-overview.pdf, 2018-11-20.

Care Safety Net),为处境不利群体提供优质保育服务。为消除处境不利家庭获取儿童保育服务的经济壁垒、缩小群体和地区差异,同时鼓励更多社会处境不利家庭从依赖社会救济向积极工作转变①,澳大利亚政府于 2016 年 7 月开始逐步构建针对弱势群体的儿童保育安全网,到 2018 年 7 月全面实施。它主要为处境不利和有特殊需要的儿童及家庭提供三类资助:面向遭受严重虐待或财政危机等高危儿童的附加儿童保育补助(Additional Child Care Subsidy);在儿童保育高需低供地区设立竞争性的社区儿童保育基金(Community Child Care Fund);主要针对残疾儿童为其提供全纳支持、专业设备评估和附加资金的融合支持项目(Inclusion Support Programme)。儿童保育安全网为 9.5 万名儿童和 1.8 万个机构提供支持。② (3)实施保姆试点项目(Nanny Pilot Programme),提高学前儿童保育服务的可获取性和灵活性。针对那些工作时间不固定、居住在偏远地区或养育特殊儿童的家庭不易获取主流的保育服务,澳大利亚政府于 2016 年 1 月开始启动保姆试点项目,预计投入 2.5 亿澳元,资助四千多名保姆,为一万多名儿童提供服务。该项目对从业者的年龄、职业技能和相关许可、服务人数,以及申请补贴的家庭所需满足的条件都进行了明确规定。(4)全面普及学前一年教育,做好幼小衔接。普及优质学前教育可以抑制贫困和教育低成就的代际传递,同时使更多的处境不利群体受益。2008 年 11 月,澳大利亚政府委员会签署了第一份学前教育国家合作伙伴关系协议。③ 各方共同努力为所有儿童提供优质的学前教育,培养合格的学前教育教师为学前一年的儿童提供每年 600 小时的学前教育。澳大利亚政府在

---

① Connelly R and Kimmel J, "The Effect of Child Care Costs on the Employment and Welfare Recipiency of Single Mothers", Southern Economic Journal, 2003, 69(3), pp.498-519.

② Morrison S., "Job for Families Child Care Package Delivers Choice for Families", http://www.formerministers.dss.gov.au/15859/job- for- families- child- care-package-delivers-choice-for-families, 2015-05-10.

③ 洪秀敏、马群:《澳大利亚学前保教财政资助体系改革的动因、进展与特色》,载《外国教育研究》,2017(1)。

2019—2020 年度教育预算中承诺投放 4.5 亿澳元将全民普及早期儿童教育伙伴关系延长至 2020 年底，从而确保尽可能多的儿童能完成学前一年 600 小时的优质教育。① 为此，各州及领地政府制订了相应的实施计划和具体策略，特别是针对处境不利的儿童。其中涉及具体的学前教育项目包括儿童保育、独立学前班、学校附属学前班等，不同家庭可以根据自身需求自愿选择相应的项目并从中获益。

由上可见，澳大利亚政府立足既有财政措施，合并多重复杂项目，制定统一的财政投入体系，较为精准地满足处境不利家庭及其儿童保育的需求；同时，通过财政引导提高保教服务的质量、灵活性和性价比，减轻普通家庭保教成本，以及全面普及学前一年教育等改革措施形成了相对完善的学前保教财政资助体系。这些举措也彰显了澳大利亚学前教育财政改革过程中的精简财政资助体系、满足多元家庭需求，兜底资助弱势群体、确保学前保教公平，支持工薪阶层家庭、完善投入分担机制，助推质量评估、提升保教质量等取向和特色。改革也取得了较为显著的成效，通过改革可以为超过 120 万的家庭提供更灵活便捷、性价比更高的儿童保育服务，② 同时为超过 24 万的家庭提高工作参与度提供帮助，其中包括近 3.8 万个无业或失业家庭。③

（五）加强学前教师专业队伍建设

近年来，澳大利亚学前教师数量呈增长趋势，据统计，从 1997 年到 2013

---

① Australian government, "2019—20 Budget Overview", https：//archive.budget.gov.au/2019—20/download/overview.pdf, 2019-04-02.

② Department of Social Services in Australia, "Early Child Care Assistance Package", https：//www.dss.gov.au/our-responsibilities/families- and- children/child- care- assistance-package, 2015-11-03.

③ Morrison S., "Job for Families Child Care Package Delivers Choice for Families", http：//www.formerministers.dss.gov.au/15859/job- for- families- child- care-package-delivers-choice-for-families, 2019-05-10.

年学前教师数量翻了两倍多。① 2013 年受雇于正式学前教育机构的教师数量已达 15 万多名,其中将近一半受雇于全日托中心,且主要由女性教师构成,男性教师所占比例低于 6%;八成以上的教师拥有与学前教育相关的学历资格,大约 16% 的教师拥有学士及以上学历资格,三分之二的教师拥有高级专科文凭、专科文凭或三、四级证书。② 为进一步确保儿童获得高质量的学前保教服务,澳大利亚联邦和州及领地政府近年来实施多项举措以建设一支规模相当、技能娴熟、高度专业化的学前教师队伍。

1. 构建相对完善的学前教师培养和培训体系。为规范教育和培训的学历资格,澳大利亚实施《澳大利亚学历资格框架》③,将不同的教育与培训部门授予的学历资格整合成一个统一的综合的资格体系。澳大利亚学前教师的培养和培训主要是在该资格框架中的职业教育与培训、高等教育部门中进行。职业教育和培训由注册培训组织提供,通常会依据社区服务培训包(Community Services Training Package)开发和选择相应的课程内容。该培训包中涉及儿童保教服务相关的学历资格框架、能力标准评价等。此外,学前教师的学位通常也会由高等教育部门授予,且不同高等教育机构授予的学位在结构、覆盖范围和修业年限等方面存在差异。近年来,通过《澳大利亚学历资格框架》,职业教育与培训部门与高等教育部门的衔接路径已逐步建立。同时,为了满足多样化的教育需求,部分高等教育机构为学前教师培养提供更加灵活的机

---

① Australian Government Productivity Commission, "Childcare and Early Childhood Learning", https://childcarecanada.org/documents/research-policy-practice/15/02/ childcare-and-early-childhood-learning-productivity, 2019-10-10.

② The Social Research Centre, "2013 National Early Childhood Education and Care Workforce Census", https://www.dese.gov.au/download/2188/2013-national-early-childhood-education-and-care-workforce-census, 2019-10-10.

③ 澳大利亚学历资格体系分高中教育、职业教育与培训、高等教育三个部分,高中教育部门授予高中教育证书,职业教育与培训部门授予从第一层的一级证书到第六层的高级专科文凭和副学士学位,高等教育部门授予从第七层的学士学位到第十层的博士学位。

制，例如，儿童保教服务文凭的持有者在申请四年制学位时根据各校和课程设置情况可以获得 1~2 年的学分免修。①

2. 提高学前教师待遇以吸引其留任。为了增加对偏远地区、原住民社区、经济相对不发达地区的学前教师的吸引力，2018 年至 2015 年，澳大利亚联邦政府为学前教师提供高等教育成本分担方案——高等教育贷款计划（Higher Education Contribution Scheme-Higher Education Loan Program）以减少学前教师教育贷款的债务。同时，2013 年，澳大利亚联邦政府为了促进《国家质量框架》的有效实施而建立了早期教育质量基金（Early Years Quality Fund）。该基金主要面向有资格获得儿童保教补贴的全日托中心的教师，致力于提高教师的工资待遇。在其资助下，持有三级证书的教师小时工资增长 15%，拥有其他层级学历资格的教师工资也相应得到增长。② 此外，各州和领地政府为了吸引学前教师并促使其留任也采取了多元化策略。例如，昆士兰州在 2011—2014 年实施了《农村及偏远地区幼儿教师激励方案》（Kindergarten Rural and Remote Teacher Incentive Scheme）以吸引学前教师去农村及偏远地区任教和留任。③ 新南威尔士州在 2011—2012 年度实施《教师成本分担方案》（Teacher Costs Contribution Scheme）以提供给所有雇佣学前教师的服务机构一次性资助 6000~8000 澳元，偏远地区的学前机构额外资助 1000 澳元，这些资助要求直

① Watson L and Axford B, "Characteristics and Delivery of Early Childhood Education Degrees in Australia-Part A", https：//www.dese.gov.au/national-quality-framework-early-childhood-education-and-care/ resources/characteristics-and-delivery-early-childhood-education-degrees-australia-dr-louise-watson-part, 2019-10-10.

② Australian Government Productivity Commission, "Childcare and Early Childhood Learning", https：//childcarecanada.org/documents/research-policy-practice/15/02/ childcare-and-early-childhood-learning-productivity, 2019-10-10.

③ Queensland Department of Education, Training and Employment, "Submission to the Productivity Commission Inquiry into Childcare and Early Childhood Learning", http：//www.pc.gov.au/inquiries/completed/childcare/submissions, 2016-02-21.

接支付给教师。①

    3. 支持学前教师的专业发展。首先，在国家层面，澳大利亚联邦政府对学前教师专业发展的支持主要通过以下三条路径：其一是实施《专业支持计划》(Professional Support Program)为大多数学前教师提供多样化的专业支持，具体由专业支持协调员和土著专业支持小组负责规划和实施。其二是实施《全日托专业发展计划》(Long day care professional development program)为全日托中心提供资助，其中包括帮助全日托中心教师进行专业培训。其三是为学前教师的专业发展提供丰富的学习资源，具体包括《儿童识字与算术：打造好的实践》(Early childhood literacy and numeracy：building good practice)、《领导参与爱学习的教育工作者学习圈》(Leading learning circles for educators engaged in study)、《存在、归属和成长：澳大利亚儿童早期学习框架》等。其四，推行优先学习认可制度(Recognition of prior learning, RPL)②，减少学前教师为获得相应学历资格所必需的学习时间和费用，同时促进学前教师的留任。联邦政府制定了全国性的 RPL 工具并对工作人员进行相应培训，同时，重点资助偏远地区的学前教师接受 RPL 评价，许多州和领地政府也为实施 RPL 提供了相应的资助。其次，在地方层面，各州及领地政府也为学前教师的专业发展提供多样化的支持。例如，在 2011—2014 年，昆士兰州实施了《教师架桥计划》(Teacher Bridging Program)，帮助注册小学教师提升学历资格而成为有资质的学前教师，③ 该州还通过《家庭日托培训战略》(Family Daycare Training Strategy)帮助家庭日托机构的教师获得三级证书。维多利亚州、塔斯马尼亚州

---

    ① Productivity Commission, "Early Childhood Development Workforce", https：//www.pc.gov.au/inquiries/completed/education-workforce-early-childhood/report/early-childhood-report.pdf, 2019-11-05.

    ② RPL 强调对个体当前知识和技能的正式认可，不论这些知识和技能获得的时间、地点及方式。

    ③ Queensland Department of Education, Training and Employment, "Submission to the Productivity Commission Inquiry into Childcare and Early Childhood Learning", http：//www.pc.gov.au/inquiries/completed/childcare/submissions, 2019-08-21.

等实施《幼儿教育有效指导计划》等举措，为学前教师提供相应的专业培训。北部领地政府通过与巴彻勒土著高等教育学院合作，为偏远地区的学前教师提供指导和培训。①

4. 启动学前教师队伍建设的大数据统计。澳大利亚联邦政府注重通过一系列大规模的信息收集工作掌握学前教师队伍建设的现状，从而提高制定相关政策的针对性和有效性。2010 年联邦政府、州及领地政府合作实施全国范围内学前教师队伍的大数据调查工作，该调查涉及师资队伍规模、周工作时间、学历资格、工作年限、任职时间、工作满意度、留任意向、参与学习以及人口特征等信息。这些数据为政策制定者掌握学前教师队伍建设面临的挑战、未来发展的重心及相应政策的出台提供了重要参照。例如，澳大利亚联邦政府根据 2013 年全国学前教师队伍统计的数据对学前教师队伍进行总体性评估，并完成《关于国家质量议程的全国合作协议》(National cooperative agreement on the National Quality Agenda) 的评价及年度《政府服务报告》(Government Services Report) 等工作。②

通过联邦政府和各州及领地政府举措的多管齐下，澳大利亚学前教师队伍建设取得了积极的进展，例如教师队伍规模有所扩大且保持相对稳定，男性教师、土著民教师数量有所增加，教师学历资格水平有了显著增长。然而，学前教师队伍建设仍面临教师报酬相对较低、教师培养和培训质量有待提高、偏远地区的教师专业发展受限、政府资助有限等若干挑战。

二、基础教育改革与发展

在面对教育国际化的冲击与挑战时，澳大利亚政府在基础教育课程方面

---

① 赵强:《澳大利亚政府建设幼儿教育与照看队伍的举措、挑战与启示》，载《教育探索》，2016(12)。

② 同上。

采取了一系列的改革以实现从"追求质量"转向"强调公平、追求卓越"。1999年4月的《关于21世纪国家学校教育目标的阿德莱德宣言》(The Adelaide Declaration on National Goals for Schooling in the Twenty-first Century，简称《阿德莱德宣言》)以各州之间的合作框架为准则，为改善澳大利亚学校教育做出了既追求卓越又关注公平的历史性承诺，为21世纪教育改革打下坚实的基础。2008年联邦政府签署《墨尔本宣言》标志着工党政府进一步开启提高质量与促进公平并举的教育改革。

在由经济合作与发展组织(OECD)发起的学生能力国际测评(PISA)中澳大利亚学生的成绩整体上已落后于亚太地区的韩国和日本，并呈现不断下滑的趋势。例如澳大利亚学生阅读能力的排名由2006年的第7名下滑至2012年第14名，数学能力从2006年的第13名下滑至2012年的第19名，科学能力从2006年的第8名下滑至2012年的第16名。[1] 同时，教育质量在区域之间的差距正在加大。落后地区学生十二年级教育完成率比发达地区学生低7%，某些偏远地区的差距可达17%。面对教育质量逐年下滑的现象，同时为了顺应21世纪以来世界教育改革的潮流，澳大利亚政府在基础教育领域实施了一系列大刀阔斧的改革。

(一)设立国家统一课程——澳大利亚课程

21世纪以来，澳大利亚一直在推行基础教育课程改革，不断完善国家课程和校本课程，使得学校课程设置日趋灵活丰富且具有人性化。

1. 国家统一课程

澳大利亚全国统一课程可以追溯至20世纪80年代由澳大利亚全国课程发展中心发表的《澳大利亚学校的核心课程》(Core Curriculum in Australian Schools)。当时联邦政府为了掌握课程管理权，希望在全国范围内推行核心课

---

[1] 徐晓红：《21世纪澳大利亚基础教育改革政策评析：基于PISA测试的结果》，载《外国中小学教育》，2014(3)。

程。1988 年联邦政府发布《加强澳大利亚人的技能》(Strengthening the skills of Australians)首次提出要在澳大利亚各州及地区制定统一的全国性共同课程框架。1989 年通过的《霍巴特宣言》(Hobart Declaration)标志着澳大利亚联邦成立以来首次就如何消除各州及领地学校之间的差异达成共识。①《霍巴特宣言》中强调尽快实施全国统一课程设置方案，并建立新的全国统一课程管理机构来促进课程改革的协调发展。20 世纪 90 年代由于当时联邦政府执政党的更换以及各州政府意见的不统一等，中小学课程仍由各州和领地自行主管。新世纪伊始，《阿德莱德宣言》(Declaration of Adelaide)明确将提升学生的学业标准、国家课程建设和学校教育公平作为国家教育优先发展的战略主题，同时提出课程的八个核心领域及相应的要求，进一步促进了全国统一课程的制定。由于其在实施过程中凸显了种种问题，2008 年 4 月澳大利亚成立"国家课程委员会"总负责人麦克高教授(Barry McGaw)掌管全国统一课程的制定工作，对学前班到高中 12 年级的课程在数学、科学、历史和英语等许可制定统一的核心内容和成绩标准。同年 12 月《墨尔本宣言》提出要求在国家层面开发统一课程——"澳大利亚课程"(Australian Curriculum)。2009 年 5 月，澳大利亚课程评估与报告局(The Australian Curriculum, Assessment and Reporting Authority, ACARA)正式成立，负责制定"国家课程大纲"。"国家课程大纲"的核心是培养澳大利亚未来的国家公民，致力于将青少年培养为成功的学习者，充满自信、具有创造力且见多识广的公民。围绕核心目标建构必须掌握的基本能力(general capabilities)和跨学科主题(cross-curriculum priorities)，并将其融入各个学习领域(learning areas)。"国家课程大纲"针对 F-10 基础教育阶段，主要覆盖英语、数学、科学、人文与社会科学、技术、艺术、健康与体育、语言

---

① 汪霞：《八十年代以来澳大利亚课程改革轨迹》，载《比较教育研究》，1998(2)。

及实践等学习领域。① 各领域内容通常包括基本原理、总体目标、内容结构、学习水平的划分、成就标准、学生多样性、通用能力、跨学科主题、与其他领域的联系、对教学评价和报告的执行等，其中内容结构、通用能力和跨学科主题是主要构成部分。大纲制定主要分为三个阶段：第一阶段制定英语、数学、科学及历史课程大纲；第二阶段制定语言、地理和艺术课程大纲；第三阶段制定健康与体育、信息与通信技术、设计与技术、经济学、贸易学、公民与公民责任课程大纲。② 各学科大纲包含"理念概述""目标概述""结构概述""学科内容"和"成绩标准"等。③ 澳大利亚全国统一课程要求各科内容充分体现七大基本能力和三大跨学科主题。七大基本能力分别是读写能力、运算能力、信息与通信技术、伦理道德素养、批判性与创造性思维能力、个人与社会能力、跨文化理解能力。④ 读写能力要求培养学生听力、阅读、观察、言谈和写作等方面的能力，将学生培养成积极的、明智的社会成员和公民；运算能力要求学生认识到数学在生活中的运用，掌握娴熟的数学技能；信息与通信技术方面的知识技能培养要求渗透在每个学科中，培养学生成为合格的数字公民；伦理道德素养致力于培养学生对自我、对他人、对世界正确的态度与价值观；批判性与创造性思维能力强调学生发展批判性和创造性思维，形成对事物的认知及评价并解决生活中的实际问题；个人与社会能力要求学生正确处理自身与他人、与社会的关系，培养情绪管理能力、良好人际关系、团队合作精神和耐挫能力等；跨文化理解能力要求学生欣赏和尊重多元文化，并能与来自其他文化背景的个体进行交流合作。三大跨学科主题分别是：原

① The Australian Curriculum, Assessment and Reporting Authority, "Learning Areas (Version 8.4)" https：//www.australiancurriculum.edu.au/f-10-curriculum/learning-areas/, 2018-03-23.

② ACARA, "The Shape of the Australian Curriculum May 2009", http：//www.edu.au/verve_resource/shape_ of _ the _ Australian_ Curriculum.pdf, 2018-03-23.

③ 曹燕：《澳大利亚基础教育国家统一课程大纲改革初探》，载《世界教育信息》，2012(13)。

④ The Australian Curriculum, Assessment and Reporting Authority, "General-Capabilities", https：//www.australiancurriculum.edu.au/f-10-curriculum/general-capabilities/, 2018-03-23.

住民的历史与文化，要求澳大利亚青少年能有机会认识、了解并尊重所有原住民和历史与文化；澳大利亚与亚洲的联系，这一主题是基于澳大利亚与亚洲的地缘及亚洲一些新兴国家的迅猛发展；可持续发展，要求青少年通过学习可持续发展相关知识，培养相应技能、树立正确的价值观以构建可持续发展的生活模式。① 概言之，全国统一的"澳大利亚课程"强调知识、技能和理解学习领域的重要性，强调将一般能力与跨学科知识作为21世纪课程设计的基础。其目的在于为所有学生提供应该学习的课程内容并确保其达到相应的学习成就，同时，帮助教师对每个学科的内容体系有一个清晰的理解，为教师的课堂教学提供有效指导和帮助。从2011年1月开始，澳大利亚在全国一百多所学校试验推行国家课程大纲，2013年全国所有学校实施基础教育国家课程大纲。在不断征求意见、修改完善基础上，2015年9月澳大利亚教育委员会通过"澳大利亚课程"，同时宣布旧版课程标准框架于2016年年末正式废止。② 值得指出的是，澳大利亚全国统一课程的制定并非要求所有学校完全照搬实施，中小学可以结合学生兴趣需求、教师专业素养等实际情况对国家课程进行调整和修正，以更有效地推进国家课程的深度实施。

2. 校本课程

国家课程通常很难适应每个学校的具体教学情况。澳大利亚在确定国家课程的同时，允许地方和学校开发各具特色的校本课程。因此，中小学除了开设国家课程外，还根据各自需求开设特色化的校本课程，以满足学生的兴趣爱好和发展需求。大多数中小学为学生开设选修课，小学阶段的校本课程包括科学技术、人类社会和环境、个人修养、生理卫生、手工等；中学阶段的选修课涉及外语、工程技术、家政、手工、演讲、电子技术、消费教育、

① The Australian Curriculum, Assessment and Reporting Authority, "Cross-Curriculum-Priorities", https·//www.australiancurriculum.edu.au/f-10-curriculum/cross-curriculum-priorities/, 2018-03-23.

② 胡军：《澳大利亚基础教育国家课程(8.0版)特点与启示》，载《基础教育课程》，2018(10)。

烹饪、育婴等。学生可以根据自己的兴趣需求选择相应的课程。澳大利亚通过校本课程注重培养学生的生存和发展技能、人文科学素养。澳大利亚国家课程与校本课程相辅相成,为教师教学和学生学习提供了充分的空间和保障。贴近生活、尊重个性和丰富的课程设置是澳大利亚基础教育改革的重要特色。①

(二)实行全国统一的教师专业标准

21 世纪伊始,澳大利亚就颁布实施了"面向 21 世纪的教师"(Teachers for the 21st Century),旨在提高教师的专业素养以更好地促进教育质量的提高和教育公平的改进。2003 年实施"澳大利亚的教师:澳大利亚的未来"的计划(Australia's Teacher:Australia' s Future),强调通过提高教师质量来改进学校效能,如提高教师待遇,注重教师专业发展,吸引优秀人才加入教师队伍,在教师中形成创新和学习的文化氛围。② 同年澳大利亚颁布《教师职业标准的国家框架》(NFPST),为全国教师专业发展确定了总体目标,但缺乏详细有效的具体措施和统一的评估标准。2010 年,澳大利亚联邦政府又出台新的《全国教师专业标准》(National Professional Standards for Teachers,NPST),规定以"质量教学"为核心,并确立了教师专业发展的"三大领域""七项标准"和"四个阶段"。作为第一个全国性的教师专业标准,NPST 建构了全国统一的教师认证和注册体系,为教师质量提供全国性的衡量标准,有助于促进教师区域流动、平衡教师质量差异,从而提高教育教学质量。③ 同时,澳大利亚联邦政府注重加强教师职前阶段的专业培养。2009 年,澳大利亚颁布"全国优质学校合作伙伴计划"(Smarter Schools National Partnership),其主旨在于加强教师职前培

① 和学新、刘瑞婷:《新世纪以来澳大利亚基础教育课程改革及其启示》,载《当代教育与文化》,2016(1)。

② Australia's Teachers, "Australia's Future Advancing Innovation, Science, Technology and Mathematics", http://research.acer.edu.au/tll_ misc/1/, 2018-11-18.

③ 唐科莉:《澳大利亚颁布全国统一教师专业标准》,载《中国教育报》,2010-09-30。

养，提升教师培养的质量。此外，为了保障校长专业发展的质量，2011 年澳
大利亚政府颁布了《全国中小学校长专业标准》（National Professional Standards
for Principles，NPSP）提出校长专业发展的三项基本要求和五个专业实践领域。
该标准是澳大利亚第一个全国性的校长专业标准，从国家层面确立了中小学
校长的专业发展框架。澳大利亚对教师、校长实行的教师专业标准中对于资
格认定、培养及培训、管理与评价等都有严格规定，希冀通过统一、严格的
专业标准确保澳大利亚建设一支高水平的专业师资队伍。

（三）推进基础教育财政拨款改革

21 世纪初的自由联盟党执政期间，澳大利亚联邦政府强调教育的市场化，
鼓励创办私立学校，推行择校政策。为强调学校间的市场竞争，扶持私立学
校，2001 年澳大利亚政府实施新的教育拨款模型政策，称为社会经济地位模
型（SES Model），取代之前需求导向的教育资源指数模型（The Education Re-
sources Index Model）。具体而言，这种新的教育拨款政策将私立学校所在社区
的学生家庭背景诸如父母职业、受教育程度和收入等作为主要指标来预测所
在社区对学校的经济扶持能力，从而分配政府拨款的额度。很显然，这种拨
款模型的改革促使私立学校能获得更加丰厚的教育资源、更强的竞争性和吸
引力。然而，由于自 2003 年以来澳大利亚在 PISA 测试成绩的连年滑坡、不
同类型学校学生学习成就存在明显差距，这种拨款政策日渐受到质疑和指责，
澳大利亚政府认识到需要关注来自低收入群体、原住民等处境不利群体学生
的学业成就，缩小校际差距，提高公立学校的教育质量。因此，2010 年在工
党政府的委托下，由新南威尔士大学名誉校长大卫·高恩斯基（David Gonski）
领衔的团队对原有的澳大利亚基础教育拨款模型进行审核。通过走访将近 40
所学校和咨询 70 余个教育集团，研究 7000 份提交的建议后，该团队于 2011
年向政府递交了最终的改革报告——《高恩斯基教育拨款改革报告》。该报告
明确主张要为澳大利亚所有学生提供优质教育，要尽力消除财富、收入和权

力等因素引起的教育结果的差异，因此要建构一种透明、公平和可持续的教育拨款方式。① 2013 年，吉拉德领导的工党政府立足《高恩斯基教育拨款改革报告》而实施新的基础教育拨款政策。新政策提出从 2014 年到 2019 年的 6 年中拨款 145 亿澳元用于改善基础教育质量，澳大利亚联邦政府承担其中 65% 的拨款，各州及领地承担 35%。新的拨款政策依据学生可获得的资源标准进行拨款。根据优质学校的学生资源配置标准，设置每位学生的基本拨款额度，同时考虑残疾学生、原住民学生、低社会经济背景学生、英语语言水平低的学生、边远学校、规模小的学校等教育薄弱因素对拨款数额进行叠加。由此原住民、低收入背景学生的人均拨款额度较之前有较大幅度的提高。例如，2014 年计划每位小学生的拨款额度是 9271 澳元，原住民学生将在此基础上增加 20% 的额度。在新的拨款政策下，学校资助向公立学校倾斜，公立学校将获得近 85% 的份额。②很显然，新的拨款政策有助于改善薄弱学校的发展和提高不利群体的学业成就，从而致力于促进教育公平。然而，随着 2013 年 9 月联盟自由党上台执政，该政策曾一度搁浅。迫于教育质量和教育公平的不尽如人意、社会各界的压力，联盟自由党继续实施该拨款政策，但将原先的 6 年计划缩短为 4 年。③

尽管澳大利亚逐年提高教育财政支出，但并未取得相应的教育成效。例如，澳大利亚学生在历年的 PISA 评估中得分持续走低且地区差异较大，表明教育质量与教育公平不尽如人意。因此，2017 年澳大利亚联邦议会颁布《澳大利亚教育法(2013 年)》(Australian Education Act 2013)修订案，规定从 2018 年起实施联邦政府"优质学校(High quality school)"计划，该计划的核心内容之

---

① ABC News, "What is in the Gonski Report", http：//www.abc.net.au/news/2012-08-27/whats-in-the-gonski-report/4219508, 2018-11-12.

② ABC News, "Gillard Puts Pressure on States over Gonski", http：//www.abc.net.au/news/2013-04-18/2014-01-08, 2018-11-12.

③ 徐晓红：《21 世纪澳大利亚基础教育改革政策评析：基于 PISA 测试的结果》，载《外国中小学教育》，2014(3)。

一是创新学校教育资助模式，从而进一步保障澳大利亚基础教育的质量与公平。"优质学校"计划要求政府测量学校达到教育质量标准所需的成本并确定教育资助金额。澳大利亚联邦政府通过测算得出学校教育资源标准（The Schooling Resource Standard，SRS），其中涉及小学和中学的生均资助基数和6种额外资助。"优质学校"计划通过提高生均资助基数以减轻学校负担。例如，2020年小学生均资助基数为11747澳元，相比2017年增长了14%，中学生均资助基数是14761澳元，比2017年增长了13%。[①] 同时，该计划提升6种额外资助额度，以此更好地满足弱势群体的教育需求。这些额外资助项目主要包括：（1）残障学生补助。"优质学校"计划依据澳大利亚全国残障学生数据库（Nationally Consistent Collection of Data on School Students with Disability，NCCD）中残障学生在校学习所需支持等级的信息和学生的残障程度，为学生提供有差别的资助，同时加大了对残障学生的资助力度。2020年澳大利亚联邦政府将9.7%的学校常规经费支出用于资助残障学生，要求2018—2029年的资助金额平均每年增长5.7%。[②] （2）社会教育弱势群体补助。澳大利亚课程、评估和报告管理局（Australian Curriculum，Assessment and Reporting Authority，ACARA）颁布了《社会教育优势》（Socio-Educational Advantage，SEA）报告，通过考察家长职业和教育程度等衡量教育状况，弱势群体学生占比越大的学校将获得更高的补助。（3）英语不够熟练群体补助，致力于提升母语非英语的移民或难民学生的英语能力和学习成就。根据"优质学校"计划，该项补助占

---

① Australian Department of Education and Training，"What is the schooling resource standard and how does it work?"，https：//www.dese.gov.au/nci/resources/what-schooling-resource-standard-and-how-does-it-work，2021-03-20．

② Australian Department of Education and Training，"What is the schooling resource standard and how does it work?"，https：//www.dese.gov.au/nci/resources/what-schooling-resource-standard-and-how-does-it-work，2021-03-20．

2020年联邦政府学校常规经费支出的0.3%,且2018—2029年平均每年增长3.8%。[1] (4)地理位置不佳学校补助,致力于缩小偏远地区学校和城市学校之间的差距。2020年"优质学校"计划中该补助占据联邦政府学校常规经费支出的2.1%,2018—2029年该补助平均每年增长4.7%。[2] (5)原住民和托雷斯海峡岛民学生补助,用于解决该群体入学率低和教育成就低下等问题。2020年原住民和托雷斯海峡岛民学生补助占联邦政府学校常规经费支出的1.7%,2018—2029年该补助平均每年增长3.9%。[3] (6)学校规模补助,主要资助中小型学校以促进其正常运转。2020年该项补助占联邦政府学校常规经费支出的1.6%,2018—2029年平均每年增长3.5%。[4] 此外,"优质学校"计划还改革创新了非公立学校资助基数算法。传统的学校社会经济地位(Social Economic Status, SES)[5]评分方法受到质疑,被认为无法真实反映学校社区的贡献

---

[1] Australian Department of Education and Training, "What is the schooling resource standard and how does it work?", https://www.dese.gov.au/nci/resources/what-schooling-resource-standard-and-how-does-it-work, 2021-03-20.

[2] Australian Department of Education and Training, "What is the schooling resource standard and how does it work?", https://www.dese.gov.au/nci/resources/what-schooling-resource-standard-and-how-does-it-work, 2021-03-20.

[3] Australian Department of Education and Training, "What is the schooling resource standard and how does it work?", https://www.dese.gov.au/nci/resources/what-schooling-resource-standard-and-how-does-it-work, 2021-03-20.

[4] Australian Department of Education and Training, "What is the schooling resource standard and how does it work?", https://www.dese.gov.au/nci/resources/what-schooling-resource-standard-and-how-does-it-work, 2021-03-20.

[5] 澳大利亚非公立学校可以通过征收学杂费向学校社区(家长和监护人)筹集基金,联邦政府在确定学校可获得的资助时将学校社区的贡献力作为重要因素,贡献力根据学校社会经济地位(SES)进行计算,SES是基于区域整体数据的加权算法,即相关部门先收集教育背景、职业、家庭收入和有子女家庭收入四个维度的数据,然后对这些数据进行加权,教育背景和职业各占三分之一,家庭收入和有子女家庭收入各占六分之一,最后得出该地区加权平均SES分数。SES得分越高,学校社区贡献力越高,学校获得的联邦资助则越少。

力，澳大利亚联邦政府提出基于家长和监护人收入水平中位数①的直接计算法，以期保障教育公平。

（四）大力开展 STEM 教育

近年来，为了扭转澳大利亚在 PISA、TIMSS 等教育评估项目均表现不佳、科技竞争力下降等不良趋势，澳大利亚非常重视 STEM（Science，Technology，Engineering and Mathematics，STEM）教育，希望通过发展高质量的 STEM 教育培养学生的批判性和创造性思维，同时促进国家经济发展和社会问题的解决。2015年，澳大利亚联邦政府颁布《国家创新与科学议程》（National Innovation and Science Agenda），以期提高澳大利亚公民数字素养与推行 STEM 一揽子计划，促进学生在数字化时代为未来职业发展做准备。② 该议程为期四年，总额达11亿澳元，包括15个以 STEM 教育为核心的项目，其中12个涉及中小学项目。③ 同年12月，澳大利亚联邦政府制定了《国家 STEM 学校教育策略（2016—2026）》（National STEM School Education Strategy 2016—2026），明确了学校层面 STEM 教育的具体目标和相应举措。

澳大利亚基础教育阶段 STEM 教育的核心目标是培养学生对 STEM 学科兴趣、鼓励学生向 STEM 领域更深层次迈进抑或从事与 STEM 相关的职业。④具体实施举措包括以下几个方面：其一，开设 STEM 课程，采用线上和线下教

① 2020年起，澳大利亚联邦政府通过多个机构数据集成精确计算每个家庭的收入水平和学校社区收入的中位数，在此基础上计算学校 SES 得分和学校社区贡献力。

② Australian Government Department of Education and Training，"Inspiring all Australia in Digital Literacy and STEM"，https：//www.education.gov.au/support-science-technology engineering-and-mathematics，2020-11-05.

③ Australian Government Department of Education and Training，"National Innovation and Science Agenda"，https：//www.industry.gov.au/data-and-publications/national-innovation-and-science-agenda-report，2020-11-07.

④ Australian Government Department of Education and Training，"Inspiring all Australia in Digital Literacy and STEM"，https：//www.education.gov.au/support-science-technology engineering-and-mathematics，2020-11-05.

学结合的方式让更多学生接受高质量的 STEM 教育。其二，开展竞赛、夏令营等丰富多彩的 STEM 教育活动，提升学生 STEM 能力。例如，"澳大利亚人的数字技术挑战和深入了解代码（Australian Digital Technologies Challenges and Dive into Code）"项目致力于为 3~12 年级学生提供在线编程学习，促进学生对数字技术编程的了解和运用。其三，为教师提供优秀的 STEM 教育案例和教学资源。例如，"通过探究方式解决数学问题"（Resolve：Mathematics by Inquiry）项目为数学教师提供了大量的优质教学资源，同时促使教师掌握并运用探究式教学教授数学课程。其四，开展针对女性和领导者的 STEM 项目。例如，为提高女性对 STEM 的兴趣，澳大利亚教育与培训部实施了"奇思妙想女生暑期学校"（Curious minds summer school for girls）项目。① 同时，注重学校领导者在学校 STEM 教育中担任的重要角色，实施了"作为 STEM 领导者的校长"（Principals as STEM leaders）和"聚焦数字技术"（Digital Technologies in Focus）等项目。②澳大利亚基础教育阶段开展 STEM 教育取得了显著成效，学生积极参与 STEM 项目的同时学习成绩逐步提高，教师的 STEM 素养也得到相应的提升。2020 年，澳大利亚教育与培训部发布了《国家创新与科学议程》（National Innovation and Science Agenda）中的早期学习和学校计划，系统评估了 STEM 项目实施情况和成效，并提出未来澳大利亚 STEM 教育致力于进一步提高学生受教育质量、继续提升教师 STEM 教育专业化水平、充分发挥领导者作用、关注处境不利学生接受 STEM 教育并从中受益等发展方向。

---

① Australian Government Department of Education and Training，"National Innovation and Science Agenda"，https：//www.industry.gov.au/data-and-publications/national-innovation-and-science-agenda-report，2020-11-07. 该项目专门面向女生，结合营地住宿和教师指导计划，以期提高女生们对 STEM 课程的兴趣。

② Australian Government Department of Education and Training，"National Innovation and Science Agenda"，https：//www.industry.gov.au/data-and-publications/national-innovation-and-science-agenda-report，2020-11-07.

(五)重视价值观教育

作为多元化的移民国家,澳大利亚注重价值观教育对社会发展和国家安定的长远意义,强调价值观教育是澳大利亚学校教育的核心内容。澳大利亚政府在国家层面提出了学校核心价值观,联邦政府重视教育政策的顶层设计与上下联动。1999年,澳大利亚联邦政府颁布《阿德莱德宣言》提出,21世纪学校教育的目标是建构澳大利亚学校教育价值观,"澳大利亚的未来取决于每位公民所拥有的知识、技能、理解力和价值观。高质量的学校教育以实现此价值观为中心"[1]。2002年,在关于教育、职业、培训和青年事务的内阁会议上通过了澳大利亚学校价值观教育结构和价值观教育原则等关于国家价值观教育的提议。2004年,澳大利亚联邦教育、科学与培训部发表了《价值观教育研究总结报告》(Value Education Research Summary Report),对澳大利亚中小学价值观教育进行了深入探究。同时,澳大利亚联邦政府投入2970万澳元开展价值观教育计划(Values Education Programme),致力于将价值观教育打造成为教学的核心环节之一,其中价值观教育优秀试点学校项目(Value Education Good Practice Schools Project)是该计划的实践环节,在全国范围内309所学校实施并形成了大量优秀实践案例和理论成果。2005年,澳大利亚联邦教育、科学与培训部颁布了具有里程碑意义的《澳大利亚学校价值观教育国家框架》(National Framework for Values Education in Australian Schools),进一步以政府主导形式推动核心价值观教育,明确全国的公立和私立学校都要拓展价值观教育的途径,并提出核心价值观教育九个核心内容:关爱和同情、竭尽所能、公平公正、自由、诚信、正直、尊重、责任、理解宽容。[2] 此后,澳大利亚教

---

① Ministerial Council on Education, Employment, Training and Youth Affairs (MCEETYA), "The Adelaide Declaration on National Goals for Schooling in the Twenty-First Century", http//www.mceecdya.edu.au/mceecdya/adelaide_ declaration_ 1999_ text28298.html, 2019-11-08.

② K Nolan, "National Framework for Values Education in Australian Schools", http//www.valueseducation.edu.au/verve/_ resources/Framework _ PDF _ version _ for _ the _ web.pdf, 2019-11-13.

育部门统一部署将核心价值观教育渗透教育的各个方面，出台了一系列价值观教育实施计划和实践项目，并提供巨额的资金支持，支持中小学全面开展价值观教育。同时，注重实施过程中价值观教育效果的评价，开展了"价值观教育良好实践学校项目"（Values Education Good Practice Schools Project）以及"价值观教育对学生和学校氛围影响效果的测量项目"（Project to Test and Measure the Impact of Values Education on Student Effects and School Ambience），通过收集经验证据和测量证据来验证高质量的价值观教育对所有学生整体发展的影响[1]。2008年，澳大利亚联邦教育、科学与培训部颁布《墨尔本宣言》，其中第二个目标提出"所有澳大利亚年轻人要成为成功的学习者、自信和富于创造的个体、积极参与和知情的公民"[2]。这一目标再次强调学生价值观教育的重要性和必要性，倡导正确的价值观教育能促使学生积极面对未来的挑战、生活健康和获得美满幸福的生活。

澳大利亚中小学价值观教育的实施途径主要包括以下方面：（1）开发价值观教育显性课程。澳大利亚注重价值观教育内容的直接传授，形成了以显性课程为主的教育路径。1997—2004年，澳大利亚实施了为期八年的"发现民主"计划（Discovering Democracy Project），建构了澳大利亚公民学与公民身份课程体系。同时，教育部门还编写了《澳大利亚价值观教学专业学习资源》（Values for Australian Schooling Professional Learning Resources）及《价值观教育与澳大利亚课程大纲》（Values Education and the Australian Curriculum）等配套文件，充分指导中小学教师在教学中如何开展价值观教育。（2）开展校本化的价值观教育。学校价值观教育渗透在校园文化中，在具体实施过程中，澳大利亚教育部门明确提出"整体学校路径"（Whole School Approach）作为价值观教

---

① 辛志勇、杜晓鹏、许晓晖：《澳大利亚学校价值观教育实效性评价实践》，载《比较教育研究》，2016（9）。

② Firth and Verity，"Melbourne Declaration on Educational Goals for Young Australians"，Ministerial Council on Education，Employment，Training and Youth Affairs（NJ1），2008：20.

育的重要模式，在学校创设实施价值观教育的谈话与交流机制，并整合学校教育资源构建以学生为中心的校本化育人模式。(3)开展基于社会团体活动的价值观教育。澳大利亚学校价值观教育的指导原则明确提出学生、社会、家庭和教育委员会共同努力才能更好地实施价值观教育，必须加强相关部门的联系，为学生的成长建构一个可持续发展的环境。① 学校价值观教育的重要途径通常会组织学生参加各种形式的社团活动，家长、社区及社会团体等广泛参与、共同合作，保障社团活动的顺利开展。概言之，进入 21 世纪以来，澳大利亚对基础教育阶段价值观教育的重视一以贯之，通过一系列的举措推动价值观教育的落实，着力构建国家教育战略引领下的价值观教育系统工程，亦在实践中取得了较好的成效。

　　21 世纪以来，澳大利亚基础教育课程改革在取得良好成效的同时也存在诸多问题。其一，植根于澳大利亚历史中的文化制约对基础教育改革造成负面影响。众所周知，澳大利亚实行联邦制政体，工党和自由党轮流执政，不同党派代表不同的利益集团，秉持的政治主张迥异，这势必会对教育改革的持续推进产生影响。不同的党派执政后通常会提出不同的教育改革举措，即使教育改革理念是一脉相承的，但在具体实施中教育政策也很难长久统一而形成合力。例如，2013 年年初工党执政时首相吉拉德宣布执行新的基础教育拨款政策，但在同年 9 月，联盟自由党执政后，便将该拨款政策束之高阁，继而推行新的拨款计划。其二，移民的大量涌入对多元文化课程开发实施带来挑战。作为典型的移民国家，澳大利亚注重倡导多元文化教育。然而，近年来移民的大量涌入给澳大利亚基础教育发展带来困扰与挑战。例如，如何在中小学既能恰当地体现对不同种族历史、文化的理解和尊重，又能凸显澳

---

　　① K Nolan, "National Framework for Values Education in Australian Schools", http//www.valueseducation.edu.au/verve/_ resources/Framework_ PDF_ version_ for_ the_ web. pdf, 2019-11-13.

大利亚主流文化和英语的主导地位，如何让具有不同语言和文化的原住民儿童更好地接受教育，这些都是当下澳大利亚基础教育改革有待深入思考和解决的重要问题。

三、高等教育改革与发展

进入 21 世纪以来，在经济全球化进程导致高等教育国际市场竞争加剧、新思潮催生新公共管理运动等外在因素，以及高等教育自身面临诸多矛盾与问题的内在因素的共同影响下，澳大利亚联邦政府进一步加快高等教育的改革步伐，在高等教育投资体制、质量管理、国际化等方面进行了大规模改革。2002 年 2 月，时任澳大利亚联邦教育、科学与培训部部长的布兰登·尼尔森（Brendan Nelson）博士发布了《高等教育处于十字路口》（Higher Education at the Crossroad：an overview paper）报告，随后围绕这个报告在全国各界征求意见，广泛讨论，随后，尼尔森部长继续发表了《追求质量：学与教》（In Pursuit of Quality：Learning and Teaching）、《建立坚实的基础：资助澳大利亚高等教育》（Building a solid foundation：Funding Higher education in Australia）、《高等教育中的多样性、专门化和地方管理》（Diversity，specialization，and local govern-ance in higher education）、《寻求同样的效果》（Seek the same effect）、《迎接挑战——大学的统一管理与运作》（To meet the challenge—the unified management and operation of universities）等系列报告，这些报告对高等教育的问题从不同的角度进行了阐述。2003 年，澳大利亚联邦政府颁布了《我们的大学：支持澳大利亚的未来》（Our Universities：Backing Australia's Future），对高等教育改革提出了整体改革框架。2007 年陆克文（Kevin Rudd）领导的工党执政后着手进行高等教育改革，2008 年发布《澳大利亚高等教育评估》①（2008 Review of Aus-

---

① 该报告评审委员会主席是丹尼斯·布拉德利（Denise Bradley）教授，因此该报告也称《布拉德利评估报告》。

tralian Higher Education)报告(又称《布拉德利评估报告》，The Bradley Review)
提出通过重塑高等教育以促使澳大利亚更加强大和公正，该报告作为澳大利
亚高等教育改革的纲领性文件，主导了工党执政期间澳大利亚高等教育改革
的方向。2009 年澳大利亚政府出台《转变澳大利亚高等教育体系》(Transfor-
ming Australia's Higher Education System)建议在随后十年中改革高等教育以提
升澳大利亚的综合实力和竞争力。①

（一）加强高等教育质量保障

为了提升高等教育质量，20 世纪 90 年代以来澳大利亚政府一直致力于构
建有效的高等教育质量保障体系。2000 年，澳大利亚成立高等教育质量保障
署(the Australian Universities Quality Agency，AUQA)对高等院校开展每五年一
次的质量评估。2008 年《布拉德利评估报告》提出通过新方式促使人们对澳大
利亚高等教育发展前景充满信心，其中的主要方式是建立新的国家管理机构
对高等教育机构进行统一监管。"大学应该有一个系统的全国性的标准体系，
以确保所有高等教育提供者秉持同样的标准。"②基于此，澳大利亚政府对高
等教育管理体系进行了大刀阔斧的改革，建构了全新的高等教育质量管理的
组织体系。新的组织体系包括高等教育质量和标准署(The Tertiary Education
Quality and Standards Agency，TEQSA)、高等教育提供者的国家注册机构(Na-
tional Register)③、国家高等教育标准框架(Higher Education Standards Frame-

---

① Australia Government，"Transforming Australia's Higher Education System"，https：//
www.voced.edu.au/content/ngv %3A14895，2019-11-21.

② Australia Government，"Review of Australian Higher Education：Final Report"，https：//
apo.org.au/node/15776，2019-11-21.

③ 澳大利亚所有高等教育提供者都要求进行国家性的统一的登记注册，已经成功注册的高等教
育机构被称为"国家注册的高等教育提供者"(National Register of Higher Education Providers)并在
TEQSA 网站上公布相关信息，以此表明其已达到高等教育的质量标准。这些权威信息对于接受高等教
育的学生具有重要的参考价值。

work),以及"我们的大学"网站(My University website)①。其中 TEQSA 是整个高等教育质量和管理体系的核心所在。

1. 建立高等教育质量和标准署

2011 年,澳大利亚议会通过《2011 高等教育质量和标准署法案》(The Tertiary Education Quality and Standards Agency Act 2011)并建立 TEQSA,要求从 2012 年 7 月起 TEQSA 开始行使监管职权。TEQSA 作为拥有教育质量保证及管理等多重职能的一体化机构,其具体职能包括负责高等教育机构资格注册、高等教育质量评估、专业认证、风险监管、对外发布信息等。TEQSA 的管理及质量保证有助于高等教育标准框架的具体实施,同时,能一定程度缩小各地高等教育发展水平的差异并整体提高澳大利亚高等教育的质量和声誉。

2. 完善高等教育质量标准框架

在成立国家级质量监管机构的同时,澳大利亚政府注重研制高等教育质量标准。2011 年,首个高等教育质量标准框架——《2011 高等教育质量标准框架》(2011 Quality Standards framework for Higher Education)正式启用,该框架涉及高等院校标准、教学标准、学历资格标准、研究标准和信息标准等内容。② 该框架的实施很大程度上提升了澳大利亚高等教育的质量和国际竞争力。由于近年来国际教育竞争日趋激烈,加之该标准框架实施过程中新问题的出现,澳大利亚联邦政府、高等教育质量与标准署、高等教育标准专家组等相关机构对其进行修订,2015 年联合制定《2015 年高等教育质量标准框架》(2015 Quality Standards framework for Higher Education),该标准取代 2011 年高等教育质量标准框架并于 2017 年 1 月正式启用。该高等教育质量标准框架分为 A、B 两部分(详见表 11-5),A 部分是高等教育标准,主要涵盖学生参与

---

① "我们的大学"网站主要为即将迈入大学的学生提供澳大利亚学校申请手续、课程、生师比、学生满意度、毕业生去向、学生服务及校园设施等相关信息。

② TEQSA,"Higher-Education-Standards-Framework",https: //www.teqsa.gov.au/higher-education-standards-framework-2011,2018-12-10.

与获得、学习环境、教学、研究与培训、机构质量保证、治理与问责、信息管理七个领域。B 部分是高等教育机构标准，包括高等教育机构分类标准和课程自我认证授权标准。

表 11-5　澳大利亚《2015 年高等教育质量标准框架》①

2015 年高等教育质量标准框架			
A 部分：高等教育标准		B 部分：高等教育机构标准	
七大领域	学生参与与获得	高等教育机构分类标准	"高等教育机构"类别标准
	学习环境		"澳大利亚大学"类别标准
	教学		"澳大利亚大学学院"类别标准
	研究与培训		"澳大利亚专业大学"类别标准
	机构质量保证		"海外大学"类别标准
	治理与问责		"海外专业大学"类别标准
	信息管理	课程自我认证授权标准	

同时，该质量标准将高等教育质量标准划分为高等院校标准、教学标准、学历资格标准、研究标准、信息标准和课程保障标准。教学标准注重教学实践，主要体现在课程设计、人员配备、学习资源支持、基础设施、安全保障等领域；学历资格标准涉及学生录取、学习结果评估、资格认证等，强调规范性和实践性；研究标准体现在研究与培训领域；信息标准反映在信息管理领域；课程保障标准体现在机构质量保障、治理与问责领域。此外，《2015 年高等教育质量标准框架》强调大学治理，对大学治理体系建设进行了相对明确的规定，提出"以学生为中心，以需求为导向"的高等教育发展理念。

3. 高等教育质量标准的实施

澳大利亚高等教育质量标准的实施主体是高等教育质量与标准署（TEQSA），主要程序包括以下几个方面：其一，开展五年一次的高校质量审核和高

---

① TEQSA, "Higher-Education-Standards-Framework-2015", https：//www.teqsa.gov.au/higher-education-standards-framework-2015, 2018-12-10.

等教育机构的自我审查;其二,向澳大利亚联邦政府汇报评估结果,并向社会公开相关审核报告;其三,根据外部评估公布初步评价和最终报告;其四,将最终报告告知高等院校,要求其在两年内完成整改并提交最终的整改报告。

(二)改革高等教育投入制度

20 世纪八九十年代以来,澳大利亚高等教育逐渐从之前的免学费制度向"使用者付费"的学费制度转变,并不断提高学生学费,加速实施"使用者付费"的改革。1989 年澳大利亚政府实施"高等教育成本分担计划"[①](Higher Education Contribution Scheme,HECS)改变了澳大利亚高等教育免费的传统观念,个体需付费接受高等教育逐渐被认可和推广。此后高等教育的市场化、产业化和新自由主义取向日渐成为澳大利亚高等教育改革的显著特征。

1. 构建多元的高等教育投入体制

澳大利亚高等教育经费投入包括联邦资助、学生贷款、私人捐赠、税收优惠以及科研成果商业化等多元路径,且已形成相对完善的高等教育投入体制。2003 年澳大利亚政府颁布《奠定坚实基础:澳大利亚高等教育投资》(Setting firm foundations:Financing Australian higher education)明确提出"解除学费管制",给予大学充分的自主权和经费分配权,鼓励大学拓宽经费来源渠道,如加强与企业的合作、增加国际留学生的招生数量等。同年,澳大利亚联邦政府提出的改革方案——《我们的大学——支撑澳大利亚的未来》(Our universities—underpinning Australia's future),强调为了更好地鼓励高等教育办学的多元化和灵活性,联邦政府将实施新的经费资助计划,每所学校将与联邦政府签署协议,根据学校的办学特色和实际开设的课程进行资助,非全额自费生招生指标连年超出限额的学校将面临处罚,连续几年未完成招生的院校将空余指标调剂给其他院校。根据《我们的大学——支撑澳大利亚的未来》提出的教育改革方案,2003 年 12 月,澳大利亚议会通过《高等教育支持法案》(High-

_____

① 又称"高等教育贡献计划"。

er Education Support Act 2003），决定从 2005 年开始该法案全面取代 1988 年提出的"高等教育成本分担计划"，该法案确定了高等教育资助改革的整体思路，在实施过程中联邦政府对该法案进行了不断修订。高等教育机构的资助包括联邦拨款计划（Commonwealth Grant Scheme）下的拨款、其他专项拨款和通过学校直接支付给学生的联邦奖学金拨款（Grants for Commonwealth Scholarships），其中联邦拨款计划是联邦政府对所承担的教学经费进行拨款的主要渠道，从 2005 年开始每年呈小幅递增趋势且保持相对稳定增长。具体拨款方案将之前所有学科资助相同的生均经费调整为根据不同学科提供的课程情况、社会需求及地区经费发展等综合因素确定相应的生均资助经费，以此促使大学发挥自身学科优势和特色并实现教育收益最大化。同时，澳大利亚政府实施了针对研究性资金的竞争性拨款政策，即根据 20 世纪 80 年代末期时任联邦政府就业、教育与培训部部长约翰·道金森（John Dawkins）发布的绿皮书《高等教育：政策声明》（Higher Education：A Policy Statement）主张将竞争机制引入澳大利亚高等教育拨款体制，联邦政府不再增加常规性拨款，而是构建研究性拨款——其分配原则是根据高校各自的教育状况和绩效水平竞争获得，而不是平均分配。此外，澳大利亚联邦政府颁布了税收政策、捐赠政策、知识产权政策、科研成果商业化政策等高等教育经费投入的相关政策，构成促进高等教育经费投入的重要补充。由此，澳大利亚政府构建了一套相对系统完善的高等教育经费分配、使用、管理和监督体系，确保经费使用效益的最大化和最优化。

2. 注重高等教育投入的公平

澳大利亚高等教育投入过程中强调为原住民、低收入、偏远地区等处境不利学生提供相对均等的接受高质量教育的机会。由于地方院校所处的地理位置、办学规模、历史等原因而普遍出现办学成本较高、筹资能力有限等问题，澳大利亚联邦政府从 2004 年开始，四年之内为地方公立高等院校提供额外资助。同时，澳大利亚联邦政府向高等教育机构提供多重资助项目，如残障资助项目(The Disability Support Program)、原住民资助项目(The Indigenous Support Program)、高等教育优质学习与教学提升项目(The Promotion of Excellence in Learning and Teaching in Higher Education)等。2018年11月澳大利亚联邦教育部宣布将总共1.34亿澳元的经费拨付给维多利亚州的联邦大学(Federation University)；昆士兰州的詹姆斯·库克大学(James Cook University)、昆士兰中央大学(National Central University)和阳光海岸大学(University of the Sunshine Coast)；新南威尔士州的纽卡斯尔大学(Newcastle University)等地处偏远地区的大学，以期帮助这些大学扩大办学规模和提高学校声誉。[①] 2019—2020年教育预算拨款重点是为各地区提供更多的支持以帮助弱势学生获得高质量的教育和培训。澳大利亚政府将免除至少3100名在偏远地区学校任教四年的教师高等教育贷款计划的债务，以此招募和留住偏远地区学校的高素质教师。[②]

3. 提供有针对性的特色化学生贷款项目

澳大利亚政府为本国或在澳学习期间持有永久居留签证的留学生提供多种有针对性的特色化贷款项目。主要包括：(1)高等教育贷款计划(HECS-HELP)，学生可以根据自身情况选择提前支付部分款项或直接申请联邦贷款。根据规定，凡是提前支付超过500澳元的学生，都可以享受预付款1/9的优惠；全额缴纳费用的学生可以得到学生承担部分10%的优惠；其他学生可根据需要向联邦申请贷款，支付自己无力承担的部分费用。[③] (2)学费救助计划(FEE-HELP)，主要是为全额付费的本科生和研究生提供的贷款，费用涵盖学

---

① 《澳洲高等教育模式大调整》，https：//www.sohu.com/a/275427050_ 816122，2020-11-03。

② Australian Government，"2019-20 Budget Overview"，https：//archive.budget.gov.au/2019-20/download/overview.pdf，2019-04-02。

③ 虞宁宁、刘强：《澳大利亚高等教育经费政策体系解析》，载《济南大学学报(社会科学版)》，2017(4)。

费、考试费用等学习相关费用。（3）海外学习援助计划（OS-HELP），主要针对留学海外的澳大利亚学生，澳大利亚联邦政府提供学习亚洲语言额外补助和海外学习援助，对申请者留学的国籍、课程学习等有明确要求。例如，在海外学习资助金额方面，规定在亚洲国家学习的学生 6 个月内资助金额不得超过 7500 澳元，其他国家不能超过 6250 澳元，学习亚洲语言的 6 个月资助总金额不得超过 10000 澳元。[①]　（4）职业教育与培训资助计划（VET-FEE HELP），澳大利亚联邦政府设立向学生提供职业与培训贷款专项计划，用于资助学生接受职业教育与培训课程，同时要求受资助的学生必须达到职业培训的质量要求等。除了联邦贷款，处境不利学生还可以申请由政府提供担保、商业银行或其他金融机构发放的学生补充贷款。助学金包括青年津贴（Youth Allowance）和澳大利亚助学金（Australia Study）两种。青年津贴主要资助 16~24 岁的大学生，资助资金来源于联邦政府且伴随澳大利亚经济发展及学生需求逐年提高。

（三）推进高等教育教学和科研改革

1. 追求大学优质教学。为实现更强大、公平和可持续的高等教育发展愿景，保障学生获得优质的学习成果，消除大学评价制度"重科研、轻教学"的倾向，澳大利亚一直将实现大学优质教学作为 21 世纪高等教育改革的重要内容。2008 年《澳大利亚高等教育评审报告》（2008 Review of Australian Higher Education）强调未来高等教育改革的焦点之一是加强质量保障和标准管理。2010 年 12 月，澳大利亚正式实施新修订的国家教师专业标准（NPST），2011 年澳大利亚议会通过《高等教育质量和标准署法案》，要求成立高等教育标准专家组负责开发高等教育标准框架。同年出台的澳大利亚《高等教育质量标准框架》（Quality standards framework for higher education）虽然对高等教育标准框

---

① Office of Parliamentary Counsel，"Higher Education Support Act 2003"，http：//www.comlaw.gov.au/De-tails /C2013C00472/ Download，2017-06-13.

架做出了相应规定，但对大学教学和大学教师行为标准并未过多涉及。基于学生构成的日益多元化、教学工作的复杂化、国际教育市场竞争日趋激烈，澳大利亚政府意识到确保高等教育质量、吸引学生入学的根本路径是提高教育教学质量。因此，2014年，澳大利亚政府正式出台《澳大利亚大学教学规范与标准框架》(The Australian University Teaching Criteria and Standards Framework)，该框架由澳大利亚学与教办公室(Office of Learning and Teaching，OLT)负责设计和研制，历时长达18个月(2012年9月至2014年2月)。该框架主要包括：(1)设计与规划学习活动；(2)教学与辅助学生学习；(3)对学生学习给予评估与反馈；(4)创设有效的学习环境，支持和指导学生；(5)将学术、科研、专业活动与教学相融合；(6)开展实践评估并持续专业发展；(7)职业化与个人化效能。以上七个维度，每个维度都有各自相应的标准。该框架将追求优质教学作为基本理念，强调优质教学在大学教师教学实践中具有规范和引导作用，具体包括环境、专业实践、属性和效能三个维度。为了促进该框架的有效实施，大学需要制订教师职业发展和晋升的程序。澳大利亚政府尝试根据每所大学的实际情况和发展需求研制个性化的实践举措。其中同行评审、教学奖励评估、创新教师教学评价方法较为普遍推行。实践表明，该框架有力地推动了澳大利亚大学教学的变革，帮助大学及其教师澄清何谓优质教学，同时强调对大学教师教学设计和教学过程的行为引导，重视大学教师学习环境的营造和学生学习支持，强化学生学习评估和教师自我专业评估的媒介作用，进而提高教师教学素养和教学能力、保证学生获得优质的教学成果。

2.高校科研评价制度改革从RQF到ERA。20世纪80年代以来，澳大利亚不断进行高校科研制度改革，特别是在科研评价制度方面从科研质量框架(Research Quality Framework，RQF)制度发展为卓越科研制度(Excellence in Research for Australia，ERA)，为高校科研实力提升提供制度保障与持续动力。

RQF是澳大利亚政府提升国家实力五年计划实施背景下产生的科研评价制度。2001年霍华德政府在《支撑国家实力：未来创新行动计划》（Backing Australia's Ability：An Innovation Action Plan for the Future）中提出，将澳大利亚建设成一个创新与卓越的蓬勃发展的国家重要举措是构建新的高校科研评价制度以提高高校科研质量。① 2004年澳大利亚政府外部智囊团建议借鉴英国高校科研评价制度（Research Assessment Exercise，RAE）以完善科研评价制度。时任霍华德政府设置专家咨询小组并聘请英国高校科研评价制度负责人加雷斯·罗伯茨（Gareth Roberts）担任组长，研究设计澳大利亚科研质量框架制度。2005年3月，澳大利亚联邦教育、科技与培训部出台《科研质量框架：评价澳大利亚科研的质量和影响》（Research Quality Framework：Assessing the Quality and Impact of Research in Australia），正式开始实施RQF制度，之后两年RQF制度不断改进与完善。RQF制度致力于通过公认的严格的科研评价程序对高等教育机构的研究质量及其影响开展全面评估，将优秀科研成果进行社会推广确保研究社会收益最大化，同时鼓励科研人员开展高质量的研究。②澳大利亚政府将RQF制度的评价结果作为进一步确定科研资助政策的重要依据。2007年12月澳大利亚自由党与工党政权交接，工党陆克文政府上台执政，宣布终止RQF制度，启用ERA制度。ERA制度是由澳大利亚研究委员会（Australian Research Council）管理的用以评价澳大利亚高校科研质量，旨在评价和促进澳大利亚高等教育机构各种科研活动的卓越性，以确保政府科研经费的投资是明智的。ERA制度通过对不同的学科分设不同的指标，采用不同的评价标准；业内专家和同行互相协作进行评价；按评价单元和学科群分别进行评价等评

---

① Australian Government，"Backing Australia's Ability：An Innovation Action Plan for the Future"，https：//docplayer.net/10885728-Backing-australia-s-ability-an-innovation-action-plan-for-the-future.html，2001-12-28.

② Australian Government，"Research Quality Framework：Assessing the Quality and Impact of Research in Australia RQF Submission Specifications"，https：//trove.nla.gov.au/newspaper/article/245023510，2007-11-16.

价方式进行，确定了各个高校的科研优势。2009 年首先在"物理和化学"及"人文与艺术科学"两个学科实施 ERA 制度，次年在澳大利亚全国层面所有学科推行，2012 年、2015 年和 2018 年分别进行了三轮评估。ERA 最终评价结果对高校支持可持续的优秀科研计划产生直接影响，旨在确保科研投资效益最大化。① ERA 制度很大程度是对 RQF 制度的继承性创新，因此得到了广泛认可。时任澳大利亚工业、创新与科研部部长金·卡(Kim Carr)从评价目标、方法和组织等维度对比分析了 ERA 制度和 RQF 制度，强调从 RQF 到 ERA 制度改革有助于评价澳大利亚科研的国际水平，发现潜在的优势科研领域，为科研经费分配提供更为合理的依据。②《2009 年 ERA 评价指南(实验)》(Evaluation Guidelines for the 2009 ERA Trial)将 ERA 分为提交资料、分配资料、评价、结果报告四个实施环节，其中分配环节先由澳大利亚研究委员会对提交资料划分评价单元，再将评价单元分配给研究评价委员会主席，最后由主席从专业知识、工作平衡维度进行分配；评价环节包括同行评议和专家审查，最后的结果报告环节由澳大利亚研究委员会公布最终报告并提供对相关学科的专业分析。③ 随后的《2015 年 ERA 评价手册》(ERA 2015 Evaluation Handbook)进一步详细阐释了 ERA 制度的评价目标和评价指标，评价指标主要包括成果数量和活跃度、出版物档案、引文分析指标、同行评议报告、研究收入等。④《2018 年 ERA 提交指南》(ERA 2018 Submission Guidelines)明确了

① Australian Research Council, "ERA Frequently Asked Questions", http: //www. arc. gov. au/era/faq.htm, 2019-11-15.

② Carr Kim, "A New ERA for Australian Research Quality Assessment", http: //archive. industry. gov. au/ministerarchive2011/carr/Transcripts/Pages/ANEWERAFORAUSTRALIANRE-SEARCHQUALITYASSESSMENT.html, 2019-10-18.

③ Australian Research Council, "Evaluation Guidelines for the 2009 ERA Trial", https: // web. archive. org. au/awa/20110220210604/http: /arc. gov. au/pdf/ /ERA_ Eval_ Guide.pdf, 2019-10-21.

④ Australian Research Council, "ERA 2015 Evaluation Handbook", https: //www. arc. gov. au/excellence-research-australia/ archived-era-documents, 2019-10-21.

ERA 提交资料环节的具体流程，将提交环节分为五个阶段并规定了每个阶段应该完成的任务。① 不难看出，澳大利亚 ERA 制度沿袭了英国 RAE 制度的科研评价模式，以促进研究资金最佳分配和利用最大化为要旨。实践表明，该评价制度提高了研究绩效，推进了高校科研的规划、战略和运作，增加了责任心和透明度。② 2015 年 ERA 评价报告显示，89% 的澳大利亚高校科研领域被评为世界级水平，高于 2010 年的 68%③。然而，ERA 制度在实施过程中也出现了澳大利亚政府管理成效有待提高、质量衡量标准对于人文学科的适切性、各研究领域观点和方法的多样性等问题。

（四）大力推进高等教育国际化

作为世界留学生第三大国，澳大利亚高等教育在国际高等教育市场上具有较强的竞争力。在国家政治外交发展需要、经济全球化与服务贸易的经济推动、高等教育提升国际市场竞争力的需求等多重因素的影响下，21 世纪以来澳大利亚将高等教育国际化作为国家未来经济生产力和竞争力发展的关键驱动力，2016 年宣布实施《2025 国际教育国家战略》(National Strategy for International Education 2025)、《澳大利亚国际教育 2025 市场开发路线图》(Australia International Education 2025 market development Road map)、《澳大利亚全球校友参与战略》(Australia global Alumni Engagement Strategy) 三项国家战略规划，希冀通过国际校友网络和他国未来领导人才培养深度推进国际合作，确保澳大利亚国家安全和持续的教育全球竞争力。澳大利亚推进高等教育国际

① Australian Research Council, " ERA 2018 Submission Guidelines ", https：//dataportal. arc. gov. au/ERA/NationalReport/2018/, 2019-10-21.

② Australian Research Council, " Benefits Realisation Review of Excellence in Research for Australia Final Report ", https：//www. arc. gov. au/file/4696/download? token = 3mXLTPF9, 2019-10-22.

③ Universities Australia, "Australian university research quality soars", https：//www. universitiesaustralia. edu. au/Media-and-Events/media-releases/Australian-university-research-quality-soars#.XD2Yun97k2w, 2019-10-21.

化的举措主要包括以下方面。

1. 优化教育服务与政策以吸引更多的国际学生

国际学生的规模、质量和流动性是高等教育国际化的重要体现。澳大利亚政府通过优化对国际学生的教育服务、出台相关政策以吸引更多的国际学生。早在 21 世纪之初，澳大利亚颁布了《海外学生教育服务法》（Education Services for Overseas Students Act 2000），设立了国际课程及其提供机构的相应标准，规定了国际学生的收费标准。随着国际教育竞争的日趋激烈，澳大利亚政府为进一步提升国际教育的竞争力，使其成为经济可持续增长的重要支柱，近年来对这一法案进行了不断修正。同时，澳大利亚政府近年不断简化签证政策，例如 2012 年出台了快速简化签证处理措施，次年又实施国际学生毕业后的工作签证政策，这些举措极大地简化了签证流程，缩短了签证周期，很大程度上有助于增强对国际学生的吸引力。[1]

2. 依托优势学科，提供特色化的国际化课程和科研合作

课程设置和科研合作的国际化程度很大程度决定了高校国际化发展程度，也直接影响高等教育国际化的核心竞争力。[2] 因此，澳大利亚政府要求高校的课程设置必须满足两个基本要求：其一是增加具有国际化意义的专业课程，其二是要求一般课程具有国际化意义。[3] 澳大利亚本土高校立足自身传统及优势学科通过多元路径以实现课程的特色化和国际化，具体举措涉及：增加现有课程中的国际性内容、引入联合学位课程、实施多国合作的交叉学科项目、开展跨文化研究和比较研究、设置海外学习课程、安排海外实习、聘请国外知名学者授课等。为了促进本土高校海外分校课程的国际化和特色化，通常会依据学校的优势学科开设相应的课程，同时会立足海外分校所在国经济、

---

① 赵丽：《澳大利亚高等教育国际化分析》，载《中国高等教育》，2019(11)。
② 刘晓亮、孙小平：《澳大利亚高等教育国际化运行策略》，载《现代教育管理》，2014(10)。
③ 杨尊伟：《澳大利亚高等教育国际化探析》，硕士学位论文，东北师范大学，2004。

社会和教育发展的现实需求，开设需求导向的特色化课程。在科研合作国际化方面，澳大利亚高校主要通过积极与海外院校机构搭建合作平台和充分利用高等教育网络资源等路径得以实现。例如，澳大利亚科研理事会作为负责国家科研政策与拨款的主要机构，明确将国际化课题置于优先资助地位。澳大利亚高校充分利用亚太高等教育网络(APHEN)开展相应的教育科研合作。

3. 加强海外交流，培养国际化教师

建设国际化的教师队伍是高等教育国际化持续发展的重要保证。澳大利亚通过加强教师的国际交流以打造一支高素质的国际化教师队伍。2004 年澳大利亚实施了"奋进语言教师资助计划"(Endeavour Language Teacher Fellowships)，要求每年为大学的语言教师提供为期三周的海外学习经历。同时，积极鼓励、支持各学科教师通过到海外教学、科研、学术休假和教育咨询等活动，掌握国际前沿理念、研究成果和先进的教育教学方法并将其运用于具体的教育实践中。澳大利亚大学校长理事会专门开设吸引国内外高校学者和管理人员参与海外交流的季度性项目，以提高高校教师的国际化素养。

4. 寻求多元合作，促进跨境教育全方位国际化发展

跨境教育(Transnational Education)是 20 世纪末以来澳大利亚高等教育国际化的重要内容，政府、高校和教育机构从不同层面全方位推进跨境教育的多元深度发展。2005 年澳大利亚教育官员要求提高跨境教育的完整性和质量，达成"跨境质量战略框架(Cross-border quality strategic framework)"。2008 年澳大利亚国际教育协会(International Education Association of Australia，IEAA)等机构联合举办研讨会探讨如何优化跨境高等教育时间成果和跨境高质量高等教育方式等问题。当前跨境教育领域的活动主要包括双联项目、特许项目、设立海外分校、开设海外教育服务机构、开展网络远程教育等。例如，莫纳仕大学(Monash University)作为澳大利亚高校国际化的重要典范，该校在马来西亚的吉隆坡和南非的约翰内斯堡等地建立海外分校，提出建立海外分校应

遵循的基本原则是将海外分校纳入长远战略规范，重视分校与当地政府、组织和院校间伙伴关系的建构，根据分校所在国的社会和经济发展需求确定优先发展项目，促进与分校所在国的深度合作等。[①] 昆士兰大学(The University of Queensland)则通过网络远程教育方式建立双模式一体化远程教育体制，将现代网络远程教育与传统校园授课并行，两者享有同等水平的学习、测试及毕业证书，吸引了大量国际学生。

5. 实施市场营销策略，评估国际教育市场

澳大利亚将教育当作产业进行经营，在高等教育国际化进程中充分运用市场营销策略，通过高等教育的产业化实现最大程度的国际化。在营销策略方面，澳大利亚通常依靠市场调研建立服务和宣传机构以推销自己的教育产品。澳大利亚的教育国际开发署(IDP)在全球五十余个国家和地区开展业务，通过全球在线申请系统，向世界各地的学生提供包括雅思(IELTS)在内的多种教育服务。澳大利亚通过合理的市场调研后，明确将高等教育国际化的重心放在亚太地区，为吸引亚太地区学生赴澳留学，大力推进良性竞争机制，积极举办国际教育展等加强海外宣传，力争在未来十多年内将世界留学生市场占有率提高至 26%。[②] 此外，澳大利亚高等教育国际化也注重对国际教育市场的风险评估和管理。通常从市场的语言、成熟度、经验、前景，各项法律法规，竞争对手等维度综合评判潜在的风险及其可能造成的影响，同时建立完备的办学推出机制，以切实保障学校和学生的利益。

概言之，21 世纪以来澳大利亚高等教育形成产业化、市场化、国际化模式并在国际教育市场上独具特色，改革提升高等教育质量与效率、多样性与竞争力。大学在相对公平的前提下通过竞争不断提升效率，同时也不断满足

---

① 中国学位与研究生教育信息网:《莫纳什大学建立海外分校的四点经验》, http: // www.cdgdc.edu.cn/xwyyjsjyxx/zxns/zxzx/adly/zxzx /273484.shtml, 2018-11-12。

② Contractor Aban, "Uni Cash Teaches Unions a Lesson", *Sydney Morning Herald*, 2003-05-14.

经济发展需求和国家整体利益。然后，这一改革过程中也一定程度造成了大学教育的低端化和功利化、传统大学理念与精神式微等问题。

四、职业教育改革与发展

20世纪90年代以来，澳大利亚经济发展速度下滑，全球竞争力下降，传统产业部门面临技能和劳动力短缺，职业教育本身存在区域、种族的不均衡性，以及职业教育与普通教育、高等教育的融通问题等都制约着职业教育与培训的发展。因此，澳大利亚联邦政府积极推行职业教育与培训的改革，制定并出台具有显著意义的国家职业教育发展战略。20世纪90年代，澳大利亚政府在《迈向技能型的澳大利亚》（Towards a Skilled Australia）国家职业教育和培训战略中提出优先扩展市场培训，试图开放竞争市场，提高培训学校的质量。随后在《通向未来的桥梁》（A Bridge to the Future）的国家战略中强调增强职业教育与劳动力市场的联系，培养澳大利亚劳动力技能基础，增强劳动力市场的流动性，实现职业教育公平，等等。2003年出台的《塑造我们的未来——澳大利亚职业教育与培训国家战略（2004—2010）》（Shaping our Future：Australia's National Strategy for Vocational Education and Training 2004—2010）提出职业教育与培训未来发展的战略及愿景，强调要通过发展职业教育增强澳大利亚经济竞争力、获得全球性的知识技能并建设可持续发展的全纳性社会。2005年澳大利亚教育、科学与培训部又颁布了《构建技能型澳大利亚——职业教育与培训新方向》（Skilled Australia—New Directions for Vocational Education and Training）。次年，澳大利亚联邦政府发布了关于职业教育的国家改革议程，但由于种种原因本次改革并未达到预期目标。因此，2011年，澳大利亚技能委员会出台了《技能促进繁荣——职业教育路线图》（Skills for prosperity—a road map for vocational education and training）提出全面改革澳大利亚的职业教育，继续贯彻以企业和客户为中心，提高职业教育信息的透明度等举措。然后，随着经济持续下滑、居高不下的青年失业率、人才技能短缺以及人口老龄化等影响，澳大利亚政府强调持续深入地推职业教育改革。2014 年，澳大利亚政府委员会(Council of Australian Governments)和行业技能委员会(Industry and Skills Council)着力推行职业教育改革，提出改革的关键是建立更加完善的职业教育和培训系统，增加就业岗位，促进经济繁荣发展。同年，由澳大利亚工业部领头启动新一轮职业教育改革，颁布了《工业创新和竞争力议程——澳大利亚强盛的行动计划》(Industry Innovation and Competitiveness Agenda-An action plan for a stronger Australia)，提出的改革议程包括降低成本营造更合理的商业经济环境，培养高技能的劳动力，建设更好的经济基础设施，实施促进创新和创业的相关政策。[1]

(一)强化职业教育质量保障体系

20 世纪 90 年代以来，澳大利亚联邦政府从国家层面颁布了学历资格框架(Australian Qualifications Framework)、国家培训框架(National Training Framework)等一系列职业教育法规，建立了详细统一的关键能力考核标准和职业教育质量保证体系。进入 21 世纪以来，互联网+技术使得原先基于样本和证据的质量保证体系成为全方位、全样本和源数据的高度智能化的质量保障体系。2011 年以来澳大利亚联邦政府陆续颁布系统化的法规制度，将注册培训机构相关信息及时融入质量标准中，进入职业教育质量保障的新阶段。[2] 2011 年，联邦教育部出台国家职业教育与培训管理者法案(National Vocational Education and Training Regulator Act)，涉及培训机构注册、许可课程、学历资格的颁发及取消、职业教育管理者的权力、联邦和州的权力分配、战略和年度运营计划等内容，为职业教育质量保障提供了重要指导。同年 7 月，为监管职业教

---

① 查国硕:《21 世纪澳大利亚职业教育政策演进解读》，载《职业教育研究》，2016(6)。
② 陈竹韵、陶宇:《"互联网+"时代澳大利亚职业教育质量保障体系研究》，载《职教论坛》，2017(17)。

育的有序发展，澳大利亚设立技能质量署(The Australian Skills Quality Authori-ty)，控制运营主体即培训机构的准入和退出机制，动态监管培训机构的产出标准、人力及财力等，以此调节职业教育机构与行业及雇主的利益平衡，识别并合理反馈系统性风险和培训机构风险以确保教育质量。

澳大利亚职业教育质量框架主要涉及注册培训机构标准(Standards for Registered Training Organizations)、学历资格框架(Australian Qualifications Framework)、合适的人员要求(Fit and Proper Person Requirements)、数据提供要求(Data Provision Requirements)以及财务生存风险评估要求(Financial Via-bility Risk Assessment Requirements)等方面，在执行过程中不断进行解释和细化。(1)注册培训机构标准。注册培训机构作为质量保障体系的关键主体充分保护学习者的知情权、申诉权等权益，保障教师职业发展权益，确保职业教育满足社会发展需求。该标准以法规的形式，分为迅速响应行业和学习者的需要、质量保障、安全和准确的证书、可获取的服务信息、知情和受保护的学习者、公平的投诉处理机制、有效的管理和治理、合法性等 8 个一级标准及 59 个二级标准，规定注册培训机构必须达到相应的效果。(2)学历资格框架。澳大利亚学历资格框架将职业教育与非职业教育、基础教育与高等教育相整合，没有工作经验的学生、在职人员、待业人员等均可根据自身发展需求，选择相应的课程进行学习。2013 年的学历资格框架细分为相当于高中教育的第 1~4 层级以及相当于大学教育的第 5~10 层级等 10 个等级 13 种不同资格类型，并对不同类型的学习目的、知识、技能、应用范围和学习年限等进行了详细的规定。(3)合适的人员要求。以法规的形式严格地规定了从事职业教育的教师必需的学历证书并遵守相应的职业操守。例如，要求除了在教学领域的其他行业不能出现被指控、采用不当手段破产、提供虚假或误导信息等。(4)数据提供要求。在大数据背景下，澳大利亚技能质量署通过注册培训机构采集数据进行质量监控，主要涉及基本信息、财务生存评估指标、合适

的人员要求、证书和课程名称及代码、海外招生、学生信息管理系统、社会
责任保险、实时质量指标、财务年报等信息。同时，澳大利亚加强对职业教
育学生的数据管理。根据学生识别号法案(Student Identifier Act 2014)，自
2015 年 1 月 1 日起每位接受职业教育的学生必须通过网上申请获得相应的识
别号，据此可以完成课程前期评估、跨校学分转移、培训记录和成绩在线查
询等。注册培训机构对学生的数据化管理很大程度上与国家质量监管系统实
现了无缝对接，有助于实现质量监控的实时化、常态化和精准化。(5)财物生
存风险评估要求。主要是确保注册培训机构即使在不确定的经济环境下也能
配备充足的各方面资源使职业教育学生顺利完成学业。要求培训机构根据需
要随时提供财务业绩和状况的流动性、盈利能力、未来收益及支出预算、财
务规划、流动负债、法律诉讼、内部交易、资产转移及所有权变更等具体
信息。

(二)改革完善学徒制

传统学徒制是澳大利亚职业教育与培训的重要形式。21 世纪以来澳大利
亚技能型人才短缺问题较为突出，学徒培训效率不高，培训人数规模不足，
学徒制管理体制不够协调等制约着学徒制的健康发展。2010 年澳大利亚政府
任命一个专家小组系统分析了澳大利亚学徒制面临的挑战与问题。次年，该
专家小组提交了《共同的责任：面向 21 世纪的澳大利亚学徒制》(Shared Re-
sponsibility：Australian Apprenticeships for the 21st Century)的最终报告。根据该
报告的建议，澳大利亚政府开始着手学徒制改革，逐渐形成了能力本位的学
徒培训与完成认可制度，开展基础性激励项目、针对性激励项目、雇主激励
项目、个人补助项目、成人学徒支持项目等学徒激励计划，改善支持服务并
成立新的质量管理机构。在政府政策的实施推动下，澳大利亚学徒制取得了
较好的成效，其中从 2010 年到 2014 年学徒数量呈现出缓慢增长。[1] 2011 年澳

---

[1] 查国硕:《21 世纪澳大利亚职业教育政策演进解读》，载《职业教育研究》，2016(6)。

大利亚联邦政府出台《良好的实践澳大利亚学徒制的国家法规》(Good practice Australia's national regulations for apprenticeships)，要求雇主与学员签订培训合同，明确对企业的要求以及学徒的权利义务等。

近些年澳大利亚开启的新一轮职业教育改革继续推进学徒制的发展和完善。具体策略包括：(1)建立全国协调一致的学徒制基本架构，加大对学徒制培训的支持力度。澳大利亚政府颁布全国职业教育和学徒制培训的办学标准，诸如建立了澳大利亚学历资格框架(Australian Qualification Framework)、澳大利亚高品质培训框架(Australian Quality Training Framework)、澳大利亚学徒支持网络(Australian Apprenticeship Support Network)、澳大利亚学徒管理系统(Australian Apprenticeships Management System)等，将 20 世纪 90 年代以来推行的"新学徒制"正式更名为澳大利亚学徒制"(Australian Apprenticeships)，以此表明政府构建全国统一的学徒制新架构。(2)扩充学徒制培训的规模，满足各行业人才需求。政府为扩充学徒制培训规模提供专项支持经费。例如，联邦政府在 2017 年专门设立了"国民技能提升基金"(National Skills Enhancement Fund)，在未来四年拨款 15 亿澳元，为增加 30 万名学徒的高学历层次技能提升培训提供经费支持。设立学徒商业助学贷款，旨在面向符合条件的学生资助其生活费和学费以使其完成学徒培训。该助学贷款优先面向水管工、电工、钳工以及园艺等职业，每个符合条件的学徒最多可以申请 2 万澳元贷款。完成学徒培训可以在贷款上享受 20% 的折扣，并且只当学徒的收入超过 5 万澳元后，才正式启动贷款偿还。同时，政府鼓励成人参与学徒制培训，例如 2007 年 1 月起，澳大利亚政府开始对 30 岁以上的学徒制培训成人提供资助。[①] (3)努力提高学徒制培训的完成率。采取的主要举措是缩短常规培训时间，将学徒制培训年限缩短为 3~4 年，大力推进能力本位的培训模式，实施"澳大利亚学徒制加速计划"(The Accelerated Australian Apprenticeship Initia-

---

[①]　吴新星:《澳大利亚学徒制改革研究》，载《国家教育行政学院学报》，2018(4)。

tive)和"产业专家辅导计划"(Industry Specialist Mentoring Program)等。(4)提升培训层次和创新培训模式。针对学徒制培训层次低下等问题,2015 年 12 月,澳大利亚联邦政府宣布实施"工业 4.0 高级学徒制计划"(Industry4.0 Higher Apprenticeship Project),正式启动"学徒制培训创新模式试点项目"(Apprenticeship Training Alternative Delivery Pilots)。政府计划在 2015—2016 年度至 2017—2018 年度为这些项目投入经费高达 920 万澳元①,主要涉及电子通信、先进制造业等对经济发展较为关键的产业部门。同时,2017 年澳大利亚联邦政府开始实施高级应用技术学徒制项目,学徒可以获得学士学位,主要涉及工业 4.0 物联网、关键技术与工程等领域。

（三）发挥行业在职业教育发展中的引领作用

行业引领职业教育,职业教育渗透行业,是澳大利亚职业教育发展的突出特点。为确保行业和个体在职业教育体系中的核心地位,澳大利亚政府强调增强行业在国家层面对制定职业教育相关政策的影响力,加强企业与职业教育机构的密切合作,满足行业企业对不同职业教育与培训的需求。在 2003 年出台的《塑造未来——澳大利亚 2004—2010 年职业教育与培训国家战略》(Shaping the Future- Australia's National Strategy for Vocational Education and Training 2004—2010)中提出要使行业、企业和个人更好地满足多种商业需求,鼓励政府和行业及社团等合作体之间有计划地提供职业技术教育的学习机会。2005 年,澳大利亚联邦议会通过了《2005 年澳大利亚劳动技能化法案》(The Skilled Labour Act of Australia 2005),为行业确定社会职业需求、参与职业教育决策管理、制定能力标准、审定课程和教学内容、参与职业教育与培训投

---

① Australian Government, "Apprenticeship Training-alternative delivery pilots Guideline", https：//www.australianapprenticeships.gov.au/sites/ausapps/files/2016/05/guidelines.pdf, 2020-11-12.

入以及评价职业教育教学质量等提供了政策依据①。无独有偶，2014年的职业教育改革为适应产业发展需求，构建满足不同行业发展需求的国家培训体系，澳大利亚成立职业教育与培训顾问委员会(Vocational Education and Training Advisory Board)，旨在增强各行业与职业教育机构之间的联系，为政府制定职业教育改革政策提供相应的依据，这在一定程度表明政府认可并希望进一步发挥行业在职业教育改革发展中的重要引领作用。

澳大利亚统一的国家职业教育框架体系为促进行业参与职业教育提供了坚实的保障。澳大利亚职业教育的最高决策机构为全国职业技术教育部长委员会(Ministerial Council for Vocational and Technical Education)，该委员会下设的重要机构之一是行业技能委员会(Industry Skills Councils, ISC)。行业技能委员会旨在促进行业参与职业教育，吸收具有广泛代表性的行业企业参与。行业技能委员会在澳大利亚职业教育与培训中具有举足轻重的地位。它是依照国家法律申请注册的非营利机构，接受政府的监督，每个行业技能委员会都下设董事会和专门委员会，由各种类型企业雇主代表、行业协会代表、职业院校和培训机构代表、工会代表等组成，主要职责包括诊断培训需求、开发培训包、为职业教育与培训提供智力支持等。行业技能委员会主要的经费来源是联邦政府通过开发培训包项目招标的形式向行业技能委员会拨款，其他经费由参加其他竞标任务的大型企业、行业协会等提供资助。②此外，澳大利亚有国家和州层面的行业培训顾问机构，致力于为各行业的职业教育与培训提供相应建议。澳大利亚行业在职业教育与培训改革发展中发挥的关键作

---

① 孟令臣、马爱林、宁永红：《澳大利亚行业主导职业教育发展的机制及其启示》，载《职教论坛》，2014(3)。

② 郑敬：《澳大利亚职业教育与培训框架体系研究》，硕士学位论文，华东师范大学，2010。

用如图 11-2 所示①:

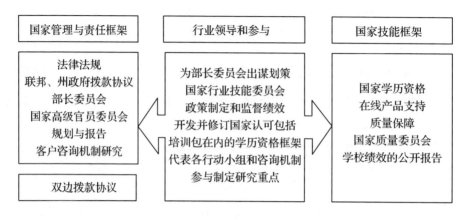

图 11-2 澳大利亚行业在职业教育与培训改革中发挥关键作用

此外,澳大利亚职业教育发展的市场化机制也为促进行业企业参与职业教育提供了制度保障。行业企业不仅参与制定职业教育政策、审定相关资格技能标准、组织注册认证标准,而且是职业教育市场的需求者、职业教育机构的兴办者和职业教育发展的参与者及咨询者。

随着行业在职业教育发展中的深度参与,行业企业与职业机构的关系发生了变化,企业对职业教育与培训的态度发生了改变,这些变化一定程度促使职业教育与培训系统改变其培养目标和宗旨②。据统计,2013 年澳大利亚有 51.9% 的企业通过职业教育与培训系统达成各自的培训需求,其中 33.3%的企业提供了职业资格证书培训,26.9% 的企业提供了学徒或实习,20% 的企

---

① Knight B, & Mlotkowski P, *An Overview of Vocational Education and Training in Australia and Its Links to the Labour Market*, Australia, National Centre for Vocational Education Research Ltd, 2009, p.30.

② Billett, "From Your Business to Our Business: Industry and Vocational Education in Australia", Oxford Review of Education, 2004(3), pp.13-35.

业采用国家认证培训①。

（四）注重职教师资队伍建设

21 世纪以来，在澳大利亚政府理事会（Council of Australian Governments）大力推行"技能加强"人力资本战略，提高具有学校后资格证书的人口比例，提升劳动年龄人口的参与率和生产力的背景下，职业教育与培训的规模日渐扩大，再加之学习者基本读写能力欠缺、学员群体的需求多元化、职业教育与培训评价任务加重等都对师资队伍的资格水平和专业能力提出了巨大的挑战。然而，教师在培养能应对多样化的学生群体、有效利用信息技术、改进职业能力评价等方面存在差距。为应对社会经济发展、国家教育发展及职业教育改革等对师资队伍提出的诸多新要求和新挑战，澳大利亚对职教师资队伍建设进行相应的改革与调整。

其一，坚持教师准入制度。澳大利亚职业教育的重要特征是强化质量标准，其中办学机构的标准对教师素养提出了具体要求，例如《注册培训机构（RTO）标准 2015》[Registered Training Institution（RTO）standard 2015]规定培训和考评人员应达到以下条件：具备与所培训和考评资格同水平的职业能力；具备与所实施的培训和考评直接相关的产业最新知识技能；具备职业培训与学习领域的前沿知识和能力。②

其二，扩充职教教师培训包。澳大利亚职教教师准入资格的能力要求在《培训与评价培训包》（Training and Assessment Training Package，简称 TAA04）中有具体体现。随着信息技术变革对教育培训体系的新挑战以及职业教育自身发展的新需求，职教教师能力日趋增高，职教教师培训包内容不断丰富。

---

① National Centre for Vocational Education Research，"Employers' Use and Views of the VET System"，https://www.ncver.edu.au/research-and-statistics/collections/employers-use-and-views-of-the-vet-system，2020-08-22.

② Commonwealth of Australia，"Standards for Registered Training Organisations（RTOs）2015"，https://www.legislation.gov.au/Details/F2017C00663，2020-08-22.

例如,从 2004 年 11 月发布第一个版本的 TAA04 培训包①,并于 2007 年、2008 年进行了修订,该培训包只包括 4 级和 5 级 2 个资格证书。2010 年 5 月,在 TAA04 培训包修订的基础上又发布了《培训与教育培训包》(Training and Education Training Package,TAE10),之后进行了多次修订,资格证书种类已从 TAA04 的两个扩展为职业教育与培训文凭、培训设计与开发文凭、国际教育服务文凭、数字化教育职业研究生证书等 10 个,能力单元从 2008 年修订版的 39 个扩充到 2014 年的 66 个(详见表 11-6),增量最大的是语言读写与计算领域,新增了 14 个能力单元。②正是这些培训包的多轮修订,资格证书种类的不断丰富及能力单元的大幅增加,为教师可持续专业发展提供了方向、框架和具体依据。

表 11-6 2008 年和 2014 年澳大利亚职教教师培训包情况比较③

序号	TAA04 能力领域(能力单元数),2008	TAE 能力领域(能力单元数),2014
1	评价(6)	评价(10)
2	教学与辅导(10)	教学与辅导(9)
3	协调、管理与培训评价质量监控(5)	教育管理(14)
4	学习设计(7)	学习设计(7)
5		行业与社会关系(1)
6		学习与发展(4)
7	语言读写与计算(1)	语言读写与计算(15)
8		专业发展(1)
9		研究(1)
10		可持续能力培养(2)

---

① 培训包是澳大利亚职业教育和培训体系的关键要素,是一套由国家认可的技能标准和准入资格构成,用来认证和评估劳动者在工作场所进行有效工作的知识和技能。

② 马延伟:《澳大利亚职业教育与培训师资队伍建设的挑战与应对》,载《外国教育研究》,2018(10)。

③ Australian Government,"TAE10 Training and Education",https://training.gov.au/Training/Details/tae10#,2019-10-19.

续表

序号	TAA04 能力领域(能力单元数),2008	TAE 能力领域(能力单元数),2014
11	培训咨询服务(5)	培训咨询服务(2)
12	学习环境(5)	
合计	39 个	66 个

其三,重视职教教师在职专业成长。澳大利亚不但规范职教教师准入资格,而且重视通过专业发展活动促进教师入职后专业持续成长。以维多利亚州为例,该州政府于 2005 年成立职业教育与培训专业发展中心,面向所有职教教师开展专业继续教育,教育形式涉及在线研修、专题研修、政府奖学金和评估等,培训内容主要包括质量监管、测评工具、教学策略、人力资源管理、领导力与管理能力、行业合作等。该中心教师专业发展活动得到教师和社会的广泛认可,据统计,2017 年该中心提供的教师培训参与者达到近 9000人,比 2016 年增长了 31%,比 2013 年增长了 95%。除了专业培训,该中心还为教师学历提升提供经费资助,用于支付教师参加研究生课程学习的学费及其他专业活动的费用,从而提升教师教学能力专业化水平。

其四,建立与行业密切联系的职教师资聘用制度。澳大利亚为确保培养职教学生的就业和岗位胜任能力,拓宽教师来源渠道,探索建立了与行业保持密切联系的职教师资队伍聘用制度。据统计,澳大利亚 TAFE(Technical And Further Education,简称 TAFE)院校中全职员工占比不到一半,在一线培训师、鉴定师群体中,全职员工占比更低,只有 33.7%,临时聘用人员占56.6%。就发展趋势而言,一线教师呈现出非全职聘用的趋势。例如,维多利亚州全职教师占比从 2002 年的 44.3% 下降到 35.2%,南澳洲全职教师占比则从 46% 下降到 20.4%。[1]大量非全职聘用师资主要来自行业企业在职员工。

---

[1] Nechvoglod.L, Mlotkowski.P. & Guthrie.H., "National TAFE workforce study 2008", https://files.eric.ed.gov/fulltext/ED508304.pdf, 2019-10-20.

据调查，TAFE学院的教职工有65%是在31～50岁之间开始任职，有20%则是在50岁之后入职。①换言之，一些行业企业从业人员是TAFE师资队伍的重要来源，很多人在职业生涯早期是在各行业内任职，在职业生涯后期再进入职教系统。大量聘用来自行业企业的技术骨干担任教师，能更好地确保教师具备产业发展前沿的素养，从而实现职业教育师资"双专业"的人才培养需求。

（五）推进职业教育国际化

澳大利亚作为典型的外向型经济体，很早就注重走外向型职业教育发展道路，在不同的发展阶段，澳大利亚政府将职业教育改革与发展置身于国际视野中进行审视和完善。在20世纪90年代初，澳大利亚将职业教育国际化作为应对国际挑战和满足国家需求的有效工具，并在国家层面明确了职业教育国际化的关键维度和总体规划。21世纪以来，澳大利亚联邦政府继续推进职业教育国际化，推动澳大利亚职业教育走向世界。2001年颁布实施的澳大利亚高质量培训框架作为外部职业教育办学质量标准，历经2005年、2007年和2010年的修订后，不断对职业教育机构及监管机构提出最佳实践标准。2003年，由58所公立TAFE学院院长组成的社会教育团体——澳大利亚TAFE理事会发表《国际教育立场文件》(Position paper on International education)，阐明了社会教育团体支持职业教育国际化的立场并提出了相应的行动建议。2009年澳大利亚在OECD开展的"职业教育与培训的系统变革"调查中，针对职业教育发展与培训的具体发展战略提出了一系列国际化的改革举措，主要涉及：构建高质量、一体化的全国职业教育体系；加强大学和职业教育与培训机构之间的重要联系，发挥大学学术导向与职业教育技能为主的各自特长；职业教育自身注重沟通能力、团队合作等软技能的学习，建立更明确的国家统一的技能标准；不同类型的职业培训提供者在公平的前提下开

---

① Productivity Commission, "Vocational Education and Training Workforce", https://www.pc.gov.au/inquiries/completed/education-workforce-vocational/report, 2019-10-20.

展自由竞争等。① 2011 年，国家质量委员会在总结澳大利亚跨境职业教育办学经验的基础上，制定了《跨境职业教育与培训最佳实践指南》（Best Practice Guide for Cross-border Vocational Education and Training），进一步指导职业教育机构在跨境职业教育办学中持续提升质量。

澳大利亚职业教育国际化的主要举措包括：（1）加强职业教育机构与世界的联系，促使职业教育机构能适应国际经济、社会与文化的不断变化。澳大利亚政府努力拓展国际职业教育市场。TAFE 学院和开设 TAFE 部的大学采取各种方式扩大对国际职业教育市场的供给，主要包括招收国际留学生、开展国际合作办学、举办国际教育会议、开设国际性远程职业教育、开展国际事务培训等，这些举措一方面确保澳大利亚职业教育在国际化道路上充满发展活力，另一方面也为澳大利亚职业教育改革与发展提供了强有力的经费支持。（2）推动职教教师队伍国际化。职教教师队伍的国际化要求教职员工具备以下几种国际能力：全球取向能力（Global Orientation），能充分意识到教育国际化以及其他国际环境变化对职业教育的影响，具有不断更新观念的能力，能以全球视野对待职业教育工作；国别知识（Country Specific Knowledge），掌握其他国家的历史文化、经济发展和教育发展等重要知识并能将这些知识运用于职业教育中；跨文化能力（Cross-Cultural Competence）强调教师对不同国家文化差异的认识以及在职业教育与培训等具体情境中的跨文化交际与理解能力；自我超越能力（Personal Mastery）注重教师顺利开展国际项目必需的开放性、灵活性与适应性、情绪控制、观察与聆听技能、创造力等；管理能力（Management Competence）是职业教育管理人员应具备的深入理解经济全球化对职业教育的影响，规划发展职业教育国际化，管理国际职业教育项目等能力。②

① OECD/CERI（2009），"Study of Systemic Innovation in Vocational Education and Training"，http：//www.oecd.org/dataoecd/17/38/42243354.pdf，2019-01-05.

② 梁帅、吴雪萍：《澳大利亚职业教育国际化政策探析》，载《中国高教研究》，2019（5）。

(3)促进学生的国际流动。一方面是扩大留学生招生规模,通过制定职业资格互认方案,促使面向留学生的TAFE课程得到他国认可;制定TAFE资格与大学课程的衔接方案,促使职业教育成为留学生升学的桥梁等吸引留学生。另一方面,澳大利亚通过设立助学金等措施鼓励本国学生出国学习,以获取全球知识与国际经验。(4)保障跨境职业教育办学质量。2005年4月,澳大利亚教育、科学与培训部出台了《跨国教育与培训国家质量战略》(National Quality Strategy for transnational education and Training),旨在通过加强国家对质量的控制,提升澳大利亚教育与培训质量的国际认可度。其中最重要的战略原则之一是确保澳大利亚跨境职业教育合作办学质量等同于本土职业教育质量。为确保该原则的有效落实,2005年年底,澳大利亚教育、科学与培训部拨出专项资金重点资助15个由国家职业教育与培训研究中心统一管理的跨境职业教育质量保障项目,每个项目在完成后要提交详细的项目总结报告。(5)职业教育与培训课程的国际化。2011年,澳大利亚资格框架委员会将推进本国资格框架与国外相关资格框架的对接列入细则,旨在促使澳大利亚职业教育课程得到国际认可,具体包括为加强国家或区域间的相互信任与资格认定提供依据,促进各国或区域资格框架信息的透明度与可靠性,提高国家或区域资格认证体系的稳定性,促进学生与技术工人所得资格的国际认可和国际流动等①。

(六)重视原住民职业教育与培训

澳大利亚原住民作为最贫困的群体,其与主流群体在教育方面存在较大差距。为构建更加公平的可持续发展社会,澳大利亚联邦政府提出"缩小差距(Closing the Gap)"的反贫困策略,其中将职业教育和培训作为重要抓手,以期消除原住民贫困并减少社会不平等现象。澳大利亚政府颁布的《学习型文化中的伙伴:原住民职业教育和培训国家战略(2000—2005)》(Partners in a

---

① 梁帅、吴雪萍:《澳大利亚职业教育国际化政策探析》,载《中国高教研究》,2019(5)。

Learning Culture：Australia's National Aboriginal and Torres Strait Islander Strategy for Vocational education & Training 2000—2005）提出"职业教育和培训应秉承和解、平等、公正、社会经济发展和可持续性的精神，与所有澳大利亚人学习和共享原住民文化"，① 将原住民职业教育作为反贫困的重要战略安排。澳大利亚政府希望通过该战略实现促进原住民与主流社会族裔的和解、推动原住民传统文化的发展、提升原住民发展的内驱力等目标。

其中具体策略涉及以下方面：（1）有效提升原住民的社会参与度。处于不利处境的原住民通常在政治、经济和文化等方面遭遇严重的社会排斥，难以融入主流社会，让更多的原住民接受职业教育和培训有助于"增加发展机会，使其更有效地参与到社会经济和文化生活中，并拥有与主流社会群体同样的选择机会"②。2016 年澳大利亚国家职业教育研究中心（National Centre for Vocational Education Research）颁布的《职业教育与培训能否有助于建立一个更加包容性社会？》（Can VET help create a more inclusive society?）中强调，职业教育和培训对原住民等弱势群体的就业、职业发展和参与社会各领域的活动具有重要影响，通过接受职业教育和培训能有效缩小原住民与主流群体的社会差距。③（2）实施提高原住民学业成就的干预机制。原住民儿童学业成就的落后会导致就业困难、家庭贫困等诸多问题，因此，澳大利亚政府为原住民实施学业辅导和干预机制，以提高人力资本和职业教育成效。例如，澳大利亚联邦政府从 1999 年开始在原住民高中阶段实施"学校本位的学徒制和受训生制"

---

① Australian National Training Authority，"Partners in a Learning Culture：Australia's National Aboriginal and Torres Strait Islander Strategy for Vocational Eeducation & Training 2000—2005"，https：//www.voced.edu.au/content/ngv%3A33239，2020-12-10.

② Australian National Training Authority，"Partners in a Learning Culture：Australia's National Aboriginal and Torres Strait Islander Strategy for Vocational Education & Training 2000—2005"，https：//www.voced.edu.au/content/ngv%3A33239，2020-12-10.

③ NCVER. "Can VET Help Create a More Inclusive Society?"，https：//www.ncver.edu.au/data/assets/file/0028/44758/can-vet-create-a-more-inclusive-society-2817 .pdf，2010-12-10.

(School-based Apprenticeships and Trainee ships),帮助学生获得高中文凭和国家职业资格证书。2008 年西澳大利亚州实施了面向 10~12 年级原住民学生的"原住民学校本位培训项目"(Aboriginal school-based training program),以期通过为原住民学生提供形式多样的职业技能培训,帮助他们获得更多的就业选择并为其接受高等职业教育打下基础。① (3)加强原住民接受职业教育过程的多元支持。研究发现,确保原住民持续接受职业教育的重要前提是为其提供细致周到的支持与服务。澳大利亚政府为原住民提供餐饮、交通和儿童护理等服务,语言和读写等基础技能方面的指导,以及关于求职技巧和工作经验等方面的培训。同时,职业教育机构加强对原住民日常学习的灵活管理,根据原住民的差异化需求做出调整,尽量为原住民学习和生活提供便利。最后,澳大利亚职业教育机构积极支持和宣传原住民文化,努力构建具有支持性、文化适应性的学习环境。例如,西澳大利亚州的部分职业教育机构设立"原住民文化中心"(Aboriginal Cultural Centers),不仅是原住民学生相互交流的平台,而且也是宣传原住民文化的有效载体。② (4)发挥企业在促进原住民职业教育中的重要作用。澳大利亚政府重视企业在职业教育发展中的作用,强调通过企业、职业教育机构与原住民之间的合作,促进原住民获得相应的职业技能并稳定就业。澳大利亚政府建立了奖励和激励机制,以促进企业能雇佣和留置原住民劳动力。例如,2010 年澳大利亚联邦政府实施"实习生支持项目"(intern Support program),主要支持高等院校的原住民学生到企业和社区等机构实习。原住民学生除了在学校全日制学习外,每年有 12 周时间到企业实习。澳大利亚联邦政府每年提供 1.54 万澳元的经费,一部分资助原住民学

---

① Government of Western Australia, "New Training Program Will Prepare Aboriginal Students for Employment", https://www.mediastatements.wa.gov.au/ Pages /Barnett/2008/10/New-training-program-will-prepare-Aboriginal-students-for-employment.aspx, 2020-12-10.

② South Metropolitan TAFE, "Aboriginal Student Support Services Fact Sheet", https://www.southmetrotafe.wa.edu.au/student-services/aboriginal-support, 2010-12-10.

生的生活费和交通费等，另一部分则拨付给企业。①总之，澳大利亚形成了政府主导、多元主体协同的原住民职业教育支持体系，各主体承担不同的任务并通力合作，共同提升职业教育反贫困的成效。"原住民从职业与培训中心不仅获得了外部经济收益和经济资本，而且提高了文化资本、知识存量和自信心。"②

五、教师教育改革与发展

澳大利亚面向 21 世纪教育改革的目标是促进澳大利亚学校教育公平与追求卓越，将澳大利亚所有年轻人培养为成功的学习者、积极自信和富有创造精神的公民。实现该目标的关键要素之一是打造优秀的教师队伍。在经济全球化、信息化、知识经济发展等国际潮流的推动下，以及国内学生学业成就不佳、教育发展不均衡等现实情况的双重作用下，澳大利亚开展了教师教育市场化、专业标准化等一系列改革，有效地提升了教师教育质量。21 世纪以来主要的改革举措如下：

(一)实施变革型教师专业化

20 世纪 90 年代以来，在国际教师教育改革浪潮和国内社会变革的影响下，澳大利亚开启了以建立和完善教师准入标准、改善教师入职和专业发展的外部环境等为核心要义的传统型教师专业化运动。1999 年澳大利亚联邦政府出台的《阿德莱德宣言》明确提出将教师专业发展纳入 21 世纪国家教育发展的重要内容，要求提升教师和学校领导的专业地位和专业属性。进入 21 世

---

① Charley Boyter, "The Indigenous Cadetship Support Program Corrective Services New South Wales", http：//csa.intersearch.com.au/csajspui/bitstream/10627/441/1/The-Indigenous-Cadetship-Support-Program.pdf, 2020-12-21.

② Maree Ackehurst, Rose-Anne Polvere & Georgina Windley, "Indigenous Participation in VET: Understanding the Research", https://www.ncver.edu.au/data/assets/pdf＿file/0029/484463/Indigenous-participation-in-VET.pdf, 2020-12-21.

纪,教师教育成为教育改革的重要阵地,教师专业化被赋予新的内涵,开启了变革型发展道路。变革型教师专业化要求教师由政策被动执行者转变为政策的诠释者,强调教师作为主动学习者和研究者,将学习和研究贯穿职业生涯始终,通过开展丰富多彩的教研活动,教师之间共享优质资源以实现共同发展。

21世纪以来澳大利亚政府陆续出台各项教师教育政策法规诠释了变革型教师专业化发展的内涵和要义。2001年,澳大利亚政府颁布了《21世纪的教师:联邦政府教师质量行动》(Teacher for the 21st Century: A Commonwealth Government Quality Teacher Initiative),明确提出"教育的核心目标是培养优秀的毕业生和提供优质的学校教育,高质量的教育等同于澳大利亚的未来"①。2003年,澳大利亚联邦政府资助举办了"国家教师标准、质量和专业主义"(Teacher Standards, Quality and Professionalism)论坛并发布了《关于教师标准、质量和专业主义的教学专业国家声明》(National Statement from the Teaching Profession on Teacher Standards, Quality and Professionalism)。同年,澳大利亚教育、就业、培训与青年事务部颁布《全国教师专业标准框架》(National Framework for Professional Standards for Teaching),强调国家统一教师标准的重要性并阐明教师专业发展的维度和要素。其后随着澳大利亚教育改革内外部环境的不断变化以及教育改革的持续推进,2009年,澳大利亚联邦政府基于提高教师质量的战略目标,对2003年出台的全国教师专业标准框架进行修订并于2011年正式颁布新的《全国教师专业标准》(National Professional Standards for Teachers),从基本理念、发展阶段和专业素养三个方面对原有标准进行修订,明确规定了教师职业的性质,拓展了教师专业素养的内涵,深化了教师专业发展能力。该标准将教师职业生涯发展划分为毕业教师(Graduate teach-

---

① 桑国元等:《澳大利亚教师教育质量保障体系:21世纪初的挑战与变革》,载《比较教育研究》,2017(2)。

ers）、熟练教师（Proficient teachers）、高熟练教师（Highly Accomplished teach-ers）、主导教师（Lead teachers）四个阶段，分别从专业知识、专业实践和专业投入等维度设置相应标准及指标体系，具体包括专业知识维度要求"了解学生及其如何学习、知晓学科及如何开展教学"，专业实践维度要求"有效地实施教学计划、创设安全与支持性的学习环境、评价学生学习并给予反馈"，专业投入维度涉及"投入专业学习，与同事、家长、社区认识投入专业"等①。同时，置身于信息化时代背景下，澳大利亚重视培养教师的信息技术素养，2008 年，澳大利亚政府陆续实施了《更明智的学校：关于教师质量的全国合作计划》（Smarter Schools Teacher Quality National Partnership）和《面向中小学和学校领导的数字化战略》（Digital Strategy for Teachers and School Leaders），致力于提升中小学教师的专业素养。澳大利亚从国家政策层面自上而下推进变革型教师专业化，不仅关注教师教育的结果，更重视教师专业发展的过程和宗旨。

（二）研制和完善教师教育专业标准

21 世纪以来，澳大利亚联邦政府注重追求教师教育的高质量发展，一方面通过法律保障、政策支持等路径促进教师专业提升；另一方面，澳大利亚政府和教育管理部门注重对教师专业标准的研制与完善，以此认定、评估和提升教师教育质量。教师专业标准主要包括教师教育认证标准和教师教育专业标准。

首先，在教师教育认证标准方面，2007 年，澳大利亚教学与学校领导协会（The Australian Institute for Teaching and School Leadership）在咨询征求全国意见基础上，提出了全国统一的教师教育认证标准框架，以此认证和评估职前

---

① Australian Institute for Teaching and School Leadership, "National Professional Standards for Teachers", https：//www.aitsl.edu.au/docs/default-source/national-policy-framework/austral-ian-professional-standards-for-teachers.pdf? sfvrsn=5800f33c_ 64, 2010-11-13.

教师教育专业课程。这是澳大利亚在国家层面确保教师教育质量的重要尝试。同时,澳大利亚还设置了澳大利亚教师教育认证委员会(Australian Council for the accreditation of teacher education),主要负责教师教育办学质量的评估,评估教师教育课程是否达到专业办学指标的要求,具体通过严格规范的程序保障职前教师教育的高质量。2011 年,澳大利亚教学和学校领导协会又发布了《澳大利亚职前教师教育项目认证标准和程序》(Accreditation of initial teacher education programs in Australia:Standards and Procedures)并于 2015 年进行了修订,详细规定了认证的标准和程序,进一步明确了通过教师教育国家认证来确保教师培养的高标准和高质量,有助于社会公众了解、相信和尊重教师进而提升教师的社会公信力。其次,在教师教育专业标准方面,澳大利亚联邦教育部在 2011 年颁布《国家教师专业标准》(National professional standards for teachers),强调培养高质量的教师为全体儿童提供优质教育。该标准主要从专业因素和职业因素两个维度构建教师专业标准,强调教师职业的专业性、实践性和发展性。同时,该标准也规定了不同发展阶段教师在专业知识素养和专业实践能力方面的具体特征,实现了将教师专业标准作为教师专业发展的导向和引领。[①]这一标准的出台,有助于通过持续关注教师的专业发展过程、加强教师教育的交流合作,深化教师专业发展的内涵,提升教师教学质量,从而最大程度实现教师质量和学校教育质量的有效提升。

(三)加强职前教师教育质量保障

职前教师教育一直是新世纪以来澳大利亚教师教育改革的关注重点。从 2000 年实施的"澳大利亚政府优质教师工程"(Australian Government Quality Teacher Program)到 2003 年及 2011 年《国家教师专业标准》的颁布与修订,澳大利亚政府通过颁布教师教育相关文件和调研报告为确保职前教师教育质量

---

① Mayer, D, Pecheone, R., & Merino, N, *Rethinking Teacher Education in Australia: The Teacher Quality Reforms*, New York, Routledge, 2012, pp.110-129.

提供政策保障。2011 年，澳大利亚政府基于《国家教师专业标准》专门出台了《澳大利亚职前教师教育培养方案认证标准和程序》(Accreditation of Initial Teacher Education Programs in Australia-Standards and Procedures)，后续又多次对其进行修订，修订的重点之一是调整和改革教师教育人员的入学门槛。澳大利亚教师培养的费用主要由政府承担，为确保政府财政投入在教师培养中的有效使用，2014 年联邦政府要求时任教育部部长派恩(Christopher Pyne)成立"教师教育部长顾问小组"，围绕职前教师培养状况及如何推进有效改革提出建议。该顾问小组最终于 2015 年正式发布了《即刻行动：培养具有课堂胜任力的教师》(Action Now：Classroom Ready Teachers)的调研报告，对如何改进职前教师培养提出了诸如实施科学透明的职前教师教育入学人员选拔机制、保障职前教师充分的专业实践、培养职前教师课堂胜任力、开展职前教师培养研究和人力资源的国家规划等详细建议。随后澳大利亚政府对该报告及其建议予以高度重视并做出积极回应，责成澳大利亚教学与学校领导研究所(The Australian Institute for Teaching and School Leadership)采取相关举措提高职前教师培养质量，涉及修订《澳大利亚职前教师教育培养方案认证标准和程序》、实施职前教师基准测试等。2015 年年底，新修订的《澳大利亚职前教师教育培养方案认证标准和程序》得以颁布，对教师教育课程国家认证原则、认证标准、认证程序等进行更严格详细的规定。①

同时，澳大利亚开展职前教师入学人员选拔，提高教师教育人员入学门槛，为确保职前教师教育质量提供入口保障。澳大利亚认为只有具备高素质的优秀学生才可能成为国家未来的教师，因此教师教育机构要加强对入学人员的选拔，重视职前教师在读写和算术等方面的考核，以确保优秀学生进入

① Australian Institute for Teaching and School Leadership，"Accreditation of Initial Teacher Education Programs in Australia：Standards and Procedures"，https：//www.aitsl.edu.au/docs/default-source/national-policy-framework/accreditation-of-initial-teacher-education-programs-In-australia.pdf？sfvrsn=e87cff3c_22，2019-11-13.

并接受教师教育。早在 2000 年启动的"优质教师工程"项目中，澳大利亚就强调注重教师在读写、计算等领域的学习并给予优先资助。2013 年澳大利亚教育委员会(The Australian Council for Educational Research)制定职前教师的读写与计算能力框架。该框架以澳大利亚联邦政府 2012 年出台的《澳大利亚核心素养框架》(The Australian Core Skills Framework)和《国际成人关键能力评价计划》(The Programme for Internationals Assessment of Adult Competencies)为参考。2013 年，澳大利亚教学与学校领导研究协会发布了《职前教师的读写与计算能力评价框架》(Literacy and Numeracy Initial Teacher Education Students Assessment Framework)，其中读写能力测试主要考查学生的阅读与写作水平，涉及语法、拼写、词语运用和文本组织能力等，计算能力测试主要考查学生的计算能力、测量和几何、统计和概率知识等。[①] 2015 年澳大利亚联邦政府要求进一步完善该评价框架，明确规定所有职前教师必须通过该项基准能力测试才能获得注册，由此全面开展职前教师读写和计算能力的测试。同时，为确保职前教师培养质量，澳大利亚政府加强对教师教育入学人员的选拔。例如 2015 年 8 月出台了《即刻行动：职前教师教育入学人员选拔指南》(Action Now: Selection of Entrants into Initial Teacher Education Guidelines)，其中对教师教育人员的入学选拔标准及程序、适用对象、选择过程等方面提出了具体要求。这些举措对职前教师教育的入学人员提出更高要求，也为遴选优秀人员进入教师队伍提供了有力保障。

此外，澳大利亚政府强调通过建构多方合作伙伴关系和加强专业实践要求以培养职前教师的课堂准备能力。澳大利亚联邦政府明确规定了教师教育中专业实践要求，要求教师教育机构必须与中小学等相关机构建立合作伙伴

---

① Australian Institute for Teaching and School Leadership, "Literacy and Numeracy Test for Initial Teacher Education Students Assessment Framework", https://teacheredtest.acer.edu.au/files/Literacy-and-Numeracy-Test-for-Initial-Teacher-Education-Students-Assessment-Framework.pdf, 2019-11-13.

关系以保障职前教师能深入课堂开展教学实践，促进专业理论知识与课堂教学实践的融合。为确保专业实践质量，澳大利亚发布《专业实践参与者的角色和责任》（Professional Experience Participant Roles and Responsibilities），明确规定了职前教师专业实践基地、专业实践指导教师、职前教师、职前教师教育机构各自的角色和责任。①高质量的专业实践需要高水平教师的专业引领和指导。针对指导教师的指导动力不足、能力不强等问题，2013年澳大利亚联邦政府实施全面"指导职前教师计划"（Supervising Pre-service Teachers Program），主要面向在职前教师专业实践指导中缺乏经验和需要特别支持的导师，主要通过有效的合作伙伴学习、实践分析、根据教育情境做出判断、毕业教师专业标准解读等模块开展探究性学习，以此拓展专业实践导师的专业知识、提高其专业技能和专业指导能力。该计划为专业实践导师提供了互动交流的平台，也提供了大量资源便于他们根据自身需求进行自我学习。②最后，澳大利亚政府积极开展基于调查实践和研究以推进职前教师教育改革，并倡导将教育研究的最新成果及时运用于教师教育实践中，为确保职前教师教育质量提供研究保障。

（四）关注初任教师入职教育

20世纪90年代以来，澳大利亚面临教师尤其是优秀教师短缺、教师流失率高等问题，在相对落后的偏远地区尤为突出。澳大利亚政府把初任教师的入职教育提上重要议程，采取各种举措以减少教师流失，稳定教师队伍和提升教师专业素养。2001年澳大利亚颁布《21世纪的教师——联邦政府教师质量行动》（Teachers for the 21st Century a Commonwealth Government Quality Teach-

---

① Australian Institute for Teaching and School Leadership, "Professional Experience Participant Roles and Responsibilities", https：//www.aitsl.edu.au/docs/default-source/default-document-library/professional-experience—participant-roles-and-responsibilities19e58791b1e86477b58fff00006709da.pdf? sfvrsn=e9c3f53c_0, 2020-12-25.

② 张文桂：《21世纪澳大利亚职前教师教育质量保障措施探析》，载《教师教育学报》，2019（3）。

er Initiative)提出"澳大利亚政府优质教师计划"(Australian Government Quality Teacher Program),将初任教师入职教育作为其中重要的关注领域,希冀通过入职教育培养高素质教师。2002 年,澳大利亚联邦政府出台《一种值得关注的道德:对初任教师的有效计划》(An Ethic of Care:Effective Programme for Beginning Teachers),提出初任教师入职教育的基本目标,旨在帮助初任教师从学生角色顺利过渡到教师角色、适应课堂环境和学校及社区、理解教学职责、促进其专业水平提升、提高入职率和留任率。[①]为促使初任教师能尽快适应课堂和学校,该计划强调对初任教师开展入职辅导,分为定向(orientation phase)、确立(Establishment phase)和发展(Development Phase)三个阶段,针对不同阶段初任教师的具体问题和需求提供相应支持,循序渐进地开展入职教育。同时,该计划提出了"校本入职指导"(School-based induction)模式,将新教师的入职教育定位于职前准备和教师专业发展的连续体中,提出将大学所学的理论与学校的具体实践相结合,以提升初任教师的教学胜任力。2007 年,澳大利亚联邦议会发布了《班级的核心:教师教育调查报告》(Top of the Class:Report on the Inquiry into Teacher Education),强调澳大利亚教师教育长期存在的问题仅关注职前教育,尚未将教师入职教育和各种在职培训纳入整个教师教育系统。基于此,该报告提出教师教育改革的建议中强调为初任教师提供专门的入职培训经费,初任教师在有经验的教师指导下听课并参加专业发展课程,确保政府资助的名额与特定的师资需求相匹配等举措以促进初任教师的专业发展。[②] 2010 年,澳大利亚教学与学校领导协会(Australian Institute for Teaching and School Leadership Limited)发布了"初任教师教育课程全国

---

① Australian Commonwealth Department of Education, Science and Training. "An Ethic of Care-Effective Programme for Beginning Teachers", https://catalogue.nla.gov.au/Record/2552446, 2019-11-18.

② House of Representatives and Standing Committee on Education and Vocational Training, "Top of the Class: Report on the Inquiry Into Teacher Education", http://www.curriculum.edu.au/leader/top of the class, 18080.html, 2019-11-18.

认证系统"(National system for the accreditation of pre-service teacher education programs)咨询报告，由此标志着澳大利亚从国家层面保障确保初任教师教育质量。初任教师入职教育成为澳大利亚教师教育系统中的重要环节，亦是促进教师专业发展的必要举措。此后，为了应对澳大利亚学生在 PISA、TIMSS 等国际评价项目中表现不佳、基础教育质量仍有待提高等挑战，2015 年澳大利亚发布了《即刻行动：培养为课堂做好准备的教师》(Act now：Develop teachers who are ready for the classroom)报告，探讨经济全球化和社会信息化背景下初任教师如何更好地把课堂需要的教学技能和实践技能有效集合起来以提高教学质量，对初任教师专业经历、选择性和适用性、人力规划等领域提出了建议。2016 年，澳大利亚各级教育部部长签署了《从毕业生迈向熟练：澳大利亚教师入职培训指南》(Graduate to Proficient：Australian guidelines for teacher induction into the profession)，立足《国家教师专业标准》建构了加强对新教师的全面支持，以实现从毕业生向熟练教师职业阶段的顺利过渡。

为帮助初任教师顺利度过实习期，澳大利亚联邦层面从宏观上给初任教师入职教育进行指导，提供道德准则、法律法规、价值观、晋升机会以及职业期望等信息，各州/领地及学校则纷纷制订了一系列翔实的入职指导计划，同时也为初任教师入职教育制定质量标准与评估方案并严格执行。澳大利亚要求初任教师持有经过认证的资格证书，拥有规划和管理成功学习的知识、技能和价值观，能够达到注册教师的所有要求，成为专业的学习者和沟通者，能在学校和社区中发挥专业作用，等等。在具体实施层面，初任教师入职学校和培训部门对所有初任教师开展入职教育，入职学校认定高技能教师为指导者对初任教师进行教学指导，并为初任教师建立档案袋。评价方式主要采用形成性评价和终结性评价，前者主要对初任教师入职教育过程进行评估，后者在初任教师入职期满后对其是否具备任教资格进行鉴定。

(五)改革教师绩效工资制度

长期以来，澳大利亚教师工资结构较为扁平单一，通常是在相应学历水平起始工资基础上结合教龄发放, 这种带有平均主义色彩的工资制度使得教师付出的努力与获取的报酬不完全匹配, 导致教师工作的吸引力日趋下降, 同时也被公众指责为平庸教师的保护伞, 要求改革教师工资制度的呼声越来越高。2003 年,《澳大利亚的教师: 澳大利亚的未来》报告中提出制定一个全国统一的标准和方法来评估教学, 教师的工资收入应该能反映其教学水平。换言之, 拥有高标准和高技能的教师就应该增加其薪酬。[1] 2007 年, 时任教育部长朱迪·比西普(Juide Bishop)强调要借鉴美国、英国等国的经验, 为澳大利亚量身打造教师绩效工资制度, 这也被认为是启动了新一轮政府主导的教师工资改革。2008 年, 澳大利亚教育联合会时任主席安杰洛·加夫列拉托斯(Angelo Gavrielatos)提议实施以教师专业国家标准为基础的专业工资计划, 即对教师的教学技能、知识和教学实践等进行评估以确定相应的薪酬。同年 8 月, 澳大利亚政府出台了"全国优质教学合作伙伴关系"(National Education Quality Partnership)计划, 鼓励地方教育行政部门和学校向最优秀的任课教师进行奖励。为保障新绩效工资制度的落实, 澳大利亚联邦政府自 2009 年起开始将各地是否执行绩效工资制度作为教育拨款的重要考量因素。[2] 实行教师绩效工资体现了对教师教学水平的认可, 能为教师专业发展提供物质支持和精神激励。在具体操作层面, 澳大利亚实施由校长负责的"教师绩效评价项目(Teacher performance evaluation project)", 倡导以学校为基础, 兼顾学校管理和教师个人发展的需求, 将教师的工作绩效、专业发展与教师的经济利益有机结合。一方面从发展观出发以促进教师知识、能力、态度等专业发展为目的, 另一方面立足绩效观致力于提升学校绩效及竞争力, 两者的有机结合一

---

① Australia, Department of Education, Science and Training (DEST) and Committee for the Review of Teaching and Teacher Education (Australia), "Australia's Teachers: Australia's Future Advancing Innovation, Science, Technology and Mathematics", http://www.dest.gov.au/sectors/school_education/policy_initiatives_reviews/reviews/teaching_teacher_education, 2019-11-18.

② 杜静、颜晓娟:《政策群视阈下的 21 世纪澳大利亚教师教育改革及启示》, 载《比较教育研究》, 2014(10)。

定程度上能更全面准确地评价教师。

(六)优化弱势地区师资配置

21世纪以来澳大利亚致力于发展公平与卓越的教育。然而，PISA测试等教育评估表明，澳大利亚的原住民、乡村偏远地区以及处境不利等群体与主流群体在学生学业成就、教师素养和师资队伍建设等方面存在较大差距。澳大利亚政府强调，培养和造就一支高质量的教师队伍对原住民学生、偏远地区学生等处境不利群体具有重要意义。因此，招募优秀人才加入教师队伍、关注并优化薄弱学校和地区的师资培养成为21世纪澳大利亚教师教育改革的重要内容。2009年澳大利亚实施了"为澳大利亚而教"(Teach for Australia)项目，作为《提升教师质量合作伙伴协议》(Improving Teacher Quality National Partnership Agreement)的关键内容之一，其核心理念旨在追求平等，确保澳大利亚每个儿童特别是处境不利儿童能平等地接受相应的教育。为此，采取了招募和培训那些未取得教师资格但有意向到贫困偏远地区学校任教两年的优秀人才，将其纳入教师队伍，以此提高处境不利儿童的学业水平，促进教育公平的实现。同时，2009年实施的旨在缩小北部地区差距的全国合作计划(Enhancing Literacy measures of the Closing the Gap in the Northern Territory National Partnership)和优质教学档案袋计划(Quality Teaching Package)为北部偏远地区的教师提供了专业发展的帮助和支持。

概言之，21世纪以来澳大利亚教师教育开展了全方位的改革并很大程度促进了教师教育质量的提高。然而，教师教育也面临经费不足、师资匮乏、教育治理能力欠缺等不同层面的困境。当前，关于澳大利亚教师教育发展模式存在诸多论争，例如，关于教师教育发展应该放松限制以实现自主化发展还是要以更加规范的教师专业标准促进教师教育质量的提升，如何理解、评估和提升教师质量及教师教育质量等。这些争论的背后反映出澳大利亚教师教育改革发展过程中存在一系列的矛盾与张力，诸如教师教育管理集权与分权的张力，教师专业自治与教师外部控制之间的矛盾，教师考核是注重过程还是强调结果，教师教育政策的传统延续与变革创新之间的张力等，这些或许在今后一段时间里将成为澳大利亚深化教师教育改革的重要关注点和亟待解决的关键问题。

六、特殊教育改革与发展

在 1994 年《萨拉曼卡宣言》(The Salamanca Statement)开启世界范围内融合教育序幕的影响下，澳大利亚在一体化教育政策的基础上积极响应融合教育(Inclusive Education)的理念，联邦和州政府不断调整政策推行融合教育改革，着力促进有特殊需求的儿童平等地接受教育。

(一)推行融合教育改革

1992 年澳大利亚颁布《残疾人歧视法》(Disability Discrimination Act 1992)，规定残疾学生有权利像正常学生一样接受相同形式的学校教育，该法令的出台促使大量原来就读于特殊学校的学生转学到普通学校，表明融合教育初步得以推进实施，也为之后澳大利亚融合教育政策的具体化奠定了基础。然而，随着就读于普通学校的特殊儿童类型及需求日趋多样化，普通学校教职人员的专业素养和学校环境设备等方面面临巨大压力和挑战。换言之，融合教育存在教师给不同教育需求学生提供高质量教育的准备不充分、教育资源分配方式不恰当、融合教育支持力度不够等现实困境。2005 年澳大利亚政府出台残疾人教育发展的纲领性文件——《残疾人教育标准》(Disability Standards for Education 2005)，提出从幼儿园到大学乃至成人教育中残疾人入学、课程、评估及相关教育服务的具体标准和相应职责。同时，该标准规定了详细的反歧视准则，要求教育者必须在教学环境、教学过程及评估等方面做出合理的调整，让残疾学生有机会与正常学生在同等条件下有效参与学习，从而激发和实现其潜能。这一标准为各州融合教育政策制定和实施提供了基本框架和行动指南。2011 年，澳大利亚联邦议会出台《国家残疾策略 2010—2020》(National disability strategy 2010—2020)，指出已有政策和举措的不足，强调通过十年的国家发展规划改善残疾人的生活及教育，致力于通过调整残疾儿童的教育计划以使每个人都能接受适宜的教育并获得最佳的教育结果。

在联邦融合教育政策的统领和要求下，澳大利亚各州基于各自实际情况纷纷出台相应的法令和实践举措。例如，2006 年维多利亚州出台的《教育培训改革法案》(Education and Training Reform Act) 提出州政府应为残疾学生提供额外的支持。随后，维多利亚州成立教育和儿童早期发展部，将学前教育和中小学教育一体化，确保每个儿童从出生到成人的健康、教育和发展能获得持续的支持和保障。① 2008 年维多利亚州在《儿童早期发展和学校改革蓝图》(Blueprint for early childhood Development and school reform) 中明确提出通过提升学校各方面的能力，尽量减少不利处境对儿童学习发展的影响，以实现每个儿童融合、期望和卓越的成长目标。无独有偶，昆士兰州作为澳大利亚教育发展水平较高的州，也积极制定出台相关的融合教育政策。2005 年昆士兰州在前期充分调研、试用教育调整计划档案 (EAP profile) 的基础上开始实施教育调整计划。该计划根据残疾儿童的教育需求调整相应的教育教学环境和举措，旨在最大程度地促使更多的残疾儿童能更好地参与课程并在课程中受益，进而更好地参与学校生活。教育调整计划主要通过收集数据资料 (documented data collection)、计划 (planning)、开发 (program development)、干预 (intervention)、评估 (evaluation) 和审查 (review) 等具体环节展开，在实施过程中主张将家长、教师、相关专业人员及学生组成一个团队来综合考虑学生现有学业水平并确定其未来的教育需求，从而为其提供针对性的教育。为深入促进融合教育的有效实施，2014 年新南威尔士州颁布了《残疾人融合法案

---

① 刘鲲、杨广学、Umesh Sharma：《澳大利亚的融合教育支持体系——维多利亚州的模式》，载《中国特殊教育》，2012(9)。

2014》(Disability Inclusion Act 2014)为本州残疾人融合教育提供了指导性的实施框架。继而州教育部陆续出台《残疾人融合计划》(NSW Disability Inclusion Plan 2015)以及《残疾人融合行动计划2016—2020》(NSW Department of Education Disability Inclusion Action Plan 2016—2020),进一步明确了本州有效推进融合教育的具体目标和践行举措。

(二)调整融合教育课程

融合教育的实施与发展需要科学有效的融合教育课程做支撑。如何促使普通学校课程更好地满足日益增多的特殊儿童的教育需求是澳大利益实施融合教育过程中需要切实解决的关键问题之一。因此,21世纪以来,不断调整和完善融合教育课程成为融合教育发展与改革的重要方面。2005年澳大利亚政府颁布的《残疾人教育标准》要求调整课程以确保残疾学生与普通学生一样参与相关活动及课程,由此确立了澳大利亚融合教育课程的目标,也为各州推进调整融合教育课程提供了依据。同时,澳大利亚将融合教育课程调整与国家课程改革紧密结合,并将其作为国家课程的重要组成部分。2008年,澳大利亚教育部与各州教育部共同签署《墨尔本宣言:澳大利亚青年教育目标》(Melbourne Declaration on Educational Goals for Young Australians),致力于追求优质而公平的教育目标,着力加大国家课程建设力度,将残疾儿童的特殊教育需求也纳入国家课程范畴中。[1] 2009年,澳大利亚成立"课程、评估与报告委员会"(Australian Curriculum, Assessment and Reporting Authority, ACARA)[2]以统领国家课程体系建构。从2010年12月发布国家课程1.0版,到2018年

---

① Australian Government Department of Education and training,"Melbourne Declaration on Educational Goals for Young Australians",https://catalogue.nla.gov.au/Record/4560588, 2019-11-21.

② ACARA是澳大利亚全国性的课程领导机构,致力于建构世界领先的课程体系以提升所有年轻人的学习水平。

已更新至《澳大利亚国家课程 8.4 版》(Australian Curriculum V8.4)。^① 国家课程始终将满足残疾儿童的特殊教育期望、促进有针对性的个性化学习作为重要目标。由此,融合教育课程逐步被融入澳大利亚国家课程体系中并为课程调整和具体实施提供了方向。

在课程调整目标方面,澳大利亚一方面促使所有学生有效参与国家课程,例如 2012 年 ACARA 发布的《澳大利亚课程框架 4.0 版》(The Shape of the Australian Curriculum Version 4)中明确国家课程设计的基本原则是基于多样化的学生需求。另一方面,促进所有学生参与国家课程面临的挑战可以更好地适应学生的多样性。学生多样性通常涉及残疾学生、天才学生以及英语作为第二语言的学生。国家课程基于学生的多样性做出必要的调整,同时要求教师基于国家课程进行灵活设计以符合学生个性化的学习需求并达到相应的学习成就。在课程调整的具体方式上,2014 年澳大利亚政府从宏观上提出课程调整的四个层次,分别是支持性调整(Support provided within quality differentiated teaching practice)、补充性调整(Supplementary adjustments)、实质性调整(Substantial adjustments)与拓展性调整(Extensive adjustments)。^②支持性调整要求普通学校在教学实践中为残疾学生提供支持,确保残疾学生参与普通课程,调整幅度相对较小;补充性调整以周为单位,根据残疾学生特点在部分课程或活动中进行调整以提供支持;实质性调整通常是为有更高支持需求的学生提供高度结构化的指导,涉及课程内容、课程具体活动等较大幅度的调整;拓展性调整是为严重残疾的学生提供高度个性化和持续性的服务支持。在此基础上,各州在课程调整实践中主要通过调整课程内容、呈现方式、课程补充

---

① Australian Curriculum, "About the Australian Curriculum", https: //www. australiancurriculum. edu. au/about-the-australian-curriculum/, 2019-11-25.

② Nationally Consistent Collection of Data on School Students with Disability (NCCD), "Selecting the Level of Adjustment", https: //www. nccd. edu. au/sites/de-fault/ files /2018 - 10/Level% 20of% 20adjustment%20provided% 20to% the% 20student, 2019-11-25.

或拓展等具体途径展开。在课程内容方面,强调教师可以灵活地将国家课程的八大学习领域(数学、科学、英语、人文与社会学科、艺术、科技、卫生与体育、语言)与学生的认知相结合,在小学和中学阶段分别注重对单一领域具体课程内容、单元或教学大纲的调整。在课程呈现方式上,澳大利亚为教师提供了凸显课程内容的关键特征、注重直观教学、教学任务结构清晰等具体建议,其中常用的方法之一是重写(Rewriting)课程内容,通过调整句子结构及使用学生熟悉的表达方式,降低学习内容的难度,从而帮助学生对内容的理解。此外,澳大利亚允许各州通过功能性课程(Functional Curriculum)等方式来补充或拓展课程,密切课程主题与学生特殊需求之间的关系,满足多样化的课程需要。例如,澳大利亚首都特区(Australian Capital Territory)实施满足"每个学习机会"课程,要求从学前到10年级尽可能将功能性课程融入普通课程;新南威尔士州则为部分智障学生开发生活技能类课程。①

在课程调整的实施过程方面,澳大利亚各州基本形成以调整前的咨询与评估、制定课程调整方案、实施课程调整监控与报告等步骤及规范。首先,在课程调整之前进行咨询与评估,即专业支持教育者要事先与学生及家长充分沟通,了解学生的特殊需求,商讨可能的调整措施、结果期望及可行性等,由此决定是否进行课程调整。咨询与评估环节之后则开始制订课程调整方案。对于需要较低和一般支持的残疾学生通常会制订课程调整方案,具体涉及课程调整的任务、时间、教师和学生的准备及转变、学习环境和资源支持等;对于需要高度专业支持的残疾学生则会提供针对性更强的个别化教育计划。同时,所有调整课程实施过程中要求进行持续监控和发展性评价,并对课程调整举措进行定期的总结报告。课程调整的年度报告将被纳入《澳大利亚全国教育报告》(National reports on schooling in Australia),并将课程调整实施评价结果与年度经费资助挂钩,以期督促学校开展合理的课程调整。

---

① 李拉:《澳大利亚融合教育的课程调整及启示》,载《中国特殊教育》,2019(7)。

(三)建构融合教育专业支持服务体系

基于学生多样化的特殊教育需求，澳大利亚政府根据学生的身心残疾特点及学习需求的具体状况，提供了目标功能各异、针对性较强的各种支持计划，建构了相对完善的融合教育支持服务体系。针对极重度和重度残疾学生设立了残疾学生支持计划(PSD)，提供密集支持服务。PSD 计划主要支持肢体障碍、严重行为障碍、智力障碍、视力和听力损伤、严重语言障碍等学生。学校负责为这些学生提交加入该计划的申请，政府按照学生不同程度的学习给予相应资助，学校负责管理和支配资助经费，通过购置专业设备、聘请专业人员等举措以确保实施满足学生特殊需求的个别化教育。据统计，2011 年维多利亚州约有 3.9% 的学生加入 PSD 计划，其中 85% 的是自闭症或智力障碍；大约 45% 学生在特殊学校，55% 的学生在普通学校。[①] 2012—2013 年澳大利亚联邦政府出台残疾学生进一步支持计划，政府投入 2 亿澳元为残疾学生提供进一步的支持，资助的经费用于购置新支持技术设备、聘请专业人员、开发言语治疗和职业治疗等新服务项目等。针对中度和轻度残疾学生，一方面通过调整学校课程和环境等提供融合支持，另一方面为有额外需求的学生设立"自闭症融合支持计划(Autism Integration Support Program)""语言支持计划(Language support Program)"等专项计划。例如，自闭症融合支持计划致力于为自闭症儿童提供相应的教育环境并融入普通学校。普通学校中具有自闭症专业知识的教师通常作为项目协调人负责组织项目申请和具体执行，通过帮助其他教师提升专业教学技能、改善专业设备、构建与家长及社区的合作关系等途径营造融合性的学习环境。此外，学前教育阶段的学生可以通过幼儿园融合支持服务计划(Convergence Support Service plan)获得相应的支持服

---

① Australian Department of Education and Training，"Program for Students with Disabilities"，https：//www.education.vic.gov.au/school/teachers/learningneeds/Pages/psd.aspx，2019-11-01.

务。该计划针对有重度残疾的幼儿,致力于为这些幼儿提供早期学习和发展机会。支持的主要举措是对幼儿园教师以及外聘的支持人员进行专业化的培训,确保教师及相关支持人员能为残疾幼儿提供更为专业的保育和教育服务。

同时,澳大利亚各州还通过不同形式的项目计划为残疾学生提供专业支持服务。昆士兰州制订了基于多样化背景的融合教育支持计划(Supports for students from diverse backgrounds),致力于为残疾学生、语言与文化背景差异的学生、精神疾病学生、原住民学生等提供相应的教育服务。[①] 新南威尔士州为残疾学生制订了从评估、调整、监控、咨询等多环节构成的个性化学习支持计划。此外,专业支持的关键在于专业人员的专业化水平。因此,澳大利亚各州在制定专业支持服务时注重建设专业团队。例如,新南威尔士州要求所有学校要建立残疾学生学习支持服务团队,同时实施"每所学校的每个学生项目(Every Student Every School)",要求教师加强对残疾学生特殊需要的理解并提升特殊教育服务的能力,强调任课教师、专业支持教师、学校管理者等各方相互合作,各司其职,形成合力共同促进残疾学生的发展。维多利亚州亦要求学校为残疾学生组建融合教育支持团队,该团队主要由残疾学生的父母或监护人、教师、学校管理者、专业人员、学生等组成。以上举措通过加强融合教育专业服务团队建设以提升学校融合教育实践能力。

通过对 21 世纪以来澳大利亚特殊教育改革重心——融合教育政策及实践的回顾梳理,可以发现经过不断的调整和完善,澳大利亚联邦和州/领地层面已经形成相对明晰完善的融合教育发展战略和实践体系。澳大利亚在实施推进融合教育的过程中也面临亟待解决的问题。例如,融合教育师资专业素养有待提高。融合教育的推进一方面要求绝大部分普通学校的教师都能参与特殊需要学生的教学,另一方面,融合教育的开展对教师及相应支持人员的专

业化水平要求日益提高，而普通学校的教师大部分尚未接受过专业化训练，从而难以胜任特殊儿童的教学工作。因此，如何提升教师的融合教育专业素养成为澳大利亚特殊教育发展关注探索的重要问题。再者，现有教育评估体系无法科学评估残疾学生的学业发展水平，如何开发一套科学有效的评估系统以衡量特殊儿童学业进步水平等问题亦是澳大利亚特殊教育面临的困扰。

第四节　教育思想

20世纪末至21世纪初期，在国际政治、经济和文化不断变革的背景下，澳大利亚在实施教育改革的进程中也出现了影响深远且意义重大的教育思想。其中较有代表性的是西蒙·马金森（Simon Marginson）的教育市场论及高等教育理论、诺尔·高夫（Noel Gough）的后现代主义课程理论等，它们为解决澳大利亚乃至世界教育问题提出了新见解和新观点。

一、西蒙·马金森的教育思想

西蒙·马金森现任牛津大学教育系教授，曾长期任职于澳大利亚墨尔本大学（The University of Melbourne）、莫纳什大学（Monash University）、伦敦大学学院（University College London）等著名高校。马金森与北美、欧洲、亚洲等地区的国家学者积极开展国际合作，在国际学界具有广泛的影响力，获选澳大利亚社会学科学院院士、英国社会科学院院士、欧洲科学院院士等。他学术研究的理路非常广泛，借鉴和整合了一系列社会科学学科，如政治经济学、政治哲学、历史社会学以及社会理论等开展跨学科研究。马金森的研究主要关注经济全球化和高等教育、高等教育和社会公平、教育特别是高等教育的公益贡献、国际与比较高等教育等领域，主要代表作有《教育市场论》（*Educa-*

tional market theory)、《澳大利亚的教育和公共政策》(*Education and Public Policy in Australia*)、《创新与全球知识经济》(*Innovation and the Global Knowledge Economy*)、《全球化与高等教育》(*Globalization and higher education*)、《全球领域和全球想象》(*Global domain and global imagination*)、《全球知识经济中的高等教育》(*Higher education in the global knowledge economy*)等。

马金森在其代表作《教育市场论》中分析了澳大利亚教育市场化的趋势并解释其背后的成因、反思其中的意义和影响，主要探讨教育中市场导向的活动，如中小学学校教育、培训、技术与继续教育、高等教育和研究。"只有将作为经济现象的市场置于广大的社会、政治和其他各种背景中，才能历史地理解市场。"①马金森将大量经验主义的政策导向的统计数据和定性分析相结合，从理论上和经验上对其进行情境再现(re-situating)，将教育市场置于广阔的社会和政治等框架中，从而在更大的范围内理解市场化。在开展具体分析论证时，马金森采用了历史学、政治学、经济学、哲学和社会学等多学科的理论方法，具体而言，结合了马克思主义(Marxism)和后凯恩斯主义者(Post-Keynesianism)的政治经济学方法，以及福柯(Michel Foucault)和英国后福柯主义者、葛兰西(Gramsci Antonio)、斯图亚特·霍尔(Stuart Hall)等思想家的理论观点。他结合福柯关于权力—知识关系的见解、马克思主义者关于商品关系的观点以及弗雷德·赫希(Fred Hirsch)的地位商品(positional goods)思想，提出教育市场的形成不仅是一种经济现象，而且与身份、文化和社会等问题密切相关。

马金森认为，教育中的地位商品是指教育所带来的名誉、收入、地位、特权等相对优势。它"相当于教育中的座位，为学生在将来的工作、收入、社会地位和特权的竞争中提供相关利益。其中精英学校和一流大学专业学院中

---

① [澳]西蒙·马金森:《教育市场论》，金楠、高莹等译，4页，杭州，浙江大学出版社，2008。

的地位是需求最大的地位商品形式"。① 大多数地位商品都是投资性商品，地位商品的获得通常通过教育文凭来体现，以此影响劳动力市场和后续教育。例如，高学历的个体在就业时会有更多的优势，原因在于其接受了更高水平的教育，获得了更多的地位商品。精英学校的地位商品会形成一种相对的优势。

马金森借用赫希关于教育地位商品的相关分析，主张地位商品具有特别的经济特征。首先，地位商品是分等级的，这种分层性与等级化的制度相关；其次，地位商品具有稀缺性，地位商品的总供给是有固定限制的，不能通过扩大生产和再生产来增加其可获得性。同时，马金森强调"教育中地位商品的生产不仅延伸通往社会领导阶层之路，而且延伸通往所有教育地位之路——这些位置往往与劳动力市场、收入所得以及后续教育的不同道路密切相关"②。教育中地位商品是提供进入全日制职业生涯机会的位置。教育参与的水平越高，作为地位分配者发挥的作用就越广泛。然而，每一级位置上会存在地位商品的稀缺，就如精英型行业从业人数是有限的，商业领域顶层岗位也寥寥无几……因此，在充满竞争的社会中教育不可能让人们普遍富裕起来。在劳动力市场上，雇主和雇员之间存在信息的不对称，雇主必须通过某些信号来挑选雇员，而教育就是其中重要的信号。信号是相对的，越是处在较高的位置越容易被识别。换言之，个体受教育程度越高通常获得职业地位和社会地位也越高。由此，教育是一种筛选的工具。

在马金森看来，教育作为产生地位商品的活动往往受到人们的青睐，于是纷纷投资教育。然而，教育中的个体投资往往不能满足大众的希望。人们被驱动着投资较高层次的教育以便实现各自的期望。教育文凭数量的增加会

---

① [澳]西蒙·马金森：《教育市场论》，金楠、高莹等译，28 页，杭州，浙江大学出版社，2008。

② [澳]西蒙·马金森：《教育市场论》，金楠、高莹等译，29 页，杭州，浙江大学出版社，2008。

降低其所传达的位置信息。同时，当教育扩展快于受过教育的劳动者工作岗位数量的增长时，雇主会强化筛选过程，提高文凭等级的要求，从而迫使人们投资更高级别的教育，而专业团体亦会联合起来提高进入专业的门槛。① 一定层级教育价值的下降会导致通过更加严格的选择限制成员加入，以此维护固有的价值，也容易引发文凭之间等级制度的强化。马金森指出，在所有现代国家中，教育的地位竞争非常重要，它可以实现向上升迁的期望。在教育竞争中，考试、等级排列和筛选不但能促进教育的发展，而且发挥着复制专业性职业、维护社会利益和作为统治制度的功能。教育竞争及其必不可少的教学、策略、考试、分数、排名、分班及筛选等一系列相关程序及技术只适合于某些阶层，并非所有的学生都能成功地适应这种要求。换言之，教育竞争和社会筛选无论如何也不可能使所有人获得普遍性的成功。②总之，马金森强调，教育市场论中主张教育中大量市场的形成依赖特定的政治和经济话语环境，如教育竞争的加剧等。市场产生的等级体系、不平等、极度竞争和牟利并非偶然，而是市场教育改革者的目标。教育中的共同利益只是有特权的个体所获得主要利益的"副产品"。马金森的观点"不仅从历史观点上说是敏锐的，而且从理论上来看也是富有洞察力的……它关于教育中的地位商品和竞争特点的基本观点具有适切性"。

作为研究高等教育的国际知名学者，马金森着力探讨了全球知识经济背景下高等教育的地位、本质、特征及发展图景等议题，阐释经济全球化与高等教育、学术自治和创造性想象力、新自由主义与高等教育、跨境学生和教师流动趋势及模式、教育贸易的增长等重要问题，重新审视高等教育中的公共/私人鸿沟和全球公共产品，分析了布迪厄、葛兰西和哈贝马斯理论对理解

---

① [澳]西蒙·马金森：《教育市场论》，金楠、高莹等译，30 页，杭州，浙江大学出版社，2008。

② [澳]西蒙·马金森：《教育市场论》，金楠、高莹等译，95 页，杭州，浙江大学出版社，2008。

高等教育的贡献。在经济全球化与高等教育方面，马金森认为，在经济全球化背景下，高等教育具有国际化、国家性和地方性的特点①，高等教育的变化同时在这三个层次得以体现。国际化依赖全球市场的形成，全球交流、信息、知识和文化系统的创造。经济全球化和教育国际化相互交织、相互依存。教育尤其是高等教育作为知识、技术提炼，跨境联系和维持综合型团体的基础，构成全球环境的关键要素，深深嵌入全球变化中。高等教育日益增长的国际化特征，促使其在国家和全球维度上变得更加复杂。马金森指出，总体而言，高等教育领域将出现取消种族隔离式的全球过程、各国高等教育体系愈加趋同和整合。对于各国及高等院校而言，可以树立的全球战略目标是：在全球范围内实现能力和绩效的最大化，在国家和地区框架内促使全球流动、进出口收益的最大化。这些目标的实现取决于对国际化背景下国家定位及战略潜能的理解，以及高等教育机构运行的能力及全球参与的有效程度。②马金森强调，高等教育的全球价值不仅在于对特定国家和地区的贡献，而且对解决气候变化和全球变暖、能源枯竭、贫困和安全、未来全球秩序等人类共同面临的问题具有普遍的贡献。

　　在新自由主义与高等教育方面，马金森通过研究指出，自20世纪80年代以来，全球范围内出现的政府主导的高等教育改革呈现出新自由主义取向。"通过公司化、引入竞争资助、增加学费、使用管理产出模式和绩效报告等举措将高等教育系统向教科书般的经济市场越推越近"③。新自由主义市场模型促使高等教育改革从类市场转向以营利和占有市场份额为目的的完全资本主义市场。马金森通过分析部分OECD国家具体情况，提出新自由主义市场模

---

① Beyond "S. Marginson, G. Rhoades nationnal states, Markets and Systems of Higher Education: a Glonacal Agency Heuristic, " *Higher Education*, 2002(43), pp.281-309.

② [澳]西蒙·马金森：《全球知识经济中的高等教育》，石卫林译、蒋凯校，载《北大教育评论》，2008(7)。

③ [澳]西蒙·马金森：《为什么高等教育市场不遵循经济学教科书》，孙梦格、覃文珍译，载《北京大学教育评论》，2014(1)。

式在高等教育中并未完全实现，其中的原因是来自知识的公共产品属性和高校地位竞争，以及政治性因素的多重限制。换言之，高等教育市场改革本质上是乌托邦式的，新自由主义市场模型并非改进高等教育的康庄大道。当前市场改革仍在持续并非其具有真正实现的前景，而是外源性政策的推动。马金森进而强调，各国政府需要制定一个比新自由主义市场模型更细致、与高等教育系统更适切的现代化改革议程。

此外，马金森围绕教育与公共政策制定等问题展开了深入的探讨。在他看来，在任何社会中都具有广泛的目标和功能，具体包括职业和经济的、民主和政治的、文化的、学术的以及知识生产。如果政府试图将教育的功能局限在其中某个方面，这是极不明智的。现实情况是政府经常关注眼前的、可以测量的经济回报而忽略教育的文化功能等，因此将重心放在职业技能培养和短期的应用型研究而并非长期的基础研究，这相当于将教育看成是一种可以在市场上销售的货物。① 马金森强调，教育应该是致力于培养长期的能力，在此过程中教育的社会政治功能、文化功能和经济功能也得以发挥。教育作为一种社会基本机构，必须与家庭、社会和政府等机构开展积极的协作。教育仅靠自身的力量无法培养出完全满足社会发展需要的劳动力，因为教育机构本身不能左右经济发展要求和劳动力市场。教育也是传授价值观的重要路径，但仅凭教育也不能确保一定会有好的价值观。马金森分析了在当前国际竞争日趋激烈的背景下，只有政府、社会、家庭和企业等诸多条件的共同支持，教育才能发挥对全球性竞争力的实质性贡献。

二、诺尔·高夫的教育思想

诺尔·高夫教授是澳大利亚拉筹伯大学(La Trobe University)教育课程发

---

① ［澳］西蒙·马金森：《澳大利亚教育与公共政策》，严慧仙、洪淼译，iv-v 页，杭州，浙江大学出版社，2007。

展与创新研究中心主任、国际知名课程理论家、澳大利亚教育研究协会前会长。高夫主要研究兴趣包括课程研究、教育叙事理论、科学教育、环境教育和教育国际化等，代表作有《课程愿景》（Curriculum vision）等。

作为后现代课程理论的重要代表人物，高夫基于德里达（Jacques Derrida）的后现代理论等视角，认为"我们正在进入一个'后思想'阶段：后现代、后结构、后殖民、后工业……在学术领域'后'学兴旺的一个的原因是我们缺乏愿景，我们无法想象在先前的理论或立场之后会发生什么……我认为我们通过努力正是能够创造自己的命运的，虽然无法完全把握命运。当我们构建有关课程未来的愿景时，我希望能够出现本体论的、认识论的、方法论的、价值论的和非逻辑的……各种观点"①。他着力探讨了国际化背景下后殖民主义课程观。

高夫指出，国际化即使是一种"跨国界的想象"，但对于课程研究无疑具有重要影响。在国际化"这只国际性手臂喻示跨国界的想象可能实体化"的背景下，应该重视课程文化的发源地及本质特征。"世界尚未足够小到地方知识能与普遍性知识相等同，全球市场仅是分析课程一个场域或一个维度。"②国际化赋予了课程摆脱传统的人为限制，更多表现其时空经验的可能性。高夫强调，在这种背景下，课程作为一种文化，仍有其自身的来源地。换言之，课程具有显著的地域特征。课程具有时空性，但并非等同课程是国际化的，课程应该是属于每个地方。"所有的知识传统都因与其人民、地域和技能的联系而是空间性的。……所有的知识体系都是地方实践的套路，因此就有可能使它们'去中心化'而发展出一套框架来对不同的知识传统进行公正的比较而

---

① ［美］小威廉姆·E. 多尔、［澳］诺尔·高夫：《课程愿景》，张文军等译，15 页，北京，教育科学出版社，2004。

② Nole Gough, "Locating Curriculum Studies in the Global Village", *Journal of Curriculum Studies*, 2000（2），pp.329-342.

非全都放到一个帝国主义的档案袋中去。"①换言之，如果将普遍性作为国际化时代课程发展的特质，容易导致课程霸权和文化霸权，即某些强势文化团体会趁机大肆宣扬和灌输各自的课程理念。因此，需要对这种霸权主义提高警惕，抵制强势殖民课程便成为国际化时代课程研究必须加以重视的任务。

高夫指出，在国际化背景下，发展中国家与发达国家之间不平等的依附关系继续存在并且有加剧的可能。就课程而言，发达国家对发展中国家提供了一系列课程援助，其中真正的受益者很可能不是受援助的国家，而是提供援助的国家。因为这种"慈善的义举"仅仅是精心设计的掩护，其目的是使受援助国家民众相信，提供援助的发达国家的语言、知识和价值观是先进和科学的，以此丧失对发达国家文化的批判能力和对自身民族文化的认同能力②。换言之，这种课程援助实质上是一种强权和暴力。因此，高夫主张，课程应该创造一个跨越国界的课程空间，这个空间不是把某些国家的课程文化作为主流的声音和全世界共同的话语，而是要让各地的课程得以充分的表达和体现，要确保凸显课程文化的地方性特征。"国际化背景下，西方知识体系通常会压制甚至扼杀某些地方的知识传统。"③面对这种困境，应该努力继承和发展地方的课程文化。只有地方课程才能体现各具特色的文化精髓以及显著的地方实践特色，同时实现表征性课程和表现性课程高度有效的统一。④ 在此基础上，高夫进一步提出，为了能创设一个使地方课程文化获得更好发展的跨

---

① [美]小威廉姆·E. 多尔、[澳]诺尔·高夫：《课程愿景》，张文军等译，201 页，北京，教育科学出版社，2004。

② Noel Gough, "Thinking/Acting Locally/Globally: Western Science and Environmental Education in a Global Knowledge Economy", *International Journal of Science Education*, Vol. 24, No. 11, 2002, pp. 1217-1237.

③ Noel Gough, "The Long Arm(s) of Globalization: Transnational Imaginaries", in *Curriculum Work*, edited by William E. Doll & Noel Gough, New York, Peter Long Publishing Inc., 2002, pp. 165-177.

④ 张文军：《后现代课程研究的新航线》，载《浙江大学学报(人文社会科学版)》，2008(3)。

越国界的空间，课程研究应该更关注课程的实际表征及实践性，反对同质化的课程国际化和全球化。只有这样，外来课程文化在某个国家就不容易实现霸权，而是必须"入乡随俗地"与地方文化有机结合以形成新的课程文化。不同的课程文化相互影响时应该是在不同环境中有选择地吸收、丰富和发展各自地方课程文化。"全球知识经济的生产不应成为将地方知识转化为全球普遍知识的过程，而应该是创造一个各种地方知识传统在其中可以共存并发挥各自作用的跨越国界的空间。"①因此，发展中国家在大力发展地方课程文化的同时，既要反对文化霸权，也要反对文化孤立。同时，高夫强调，课程学者在国际化背景下要坚持做到"我们自己知识主张的地方性并关注那些由于其种族、性别、阶级、国籍、语言、宗教或另外的'他者性'而在世界上处于屈从地位的人们，以这样的实践行动来维护地方性利益"②。高夫的观点很大程度上提出教育者在课程知识的看法上如何"去中心化"，这是难能可贵的。因为高夫自身也是那套体系中成功的受益者，只有通过真实地遭遇碰撞"他者"，才可能看到我们自己看世界方式的框架所在……这些理解和认识让我们认识到国际化并不是一股简单的无组织、非个人和不可控的力量。

此外，高夫对叙事与想象、想象性教育探究、课程话语叙事等进行深入研究，质疑后结构主义对学科叙事的权威性，关注科学和环境教育者的传统叙事策略是否适切，并在此基础上继续拓展叙事的范围及形式③，进而提出他在教育领域的新探究：叙事实验（Narrative experiment）与生成性游戏（Generative game）。高夫突破传统教育领域的研究范畴，关注想象在教育领域的巨大

① Noel Gough, "The Long Arm(s) of Globalization: Transnational Imaginaries", in *Curriculum Work*, edited by William E. Doll & Noel Gough, New York, Peter Long Publishing Inc., 2002, pp.165-177.

② [美]小威廉姆·E. 多尔、[澳]诺尔·高夫：《课程愿景》，张文军等译，204 页，北京，教育科学出版社，2004。

③ [澳]诺尔·高夫：《想象性教育探究：叙事实验与生成性游戏》，韩少斐译，载《全球教育展望》，2011(4)。

作用。他着重从人们对故事和叙事性理论的认知、理解过程入手，分析并论证了虚构、事实以及真理之间的相互关系以及想象在其中的桥梁作用。高夫指出，想象对学习过程、认知过程以及科学研究具有重大意义，它可以帮助我们理解、思考并对知识进行建构。很多时候我们的理解并非是因为我们看到了事实和真相，而是我们想象到了某些事物或者情境。以此为基点，高夫提出了基于想象的叙事实验与生成性游戏对于教育的重大意义。高夫承认，自己对教育的任何质疑、问题或主题的看法，都深受关于文本生成的方法论取向即"叙事实验"的影响。[①] 为了更好地阐释想象性探究实践即生成性游戏，高夫还首创了新词 rhizosemiotic，"rhizo"借鉴了植物学术语"根茎"（rhizome），"semiotic"是符号学开放系统的研究。该词在哲学上包含多样性、非等级联系的复杂体系，高夫试图用生成性游戏阐述对符号系统的研究。高夫的研究成果为教育理论和研究提供了全新的视域和观点，然而他自己也承认目前缺乏科学有效的应用模式将他的研究应用于实践。

本章小结

20 世纪末至 21 世纪初，基于经济全球化进程的加速、国际竞争的加剧，以及国内政治生态多元化、经济发展面临转型、社会文化日趋多元化等多重挑战，澳大利亚在学前教育、基础教育、高等教育、职业技术教育、教师教育和特殊教育等领域实施大刀阔斧的改革。这些改革取得了相应的成效。基础教育改革思路也体现了从 21 世纪初的"追求卓越兼顾公平"向"基于公平，追求卓越"的转变。从其改革历程来看，体现了不同政党执政的特点。21 世

---

① ［澳］诺尔·高夫：《想象性教育探究：叙事实验与生成性游戏》，韩少斐译，载《全球教育展望》，2011(4)。

纪初，在以霍华德为首的自由联盟党执政期间，注重教育的投入和质量的提高，强调教育的市场化，鼓励创办私立学校，推行择校政策。2007 年工党领袖陆克文胜出，担任澳大利亚总理。工党政府更加关注基础教育的公平问题，从霍华德政府时期的关注质量转向强调教育的公平性，同时强调加强政府在基础教育中的控制权力。这种两党轮流执政促使改革很难具有持续性，从而影响教育改革的有效性。同时，在实践层面，尽管联邦政府加强集权控制实施课程、教师专业发展的全国统一的标准和措施，但由于澳大利亚基础教育实行各州及领地政府负责的联邦分权制，且国家统一标准的实施涉及各州各职能部门的整合调整，相互配合，需要联邦政府、州政府、学校、教师和学生等各利益相关人对改革达成共识和认可，因此，这些标准和措施在执行过程中一定程度陷入步履维艰的境地。

澳大利亚高等教育改革表现出自身鲜明的特点，甚至被 OECD 称为"高等教育改革的模式"。这种改革模式很大程度采取新公共管理改革路径和明显的实用主义倾向。其一，建立政府与大学之间新型关系。20 世纪八九十年代以来，澳大利亚高等教育改革发生了范式上的转型，从之前的凯恩斯模式转向新自由主义模式。澳大利亚联邦政府以高等教育管理体制和投资体制改革为重点，充分利用政策与拨款的杠杆作用，强化高等教育领域的绩效管理与竞争机制，同时，政府给高校更多的微观管理自主权。自道金斯改革引入竞争性拨款机制，通过高等教育贡献计划（HECS）恢复学费，通过制定财政政策引导大学的发展，将政府拨款与高校绩效紧密结合起来。从表面上看，联邦政府作用似乎有所弱化，但实际上政府在高等教育发展中的重要角色愈发凸显。[①] 这些改革改变了高等教育发展的理念及政府在其中的角色，也建构了澳大利亚政府与大学之间新型的关系，即联邦政府主导下的市场模式。其二，注重高等教育质量保障和科研创新。澳大利亚通过颁布《2011 高等教育质量与

---

① 崔爱林：《二战后澳大利亚高等教育政策研究》，博士学位论文，河北大学，2011。

标准署法案》《2011 高等教育质量标准框架》等法律文件，以及成立 TEQSA 国家层面的高等教育质量监管机构，对高等教育机构进行认证、审核、质量监控和风险评估，"确保所有高等教育提供者是符合质量标准的、具有良好的财政状况和低风险的未来"①，从而保证大学生接受高质量的教育。同时，澳大利亚非常重视大学的科研创新，政府增加科研经费的投入，改善科研基础设施，建立一系列科研合作机构，同时深化人才培养模式改革，在课程设置和培养模式上注重对学生创新意识和创造能力的培养。其三，构建了政府、高校和专业组织"三位一体"的国际化高等教育体系。政府主要在政策导向和经费资助领域对高等教育国际化发展提供支持；专业组织通过集中促进高等教育国家化发展的信息共享及协调国际化发展进程；高校自身立足全球视野重点采取国际市场营销战略，发展更高质量和更加开放的教育教学与服务体系。

20 世纪 90 年代以来，澳大利亚职业教育改革与发展大致经历了三个阶段：1990—2004 年新型工业化背景下职业教育发展注重数量的发展，2005—2010 年技能型人才危机促使对职业教育质量的追求，2011 年至今基于未来经济增长需求的职业教育量和质并重。②综观澳大利亚职业教育的发展历程，可以看出其职业教育改革发展密切结合国家社会经济发展的需求，并不断做出适时调整而开辟出职业教育与培训的创新之路。澳大利亚政府注重落实并践行"职业教育与培训服务企业，力促企业提高国际竞争力；服务民众，促使国民掌握世界一流职业知识和技能；服务社区，致力于建设具有包容性和可持续发展的社区"的职业教育与培训的国家战略。澳大利亚政府主导建立完备的职业教育质量保障体系。澳大利亚联邦政府通过制定和实施国家培训质量框架(AQTF)以保障全国职业教育的质量，具体通过出台一系列国家标准来规范

---

① 马立超：《澳大利亚面向 2020 年高等教育改革研究》，硕士学位论文，哈尔滨师范大学，2016。

② 罗舒隽：《澳大利亚职业教育与政策变迁研究(1990—2017)》，硕士学位论文，四川师范大学，2019。

职业教育机构的办学，并为各州（领地）政府对职业教育机构的注册、课程开发认证以及审计等提供统一的质量标准。同时，采取更具灵活性的教学和模块式培训。人们可以选择全日制学习、半脱产学习或业余学习等多种形式，只要能力达标，均可获得在全国通用的相应的职业技术资格。在机构选择上，人们可以选择公立职业教育与培训机构，也可以选择有注册培训资格的大学、中学、私立机构或成人社区服务机构。此外，澳大利亚职业教育与培训主要的特点之一是行业在整个职业教育与培训过程中扮演关键角色，以此确保培养的人才能真正满足行业发展需要。澳大利亚政府允许行业直接参与一切与培训有关的决策过程，推进职业教育与劳动市场、产业界的密切配合，促使行业、职业教育机构、学生之间形成良好的互动机制。这种互动配合的程度往往决定了整个职业教育体系运行的有效性。最后，澳大利亚强调职业教育与培训体系与其他教育体系的衔接和交融，倡导不同层次的学历之间、不同领域的培训之间以及教育与培训之间的相互衔接。特别是澳大利亚国家资格框架构建了中学教育、职业教育与高等教育之间的密切联系，为受教育者提供了终身教育的可能，一定程度体现了教育的连贯性和公平性。概言之，澳大利亚职业教育的变革从理念构想、政策制定到具体落实，都强调对职业教育体系的目标、功能、机制等方面进行整体性的转变，这种变革是一个深刻、持续的渐进过程。澳大利亚职业教育与培训的改革发展与社会需求、经济发展、产业结构调整密切相关。因此，澳大利亚职业教育改革不仅涉及职业教育机构，而且注重行业企业的参与，注重满足不同群体的需求。就改革力度而言，澳大利亚政府为有效执行改革政策，建立了专门的监管机构，为职业教育改革政策的实施明确了规范和方向。从改革成效来看，澳大利亚职业教育改革在提高个体职业技能、建设全纳性社区、融通职业教育与普通教育等方面一定程度上达到了预期目标。然而，经济全球化进程的推进、世界市场的风云变化、人口老龄化等问题也不断向澳大利亚职业教育发展提出新挑战，澳大利亚职业教育与培训存在联邦政府与地方政府管理界限不清、技能预测应用问题、学徒制灵活性不够、教师队伍专业化不足等问题。

教师教育方面，21世纪以来澳大利亚教师教育改革体现出以下特征：其一，澳大利亚教师教育政策的时代性和渐进性。教师教育改革必须在全方位、立体化的政策法规保障的前提下稳步推进，也必须随着时代的进步不断进行完善和更新。21世纪以来，澳大利亚政府深刻认识到教育是未来社会经济、政治和科技发展的决定性力量，优质教育的重要前提是通过高质量的教师教育培养优秀的专业型教师。因此，澳大利亚联邦政府把教师教育改革作为教育改革的重中之重来对待，制定了一系列体现渐进性和彰显时代性的教师教育政策。随着国内外改革环境的变化发展，及时对教师教育政策进行调整和完善，加入适应时代发展的新素养和新要求，以此不断深化对教师教育改革的理解，也提高了教师教育改革的成效。其二，教师教育改革强调提升教师质量与教师地位。澳大利亚从教师教育一体化的角度审慎关注每个环节，严把教师质量关。职前教育设定国家认证的教师教育课程，确保师范生接受优质教育；入职阶段设置严格的认证程序及教师注册标准，杜绝不合格人士进入教师队伍；在职教育要求教师与时俱进，注重教师专业知识和技能的不断更新和提升。同时，《全国教师专业标准》等教师教育标准的相继出台为教师质量评估提供了统一基准，为教师专业成长搭建了成长阶梯，有助于提升教师的职业威望和专业成就以及提高教师质量。其三，教师教育改革注重强化多方合作，形成发展合力。教师教育改革是一项牵一发而动全身的复杂系统工程，澳大利亚政府注重调动各方力量参与其中。首先，教师教育政策的出台即是多方合作的结果。政府官员、教育行政人员、一线教师、教师专业机构人员、社会人士等一起开展工作，澳大利亚在全国范围内进行调研并形成报告，不断咨询调整后最终定稿。其次，教师教育改革采取了一套自上而下和自下而上双重推进、全面合作的改革机制。改革过程中既有联邦政府与州和领地政府的密切合作，也有高校理论培养和中小学具体实践有机结合的培养路径，还有教师专业组织和社会机构以及教师之间以积极平等的方式共享优质资源，实现共同发展，这种政府主导、多方参与、上下联动的模式，保障了教师教育改革的有序推进和实践成效。

概言之，澳大利亚教师教育正从零星式、碎片化的单项改革向综合型、整体化、全方位的改革转变，由自发性、经验性的基层改革向注重顶层设计、上下协同、左右联动的改革转变。

特殊教育方面，澳大利亚融合教育改革主要呈现以下特征：（1）发挥政府在融合教育改革中的主导作用。澳大利亚融合教育改革的实施与联邦和州政府出台各种规范化的政策法规密不可分。联邦政府主要负责宏观政策的制定和颁发，各州基于联邦政策并结合各自实际出台州层面的融合教育政策。需要指出的是，联邦层面和州层面的融合教育政策都对政策目标、价值方向、责任主体、组织机制和实施保障等进行明确规定，从而使政策具有可执行性和规范性。同时，澳大利亚政府在各项政策法规中将融合教育与普通教育紧密联系，将融合教育政策置于教育发展的整体规划乃至更为宽泛的社会文化发展层面进行通盘设计，这也充分反映出澳大利亚政府对于融合教育的独特理解。（2）制定从教育融合到社会融合的公平导向的特殊教育政策。通过澳大利亚特殊教育政策的梳理，可以发现澳大利亚致力于通过残疾人教育的融入以推进残疾人更好地融入社会，实现社会的融合。[1] 换言之，融合教育不是孤立的，而是将其置于残疾人发展与教育发展、社会文化发展的总体框架内进行考量。残疾人通过教育融入实现社会融合这一目标体现在澳大利亚融合教育政策的各个方面。宏观上的融合教育不仅涉及从学前教育到高等教育，而且也包括成人教育与社区教育中的融合；微观上的融合教育从课程设计与调整到学业评估等环节都尽可能与社会融合相联系。同时，澳大利亚融合教育

---

[1]　李拉：《澳大利亚融合教育政策解析》，载《中国特殊教育》，2018(11)。

政策注重为残疾人提供与普通学生一样的条件、促进残疾人全方位参与校内外课程和相关活动，以确保残疾人教育权利的真正落实。(3)构建并完善融合教育体系。21世纪以来，澳大利亚联邦和州协同推进，通过持续调整和优化相关政策以推进融合教育改革，已建立相对系统稳定的融合教育体系。在教育对象上，从对参加儿童的关注扩展为关注特殊需要的儿童；在教育目标上，致力于帮助特殊需要的儿童从教育融入发展为社会融合。在实施方式上，强调将教和学作为为残疾儿童提供支持和服务的核心内容，重点从关注残疾儿童身心缺陷的看护模式转向致力于学习成就和能力获得的学习模式。例如，澳大利亚融合教育课程调整与以普通教育为基础的国家课程改革有效衔接，将融合教育充分融入国家课程设计。在此基础上，融合教育课程调整实施主要围绕普通学校，从具体目标、原则、基本方法到运行流程都确立了相应的制度与规范，以此确保融合教育课程的有效性和科学性。同时，强调满足个性化教育需求并基于过程和数据进行调整与评估。在保障方式上，注重提供特殊教育支持服务以及建设特殊教育专业团队。(4)强调基于数据的个性化教育。澳大利亚强调为残疾学生融入普通教育提供同等条件下的参与，但并非意味着所有残疾学生都要接受同样的教育。《残疾人教育标准》明确指出，只有教育政策、校园环境、课程教学、设备设施等方面都做出合理调整，残疾学生的教育权才能真正有所保障和落实。换言之，融合教育教学的调整和评估要基于残疾学生的特殊需要，具有个性化的鲜明特征。

参考文献

一、中文文献

北京教育科学研究院国际教育信息中心：《全球化时代国际教育发展趋势：近年来发达国家教育改革的政策分析》，福州，福州教育出版社，2019。

北京师范大学国际与比较教育研究院组编：《国际教育政策与发展趋势年度报告(2013)》，北京，北京师范大学出版社，2013。

蔡安成：《欧盟〈ERASMUS 计划〉的发展》，载《比较教育研究》，2001(11)。

蔡瑜琢：《从福利制度走向市场化——芬兰高等教育改革透视》，载《比较教育研究》，2012(1)。

蔡瑜琢：《芬兰高等教育的发展历程和改革趋势》，见岑玉珍、蔡瑜琢：《芬兰印象——改革开放 30 周年留学芬兰文集》，北京，社会科学出版社，2009。

蔡瑜琢：《芬兰教育成功的秘密，能学吗?》，载《中国教师》，2015(19)。

蔡瑜琢、阿鲁·李迪纳等：《建设应用科技大学的国际经验(下)》，载《中国教育财政政策咨询报告(2010—2015)》，2016(2)。

蔡瑜琢、田梦等：《从集权到分权，从标准到个性——芬兰历次课程改革的历史回溯》，载《中国教师》，2016(24)。

曹迪：《从同化到多元：加拿大原住民语言教育政策的发展特征与启示》，载《河北师范大学学报(教育科学版)》，2014(5)。

曹能秀：《英国和日本学前课程目标的比较——以两国新版的学前课程纲要为蓝本》，载《外国中小学教育》，2016(2)。

曹燕：《澳大利亚基础教育国家统一课程大纲改革初探》，载《世界教育信息》，2012

（13）。

　　查国硕：《21 世纪澳大利亚职业教育政策演进解读》，载《职业教育研究》，2016(6)。

　　陈恒华：《美国的教育行政管理体制》，载《基础教育参考》，2005(10)。

　　陈时见、冉源懋：《欧盟教育政策的历史演进与发展走向》，载《教师教育学报》，2014(5)。

　　陈时见、覃丽君：《世界教育改革概览》，北京，高等教育出版社，2014。

　　陈学飞：《美国高等教育管理思想探究(上)》，载《高等教育研究》，1995(6)。

　　陈亚庆：《近十年英国提高学前教育质量的政策研究》，硕士学位论文，云南师范大学，2015。

　　陈永明：《教育经费的国际比较》，天津，天津教育出版社，2006。

　　陈玉琨、钟海青、江文彬：《90 年代美国的基础教育》，桂林，广西师范大学出版社，1998。

　　陈竹韵、陶宇：《"互联网+"时代澳大利亚职业教育质量保障体系研究》，载《职教论坛》，2017(17)。

　　崔爱林：《二战后澳大利亚高等教育政策研究》，博士学位论文，河北大学，2011。

　　崔景颐：《国际学生何以重要——英国国际学生的经济效益研究》，载《中国高教研究》，2018(6)。

　　崔军、蒋迪尼、顾露雯：《英国高等教育改革新动向：市场竞争、学生选择和机构优化》，载《外国教育研究》，2018(1)。

　　戴建兵、钟仁耀：《英国高等教育改革新动向：市场中心主义》，载《现代大学教育》，2012(4)。

　　单中惠：《西方教育思想史》，太原，山西人民出版社，1996。

　　丁笑炳：《英国高等教育改革与成效》，载《国家教育行政学院学报》，2012(9)。

　　丁彦华：《加拿大教育实习的特点及启示》，载《外国中小学教育》，2009(10)。

　　杜静、颜晓娟：《政策群视阈下的 21 世纪澳大利亚教师教育改革及启示》，载《比较教育研究》，2014(10)。

　　鄂甜：《瑞士高等职业教育人才培养的路径、特色及启示》，载《职业技术教育》，2018(22)。

方绪军：《瑞士职业教育现代学徒制的历史脉络、本土特色以及启示》，载《教育与职业》，2018(5)。

冯大鸣：《美、英、澳教育管理前沿图景》，北京，教育科学出版社，2004。

冯克诚：《[当代]教育与未来教育原理文论选读》，北京，中国环境科学出版社，学苑音像出版社，2006。

冯妍：《加拿大安大略省基础教育新兴改革政策的措施及成效研究》，硕士学位论文，西北师范大学，2011。

佛朝晖：《"哥本哈根进程"中的意大利职业教育与培训改革》，载《中国职业技术教育》，2016(27)。

傅添：《论 NCLB 法案以来美国教育行政管理体制的改革趋势》，载《外国教育研究》，2012(2)。

高鹏、杨兆山：《2012 年英国教师标准研究》，载《外国教育研究》，2014(1)。

顾明远：《民族文化传统与教育现代化》，北京，北京师范大学出版社，1998。

顾宁：《美国文化与现代化》，沈阳，辽海出版社，1999。

管祺骐：《职业教育管理体系建设：澳大利经验与借鉴》，载《职业技术教育》，2011(30)。

郭婧：《基于 PISA 测试结果的英国基础教育改革政策评析》，载《外国中小学教育》，2014(2)。

郭瑞迎、牛梦虎：《英国教师持续性专业发展：背景、内涵及发展趋势》，载《教师教育研究》，2019(6)。

国华：《迎接新世纪系列报道 3 加拿大：开拓创新 面向未来》，载《国家安全通讯》，2000(11)。

国家教育发展研究中心：《发达国家教育改革的动向和趋势(六)》，北京，人民教育出版社，1999。

何河：《澳大利亚移民政策演进及其对经济的影响研究》，博士学位论文，南京大学，2012。

何静、严仲连：《加拿大学龄儿童托管教育的内容、特点及启示》，载《外国中小学教育》，2015(3)。

何晓芳:《新自由主义背景下的澳大利亚高等教育管理模式转型》,载《清华大学教育研究》,2012(6)。

和学新、李博:《21世纪以来法国基础教育课程改革及其启示》,载《教师教育学报》,2016,3(5)。

洪明:《美国教师教育思想的历史传承与当代发展》,载《天津师范大学学报(社会科学版)》,2009(6)。

洪秀敏、马群:《澳大利亚学前保教财政资助体系改革的动因、进展与特色》,载《外国教育研究》,2017(1)。

胡军、刘万岑:《加拿大基础教育》,上海,同济大学出版社,2015。

黄丽燕、李文郁:《英国基础教育2014年国家课程计划述评》,载《课程·教材·教法》,2014(9)。

黄日强、黄勇明:《核心技能——英国职业教育的新热点》,载《比较教育研究》,2004(2)。

霍力岩等:《美、英、日、印四国学前教育体制的比较研究(上)》,北京,北京师范大学出版社,2013。

霍益萍:《再谈"研究性学习"在法国》,载《教育发展研究》,2002(10)。

纪俊男:《建立让所有人成功和卓越的学校——法国新任总统马克龙教育政策走向初探》,载《世界教育信息》,2017,30(13)。

江夏:《英国现行学前教育督导制度的内容、特点及其对我国的启示》,载《外国教育研究》,2014(5)。

姜朝晖、张熙:《瑞士应用科学大学人才培养模式分析——以苏黎世应用科学大学为例》,载《世界教育信息》,2016(6)。

姜大源:《职业资格、经费投入和能力评价——芬兰职业教育的改革现状》,载《职教论坛》,2002(21)。

姜晓燕:《为何这个国家的校外教育闻名世界? 给你还原真实的一面》,载《现代教育报》,2018-01-17。

姜秀玉:《芬兰成人教育的几种形式》,载《教育与职业》,1989(10)。

蒋开君:《走近范梅南》,北京,北京师范大学出版社,2014。

蒋园园：《加拿大基础教育管理深度变革取得的突破和未来的走势》，载《当代教育科学》，2011(1)。

教育部国际司：《国外基础教育调研报告》，北京，首都师范大学出版社，2001。

教育部国际司：《世界62个国家教育概况》，北京，首都师范大学出版社，2001。

教育部师范教育司：《教师专业化的理论与实践》，北京，人民教育出版社，2001。

瞿葆奎：《教育学文集·智育》，北京，人民教育出版社，1993。

匡冬平：《瑞士职业教育与培训：举措与成就》，载《世界教育信息》，2003(16)。

李大为：《欧盟"新伊拉斯谟"计划述评》，载《现代教育论丛》，2014(6)。

李道揆：《美国政府和美国政治》，北京，商务印书馆，1999。

李凯：《走向核心素养为本的英国基础教育课程改革》，载《外国教育研究》，2018(9)。

李拉：《澳大利亚融合教育的课程调整及启示》，载《中国特殊教育》，2019(7)。

李茂：《英国"儿童计划"出台——给儿童充满创意的童年》，http//：www.jyb.com.cn，2011-02-01。

李敏：《学前教育机构质量督导研究》，博士学位论文，西南大学，2016。

李盛兵：《高等教育市场化：欧洲观点》，载《高等教育研究》，2000(4)。

李霞：《欧盟高等教育政策实施进展一览——以德国、瑞士、瑞典、芬兰、丹麦五国为例》，载《中国大学教学》，2009(12)。

李贤智：《英国高等教育入学政策：扩招与公平》，载《湖南师范大学教育科学学报》，2012(1)。

李兴业：《战后法国短期高等职业教育发展与改革》，载《法国研究》，1999(1)。

梁浩翰：《21世纪加拿大多元文化主义：挑战与争论》，载《广西民族大学学报(哲学社会科学版)》，陈耀祖译，2015(2)。

梁会青、魏红：《瑞士世界一流大学建设路径探析》，载《江苏高教》，2018(3)。

梁帅、吴雪萍：《澳大利亚职业教育国际化政策探析》，载《中国高教研究》，2019(5)。

刘臣富、杜海兴等：《英国职业教育师资培养模式与途径》，载《教育现代化》，2018(22)。

刘菊华、曹能秀：《近十年来美国学前教育体制改革的特点与趋势分析》，载《教育导刊》，2013(5)。

刘鲲、杨广学、Umesh Sharma：《澳大利亚的融合教育支持体系——维多利亚州的模式》，载《中国特殊教育》，2012(9)。

刘立丹：《英国职业教育改革的新进展》，载《职业技术教育》，2013(29)。

刘立新、张凯：《德国〈职业教育法(BBiG)〉——2019年修订版》，载《中国职业技术教育》，2020(4)。

刘珊：《英国学前教育质量保障体系的特点、实施效果与启示》，载《陕西学前师范学院学报》，2016(1)。

刘晓亮、孙小平：《澳大利亚高等教育国际化运行策略》，载《现代教育管理》，2014(10)。

刘艳红、宋向楠、Thomas Estermann：《欧洲大学自治的多维度剖析及实然样态》，载《高校教育管理》，2017(2)。

吕达、周满生：《当代外国教育改革著名文献》，北京，人民教育出版社，2004。

吕杰昕：《"新专业主义"背景下的英国教师专业发展》，载《全球教育展望》，2016(8)。

吕明：《今日加拿大小学教育的特点》，载《外国教育研究》，2003(6)。

吕一民等：《法国教育战略研究》，杭州，浙江教育出版社，2014。

马龙海、田红雨：《芬兰职业教育改革及其启示》，载《现代情报》，2004(4)。

马庆发：《瑞士学前特殊教育理论与实践发展趋势》，载《外国教育资料》，1998(6)。

马延伟：《澳大利亚职业教育与培训师资队伍建设的挑战与应对》，载《外国教育研究》，2018(10)。

马忠虎：《"第三条道路"对当前英国教育改革的影响》，载《比较教育研究》，2001(7)。

梅伟惠：《意大利教育战略研究》，杭州，浙江教育出版社，2013。

孟吉平：《法国、瑞士师范教育考察记》，载《中小学教师培训》，1995(5)。

孟令臣、马爱林、宁永红：《澳大利亚行业主导职业教育发展的机制及其启示》，载《职教论坛》，2014(3)。

缪学超：《布朗执政时期英国基础教育政策文本分析》，载《当代教育理论与实践》，

2012(9)。

倪娜、洪明：《英国职前教师教育的变革与创新——"教学优先方案"的历程、模式和功过探析》，载《外国教育研究》，2009(11)。

聂名华：《英国高等教育国际化发展特征与启示》，载《学术论坛》，2011(11)。

宁海芹、孙进：《德国教育政策与发展趋势》，见北京师范大学国际与比较教育研究院组编：《国际教育政策与发展趋势年度报告(2015)》，北京，北京师范大学出版社，2016。

庞丽娟、刘小蕊：《英国学前教育管理体制改革政策及其立法》，载《学前教育研究》，2008(1)。

彭慧敏：《"墨拉蒂改革"——意大利教育与培训制度的重建》，载《中国职业技术教育》，2009(30)。

彭伟强、叶维权：《芬兰开放大学及其启示》，载《中国远程教育》，2001(7)。

彭正梅：《德国教育学概观：从启蒙运动到当代》，北京，北京大学出版社，2011。

齐建华：《全球化与法国经济政治文化的转型》，载《科学社会主义》，2007(2)。

钱乘旦、许洁明：《英国通史》，上海，上海社会科学院出版社，2007。

钱扑：《加拿大教育的历史演进及其社会因素分析》，载《外国中小学教育》，1992(1)。

钱志中：《澳大利亚多元文化主义政策的历史选择与动态演化》，载《世界经济与政治论坛》，2014(6)。

强海燕：《中、美、加、英四国基础教育研究》，北京，人民教育出版社，2005。

乔玉全：《21世纪美国高等教育》，北京，高等教育出版社，2000。

冉源懋：《欧盟教育政策的历史变迁》，载《教师教育学报》，2014(1)。

任钟印：《世界教育名著通览》，武汉，湖北教育出版社，1994。

瑞士联邦理工学院以及研究所及董事会：《瑞士联邦理工学院董事会战略重点领域》，https：//www.ethrat.ch/zh-hans/瑞士联邦理工学院及研究所联合体/战略重点领域，2019-08-28。

瑞士联邦理工学院以及研究所及董事会：《瑞士联邦理工学院以及研究所联合体简介》，hhttps：//www.ethrat.ch/sites/default/files/ETH-Domain% 20in% 20brief% 202021_ZH.pdfttps：//www.ethrat.ch/zh-hans，2019-08-28.

桑国元等：《澳大利亚教师教育质量保障体系：21世纪初的挑战与变革》，载《比较教育研究》，2017(2)。

桑锦龙：《当前英国高等教育改革的若干趋势及启示》，载《北京教育(高教)》，2017(1)。

沙莉、庞丽娟、刘小蕊：《英国学前教育立法保障政府职责的背景与特点研究》，载《教育科学》，2008(2)。

上官莉娜、李黎：《法国中央与地方的分权模式及其路径依赖》，载《法国研究》，2010(4)。

沈孝泉：《法国梦开启"光辉的30年"》，载《时事报告》，2013(6)。

施祖毅：《英国中小学财政性教育经费投入研究》，硕士学位论文，西南大学，2014。

史静寰：《八九十年代美国教育改革述评》，载《清华大学教育研究》，1997(4)。

史逸林：《澳大利亚研究》第3辑，北京，社会科学文献出版社，2019。

苏航、陆素菊：《法国学徒制发展概况与启示》，载《当代职业教育》，2018(4)。

孙芳芳：《芬兰职业教育质量评估机制研究》，载《职教论坛》，2016(19)。

孙进：《德国的博洛尼亚改革与高等教育学制与学位结构变迁》，载《复旦教育论坛》，2010(5)。

孙进等：《全球教育治理：国际组织、民族国际与非国家行为体的互动》，北京，人民教育出版社，2020。

谭娟、饶从满：《英国基础教育教师队伍建设的现实困境与改革对策》，载《外国中小学教育》，2019(10)。

唐科莉：《澳大利亚颁布全国统一教师专业标准》，载《中国教育报》，2010-09-30。

唐青才、卢婧雯：《大学化与专业化：法国教师教育发展——从IUFMs到ESPEs》，载《大学(研究版)》，2017(9)。

万明钢、滕志妍：《加拿大公共教育中的宗教问题》，载《民族教育研究》，2009(1)。

汪霞：《瑞士中小学课程改革的新进展及评价》，载《课程·教材·教法》，1998(2)。

王波：《当代美国社会热点聚焦》，199页，合肥，安徽大学出版社，1998。

王晨：《意大利职业技术教育的理念、制度和革新——以维罗纳圣西诺慈幼会职业技术学院为例》，载《职教论坛》，2010(1)。

王春亚：《澳大利亚学前教育和保育改革研究》，硕士学位论文，南京师范大学，2012。

王锦瑭：《美国社会文化》，武汉，武汉大学出版社，1996。

王璐：《提升职业吸引力，提高职前教育质量——英国教师教育改革最新趋势》，载《比较教育研究》，2012(8)。

王葎：《〈科瑞克报告〉20 年看英国公民价值观教育》，载《当代中国价值观研究》，2018(3)。

王希：《多元文化主义的起源、实践与局限性》，载《美国研究》，2000(2)。

王晓辉：《比较教育政策》，南京，江苏教育出版社，2009。

王晓宁、张梦琦：《法国基础教育》，上海，同济大学出版社，2015。

王英杰：《当今世界高等教育发展危机与改革趋势》，载《中国高等教育》，1999(5)。

王英杰：《论大学的保守性——美国耶鲁大学的文化品格》，载《比较教育研究》，2003(3)。

王宇博：《澳大利亚史》南京，江苏人民出版社，2017。

王玉洁：《英国基础教育科学学科质量监测研究》，硕士学位论文，华中师范大学，2015。

王展鹏：《英国发展报告(2017—2018)》，北京，社会科学文献出版社，2018。

王志强、姜亚洲：《英国中央教育行政机构改革评析》，载《清华大学教育研究》，2008(3)。

王梓霖：《加拿大安大略省教师教育大学化的历史考察(19 世纪 40 年代—20 世纪末)——教师培养的视角》，硕士学位论文，天津师范大学，2019。

文雯、许甜、谢维和：《把教育带回来——麦克·扬对社会建构主义的超越与启示》，载《教育研究》，2016(3)。

吴晨：《法国初中课程改革演进的实践与启示》，载《教学与管理》，2018(28)。

吴慧平、何舫：《加拿大基础教育改革的新趋势——新斯科舍省的〈3R 教育行动计划〉评述》，载《外国中小学教育》，2016(2)。

吴全全：《瑞士职业教育基本情况及发展现状》，载《中国职业技术教育》，2011(36)。

吴式颖：《外国现代教育史》，北京，人民教育出版社，1997。

吴式颖等:《外国教育思想通史》(第十卷),长沙,湖南教育出版社,2000。

吴雪萍:《基础与应用》,见《高等职业教育政策研究》,杭州,浙江教育出版社,2007。

吴友法等:《德国通史:重新崛起时代(1945—2010)》第六卷,南京,江苏人民出版社,2019。

吴中仑、罗世刚、张耘:《当今美国教育概览》,郑州,河南教育出版社,1994。

武学超:《瑞士大学组织战略模式转型及思考》,载《比较教育研究》,2015(8)。

夏杨燕、程晋宽:《国家教育治理职能重心的转变——英国国家中央教育行政机构变革评析》,载《外国教育研究》,2019(8)。

项贤明:《20世纪90年代以来的美国教育改革》,载《比较教育研究》,2003(5)。

项贤明:《当前国际教育改革主题与我国教育改革走向探析》,载《北京师范大学学报(社科版)》,2005(4)。

谢宁:《〈全球社会的多元文化教育〉评介》,载《国外社会科学》,1995(7)。

辛志勇、杜晓鹏、许晓晖:《澳大利亚学校价值观教育实效性评价实践》,载《比较教育研究》,2016(9)。

邢克超:《战后法国教育研究》,南昌,江西教育出版社,1993。

邢媛、张福兰、陈士俊:《瑞士高等教育管理体制改革及思考》,载《外国教育研究》,2008(4)。

熊华军、刘鹰:《法规保障下的法国继续教育及其启示》,载《现代教育科学》,2004(7)。

徐春霞:《英国高等教育治理范式变革的诠释》,载《比较教育研究》,2010(8)。

徐晓红:《21世纪澳大利亚基础教育改革政策评析:基于PISA测试的结果》,载《外国中小学教育》,2014(3)。

徐晓红:《21世纪澳大利亚基础教育改革政策评析:基于PISA测试的结果》,载《外国中小学教育》,2014(3)。

许明:《英国中小学教师的评价制度和特点》,载《外国教育研究》,2002(12)。

严金波,林正范:《英国新教师入职教育及其启示——基于〈新教师入职教育指南〉的释义》,载《教育研究》,2016(6)。

杨红：《法国中等教育的"方向指导"浅析》，载《基础教育参考》，2007(4)。

杨慧敏：《美国基础教育》，广州，广东教育出版社，2004。

杨颎：《全球教育一体化背景下归国留学生就业难的原因与对策》，载《中国成人教育》，2013(4)。

杨玲：《法国未来15年教育发展改革纲领——酝酿中的新〈教育指导法〉》，载《世界教育信息》，2005(6)。

杨柳、孙进：《德国教育政策与发展趋势》，见北京师范大学国际与比较教育研究院组编：《国际教育政策与发展趋势年度报告(2014)》，北京，北京师范大学出版社，2016。

杨明：《欧洲教育一体化初探》，载《比较教育研究》，2004(6)。

杨青：《瑞士学前教育的特点及其对我国的启示》，载《教育导刊》(下半月)，2010(12)。

杨婷：《高等教育大众化背景下英国高等教育政策走向研究》，硕士学位论文，安徽大学，2014。

杨尊伟：《澳大利亚高等教育国际化探析》，硕士学位论文，东北师范大学，2004。

姚莉：《对加拿大教师教育的几点思考》，载《教育实践与研究(中学版)》，2007(10)。

姚伟主编：《当代外国学前教育》，长春，东北师范大学出版社，2013。

易红郡：《英国教育思想史》，上海，华东师范大学出版社，2017。

虞宁宁、刘强：《澳大利亚高等教育经费政策体系解析》，载《济南大学学报(社会科学版)》，2017(4)。

袁野、姚亿博：《2019年澳大利亚大选与政党政治新变化》，载《当代世界》，2019(9)。

詹栋梁：《瑞士教育制度》，台湾，五南图书出版公司，1983。

张丹、范国睿：《更好定向 更多辅导 更多准备——法国新高中教育改革述评》，载《全球教育展望》，2011，40(11)。

张红娟：《近十年来英国学前教育政策研究》，硕士学位论文，云南师范大学，2011。

张建珍、许甜等：《论麦克·杨的"强有力的知识"》，载《清华大学教育研究》，2015(6)。

张静：《培养卓越幼儿教师》，硕士学位论文，上海师范大学，2020。

张珂:《20 世纪 80 年代以来中英基础教育阶段教师评价标准发展比较研究》,硕士学位论文,河南大学,2017。

张梦琦:《法国职业教育及其人才培养体系探究》,载《郑州师范教育》,2016,5(5)。

张梦琦、刘宝存:《法国大学与机构共同体的建构与治理模式研究》,载《比较教育研究》,2017,39(8)。

张梦琦、王晓辉:《浅析法国小学新课时改革》,载《外国教育研究》,2014(3)。

张楠:《新世纪以来英国基础教育课程改革及其启示》,载《河北师范大学学报(教育科学版)》,2014(5)。

张仁家、曾羿:《瑞士职业教育之学徒制对台湾教育改革之蕴义》,载《教育资料集刊》,2010(63)。

张瑞海:《芬兰普通高中教育的特色》,载《课程·教材·教法》,2003(4)。

张文桂:《21 世纪澳大利亚职前教师教育质量保障措施探析》,载《教师教育学报》,2019(3)。

张文军:《后现代课程研究的新航线》,载《浙江大学学报(人文社会科学版)》,2008(3)。

张晓蕾:《英国基础教育质量标准〈国家课程〉及监控系统》,载《全球教育展望》,2012(5)。

张雁、张梦琦:《法国学前教育的实践理据与价值负载——新〈母育学校教学大纲〉透视》,载《比较教育研究》,2019(1)。

张依娜:《与普教共同发展的瑞士特殊教育》,载《现代特殊教育》,2010(2)。

赵翠侠:《提升国家软实力:法国高等教育国际化改革经验及启示》,载《理论月刊》,2009(11)。

赵頔:《加拿大对义工的要求》,https://liuxue.xdf.cn/blog/zhaodi7/blog/1121655.shtml,2017-07-19。

赵金苹、曹能秀:《2001 年以来英国学前教育改革特点及其对我国的启示》,载《现代教育科学》,2015(8)。

赵丽:《澳大利亚高等教育国际化分析》,载《中国高等教育》,2019(11)。

赵梦雅、武翠红:《英国学前教育的再出发——基于 2017 年〈早期基础阶段法定框架〉

的分析》，载《外国教育研究》，2019(4)。

赵鹏飞、陈秀虎：《"现代学徒制"的实践与思考》，载《中国职业技术教育》，2013(12)。

赵强：《澳大利亚政府建设幼儿教育与照看队伍的举措、挑战与启示》，载《教育探索》，2016(12)。

赵永玲：《中瑞学前教育比较》，载《新课程》(教研)，2011(9)。

赵中建：《美国80年代以来教师教育发展政策述评》，载《全球教育展望》，2001(9)。

郑敬：《澳大利亚职业教育与培训框架体系研究》，硕士学位论文，华东师范大学，2010。

郑旺全：《美国加强基础教育质量的改革尝试——提高学术标准，改善评估体系》，载《课程·教材·教法》，2006(1)。

周采、杨汉麟：《外国学前教育史》，北京，北京师范大学出版社，1999。

周红利、周雪梅：《瑞士职业教育体系、管理体制及其启示》，载《教育与职业》，2012(35)。

周钧：《美国教师教育认证标准的发展历程及对我国的启示》，载《比较教育研究》，2007(2)。

周谊：《瑞士教育的特色》，载《教育与职业》，2006(19)。

朱旭东：《八九十年代美国教育改革的目标及其取向》，载《比较教育研究》，1997(6)。

朱旭东：《新比较教育》，北京，高等教育出版社，2008。

朱旭东、李琼：《教师教育标准体系研究》，北京，北京师范大学出版社，2011。

驻瑞士使馆教育处：《改革中的瑞士基础教育》，载《基础教育改革动态》，2009(19)。

祝怀新：《英国基础教育》，广州，广东教育出版社，2004。

[澳]简·帕库尔斯基、[波]斯蒂芬·马科夫斯基：《全球化移民和多元文化主义：欧洲和澳大利亚的经验》，冯红译，载《国外理论动态》，2016(1)。

[澳]诺尔·高夫：《想象性教育探究：叙事实验与生成性游戏》，韩少斐译，载《全球教育展望》，2011(4)。

[澳]西蒙·马金森：《澳大利亚教育与公共政策》，严慧仙、洪淼译，杭州，浙江大学

出版社, 2007。

[澳]西蒙·马金森:《教育市场论》, 金楠、高莹等译, 杭州, 浙江大学出版社, 2008。

[澳]西蒙·马金森:《全球知识经济中的高等教育》, 石卫林译、蒋凯校, 载《北大教育评论》, 2008(7)。

[澳]西蒙·马金森:《为什么高等教育市场不遵循经济学教科书》, 孙梦格、覃文珍译, 载《北京大学教育评论》, 2014(1)。

[德]底特利希·本纳:《普通教育学——教育思想和行动基本结构的系统的和问题史的引论》, 彭正梅、徐小青、张可创译, 上海, 华东师范大学出版社, 2005。

[德]克里斯托弗·福尔:《1945 年以来的德国教育:概览与问题》, 肖辉英、陈德兴、戴继强译, 北京, 人民教育出版社, 2002。

[法]罗杰-弗朗索瓦·戈蒂埃、赵晶:《法国中小学的"共同基础"与课程改革》, 载《全球教育展望》, 2017, 46(11)。

[加]奥古·弗莱勒斯:《加拿大多元文化治理模式在后民族国家时代的革新》, 载《广西民族大学学报(哲学社会科学版)》, 常永才等译, 2015(2)。

[加]马克斯·范梅南:《教学机智——教育智慧的意蕴》, 李树英译, 英文版序 I , 北京, 北京大学出版社, 2007。

[加]威尔·金里卡:《少数的权利:民族主义、多元文化主义和公民》, 邓红风译, 上海, 上海世纪出版集团, 2005。

[加]约翰·W. 贝瑞:《多元社会中的文化互动关系》, 载《广西民族大学学报(哲学社会科学版)》, 胡科等译, 2015(2)。

[美]埃里克·方纳:《给我自由! 一部美国的历史》下卷, 北京, 商务印书馆, 2010。

[美]亨利·罗索夫斯基:《美国校园文化——学生·教授·管理》, 济南, 山东人民出版社, 1996。

[美]迈克尔·W·阿普尔:《意识形态与课程》, 上海, 华东师范大学出版社, 2001。

[美]诺姆·乔姆斯基:《新自由主义和全球秩序》, 南京, 江苏人民出版社, 2001。

[美]塞缪尔·亨廷顿:《文明的冲突与世界秩序的重建》, 北京, 新华出版社, 2002。

[美]斯塔夫里阿诺斯:《全球通史:从史前史到 21 世纪(第 7 版)》下册, 北京, 北京

大学出版社，2005。

[美]小威廉姆·E. 多尔、[澳]诺尔·高夫：《课程愿景》，张文军等译，北京，教育科学出版社，2004。

[瑞士]赫梅尔：《今日的教育为了明日的世界》，王静、赵穗生译，北京，中国对外翻译出版公司，1983。

[瑞士]皮亚杰：《结构主义》，倪连生、王琳译，北京，商务印书馆，1984。

[意]马里滋亚·朱利莫、[意]卡洛·南尼、梅伟惠：《博洛尼亚进程中的意大利大学改革》，瞿姗姗译，载《浙江大学学报》，2010(1)。

[英]安迪·格林：《教育、全球化与民族国家》，朱旭东等译，北京，教育科学出版社，2004。

[英]戴维·赫尔德等：《全球大变革——全球化时代的政治、经济与文化》，杨雪冬等译，北京，社会科学文献出版社，2001。

[英]琳达·科利：《英国人：国家的形成》，北京，商务印书馆，2018。

[英]乔伊·帕尔默：《教育究竟是什么？100位思想家论教育》，任钟印、诸惠芳译，北京，北京大学出版社，2010。

[英]约翰·怀特：《再论教育目的》，李永宏等译，北京，教育科学出版社，2001。

二、外文文献

Agnès van Zanten et Jean-Pierre Obin, *La Carte scolaire*, Paris, Puf, 2008.

Aki Rasinen, Timo Rissanen, *In the spirit of Uno Cygnaeus: pedagogical questions of today and tomorrow*, University of Jyväskylä, Department of Teacher Education, 2010.

Andy Hargreaves, Dennis Shirley, *The Fourth Way: The Inspiring Future for Educational Change*, Thousand Oaks, Corwin, 2009.

Anthory Giddens, *The Third Way: The Renewal of Social Democracy*, Cambridge, Polity Press, 1998.

Barbara Friebertshäuser, Markus Rieger-Ladich, Lothar Wigger (Hg.), *Reflexive Erziehungswissenschaft*, Wiesbaden, VS Verlag für Sozialwissenschaften, 2006.

Barbara Friebertshäuser, "Verstehen als Herausforderung für reflexive empirische Forschung", in *Reflexive Erziehungswissenschaft*, hrsg. von Barbara Friebertshäuser, Markus Rieger-Ladich, Wiesbaden, VS Verlag für Sozialwissenschaften, 2006.

Bieber Tonia, "Soft governance in education: The PISA study and the Bologna Process in Switzerland", Tran State working papers, No. 117, 2010.

Christine E. Sleeter, *Keepers of the American Dream: A Study of Staff Development and Multicultural Education*, Philadelphia, The Falmer Press, 1992.

Christine I. Bennett, *Comprehensive Multicultural Education*, Boston, Allyn and Bacon, 1999.

Council of Ministers of Education, *Education in Canada*, Toronto, Prentice-Hall of Canada, Ltd., 2008.

Education, Culture and Tourism Division Analytic Outputs and Marketing Section, Statistics Canada, *Education in Canada, 1991–1992*, Authority of the Minister responsible for Statistics Canada, Minister of Industry, 1993.

Halme, Kimmo, Ilari Lindy, Kalle A. Piirainen, Vesa Salminen, and Justine White, *Finland as a Knowledge Economy 2.0: Lessons on Policies and Governance*, The World Bank, 2014.

Hannu Simola, *The Finnish Education Mystery: Historical and Sociological Essays on Schooling in Finland*, New York, Routledge, 2015.

Heinz-Hermann Krüger, *Einführung in Theorien und Methoden der Erziehungswissenschaft*, 5. Auflage, Opladen, Verlag Barbara Budrich, 2009.

Jacques Rancière, *Le Maître Ignorant: Cinq Leçons sur l'Émancipation Intellectuelle*, Mesnil-sur-l'Estrée: Firmin Didot, 2004.

Jodene Dunleavy, *Public education in Canada: Facts, trends and attitudes*, Toronto, Canadian Education Association, 2007.

Kenneth Cushner, *International Perspectives on Intercultural Education*, Mahwah, Lawrence Erlbaum Associates, 1998.

KMK (Hrsg.), *Das Bildungswesen in der Bundesrepublik Deutschland 2010/2011*,

Bonn, KMK, 2012.

Martine Boncourt, "Pédagogie Freinet/Pédagogie Institutionnelle: Liens, Cohérence, Derives", *Revue de Recherches en Éducation*, 2010(45).

Mayer, D, Pecheone, R., & Merino, N, *Rethinking Teacher Education in Australia: The Teacher Quality Reforms*, New York, Routledge, 2012.

Mengucci R. e Romano R, "L'evoluzione dell' istruzione professionale", *Studi e Documenti degli Annali della Pubblica Istruzione*, 2006.

Michael Young, *Bring Knowledge Back In*, London, Routledage Press, 2008.

Minot J, *Histoire des universités françaises*, Paris, Presses universitaires de France, 1991.

Niklas Luhmann, *Das Erziehungssystem der Gesellschaft*, Frankfurt am Main, Suhrkamp, 2002.

Niklas Luhmann, Karl E. Schorr, *Reflexionsprobleme im Erziehungssystem*, Frankfurt am Main, Suhrkamp, 1979.

OECD, *PISA 2015: Results in focus*, Paris, OECD, 2018.

Ofsted, *The framework for the inspetion of schools*, London, The National Archives, 2014.

Pasi Sahlberg, Erkki Aho, Kari Pitkänen, *Policy development and reform principles of basic and secondary education in Finland since 1968*, Washington, Human Development Network Education, 2010.

Paula Dunning, *Education in Canada: An Overview*, Toronto, Canadian Education Association, 1997.

Richard Lewis, *Finland, Cultural Lone Wolf*, Yarmouth, Intercultural Press, 2005.

Richard Peters, *Authority, Responsibility and Education*, London, George Allen & Unwin Ltd., 1973.

Sandra D'Agostino, *Rediscovering Apprenticeship*, Springer, Dordrecht, 2009.

Skelvcrket, *Vad påverkar resultaten i svensk grundskola? En sammanfattande analys*, 2009.

Skolverket, *Curriculum for the compulsory school, preschool class and school-age educare REVISED* 2018, 2018.

Stürmer S. , Snyder M. , *The Psychology of Prosocial Behavior*, Chichester, Blackwell Publishing Ltd. , 2010.

Sugata Mitra,Vivek Rana, "Children and the Internet：Experiments with Minimally Invasive Education in India", *British Journal of Educational Technology*, 2001(2).

The Stationery Office, *Children's Plan：Building Brighter Futures*, Department for Children, Schools and Families, 2007.

Ulrich Beck, Anthony Giddens, Scott Lash, *Reflexive Modernisierung. Eine Kontroverse*, Frankfurt am Main, Suhrkamp, 1996.

Winfried Böhm, Birgitta Fuchs, Sabine Seichter (Hrsg.) , *Hauptwerke der Pädagogik*, Paderborn, Ferdinand Schöningh, 2011.

Yrjö Engeström, *Learning by Expanding*, New York, Cambridge University Press, 1987.